Hugo Gering

Glossar zu den Liedern der Edda

Hugo Gering

Glossar zu den Liedern der Edda

ISBN/EAN: 9783743376229

Hergestellt in Europa, USA, Kanada, Australien, Japan

Cover: Foto ©Thomas Meinert / pixelio.de

Manufactured and distributed by brebook publishing software (www.brebook.com)

Hugo Gering

Glossar zu den Liedern der Edda

GLOSSAR

ZU DEN

LIEDERN DER EDDA

(SÆMUNDAR EDDA)

VON

HUGO GERING

ZWEITE AUFLAGE

———————◆———————

PADERBORN.

DRUCK UND VERLAG VON FERDINAND SCHÖNINGH.

1896.

ZWEIGNIEDERLASSUNGEN IN MÜNSTER, OSNABRÜCK UND MAINZ.

Aus dem vorwort zur ersten auflage.

Das vorliegende glossar ist, wie den fachgenossen aus
den verhandlungen der Dessauer philologenversammlung (Zachers
zs. XVII, 119) bekannt sein wird, nur der vorläufer eines aus-
führlichen wörterbuches, das als 3. band der von B. Sijmons in
angriff genommenen commentierten Edda-ausgabe beigegeben
werden soll. Dieses wird von dem kürzeren werke dadurch
sich unterscheiden, dass es sämtliche stellen (einschliesslich der
varianten) verzeichnet, die zweiten glieder der composita in die
alphabetische ordnung einreiht und bei seltener vorkommenden
wörtern belegstellen aus der übrigen altnord. litteratur, bes. der
skaldischen dichtung, hinzufügt. Dass die orthographie in dieselbe, dem alter der lieder entsprechende form gebracht wird,
wie im Sijmons'schen texte, versteht sich von selbst. Über die
art und weise, in der diese normalisierung vorzunehmen ist,
herscht bei uns im wesentlichen volle übereinstimmung.
Das gegenwärtige buch, das den Hildebrand'schen text zu
grunde legt, musste sich natürlich an die von diesem gewählte
orthographie anschliessen. Ich weiche nur darin von Hildebrand
ab, dass ich das consonantische i (j) von dem vocalischen unter-
scheide; ausserdem sind nur kleinigkeiten (besonders in der bezeichnung der quantität) berichtigt: in der regel sind dann die
werke namhaft gemacht, aus denen ich meine bessere einsicht
schöpfte. Mit sonstigen citaten bin ich im ganzen sparsam gewesen; nur auf die wichtigsten erscheinungen der neueren litteratur
ist hier und da verwiesen, besonders auf die ausgaben von Bugge
und Grundtvig, auf Müllenhoffs Altertumskunde, auf verschiedene in den nordischen zeitschriften zerstreute aufsätze von
Konr. Gíslason, auf desselben gelehrten abhandlungen im
2. bande der Njála usw. Zur erläuterung der antiquitäten
habe ich neben Jac. Grimms Mythologie und dem allbekannten
trefflichen buche von Weinhold auch Rudolf Keyser mehr-
fach citiert. Auch Guðbr. Vigfússons Corpus poeticum ist

öfter angezogen, um auf einzelne gelungene emendationen aufmerksam zu machen oder — was häufiger geschehen musste —
um willkürliche und unmethodische änderungsversuche zurück-
zuweisen.

Von den übrigen germanischen sprachen ist nur das gotische
regelmässig verglichen, das wegen seines hohen alters und wegen
seiner nahen verwandtschaft mit dem skandinavischen zweige
das erste anrecht darauf hatte. — — —

Die reihenfolge der buchstaben ist die in den nordischen
wörterbüchern durchgeführte, die alle dem lateinischen alphabet
fremden zeichen (þ, æ, œ, ǫ, ø) an den schluss stellen; diese
anordnung, der ich schon in meinen früheren glossaren (zur
Finnbogasaga und den Æventýri) gefolgt bin, erscheint mir die
allein praktische; sie wird hoffentlich auch bei uns allgemein
adoptiert werden. — — —

Ein specialwörterbuch zur Edda ist lange schmerzlich ver-
misst worden. Ich hoffe, dass schon dies kurzgefasste glossar,
das zunächst für den gebrauch der studierenden bestimmt ist,
dem dringendsten bedürfnisse vorläufig abhelfen wird. An alle
fachgenossen aber ergeht schliesslich die freundliche bitte, mich
auf irrtümer und versehen, sei es brieflich oder durch recensionen,
baldigst aufmerksam zu machen, damit das ausführliche werk,
das höhere ziele sich gesteckt hat, dereinst möglichst vollkommen
an das licht des tages trete.

Halle, sept. 1886.

Hugo Gering.

Zur zweiten auflage.

Für die zweite auflage habe ich mich bemüht alles zu
verwerten, was in den letzten zehn jahren für die textkritik und
erklärung der eddischen gedichte geleistet ist (das wichtigste
aus der neueren litteratur verzeichnet die 'Erklärung der abkürzungen'), und fehler und versehen des ersten druckes, die mir
selbst oder anderen aufgestossen waren, sorgsam zu berichtigen.
Kaum éine spalte ist unverändert geblieben, und so darf ich
wol hoffen, dass das buch billigen anforderungen einigermassen
genügen wird. Freilich hat mich die widerholte beschäftigung
mit der Edda gelehrt, dass wir von dem vollen verständnisse
des überlieferten textes noch sehr weit entfernt sind, aber ein
pessimistisches *ignorabimus* wäre angesichts der höchst erfreu-

lichen fortschritte, die die forschung gerade in dem verflossenen menschenalter gemacht hat, durchaus unberechtigt.

Dem übelstande, dass das buch auch bei seinem zweiten erscheinen eine antiquierte ausgabe zu grunde legen muss, habe ich dadurch abzuhelfen gesucht, dass ich ein verzeichnis derjenigen stellen beifügte, an denen meines erachtens eine änderung des Hildebrand'schen textes geboten ist. Ich bitte dieses verzeichnis (von dem jedoch alle kleineren besserungen, die lediglich aus metrischen gründen vorgeschlagen sind, ausgeschlossen wurden) vor dem gebrauche des glossars zu berücksichtigen.

Dass nach so kurzer zeit ein neudruck sich nötig machte, beweist, dass das buch in der tat einem dringenden bedürfnisse entgegen kam. Allerdings ist es jenseits der Ostsee (besonders in Schweden) fleissiger benutzt worden als von den deutschen studenten, für die es zunächst bestimmt war. Hoffentlich aber kommt noch einmal die zeit, wo diese des ausspruches von Jacob Grimm sich wieder erinnern, dass Skandinavien für den deutschen forscher classischer grund und boden ist, wie Italien für jeden, der die spuren der alten Römer verfolgt.

Der bitte, die am ende des vorwortes zur 1. ausgabe ausgesprochen war (und die ich hiermit widerhole), sind leider nur wenige fachgenossen nachgekommen. Durch briefliche besserungsvorschläge erfreuten mich Richard Heinzel, Julius Hoffory, Finnur Jónsson, Eugen Mogk und Barend Sijmons, denen ich hierdurch meinen herzlichsten dank abstatte. Die umfangreichsten und wertvollsten mitteilungen sandte mir der an letzter stelle genannte freund, der auch — obgleich er eifrig damit beschäftigt ist seine eigene Eddaausgabe zu dem nahe bevorstehenden abschlusse zu bringen — die correcturbogen meines glossars einer überaus sorgfältigen und zeitraubenden durchsicht unterzogen und dadurch aufs neue zu wärmstem danke mich verpflichtet hat.

Kiel, juni 1896.

Hugo Gering.

Erklärung der abkürzungen.

I. Namen der Eddalieder und selbständigen prosastücke.

Akv	:	Atlakviða	*Hlr*	:	Helreið Brynhildar
Alv	:	Alvíssmál	*Hm*	:	Hamðismál
Am	:	Atlamál	*Hrbl*	:	Hárbarðsljóð
Bdr	:	Baldrs draumar	*Hym*	:	Hymiskviða
Br	:	Brot af Sigurðarkviðu	*Hyndl*	:	Hyndluljóð
Dr	:	Dráp Niflunga	*Ls*	:	Lokasenna
F	:	Fragmente eddischer lieder (Hildebr. s. 303—306)	*Od*	:	Oddrúnargrátr
			Rm	:	Reginsmál
Fm	:	Fáfnismál	*Rp*	:	Rígsþula
Gðr (I. II. III)	:	Guðrúnarkviða	*Sd*	:	Sigrdrifumál
Ghv	:	Guðrúnarhvǫt	*Sf*	:	Frá dauða Sinfjǫtla
Grm	:	Grímnismál	*Sg*	:	Sigurðarkviða in skamma
Grp	:	Grípisspá	*Skm*	:	Skírnismál
HH (I. II)	:	Helga kviða Hundingsbana	*Vkv*	:	Vǫlundarkviða
			Vm	:	Vafþrúdnismál
HHv	:	Helga kviða Hjǫrvarðssonar	*Vsp*	:	Vǫluspá
			þrk	:	Þrymskviða
Háv	:	Hávamál			

Die zahlen hinter diesen abkürzungen bezeichnen in der regel strophe und zeile (z. b. *Vsp 3, 2*); folgt hinter der abkürzung nur éine zahl (z. b. *Dr 4*, *HHv 6*), so bezieht sich das citat auf prosaische stücke oder auf die prosaische einleitung eines liedes; prosaische einschübe innerhalb oder am ende der lieder sind durch das sigel *pr* kenntlich gemacht, dem die ziffer der unmittelbar vorhergehenden strophe vorausgeht und die zeilenzahl des prosastückes nachfolgt (z. b. *HIIv 4 pr 3* = 3. zeile des prosastückes, das in der Helga kviða Hjǫrvarðssonar zwischen der 4. und 5. strophe eingeschoben ist.

Fehlt die bezeichnung u. ö. (und öfter), so sind sämtliche stellen an denen ein wort oder eine form vorkommt, aufgeführt.

II. Haɲdschriften, ausgaben, commentare usw.

A : Codex Arnamagnæanus (748 qu.) der Lieder-Edda.
Aarb. : Aarbøger fer nordisk oldkyndighed og historie. Københvn 1866 ff.
Aasen : Norsk ordbog med dansk forklaring af Ivar Aasen. Christ. 1873.
Anz. f. d. a. : Anzeiger für deutsches altertum und deutsche litteratur. Berl. 1876 ff.
Ark. : Arkiv for (för) nordisk filologi. Christ. 1883—88. Lund 1889 ff.

Beitr. : Beiträge zur geschichte der deutschen sprache und literatur. Halle 1874 ff.
Beów. : Beówulf . . herausg. von Moritz Heyne. 5. aufl. (besorgt v. A. Socin). Paderb. 1888.
Bergmann : Poëmes islandais (Voluspa, Vafthrudnismal, Lokasenna) tirés de l'Edda de Sæmund publiés . . . par F. G. Bergmann. Paris 1838.
Bj. Hald : Lexicon islandico-latino-danicum Biörnonis Haldorsonii. Havniae 1814.
Bj. Magnússon Ólsen, Runerne: Runerne i den oldislandske literatur ved Björn Magnússon Ólsen. Københ. 1883.
Bugge, Bidr. : Bidrag til den ældste skaldedigtnings historie af Sophus Bugge. Christ. 1894.
Bugge, Fkv. : Norrœn fornkvæði, islandsk samling af folkelige oldtidsdigte om nordens guder og heroer, almindelig kaldet Sæmundar Edda hins fróða, udg. af Sophus Bugge. Christ. 1867.
Bugge, NI : Norges indskrifter med de ældre runer. Udgivne . . ved Sophus Bugge. Christ. 1891 ff.
Bugge, Norr. skr. : Norröne skrifter af sagnhistorisk indhold, udgivne af Sophus Bugge, 1863—73.
Bugge, Stud. : Studier over de nordiske gude- og heltesagns oprindelse . . af Sophus Bugge. Christ. 1881—89.
Cpb. : Corpus poeticum boreale, the poetry of the old northern tongue . . edited by Gudbrand Vigfússon and F. York Powell. Oxford 1883. 2 voll.
DA : Deutsche altertumskunde von Karl Müllenhoff. I. bd. Berl. 1870. V. bd. Berlin 1883—91.
DLZ : Deutsche litteratur-zeitung. Berlin 1880 ff.
E : Codex Arnam. 62 fol.
Edz. Vols. : Volsunga- und Ragnarssaga nebst der geschichte von Nornagest, übers. v. F. H. v. d. Hagen. 2. aufl., völlig umgearbeitet von Ant. Edzardi. Stuttg. 1880.
Engl. stud. : Englische studien. Organ für englische philologie . . . herausg. von Eugen Kölbing. Heilbr. (Leipzig) 1874 ff.
FJ : Finnur Jónsson. (Wenn nichts anderes angegeben, so bezieht sich das citat auf : Eddalieder. Altnordische gedichte mythologischen und heroischen inhalts herausg. von F. J. Halle 1888—90).
FJ, Krit. stud. : Kritiske studier over en del af de ældste norske og islandske skjaldekvad ved Finnur Jónsson. Købh. 1884.
Fms : Fornmanna sögur, eptir gömlum handritum útgefnar að tilhlutun hins norræna fornfræðafèlags. Kaupm. 1825—37. 12 voll.
Fritzner : Ordbog over det gamle norske sprog af Johan Fritzner. 2 udg. Krist. 1883—96. 3 bde.
Germ. : Germania, vierteljahrsschrift für deutsche altertumskunde. Stuttg. 1856—58. Wien 1859—92.
Grdtv. : Sæmundar Edda hins fróða. Den ældre Edda. Kritisk håndudgave ved Svend Grundtvig.· 2. udg. Købhvn 1874.
Grimm (br. Grimm; JGrimm) : Lieder der alten Edda. Aus der handschrift herausg. u. erkl. durch die brüder Grimm. Berl. 1815.
Grundr. : Grundriss der german. philologie . . . herausg. von Herm. Paul. Strassb. 1889—93.
GV : Guðbrandr Vigfússon. (Wenn nichts anderes angegeben, so bezieht sich das citat auf GV's Icelandic-english dictionary, Oxf. 1874.)
GV, Sturl. : Sturlunga saga . . . ed. by Gudbr. Vigfusson. Oxford 1878. 2 bde.
H : Hauksbók (vgl. Th. Möbius in Hildebrands Edda s. X).

Hild. : Die lieder der älteren Edda (Sæmundar Edda) herausg. von Karl Hildebrand. Paderb. 1876.

Hz (d. i. Haupts zeitschrift) : Zeitschrift für deutsches altertum. Leipz. 1841—53. Berl. 1856 ff.

IF : Indogermanische forschungen. Strassb. 1891 ff.

J Hoffory, Eddastud. : Eddastudien von Jul. Hoffory. Berl. 1889.

Keyser, Efterl. skr. : Efterladte skrifter af R. Keyser. Christ. 1866—67. 2 bde.

Keyser, Saml. afh. : Samlede afhandlinger af R. Keyser. Christ. 1868.

K. Gíslason, Efterl. skr. : Efterladte skrifter af Konráð Gíslason. Københ. 1895.

K. Gíslason, Njála : Njála udgivet efter gamle håndskrifter af det kongelige nordiske oldskrift-selskab. 2. bind. Kobenh. 1879—89.

Kop : Edda Sæmundar hins fróða. Hafniae sumptibus legati Magnæani et Gyldeudalii. 1787—1828. 3 bde.

Kz (d. i. : Kuhns zeitschrift) : Zeitschrift für vergleichende sprachforschung. Berlin (Gütersloh) 1852 ff.

Laxd. : Laxdœla saga herausg. von Kr. Kålund. Halle 1896. (Altnordische saga-bibliothek band 4.)

Lit.-bl. : Litteraturblatt für german. und roman. philologie. Heilbronn (Leipzig) 1880 ff.

Lüning : Die Edda . . . herausg. von Herm. Lüning. Zürich 1859.

Mhff. : Müllenhoff (s. *DA*).

Möbius : Th. Möbius bei Hild.

Myth. : Deutsche mythologie von Jac. Grimm. 4. ausg. Berl. 1875—78. 3 bde.

Noreen : Altisländische und altnorwegische grammatik von Ad. Noreen. Halle 1884. 2. aufl. Halle 1892.

Nygaard : Eddasprogets syntax fremstillet af M. Nygaard. Bergen 1865—67. 2 bde.

QF : Quellen und forschungen zur sprach- und culturgeschichte der german. völker. Strassb. 1874 ff.

R : Håndskriftet nr. 2365 4$\underline{\text{to}}$ (Codex regius af den ældre Edda) i fototypisk og diplomatisk gengivelse udg. . . ved Ludv. F. A. Wimmer og Finnur Jónsson. Københ. 1891.

Rask : Edda Sæmundar hinns fróða . . . ex recensione Erasmi Christiani Rask curavit A. A. Afzelius. Holmiae 1818.

Richert : Försök till belysning af mörkare och oförstådda ställen i den poetiska Eddan af M. B. Richert. Upsala 1877.

Rietz : Svenskt dialekt-lexikon . . . af Joh. Ernst Rietz. Lund 1867.

Ross : Norsk ordbog af Hans Ross. Christ. 1890—95.

Schade, Altd. wb.[2] Altdeutsches wörterbuch von Oskar Schade. 2. aufl. Halle 1872—82.

Sievers, Proben : Proben einer metrischen herstellung der Eddalieder von Ed. Sievers. Halle 1885.

Sijmons : Die lieder der Edda herausg. u. erklärt von B. Sijmons. I. band. 1. hälfte. Halle 1888.

Sn. E. : Edda Snorra Sturlusonar. Hafniae, sumptibus legati Arnamagnæani, 1848—87. 3 voll.

Svbj. Egilsson : Lexicon antiquae linguae septentrionalis conscripsit Sveinbjörn Egilsson. Hafniae 1860.

Tidskr. f. fil. : Nordisk tidskrift for filologi. Ny række. Købhvn 1874 ff.

Tidskr f. phil. : Tidskrift for philologi og pædagogik. Kjøbhvn 1860 bis 73. 10 bde.

Timarit : Tímarit hins íslenzka bókmentafèlags. Reykjavík 1880 ff.

U : Cod. Upsaliensis der Snorra Edda (Cod. Delagard. 11).

V : Vǫlsunga saga nach Cod. reg. 1824 b.

Valt. Guðmundsson, Privatbol. : Privatboligen på Island i sagatiden samt delvis i det øvrige norden af Valtýr Guðmundsson. Københ.. 1889.

W : Cod. Wormianus der Snorra Edda (Arnam. 242 fol.).

Weinh. : Altnordisches leben von Karl Weinhold. Berlin 1856.

Wimmer : Fornnordisk formlära af Ludv. F. A. Wimmer. Lund 1874.

Wimmer, Læseb. (*Lb.*) : Oldnordisk læsebog med anmærkninger og ordsamling af Ludv. F. A. Wimmer. 4. udg. Købhvn 1889.

Wimmer, Runenschr. : Die runenschrift von Ludv. F. A. Wimmer. Berlin 1887.

Wisén, EE : Emendationer och exegeser till norröna dikter af Theodor Wisén. Lund 1886—91.

Wisén, Hjeltes. : Hjeltesångerne i Sämunds Edda, förklarade af Theodor Wisén. Lund 1865.

Wrede : Über die sprache der Ostgoten in Italien von Ferd. Wrede. Strassb. 1886. (QF 68.)

Wrede, Wand. : Über die sprache der Wandalen . . . von Ferd. Wrede. Strassb. 1886. (QF 59.)

WSB : Sitzungsberichte der phil.-hist. classe der kaiserl. akademie der wissenschaften zu Wien.

Zz (*d. i.: Zachers zeitschrift*) : Zeitschrift für deutsche philologie. Halle 1869 ff.

Zze : Ergänzungsband zur Zeitschrift für deutsche philologie. Halle 1874.

Abweichungen von Hildebrands text.

Vsp 1, 6 seið [hón] hug leikinn (*FJ*)
„ 2, 3 yggjungr ása (*Munch*)
„ 3, 3 fekk spjǫll spaklig (*Ettmüller*)
„ 3, 4 ok spá ganda (*Bugge*)
„ 4, 6 vel fyrtelja (*Gering*)
„ 5, 6 níu íviði (*so R*)
„ 7, 2 bjǫðum um ypðu (*Rask*)
„ 19, 8 til Lofars hafat (*Sievers*)
„ 47, 3 at inu gamla (*Rask*)
„ 48, 5 hræðask allir (*so H*)
„ 48, 7 áðr Surtar hann (*R. Much, der wol mit recht fordert, dass 47, 7. 8 und 48, 5. 6 ihre plätze tauschen müssen*)
„ 52, 1. 2 kjóll ferr norðan, | koma munu Heljar (*Bugge*)
„ 64, 7 vé valtíva (*Rask*)
„ 65, 6 brœðra Tveggja (*Grdtv.*)
Bdr 6, 7 flet fagrliga (*Bugge*)
„ 10, 5 Heði *ist mit Sijmons zu streichen*
„ 14, 7 ok í ragna røk (*Bugge*)
þrk 12, 6. 14, 8. 18, 4 men (meni) Brísinga (*Dietrich*)
Hym 1, 3 ok sumblsamir (*Kop*)
„ 7, 2 dag þann framan (*FJ u. Sijmons*)
„ 9, 5 er minn friðill (*Bugge*)
„ 19, 7 *das komma nach* valdi *ist zu tilgen* (*FJ*)
„ 24, 1 Hreingálkn hrutu (*so A*)
„ 32, 8 þú ert, ǫlǫr! of heitt (*so A und R — nur hat die 2. handschr.* hęt *statt* heitt — *und eine änderung ist unnötig*)
Ls 14, 6 lykak þér þat fyr lygi (*Rask*)
„ 19, 6 ok hann fjǫrg ǫll fjár (*Kölbing*)
„ 20, 3 hverr þik glapði at geði (*Gering*)
„ 20, 5 er *ist zu tilgen* (*Gering*)
„ 24, 4 vitku líki (*Bugge*)
„ 33, 3 hvárs *statt* hvars (*Bugge*)
„ 39, 4 úlfgi hefir ok betr (*Bugge*)
„ 48, 4 ǫrǫgu baki (*Bugge*)
„ 53, 6 vammalausa (*Gunnar Pálsson*)
„ 56, 4 ókynjan meira (*so R*)
Hrbl 13, 1 Harm ljótan telk mér í því (*Gering nach Cpb*)
„ 13, 3 ok væta ǫgur mínn (*so R*)
„ 13, 6 komumk *st.* kœmumk (*so auch R*)
„ 45, 1 þá gefr þú (*Sijmons*)
„ 50, 4 ef þú lið of fœrir (*Sijmons nach Hild.*)
Grm 39, 3 til varnaviðar (*Svbj. Egilsson*)
„ 51, 5 allra einherja (*Grdtv.*)
„ 52, 3 of þik véla vinir (*ef bei Hild. druckfehler*)
Alv 5, 6 hver hefir þik baga um borit (*Gering*)
Háv 4, 6 orð *statt* orðs (*Eiríkr Magnússon*)
„ 8, 4 vit *statt* við (*Eiríkr Magnússon*)

Háv 32, 3 virði *statt* viði (*Kop*)
„ 33, 3 né án til kynnis komi (*Bugge*)
„ 39, 3 at værit þiggja þegit (*GV*)
„ 39, 6 at leið sé laun þegin (*GV*)
„ 57, 4. 5 maðr manni | verðr af máli kuðr (*Mhff*)
„ 66, 6 lið *statt* líð (*Hj. Falk*)
„ 73, 1 Tveir 'ru einherjar (*Mhff*)
„ 74, 3 margr verðr af aurum api (*Grdtv.*)
„ 74, 6 skylit þann vítka vár (*so R*)
„ 110, 1 Vélkeypts litar (*Richert*)
„ 106, 6 á vé alda jaðars (*ähnlich FJ*)
„ 106, 6 hlýdda ek á Háva mál (*Mhff*)
„ 113, 3 þings né þjóðarmáls (*Fritzner*)
„ 135, 2 riða *statt* ríða (*Sijmons briefl.*)
„ 144, 2 er kannat þjóðans kona (*so R*)
„ 148, 6 hann *statt* kann (*druckfehler*)
„ 153, 6. 7 sínna heimhama, | sínna heimhaga (*GV*)
Rp 2, 8 hár af árni (*so W*)
„ 8, 7 lotinn hryggr (*Sijmons nach Hild.*)
„ 10, 3 aurr var á iljum (*RMuch*)
„ 45, 3 sefa of svefja (*Rask*)
„ 48, 1 Heldr mætti þér (*so W*)
Hyndl 8, 1. 2 Senn nú or sǫðlum | sígask látum (*ähnl. Sijmons*)
„ 8, 6 goðum *statt* góðum (*Rask*)
„ 13, 1. 2 Móður áttir | menjum gǫfga (*Sievers*)
„ 14, 7 hvǫrfluðu hans verk (*Sievers*)
„ 19, 7. 8 en Hildi var | Hálfr um getinn (*Bugge*)
„ 25, 6 frá *ist zu tilgen* (*Sievers*)
„ 38, 4 ok sonardreyra (*Sievers*)
„ 41, 1 Loki át hjarta (*J.Grimm*)
„ 42, 8 regin *statt* regn (*Sijmons*)
„ 45, 1 Ber þú minnisǫl (*Rask*)
Vkv 1, 3. 3, 9 alvítr ungar (*so R*)
„ 6, 3. 4 lukði bauga | lind vel alla (*Gering nach GV*)
„ 10, 5 gekk brúnnar (*Gering*)
„ 13, 3 bestisíma *statt* besti byr síma (*FJ*)
„ 19, 3 bíðka ek þess bót (bíðka *bei Hild. wol nur druckfehler*)
„ 28, 8 íviðgjarnri (*Sijmons*)
„ 37, 4 verr um neita (*Bugge*)
„ 39, 5 gangi fagrvarið (*FJ*)
HH I 7, 4 góð ár komin (*Kop*)
„ 17, 4 dís suðrœna (*FJ*)
„ 17, 6 með hildingi (*Gering*)
„ 18, 3 leið *statt* liddi (*Sievers*)
„ 24, 1 Ok þar af stundu (*Bugge*)
„ 32, 1 samt þar um aptan (*Grdtv.*)
„ 55, 6 flugu *statt* fluga (*FJ*)
HH II 11, 3 gær á morgun (*FJ*)
„ 16, 7. 8 ætt átt, en góða | er eigi sjámk (*die 1. zeile nach R, die 2. mit Lüning*)
„ 18, 2 alvítr, gefit (*so R*)
„ 23, 5 óðli *statt* eðli (*FJ*)
„ 23, 7 arfi Fjǫrsunga (*Gering*)
„ 24, 3 ósáttir saman (*FJ*)
Grp 9, 2. 3 *das komma nach* hefna *ist zu tilgen und hinter* Eylima *zu setzen* (*Gering*)

Grp 36, 1 Mein's fyr hǫndum (*Sijmons*)
„ 39, 8 hyggsk vætr fyr því (*FJ*)
„ 50, 6 á sifi ungum (mér *ist mit KGíslason zu streichen*)
„ 51, 4 til *ist zu streichen* (*Sievers*)
Rm 1, 6 lindar *statt* linnar (*Munch*)
Fm 6, 5 er frævask tekr (*Gering*)
Sdr 21, 2 þótt mik feigan vitak (*FJ*)
„ 25, 9 ok launa svá leiðum lygi (*Gering*)
„ 28, 4 sifjar silfrs (*Bugge*)
„ 35, 5 bautinn *statt* feldan (*FJ*)
Br 15, 4 þeim fljóða látum (*FJ*)
Gðr I 4, 6 forspell beðit (*so R*)
„ 9, 1 þá hlautk hapta (*FJ*)
„ 19, 7 opt í jǫlstrum (*Sievers*)
„ 21, 1. 2 Svá at lýðum | land of eyðið (*Gering*)
Sg 5, 7 þess *ist zu streichen* (*Sievers*)
„ 6, 6 eða þó svelti (*so R*)
„ 12, 8 lifit *statt* lifi (*Grdtv.*)
„ 13, 1 Hryggr varð Gunnarr (*Bugge*)
„ 15, 4 afar títt hánum (*Gering*)
„ 33, 4 áfu þína (*Bugge*)
„ 34, 5 øngð *statt* ung (*Bugge*)
„ 41, 1 þvígi *statt* þeygi (*FJ*)
„ 50, 1. 3 allar *statt* allir (*FJ*)
„ 50, 7 verðat *statt* verða (*Sijmons*)
„ 52, 5 neit Menju góð (*so R*)
„ 61, 6 góðra ráða (*Gering*)
„ 65, 9 þeim er sultu (*so R*)
„ 69, 4 hringa litkuð (*FJ*)
Hlr 1, 8 vers annarrar (*so R*)
„ 9, 4 randir snurtusk (*GV*)
Gðr II 2, 6 um hvǫtum dýrum (*Gering*)
„ 12, 2 niðmyrk vera (*FJ*)
„ 12. 6 ǫllu betra (*FJ*)
„ 14, 10 rekka búna (*FJ*)
„ 20, 3 langbarðs *statt* Langbarðs (*Sijmons*)
„ 24, 8 því *statt* þvíat (*FJ*)
„ 25, 1—4 En þá gleymðak, | er getit hafða ‖ ǫlveig, jǫfurs | jarnhjúgs, í sal (*Gering*)
„ 30, 3. 4 né vígrisnum | vánir telja (*GV*)
„ 38, 1—4 „Svá mik nýl(ig)a | nornir vekja ‖ vílsinnis spá“ — | vildi at réðak (*Sijmons*)
„ 40, 3 vilda ek *statt* vildigak (*FJ*)
„ 42, 3 *nach* andvana *ist komma zu setzen* (*FJ*)
„ 43, 2 sœing *statt* sæfang (*FJ*)
„ 43, 8 drótt mun bergja (*Gering*)
„ 44, 3 þrágjarn í kǫr (*so R*)
Gðr III 2, 8 líni verðizk (*FJ nach Bugge*)
„ 4, 3 jǫfur óneisan (*Bugge*)
„ 4, 6 okkrar spekjur (*so R*)
„ 10, 7. 8 Svá þá hefnd Guðrún | harma sinna (*Wisén*)
Od 2, 7 ok á svartan jó (*GV*)
„ 5, 10 svát *statt* svá (*Grdtv.*)
„ 24, 7 ok óliga (*so R*)
„ 27, 8 strengir mæltu (*so R am rande*)
Akv 6, 8 annat jafnmikit (*FJ nach V*)

Akv 7, 7 boga bekksœma (*Grdtv.*)
 „ 8, 3 varinn úlfs váðum (*FJ*)
 „ 11, 1 Úlfar munu ráða (*Grdtv.*)
 „ 11, 3 gamlar gránvarðir (*Grdtv.*)
 „ 18, 1. 2 Nars nornir létir | nauðfǫlva gráta (*Gering*)
 „ 21, 2—4 ok í fjǫtur settu, || vin Borgunda | bundu fastla (*Bugge, Sievers*)
 „ 22, 6 syni þjóðkonungs (*Gering*)
 „ 28, 3 á svinn, áskunna (*Gering*)
 „ 30, 1. 2 Ræsir enn ríki | reið á Glaumi (*Gering*)
 „ 33, 8 er af viði kómu (*Gering*)
 „ 34, 4 at reiða gjǫlð rǫgni (*Gering*)
 „ 34, 8 gnadda niflfarnað (*Björn Magnússon Ólsen*)
 „ 35, 4 Húna bǫrn tǫlðusk (*Gering*)
 „ 36, 5 jǫfri *statt* jǫfrum (*Sijmons briefl.*)
 „ 37, 8 sendar *statt* senda (*Björn Magnússon Ólsen*)
Am 1, 4 sú var nýt fæstum (*GV*)
 „ 1, 6 ýgt (yɢt *R*) *statt* uggr
 „ 2, 1 Skǫp skjǫldungar œxtu (*Gering*)
 „ 7, 5 hét þá fǫr Gunnarr (*FJ*)
 „ 21, 1 Gǫrvan sák galga (*Gering*)
 „ 23, 1 Blóðgan sák mæki (*Gering*)
 „ 25, 1 Á sák inn renna (*Gering*)
 „ 27, 3 væri *statt* værit (*FJ*)
 „ 29, 1 Litu er lýsti (*so R*)
 „ 31, 5 veitkak ef verð launið (*Gering*)
 „ 32, 1 Svarði þá Vingi (*Gering*)
 „ 49, 6 meðan heilir lifðu (*Gering*) — *doch ist es wohl richtiger, mit Sijmons z. 5. 6 als interpolation zu streichen und in z. 7. 8. 9 die praeteritalformen* skópu, slitusk, hjǫggu *herzustellen*
 „ 51, 3 illt er um at lítask (at *mit FJ eingesetzt*)
 „ 55, 2 stórum *statt* stóran (*so R*)
 „ 57, 4 brattan *statt* brattara (*FJ*)
 „ 58, 5 hǫggum hálfyrkjan (*FJ*)
 „ 62, 5 hlæja nam Hǫgni (*FJ*)
 „ 67, 1 Kannka slíks synja (*so R; -ka in R halb ausradiert*)
 „ 68, 2 æ vilk því níta (*Gering*)
 „ 71, 3 sýn var svipvísi (*FJ*)
 „ 74, 2 léku *statt* lék (*druckfehler*)
 „ 74, 6 þá *ist zu streichen* (*Sijmons*)
 „ 83, 6 til *ist zu streichen* (*Grdtv.*)
 „ 86, 7. 8 sonr vá hann Hǫgna, | sjálf olli Guðrún (*FJ*)
 „ 90, 5 varða ván lygi (*so R*)
 „ 94, 4 hófsk þú *statt* hóstu (*FJ*)
 „ 98, 1 Komtat af vígi (*Gering*)
Ghv 2, 1 Hví sitið kyrrir (*Gering nach V*)
 „ 21, 7 um *ist zu streichen* (*Gering*)
 „ 22, 2 óluð batni (*Wisén*)
 „ 22, 5 tregróf þat (*Sievers*)
Hm 9, 8 fyr græti *statt* at græti (*FJ*)
 „ 11, 2 bléðum *statt* hleðum (*Hj. Falk*)
 „ 22, 5 buri (*so R*) *statt* byri
 „ 23, 3. 4 bragr lá í blóði, | kvam or brjósti Gotna (*Gering*)
 „ 25, 1 Hraut við ræsir (*ähnlich FJ*)
 „ 27, 6 ǫttumk at dísir (*Gering*)
F 305 b 9 við himin *statt* við himni (*Sijmons*)

Berichtigungen und nachträge.

Sp. 10b, z. 34. 35 v. o. lies: ar-salr, arsal (*Bugge bei Fritzner*[2] *III, 1108 a*).

„ 29b, z. 4 v. o. lies: *schwerter statt schilde.*

„ 34a, z. 35 v. o.: *richtiger ist die schreibung* dǫglingr (*Bugge a. a. o. III, 1103a*).

„ 62a, z. 20 v. o. lies: *Grp statt Grd.*

„ 67b, z. 10 v. o.: *es ist wol eher* gull-hruðinn *zu lesen; vgl. Sg 49, 6.*

„ 83b, z. 12 v. u. lies: *FJ II, 127a.*

„ 105b, z. 10. 11 v. u.: *die stelle Gör II, 23, 5 ist zu streichen, vgl.* lyngfiskr u. lǫgr.

„ 139a, z. 12 v. o. lies: roðra, roðru (*Bugge a. a. o. III, 1108 b*).

„ 147b, z. 28 v. o.: *zur stelle Sf 16 vgl. EMartin, Anz. f. d. a. 22, 282.*

., 158b, z. 11 v. u.: lies: snør (*Bugge a. a. o. III, 1103 b*).

„ 174a, z. 12 v. o.: *über die bedeutung von* treg-róf *vgl. jetzt Bugge a. a. o. III, 1108 b.*

A.

1. **-a**, *enklit. negat.* (*got.* aiw : Noreen² § 121, 1) *nicht,* a) *dem verbum unmittelbar angefügt:* var-a sandr es *war nicht sand* Vsp. 6, 3, verðr-a matr Hrbl 3, 4, fannt-a þú Hrbl 14, 3, skal-a gestr Háv 35, 2, *vgl.* Sd 28, 5. Gðr II 29, 1. Od 15, 5. Am 39, 5 *u. ö.;* b) *dem enklinierten pers. pron.* ek *sich anlehnend:* ákk-a (*d. i.* á-ek-a) *ich habe nicht* Fm 2, 4, kveðk-a Ls 18, 2. *An beiden stellen steht das* ek *auch noch vor der verbalform* (ek ákk-a, ek kveðk-a), *meist aber wird es hinter dem* -a *noch einmal widerholt:* þikkak (*d. i.* þigg-ek-a-ek) Skm 22, 1, mákak (má-ek-a-ek) Am 52, 6, vark-a ek HH II 11, 1, fanka ek Háv 39, 1, þoriga ek (*d. i.* þori-ek-a ek) Vkv 26, 7, bjargigak (*d. i.* bjarga-ek-a ek) Háv 150, 5 *u. ö.* — -a *wird der regel nach nur verwendet, wenn das nachfolgende wort consonantisch anlautet oder im zeilenschluss* (Ls 22, 5. Akv 6, 7), *anderesfalls braucht man* -at (*s. d.); ausnahmen:* mun-a (yðvart) Sg 53, 5, urðu-a (it) Ghv 3, 1, helt-a (in) Am 59, 2; *gewöhnlich tritt es auch nur an conson. auslautende formen, ausnahmen sind:* renni-a HH II 30, 5, bíti-a HH II 31, 1, væri-a Br 11, 1, leti-a Sg 45, 5, þykki-a HH II 22, 5, urðu-a (*für* urðuð-a) Ghv 3, 1. *Vgl.* -at.

2. **á,** *praepos. u. adv.* (*got.* ana) I. *praepos. c. dat. u. acc.* A. *c. dat. bezeichnet es* 1) *local, auf die frage* wo? *den ort* auf, in *od.* an *dem eine person od. ein gegenstand sich befindet, wo etw. vorgeht od. ausgeführt wird:* stóð .. á Niðavǫllum salr Vsp 38, 2, sat þar á haugi .. hirðir Vsp 43, 1, horn er á lopti Vsp 47, 6, á kné kalinn *kalt geworden am knie* (*wo man zuerst durchweicht und die kälte am frühsten fühlbar wird*) Háv 3, 3, aurr var á iljum Rþ 10, 3, ǫrn . . sá er á fjalli fiska veiðir Vsp 61, 7, hurð var á skíði Rþ 14, 4, á bǫndum gull skíni Akv 28, 7, *vgl.* Vsp 62, 2, Ls 65, 7, Hrbl 3, 3, HHv 16, 6, Fm 43, 1 *u. ö.; dem casus nachfolgend:* sal sá bón standa .. Nástrǫndu á Vsp 39, 3, sitja þúfu á Skm 27, 1, þǫll sú er stendr þorpi á Háv 50, 2, ek sé túnriður leika lopti á Háv 153, 3, ek hekk vindga meiði á Háv 137, 2, *vgl.* Ls 11, 6, Grm 22, 2, Háv 35, 6, Sd 28, 3, F 303a. 26 *u. ö.; der dat. durch die part.* er *vertreten:* jǫtunn er or steini var hǫfuðit á *auf dem ein steinerner kopf war* Hrbl 15, 4; 2) *die unternehmung oder beschäftigung in der jmd begriffen ist* (in, bei, auf): váru æsir allir á þingi ok ásynjur allar á máli Bdr 1, 2. 4, *vgl.* Vsp 49, 4, þrk 13, 2. 4, hygg ek á fǫr vera heiman Hlórriða Ls 55, 2, nema á njósn sér Háv 111, 6, heldu á sýslu Rþ 15, 2, œstr á ímu HH I 54, 9; *dem casus nachfolgend:* þingi á Sd 24, 2; 3) *auf die frage* wohin? *die person od. den gegenstand nach dem man greift oder fasst, den gegenstand auf den man etwas schnitzt oder ritzt, den ort wohin man kommt, die person auf die man losschlägt:* (Hlórriði) greip á stafni Hym 27, 2, faðir Móða fekk á þremi Hym 34, 2, þrifum (þrifuð) á þjaza Ls 50, 6. 51, 3, hverr er tekr fyrstr á funa Grm 42, 3; skáru á skíði Vsp 23, 7, rísta á hjalti Sd 6, 3, *vgl.* Rm 26, 4, Sd 6, 4. 5. 9, 4. 10, 4 *u. ö.,* merkja á nagli Sd 7, 6; þaðan er á foldu flagð hvert komit Hyndl 41, 7; er þú á konum barðir Hrbl 38, 2; 4) *die person od. den gegenstand der bei jmd neigung,*

interesse od. zweifel erweckt (*an*, *zu*): forvitni kveð ek mér á fornum stǫfum *Vm 1, 5*, if er mér á því *HHv 33, 9*, varð hilmi hugr á vífi *HH II 13, 8 :* 5) *die person an der man ein geistiges od. körperliches merkmal erblickt :* þat er á sjálfum sýnst *Háv 41, 3*, er hermdar litr á Hniflungum *HH I 49, 10*, þursa líki þykki mér á þér vera *Alv 2, 5, vgl. Gðr I 26, 3. 27, 8 ;* á munu þér iðrar reue wird bei dir sichtbar werden *Am 66, 3 ;* 6) *die lage od. gemütsverfassung in der jmd sich befindet :* haf þú á hófi þik *halte dich am masse* (*überhebe dich nicht*) *Ls 36, 2*, mein gørisk á mínum hag *Grp 22, 8*, var á hvǫrfun hugr mínn *Sg 38, 1 ;* 7) *die zeit in od. während der etw. geschieht :* á fimm dǫgum *Háv 73, 10*, á mánaði *Háv 73, 11*, á þriðja morni *Hyndl 45, 6*, á náttum (nóttum) *bei nacht Hyndl 47, 6*, *HH II 50, 6*, á þriggja nátta fresti *HHv 34 pr 8;* á lesti *zuletzt Am 64, 3 ;* 8) *das mittel od. werkzeug* (*mit*, *durch*): hrafna seðja á hræum *HH I 45, 4*, nema á hræum spryngir *durch das genossene leichenfleisch platztest HH II 32, 8 ;* 9) *die art u. weise in der etw. geschieht :* á laun *heimlich HH II 17 u. ö.*, á skeið *im laufe, eilig, bald Fm 5, 6 ;* 10) *die stelle Sg 41, 5* þá mun á hefndum harma mínna *ist sicher verderbt ; Bugge* (*Fkv 421b*) *ändert :* þat mun at hefndum ; **B.** *c. acc. bezeichnet es* 1) *local, auf die frage wohin? die richtung od. das ziel einer bewegung od. tätigkeit* (*auf*, *zu*, *nach*, *an*, *hinein in*), *a*) *nach den vbis des kommens, gehens, fahrens, reitens, fliegens, fallens u. ä. :* þróttǫflugr kom á þing goða *Hym 39, 2*, at it á bekk kœmið *Akv 3, 6*, á mold koma *geboren werden Grp 53, 6*, gekk karl á skip *Rm 18 pr 2*, gengu regin ǫll á rǫkstóla *Vsp 9, 2*, *u. ö.*, far þú á bekk jǫtuns *Vm 19, 2*, þat mun á hǫlða hvert land fara *Od 18, 5*, Guðmundr . . reið . . á bergit *HH II 16 pr 13*, Sigurðr reið upp á Hindarfjall *Sd 1*, (fló) á hræ Muninn *F 305 b 22*, draup eitrit á Loka *Ls 65 pr 7*, hvert (tár) fellr blóðugt á brjóst grami *HH II, 44*,

10, róa á sjó *Háv 81, 2*, vaða á flet *Akv 10, 2*, (þórr) lét sígask fast á stólinn *F 304 a 35, vgl. Hym 14, 4*, *Vm 54, 5*, *HH II 4 pr 2. 16 pr 12*, *Fm 44 pr 7*, *Helr 7*, *Ghv 14, 1 u. ö.; übertr.* (Guðmundr) reið á njósn *auf kundschaft HH II 16 pr 12;* der *acc. durch die part. er vertreten :* mann er eigi vildu hundar á ráða *den die hunde nicht anfallen wollten Grm 26;* b) *nach vbis des legens, setzens, hebens, tragens, sendens, werfens u. ä.:* hann á Sleipni sǫðul um lagði *Bdr 2, 3*, á bjóð lǫgðu (hjarta) *Akv. 22, 9*, setti á bjóð (bolla) *Rp 4, 8*, hann á salgarð settisk *Vkv 30, 5*, hóf sér á hǫfuð upp hver Sifjar verr *Hym 34, 5*, hlóðusk móðgir á mara bogu *Ghv 7, 8*, á bál um bar Baldrs andskota *Vsp 34, 3*, á seyði síðan báru (þjóra) *Hym 15, 3*, (rúnar) sendar á víða vega *Sd 18, 4*, hrópi ok rógi ef þú eyss á holl regin *Ls 4, 5, vgl. Bdr 11, 7*, *Hym 22, 1*, *Rp 31, 4*, *Vkv 1, 5*, *Grp 13, 6. 53, 4*, *Gðr I 18, 6. II 40, 7*, *Hm 25, 5 u. ö.; prägnant :* Baldrs bana á bál vega *durch todschlag auf den scheiterhaufen bringen Bdr 10, 8;* dem *casus nachfolgend :* þegn ungan verpa vatni á *Háv 156, 3*, ǫllum ásum þat skal inn koma (*hinein bringen*) Ægis bekki á *Grm 45, 6*, urpusk á (*d. i.* urpu á sik) orðum *schleuderten sich* (*schelt-*)*worte zu Am 41, 5*, hvat er þat manna er í mínum sal verpumk (*d. i.* verpr mik) orði á *der mich anredet Vm 7, 3 ; c*) *nach den vbis des scheinens, sehens, hörens, rufens u. ä.:* sól skein . . á salar steina *Vsp 7, 6*, á þik sjálfan sjá *Vm 6, 3*, líttu á ljúfan *Gðr I 13, 5*, á þik Hrímnir hari, á þik hotvetna stari *Skm 28, 3. 4*, hlýdda ek á manna mál *Háv 110, 6*, heyra á þá skræktun *Am 61, 8*, kallaði seggr á annan *Vkv 23, 2, vgl. Hym 1, 6*, *Ls 3, 3*, *Hyndl 6, 4*, *Vkv 20, 2. 23, 3*, *Rm 9 pr 6 u. ö.;* ljúga á ehn *lügenhaftes von jmd erzählen Grp 48, 5. 7. Rm 4, 5 ;* þú lézt mér á beð þínn boðit *ludest mich ein auf dein bett Ls 52, 3 ; übertr.* teygða ek á flærðir fljóð *verlockte es zur unzucht Háv 101, 6 ; d*) *zuweilen wird auch á c. acc. gesetzt, wo im* deutschen nach anderer auffassung der dat. gebraucht wird: (þeir) sá á Svávaland landsbruna (in der richtung nach S.) HHv 5 pr 2; tálardísir standa þér á tvær hliðar zu beiden seiten Rm 24, 5; brenni mér inn húnska á hlið aðra Sg 66, 8, vgl. 67, 2; líttu þar Sigurð á suðrvega Gðr II 8, 2; 2) in übertr. sinne bezeichnet á den gegenstand, auf den sich die gedanken od. pläne jmds richten: minnask þar æsir á megindóma Vsp 62, 6, vgl. 62, 7; hugði (Guðrún) á harðræði Am 47, 3, vgl. Am 85, 6. 100, 5, anders: ef hann á grið hygði wenn er wider den frieden (auf treubruch) sänne Am 32, 6; æ trúði Ottarr á ásynjur Hyndl 10, 8, vgl. Grp 47, 8; meyjar fýstusk á myrkvan við Vkv 3, 8; vgl. auch ferner: þat biðja mun þér læs hvers á liðu wird dir alles unheil in die glieder wünschen Háv 135, 6, á skip skal skríðar orka en á skjold til hlífar vom schiffe, vom schilde soll man fordern Háv 81, 5. 6; 3) verschiedene andere beziehungen: á manns tunga mæla hverja in jeder sprache reden Grp 17, 5; á engi hlut in keiner weise Sg 36, 7, á margan veg auf mannigfache art Ghv 9, 8; mikils er vant á mann hvern jedem manne fehlt viel Hm 26, 7; þau sættusk á þat verglichen sich darauf hin F 303 a 13; 4) temporal auf die frage wann? die zeit in der etwas geschieht od. geschehen soll: á morgun Hrbl 3, 2, HH II 11, 3, á vár Hrbl 35, 2; 5) über die verbindungen á braut (brot), á meðal, á vit s. das zweite wort;

II. adv. 1) darauf, daran, dabei: á sér hón ausask darauf (auf den baum) sieht sie sich ergiessen Vsp 25, 5 (vgl. Aarb. 1869 s. 249), svá ek þat af ríst sem ek þat •á reist Skm 36, 5, vgl. Grm 23. 33, 2. Háv 107, 1 u. ö.; á sér þat illa das sieht man kaum an euch, das ist kaum zu merken Am 42, 1; á mun nú gœða das wird nun noch wachsen, zunehmen Am 68, 6; á gengusk eiðar wurden zertreten, wurden zu nichte Vsp 30, 5.

3. á, f. (got. ahwa) fluss, strom: sg.

nom. dat. acc. Vsp. 37, 1, Vm 15, 4. 16, 1, Akv 28, 3 (lies á svinn: Zz 26, 27), c. art. áin F 304a 19; Vm 16, 6; HHv 5 pr 4, Am 25, 1, c. art. ána Hrbl 29, 2, HHv 5 pr 4, F 304a 18; gen. ár F 304a 13; pl. gen. á F 304a 14.

ab-bindi, n. (d. i. af-bindi) stuhlzwang (lat. tenesmus): sg. dat. Háv 136, 9.

á-borinn, part. prt. angeboren: n. sg. dat. ábornu skjór á skeið 'angeborne anlage zeigt sich bald' Fm 5, 6 (Richert s. 40 fg.; vgl. aber auch FJ z. st. und Zz 26, 26).

aðal, n. (got. aþal in eigennamen: Wrede 84) art, natur, wesen: sg. nom. acc. Háv 102, 9; Ls 23, 8. 24, 6.

áðan, adv. ehemals, früher: Grm 54, 2, Sg. 11, 2, Am 83, 10.

áðr, adv. u. conj. I. adv. 1) frühzeitig, bei zeiten: Vsp 7, 1 (Mhff DA V, 91); 2) ehemals: Hyndl 14, 1, Am 59, 10 u. ö.; 3) zuvor, vorher: Vkv 33, 1, Am 42, 2 u. ö.; 4) früher: HHv 43, 2; II. conj. bevor: a) c. ind. prs. Vsp 48, 7, Bdr 11, 7, HHv 23, 2; b) c. ind. prt. Vsp. 34, 3, Hym 35, 2, Hrbl 3, 6, Sg 35, 3 u. ö.; c) c. opt. prs. Skm 38, 3, Vm 47, 3, Háv 1, 2 u. ö.; d) c. opt. prt. Hym 1, 4, Vm 29, 2, Br 4, 5, Gðr II 6, 3 u. ö.

af, praep. u. adv. (got. af) I. praep. c. dat. Als solche bezeichnet af 1) local auf die frage woher? den ort von dem etw. sich entfernt, von dem eine bewegung oder tätigkeit ausgeht (von, aus): hverfa af himni heiðar stjornur Vsp 59, 3, hjarðir .. ganga þá af grasi Háv 21, 3, sprettr mér af fótum fjoturr Háv 147, 6, gullhring þann er hann tók af bastinu Vkv 16 pr 3, reið konungr af fjallinu HHv 5 pr 3, mun hón Svanhildi senda af landi Sg 63, 6, fórum af landi Am 95, 3, brá hón af stalli stjórnbitluðum Od 2, 5, braut af þjóri .. hátún Hym 19, 1; hví þú þá .. mælisk af gólfi fyrir Vm 9, 2, hvat skaltu vitja af Vallandi (von V. aus) .. húsa mínna Hlr 2, 2; skínn af sverði sól valtíva Vsp 53, 3,

lýsir mǫn af mari *Vm 12, 6*, vgl.
*Hyndl 5, 2, Vkv 4, 1. 37, 6, HHv
28, 5, HH I 1, 4. 15, 2. II 36, 7 u. ö.;*
dem casus nachfolgend: herðaklett
drep ek þér hálsi af *Ls 57, 5*, hǫfuð
hǫggva ek mun þér hálsi af *Skm
23, 5*;   2) den ort an dem jmd
seine heimat hat: Qlrún Kjárs dóttir
af Vallandi *Vkv 9*, Borghildi af
Brálundi *HH II 2*, karl af bjargi
Rm 18, 6;   3) die person von der
jmd etw. empfängt od. erwirbt: af
hraunbúa hann laun um fekk *Hym
38, 5*, vill þú af hánum gótt geta
Háv 44, 3. 45, 3, af illum manni
fær þú aldrigi gjǫld *Háv 116, 8*,
fimbulljóð níu nam ek af inum
frægja syni *Háv 139, 2*, vgl. *Háv
122, 1, Hyndl 46, 3, Rm 22, 5 u. ö.;*
hefir snót af mér svarna eiða *Grp
46, 5;* vgl. auch: ef þú hlýtr af
hamri hǫgg *Hrbl 47, 6;*   4) eine
person od. einen gegenstand als teil
eines grösseren ganzen: verðr af
þeim ǫllum einna nǫkkurr tungls
tjúgari *Vsp 41, 5*, einn af þeim *Hym
13, 2*, einhverr af ásum *Rþ 2*, þann
mun ek kjósa af konungum *Gðr II
34, 2*, sumir Gothormi af gera deildu
Br 4, 4; Guðrún hafði etit af Fáfnis
hjarta *Gðr I, 8*, vgl. *Hym 18, 3, Sd
13, 7, F 306b 10 u. ö.;*   5) die
person *v o n* der jmd abstammt, den
gegenstand von dem etw. seinen ursprung hat: ek hygg at orðnir sé
allir af einum mér *Grm 54, 9 (doch
ist viell. mit A at statt af zu lesen),*
af hverju vartu undri alinn *Fm 3, 3;*
af hans vængjum kveða vind koma
Vm 37, 4, manngi veit hvers hann
(meiðr) af rótum renn *Háv 137, 9*,
orð mér af orði orðs leitaði, verk
mér af verki verks leitaði *Háv 140,
4. 6*, brandr af brandi brenn *Háv
57, 1*, vgl. *57, 3;*   6) den stoff *a u s*
dem etw. gemacht ist: dúk hvítan
af hǫrvi *Rþ 30, 3*, hurðir af járni
Fm 44 pr 2, vgl. *Rþ 30, 7; hierher auch wol:* af heilum hvat varð
húnum mínum *was ward aus meinen gesunden knaben? Vkv 32, 3;*
7) den beweggrund einer handlung
od. die ursache eines ereignisses (*a u s,
in folge v o n*): af trygðum Týr
Hlórriða ástráð sagði *Hym 4, 5*, af
hræzlu ok hugbleyði þér var í hanzka

troðit *Hrbl 26, 3*, gaftattu af heilum
hug *Rm 7, 3;* hár af árni *grauhaarig infolge von arbeit und not
Rþ 2, 8;* springa af harmi *Gðr I
4;* vgl. *Sg 10, 1. 31, 3, Am 99, 6
u. ö.;*   8) die art u. weise in der
etw. geschieht: af afli, af magni, af
ríki *kräftig, mit macht HH I 3, 1.
48, 1, F 305a 5*, af ǫllum hug *von
ganzem herzen HH II 14, 6, Grþ
47, 6*, af stundu *sogleich HH I 24,1,*
af bragði *schnell Am 2, 7*, vgl. *Gðr
II 10, 4, Od 27, 7 u. ö.;*   9) das
mittel oder werkzeug (*d u r c h*): maðr
manni verðr af máli kuðr (*so ist mit
Mhff. DA V, 257 zu lesen*), en til
dœlskr (verðr kuðr) af dul *Háv 57,
4—6*, sumr er af sonum sæll, sumr
af frændum *Háv 69, 3. 4*, gørðir
þik frægjan af firinverkum *HH I
42, 10*, vgl. *Háv 74, 3*, af niðjum
nauðig *gezwungen durch die ver-
wanten Gðr II 34, 3;* hierher auch
wol kviðugr af konu *schwanger durch
das weib (durch den genuss des
verkohlten weiberherzens) Hyndl 41,
6;* 10) die nähere bestimmung oder
begrenzung einer eigenschaft (*in
bezug a u f*): gjǫfull af gulli *Grp
7, 5 (eigentl. wol: bereit von sm
golde fortzugeben);* 11) die person
od. den gegenstand den ein anderer
an wert übertrifft: bar Helgi af hildingum (*überragte sie, eigentl. wol:
trug von ihnen fort, schmälerte sie*)
sem ítrskapaðr askr af þyrni *HH II
37, 2. 4;* 12) verschiedene andere
beziehungen: ek veit . . hór ok af
Hlórriða *jmd der durch ehebruch dem
H. abbruch, schaden getan hat Ls
54, 6;* af þínum munum *wider deinen
wunsch Skm 35, 9;* vǫll lézk ykkr ok
mundu gefa . . af geiri gjallanda ok
af gyltum stǫfnum *ausser speeren u.
schiffen (?) Akv 5, 3. 4;* 13) *zeitliche
bestimmungen:* af méli *binnen kurzem
Sg 44, 7;* vara langt af því *von jener
zeit her, nach jener zeit Od 17, 5;*
II. adv. 1) ab, herunter: svá ek
þat af ríst *Skm 36, 4*, hefja af hvera
Grm 42, 6, sneið ek af hǫfuð *Vkv
34, 5*, af væri nú hǫfuð *Hm 27, 1.*
vgl. *Grm 33, 2, Vkv 9, 5. 8. 24, 1,
Sd 18, 1 u. ö.;* 2) davon, daraus:
hann tók við horni ok drakk af *Ls
53 pr 2,* (baugir) er af drjúpa *Skm*

21, 5, fá fǫgnuð af *Háv* 129, 7, *vgl.*
Grm 33, *Sf* 10. 15, *Am* 91, 6 u. ö.;
þaðan af (af þaðan) *davon: Ls* 65
pr 7, *Vm* 45, 6; *Skm* 6, 5; þar af
davon: Skm 4.

àfa, *f. hass, feindseligkeit* (?); *sg.*
acc. áfu *Ls* 3, 4, *Sg* 33, 4 (óvo *R; vgl.*
auch , Bugge, Fkv 421a; *anders B.*
M. Olsen, Ark. 9, 232).

afar, *adv. zu sehr:* eigi a. títt *nicht*
allzu angenehm (d. h. sehr unan-
genehm) Sg 15, 4.

af-brýði, *n. eifersucht: sg. dat. Gör.*
I 10, 2.

af-glapi, *m. tor, dummkopf: sg. nom.*
Háv 17, 1.

af-hvarf, *n. abschweifung, umweg:*
sg. nom. Háv 34, 1.

afi, *m.* 1) *grossvater: sg. nom. Vm* 29,
6; 2) *mann (got.* aba) *Skm* 1, 6. 2, 6.

af-kárr, *adj. ungewöhnlich , das*
mass überschreitend ; wild, trotzig:
m. sg. nom. Akv 39, 2; *f. sg. nom.*
afkár *Akv* 36, 5, *Am* 68, 5.

1. afl, *n. kraft, stärke: sg. acc. Hrbl*
26, 1, *Háv* 158, 4 u. ö.; *dat.* afli
HHv 22, 2. 26, 5 u. ö.; af a. *mit*
macht, gewaltig HH I 3, 1.

2. afl, *m. esse, herd: pl. acc.* afla
Vsp 10, 5.

afla (að) *durch anwendung von kraft*
etw. zu wege bringen; erwerben,
verschaffen (ehs): *inf. Rm* 16.

af-lima, *adj. indecl. wer des ge-*
brauches sr glieder nicht fähig ist,
kraftlos, daher auch nicht tauglich
zu helfen und zu schützen: f. pl.
acc. Am 27, 7.

afr, *adj. (got.* abrs) *stark: m. sg.*
nom. Hym 12, 7 (*conjectur von*
Grdtv. statt des handschriftl. aðr).

af-ráð, *n. abgabe, tribut: sg. acc.*
Vsp 27, 6.

á-fram, *adv. nach vorn, vornüber:*
Grm 54 pr 9.

af-rek, *n. aussergewöhnliche kraft,*
heldenkraft: sg. dat. slíkt jóð at
afreki *ein kind von solcher helden-*
kraft Am 102, 3.

afrendi, *n. (von einem adj.* *afrendr,
d. i. *afr-hendr Grdtv* 193b *fg.;*
Bugge, Fkv 399b) *stärke , körper-*
kraft: sg. acc. Hym 28, 2.

agn, *n. (vgl. got.* ahana) *köder: sg.*
dat. agni *Hym* 22, 5; *pl. nom.* ǫgn
Hym 18, 3.

á-gæti, *n. ehre, ruhm: sg. gen.* ágæ-
tis *Am* 99, 7.

á-gætr, *adj. berühmt, trefflich, aus-*
gezeichnet: m. sg. nom. Grm 14;
pl. nom. ágætir *F* 304b 11; *n. pl.*
dat. ágætum *Am* 67, 6.

ái, *m. väterchen* (?): *sg. voc. Sf* 10
(*Bugge, Fkv* 412a). *Als eigenname*
Rþ 2, 9.

aka (ók), *fahren (zu wagen od. schlit-*
ten): inf. þrk 11, 7. 20, 5; *prs.*
ind. sg. 1. ek *þrk* 12, 9; *sg.* 3.
ekr *Vsp* 51, 1; *opt sg.* 3. aki
Háv 89, 3; *prt. ind. sg.* 3. ók
þrk 21, 7, *Hlr* 7; *pl.* 3. óku *Rþ*
23, 1. 40, 1. 41, 2.

akarn, *n.* (*got.* akran) *wilde baum-*
frucht (eichel, buchecker): pl. nom.
a. brunnin *Gör II* 24, 4. (*Hild. liest*
mit V brunninn u. *scheint also a.*
für ein masc. anzusehen, obwol das
wort im altn., wie im got. u. ags.,
nur als neutr. bezeugt ist.)

akr, *m. (got.* akrs) 1) *acker, zum ge-*
treidebau geeignetes feld: pl. acc.
akra *Rþ* 12, 11; 2) *übertr. die*
darauf gesäte frucht: sg. dat. akri
Háv 88, 1. 4; *pl. nom.* akrir *Vsp* 64, 2.

ál, *f. lederriemen: pl. nom.* álar *Ls*
62, 4.

ala (ól; *got.* alan) 1) *zeugen (vom*
manne); prs. ind. sg. 3. elr *Grm*
16; *prt. ind. sg.* 3. ól *Hyndl* 40, 1,
Am 102, 4; (*von mann u. frau*):
prt. ind. pl. 3. ólu *Rþ* 12, 1. 24, 1,
Hyndl 19, 7; *prt. prt. m. pl. acc.*
alna *HH I* 40, 3; 2) *gebären:*
prs. opt. sg. 2. alir *Sg* 27, 2; *prt.*
ind. sg. 3. ól *Rþ* 7, 1, *Ghv* 14, 5
u. ö.; *imper. sg.* 2. al *Rm* 11, 1;
part. prt. m. sg. nom. acc. alinn
Vm 38, 8, *Háv* 72, 2 u. ö.; *Fm*
23, 6; *f. sg. acc.* alna *Od* 15, 6;
3) *aufziehen: inf. Sg* 12, 3; *part.*
prt. f. sg. nom. alin *Od* 13, 1; *acc.*
alna *Fm* 41, 6; *n. pl. nom.* alin
Am 69, 1, *Hm* 28, 6; 4) *nähren,*
sättigen: part. prt. n. pl. acc. alin
HH II 7, 3; *auch in übertr. sinne:*
prs. ind. pl. 3. sút ala *hegen sorge*
Háv 48, 3; 5) *alask geboren wer-*
den: prt. ind. pl. 3. ólusk *Hyndl*
18, 3; *aufwachsen, leben: prs. ind.*
pl. 3. alask *Vm* 49, 6; *sich nähren:*
prs. ind. pl. 3. alask *Vm* 45, 6,
Grm 18, 6.

alda, *f, woge: sg. nom. Gör I 24, 7* rekr þik a. hver (hverr *Hild. mit R*) illrar skepnu *'jede welle des schlimmen schicksals treibt dich' (stets wirst du vom schicksal getrieben um unglück zu stiften); FJ II, 128b.*

aldar-róf, *n. weltuntergang: sg. nom. HH II 40, 3.*

al-dauðr, *adj., gänzlich tot: m. pl. gen.* aldauðra *HHv 11, 7.*

aldin-falda, *adj. indecl. mit altmodischem kopfputz geschmückt: f. sg. nom. Rþ 2, 10.*

aldinn, *adj. (vgl. got.* alþeis) *alt: m. sg. nom. Bdr 2, 2, (sw.)* aldni *Vsp 2, 2, Skm 25, 5;* acc. aldinn *Háv 62, 3, Rþ 1, 3, (sw.)* aldna *Grm 50, 3, Háv 103, 1, Fm 29, 3; f. sg. nom. (sw.)* aldna *Vsp. 41, 1, þrk 29, 1; acc. (sw.)* öldnu *þrk 32, 1; pl. acc.* aldnar *Rþ 36, 10; n. sg. nom. (sw.)* aldna *Vsp. 48, 3.*

aldr, *m. (vgl. got.* alds, *f.) 1) das relative alter das jmd erreicht hat oder erreichen soll: sg. nom. acc. Skm 13, 5; HH I 2, 4; dat.* aldri *Sg 51, 3, Ghv 2, 7; 2) hohes lebensalter: sg. nom. Gör II 31, 6; 3) leben: sg. acc. Ls 62, 2, Gör II 33, 11; gen.* aldrs *Rþ 41, 8, Rm 15, 4, Fm 36, 8; dat.* aldri *Bdr 8, 8, Sg 41, 4 u. ö.*

aldr-dagar, *m. pl. ewige zeiten: acc.* aldrdaga *Vsp. 66, 7, Vm 16, 5.*

aldri, *adv. (sg. dat. von* aldr) *niemals: Hrbl 24, 4, Háv 76, 5, Sd 8, 5 u. ö.; a.* siðan *nie mehr Ls 65, 2, Sd 2 pr 16.*

aldri-gi, *adv. niemals: Ls 8, 3, Hrbl 43, 3, Skm 20, 2, Grm 3, 5 u. ö.; zuw. noch durch vorausgehende negat. verstärkt: Háv 92, 3. Od 9, 4. 20, 7.*

aldr-lag, *n. 1) das leben wie es nach der bestimmung des schicksals sich legt od. fügt: sg. dat.* aldrlagi *Sg 5, 3 (Bugge, Tidskr. f. phil. 8, 69); 2) niederlegung des lebens, tod (auch im plur.): sg. dat.* aldrlagi *Vm 52, 5, Hm 8, 3; pl. gen.* aldrlaga *HHv 30, 3, Hm 8, 6.*

aldr-lok, *n. pl. lebensende, tod: dat.* aldrlokum *HH II 11, 4.*

aldr-nari, *m. lebenserhalter, d. i. feuer: sg. nom. Vsp 59, 6 (Mhff DA V, 154; anders Bugge, Fkv 391b).*

aldr-rúnar, *f. pl. lebensrunen, runen deren zauberkraft das leben schützt und erhält: acc. Rþ 44, 4.*

aldr-stamr, *adj. des lebens beraubt: f. pl. nom.* aldrstamar *Akv 43, 7 (vgl.* glý-stamr).

aldr-tregi, *m. lebensschädigung, krankheit:* 'sg. acc. aldrtrega *Háv 20, 3.*

ald-rœnn, *adj. alt, bejahrt: m. pl. dat.* aldrœnum *Hrbl 44, 2.*

álf-kunnigr, *adj. dem geschlechte der elben entsprossen: f. pl. nom.* álfkungar *Fm 13, 5.*

álfr, *m. elbe, elfe: pl. nom.* álfar *Alv 11, 5. 13, 5 u. ö.; gen.* álfa *Ls 2, 4, Skm 7, 4, Vkv 11, 3 u. ö.; dat.* álfum *Vsp 49, 2, þrk 6, 2, Grm 4, 3 u. ö.*

álf-rǫðull, *m. elbenstrahl, d. i. sonne: sg. nom. Skm 4, 4. — Personificiert Vm 47, 2.*

al-grœnn, *adj. ganz grün: m. pl. acc.* algrœna *Akv 13, 8. — Das fem. als inselname Hrbl 16, 4.*

al-gullinn, *adj. 1) ganz von gold: n. pl. acc.* algullin *Skm 19, 2; 2) ganz in gold gekleidet: f. sg. nom.* algullin *Hym 8, 6.*

ál-heimr, *m. heimat der aale (poet. bezeichnung des meeres): sg. acc.* álheim *Alv 25, 4.*

al-hugaðr, *part. prt. (zu* hyggja) *fest beschlossen: unpersönl. n. sg. nom.* alhugat *HHv 21, 5.*

á-lit, *n. das ansehen, das äussere (auch im plur.): sg. dat.* áliti *Grp 4, 6. 7, 7 u. ö.; pl. dat.* álitum *Grp 27, 2, Sg 36, 8.*

al-kunna (kunna) *vollständig erfahren: prs. opt. sg. 1. Bdr 8, 3. 10, 3. 12, 3.*

all-feginn, *adj. hocherfreut: f. sg. nom.* allfegin *HH II 17 pr 2.*

all-mikill, *adj. sehr gross, gewaltig: m. sg. nom. HHv 30 pr 1.*

all-ókátr, *adj. sehr missvergnügt: m. sg. nom. Gör III 5.*

allr, *adj. (got.* alls) *1) ganz: m. sg. nom. Vsp 49, 3, þrk 12, 3, Háv 51, 6 u. ö.; gen.* alls *Grp 9, 4. 32, 7; dat.* ǫllum *Háv 159, 6, HHv 39, 6, Grp 47, 6 u. ö.; acc.* allan *Ls 58, 6, Hrbl 60, 2, Grm 52, 6 u. ö.; pl. acc.* alla *Od 5, 9; f. sg. nom.* ǫll *Hym 24, 4. Ls 56, 6,*

Grm 29, 8 u. ö.; dat. allri *HH I 14, 7, Am 59, 9; acc.* alla *þrk 29, 10, Hrbl 37, 4 u. ö.; pl. acc.* allar *Háv 137, 3; n. sg. nom. acc.* alt *Skm 6, 6, F 306a, 11 u. ö.; Vsp 29, 5, Hrbl 18, 12 u. ö.; gen.* alls *Hrbl 9, 3; dat.* ǫllu *HH II 33, 6. Fm 34, 4 u. ö.; 2) jeder: m. sg. nom. F 303b 27; gen.* alls *Hlr 10, 4, Gðr II 24, 3; n. sg. gen.* alls *Vsp 64, 3, HH II 32, 6; 3) all, a) mit subst.: m. pl. nom.* allir *Vsp. 52, 6, Bdr 1, 2, þrk 13, 2, Ls 45, 6 u. ö.; gen.* allra *Vsp 13, 3, Ls 16, 3, Háv 157, 5 u. ö.; dat.* ǫllum *Grm 45, 4. Gðr III 5, 7 u. ö.; acc.* alla *Hym 36, 6, Grm 7, 5, Alv 9, 4 u. ö.; f. pl. nom. acc.* allar *Bdr 1, 4, Vm 31, 5 u. ö.; Vsp 4, 1, þrk 24, 7 u. ö.; gen.* allra *Ls 17, 2, F 304a 14; dat.* ǫllum *Ghv 22, 3; n. sg. gen.* alls *Gðr II 26, 3; acc.* alt *Rm 4 pr 1; pl. nom. acc.* ǫll *Vsp 9, 1, Ls 11, 3, Grm 26, 6 u. ö.; Ls 55, 6, Vm 38, 3, Hyndl 45, 3 u. ö.; gen.* allra *Hym 22, 8, Vm 42, 5 u. ö.; dat.* ǫllum *HHv 7, 5, HH II 37, 8, Sd 5; b) mit dem pron. demonstr.: m. pl. nom.* þeir allir *Ls 5 pr 4, Am 29, 3; dat.* þeim ǫllum *Vsp 41, 5; acc.* þá alla *Akv 43, 1; f. pl. dat.* þeim ǫllum *Hrbl 18, 9; acc.* allar þær *Grp 17, 3,* þær allar *Sd 12, 6; n. sg. nom. acc.* þat alt (alt þat) *Vm 31, 6, Hyndl 16, 9 u, ö.; Alv 8, 6, Br 18, 5 u. ö.; gen.* alls þess *Gðr III 3, 1; dat.* þessu ǫllu *Háv 87, 8; c) mit dem pron. pers.: m. pl. nom.* ér allir *Grp 37, 1; n. pl. nom.* vér ǫll *Od 18, 3 (vgl. Am 99, 4, wo das* vér *fehlt); dat.* ǫllum yðr *Hym 3, 7, oss* ǫllum *Sg 65, 7; acc.* oss ǫll (ǫll oss) *Am 18, 4, Ghv 8, 8; d) mit annarr: n. sg. acc.* alt annat *Am 49, 3; e) absolut: m. pl. nom.* allir *Vsp 48, 5 (Bergmanns conjectur* halir *ist metrisch unzulässig, s. Sievers, Beitr. 10, 522), Hrbl 23, 6, Grm 54, 9, Br 12, 5 u. ö.; gen.* allra *Vkv 9, 3, Sf 32 u. ö.; dat.* ǫllum *Háv 135, 3, Rp 39, 4, Fm 16, 5 u. ö.; f. pl. nom.* allar *Sd 18, 1, Am 13, 1; gen.* allra *HHv 6; dat.* ǫllum *Sg 16, 2; n. sg. nom. acc.* alt *Háv 17, 4,*

Grp 24, 6, Fm 11, 6 u. ö.; Háv 26, 2, Am 66, 4. 93, 1; gen. alls *þrk 2, 2, Od 3, 10 u. ö.; dat.* ǫllu *Vsp 67, 4, Br 10, 6 u. ö.,* með ǫ. *vollständig, mit haut und haar Hym 15, 7, durch und durch Grp 38, 7; pl. gen.* allra *Hyndl 40, 6; dat.* ǫllum *HHv 8, 6.*

allra, *adv. (n. pl. gen. zu* allr) *ganz und gar, vollständig: Hym 31, 3.*

alls (*n. sg. gen. zu* allr), *adv. und conj. I. adv. 1) durchaus, ganz u. gar, gänzlich: Hrbl 28, 2, Háv 69, 1; 2) viel, sehr: Hlr 14, 2; margs var a. beini bewirtung mit sehr vielem, überaus reiche bewirtung Am 8, 2,* margs var a. sómi manna tíginna *eine (dem hofe) zu hoher ehre gereichende schar auserlesener männer Am 91, 3; II. conj. da, weil (stets im nachstehenden, begründenden satze): Hrbl 55, 2, Vm 1, 2, Grm 3, 2, Fm 12, 2 u. ö.*

alt, *adv. (n. sg. acc. zu* allr) *1) durchaus: Vsp 2, 7. Háv 97, 4; 2) ganz, völlig: Gðr I, 27 pr 3, Sg 53, 6.*

alls-kyns (*d. i.* alls kyns) *erstarrter genet. allerhand: Vkv 17 pr 5.*

all-trauðr, *adj. sehr unwillig, sehr wenig geneigt zu etw. (ehs): m. sg. nom. HH I 54, 10.*

all-valdr, *m. herscher: sg. nom. HH I 22, 2.*

all-vel, *adv. sehr wol, sehr gut: Grp 49, 4.*

all-vígmóðr, *adj. sehr müde vom kampfe: m. sg. nom. HH II 12 pr 15.*

all-þarfr, *adj. sehr nützlich: n. pl. nom.* allþǫrf *Háv 163, 3.*

all-þurr, *adj. sehr trocken: f. sg. nom. Vkv 10, 8.*

álmr, *m. 1) ulme; poet. bezeichnung eines helden: sg. nom. HH I 9, 3 (vgl. aber FJ II, 124a); 2) der aus ulmenholz gefertigte bogen: sg. acc.* álm *Rp 27, 7. 35, 5; pl. gen.* álma *HH I 17, 8.*

álptar-hamr, *m. schwanenhaut, schwanenhemde, die hülle in welche die walküren schlüpfen um sich in schwäne zu verwandeln (Myth. I⁴ 354): pl. nom.* álptarhamir *Vkv 7.*

al-skír, *f. 'die ganz reine', poet. bezeichnung der sonne: sg. acc. Alv 17, 6.*

al-skjótr, *adj. vollkommen schnell,*
an schnelligkeit unübertrefflich: m.
sg. dat. alskjótum *Háv 87, 4.*
al-snotr, *adj. vollkommen weise:* m.
sg. nom. *Háv 55, 6;* pl. nom. al-
snotrir *Gðr I 2, 2;* f. sg. nom. (sw.)
alsnotra *þrk 26, 1. 28, 1.*
al-svartr, *adj. ganz schwarz:* m.
sg. nom. *Hym 18, 8;* pl. nom.
alsvartir *þrk 23, 3.*
al-sviðr, *adj. vollkommen weise:* m.
sg. nom. *Vm 6, 6. 34, 6;* voc. (sw.)
alsvinni *Vm 42, 7;* gen. acc. (sw.)
alsvinna *Vm 5, 3; Vm 1, 6.* — *Als*
name eines rosses (der vollk. schnelle)
Grm 37, 1, Sd 15, 4, eines riesen
Háv 141. 11.
1. al-vitr, *adj. dass:* f.sg.nom.Vkv 8.
2. al-vítr, *f.* (vgl. ags. æl-wiht)
'*wesen aus einer anderen welt*', *be-*
zeichnung der schwanenjungfrauen
oder walküren: sg. voc. *HH II*
18, 2; pl. nom. *Vkv 1, 3. 3, 9*
(vgl. *Sievers, Beitr. 12, 488 fg.*).
á-mátligr, *adj. ekelhaft, hässlich:*
f. sg. nom. ámátlig *HH I 39, 3.*
á-máttigr, *adj.* (vgl. got. anamahts,
f.) *übermächtig* (pervalidus *Mhff*
DA V, ,92 anm; anders Bj. Mag-
nússon Ólsen, Timarit 15, 39 ff.): m.
sg. nom. voc. (sw.) ámátki *Grm 11, 3.*
Skm 10, 7; HHv 14, 2; f. pl. nom.
ámátkar *Vsp 11, 7;* superl. m. sg.
acc. ámátkastan *HHv 17, 3.*
ambótt, *f.* (vgl. got. andbahts, m.
'*diener*') *magd:* sg. nom. acc. *þrk*
20, 4, Gðr III 1 u. ö.; HH II 48
pr 3; gen. ambóttar *HH II 1 pr 5;*
pl. nom. acc. ambóttir *Sg 70, 2; Gðr*
I 27 pr 7, Od 28, 1. — *Als weibl.*
eigenname Rp 13, 5.
amma, *f. grossmutter:* sg. acc. ǫmmu
Hym 8, 1. — *Als weibl. eigenname*
Rp 14, 7 u. ö.
á-munr, *adj. ähnlich, gleich* (ehm;
Bugge,, Fkv 410b; Bj. Magnús-
son Ólsen, Ark. 9, 228 fg.):
m. pl. nom. ámunir *HH II 10, 7;*
n. pl. nom. ámun *Vkv 17, 1.*
ámælis-orð, *n. scheltwort, beleidi-*
gung: pl. acc. *Sf 14.*
án, *praep.* (c. gen. dat. od. acc.) *ohne:*
né án (scil. verð) til kynnis komi
Háv 33, 3; c. inf. án við lǫst at
lifa *Háv 68, 6;* án vera, 1) '*ohne*
etw. sein', *entbehren* (eht): *Alw 7,*

5; 2) *unnötig sein:* orð kvað þá
Vingi þats án væri das er besser un-
gesprochen gelassen hätte Am 37, 8.
á-nauð, *f. zwang:* sg. acc. *Skm 24, 1.*
á-nauðigr, *adj. im sklavenstande*
befindlich: m. sg. dat. ánauðgum
Am 61, 3.
andaðr, *part. prt. ausgehaucht ha-*
bend, tot: m. sg. nom. *Grm 13.*
and-fang, *n. empfang, aufnahme:*
pl. gen. andfanga *Vm 8, 6.*
andi, *m. hauch, atem:* sg. dat. anda
F 305b 11.
and-lát, *n. aufgeben des atems, tod:*
sg. acc. *Dr 3.*
and-lit, ann-lit, *n. antlitz:* sg.
nom. andlit *Rp 8, 6;* acc. annlit
Ls 65 pr 4.
and-skoti, *m. wer als schütze jmd*
gegenüber steht, gegner, feind: sg.
nom. *Hym 11, 8;* acc. andskota
Vsp 34, 4, Bdr 11, 8, Hym 13, 8;
pl. gen. andskota *Háv 146, 5.*
and-spilli, *n.* 1) *gespräch, unter-*
redung: sg. dat. *Skm 11, 4, Sg 47, 2,*
Gðr II 11, 2; gen. andspillis *Skm 12,*
4; 2) nachricht: sg. nom. *Am 44, 1.*
and-spjall, *n.* 1) *gespräch, unter-*
redung: sg.dat. andspjalli *F 306b 2;*
2) *im plur. tröstende zusprache:*
acc. andspjǫll *Gðr I 12, 6.*
and-svar, *n. antwort:* pl. dat. and-
svǫrum *Ls 5, 5;* acc. andsvǫr *Br*
7, 2, Sg 18, 2 u. ö.
and-vanr, *adj. entblösst von etw.*
(ehs), *verlustig:* m. sg. nom. *HH*
I 5, 7; (sw.) andvani *HH II 32,*
5, Br 16, 6; pl. acc. andvana *Gðr*
II 42, 3.
and-æris, *adv. ursprünglich wol ein*
schifferausdruck, angewandt auf eine
fahrt bei der wind oder strom den
rudernden entgegen ist, dah. widrig,
unglücklich: *Am 14, 7.*
angan, *n. wonne, lust:* sg. nom.
Vsp 1, 7. 54, 8.
angr, *n.* 1) *schmerz, kummer:* sg.
nom. acc. *Am 97, 3; Grp 20, 6;*
dat. angri *HH I 5, 1; 2) schaden:*
sg. acc. *HHv 10, 7.*
angra (að) *beängstigen* (ehm): prt.
opt. pl. 3. angraði *Grp 34, 8.*
angr-lauss, *adj. kummerlos, friedlich:*
f. sg. acc. angrlausa *HH II 46, 3.*
angr-ljóð, *n. trauerlied:* sg. acc.
HH II 45, 6.

annarr, *num. ord. u. adj.* (got. anþar)
1) *num. ord. der zweite, der andere:*
m. sg. nom. Vsp 13, 4. 54, 2, Grm
39, 4 *u. ö.*, einn .. annarr *der eine ..*
der andere Vkv 3, HH II 12 pr
4; *dat.* ǫðrum HH I 25, 2; *acc.*
annan Fm 14, Od 26, 4 *u. ö.*; *pl.*
gen. annarra frændr *die verwandten*
der gegenpartei HH II 13; *dat.*
ǫðrum megum sundsins *auf der ent-*
gegengesetzten seite des sundes Hrbl
2; *acc.* aðra Gǫr II 35, 7; *f. sg.*
nom. ǫnnur Vsp 31, 6, Hym 8, 5
u. ö., ein .. ǫnnur HHv 2; *dat.*
einni .. annarri Grm 31, 5; *acc.*
aðra Sg 66, 8. 67, 2, eina .. aðra
Vsp 23, 6: *pl. acc.* aðrar F 303a
15; *n. sg. nom. acc.* annat Rþ 42, 2.
Rm 21, 1; Vm 22, 1, Háv 145, 1,
yfir a. .. okkart *über den andern*
von uns beiden Hlr 12, 6; *dat.*
ǫðru Vsp 61, 2, Ls 1; — sem annarr
wie ein ebenbild der genannten per-
son od. sache: m. pl. nom. vissi hann
vel fram sem vanir aðrir *wie sonst*
die wanen þrk 14, 4 (Reinh. Fuchs
CCLVII *anm.*; Sijmons, Taalk.
bijdr. II 308 *ff.*) — annarr .. annarr
der eine .. der andere: m. sg. nom.
Grm 1. 2. Sd 2 pr 5. 9; *n. sg. nom. dat.*
annat .. ǫðru Helr 2. 4; *das erste*
a. *ist zuweilen nicht ausgedrückt:*
m. sg. dat. ǫðrum Fm 36, 7, Hm
14, 4; *acc.* annan Háv 30, 2, Vkv
23, 2; *f. sg. dat.* annarri Hm 14,
8; *das zweite a. fehlt: m. sg. acc.*
á annan veg *nach der einen Seite*
Sg 23, 8; 2) *adj. ein anderer: a) ab-*
solut: m. sg. nom. Háv 74, 5; *gen.*
annars Vsp 40, 5, Háv 8, 6, Fm
24, 7 *u. ö.*; *dat.* ǫðrum Háv 65,
5, Grp 36, 7 *u. ö.*; *acc.* annan
Háv 45, 1, Rm 4, 5, Am 48, 7
u. ö.; *pl. nom.* aðrir Am 12, 6;
dat. ǫðrum Sg 11, 9, *acc.* aðra
Am 98, 4; *f. sg. gen.* annarrar
Sg 41, 3, Hlr 1, 8 (*wo die lesart*
von R: vers annarrar *den vorzug*
verdient); dat. annarri Hrbl 22, 2;
b) mit adj. oder pron.: m. sg. nom.
a. enn mátkari Hyndl 44, 1, a. ..
grár F 305a 12; *n. sg. acc.* annat
slíkt Akv 6, 8, allt a. Am 49, 3;
pl. nom. ǫnnur þau Am 29, 4;
c) mit subst.: m. sg. gen. annars
dags Sd 25, 7, a. manns Sg 39, 7;

acc. annan veg *auf andere weise*
HH II 1 pr 4, jǫfur a. HH II
15, 3; *pl. acc.* aðra Sf 31, Fm
43, 6, F 306b 20; *f. pl. nom. acc.*
aðrar Gǫr I 2. 1, 8. II 11, 8;
HH I 18, 6; *n. sg. nom. acc.* annat
Grp 38, 6; Hrbl 59, 4, Am 10, 10
u. ö.; *gen.* annars Hym 25, 6; *pl.*
dat. ǫðrum Rþ 25, 2; — *anders be-*
schaffen: f. pl. nom. aðrar váru
okkrar spekjur Gǫr III 4, 5; — *der*
nächstfolgende: m. sg. gen. annars
dags Vkv 22, 2; *dat.* at aptni
ǫðrum Hym 16, 6; *acc.* annan
aptan HH II 48 pr 2.

ann-lit, *n. s.* and-lit.

apaldr, *m. apfelbaum; baum über-*
haupt (Bugge, Norr. skr. 193):
sg. voc. brynþings a. 'baum des
kampfes', *poet. bezeichnung eines*
helden, Sd 5, 2,

api, *m.* 1) *affe: pl. gen.* áttrunn apa
den sprössling der affen (bezeich-
nung eines riesen) Hym 20, 3;
2) *narr, tor: sg. nom.* Háv 74, 3;
gen. apa Fm 11, 3; *pl. gen. acc.*
apa Grm 34, 3; Háv 121, 7.

aptann, *m. abend: sg. nom.* Am 78, 7;
dat. aptni Hym 16, 5, Háv 97, 1,
Rm 25, 5; *acc.* aptan Vsp 9, 9,
Od 11, 1 *u. ö.*

aptarla, *adv. hinten:* HHv 20, 4.

aptr, *adv.* (got. aftra) 1) *zurück:* þrk
7, 6, Hym 25, 2, Vm 4, 2, Hyndl
47, 4 (*wo jedoch wol mit Bugge,*
Ark. 1, 265 óbrend *zu lesen ist*)
u. ö.; 2) *rückwärts:* Sg 23, 10;
3) *herab (?):* Háv 138, 6; 4) *hinten:*
Hym 21, 5; 5) *wider, zum zweiten*
male: Bdr 14, 4, Hym 32, 7, Ghv
8, 2.

aptr-borinn, *part. prt. widergebo-*
ren: f. sg. nom. aptrborin Sg 45, 7.

1. ár, *f. ruder: sg. dat. acc.* Hym
25, 3 (*es ist doch wol mit Bugge*
u. Grdtv. zu lesen: svát at ár);
Sd 10, 6; *pl. nom.* árar HH I 50, 6;
gen. ára HH I 28, 1; *dat.* árum
Hym 27, 5.

2. ár, *n.* (got. jêr) 1) *jahr: d. pl.*
árum Vsp 9, 10; 2) *fruchtbare zeit:*
sg. nom. HHv 28, 8; *pl. acc.* HH
I 7, 4 (*wo mit Kop. u. den neueren*
herausgebern góð ár komin *zu lesen*
ist; vgl. auch Wisén, Hjeltes. 83).

3. á r, *n. beginn, anfang: sg. nom.*
Vsp *6, 1.* HH I 1, 1.

4. á r, *adv. (got.* air) *1) ehemals, vor*
zeiten: Vsp *5, 2,* Hym *1. 1,* Gðr I
1, 1, Akv *1, 2 u. ö.; 2) frühzeitig,*
in der frühe: Skm *27, 2,* Háv *58,*
1 u. ö.; ár morgin frühe am morgen
Am *84, 6; 3) schnell:* Vkv *10, 7.*

a r a - s t e i n n, *m. adlerfels, felsen auf*
dem adler horsten: sg. dat. arasteini HH I *14, 4.* II *12 pr 15*
(wahrscheinlicher aber ist das wort
als ortsname zu fassen; vgl. R.
Much, *Hz 33, 1 anm.).*

á r - b a k k i, *m. hohes flussufer: sg.*
dat. c. art. árbakkanum Rm *11.*

á r - d a g a r, *m. pl. tage der urzeit,*
anfang der tage; nur im acc. in der
verbindung í árdaga Vsp *63, 5,* Ls
9, 2 u. ö.

a r ð r, *m. pflug: sg. acc.* Rp *22, 4.*

a r f i, *m. (got.* arbja) *der erbe: sg.*
nom. Grp *47, 7,* Rm *26, 7; pl.*
nom. arfar Hyndl *27, 2,* Hlr *5, 6,*
Od *25, 8. — Als männl. eigenname*
Rp *42, 4.*

a r f r, *m. das erbe (über die ursprl.*
bedeutg. 'vieh' vgl. Sievers, Beitr.
12. 174 ff.): sg. gen. arfs Rm *12, 3;*
dat. arfi HHv *11, 8,* HH II *23, 7,*
Br *11, 3 u. ö.; acc.* arf Dr *1.*

a r f - þ e g i, *m. erbnehmer, erbe: sg.*
nom. Hyndl *19, 2. 30, 2.*

a r g r, *adj. unmännlich, weibisch, zum*
weib geworden: m. sg. gen. args Ls
23, 8. 24, 6; acc. argan þrk *16, 4.*

a r i, *m. (got.* ara) *adler: sg. nom.* Vsp
51, 6; gen. ara Skm *27, 1; pl.*
nom. arar HH I *1, 2; gen.* ara
HH II *8, 7.*

a r i n - g r e y p r, *adj. den herd um-*
gebend (Bugge, Norr. skr. 362;
FJ zu Akv *1, 7): m. pl. dat.* bekkjum (hjálmum) aringreypum Akv
1, 7. 3, 7 (wo viell. mit GV, Cpb I
45 aringreypan *zu lesen ist).* 17, 3.

a r i n n, *m. herd: sg. gen.* arins Gðr
II *24, 5; pl. acc.* arna Ghv *10, 2.*

a r k a (að), *sich schwerfällig vorwärts*
bewegen: prt. ind. pl. 1. ǫrkuðum
Am *95, 7 (vgl. Njála 120, 73).*

á r l a, *adv. in der frühe:* HHv *6, 5.*

á r l i g a, *adv. dass:* Háv *33, 1,* HH
I *17, 1.*

á r l i g r, *adj. frühzeitig: n. pl. dat.*
árligum Hrbl *4, 1.*

a r m - b a u g r, *m. armring: pl. gen.*
armbauga Ls *13, 1.*

a r m l i g r, *adj. kläglich, jämmerlich:*
n. sg. acc. armlikt Gðr III *10, 1.*

1. a r m r, *m. (got.* arms) *arm (bra-*
chium): sg. nom. Rp *10, 4; dat.*
armi Háv *162, 8,* HHv *4, 6 u. ö.;*
acc. arm Háv *107, 6; pl. nom.*
armar Skm *6, 4; dat.* ǫrmum Rp
28, 2; acc. arma Ls *17, 4.*

2. a r m r, *adj. (got.* arms) *arm; elend,*
unselig: m. sg. nom. Sd *23, 6;*
f. sg. nom. (sw.) arma Od *29, 1;*
gen. armrar Gðr I *22, 7.*

á r n, *n. arbeit, not: sg. dat.* hár af
árni *grauhaarig von arbeit und*
not Rp *2, 8 (FJ z. st.).*

á r n a, (að; *got.* airinôn) *1) ausführen,*
ausrichten: prt. ind. sg. 2. árnaðir
Skm *40, 4; 2) erwirken, erreichen,*
erringen: imper. pl. 2. árnið Am
33, 4; part. prt. n. sg. acc. árnat
Am *84, 3; 3) fürbitte einlegen für*
jmd (ehm): inf. Am *61, 3.*

a r n a r - l í k i, *n. adlergestalt: sg. acc.*
HHv *5 pr 8.*

á r - ó s s, *m. flussmündung: sg. dat.*
árósi Ls *41, 2.*

á r r, *m. (got.* airus) *bote: pl. nom.*
ærir Rp *40, 1; acc.* áru HH I *22,*
1, Od *23, 2.*

á r - s á i n n, *part. prt. früh gesät: m.*
sg. dat. ársánum Háv *88, 1.*

á r - s a l r, *m. bettvorhang, teppich:*
sg. acc. ársal Gðr II *26, 7.*

á r - s t r a u m r, *m. strömung in einem*
flusse: sg. nom. Grm *21, 4.*

á r - t a l, *n. jahresberechnung, zeit-*
berechnung: sg. dat. ártali Vm *23, 6.*
25, 6.

á r - t a l i, *m. 'jahresberechner', poet.*
bezeichnung des mondes: sg. acc.
ártala Alv *15, 6.*

á s - b r ú, *f. 'asenbrücke' (der regen-*
bogen): sg. nom. Grm *29, 7.*

a s k - l i m a r, *f. pl. eschenzweige: pl.*
dat. asklimum HH II *49, 7,* Rm
22, 3.

a s k r, *m. 1) esche: sg. nom.* Vsp *48, 2,*
Grm *35, 1 u. ö.; dat.* aski Grm
29, 6. 30, 9 u. ö.; acc. ask Vsp
22, 1; 2) der aus eschenholz ge-
fertigte speer: pl. acc. aska Rp *43, 6,*
Akv *4, 2. — Als männl. eigen-*
name Vsp *20, 7.*

á s - k u n n i g r, *adj. vom geschlechte*

der *asen: f. pl. nom.* áskungar *Fm 13, 4.*

á s - k u n n r, *adj. von den asen herstammend: m. sg. dat. (sw.)* áskunna *Akv 28, 3.*

ás-liðar, *m. pl. die zur genossenschaft der asen gehörigen, die asen: nom. Skm 34, 4.*

ás-megin, *n. asenstärke, asenkraft: sg. nom. acc. F 304a 25; Hym 31, 4; gen.* ásmegins *F 304a 41 [änderung von Thorlacius statt des hsl.* alls megins, *von Sv. Egilsson und Bugge gebilligt, während K. Gíslason (Njála II, 11 anm.) die hsl. lesung verteidigt, welche auch Sijmons beibehält].*

ás-megir, *m. pl. die söhne der asen, die asen selbst (K. Gíslason, Efterl. skr. l, 125; anders, aber kaum richtig, Hj. Falk Aarb. 1891 s. 288): nom. Bdr 7, 5.*

1. áss, *m. männl. gottheit aus dem geschlechte der asen, ase; im pl. öfter d. ganze geschlecht (männl. u. weibl. mitglieder) bezeichnend: sg. nom.* þrk 2, 8, Ls 11, 4 *u. ö.; acc.* ás *Rp 1, 4; pl. nom.* æsir *Vsp 10, 1, Bdr 1, 1 u. ö.; c. art.* æsirnir *Rm 5 pr 3; gen.* ása *Vsp 2, 3, þrk 4, 8 u. ö.; dat.* ásum *Vsp 44, 1, þrk 6 1 u. ö.; acc.* ásu *Ls 6, 4, c. art.* ásuna *Ls 10 pr 3.*

2. áss, *m. (got.* ans*) querbalken: sg. nom. Hym 12, 8.*

ást, *f. (got.* ansts*) zuneigung, liebe (auch im plur.): sg. gen.* ástar *Háv 92, 1; acc.* ást *Háv 91, 3; pl. dat.* ástum *Alv 8, 1, HHv 41, 8; acc.* ástir *þrk 29, 8. 9, Gðr I 17, 4.*

ásta-lauss, *adj. des gegenstandes der liebe (der geliebten person) beraubt: f. sg. acc.* ástalausa *Hlr 5, 7.*

ást-gjǫf, *f. geschenk durch das man seine zuneigung zu erkennen gibt, das auf freundliche gesinnung schliessen lässt: pl. acc.* ástgjafar *Rm 7, 2.*

ást-kynni, *n. liebevoller empfang, freundschaftl. bewirtung: sg. nom. Am 14, 3.*

ást-ráð, *n. freundschaftlicher rat: sg. pl. acc. Hym 4, 7. 30, 3, Fm 35, 3; Sd 21, 4. (vgl. jedoch Mhff, DA V, 162 u. Sijmons, Zz 24, 20).*

ástugr, *adj. (vgl. got.* ansteigs*) liebreich gesinnt, wolwollend: m. pl. nom.* ástkir *Vsp 20, 3.*

ásynja, *f. weibl. gottheit aus dem geschlechte der asen, asin: pl. nom. acc.* ásynjur *Bdr 1, 3. þrk 13, 3 u. ö.; Hyndl 10, 8.*

1. -at, *enklit. negat. (got.* ainata: *Kock, Om nâgra atona s. 16 ff.; Noreen² § 57, 4): nicht, a) dem vbm unmittelbar angefügt:* þú . . *sér-at du siehst nicht Ls 28, 5,* verðr-at *es wird nicht Vm 16, 6,* varð-at *Vm 38, 8,* ris-at *Háv 111, 5,* vill-at *Háv 113, 4,* mun-at *Grp 52, 2 u. ö.; nach vocal. auslautenden formen wird in der regel das a ausgestossen:* væri-t *Háv 39, 3,* bíta-t *Háv 146, 6,* sé-t *Háv 61, 3,* sagði-t *Hym 14, 1,* vissu-t *Am 83, 6 u. ö., vgl. jedoch* þegi-at *Bdr 8, 1 u. ö.,* kná-at *Grm 25, 6,* kveli-at *Vkv 33, 7,* skríði-at *HH II 30, 1,* teygi-at *Sd 28, 6,* bjó-at *Sg 40, 3,* sá-at *Gðr III 10, 1 u. ö.; b) dem enklinierten personal-pron.* ek *sich anlehnend (das gewöhnl. hinter dem* at *noch einmal widerholt wird):* knák-at ek *Hym 32, 6,* vilkat ek *Ls 18, 6 u. ö.,* emk-at ek *Hrbl 35, 1 u. ö.,* vark-at ek *Alv 4, 4,* munk-at ek *Sd 21, 1, Gðr II 32, 9,* hnék-at ek *Od 9, 1 u. ö.; ek* mák-at *F 303a 25. — Vgl. -a.*

2. at, *praep. u. adv. (got.* at*) I. praep. c. dat. und gen. A. c. dat. bezeichnet es 1) auf die frage wo? den ort wo eine person oder ein gegenstand sich befindet, wo etwas sich zuträgt oder geschieht, auch die person bei der jmd sich aufhält (an, in, auf, bei):* býr Hymir at himins enda *Hym 5, 4,* at eyrum Freys mundu æ vera *Ls 44, 4,* þik at brœðr þínum stóðu blíð regin *Ls 32, 4 (vgl. Bugge z. st.);* þú skalt .. at mér lifa *HH II 16, 6,* hón lét sveltask at Sigurði *neben* Sigurd Od 18, 8, *stigu or sǫðlum* at salar gafli *Vkv 8, 6,* fell at Frekasteini buðlungr *HHv 39, 2, vgl. Grm 18. 32, 3, HH II 12 pr 2. 35, 2, Br 5, 3, Hm 30, 2. 4 u. ö.; übertr.* sœmd var at slíku *hierin lag ehre, hiermit konnte man ehre einlegen Am 92, 5,* hón sér at lífi lǫst né vissi ok at aldrlagi *ekki grand Sg 5, 1. 3; dem casus nachfolgend:* brautu at *Háv 10, 2.*

11, 2, velli at *Háv 11,* 5. *49, 2,*
Urðar brunni at *Háv 110, 3;* *2) die
handlung od. den vorgang, bei dem
jmd anwesend ist, während dessen
er etw. ausführt od. erleidet:* fyrstr
ok œfstr var ek at fjǫrlagi þars vér
á þjaza þrifum *Ls 50,* 5, *vgl. 51,
2,* at máli *Háv 57,* 5 *(vgl. aber
Mhff DA V. 257),* at erfinu *Sf 7,*
at sverða svipun *Rm 19, 6 u. ö.;*
strengðu menn þá heit at bragarfulli *(während der becher herum-
gieng) HHv 30 pr 11, vgl. 32, 6;*
þess skaltu gjalda at bragarfulli
*HHv 30 pr 9; dem casus nach-
folgend:* sumbli at *Ls 7, 5. 8, 2.*
Ægis drekku at *Grm 45, 7; 3) auf
die frage wohin? den ort, die person oder den gegenstand, der das
ziel einer bewegung ist (zu, nach,
in):* kvámu æsir at húsi *Vsp 20, 4,*
ganga hér at garði . . kýr *þrk
23, 1,* hurfu at hǫllu *Hym 7, 7,*
þú ríða sérat . . Baldr at sǫlum
Ls 28, 6, þú vart . . gísl um sendr
at goðum *Ls 34, 3,* hann dœma
ferr at aski *Grm 29, 6,* mér fyrðar
bera bǫnd at boglimum *Háv 147,
3,* Vǫlundr hófsk at lopti *Vkv 29,
6,* hníga at velli *HH II 9, 4;*
svá kom Óðins sonr at hamri *þrk
32, 10;* skreið Egill at Qlrúnu *Vkv
5, 2,* gekk Reginn at Fáfni *Fm 26
pr 1,* sentu at Saxa *Gðr III 7, 1,
vgl. Bdr 3, 7, þrk 21, 3, Hym 23, 4,
Hrbl 2, Vm 5, 4, Grm 31 u. ö.;
übertr.* grimmar limar ganga at
trygðrofi *folgen dem treubruch Sd
23, 5,* ganga at hvǫtun *der aufreizung nachgeben, folge leisten Grp
50, 2; 4) das geschäft oder die
verrichtung zu der sich jmd begibt,
zu der man jmd einladet oder aus-
sendet:* kømr inn ríki at regindómi
Vsp 67, 2, hve ek at andspilli komumk ins unga mans *Skm 11, 4,* er
at þingi kømr *Háv 25, 5,* þeir røru
at smáfiski *Grm 3,* vaðit hefir þú
at vígi *Am 89, 1;* nam hann sér
Hǫgna heita at rúnum *Sg 15, 8,*
Gná sendi Frigg . . at eyriudum
sínum *F 303b 6; vgl. Sg 27, 4,
Gðr II 25, 8, Ghv 12, 2 u. ö.; dem
casus nachfolgend:* riði maðr þingi at
*Háv 61, 2; vgl. Vm 17, 5; 5) die
person od. den gegenstand der aus*

*einem früheren zustande in einen
andern übergegangen ist (zu):* Narfi
.. varð at vargi *Ls 65 pr 3,* nú er
grjót þat at gleri orðit *Hyndl 10, 4,*
niðjar .. at nám orðnir *HH II 20, 4,*
hold hugðak þeira at hræum orðit
Gðr II 42, 6, ef (konur) oss at spǫkum
yrði *Hrbl 18, 2,* brœðr munu .. at
bǫnum verðask *Vsp 46, 2,* hverr man
Baldri at bana verða *Bdr 8, 6, vgl.
Vkv 33, 10, HH I 37, 8, Grp 11,
6 u. ö.; Skm 28, 1, Háv 5, 4, HHv
33, 11 u. ö.; 6) den zustand den
eine person od. eine sache hervor-
bringt, den erfolg der durch eine
handlung erreicht wird (zu):* eitt
var at angri Ylfinga nið *HH I 5, 1,*
þat er at farnaði fylki verði *Grp
16, 7,* verðr eigi mér verr at ynði
*Gðr II 34, 6, vgl. þrk 23, 4, Vm
52, 5, Háv 117, 5, Sd 30, 3—5
u. ö.;* kalda kjapta hann klyfja mun
vitnis vígi at *Vm 53, 6,* varga at dauða
*Vsp 57, 7 (so nach Bugge, Ark. II,
123; vgl. jedoch FJ zur Hauksbók
191, 12), Gðr II 14, 1, Sg 38, 10 u.
ö.; 7) die person zu der man in einem
feindl. od. freundl. verhältnis steht,
der man etwas gutes oder böses antut
(gegen, wider, gegenüber):* vega
at Surti (at valdýri) *Vsp 54, G. 56,
4, vgl. Ls 27, 6, Br 20 pr 13,
F 306a 10. 13;* æsir œptu at Loka
schrien wider L. Ls 14; gremðu
eigi goð at þér *Ls 12, 6,* at gest
hæðinn *Háv 31, 3,* vǫr ok grǫm
at veri *Ls 54, 3;* ræð ek þér .. at
þú við illu sjáir hvern veg at
vinum *Sd 37, 3;* ljúga at ehm *lügen
gegen jmd vorbringen Am 32, 4;
hierher auch* hrafn kvað at hrafni
*ein rabe sprach den andern an
HH I 5. 5 (vgl. jedoch Cpb I,
490, wo diese verbindung als un-
grammatisch bezeichnet und statt
der hs. lesart* hrafn kvaddi hrafn
*vermutet wird); 8) die bestimmung
zu der eine person od. ein gegenstand dient:* nú fœrið mér Freyju
at kván *þrk 22, 6,* hvat hafa at
ǫlmálum sigtíva synir *Ls 1, 5,*
Hymis meyjar hǫfðu þik at hlandtrogi *Ls 34, 5, vgl. þrk 7, 8. 10, 8.
Vm 23, 6. 39, 3, Grm 5, 6, Háv
114, 7 u. ö.;* snót fiðr vélar sér at
hefndum *sinnt auf list um sich zu*

rächen Grp 45, 8; 9) die übereinstimmung die zwischen handlung u.
willen (dem eigenen od. dem eines
anderen) obwaltet (gemäss, nach):
at muni gráta Bdr 12, 6, mælir þú
at munns ráði Hrbl 49, 1, ek þik
temja mun . . at mínum munum
Skm 26, 3, at fíra ráði Od 13, 4,
vgl. Skm 20, 3. 24, 3. 35, 10, Sg
56. 5 u. ö.; ǫrkuðum at auðnu nach
dem willen des schicksals Am 95,
7; 10) die sache zu der man jmd
verführt, verleitet, lockt, bewegt:
þik glapði at geði sveinn Ls 20,
3, konu kveðja at gamanrúnum
Háv 129, 6, tíkr . . teygja at solli
HH I 45, 6, vit skulum Guthorm
gǫrva at vigi Sg 21, 2, vgl. Ls 21, 3,
Háv 119, 6, Sg 10, 2, Hm 27, 8
u. ö.; 11) die person od. sache
nach der jmd fragt: kann fregna
at fá Háv 33, 6, er þú at rúnum
spyrr Háv 79, 2, at Bǫlverki þeir
spurðu Háv 108, 5, vgl. HH I 17, 3,
Gðr II 6, 4 u. ö.; 12) die sache
bei der jmd schwört: eiða . . vinna
. . at skips borði Vkv 33, 3, eiða . .
svarða ok . . nefnda at sól inni
suðrhǫllu Akv 31, 5, vgl. HH II
29, 5, Gðr III 3, 3 u. ö.; 13) den
gegenstand auf den sich die gedanken jmds richten, mit dem er
sich beschäftigt, für den er sorgt:
hugði at hefndum Hym 3, 3, hús-
kona hugði at ǫrmum Rþ 28, 2, vgl.
Háv 23, 3, Sg 48, 8 u. ö.; lát þér
at góðu getit lass dein wolgefallen
sich richten auf das gute (?) Háv
127, 7, sá sésk fylkir fæst at lífi
ist durchaus nicht besorgt um sein
leben HHv 11, 6, varr at vættugi
Am 39, 3; fástu at virði vel versieh
dich wol mit speise Háv 115, 7; unnu
at svínum betrieben schweinezucht
Rþ 12, 12; hvat er mik at því was
geht das mich an Grp 28, 1; 14) die
beim eintritt eines ereignisses obwal-
tenden umstände (bei, in, unter):
at hváru in jedem von beiden fällen,
mochte die eine od. die andere alter-
native eintreten, daher: gleichwol,
trotzdem Hym 33, 7; at soguru unter
solchen umständen Grp 24, 4. 40, 4;
at ósátt mínni ('nur gegen meinen willen') skaltu þat it unga man hafa Alv
6, 4; 15) die nähere bestimmung oder

begrenzung eines begriffes od. einer
äusserung (in bezug auf): ǫfri at
ráðum Hrbl 18, 10, gætinn at geði
Háv 6, 3, varr at vintrausti Háv 65, 3,
ítarligr at áliti Grp 4, 6, saðr . . at
sǫgu þeiri Grp 48, 4, ung at aldri Sg
51, 3, slíkt jóð at afreki ein kind von
solcher heldenkraft Am 102, 3; vgl.
HH II 18, 1, Sg 36, 8; 16) die
person von der man etw. erfährt
od. empfängt, zu erfahren od. empfangen hofft: nam ek at mǫnnum
Hrbl 44, 1, illra orða er mér ón at
ykkrum syni Skm 2, 2, vgl. Háv
116, 7, Rm 13, 8, Sg 49, 4, Od
20, 8, Akv 34, 7; 17) die rede
auf die man erwidert: Glaumvǫr
kvað at orði Am 31, 1, vgl. 33, 1;
18) die person für die die etw. zum
nutzen od. vorteil gereicht: dyggva
fylgju hygg ek ins døkkva vera at
hrottameiði hrafns Rm 20, 6 (doch
wird an dieser stelle das at wol
mit recht von FJ gestrichen), gól
Oddrún bitra galdra at Borgnýju
Od 6, 8; 19) den gegenstand
dessen jmd beraubt wird: vaðin at
vilja Sg 57, 7, hnǫktu mik at
brœðrum Gðr III, 5, 5; vgl. 5,
6. 7. Hm 5, 3—6; 20) die person
od. den gegenstand über den jmd
lacht: vesall maðr . . hlær at hví-
vetna Háv 22, 3, at hárum þul hlæ
þú aldrigi Háv 133, 5; 21) den
gegenstand dessen jmd sich rühmt:
at hyggjandi sínni skylit maðr hræ-
sinn vera Háv 6, 1; 22) die art
und weise in der etw. geschieht (in,
mit): at hófi mit massen Háv 19, 2,
at sama hófi in demselben masse
Vkv 27, 8; 23) das mittel oder
werkzeug (durch): líknfastan at
lofi beliebt durch das lob Háv 122, 6
(doch ist hier viell. at in af zu ändern); 24) das mass: þverðu þeir
þrótt sínn at þriðjungi um ein
drittel Hm 16, 6; 25) auf die frage
wann? die zeit in od. während
der etw. geschieht: at aptni ǫðrum
Hym 16, 5, at uppverandi sólu
Hrbl 58, 2, vgl. Grm 71, Háv 80, 1,
Rm 25, 5 (wo mit RE at aptni zu
schreiben ist) u. ö.; mjǫtuðr kyndisk
at inu galla Gjallar horni beim tone
des Gj. Vsp 47, 3; 26) den zeitpunkt der während eines zustandes

od. einer handlung erreicht wird (z u): var þar at morni um komit þrk 24, 1, er at morni kømr Háv 23, 5; 27) das ereignis od. den zustand nach dem ein anderer eintritt: Móði ok Magni skulu Mjǫllni hafa Vingnis at vígþroti Vm 51, 6; at þvígi nach diesem (nach diesen vorgängen) nicht Sg 41, 1 (s. FJ z. st.); grát at gamni skaltu í gǫgu hafa Skm 30, 8; 28) als dat. sind auch die infinitive zu betrachten, neben denen at im sinne des nhd. zu verwendet wird: mik fara tíðir at vitja Vafþrúðnis Vm 1, 3, ek ræð á vág at vaða Hrbl 47, 3, berið inn hamar brúði at vígja þrk 30, 4, lítit er at synja Hrbl 56, 1, settisk at hvílask Vkv 30, 6, án við lǫst at lifa Háv 68, 6, vgl. Hrbl 41, 1, Rp 5, 4, HH I 10, 2, Grp 18, 4, Rm 16. 25, 6, Sg 22, 1. 50, 8, Gǫr II 26, 2, Akv 3, 8, Am 82, 4, Hm 2, 10 u. ö.; B. c. gen. eines eigennamens, bei jmd (es ist jedoch immer ein dat. wie húsi u. dgl. zu ergänzen): at Herjafǫðrs Vsp 44, 4, at Ægis Hym 1, 7, vgl. Grm 49, 2. 3. Háv 14, 3, Grp 27, 1 u. ö.;

II. adv. 1) hinzu (bei vbis der bewegung): þá kom Þórr at Ls 56 þr 1, hann reið at þar er féhirðir sat Skm 10 þr 5, at kominn dauða herangekommen an den tod, dem tode nahe HH II 16 þr 34, leið at huga richte den sinn darauf Grp 12, 5, vgl. Sd 3, Am 40, 3; at kváðu ganga grœnar brautir .. Ríg habe begonnen zu gehen (Bugge nach Rdf Keyser; FJ u. Sijmons ändern jedoch mit Rask at in ár) Rp 1, 1; 2) danach (bei einem vbm des fragens): þótt hann væri at spurðr Grm 28; 3) dabei, dazu: ekki at réðusk sie richteten dabei nichts aus Am 46, 7; ǫttumk at dísir mich reizten dazu die disen Hm 27, 6; 4) desto (beim compar.): heipt at meiri verðr hǫlða sonum Fm 19, 4, eru Guðrúnar grœti at fleiri Sg 64, 8, vgl. Háv 12, 4, Gǫr II 10, 6, Ghv 22, 4; at heldr um so mehr, vielmehr Grp 16, 5. 26, 3; þeygi .. at heldr trotzdem nicht Háv 95, 6.

3. at, praep. c. acc. (aus älterem aft, vgl. got. afta, aftro; Bugge, N I 13), immer im temporalen sinne, nach: at þat hierauf Rp 2, 1, Vkv 3, 2 u. ö.; at Hrungni dauðan nach dem tode H's Hrbl 14, 4, at jǫfur fallinn nach dem falle des königs Gǫr II 26, 8, vgl. HHv 42, 6, Sg 54, 6, Gǫr II 26, 4 u. ö.; sjaldan bautarsteinar standa brautu nær nema reisi niðr at nið Háv 72, 6, samr lézk ok Atli at sína gǫrva (näml. das erbgelage halten) Am 72, 4, at þú erfi at oss ǫll drekkir, at Svanhildi ok sonu þína Ghv 8, 8. 9.

4. at, conj. (got. þata: Kock, Ark. 11, 117 ff.) 1) dass, a) in subjectssätzen: þat varð þínni konu at hón átti mǫg við mér Ls 40, 3, þá er í ráði at regn um þrjóti Hyndl 42, 8, svá er sagt at Sigmundr var harðgǫrr Sf 10, varðar at viti svá Hyndl 17, 7, vgl. Hrbl 6, 5, Grm 25, Háv 27, 3, Vkv 21, 7, Gǫr III 1, 7 u. ö.; b) in objectssätzen: vilkat ek at it vreiðir vegisk Ls 18, 6, ek veit at þú vegr Ls 64, 6, hann heyrði at Óðinn var þar kominn Grm 54 þr 4, ek hins get at ykkr vega tíði Skm 24, 6, þat spyrr Níðuðr .. at einn Vǫlundr sat í Ulfdǫlum Vkv 7, 3, if er mér á því at ek aptr koma HHv 33, 10, vgl. Vsp 4, 5, Hym 18, 2, Ls 6, 5, Hrbl 5, 4, HHv 35, 6, Sd 23, 2 u. ö.; 2) damit (in finalsätzen): þíns liðs væra ek þá þurfi. Þórr, at ek helda þeiri inni hvítu mey Hrbl 32, 3, vgl. Od 24, 3; 3) weil (in causalsätzen: im vordersatze steht því, af því, fyr því): því ek land um sték, at lifa skyldak Ghv 13, 8, hlæra þú af því..., at þér góðs viti Sg 31, 6, Sigurðr duldi nafns síns fyr því, at þat var trúa Fm 1 þr 2, vgl. Ls 45,4, Od 9, 3; ein voraufgegangenes þvíat wird durch at wider aufgenommen HHv 34 þr 3; 4) wenn (in conditionalsätzen): betr hefðir þú, .. at þú í brynju fœrir Akv 17, 2, feginn lézk þó Hjalli, at hann fjǫr bægi Am 60, 10, vgl. Fm 19, 6; Sg 12, 8, Ghv 22, 5, Hm 11, 6; því — at unter der bedingung — dass Háv 14, 5, vgl. auch Skm 16, 5;

5) *wenn auch* (*in einem concessiv-satze, dessen vorderglied durch* þó *eingeleitet wird*): þó (munda ek) selja, at væri or silfri þrk 4, 4 (4, *1.* 2 *steht:* þó — þótt); 6) *in-dem, nämlich dass* (*der nebensatz mit at enthält nur eine nähere aus-führung des im hauptsatzegesagten*): mundu um vinna verk hálft við mik, at þú flotbrúsa festir okkarn eða heim hvali haf (*imperativ!*) til bœjar *Hym* 26, 3; 7) *sodass* (*in con-secutivsätzen, im vordersatze steht* svá): kiptisk hann svá hart við, at þaðan af skalf jǫrð ǫll *Ls* 65 *pr* 7, verðit maðr svá tryggr, at þessu trúi ǫllu *Háv* 87, 8, vgl. *Ls* 7, 3, *Skm* 5, 3, *Grm* 24, *Háv* 39, 3. 6. 113, 2. 147, 5 *u. ö.; oft ist aber* svá *schon in den nebensatz über-getreten und steht unmittelbar vor dem at* (*mit dem es dann meist, wie die metrik lehrt, zu* svát *zusammen-gezogen wurde*): ǫlr ertu, Loki, svá at þú ert ørviti *Ls* 47, 2, þá grét Guðrún .. svá at tár flugu *Gðr I* 16, 3, vgl. *Hrbl* 26, 8, *Vkv* 28, 3, *Gðr II* 27, 4, *Od* 18, 3 *u. ö.; ein-mal ist* svá *im vordersatze durch das demonstr. pron. vertreten:* hann er matníðingr sá, at hann kvelr gesti sína *Grm* 18; 8) *sodass* (*in modal-sätzen: im vordersatze steht* svá): svá skyldi hverr ǫðrum verja . . ., at sér né stríddit *Hm* 8, 8, vgl. *Háv* 99, 2; *meist ist* svá *in den nebensatz übergetreten:* átta nætr sat ek milli elda hér svá at mér manngi mat né bauð *Grm* 2, 3, þeir Bryn-hildar biðja fóru svá at þeim Si-gurðr reið í sinni *Sg* 3, 3, vgl. *Gðr I,* 8, 7, *Od* 7, 7 *u. ö.; 9) so lange als, so lange bis* (*in temporalsätzen: im vordersatze steht* svá): sat hann svá lengi at hann sofnaði *Vkv* 12, 2; unda ek aldri . . ., svá at minn faðir lifði *Od* 13, 8; 10) *svá at soweit als* (*in einschränkenden sätzen*): hann var hagastr maðr, svá at menn viti *Vkv* 14, vgl. *Ls* 54, 5, *HH I* 41, 4; 11) *bisweilen vertritt at die stelle einer relativpartikel:* þeir Guðrúnu gǫrla leyndu því at (*das-jenige was*) hón heldr vita hálfu skyldi *Od* 25, 3 (*doch ist viell. mit FJ* þvís *statt* því at *zu schreiben*), ek

veit einn at (*einen der*) aldri deyrr *Háv* 76, 5 (*doch könnte man hier auch einen objectssatz statuieren*); gengu svá gǫrvir at (*giengen so gerüstet dorthin wo*) var garðr milli *Am* 41, 4.

á ta, *f. speise, nahrung: sg. gen.* átu *HH I* 5, 7.

a t a ll, *adj. schlimm, böse, verderblich: m. sg. nom. HHv* 15, 2 (*Richert s.* 46); *f. sg. nom.* ǫtul *HH I* 39, 3, *Am* 44, 5; *n. sg. nom.* atalt *Vm* 31, 6, *Grp* 38, 7; *pl. nom. acc.* ǫtul *Rp* 34, 7; *HH II* 4, 13.

at-burðr, *m. ereignis, begebenheit; pl. dat.* atburðum *Rm* 6.

á t-f r e k r, *adj. gierig nach speise: m. pl. nom.* átfrekir *HH II* 42, 3.

at-gervi, *f. tüchtigkeit, fertigkeit, gewandtheit: sg. acc. Sf* 31.

átján, áttján, *num. card. achtzehn: Rp* 39, 2, *Hyndl* 15, 8, *Am* 50, 7.

at-kvæði, *n. ausspruch: pl. dat.* atkvæðum *HHv* 7, 6.

Atla-mál, *n. pl. das lied von Atli: dat.* Atlamálum *Akv* 44 *pr* 1.

átt, *f. s.* ætt.

átta, *num. card.* (*got.* ahtau) *acht:* þrk 7, 3, *Hym* 13, 1 *n. ö.*

átti, *num. ord.* (*got.* ahtuda) *der achte: m. sg. nom. Gðr I* 6, 7; *dat. acc.* átta *Akv* 20, 3; *Vkv* 3, 3; *n. sg. acc.* átta *Vm* 34, 1, *Háv* 151, 1, *Sd* 32, 1; *pl. nom.* áttu *Grm* 13, 1.

áttján, *num. card. s.* átján.

áttjándi, *num. ord. der achtzehnte: n. sg. acc.* áttjánda *Háv* 162, 1.

átt-niðr, *m. verwandter: sg. voc. Hym* 9, 1.

átt-runnr, *m. sprössling, nachkom-me: sg. acc.* áttrunn *Hym* 20, 3.

átt-stafr, *m. dass: sg. voc. HH I* 56, 3.

áttungr, *m. dass: pl. gen.* áttunga *Hrbl* 56, 9.

auð-fengr, *adj. leicht zu erlangen: n. pl. nom.* auðfeng *Hym* 18, 4.

auðigr, *adj.* (*got.* audags) *reich: m. sg. nom. Ls* 5, 4, *Háv* 47, 4. 74, 4; *gen.* auðiga *Vm* 10, 2; *dat.* auðgum *Háv* 70, 5.

auðinn, *part. prt.* (*eines verlorenen redupl. vbms* *auða), *was jmd durch die gunst des schicksals zufällt od. verliehen wird: n. sg. nom.* auðit *Rm* 22, 4; *gen.* auðins *Sg* 37, 8.

auð-kendr, *adj. leicht zu erkennen:* m. sg. nom. Grp 6; n. sg. nom. auðkent Grm 9, 1. 10, 1.

auðn, *f. ödes, unbebautes land; ein-öde, wildnis:* sg. dat. Hm 28, 6.

auðna, *f. schicksal:* sg. dat. auðnu Am 95, 7.

1. auðr, *m.* (vgl. got. auda-hafts) *reichtum:* sg. nom. Háv 59, 6. 77, 4, Grp 12, 1; gen. auðs HH I 11, 3. II 32, 5; dat. auði Háv 10, 4. 74, 3 (wo jedoch mit Grdtv. aurum *statt* auði *um zu lesen ist*), Sg 17, 6 u. ö.; acc. auð Vsp 10, 6 ('gold' Mhff DA V, 92), Rþ 39, 3, Grp 13, 4.

2. auðr, *adj.* (got. auþs) *öde, leer:* m. pl. acc. auða Vkv 4, 6.

auð-stafr, *m. 'goldstütze', poet. be-zeichnung eines reichen mannes:* pl. dat. auðstǫfum Sd 31, 6.

auð-veldr, *adj. leicht:* n. sg. nom. auðvelt Gðr I 6.

auga, *n.* (got. augô) *auge:* sg. acc. Vsp 2, 8. 24, 2; pl. nom. acc. augu Þrk 27, 6, Háv 81, 4 u. ö.; Vsp 2, 4, Hym 2, 5 u. ö.; dat. augum Þrk 27, 7, Hrbl 19, 3 u. ö.

auga-bragð, *n.* 1) *zwinkern mit den augen (als zeichen des spottes):* sg. dat. augabragði Háv 5, 4. 30, 1; 2) *augenblick:* sg. nom. Háv 77, 5.

auk (*später* ok *s. d.*), *adv.* (got. auk) *vielmehr:* Háv 97, 1. (*Das me-trum fordert auch noch an anderen stellen die einsetzung der älteren form, z. b.* Þrk 20, 3, *Háv* 100, 1 u. ö.).

auka (jók; got. aukan) 1) *vermehren:* inf. Gðr II 28, 7, Am 55 2; prs. ind. sg. 2. ef þú eykr orði noch ein wort hinzufügst Am 39, 7; prt. ind. pl. 3. jóku Rþ 41, 7; 2) *verstärken durch etw.* (ehu): part. prt. n. sg. nom. aukit Gðr II 22, 5; 3) *er-schweren:* part. prt. n. sg. acc. aukit Bdr 5, 3; 4) *übertreffen:* part. prt. n. sg. acc. aukit Am 83, 9; 5) *nähren:* part. prt. m. sg. nom. aukinn Hyndl 38, 1. 43, 3; 6) part. prt. f. sg. nom. barni aukin schwanger Vkv 36, 6.

aumligr, *adj.* (vgl. got. arms: Noreen, Ark. 6, 313 fg.) *elend, jämmerlich;* f. sg. nom. aumlig Rm 2, 4, Sg 69, 8.

aurigr, *adj.* 1) *wasserreich:* m. sg.

dat. aurgum Vsp 25, 6; 2) *feucht:* n. sg. dat. aurgu Ls 48, 4 (*doch ist das* aurgo *der hs. hier wol mit* Bugge, Fkv 401b als ǫrgu, d. i. ǫrðgu zu fassen, s. ǫrðugr).

aurr, *m.* 1) *nass, wasser* (Mhff DA I, 34): sg. dat. auri Vsp 22, 4; 2) *feuchte erde:* sg. acc. aur Alv 11, 6; 3) *kot:* sg. nom. Rþ 10, 3 (*die ausgaben mit der hs.* ǫrr, *ge-bessert von R. Much, Hz* 37, 419; vgl. Grottasǫngr 15, 5); dat. auri Ghv 16, 9 (vgl. Bugge Fkv 403b).

aur-vangr, *m. feuchtes gefilde:* pl. gen. aurvanga Vsp 17, 7. — *Als name eines zwerges* Vsp 16, 9.

ausa (jós), 1) *giessen, begiessen* (ehn ehu); prt. ind. pl. 3. jósu Rþ 7, 2. 21, 2. 34, 3; part. prt. m. sg. nom. ausinn Vsp 22, 3; 2) *übertr. jmd* (á ehn) *mit etw.* (ehu) *über-schütten:* prs. ind sg. 2. eyss Ls 4, 5; 3) *schöpfen.* part prt. m. sg. acc. drykk ausinn Óðrœri geschöpft aus (?) O. Háv 139, 6; 4) *ausask sich ergiessen:* inf. Vsp 25, 5.

austan, *adv. von osten her:* Vsp 37, 1. 52. 1 (*hier ist aber wol mit* Bugge *und Sijmons* norðan *statt* austan *zu lesen*), Hym 35, 6 u. ö.; *fyr* a., *praep. c. acc. ostwärts von:* Bdr 4, 2, Hym 5, 1.

1. austr, *m. das wasser das sich am boden eines fahrzeuges sammelt, eigentl. das auszuschöpfende (zu* ausa): sg. dat. austri Hym 27, 3.

2. austr, *adv.* 1) *im osten:* Vsp 41, 1, Hrbl 23, 1 u. ö.; 2) *nach osten:* Ls 34, 2, Vkv 5, 1 u. ö.

austr-fǫr, *f. reise nach osten, ost-fahrt:* pl. dat. austrfǫrum Ls 60, 1.

austr-vegr, *m. dass.;* sg. dat. austr-vegi Ls 4, Hrbl 1; pl. acc. á austr-vega ostwärts: Ls 59, 5.

aust-skota, *f. schöpfgefäss:* sg. dat. austskotu Hym 27, 6.

ávalt, (*d. i.* of alt) *adv. fortwährend, unaufhörlich:* Vkv 19, 5, Am 30, 9 u. ö.

á-vanr, *adj. nur im n. sg. nom. in der verbindung* mér er ávant ehs *mir fehlt etw.* Þrk 23, 8.

á-vísa (að), *anzeigen, andeuten:* part. prt. n. sg. nom. ávísat Am 12, 1.

ax *n.* (got. ahs) *ähre:* sg. nom. Háv 136, 10, Gðr II 23, 7.

á-þekkr, *adj. gleich, ähnlich: m. sg.*
acc. áþekkjan *Vsp 36, 4 [Pfeiffer,*
Altn. iëseb. 86a und Mhff DA V,
113 emendieren óþekkjan, *bezogen*
auf Loka: *'den widerwärtigen Lo-*
ki'; vgl. aber dagegen FJ, Ark.
4, 31; „Eddal. I 115 und Bj. Mag-
nússon Olsen, Tímarit 15, 37].

B.

báðir, *pron. num. (vgl. got.* bai,
bajôþs) *beide: m. nom. Skm 10, 5,*
Hyndl 18, 6, Sf 4 u. ö.; gen.
beggja *Hyndl 27, 8, HHv 33, 4,*
Rm 6, 6 u. ö.; dat. báðum *Ls 9, 6,*
Grp 11, 5, Fm 22, 3 u. ö.; acc.
báða *Ls 26, 6, Skm 10, 6, Hyndl*
25, 1 u. ö.; f. dat. báðum *F 304a*
39; acc. báðar *HHv 5 pr 8, Sd 8;*
n. nom. acc. bæði *Skm 20, 6, HH*
I 57, 2, Grp 43, 2 u. ö.; Hym
38, 7, Háv S., 2, Od 21, 8 u. ö.;
gen. beggja *Ls 39, 3, Vkv 36, 8.*

1. baðmr, *m. (got.* bagms) *baum:*
sg. nom. Vsp 22, 3, Grm 40, 5;
dat. baðmi *Vsp 25, 4, Sd 11, 5,*
Br 13, 5.

2. baðmr, *m. (got.* barms) *busen:*
sg. dat. baðmi *HHv 16, 6; acc.*
baðm *Ls 26, 6.*

baga, *f. missgestaltetes od. schwach-*
sinniges weib, vettel: sg. nom. Alv
5, 6 (wo vermutl. zu lesen ist: hver
hefr þik baga af borit?).

bak, *n.* 1) *rücken: sg. dat.* baki *Ls*
48, 4, Hrbl 3, 3, Skm 15, 2 u. ö.;
acc. bak *Fm 44 pr 7;* 2) *die*
rückenfläche der hand: sg. dat. baki
Sd 7, 5.

bak-fall, *n. das rückwärtsfallen,*
die rückwärtsbewegung des ober-
körpers beim angestrengten rudern:
dat. pl. beystu bakfollum *sie ruderten*
aus voller kraft Am 36, 3.

bakki, *m. steil aufragendes ufer:*
sg. acc. bakka *HH II 5, 2. 6, 2.*

bál, *n. scheiterhaufen: sg. dat* báli
Am 84, 1; acc. bál *Vsp 34, 3, Bdr*
11, 7 u. ö.; pl. nom. bál *Helr 2.*

baldinn, *adj. übermütig, trotzig:*
m. sg. nom. (sw.) baldni *Vm 32, 5.*

baldr, *m. herr, fürst (Bugge, Stu-*
dier 65): sg. nom. Hm 25, 3.

bald-riði, ball-riði, *m. 'kühner*
reiter', poetische bezeichnung eines

helden: *sg. dat.* baldriða *Akv 22, 4;*
pl. gen. ballriða *Ls 37, 2.*

bál-fǫr, *f. die überführung der leiche*
zum scheiterhaufen, begräbnis: pl.
acc. bálfarar *F 304a 6.*

bálkr, *m. scheidewand; beiname eines*
helden: sg. nom. Hyndl 22, 1.

ballr, *adj. (vgl. got.* balþei, balþaba)
1) *kühn: m. pl. gen.* ballra *Ghv*
5, 1; f. sg. nom. bǫll *Sg 38, 5;*
2) *gefährlich, verderblich: m. sg.*
nom. Hym 17, 3; n. pl. nom. bǫll
Hm 26, 4; 3) *verderben drohend:*
m. pl. nom. ballir *Bdr 1, 8.*

ball-riði, *m. s.* bald-riði.

bana (að), *töten: inf. HHv 26, 10.*

bana-sár, *n. tötliche wunde: sg. acc.*
HHv 34 pr 10.

bana-þúfa, *f. 'todeshügel': sg. dat.*
hné við banaþúfu *neigte sich auf*
den todeshügel, d. h. starb (sterbende
pflegte man, um ihnen den todes-
kampf zu erleichtern, so zu legen,
dass sie den kopf gegen eine er-
höhung lehnen konnten: FJ briefl.)
Hyndl 29, 4.

band, *n. (vgl. got.* bandi, *f.)* 1) *band,*
schnur: sg. acc. Gðr *I 18, 6;* 2) *binde*
(zum verbinden von wunden): sg.
gen. bands *Am 87, 4;* 3) *fessel:*
pl. dat. bǫndum *Ls 39, 5, Akv 29, 2;*
acc. bǫnd *Háv 147, 3;* 4) *der pl.*
dient zur bezeichnung der das welt-
all festigenden u. erhaltenden ge-
walten, der götter: dat. bǫndum
Háv 108, 6 (Myth. I⁴, 21; vgl.
aber Heinzel, Anz. f. d. alt. XII,
50 anm.).

bandingi, *m. gefesselter, gefangener;*
sklave: sg. acc. bandingja *Fm 7, 6.*

bani, *m.* 1) *mörder: sg. nom. Vsp*
54, 5, Ls 63, 4, Háv 73, 2 u. ö.;
dat. acc. bana *Bdr 8, 6, Ls 61, 5,*
Vkv 33, 10 u. ö.; Bdr 10, 7, HH
I 21, 2; pl. nom. banar *Hm 6, 8;*
dat. bǫnum *Vsp 46, 2;* 2) *tod:*
sg. nom. Rm 6, 6, Am 12, 3; gen.
dat. acc. bana *HHv 5 pr 6, Rm*
12 u. ö.; Rm 5, 4, Fm 9, 6, Sd 30,
4. u. ö.; Háv 15, 6, Grp 15, 4 u. ö.

banna (að), 1) *verwehren, verhindern*
(eht): prs. ind. sg. 3. bannar *Am*
75, 6; 2) fyrir b. *(Skm 34, 6) s.*
fyr-banna.

ban-orð, *n. todesbotschaft, nur in*
der verbindung b. ehs bera *die*

todesbotschaft bringen, den tod jmds anzeigen, d. h. (da nach german. rechte der töter selbst zu dieser anzeige verpflichtet war) sich als urheber des todes bekennen. In folge dessen hat b. bera *geradezu die bedeutung* 'töten' *angenommen: sg. acc. Fm 39, 3, Akv 44, 7.*

bára, *f. bewegtes wasser, wallende flut, woge: sg. nom.* Gŏr I 7, 5; *dat.* báru *Háv 85, 2; pl. nom.* bárur *Sg 62, 6, Ghv 13, 6.*

barn, *n. (got.* barn) *kind: sg. nom.* Hym 2, 6, Háv 15, 2, Hyndl 17, 3; *dat.* barni *Vsp 32, 3, Háv 85, 8 u. ö.; pl. nom. acc.* bǫrn *Od 7, 3, Akv 39, 4, Am 49, 4; Hym 38, 8, Ls 23, 7, Vm 32, 4 u. ö.; gen.* barna *Gŏr I 23, 4, Am 81, 1 u. ö.; dat.* bǫrnum *Vsp 23, 11, Hlr 4, 6 u. ö. — Als männl. eigenname Rp 42, 2.*

barna-sifjar, *f. pl. (vgl. got.* frasti-sibja), *annahme an sohnes statt, adoption: pl. acc.* Ls 16, 2 (Hj. Falk, Ark. 5, 114).

barn-teitr, *adj. fröhlich wie ein kind: m. sg. nom.* Hym 2, 2.

barn-œska, *f. kindheit, kindesalter: sg. dat.* barnœsku *Sf 29, Fm 6, 6, Am 76, 1.*

barr, *n. (got.* baris 'gerste' *in* barizeins) *1) die obersten (also jüngsten) schosse oder triebe eines nadelbaumes: sg. nom.* Háv 50, 3; *2) der nadelbaum selbst: sg. nom.* HHv 16, 6; *3) poet. bezeichnung des getreides: sg. nom.* Alv 33, 2; *4) speise, nahrung: sg. dat.* hugins barri *der speise des raben, d. i. der leiche HH I 55, 8.*

bast, *n. bastseil: sg. acc.* Vkv 9, 1, Rp 9, 5; *dat. c. art.* bastinu *Vkv 16 pr 3.*

batna (að; *vgl. got.* ga-batnan) *besser werden: inf.* Vsp 64, 3; *prs. opt. sg. 3.* batni *Ghv 22, 2.*

bátr, *m. boot: sg. nom. c. art.* bátrinn *Sf 21; dat.* báti *Grm 3, c. art.* bátinum *Hrbl 53, 2.*

baug-broti, *m. ringbrecher, bezeichnung eines freigebigen fürsten: sg. dat.* baugbrota *HH I 18, 7.*

baug-eiðr, *m. eid der auf den heil. ring geschworen wird: sg. acc.* baugeið *Háv 109, 1 (vgl. Richert s. 14).*

baugr, *m. ring: sg. dat.* baugi *Ls 12, 3, Vkv 26, 2,* munda b. *einem handringe Hrbl 42, 2; acc.* baug *Skm 21, 1, Háv 135, 4, Akv 8, 2 u. ö.; pl. nom.* baugar *HH I 57, 3, Fm 9, 6 u. ö.; gen. acc.* bauga *Fm 32, 6, Od 19, 3; Rp 23, 8, Vkv 9, 2, Fm 40, 2 u. ö.; dat.* baugum *Bdr 6, 6, Alv 5, 6 (s. jedoch* baga, *f.), Fm 38, 3.*

baug-variðr, *part. prt. mit ringen geschmückt: f. sg. voc.* baugvarið *HH II 34, 7.*

bauta, *anom. vbm. (ags.* béatan) *stossen, schlagen; erschlagen: part. prt. m. sg. acc.* bautinn *Sd 35, 5 (conjectur von FJ statt des hsl.* feldan; *richtiger aber ist es wol mit Sijmons z. 4. 5 als interpoliert zu streichen).*

bautar-steinn, *m. (Bugge, Fkv 394b) stein der zum andenken an einen verstorbenen errichtet ist: pl. nom.* bautarsteinar *Háv 72, 4.*

baztr *s.* betri.

beð-mál, *n. bettgespräch: pl. dat.* beðmálum *Háv 85, 5.*

beðr, *m. (vgl. got.* badi, *n.) 1) bett: sg. dat. acc.* beð *Akv 42, 1, Ghv 20, 3, Hm 6, 7; Ls 52, 3, Sg 8, 6, Ghv 14, 1 u. ö.; pl. (ebenfalls nur ein einzelnes bett bezeichnend) dat.* beðjum *Háv 96, 2, 100, 6; 2) ufer, strand: pl. dat.* beðjum *F 303a 26 (K. Gíslason, Aarb. 1881, 210).*

beiða (dd; *got.* baidjan), *1) nötigen, auffordern (ehn ehs): inf.* Skm 1, 2; *prt. ind. sg. 3.* beiddi *HHv 35, 4, Br 15, 8; 2) jmd zu etw. veranlassen (ehn ehs): prt. ind. sg. 3.* beiddi *Gŏr I 23, 6; 3) absol. begehren: prt. ind. sg. 1. (mit suff. pron.)* beiddak *Grp 52, 4; part. prt. m. sg. nom.* beiddr *begierig (?) Am 90, 1; 4)* beiðask *für sich verlangen, begehren: prs. ind. sg. 2.* beiðisk *Am 84, 4; prt. ind. sg. 3.* beiddisk *Rm 11 pr 2.*

bein, *n. 1) knochen: pl. gen.* beina *Ls 61, 6; dat.* beinum *Vm 21, 3, Grm 40, 4,* á b. yðrum *auf eurem gebein Sg 52, 1; 2) bein (crus): sg. dat.* beini *Hym 37, 6.*

beinask (nd), *sich richten, sich wenden: prt. ind. sg. 3.* beindisk

(*conject. von Bugge; R* beiddisk)
*Hm 21, 3 [die erklärung von Bugge
(Zz 7, 404) befriedigt jedoch ebenso
wenig wie die deutungen von GV
(Cpb I, 477) und Hj. Falk (Akad.
afhandl. til S. Bugge, Christ. 1889,
s. 13 fg.); vgl. Zz 26, 30.*

beini, *m. bewirtung: sg. nom. Am
8, 2 (s.* alls).

beit, *n. schiff: sg. gen.* beits *HHv
14, 6; pl. nom.* beit *HH I 24, 3.*

1. **beita** (tt), *causat. zu* bíta, *daher
eigentl. 'beissen lassen': 1) das pferd
auf das gebiss beissen lassen, d. h.
das pferd aufzäumen: imper. sg. 2.
(mit suff. ·pron.)* beittu *Ghv 19, 1;
2) den wagen mit vorspann versehen: inf. Gör II 18, 8; 3) segeln,
kreuzen (K. Gíslason, Efterl. skr.
I, 239): prs. opt. sg. 3* beiti *Háv
89, 8; prt. ind. pl. 3.* beittu *Rm
15 pr 3; 4) übertr. gegen jmd
(ehn) etw. böses (ehu) in anwendung
bringen: inf. Grp 40, 6, Sg 59, 2,
Gör II 32, 6; prt. ind. sg. 3.*
beitti *Rp 46, 3; pl. 2.* beittuð
Grp 49, 8.

2. **beita**, *f. köder: pl. acc.* beitur
Hym 17, 4. 8.

beiti, *n. grasgang, weide: sg. nom.
Háv 136, 13.*

bekkr, *m. bank: sg. dat. acc.* bekk
*Akv 2, 8; Vm 19, 2, Akv 3, 6;
pl. nom.* bekkir *Bdr 6, 5; gen.*
bekkja *Am 27, 6; dat.* bekkjum *Ls
11, 6, Sd 28, 3 u. ö.; acc.* bekki
þrk 22, 4, Grm 9, 6, Am 25, 4 u. ö.

bekk-skrautuðr, *m. jmd der der
bank zur zierde (*skraut*) gereicht,
iron. s. v. a. faullenzer: sg. voc.
Ls 15, 3.*

bekk-sœmr, *adj. die bank zierend:
m. pl. acc.* bekksœma *Akv 7, 7.*

belgr *m. (got.* balgs*) 1) die haut eines
menschen oder tieres: sg. acc.* belg
Rm 13; pl. acc. belgi *Vkv 34, 3;
2) ledersack, lederbeutel: sg. dat.*
or skǫrpum belg *aus vertrocknetem
beutel (d. h. aus dem runzligen
munde eines alten mannes) Háv
133, 8, vgl. Hm 26, 3; acc.* bǫl
vanntu .. er þú þann belg leystir
*dass du den sack (d. i. den mund)
öffnetest Hm 26, 2.*

bella (ld; *got.* balþjan) *zu stande
bringen, ausführen (ehu): imper. pl.*

2. belliŏ *Am 56, 7; prs. ind. sg. 3.*
liggjandi lygi um bellir *kommt mit
lügen zu tage þrk 9, 8; inf.* glaumi
bella *fröhlichkeit äussern, froh sein
Gör II 30, 2.*

ben, *f. (got.* baŋja) *todeswunde (K.
Gíslason, Efterl. skr. I, 258): pl.
gen.* benja *Am 87, 3; acc.* benjar
HH II 45, 8.

1. **benda** (nd), *biegen, runden: prt.
ind. sg. 3.* bendi *Rp 27, 7; pl. 3.*
hlífar bendu *verfertigten runde
schilde Rp 43, 4.*

2. **benda** (nd; *got.* bandwjan) *ein
zeichen geben, andeuten: prt. inf.*
bendu *Akv 8, 1.*

benja (að) *verwunden: part. prt. m.
sg. acc.* benjaðan *Fm 25, 5.*

ben-logi, *m. 'wundenflamme', poet.
bezeichnung des schwertes: pl. dat.*
benlogum *HH I 52, 9.*

ben-vǫndr, *m. 'wundengerte', poet.
bezeichnung des schwertes: sg. acc.*
benvǫnd *Br 20, 1.*

1. **bera** (bar; *got.* baíran) *1) tragen:
inf. F 304b 19. 24; prs. ind. sg. 3.*
berr *Bdr 11, 7, Skm 9, 2 u. ö.; pl. 3.*
bera *Háv 77, 3, F 305 n.; opt.
sg. 3.* beri *Skm 8, 2; prt. ind.
sg. 1. 3.* bar *Fm 16, 2; Vsp 34, 3,
Hym 27, 7, Rp 9, 7 u. ö.; pl. 3.*
báru *Hym 15, 4; opt. sg. 1.* bæra
Ls 14, 5; part. prt. m. sg. dat.
bornum viði *mit zusammengetra-
genen hölzern (FJ I, 117) Háv
99, 5; acc.* borinn *Vkv 18, 10;
pl. nom.* bornir *Gör II 40, 7; n.
sg. acc.* borit *Hlr 7, 4; forttragen:
inf. Am 48, 4; davon tragen: prt.
ind. pl. 1.* vér lægra hlut lengi
bárum *haben lange zeit das kürzere
stroh gezogen HH II 24, 8; besitzen: inf. Sg 33, 7 (vgl. Bj.
Magnússon Ólsen, Ark. 9, 231); b.
fjarri forttragen: part. prt. m. sg.
nom.* borinn *Vkv 18, 8; b. fram
auftragen: part. prt. n. sg. nom.*
borit *þrk 24, 4; b. saman zusammentragen: prs. ind. sg. 3. bar ..*
vrǫng orð *b. sammelt falsche beschul-
digungen Fm 33, 5; prt. ind. sg.
2. (mit suff. pron.)* bartu *HH I
38, 4; b. upp vortragen, aufzählen:
part. prt. f. pl. acc.* bornar *Hyndl
11, 3; b. út hinaustragen: prt.
ind. sg. 3.* bar *Ls 65 pr 6, Sf 20;*

3*

2) *bringen: inf. Hym 8, 7, Akv 36, 4, Fm 39, 3; prs. ind. sg. 3.* berr *Háv 10, 2. 11, 2; pl. 3.* bera *Grm 36, 9,* b. bǫnd *legen fesseln an Háv 147, 2; opt. sg. 1. (mit suff. pron.)* berak *Grm 1, 5; pl. 3.* beri *Grm 36, 2; imper. sg. 2.* ber *Hyndl 45, 1. 48, 5; prt. ind. sg. 3.* bar *Sf 7. 8, Vkv 26, 5 u. ö.; pl. 3.* báru *Hym 29, 7, Am 8, 1 u. ö.; part. prt. n. sg. nom. acc.* borit *Ls 9, 6; Akv 44, 7;* b. fram *herbeibringen: imper. pl. 2.* beriö *Ghv 6, 1;* b. inn *hineinbringen: imper. pl. 2.* beriö *þrk 30, 3;* b. eht meö tveimr *zwischen zwei etw. bringen: prt. ind. sg. 3.* (Óöinn) meö sifjungum sakrúnar bar *entzweite sie HH II 33, 8;* b. ofan *herabbringen: inf. Grm 32, 5; unpers.* bar sókn (acc.) saman *es erhob sich streit HH II 9, 5; 3) ziehen: part. prt. m. sg. acc.* borinn *Am 23, 2; 4) schaffen, zu stande bringen: inf. Ls 38, 3; verschaffen: inf. Gör I 12, 6; 5) jmd (ehn) durch etw. (ehu) überwältigen: inf. HHv 26, 5 (das obj. fehlt); prt. ind. sg. 3.* bar *Vkv 28, 1; part. prt. f. sg. nom.* borin *Od 4, 6; 6) jmd (af ehm) übertreffen: prt. ind. sg. 3.* bar *HH II 37, 1; 7) gebären: prs. ind. sg. 3.* berr *Bdr 11, 1, Vm 47, 2; prt. ind. sg. 3.* bar *Hyndl 37, 1—5; pl. 3.* báru *Hyndl 35, 5; part. prt. m. sg. nom.* borinn *Vsp 33, 6, Vm 29, 3, Hyndl 12, 2 u. ö., ertattu til brúöar* b. 'für die braut geschaffen' *Alv 2, 6; pl. nom.* bornir *Rþ 43, 2, Hyndl 24, 2. 25, 5; acc.* borna *Vsp 5, 2; f. sg. nom.* borin *Vm 25, 3, Vkv 15, 6 u. ö.; acc.* borna *Vsp 26, 8; pl. nom.* bornar *Od 10, 8; n. sg. acc.* borit *Ls 23, 7. 33, 6, Alv 5, 6 (s. baga), HH I 1, 7; 8)* berask *sich auftragen: prt. ind. sg. 3.* barsk *Ls 11; sich erheben: prt. ind. pl. 3.* bárusk *Am 94, 6.*

2. bera, *f. bärin: sg. gen.* beru *Vkv 10, 6.*

ber-beinn, *adj. barfüssig: m. sg. nom. Hrbl 6, 3.*

ber-fjall, *n. bärenfell: sg. dat.* berfjalli *Vkv 11, 1.*

berg, bjarg, *n. (vgl. got.* bairg in

baírgahei, *f.) berg, felsen: sg. gen.* bergs *F 305 b 13,* bjargs *Hrbl 23, 4; dat.* bergi *HHv 11 pr 9, Akv 31, 6,* bjargi *HH II 16 pr 10, Rm 18, 6, Sd 14, 1, c. art.* berginu *Rm 15 pr 5; acc. c. art.* bergit *HH II 16 pr 13; pl. nom.* bjǫrg *þrk 21, 5, Vm 21, 3 u. ö.*

berg-búi, *m. bergbewohner: sg. nom. Hym 2, 1.*

berg-danir, *m. pl. bergbewohner, poet. bezeichnung der riesen: gen.* bergdana *Hym 17, 7.*

bergja (gö), *geniessen* (ehu): *inf. Ls 9, 4, Gör II 43, 8.*

berg-skor, *f. felsenkluft: pl. acc.* bergskorar *HH II 25, 3.*

bergs-nǫs (*oder* berg-snǫs? *s. Bugge z. st.*) *f. vorgebirge: sg. acc. Rm 15 pr 4.*

ber-harör, *adj. streitbar wie ein bär, bärenkühn: m. pl. acc.* berharöa *Akv 39, 7.*

berja (baröa) *1) schlagen: prt. ind. sg. 3.* barði *Gör I 7, 5, Fáfnir . .* b. hǫföi *schlug mit dem kopfe, schüttelte den kopf Fm 12; pl. 3.* grjóti þeir mik bǫröu *schlugen (warfen) mich mit steinen Hrbl 29, 5; part. prt. f. sg. nom.* barið grjóti *gesteinigt Am 84, 2;* b. á ehm *auf jmd losschlagen: prt. ind. sg. 2.* baröir *Hrbl 38, 2; 2) erschlagen, töten: inf. Hm 11, 9; prs. ind. sg. 3.* Hǫör berr hávan hróöorbaöm þinnig (*d. i. í hel: vgl.* drepa í hel, vega á bál) *Bdr 9, 1; prt. ind. sg. 1. (mit suff. acc.)* baröak *Hrbl 23, 2. 37, 2; 3)* berjask a) *um sich schlagen: prt. ind. sg. 3.* baröisk *HH II 19, 7;* b) *sich schlagen mit jmd, kämpfen: inf. Vsp 46, 1, Rm 19, 5 u. ö.; prt. ind. pl. 2. 3.* bǫröusk *Am 94, 5; HH I 54, 8, Sd 2 pr 4, Gör II 15, 6; part. prt. n. sg. acc.* barizk *HH II 12 pr 11.*

berr, *adj. nackt, entblösst; deutlich, offen: n. sg. acc.* bert *Háv 90, 1.*

ber-serkr, *m. eigentl. 'bärenkleid', 'bärenhaut', bezeichnung eines mannes dem man die fähigkeit zuschrieb sich in einen bären zu verwandeln, dann eines wilden kriegers überhaupt: pl. gen.* berserkja *Hrbl 37, 1, Hyndl 24, 5.*

besti-sími, *m. bastseil: sg. acc.* bestisíma *Vkv 13, 3.*

betr, *adv. compar. besser: Rp 46, 4, Vkv 28, 2 u. ö.*

betri, *adj. compar. (got.* batiza) *der bessere: m. sg. nom. Hrbl 3, 4, Háv 71, 4, Vkv 27, 6 u. ö.; acc.* betra *Gðr I 10, 6; pl. nom.* betri *Skm 13, 1; f. sg. nom. acc.* betri *Sg 16, 2; Háv 10, 1. 11, 1;* n. sg. nom. acc. betra *Háv 10, 4, HHv 8, 6, Fm 31, 1, Gðr II 12, 6 u. ö.; Ghv 14, 2; pl. acc.* betri *Grm 3, 6; superl.* beztr, baztr *(got.* batists) *der beste: m. sg nom.* beztr *Ls 37, 1, Vm 12, 4, Háv 68, 1 u. ö.,* baztr *HHv 39, 4; voc. (sw.)* bezti *Vkv 39, 2; acc.* beztan *HH I 2, 8, Akv 7, 5; n. sg. nom.* bezt *Sg 14, 6,* bazt *Háv 14, 4. 27, 3; acc.* bezt *Grm 18, 4. 43, 4; adverbial (am besten)* bazt *Háv 48, 2. 79, 6, Ghv 15, 4; pl. nom.* bǫzt *Rm 19, 4.*

beygja (gð) *biegen; inf. Rp 35, 5.*

beysta (st) *schlagen; rudern: prt. ind. pl. 3.* beystu *Am 36, 3* (s. bakfall).

bíða (beið; got. beidan) *1) warten: a) absol. inf. Hm 18, 8; imper. pl. 2.* bíðið *Am 38, 7; prt. ind. sg. 3.* beið *HH I 23, 5; b) warten auf jmd od. auf etw.* (ehs): *inf. Ls 39, 6, Hrbl 14, 2 u. ö.; prs. ind. pl. 1.* bíðum *HH II 6, 5; pl. 2.* bíðið *HH II 5, 5; prt. ind. sg. 3.* beið *Vkv 6, 5; c) etw.* (eht) *erwarten: prs. ind. sg. 1 (mit suff. pron. u. negat.)* bíðka ek þess bót *ich erwarte nicht busse dafür Vkv 19, 3; 2) erdulden* (eht): *prs. ind. sg. 3.* bíðr *Háv 15, 5; prt. ind. sg. 1.* beið *Gðr I 8, 5; part. prt. n. sg. acc.* beðit *Gðr I 3, 8. 4, 6; 3) unpersönl. prs. ind. sg. 3.* bíðr *'es hat zeit' Háv 41, 6.*

biðill, *m. freier: sg. nom. HHv 5 pr 10.*

biðja (bað; got. bidjan) *durch worte sn wunsch od. willen zu erkennen geben: 1) anordnen, befehlen: a) mit nachfolgendem inf.: prt. ind. sg. 3.* bað *Hrbl 8, 5, HH I 30, 1, Od 14, 5; b) mit acc. c. inf.: prt. ind. sg. 3.* bað *Od 15, 2. 3; c) mit nachfolgendem* at: *prt. ind. sg. 3.*

bað *HHv 5 pr 1; 2) bestimmen: mit acc. c. inf. prs. ind. sg. 3.* biðr *Grm 3, 2; prt. ind. sg. 3.* bað *Hlr 9, 5. 10, 5, HH I 4, 8; pl. 3.* báðu *HH I 2, 5; 3) jmd* (ehn) *auffordern, mit nachfolg. inf.: prs. ind. sg. 1.* bið *Háv 130, 5; imper. sg. 2.* bið *Skm 16, 1; pl. 2.* biðið *HH I 23, 1; prt. ind. sg. 1. 3.* bað *Od 28, 1; Hym 3, 5, Rp 36, 7, Sf 5, mit blossem inf.: Rm 5 pr 7; 4) jmd* (ehn) *beauftragen, mit nachfolg. inf.: prt. ind. sg. 3.* bað *Hrbl 8, 2; 5) etw.* (ehs) *erbitten: inf. þrk 29, 4, HH I 22, 4; prs. ind. sg. 2.* bið *Hm 9, 7; part. prt. n. sg. acc.* beðit *þrk 32, 4; mit nachfolg.* at: *inf. Hyndl 4, 2; für jmd* (ehm) *etw.* (ehs) *erbitten: inf. Háv 37, 5; prt. opt. pl. 3.* bæði *Dr 14; 6) bitten, a) mit acc. c. inf.: prs. ind. sg. 1.* bið *Ls 16, 1; b) mit at c. opt.: inf. F 303b 23; c) jmd* (ehn) *bitten, α) mit nachfolg. gen. der sache* (ehs): *inf. Hrbl 29, 8, Sg. 65, 1; prs. ind. sg. 1.* bið *Vsp 4, 1; prt. ind. sg. 1.* bað *Am 38, 5; β) mit nachfolg. inf.: inf. Sd 9, 6; prs. ind. sg. 3.* biðr *HHv 36, 5, Sd 2 pr 22; pl. 3.* biðja *F 304a 2; imper. sg. 2.* bið *Vkv 39, 3; pl. 1.* biðjum *Hyndl 2, 1; prt. ind. sg. 3.* bað *Skm 5; γ) mit nachfolg. at c. opt.: inf. Ls 6, 4, Akv 3, 5; prs. ind. sg. 1.* bið *HHv 41, 1; prt. ind. sg. 3.* bað *HH II 41, 8, Dr 13; part. prt. n. sg. nom.* beðit *Gðr II 40, 8 (Bugge, Fkv. 426a); 7) um ein mädchen* (ehr) *werben: inf. Br 19, 4, Sg 3, 2 u. ö.; prt. ind. sg. 3.* bað *HHv 30 pr 2; pl. 3.* báðu *Rp 41, 1, Sf 4; part. prt. n. sg. acc.* beðit *Dr 10; für jmd* (til handa ehm) *um ein mädchen* (ehr) *werben: inf. HHv 7, Grp 35, 4. 36, 6; 8) beten, a) absol.: inf. Háv 142, 5; b) mit nachfolg. acc. c. inf.: inf. Sd 34, 6; prs. ind. sg. 1.* bið *Hyndl 49, 7; 9) jmd* (ehm) *etw.* (ehs) *anwünschen: inf. Háv 135, 5; prs. ind. sg. 2.* biðr *HH II 33, 4; part. prt. n. sg. nom.* beðit *Háv 125, 10; 10) sich* (sér) *etw.* (eht) *wünschen: prs. ind. sg. 3.* biðr *Am 81, 2.*

bifask (fð) *beben, zittern: inf. Fm*
7, 6; *prs. ind. sg. 3.* bifask *Skm*
14, 4, Akv 23, 7. 25, 7; *prt. ind.*
sg. 3. bifðisk *þrk 12, 4, Akv 23, 9.*
25, 9.

bil (Bil), *f. eigenname einer göttin,*
dann göttin überhpt: sg. voc. linnvengis b. *göttin des schlangenlagers*
(des goldes) d. i. frau Od 30, 3.

bila(að)*nachgeben,nachlassen, schlaff*
werden: prs. ind. sg. 3. bilar *Háv*
124, 7, lopt b. *'verliert die belebende*
kraft' (Lüning) Hyndl 42, 4.

binda (batt; *got.* bindan) *binden,*
1) *fest binden, anbinden, zusammen-*
binden: inf. Rþ 9, 5, HH II 38, 5,
Gðr I 9, 6; prs. ind. sg. 3. bindr
F 305a 10; imper. sg. 2. bitt *Fm*
40, 1; *part. prt. m. pl. nom.* bund-
nir *Skm 10 pr. 3; n. sg. acc.*
bundit *Háv 100, 6; f. pl. dat.*
bundnum rǫndum *fest zus. gefügten*
schilden Akv 14, 7 (anders, aber
kaum richtig Wisén, EE 128, da
bundr *'bunt' im nordischen sonst*
nicht nachweisbar ist); b. yfir *ver-*
binden: inf. Sg 32. 8; 2) *fesseln*
(ehn ehu *oder* með ehu): *inf.* Ls
49, 6, Hm 11, 9 *u. ö.; prt. ind.*
pl. 3. bundu *Vkv 13, 4, Akv 21, 4;*
part. prt. m. sg. nom. bundinn *Ls 6.*
41, 6. 65 pr. 2; 3) *sich bekleiden*
mit etw. (ehu): *imper. sg. 2.* (mit
suff. pron.) bittu *þrk 11, 5; pl. 1.*
bindu (vér) *þrk 14, 5; prt. ind.*
pl. 3. bundu *þrk 18, 1; inf. c.*
refl. bindask *þrk 16, 5.*

birkinn, *adj. abgeschält, der rinde*
beraubt, daher trocken (vgl. norweg.
birkjen, berkjen *hart, trocken, un-*
schmackhaft, Aasen 52a): m. sg.
acc. Gðr II 12, 10 (s. FJ z. st.).

bíta (beit; *got.* beitan) 1) *beissen,*
essen, fressen: inf. þrk 25, 4. 6;
prs. ind. sg. 3. bítr *Grm 25, 3.*
26, 3. 35, 4; pl. 3. bíta *Akv 11, 6;*
2) *schneiden (von waffen): prs. ind.*
pl. 3. bíta *Háv 146, 6, Hm 25, 6;*
opt. sg. 3. bíti *HH II 31, 1; prt.*
ind. sg. 3. beit *HHv 38, 6, Sd 1, 1;*
3) *schädigen, verletzen, verderben*
(ehn): *inf. Háv 117, 1, HH II*
29, 2, Sg 64, 1.

bitla (að) *zäumen, aufzäumen: part.*
prt. n. pl. nom. bitluð *HH I 52, 1.*

bitr *adj. (vgl. got.* báitrs) 1) *scharf,*

schneidend: m. sg. dat. bitrum *Rm*
26, 2; 2) *schneidig, kühn: m. sg.*
acc. bitran *Fm 5, 5;* 3) *kräftig,*
wirksam: m. pl. acc. bitra *Od 6, 7;*
4) *schmerzlich: superl. m. sg. acc.*
bitrastan *Gðr I 3, 7.*

bit-sótt, *f. krankheit beim vieh die*
durch den biss von ungeziefer er-
zeugt wird: pl. dat. bitsóttum *Háv*
136, 13.

bitull, *m. gebiss: sg. gen.* bituls
Akv 29, 4.

bjarg, *n. s.* berg.

bjarga (barg; *got.* bairgan) 1) *bergen,*
retten, schützen (ehm, ehu): *inf.*
Háv 152, 3, Od 29, 8 u. ö.; prs.
ind. sg. 3. bergr *Hym 22, 2, Fm*
17, 2; *opt. sg. 1.* (mit suff. pron.
u. neg.) bjargigak *Háv 150, 5;*
prt. ind. sg. 3. barg *HHv 27, 5,*
HH I 31, 3; part. prt. n. sg. nom.
acc. borgit *HHv 29, 5; Sd 10, 2;*
2) *spec. zur geburt verhelfen, ans*
licht befördern (ehm; *vgl. Heinzel,*
WSB 109, 695); inf. Rþ 44, 6,
Sd 9, 2; 3) *begraben* (ehm): *prs.*
opt. sg. 2. bjargir *Sd 33, 2.*

bjarg-rúnar, *f. pl. 'bergerunen',*
angewandt um bei kreissenden eine
glückliche geburt zu erzielen (vgl.
bjarga, 2) *nom. acc. Sd 19, 2;*
Sd 9, 1.

bjart-haddaðr, *part. prt. mit glän-*
zendem (blondem) haar: n. sg. acc.
bjarthaddat *Grp 33, 6.*

bjart-litaðr, *part. prt. von heller,*
glänzender farbe: f. sg. voc. bjart-
lituð *HHv 7, 3.*

bjartr, *adj. (got.* bairhts) 1) *hell,*
licht, glänzend: m. sg. nom. Gðr I
18, 5; f. pl. acc. bjartar *Sg 49, 8;*
compar. f. sg. nom. bjartari *Rþ 28, 9;*
2) *von weisser hautfarbe: m. sg.*
nom. Vsp. 54, 6; dat. bjǫrtum *Gðr*
III 8, 2; pl. nom. bjartir *Rþ 34, 6;*
f. sg. nom. bjǫrt *Grp 15, 3, Gðr II*
1, 3 u. ö.

bjóð, *n. (got.* biuþs? biuþ?) *runde*
platte und zwar 1) *kleiner runder*
tisch: sg. acc. bjóð *Rþ 4, 8. 30, 4.*
31, 4; 2) *runde schüssel: sg. acc.*
Akv 22, 9. 24, 5; dat. bjóði *Akv*
23, 8. 25, 8. Vgl. bjǫð.

bjóða (bauð; *got.* biudan) 1) *anbieten:*
inf. Háv 91, 2, Grp 33, 5 u. ö.;
prs. ind. sg. 3. býðr *HH II 34, 1;*

prt. ind. sg. 3. bauð *HHv 30 pr 7,*
Od 20, 1 u. ö.; pl. 1. buðu (vit)
Od 24, 1; pl. 3. buðu *Sg 2, 1,*
Od 19, 5; 2) darbieten, darreichen,
gewähren: inf. HHv 7, 4; prt.
ind. sg. 3. bauð *Grm 2, 3; part.*
prt. m. sg. nom. boðinn *Sd 20, 2;*
3) schaffen, bereiten: inf. Hrbl 41, 1;
4) jmd (ehm) *zu etw.* (til ehs, á eht)
einladen: prt. opt. pl. 3. byði *Am*
27, 5; part. prt. n. sg. acc. boðit
Ls 52, 3, Am 11, 4; 5) auffor-
dern (ehm): *imper. pl. 2.* bjóðið *HH*
I 53, 1; 6) ankündigen, mitteilen:
prt. opt. sg. 3. byði *Akv 8, 4; 7)*
mit advv.: b. heim *jmd* (ehm) *ein-*
laden: prt. ind. sg. 3. bauð *Dr 6;*
pl. 3. buðu *Am 7, 1; part. prt.*
n. sg. nom. boðit *Háv 67, 2;* b. til
darbieten, geben: imper. pl. 2.
bjóðið *Am 56, 8.*

bjórr, *m. bier: sg. nom. Alv 35, 2;*
dat. bjóri *Vkv 28, 1, Akv 1, 8 u. ö.;*
acc. bjór *Hyndl 48, 6, HH I 18, 8,*
Sd 5, 1.

bjór-reifr, *adj. durch biergenuss*
aufgeregt: m. sg. acc. bjórreifan
Ls 18, 5.

bjór-salr, *m. biersaal, trinksaal:*
sg. nom. Vsp. 38, 7.

bjór-veig, *f. bier: sg. acc. Hym*
8, 8.

bjǫð, *f. erdfläche, land: pl. dat.* bjǫðum (bjóðum *Hild.) Vsp 7, 2 (vgl.*
Mogk, Beitr. 7, 231; K. Gíslason,
Njála II, 178; Bugge, Stud. s. 6
anm. 3; Bj. Magnússon Olsen, Tí-
marit 15, 37).

bjǫrn, *m. bär: sg. nom. acc. Hm*
25, 4; Am 16, 1; gen. bjarnar
Háv 85, 7, Sd 16, 1, F 305b 14;
pl. nom. birnir *Akv 11, 5; acc.*
bjǫrnu *HH II 8, 5. — Als männl.*
eigenname F 305a 16.

blá-fár, *adj. blau gesprenkelt: m.*
sg. acc. bláfán *Rp 28, 8.*

blá-hvítr, *adj. bläulich weiss: f. pl.*
nom. (sw.) bláhvítu *Ghv 4, 8, Hm*
7, 2.

blakk-fjallr, *adj. mit schwarzem*
fell: m. pl. nom. blakkfjallir *Akv*
11, 5.

blakkr, *adj. dunkelfarbig, schwarz:*
m. sg. acc. (sw.) blakka *Ghv 19, 2.*
— Als pferdename F 304b 19,
305a 16.

1. blanda (blett; *got.* blandan) *ver-*
mischen (eht ehu); *1) im eigentl.*
sinne: inf. Am 82, 4; prs. ind.
sg. 1. blend *Ls 3, 6; prt. ind.*
sg. 1. blett *Am 79, 8; part. prt.*
m. sg. acc. blandinn *Hyndl 48, 7,*
Sd 5, 3; n. sg. acc. blandit *Vsp*
29, 6; bl. saman ehu *etw. ver-*
mischen: prs. ind. pl. 3. blanda *Fm*
14, 5; prt. ind. pl. 1. blendum *Ls*
9, 3; blandask *sich vermischen* (ehu):
prs. ind. pl. 3. Alv 18, 5; 2) übertr.
inf. gefi skaltu við hann bl. *innige*
seelengemeinschaft mit ihm eingehen
(Lüning) Háv 44, 4; part. prt. f.
sg. nom. þú ert . . meini blandin
mjǫk bei dir überwiegen die bösen
eigenschaften die guten Ls 32, 3.
56, 3.

2. blanda (að) *mischen, vereinigen:*
part. prt. n. sg. nom. sifjum er þá
blandat *das ist innige freundschaft*
Háv 123, 1 (vgl. Cpb I, 460).

blár, *adj. schwarzblau, schwarz: m.*
sg. dat. blám *Grm 27; f. pl. nom.*
blár *Sd 10, 8.*

blása (blés; *got.* uf-blêsan) *1) blasen*
(auf einem instrumente): prs. ind.
sg. 3. blæss *Vsp 47, 5; 2) etw.*
(ehu) ausschnauben: prt. ind. sg. 3.
blés *Fm 7.*

blá-svartr, *adj. schwarz wie kohle,*
rabenschwarz: n. pl. nom. blásvǫrt
HH I 51, 7.

blauðr, *adj. blöde, furchtsam, feig:*
m. sg. nom. Fm 6, 6; gen. (sw.)
blauða *Akv 23, 4. 25, 6; dat.*
blauðum *Hm 15, 5.*

bleikr, *adj. gelblich glänzend: m.*
pl. dat. bleikum *Akv 14, 8; n. sg.*
nom. bleikt *Rp 34, 5.*

bleyði, *f. furchtsamkeit: sg. dat. Sd*
21, 3. 25, 3.

blíðliga, *adj. auf freundliche weise:*
Rm 12, 2.

blíðr, *adj. (got.* bleiþs) *1) mild,*
freundlich: m. sg. nom. Am 30, 5;
f. sg. nom. blíð *Am 33, 2; n. pl.*
nom. blíð *Ls 32, 5, Grm 6, 2 u. ö.;*
2) lieblich: n. pl. nom. (sw.) blíðu
Od 7, 3; 3) angenehm, zuträg-
lich: compar. n. sg. nom. blíðara
HH II 25, 7.

blíkja (bleik) *glänzen, funkeln: prt.*
ind. pl. 3. bliku *Vkv 8, 3, F 306a 7.*
Vgl. K. Gíslason, Njála 2, 540.

blindr, *adj.* (*got.* blinds) *blind: m.
sg. nom. Háv 71, 4. — Als männl.
eigenname HH II 2, 1.*

blóð, *n.* (*got.* blôþ) *blut: sg. acc.
HH II 9, 7, Hlr 2, 8 u. ö.; dat.*
blóði *Vsp 12, 7, Ls 9, 3, Hyndl
10, 6 u. ö.*

blóð-ormr, *m.* 'blutschlange', *poet.
bezeichnung des schwertes: sg. acc.*
blóðorm *HH I, 8, 7.*

blóð-refill, *m. schwertspitze: sg.
acc. c. art.* blóðrefilinn *F' 305a 1.*

blóð-rekinn, *adj. blutbedeckt: m.
sg. nom. HH I 9, 8.*

blóðugr, *adj. blutig: m. sg. nom.
Bdr 3, 1, Rm 26, 1; dat.* blóðgum
Vsp 32, 2, (gegen Mhffs conjectur
blauðgum *DA V, 112, s. FJ I,
115); acc.* blóðgan *Am 23, 1;
pl. dat.* blóðgum *Sd 16, 5; acc.*
blóðga *HH II 12, 4; f. sg. dat.*
blóðugri *HH II 43, 3; n. sg.
nom. acc.* blóðugt (kt) *Háv 37, 4,
HH II 44 9, Akv 22, 3; Akv 22,
9. 24, 5, Sg 32, 6.*

1. blóta (blét; *got.* blôtan): 1) *opfern:
inf. Háv 142, 6; 2) durch opfer
verelren (ehn): inf. Hyndl 4, 1,
HHv 2, 6; 3) morden (ehm):
imper. sg. 2.* blótt *Am 75, 5.*

2. blóta (að) *zu jmd (ehn) opfern
um etw. zu erlangen, (til ehs): prt.
ind. sg. 3.* blótaði *HH II 27 pr. 3.*

blotinn, *adj. weich gemacht: f. pl.
acc.* blotnar *Gör II 24, 6 (Bugge,
Fkv 424 b).*

blunda (að) *die augen schliessen:
part. prs. m. sg. nom.* blundandi
Rm 11.

blund-stafir, *m. pl. einschläfernde
runen, runen die die wirkung haben
jmd in zauberschlaf zu versenken:
dat.* blundstǫfum *Sd 2, 6.*

blæja, *f.* 1) *betttuch, bettdecke: sg.
dat. acc.* blæju *Od 5, 8; Sg 49, 7,
Od 23, 8 u. ö.; pl. acc.* blæjur
*Rp 23, 9; 2) leichentuch: sg. dat.
acc.* blæju *Gör I 13, 1; Am 100, 3.*

blœða (dd) *bluten: inf. HHv 40, 6.*

boð *n. botschaft, einladung: sg. acc.
Am 2, 7.*

boði, *m. verursacher: sg. voc.* naddéls b. '*verursacher des schwert-
sturmes*' (*d. i. des kampfes*), *poet.
bezeichnung eines helden Grp 23, 7.*

bogi, *m. bogen: sg. dat. acc.* boga
Háv 84, 1; Akv 7, 7; pl. gen.
boga *Hm 22, 6.*

bog-limir, *m. pl. gebogene glieder:
dat.* boglimum *Háv 147, 3.*

bógr, *m. bug (eines pferdes): sg. dat.*
bægi *Vkv 33, 5; pl. dat.* bógum
Grm 37, 4, Sg 36, 4; acc. bógu
Grp 13, 6, Ghv 7, 8.

bók, *f.* (*got.* bôka) *gestickter teppich:
sg. acc. Sg 49, 7; pl. nom.* bœkr
Ghv 4, 7, Hm 7, 1.

bók-rúnar, *f. pl. auf buchenholz
geritzte runen (?): nom. Sd 19, 1.*

bolli, *m. krug: sg. dat.* bolla *Rp
4, 7.*

bolr, *m. rumpf: sg. nom. HH II
19, 7.*

bólstr, *m. kissen: sg. dat.* bólstri
Gör I 15, 2, Sg 48, 5.

borð, *n.* (*got.* fôtu-baúrd) 1) *der bord
des schiffes: sg. dat.* borði *Hym
23, 4, Vkv 33, 3; 2) tisch: sg.
dat.* borði *Rp 19, 3.*

borði, *m. gewebe: sg. dat. acc.* borða
*Gör II 17, 1; Gör II 15, 5; pl.
acc.* borða *Hlr 1, 6, Od 16, 2.*

borð-vegr, *m. der um einen festen
platz herumlaufende erhöhte rand
od. wall: sg. nom. Vsp 28, 5 (vor-
zuziehen ist wol die lesart von H:*
borðveggr '*ringwall': Mhff DA V,
77. 99; vgl. jedoch Bugge, Fkv
389 a).*

borð-þili, *n. das plankenwerk an
den seiten des schiffes, das schanz-
kleid: sg. acc. Gör I 7, 6.*

borg, *f.* (*got.* baúrgs) 1) *befestigter
platz, burg: sg. nom. dat. acc. Od
17, 3; Akv 14, 4, Hm 11, 10; Od
16, 8; gen.* borgar *Vsp 28, 6, Gör
II 36, 2, Hm 24, 6; pl. acc.* borgir
*HH I 3, 3, Grp 1, 2; 2) der
hochgetürmte scheiterhaufen: sg. acc.
Sg 65, 6. 66, 1.*

bót, *f.* (*got.* bôta) 1) *besserung, ab-
hilfe: sg. acc. HH II 43, 12; 2)
schadenersatz, busse (bes. im plur.):
sg. acc. Vkv 19, 3; pl. dat.* bótum
Grp 46, 1; acc. bœtr *HHv 24, 6,
Od 19, 8, Ghv 12, 4, bótir HH I
12, 2.*

botn, *m. der boden eines gefässes:
sg. gen.* botns *Gör III 8, 1.*

brá, *f. augenwimper: pl. dat.* brám
Grm 41, 1; acc. brár *HHv 19, 3.*

bráð, f. fleisch insofern dass. menschen od. tieren zur nahrung dient: pl. acc. bráðir HH II 42, 6.

bráða-lauss, adj. der fleischnahrung entbehrend: m. pl. acc. bráðalausa Gðr II 41, 3.

bráðla, adv. schnell, bald: Am 12, 4.

bráðliga, adv. dass.: HHv 36, 5, Fm 39, 5, Am 27, 5.

bráðr, adj. 1) plötzlich: f. pl. nom. bráðar Od 5, 4; 2) schnell, hurtig: m. sg. nom. Háv 2, 4; acc. bráðan Ls 45, 2; n. sg. acc. (adv.) brátt schnell, bald Hym 29, 3, Háv 151, 6 u. ö.

bragar-full, n. eigentl. 'becher des fürsten', der dem andenken des gestorbenen königs beim erbmahle vom nachfolger geweihte becher, bei dessen leerung dieser ein feierliches gelübde abzulegen pflegte (GV 75b), dann überhpt bezeichnung des beim aussprechen eines gelübdes benutzten bechers: sg. dat. bragarfulli HHv 30 pr 9. 11. 32, 6.

bragð, n. 1) schnelle bewegung, ruck, daher sg. gen. bragðs (in adverb. verwendung) im nu, schnell Am 38, 4; ebenso dat. af bragði Am 2, 7; 2) rasche, kühne tat: sg. dat. bragði Am 56, 7; pl. acc. brǫgð Grp 10, 6; 3) list: pl. dat. brǫgðum Rp 46, 3.

bragnar, m. pl. männer: nom. HH II 1, 4, Grp 27, 4, Hm 23, 3; dat. brǫgnum Hyndl 3, 5, HH I 22, 7.

1. bragr, m. der beste, ausgezeichnetste: sg. nom. Skm 33, 2, Sg 16, 4.

2. bragr, m. dichtkunst: sg. acc. brag Hyndl 3, 6.

brá-hvítr, adj. mit weissen (glänzenden) wimpern: f. sg. acc. (sw.) bráhvítu Vkv 39, 4.

brálla, brálliga, s. bráðla, braðliga.

brandr, m. 1) holzscheit, feuerbrand: sg. nom. Háv 57, 1; dat. brandi Háv 57, 1, Akv 42, 7; pl. dat. mjǫk er bráðr sá er á brǫndum skal síns um freista frama Háv 2, 5, 'der muss hurtig sein der mit feuerbränden sein glück versuchen will' (Richert s. 1 fg.); eine andere erklärung wonach b. = skíð, von Eirikr Mag-

nússon, Cambridge philol. soc. proc. 1884, s. 21 ff. 1887, s. 13 fg.; noch anders, FJ I, 116 und Bj. Magnússon Ólsen, Ark. 9, 223 fg.; 2) ein teil des vorderschiffes, und zwar wahrsch. der vordersteven der in dem gallionbild (hǫfuð) sn abschluss findet: pl. dat. brǫndum Rm 17, 6.

branga, f. verkehrte stellung, klemme, verlegenheit: (Bugge, Zz 7, 404; anders Hj. Falk, Akad. afhandl. til S. Bugge s. 13 fg.) sg. dat. brǫngu Hm 21, 3. — Vergl. beinask.

bráss, m. koch (?): sg. acc. brás Am 60, 1.

brattr, adj. 1) steil, senkrecht aufsteigend: f. pl. acc. brattar HH II 25, 4; auch von hochgehenden wellen: m. sg. nom Rm 17, 5, Sd 10, 7; 2) beschwerlich, schlimm: m. sg. acc. brattan (scil. kost) Am 57, 4 (FJ I, 131).

bratt-steinn, m. steil aufragender stein, säule: sg. acc. brattstein Hym 29, 4.

braut, f. 1) weg, strasse: sg. gen. brautar Rp 2, 2. 6, 4 u. ö.; dat. brautu Háv 34, 3, Sd 27, 5 u. ö.; braut Hm 27, 4; pl. nom. acc. brautir Fm 41, 2, Hm 18, 1; Hrbl 56, 9, Vm 47, 6, Hm 15, 6 u. ö.; 2) wanderung, reise: sg. dat. brautu Háv 10, 2. 11, 2; 3) der acc. sg. (mit oder ohne die praepp. á u. í) bedeutet in adv. verwendung s. v. a. weg, fort: braut Ls 15, Hyndl 46, 1 u. ö.; á b. Rm 21, 3, Fm 36, 6 u. ö.; eine verkürzte form ist brot: á b. Sf. 6, Fm 22 pr 1; í b. HH II 20, í brott F 306a 21.

brautingi, m. herumtreiber, landstreicher: pl. gen. brautinga (so R) Hrbl 6, 4.

bregða (brá) eigentl. mit etw. (ehu) eine schnelle bewegung vornehmen, daher 1) werfen, fortwerfen: prt. ind. sg. 3. brá HH I 4, 5, Gðr II 17, 1; 2) blank ziehen, schwingen: inf. Rp 35, 11, HH I 47, 8 u. ö.; prs. opt. sg. 2 bregðir HH II 31, 2; prt. ind. sg. 3. brá Rp 38, 4; pl. 3. brugðu til knífi zückten das messer auf ihn Am 60, 2; part. prt. n. sg. acc. sverð . . brugðit til miðs halb aus der scheide gezogen Grm

*54 pr 3; 3) hineinstecken: prt.
ind. sg. 3.* brá *Rm 14 pr 8, Fm 31
pr 7, Gðr III 8, 1; 4) heraus-
ziehen: prt. ind. sg. 3.* brá *Od 2, 5;
5) ausstossen: inf. HH II 26, 6;
6) jmd (ehm) mit etw. (ehu) einen
vorwurf machen: inf. Am 65, 4;
prs. ind. sg. 2.* bregðr *HH I 37, 4,
Fm 8, 1; imper. sg. 2. (mit suff.
pron.)* bregðu *Hlr 3, 1; prt. ind.
sg. 3.* brá *Hlr 13, 1; 7) brechen:
inf. Alv 4, 1, Sd 2, 6, Fm 44, 6;
prs. opt. sg. 3.* bregði *Alv 3, 6; prt.
ind. sg. 1.* brá *Sd 1, 2; 8) vernichten: prt. ind. sg. 3.* brá *Am
76, 1; part. prt. n. sg. acc.* brugðit
*Hlr 4, 8; 9) umwickeln: part.
prt. m. sg. acc.* brugðinn gulli *mit
golddraht umwickelt (am griff) Br
20, 2 (FJ II, 127); 10) mit advv.
und praepp.: br. af abbrechen:
prt. ind. sg. 3.* brá *HH I 27, 1;
br. um eht etw. übertreffen: prt.
ind. sg. 3.* brá *Am 49, 3; br. við
preisen: part. prt. n. sg. nom.* brugðit *Am 49, 2; 11) unpers. werfen,
fallen lassen: prs. opt. sg. 3.* nema
at liði lǫfðungs ljóma bregði *es sei
denn dass licht falle auf das gefolge des herschers (d. h. dass es
sichtbar werde) HH II 35, 6 (s.
Grdtv. und FJ z. st); prt. ind.
sg. 3.* brá *HH I 15, 1; 12) breg-
ðask sich anstrengen: prt. ind. pl.
3.* brugðusk *Am 36, 4; br. orðum
sich worte zuschleudern, streiten:
inf. HH I 46, 6.*

breiða *(dd; got.* us-braidjan*) 1) ausbreiten: prt. ind. sg. 3.* breiddi faðm
*streckte die arme aus Rp 16, 3;
pl. 1.* breiddu *(vit) Od 23, 7; pl. 3.*
breiddu *Rp 23, 9; 2) überbreiten,
bedecken: inf. Alv 1, 1.*

breiðr, *adj. (got.* braiþs*) breit: m.
pl. acc.* breiða *þrk 15, 6. 19, 6;
f. sg. acc.* breiða *Sg 65, 5; n. sg.
acc. (adv.)* breitt *Háv 150, 4; compar. n. sg. acc. (adv.)* bíta breiðara
*mit breiter gezogenem, weiter auf-
gerissenem munde þrk 25, 6.*

brek, *n. heftige begierde nach etw.,
leidenschaftliches u. rücksichtsloses
verfolgen eines zieles: pl. nom. Sg
20, 8.*

breki, *m. (vgl. got.* brikan*) woge: sg.
nom. Rm 17, 5, Sd 10, 7.*

1. brenna, *älter* brinna *(*brann*; got.*
brinnan*) 1)* brennen *(ardere, flagrare):
inf. þrk 27, 8, Hyndl 48, 1 'n ö.;
prs. ind. sg. 3.* brenn *Grm 29, 8, Alv
26, 5 u. ö.;* brennr *Háv 51, 2.
150, 4; opt. sg. 3.* brenni *Ls 65, 7;
part. prs. m. sg. dat.* brennanda *Háv
84, 2; n. pl. dat.* brennandum *Háv
99, 4; prt. ind. sg. 3.* brann *þrk
21, 6, Vkv 10, 7 u. ö.; opt. sg. 3.*
brynni *Sd 2; part. prt. n. sg. nom.*
or er þar brunnit *es ist dort herausgebrannt, es ist eine lücke entstanden
Am 51, 8; inf.* upp brenna *empor-
lodern Háv 70, 4; 2) verbrennen
(incendio consumi): inf. Grm 38, 5,
Am 15, 7; prs. ind. sg. 3.* brennumk
(d. i. brennr mér*) feldr fyrir Grm
1, 6; prt. ind. sg. 3.* brann *Grm
34, hann br. (verbrannte sich) Fm
31 pr 7; pl. 3.* brunnu *Akv 43, 6;
part. prt. m. sg. nom.* brunninn *Háv
57, 2; n. pl. nom.* brunnin *Gðr
II 24, 4 (s.* akarn*); br. inni in
einem brennenden gebäude den feuer-
tod sterben: inf. Sd 31, 5.*

2. brenna *(*nd*; got.* ga-brannjan*)
1) brennen machen, brennen (urere):
inf. br. við bǫlvi brennen um ein
äusserl. übel zu heilen Gðr II 39, 6;
prt. ind. pl. 3.* brendu *Vsp 26, 6. 7;
part. prt. m. sg. nom.* brendr *Skm
21, 2. 22, 2; 2) verbrennen (incendio delere): inf. Ghv 21, 5; prs.
opt. pl. 3.* brenni *Sg 66, 7. 67, 1;
prt. ind. sg. 3.* brendi *Akv 5; opt.
pl. 3.* brendi *Gðr II 12, 9; part.
prt. m. sg. nom.* brendr *Háv 71, 5;
pl. acc.* brenda *Am 38, 3; f. sg.
nom.* brend *Háv 80, 2, Helr 4, Am
84, 1; n. sg. dat.* brendu *Hyndl
41, 2; acc.* brent *HHv 5 pr 11.*

bresta *(*brast*) 1) zerspringen, zerbrechen: inf.* Hlórriði . . lét br. brattstein gleri *liess den pfeiler zerspringen mit hilfe des glases, zerschmet-
terte mit dem glase den pfeiler
Hym 29, 3; part. prs. m. sg.
dat.* brestanda *(zerbrechlichem) boga
Háv 84, 1; br. sundr dass.: prt.
ind. pl. 3.* brustu *Am 63, 8; 2)
krachen: prt. ind. sg. 3.* brast *HH
I 28, 3.*

brestr, *m. 1) bruch: sg. acc.* brest
*Vkv 27, 2; 2) getöse, krachen:
sg. nom. F 304a 35.*

bretta (tt) *emporrichten: prs. ind. sg. 3* brettir *HHv 20, 3.*

brigð, *f. veränderlichkeit, wankelmut: sg. nom.* Háv *83, 6.*

brigðr, *adj. veränderlich, wankelmütig, unzuverlässig: m. sg. nom.* Háv *90, 3; dat.* brigðum *Háv 123, 5.*

brim, *n. brandung, wogende see: sg. nom.* Grm *38, 4,* HH I *29, 5.*

brim-dýr, *n. 'brandungstier', poet. bezeichnung des schiffes: pl. nom.* HH I *51, 7.*

brimir, *m. schwert: sg. gen.* brimis HH II *9, 8. 25, 8.*

brim-rúnar, *f. pl. 'brandungsrunen', runen deren zauberkraft die brandende see zu beschwichtigen vermag: acc.* Sd *10, 1.*

brim-svín, *n. 'brandungsschwein', poet. benennung des walfisches: pl. acc.* Hym *27, 8.*

bringa, *f. brust: sg. dat.* bringu Rp *16, 6. 28, 6.*

brjóst, *n. (vgl. got.* brusts, *f. pl.) brust (auch im plur.): sg. nom. acc.* Rp *28, 10;* Bdr *3, 2,* Háv *83, 6 u. ö.; dat.* brjósti þrk *15, 5,* Alv *36, 1,* Fm *7, 2 u. ö.; pl. dat.* brjóstum Háv *8, 6. 9, 6,* Fm *24, 7.*

brjóst-kringla, *f. ringförmiger brustschmuck: pl. acc.* brjóstkringlur Vkv *25, 7. 36, 3.*

brjóta (braut) *1) brechen, abbrechen, zerbrechen: prt. ind. sg. 3.* braut Hym *19, 1; pl. 3.* brutu *(scil.* skip) *litten schiffbruch* Grm *4; opt. sg. 3.* bryti Hym *28, 8,* Am *25, 5; part. prt. f. sg. nom.* brotin Grp *16, 1; n. sg. dat.* brotnu Háv *85, 6; acc.* brotit Vkv *26, 6,* F 304a *38; sich brechen (vom wasser): prt. ind. sg. 3.* braut F 304a *19; 2) niederbrechen, zerstören: part. prt. m. sg. nom.* brotinn Vsp *28, 5; f. sg. nom.* brotin Od *17, 3; unpers.* þá er (τάς) borgir braut í Brálundi HH I *3, 3 (*Bugge, *Fkv 408a); br.* upp *niederreissen: prt. opt. sg. 3.* bryti Am *16, 2; 3) zu nichte machen, vereiteln: part. prt. n. sg. acc.* brotit HH II *15, 8.*

brjótr, *m. zerbrecher, vernichter: sg. voc.* Hym *17, 7.*

broddr, *m. spitz zulaufender gegenstand: 1) schwertspitze: sg. dat.* broddi Akv *42, 1; 2) schiffsschnabel: sg. dat.* broddi HH II *22, 6.*

bróðir, *m. (got.* brôþar) *bruder: sg. nom. voc.* Vsp *33, 5,* Hrbl *9, 5,* Vkv. *23, 3 u. ö.;* Akv *17, 1,* Hm *26, 1; gen. acc.* bróður Fm *33, 8,* Sd *35, 4,* Sg *34, 8 u. ö.;* Vkv *23, 3,* Fm *25, 4,* Am *48, 3 u. ö.; dat.* brœðr Ls *32, 4,* Sg *32, 5,* Od *19, 7 u. ö.,* bróður Grm *31,* Hyndl *40, 7,* Hlr *8, 6; pl. nom. acc.* brœðr Vsp *46, 1,* Fm *39, 4,* Akv *16, 3 u. ö.;* Gðr III *6, 4,* Am *72, 2,* Hm *10, 1 u. ö.; gen.* brœðra Vsp *65, 6,* Sg *1, 6,* Am *25, 6 u. ö.; dat.* brœðrum Rm *5, 3,* Od *10, 7 u. ö.*

bróður-bani, *m. jmd der den bruder eines anderen erschlagen hat: sg. nom.* Skm *16, 6; dat. acc.* bróðurbana Háv *87, 1;* Ls *17, 6.*

brók, *f. hose (*Weinh. *163): pl. gen.* bróka Háv *61, 4; acc.* brœkr Hrbl *6, 5.*

brot, *adv. s.* braut.

brotna (að) *bersten, zerbrechen: inf.* HH I *29, 6; prs. ind. sg. 3.* brotnar Ls *61, 6,* Háv *87, 6,* Fm *15, 4; prt. ind. sg. 3.* brotnaði Hym *12, 8; pl. 3.* brotnuðu þrk *21, 5,* Am *36, 6.*

brú *f. brücke: sg. acc.* Fm *15, 5; gen.* brúar HH II *48, 6,* Sd *16, 6; pl. gen.* brúa Grm *44, 6.*

brúð-fé, *n. brautgeschenk, geschenk das von der braut den verwandten des bräutigams dargebracht wird: sg. gen.* brúðfjár þrk *29, 3. 32, 3.*

brúðr *f. (got.* brûþs) *1) weib das einem manne verlobt ist od. bereits umgang mit demselben gepflogen hat: sg. nom. voc.* Alv *1, 2,* HH I *43, 1 u. ö.;* Hyndl *49, 3,* HHv *41, 2; gen.* brúðar þrk *11, 6,* Alv *2, 6,* Vkv *19, 2 u. ö.; dat. acc.* brúði Vkv *33, 9;* þrk *30, 4,* HHv *32, 5,* Sg *53, 4; pl. nom. acc.* brúðir Gðr I *3, 2;* þrk *25, 3. 5,* Hrbl *23, 3 u. ö.; 2) weib im allgem.: sg. nom. voc.* Grm *11, 5,* Akv *42, 7 u. ö.;* HHv *7, 3,* Sg *25, 7 u. ö.; gen.* brúðar Vsp *1, 8,* Háv *85, 5; acc.* brúði Grm *39, 6,* Grp *40, 7,* Akv *8, 1; pl. nom. acc.* bruðir *(es ist nur* Sigrún *gemeint, vgl.* K. Gíslason,

Njála II 562 *fg.*) *HH* II 45, 9; *HHv* 17, 4, *Sd* 28, 3.

brugginn, *part. prt.* (von einem st. vbm *bryggva) gebraut: *m. sg. nom. Bdr* 7, 2.

brullaup, *n.* (*assim.* aus brúð-hlaup) *brautlauf, hochzeit: pl. nom. Grp* 43, 1.

brún, *f. augenbraue: sg. nom. Rp* 28, 9; *pl. acc.* brýnn *HHv* 19, 3.

brún-hvítr, *adj. mit weissen (glänzenden) augenbrauen: f. sg. nom.* brúnhvít *Hym* 8, 7.

brúnn, *adj. braun: f. sg. gen.* brúnnar *Vkv* 10, 5.

brunnr, *m.* (*vgl.* got. brunna) *quelle: sg. dat.* brunni *Vsp* 22, 8. 24, 4, *Háv* 110, 3.

brynja, *f.* (*got.* brunjô) *brünne, panzer: sg. nom. HH* II 7, 5, *Grp* 16, 1, c. *art.* brynjan *Sd* 6; *dat. acc.* brynju *HH* I 6, 1, *Grp* 15, 3 *u. ö.; Grp* 15, 7, *Sd* 1, 1 *u. ö.,* c. *art.* brynjuna *Sd* 8; *pl. nom. acc.* brynjur *Vkv* 8, 2, *HH* I 16, 5; *Akv* 7, 8, *Am* 41, 2 *u. ö.; dat.* brynjum *Grm* 9, 6.

brynjaðr, *adj. mit einer brünne bekleidet: m. sg. acc.* brynjaðan *HH* I 38, 7; *pl. dat.* brynjuðum *Gðr* III 5, 6.

bryn-þing, *n.* 'panzerversammlung', *d. i. kampf: sg. gen.* brynþings *Sd* 5, 2.

bryti, *m. haushofmeister: sg. nom. Am* 58, 2.

brǫkun, *f. getöse, kampflärm: sg. nom. Hyndl* 24, 5 (*vgl. jedoch Sijmons zu st*).

bú, *n.* 1) *gehöft nebst zugehörigem landbesitz: sg. nom. acc. Háv* 36, 1. 37, 1; *Rp* 23, 10: *dat.* búi *HHv* 4, 4. 17, 5, *Hlr* 4, 7; *pl. dat.* búum *Rp* 39. 2; *acc.* bú *Hrbl* 6, 2, *Od* 20, 2; 2) *abbau, vorwerk: sg. dat.* búi *Háv* 82, 6.

búa (bjó; *vgl. got.* bauan) 1) *zubereiten* (eht): *prt. ind. sg.* 3. bjó *HH* II 45 *pr* 1; *part. prt. n. sg. acc.* búit *Ls* 1; 2) *bes. einen wohnsitz zubereiten, ein hauswesen gründen: prt. ind. pl.* 3. bjuggu *Rp* 23, 7; *daher* 3) *bewohnen* (eht): *inf. þrk* 17, 6; *prs. ind. pl.* 3. búa *Vsp* 64, 5; *part. prt. n. sg. acc.* búit *HHv* 15, 5: 4) *intrans. sn aufent-*

halt haben, hausen, wohnen: inf. HHv 14, 6; *prs. ind. sg.* 1. bý *Alv* 3, 2; *sg.* 3. býr *Vsp* 41, 1, *Hym* 5, 1 *u. ö.; pl.* 3. búa *Hrbl* 44, 3; *opt. sg.* 3. búi *Háv* 34, 3: *prt. ind. sg.* 3. bjó *Grm* 11, 2, *Rp* 40, 4 *u. ö.; pl.* 3. bjuggu *Rp* 12, 2. 24, 2 *u. ö.;* 5) *mit präpp.:* b. af ehu *sich einer sache entledigen: inf. Fm* 38, 3; b. til ehs *etw. vorbereiten, die vorarbeiten zu etw. treffen: prt. ind. sg.* 3. bjó *Rp* 16, 4; b. um eht *sich mit etw. befassen: prt. ind. sg.* 3. bjó *Sg* 40, 3;

part. prt. 1) *ausgerüstet, geschmückt* (ehu): *m. sg. acc.* blóðorm búinn *ein schön verziertes schwert HH* I 8, 7; *pl. acc.* búna (huna *R*) *Gðr* II 14, 10 (*FJ* II 129b); *f. pl. nom.* búnar *Gðr* I 3, 3, *Am* 27, 3: *n. pl. nom.* búin *HH* I 24, 4. 51, 8; 2) *bereit zu etw.: m. sg. nom.* búinn *Grp* 18, 4, *Rm* 21, 3; *pl. acc.* búna verða *sich bereit zu halten HH* I 23, 4; *f. sg. nom.* búin *nahe daran Gðr* I 3; *acc.* búna *HHv* 36, 6; *pl. acc.* búnar *Od* 28, 2.

buðlungr, *m. mann der von einem gebiete* (*buðli) *abstammt, könig, fürst: sg. nom voc. HHv* 2, 5, *HH* I 12, 1 *u. ö.; HH* I 57, 1. 5. II 43, 11; *gen.* buðlungs *HHv* 26, 10; *dat.* buðlungi *HHv* 40, 5.

bugr, *m. biegung, krümmung; gekrümmter gegenstand, ring: pl. dat.* með bugum (= með hringum, *GV* 285a) *gänzlich, alles in allem, wenn man alles mitzählt Grm* 24, 3 (*FJ* I, 118a).

búr, *n. frauengemach: sg. dat.* búri *Gðr* II 1, 3, *Od* 16, 1.

burr, *m.* (*got.* baúr) *sohn: sg. nom.* burr *Vsp* 58, 10, *þrk* 1, 7 *u. ö.; gen.* burar *Gjm* 50, 5, *Sg* 39, 6; *dat. acc.* bur *Grm* 43, 6]; *Ls* 27, 3, *Hyndl* 6, 8 *u. ö. pl. nom.* burir *Vsp* 65, 5, *HH* II 34, 8; *gen.* bura *Gðr* II 34, 8; *dat.* burum *HH* I 22, 8, *Gðr* II 33, 3; *acc.* buri *Gðr* II 17, 2, *Akv* 39, 8, *Hm* 10, 2. 22, 5.

bú-staðr, *m. wohnort: sg. acc.* bústað *F* 303a 9.

bygð, *f. wohnsitz, besitzung: pl. acc.*

bygðir *Rþ 36, 10, HHv 10, 6, Grp 19, 2.*

bygg, *n. getreide, bes. gerste: sg. nom. Alv 33, 1.*

byggja, byggva (gð) *1) intrans. wohnen, hausen: inf. Vsp 66, 6; prs. ind. sg. 3.* byggvir *Grm 15, 5; pl. 1.* byggjum *Skm 20, 6; prt. ind. sg. 3.* bygði *Vsp 6, 2; 2) trans. bewohnen (eht): prs. ind. sg. 3.* byggvir *Grm 11, 4,* byggir *Grp 1, 1; pl. 3.* byggja *Vsp 65, 5, Vm 51, 2; prt. ind. sg. 2.* bygðir *HH II 12, 3.*

byrða (rð) *weben: prt. ind. pl. 1.* byrðu (vit) *Gðr II 15, 5.*

byrðr, *f. (vgl. got.* baúrþei) *bürde, last: sg. acc.* byrði *Háv 10, 1. 11, 1; pl. acc.* byrðar *Rþ 9, 6.*

byrgja (gð) *einschliessen: part. prt. f. pl. nom.* byrgðar *HH II 45, 10.*

byrla (að) *zu trinken geben, credenzen: prt. ind. sg. 3.* byrlaði *Ls 52 pr 1.*

byrr, *m. günstiger wind, fahrwind: sg. nom. Rm 17, 3; gen.* byrjar *HH II 6, 5; dat. acc.* byr *Háv 89 7; Grm 8; pl. acc.* byri *Hyndl 3, 5.*

bysja (busta) *strömen: prt. ind. sg. 3.* busti *HH II 9, 7.*

bœli, *n. wohnstätte; lager (eines drachen): sg. acc. Grp 13, 2; gen.* bœlis *Fm 44 pr 1.*

bœn, *f. bitte: sg. nom. Háv 36, 6, Sg 65, 4; gen.* bœnar *Sg 65, 2.*

bœr, *m. anzahl zusammengehöriger gebäude, gehöft: sg. nom. Grm 6, 1, Br 8, 2, Akv 43, 5; gen.* bœjar *Hym 26, 6, Hm 18, 6 u. ö.; dat. acc.* bœ *HH I 2, 1; Am 37, 3.*

bœta (tt; *got.* bôtjan) *1) besser machen, verbessern; ausbessern: prs. ind. sg. 1.* bœti *Vkv 27, 1; 2) schlichten: inf. Háv 151, 6, Gðr II 18, 3; 3) jmd (ehm od. við ehn) für etw. (eht) durch zahlung einer busse (ehu) schadenersatz leisten: inf. Hrbl 42, 1, Gðr II 17, 6, Am 69, 8; prs. ind. sg. 1.* bœti *HHv 27, 2; sg. 3.* bœti *Ls 12, 3; imperat. sg. 2.* bœt *HHv 24, 2; 4) bœtask sich bessern: inf. Am 99, 2.*

bǫð-frœkn, *adj. kühn im streite: m. sg. nom. (sw.)* bǫðfrœkni *Hm 27, 3.*

bǫðvask (að) *kampflustig werden: prt. ind. sg. 3.* bǫðvaðisk *Hm 21, 4.*

bǫl, *n. (vgl. got.* balwa-wèsei) *schaden, unglück: sg. nom. acc. Ls 39, 3 (vgl.* þrá), *Gðr II 34, 7,* vígnesta b. *'verderben der schilde', poet. bezeichnung des schwertes HHv 8, 7; Háv 126, 5, Br 3, 2 u. ö.; gen.* bǫls *Vsp 64, 3, Háv 125, 10, Hyndl 24, 6; dat.* bǫlvi *Háv 126, 6, Hyndl 49, 4, Sg 27, 8 u. ö.; pl. nom.* bǫl *schadenbringende zusätze Gðr II 24, 2; gen.* bǫlva *HHv 24, 6, Ghv 12, 3 u. ö.*

bǫl-rann, *m. unglückshaus: pl. gen.* bǫlranna *Gðr II 41, 4.*

bǫl-stafir, *m. pl. verderben bringende runen, unheil: dat.* bǫlstǫfum *Sd 30, 5.*

bǫlva (að) *verfluchen (ehm): prt. opt. sg. 3.* bǫlvaði *Fm 1 pr 4.*

bǫlva-fullr, *adj. 1) unheilvoll: f. pl. acc.* bǫlvafullar *Gðr II 32, 2; 2) kummervoll, unglücklich: n. sg. acc.* bǫlvafult *Ghv 21, 6.*

bǫlva-smiðr, *m. unheilsschmied: sg. nom. voc. Fm 33, 7; Ls 41, 6.*

bǫl-víss, *adj. geneigt od. geschickt schaden zu stiften: m. sg. nom. (sw.)* bǫlvísi *HH II 2, 2 (vgl. aber Sijmons, Beitr. 4, 191 anm. 2); f. pl. nom. acc.* bǫlvísar *Sd 27, 4; Hrbl 23, 3.*

bǫrkr, *m. borke, rinde: sg. nom. Háv 50, 3; dat.* berki *Sd 11, 4.*

bǫrr, *m. baum: sg. nom. b.* skjaldar *'schildbaum', poet. bezeichnung eines kriegers Am 30, 5.*

D.

dáð, *f. (got.* ga-dêþs) *werk, tat: sg. acc. Ghv 4, 4, Hm 6, 4.*

dáð-rakkr, *adj. schnell bereit zu kühner tat: m. sg. nom. Hym 23, 2.*

dafna (að; *vgl. got.* ga-daban) *zu kräften kommen, heran- wachsen: inf. Rþ 9, 2. 22, 2.*

daga (að), *tagen, tag werden: part. prt. m. sg. nom.* uppi um dagaðr *vom tage überrascht Alv 36, 6.*

dag-mǫgr, *m. 'sohn des tages', d. i. mann: pl. nom.* dagmegir *Am 62, 6.*

dagr, *m. (got.* dags) *tag: sg. nom. Vm 24, 4, Rþ 31, 10 u. ö.; gen.* dags *Alv 23, 6, Háv 81, 4 u. ö.; acc.* dag *Vsp 9, 8, Hym 7, 2 u. ö.;*

pl. dat. dǫgum *Háv 73, 10 ; acc.* daga *Skm 3, 6, Grm 7, 5 u. ö.*

dags-brún, *f. tagesanbruch: sg. acc. HH I 27, 6. II 42, 8.*

dag-sefi, *m.* 'milderer des (heissen) tages', *poet. bezeichnung der luft: sg. acc.* dagsefa *Alv 23, 5* (*s. Bugge z. st.*).

dag-setr, *n. tagesende, abend: sg. dat. at* dagsetri *HH II 48 pr 4.*

dalr, *m. (got.* dals? dal?) *tal: sg. dat.* dali *Hrbl 18, 7 ; pl. acc.* dala *Vsp 22, 6, Vm 14, 6 u. ö.;* dali *HHv 28, 6.*

danskr, *adj. dänisch: m. pl. acc.* danska *Gðr II 14, 4.*

dapr, *adj. traurig: m. sg. acc.* dapran *Am 59, 7 ; f. pl. acc.* daprar *Sg 54, 5 ; n. pl. nom.* dǫpr *Hrbl 4, 4.*

darraðr, *m.* 'speerschwinger', *bezeichnung eines helden (des Atli); sg. gen.* darraðar *Akv 4, 7.*

dátt, *adv. (neutr. des adj.* dár): *in verderblicher weise Sg 26, 6.*

dauði, *m. tod: sg. nom. Grp 25, 8 ; gen. dat. acc.* dauða *HH II 32, 2 ; HH I 56, 8 u. ö.; HH I 11, 8 u. ö.*

1. dauðr, *adj. (got.* dauþs) *tot, getötet: m. sg. nom. Háv 70, 6, HH I 21, 4, Sf 17 u. ö.; gen.* dauðs *F 304 a 7; dat.* dauðum *Br 7, 6, Gðr I 1 u. ö.; acc.* dauðan *Hrbl 14, 4, Háv 76, 6 u. ö.; pl. nom.* dauðir *HH II 39, 4. 50, 7; dat.* dauðum *Sd 22, 6; acc.* dauða *Vkv 31, 4, Gðr II 37, 8; f. sg. nom.* dauð *Bdr 5, 8 u. ö.; pl. acc.* dauðar *Am 27, 1.*

2. dauðr, *m. (vgl. got.* dauþus) *tod: sg. gen.* dauðs *Akv 29, 6.*

daufr, *adj. (got.* daufs) *taub: m. sg. nom. Háv 71, 3.*

deigja, *f. dienstmagd: sg. voc. Ls 56, 6.*

deila (ld; *got.* dailjan) *1) teilen, trennen: prs. ind. sg. 3.* deilir *Vm 15, 5. 16, 2;* deilask *sich teilen: prt. ind. pl. 3.* hugir deildusk *mein sinn war schwankend Gðr II 6, 2; 2) zuteilen: inf. Sg 37, 4; prt. ind. pl. 3.* deildu *Br 4, 4;* deilask *zuerteilt (beschieden) werden: inf. Am 18, 3 (vgl. aber auch FJ z. st.); 3) verteilen* (eht od. ehu) *inf. Ls 46, 3; prt. ind. sg. 3.* deildi *Sg 47, 4; pl. 3.* deildu *Rp 23, 8 : 4) mit jemand*

(við ehn) *in einer sache* (eht) *zu tun haben, sich mit etw. abgeben, auf etwas einlassen: inf. Sd 29, 4; prs. ind. sg. 2.* deilir *Sd 31, 2; opt. pl. 3.* deili *HH I 46, 8. II 26, 8; prt. ind. sg. 1.* deildak *Vm 55, 8; sg. 3.* deildi *Rp 46, 2; 5) streiten mit jemand* (við ehn): *prs. opt. pl. 3.* deili *HH I 45, 8; imperat. sg. 2.* deili-t *Sd 24, 3; prt. ind. pl. 1.* deildum *Hrbl 15, 2; 6) gewalt haben über etwas* (eht), *mit etwas schalten und walten können: inf. Skm 22, 6,* hug skaltu deila *behersche dein gemüt HHv 40, 2 (ähnl. FJ z. st.; anders Bugge, Fkv 407b); prs. ind. sg. 3.* þar er munuð deilir *wo die liebe waltet Od 22, 8; 7) entscheiden: inf. Ls 22, 3.*

doilir, *m. verteiler: sg. voc. Akv 37, 2; dat.* deili *Od 19, 3. 30, 7.*

deyfa (fð; *got.* ga-daubjan) *1) stumpf machen: inf. Rp 44, 7; prs. ind. sg. 1.* deyfi *Háv 146, 4; pl. 3.* deyfa *Sd 27, 6; 2) beschwichtigen: prt. ind. sg. 3.* deyfði *Gðr II 24, 8.*

deyja (dó; *vgl. got.* diwans) *sterben: inf. Gðr I 1, 2, Am 59, 8 u. ö.; prs. ind. sg. 3.* deyr *Háv 75, 1. 3. 5 u. ö.; pl. 3.* deyja *Vm 43, 8 u. ö.; opt. sg. 1.* deyja *Am 66, 8; prt. ind. sg. 3.* dó *Rm 11 pr 1, Am 101, 8; pl. 3.* dó *Am 64, 1.*

digr, *adj. (vgl. got.* digrei *f.*) *dick: m. pl. nom.* digrir *Rp 8, 5.*

dimmr, *adj. dunkel: m. sg. nom. (sw.)* dimmi *Vsp 68, 1.*

dís, *f. (vgl. alts.* idis; *s. Koegel, Beitr. 16, 502 ff.) 1) weib, bes. v. königlicher abkunft (Sigrún, Brynhildr, Guðrún), doch wird auch die Lyngheiðr von ihrem vater Hreiðmarr mit* dís *angeredet: sg. nom. voc. acc. Br 14, 3; Rm 11, 2 u. ö.; HH I 17, 4 (*dísir *R, vgl. aber Zz 26, 26); pl. nom.* dísir *HH II 45, 11 (es ist nur Sigrún gemeint, vgl.* brúðr); *2) weib von übermenschlicher natur; schicksalsjungfrau, walküre: sg. dat.* dísi *Gðr I 19, 4; pl. nom. acc.* dísir *Grm 53, 4; Sd 9, 6 u. ö.*

djarfliga, *adv. nach der art eines tapfern; kühn, keck: Hym 23, 1.*

djúpr, *adj. (got.* diups) *tief: m. sg. dat.* djúpum *Hrbl 18, 8; acc.* djúpan

Hym 5, 8 u. ö; pl. acc. djúpa
HHv 28, 6; f. pl. acc. hliðskjálfar
djúpar *(?) Akv 14, 2.*

djúp-úðigr, *adj. bedachtsam, verständig: f. sg. nom. (sw.)* djúpúðga
Hyndl 28, 5.

dólg, *n. (got.* dulgs, *m.) feindschaft,
kampf (K. Gislason, Efterl. skr.
I, 169): pl. gen.* dólga dynr *lärm
von kämpfen HH I 21, 3.*

dólgr, *m. feind: sg. nom. Sg 23, 5;
pl. nom.* dólgar *HH II 50, 7.*

dólg-rǫgnir, *m.* 'schlachtgott', *poet.
bezeichnung eines kriegers: sg. acc.*
dólgrǫgni *Akv 29, 5.*

dólg-spor, *n.* 'kampfspur', *d. i.
wunde: pl. nom. HH II 41, 7.*

dólg-viðr, *m.* 'kampfbaum', *poet.
bezeichnung eines kriegers: pl. acc.*
dólgviðu *Sd 29, 5.*

dómr, *m. (got.* dômis) *1) urteil: sg. nom.
Háv 76, 6; 2) entscheidung: sg. acc.*
norna dóm *die entscheidung der
nornen, d. i. den tod Fm 11, 1;
pl. nom.* dómar *HH II 25, 8; 3)
gerichtsversammlung: pl. acc.* dóma
Sd 12, 9.

dorg, *f. angelschnur: pl. acc.* dorgar
Grm 3.

dóttir, *f. (got.* daúhtar) *tochter: sg.
nom. voc. Hyndl 20, 2, Vkv 36,
7 u. ö.; HH II 47, 8, Hlr 4, 2 u.
ö; gen. dat. acc.* dóttur *Hyndl
21, 4, HHv 5, 8 u. ö.; HHv 36, 4,
Gðr I 27, 4 u. ö.; Þrk 22, 7, Ls
42, 2 u. ö.; pl. nom. acc.* dœtr
*Rp 13, 1, Fm 13, 6 u. ö.; Rm 9
pr 6; gen.* dœtra *Gðr I 4, 7.*

draga (dró; *got.* dragan) *1) ziehen:
inf. Grm 37, 3; prs. ind. sg. 3.*
dregr *Vm 11, 5. 12, 2 u. ö.; prt. ind.
sg. 1.* dró *Grm 49, 5; pl. 3.* drógu
Hm 16, 1; part. prt. m. sg. nom.
dreginn *Gðr I 18, 6; pl. acc.* dregna
*Vkv 9, 2; 2) dr. vél ränke spinnen:
prs. ind. sg. 3.* dregr *Grp 33, 8; 3)
tragen: prt. ind. sg. 3.* dró *Vkv 2, 6,
Akv 29, 5; 4) mit praepp. u. advv.
dr.* **fram** *hervorziehen: prt. ind.
sg. 3.* dró *Rm 5 pr 7; dr.* **ofarr**
aufziehen: inf. HH I 30, 1; dr.
upp *heraufziehen: prt. ind. sg. 3.*
dró *Hym 21, 1. 23, 1.*

drasill, *m. pferd (Bugge, Stud. 394
anm. 8): pl. dat.* drǫslum *Akv 33,
6; acc.* drǫsla *Akv 4, 8.*

draug-hús, *n.* 'totenhaus', *d. i. grabhügel: pl. gen.* draughúsa *HH II
50, 4.*

draum-njǫrun, *f.* 'traumgöttin',
poet. bezeichnung der nacht: sg. acc.
Alv 31, 6.

draumr, *m. traum: sg. gen.* draums
*ætlik þér du bist im traume wie ich
meine Hyndl 7, 2, HHv 19, 2;
pl. nom.* draumar *Bdr 1, 8.*

draum-þing, *n.* 'versammlung der
träume', *d. i. nachtruhe, schlaf:
pl. gen.* draumþinga *HH II 49, 10.*

dreifa (ðð; *got.* draibjan) *bespritzen
(ehn ehu): prt. opt. sg. 3.* dreifði
Am 18, 4.

dreki, *m. drache: sg. nom. Vsp 68, 2.*

1. drekka (drakk; *got.* drigkan)
*trinken: inf. Þrk 25, 8, Hym 39, 6
u. ö.; prs. ind. sg. 2. 3.* drekkr *Háv
136, 5; Vsp 24, 5, Grm 13, 5 u. ö.;
pl. 3.* drekka *Ls 45, 5, Grm 7, 5
u. ö.; opt. sg. 2.* drekkir *Ghv 8, 8;
sg. 3.* drekki *Háv 19, 2; prt. ind.
sg. 3.* drakk *Þrk 24, 9, Ls 53 pr 2
u. ö.; pl. 3.* drukku *Rp 31, 9, Sg
2, 5 u. ö.; opt. sg. 3.* drykki *Ls
10 pr 2, Sf 15; part. prt. n. sg.
nom. acc.* drukkit *Háv 66, 4.
80, 6 u. ö.; Akv 41, 2; pl. nom.*
drukkin *Grp 43, 2; part. prt.*
drukkinn *betrunken: m. pl. acc.*
drukkna *Sd 29, 4; f. sg. nom.*
drukkin *Akv 16, 4.*

2. drekka, *f. 1) trunk: sg. acc.*
drekku *Od 11, 4; 2) trinkgelage:
sg. dat.* drekku *Grm 45, 7.*

drekkja (kð; *got.* dragkjan) *ertränken
(ehm): prt. ind. sg. 1.* drekða *HHv
19, 6; pl. 3.* drekðu *Ghv 13, 5.*

drengr, *m. tüchtiger mann, held:
sg. nom. Gðr II 35, 2; pl. gen.*
drengja *Hyndl 18, 2; acc.* drengi
Am 48, 2.

drepa (drap) *1) mit etw. (ehu) eine
bewegung ausführen; strecken, streichen: prt. ind. sg. 3.* drap *Gðr II
5, 6, Hm 21, 2; 2) schlagen: prs.
ind. sg. 1.* drep *Ls 61, 5, Skm 26, 1;
sg. 3.* drepr *Vsp 58, 5 (FJ, Ark.
4, 37); imperat. sg. 2.* drep *Hym
30, 5; dr. í hel totschlagen: inf.
Hrbl 27, 2; prt. ind. pl. 3* drápu
*Am 40, 2; 3) abschlagen, abhauen
(eht af ehu): prs. ind. sg. 1.* drep
Ls 57, 5; 4) töten: inf. Gðr I 27

pr. 6; prt. ind. sg. 1. 3. drap
Hrbl 19, 1; þrk 31, 5. 32, 1 u. ö.;
pl. 1. drápum *Am 96, 1; pl. 3.*
drápu *HH II 12; opt. pl. 3* dræpi
Br 20 pr 3. 4. 7; part. prt. m.
sg. nom. drepinn *Br 20 pr 11; n.*
sg. acc. drepit *Ghv 1; 5)* dr. fœti
mit dem fusse anstossen, straucheln:
prs. ind. sg. 2. drepr *Rm 24, 2;*
prt. ind. sg. 3. drap *Grm 54 pr 9;*
6) dr. kostum *od.* kosti (ehs) *die*
lage jmds verschlechtern: prs. ind.
sg. 3. drepr *Am 70, 1; unpers.*
prt. ind. sg. 3. drap *Am 97, 2.*
7) drepa á eht *sich mit etw. ab-*
geben: prt. ind. sg. 2. (mit suff.
pron.) draptu á vétt *befasstest dich*
mit zauberei Ls 24, 3 (Bugge, Stud.
137 anm. 5).

dreyma (mð) *1) etw.* (eht) *träumen:*
prs. ind. sg. 3. dreymir *Am 19, 4;*
pl. 3. dreyma *Gðr II 39, 2; 2)*
unpersönl. es träumt jmd (ehn):
prs. ind. sg. 3. dreymir *Am 19, 6;*
prt. ind. sg. 3. dreymði *Am 10, 3.*
14, 5.

dreyra (rð; *got.* ga-drausjan) *bluten*
(eigentl. etw. fallen lassen): prs.
ind. pl. 3. dreyra *HH II 41, 7.*

dreyr-fáðr, *part. prt. blutbefleckt:*
m. sg. nom. HHv 9, 6.

dreyri, *m. blut (K. Gíslason, Efterl.*
skr. I, 254): sg. gen. dat. dreyra
Fm 27, 6; Vsp 42, 4, Grm 52, 6 u. ö.

dreyrugr, *adj. blutig: f. pl. acc.*
dreyrgar *Sg 32, 7.*

drífa (dreif; *got.* dreiban) *1) sich*
hastig vorwärts bewegen, eilen: prs.
ind. sg. 3. drífr *HH II 49, 9; prt.*
ind. pl. 3. drifu *Vkv 20, 1; 2) be-*
netzen, beströmen: part. prt. m. sg.
acc. drifinn *Grm 52, 6; f. sg. nom.*
drifin *Bdr 5, 7.*

dríta (dreit) *bescheissen: part. prt.*
f. sg. nom. dritin *Ls 56, 6.*

drjúgr, *adj. reichlich: n. sg. acc.*
(*adverbial*) drjúgt *gar sehr Háv*
78, 6; in reichem masse Am 18, 3;
pl. dat. (adv.) drjúgum *tüchtig,*
rüstig Hym 7, 1.

drjúpa (draup) *tropfen: prs. ind.*
sg. 3. drýpr *Grm 26, 5; pl. 3.*
drjúpa *Skm 21, 5; prt. ind. sg. 3.*
draup *Ls 65 pr 4. 6.*

drjúpr, *adj. triefend: m. sg. acc.*
drjúpan *Alv 13, 6.*

dropi, *m. tropfen: sg. nom. Gðr I*
15, 5.

drós, *f. weib: sg. gen.* drósar *Gðr II*
39, 4; pl. nom. drósir *Vkv 1, 7.*

drótt *f. (vgl. got.* ga-draúhts, *m.)* 1)
kriegerschar (K. Gíslason, Efterl.
skr. I 208 fg.); gefolge eines fürsten:
sg. nom. dat. acc. Gðr II 43, 8
(wo drótt mun *statt* dróttum *zu lesen*
sein wird); HH I 7, 1; 2) schar,
volk überhaupt: sg. nom. acc. HH
II 49, 9; Vsp 12, 6, Vm 24, 5;
pl. nom. dróttir *Vsp 66, 6.*

dróttinn, *m. häuptling, fürst, könig:*
sg. nom. voc. þrk 5, 2. 10, 4 u. ö.;
Skm 3, 6, Vkv 30, 8; dat.
dróttni *Grp 35, 6; acc.* dróttin
þrk 31, 6.

drótt-látr, *adj. leutselig (?): f. sg.*
acc. dróttláta *Am 10, 3.*

drótt-megir, *m. pl. 1) gefolgsleute:*
nom. dróttmegir *Akv 2, 1; 2) söhne*
des volks, menschen: acc. dróttmǫgu
Vm 11, 6. 12, 3.

dróttning, *f. königin: sg. nom.*
Vkv 16 pr 5, Gðr I 6, 2.

drukna (að) *ertrinken: prs. ind. sg. 2.*
druknar *Fm 11, 4.*

drúpa (pt) *hängen, schweben: prs.*
ind. sg. 3. drúpir *Grm 10, 6.*

drýgja (gð) *1) verrichten, ausführen,*
betreiben: inf. Hrbl 48, 3; ørlǫg d.
das kriegshandwerk zu betreiben
Vkv 1, 4. 3, 10; prt. ind. pl. 2.
drýgðuð *Ls 25, 5; pl. 3.* drýgðu
Am 44, 2; part. prt. n. sg. acc.
drýgt *Am 83, 5; 2) bereiten: prt.*
ind. sg. 1. drýgða *Am 79, 7; 3)*
leiden, ertragen: prs. ind. sg. 3.
drýgir *Grm 35, 2.*

drykkja, *f. trank, getränk, bes. bier:*
sg. gen. acc. drykkju *Am 73, 2;*
Od 27, 4, Am 79, 7. 82, 4.

drykkr, *m. trank, trunk: sg. nom.*
c. art. drykkrinn *Sf 9; gen.* drykkjar
Grm 3, 4; acc. drykk *Ls 6, 6,*
Háv 104, 3 u. ö.; pl. gen. drykkja
Skm 35, 7.

duga (gð; *got.* dugan) *1) wert haben,*
von guter beschaffenheit sein, taugen:
prs. ind. sg. 3. dugir *Vm 20, 2. 22, 2;*
opt. sg. 3. dugi *Háv 132, 6; 2) sich*
als tüchtig erweisen: prs. ind. sg. 3.
dugir *Háv 71, 3; prt. opt. sg. 3.*
dygði *Am 49, 10; 3) einfluss aus-*
üben, bewirken: inf. Ls 16, 2;

4) *helfen: inf. Hyndl 49, 8, Sd 9, 6;*
5) *nutzen bringen, nützen: inf. Sd
22, 6; prs. opt. sg. 3.* dugi *Vm
4, 4;* 6) *geziemen: prs. ind. sg. 3.*
dugir *HH I 47, 3. II 27, 3.*
d u g r, *m. tüchtigkeit: sg. acc.* dug
Alv 9, 3.
d ú k r, *m. tuch, gewebter stoff: sg. nom.
Rp 16, 7; acc.* dúk *Rp 30, 2. 8.*
d u l, *f.* 1) *zurückhaltung, schweigsam-
keit: sg. dat.* dul *Háv 57, 6;* 2)
*durch selbsttäuschung entstandene
überhebung, hochmut: sg. dat. acc.*
dul *Gör II 39, 3; Háv 78, 6.*
d u l i n n, *adj. eingebildet, hochmütig:
f. sg. nom.* dulin *Hyndl 7, 1.*
d ú s a (að) *erdröhnen: prt. ind. sg. 3.*
dúsaði *Od 16, 5 (Bugge, Fkv 427b).*
d v a l a (að) *verzögern, aufschieben:
inf. HH I 51, 12.*
d v e l j a (dvalða) 1) *aufschieben, verzögern: inf. Am 62, 4;* 2) *aufhalten: part. prt. m. sg. acc.* dvalðan
Hrbl 51, 2; f. sg. acc. dvalða
HHv 30, 2; dveljask *sich aufhalten, verweilen: prt. ind. sg. 3.*
dvalðisk *HHv 8, Sf 24;* 3) *unpersönl. jmd (ehn) durch untätigkeit
verloren gehen: prs. ind. sg. 3.* dvelr
Háv 59, 4.
d v e r g r, *m.* 1) *zwerg: sg. nom. Háv
158, 4, Rm 3 u. ö.; c. art.* dvergr-
inn *Rm 4 pr 5; gen.* dvergs *Alv
9, 3; voc.* dvergr *Alv 10, 3. 12, 3
u. ö.; pl. nom.* dvergar *Vsp 13, 7.
49, 5 u. ö.; gen. acc.* dverga *Vsp
12, 5. 13, 3; Vsp 15, 6. 17, 1; dat.*
dvergum *Háv 141, 10;* 2) *spange,
nadel: pl. nom.* dvergar *á qxluⅿ
Rp 16, 8 (Mogk, Lit.-bl. 1887 sp.
472).*
d v ǫ l, *n. pl. (vgl. got.* dwals, dwaliþa,
dwalmôn, dwala-waúrdei) *aufenthalt,
aufschub: nom. Am 101, 7.*
d y g g r, *adj. treu, zuverlässig: f. sg.
acc.* dyggva *Rm 20, 4; recht-
schaffen: f. pl. nom.* dyggvar *Vsp
66, 5.*
d ý j a (dúða) 1) *schütteln: inf. þrk
1, 6;* 2) *schwingen: inf. Rp 35,
8. 38, 1.*
d y l g j a, *f. feindschaft: pl. nom.* dyl-
gjur *HH II 10.*
d y l j a (dulða) *jmd (ehn) über etwas
(ehs) in unwissenheit erhalten, etw.
vor ihm verhehlen oder verläugnen:*

*inf. Am 77, 3. 88, 1; prt. ind.
sg.* 1. dulða *Grm 50, 3; sg. 3.*
dulði *Fm 1 pr 1, Am 10, 4; part.
prt. m. sg. nom.* duliðr *in unwissenheit erhalten, dumm, töricht HHv
19, 1; part. prs. m. pl. nom. (subst.)*
dyljendr *die verhehlenden, die ver-
räter Akv 2, 2;* dyljask *sich verläugnen: inf. HH II 12, 7; sich
etwas (eht) verhehlen: prs. ind. sg. 1.*
dyljumk *Am 14, 6.*
d y n - f a r i, *m.* 'der mit brausen dahin-
fährt', *poet. bezeichnung des windes:
sg. acc.* dynfara *Alv 21, 5.*
d y n j a (dunða) *ertönen, erklingen: prt.
ind. sg. 3.* dunði *Bdr 2, 6, þrk 4,
6 u. ö.*
d y n r, *m. lärm. geräusch: sg. nom.
Akv 33, 5;* dólga d. *lärm von
kämpfen HH I 21, 3; dat.* dyn
F 305b 9.
d ý r, *n. (got.* dius) *tier: sg. nom.
Fm 2, 1; pl. gen.* dýra *Gör II
23, 8; dat.* dýrum *HH II 37, 8,
Gör II 2, 6; acc.* dýr *Vkv 4.*
d ý r - g r i p r, *m. wertvoller gegenstand,
kleinod: pl. acc.* dýrgripi *Fm 44
pr 5.*
d ý r - k á l f r, *m. junger hirsch: sg.
nom. HH II 37, 5.*
1. d y r r, *f. pl. (vgl. got.* daúr, daúrô)
*tor, tür: nom. acc. Vsp 39, 4, Rp
26, 4; Bdr 4, 2, Grm 10, 5 u.
ö.; gen.* dura *Grm 23, 1; dat.*
durum *Grm 22, 3. 23, 5 u. ö.*
2. d ý r r, *adj. herrlich, trefflich: m. sg.
nom. Grp 27, 6, Fm 41, 5; gen.
(sw.)* dýra *Háv 104, 3. 139, 5; pl.
nom.* dýrir *Am 64, 1; f. pl. acc.*
dýrar *Rp 49, 2 u. ö.; n. sg. acc.*
dýrt *Vkv 1, 8.*
d y s, *f. aus steinen errichteter grabhügel: pl. acc.* dysjum *Hrbl 45, 2.*
d æ l l, *adj. leicht: n. sg. nom.* dælt
Háv 5, 3, Sg 22, 1.
d œ g r, *n. ein halber tag (12 stunden):
sg. gen.* dœgrs *HH I 6, 3; dat.*
dœgri *Skm 13, 4; acc.* dœgr *Grp
25, 7, Sg 2, 6; pl. gen.* dœgra
Am 101, 7; acc. dœgr *Rp 11, 8,
Gör II 13, 2.*
d œ l s k r, *adj. dumm, töricht: m. sg.
nom. Háv 57, 6.*
d œ m a (mö; got.* dômjan) 1) *reden, sich
unterhalten (við ehn of eht): inf.
Hrbl 9, 8, Háv 110, 7 u. ö.; prs.*

ind. pl. 3. dœma *Vsp 62, 4,* Ls *2, 1;* *opt. sg. 1.* dœma *Vkv 31, 8; prt. ind.* *sg. 1.* dœmðak *Hrbl 30, 2; pl. 3.* drukku ok dœmðu *Rþ 31, 9, Sg 2, 5 (Bugge, Norr. skr. 364 fg.);* 2) *über etw. (um eht) urteilen: prs.* *ind. sg. 1.* dœmi *Hrbl 46, 1;* 3) *eine sache (of eht, um eht) ent-* *scheiden: inf. HH II 24, 4, Gðr* *II 3, 6; prs. ind. sg. 2.* dœmir *Grp 29, 6;* 4) *richten, urteil* *sprechen: inf. Grm 29, 5. 30, 8.*

d œ m i , *n.* 1) *rede, unterhaltung: sg.* *nom.* var þar sams d. *es war von* *dem nämlichen gegenstande die rede* *Am 20, 2;* 2) *das dem menschen* *vom schicksal zugesprochene loos:* *pl. acc.* dœmi *HH II 3, 1;* 3) *vor-* *bild: sg. acc.* ekki hygg ek okkr vera úlfa dœmi *dass wir uns die* *wölfe zum vorbild nehmen sollen* *Hm 28, 2;* 4) *beispiel: sg. acc.* dœmi *Oð 11, 5, Am 83, 6; pl. nom.* dœmi *Grp 42, 8.*

d ǫ f , *f. spiess: pl. acc.* dafar *Akv 4, 7.*

d ǫ g g , *f. tau: sg. nom.* Vm *14, 6,* HHv *28, 6; dat.* dǫggu *Bdr 5, 7,* HH II *37, 6; pl. nom.* dǫggvar *Vsp 22, 5.*

d ǫ g g - l i t r , *adj. durch tau gefärbt,* *taubenetzt: m. pl. nom.* dǫgglitir HH II *42, 7.*

d ǫ g g ó t t r , *adj. betaut: m. pl. acc.* dǫggótta *HH I 48, 5.*

d ø g l i n g r , *m. könig (K. Gislason,* *Efterl. skr. I 241 fg.): sg. nom.* HH I *7, 2. 17, 3 u. ö.; gen.* døglings *Gðr I 14, 3; pl. nom.* døglingar *HH I 27, 5.*

d ø k k r , *adj. dunkel: m. sg. gen. (sw.)* døkkva *Rm 20, 5; f. pl. acc.* døkk-var *HH I 48, 6.*

E.

e ð a , *conj. (got.* aíþþau) 1) *oder: Vsp* *24, 8, Bdr 10, 7, Hym 26, 5 u. ö.;* hvárt . . eða *(in dir. oder indir.* *doppelfrage) etwa . . oder, ob . .* *oder Skm 12, 2, HH II 39, 3; Vsp* *27, 7, Sg 38, 4 u. ö.; im doppelten* *concessivsatz: Sd 33, 5. 35, 5;* ef . . eða *(in indir. doppelfrage) ob . . oder* *Háv 108, 7 u. ö.;* 2) *sonst, im* *anderen falle: Háv 135, 5;* 3) *als formel beim übergang zu einem*

anderen gesprächsthema, übrigens: *Hrbl 7, 3.*

e ð l i , ø ð l i , *n. geschlecht, herkunft:* *sg. acc.* eðli *Hlr 3, 7,* øðli *Ls 43, 1;* *gen.* øðlis *Hrbl 9, 3; pl. dat.* eðlum *Sg 70, 4.*

e ð l - v i n a , *f. echte freundin (? Lüning,* *der die anrede ironisch auffasst):* *sg. voc.* Hyndl *47, 5. Bugge (For-* *handl. paa det 2. nord. filol. møde,* *Christ. 1883, s. 222; Ark. I, 265)* *conjiciert:* Óðs vina.

e f , *conj. (vgl. got.* ibai) 1) *wenn: a) c.* *prs. ind.* þrk *12, 9, Hym 17, 6,* *Ls 4, 5. 50, 1, Hrbl 8, 10. 13, 6.* *47, 3, Skm 9, 6. 24, 5, Grm 38, 6,* *Háv 16, 3. 111, 3. 115, 6. 118, 5,* *HHv 33, 12, Fm 3, 1, Sd 7, 3* *u. ö.; b) c. prt. ind. Ls 51, 1,* *HH II 24, 7, Am 42, 2 u. ö.;* *c) c. prs. opt. Ls 15, 5, Vm 24, 3,* *Grm 53, 6 u. ö.; d) c. prt. opt.* *Hym 17, 3, Ls 14, 1, Hrbl 18, 2.* *50, 4, Háv 107, 4, HHv 2, 5.* *18, 6. Fm 29, 4, Sg 3, 8. 58, 9,* *Gðr II 12, 7, Am 12, 4. 60, 8.* *71, 4. 86, 4 u. ö.; e) c. prs. ind.* *u. prs. opt. Vm 20, 2. 22, 2, Háv* *30, 5, HHv 21, 2;* 2) *ob: a) c.* *prs. ind. Hym 6, 1, HHv 29, 2;* *b) c. prt. ind. Am 46, 6; c) c. prs.* *opt. Vm 6, 5, Sg 44, 5, Oð 4, 8;* *d) c. prt. opt. þrk 3, 7, Háv 108, 6,* *Vkv 6, 7, HH I 17, 5, Gðr II 21, 5,* *Akv 21, 6.*

e f l a (ld), 1) *verstärken:* eflask sich durch jmd (við ehn) *verstärken: prt.* *ind. sg. 3.* efldisk *Hyndl 15, 1;* 2) *zu stande bringen, ausführen,* *durchführen: prs. ind. sg. 1.* efli(k) *Grp 12, 2.*

e f l i , *n. kraft: sg. acc. (?) Gðr I 27, 2* *(Bugge, Fkv 419b).*

e f n a (nd), *ausführen, verwirklichen:* *prt. ind. sg. 1.* efnda *Oð 9, 5; sg. 3.* efndi *Am 101, 3; part. prt. m. pl.* *acc.* efnda *Grp 46, 7.*

e f r i , ø f r i , *adj. compar.:* 1) *höher:* *m. sg. nom.* øfri *HH II 37, 7;* *f. sg. nom.* efri *HH II 4, 6;* 2) *überlegen: m. sg. nom.* varð ek þeim einn ǫllum øfri at ráðum *Hrbl 18, 10;* *pl. nom.* átján efri þeir urðu *sie* *behielten die oberhand, siegten über* *achtzehn (Hjelmqvist, Ark. 11, 112* *fg.) Am 50, 8;* 3) *superl. der*

letzte: *m sg. nom.* øfstr *Ls 50, 4.*
51, 1; n. sg. acc. (sw.) efsta *Od*
14, 2.

egg, *f. (vgl. K. Gíslason, Efterl. skr.*
I, 147) die schneide einer waffe: sg.
dat. egg *Vkv 33, 6,* eggju *HHv 9, 5;*
acc. egg *Rþ 49, 7; pl. nom. acc.*
eggjar *Br 20, 5, Hm 25, 7; Háv*
146, 4, Rþ 44, 7 u. ö.; dat. eggjum
Skm 25, 4, Hyndl 15, 4 u ö.

egg-hvass, *adj. mit scharfer schneide:*
n. sg. nom. egghvast *Sg 68, 3.*

eggja (að), *1) antreiben, aufreizen:*
inf. Sg 22, 1; prs. ind. sg. 1. eggja
Am 55, 1; prt. ind. sg. 3. eggjaði
Rm 14 pr 13. 26 pr 2; 2) zu
etw. (ehs) verführen: imperat. sg. 2.
eggja *Sd 32, 6.*

egg-leikr, *m. 'waffenspiel' d. i.*
kampf: sg. gen. eggleiks *Gör II*
32, 11.

egg-móðr, *adj. durch waffen ermüdet*
od. mürbe gemacht, d. i. verwundet
od. getötet: m. sg. dat. eggmóðum
Hm 29, 3; acc. eggmóðan *Grm*
53, 1.

egna (nd), *etw. (ehu) als köder (agn)*
anbringen: prt. ind. sg. 3. egndi
Hym 22, 1.

eiðr, *m. (got.* aiþs) *eid: sg. acc.* eið
Sd 23, 2; pl. nom. eiðar *Vsp 30,*
5 u. ö.; gen. acc. eiða *Grp 45, 1,*
Br 2, 7; Vkv 33, 1, Grp 31, 2 u. ö.;
dat. eiðum *Grp 47, 4 u. ö.*

eið-rofa, *adj. indecl. eidbrüchig:*
Br. 17, 4, Hlr 5, 8.

1. **eiga** (átta; *got.* aigan), *1) haben,*
besitzen: inf. Vsp 27, 8, Háv 8, 5
u. ö.; prs. ind. sg. 1. 3 á þrk 23,
5. 6, Alv 3, 3 u. ö.; Hym 5, 5,
Hrbl 7, 3 u. ö.; sg. 2. átt *Háv*
44, 1. 45, 1 u. ö.; pl. 1. eigum *HH II*
6, 3, eigu (vít) *Akv 7, 1; pl. 2* eiguð
HH II 5, 4; pl. 3. eiga *Grm 26, 6,*
eigι *Fm 13, 3; opt. sg. 1.* eiga
Hrbl 12, 1; sg. 2. eigir *Hrbl 6, 2.*
11, 2; sg. 3. eigi *Háv 29, 5. 36, 4;*
pl. 1. eigim *Vkv 33, 11. 13 u. ö.;*
pl. 3. eigi *Am 32, 3; imper. sg. 2.*
eig(ðu) *Gör II 33, 11; prt. ind.*
sg. 2. áttir *Hyndl 13, 1, Fm 5, 5;*
sg. 3. átti *Vsp 8, 6. 8, Hym 7,*
8 u. ö.; pl. 1. áttu (vér) *Hrbl 18,*
1. 3, áttum *Vkv 15, 2, Am 53, 1;*
pl. 2. áttuð *Hrbl 31, 1; pl. 3.*
áttu *Vsp 8, 10. 21, 1, Rþ 14, 8*

u. ö.; opt. sg. 1. ætta *Ls 27, 1.*
43, 1, Br 16, 4; sg. 2. ættir *Hrbl*
25, 3; sg. 3. ætti *Sg 61, 7; pl.*
1. ættim *Akv 6, 7; pl. 2.* ættið
Ghv 3, 7; part. prt. f. pl. acc.
áttar *Vsp 63, 6; n. sg. acc.* átt
F 303a 9; 2) insbes. zur ehe
haben: inf. Alv 7, 4, Hyndl 15, 5
u. ö.; prs. ind. sg. 3. á *HHv 3, 6,*
F 303a 7; prt. ind. sg. 3. átti
Hyndl 18, 1. 30, 3 u. ö.; opt.
sg. 1. ætta *Gör II 3, 3; sg. 3.*
ætti *Sg 3, 7. 35, 2; 3) eiga sér*
für sich haben, als eigentum besitzen:
prs. ind. sg. 3. á *Háv 26, 3; prt.*
ind. sg. 3. átti *Am 96, 8; 4) vor-*
haben, betreiben: prt. ind. sg. 1.
átta *Gör III 3, 6; 5) eiga c. inf.*
müssen: prs. ind. sg. 1. á *Sg 57, 1;*
opt. sg. 2. eigir *HH II 30, 8;*
sg. 3. eigi *Am 33, 6; pl. 1.* eigim
Am 13, 4; prt. ind. pl. 3. ættu
HH I 11, 5; 6) als hilfsverbum
c. part. prt. (zur umschreibung des
plusqmpf.): prt. ind. sg. 2. áttir
eiða .. um svarða *Akv 31, 2; prt.*
ind. pl. 1. níu áttu vit .. úlfa alna
HH I 40, 1.

2. **eiga,** *f. eigentum, habe: sg. nom.*
Ls 65, 4; acc. eigu *Sg 47, 6.*

eigandi, *m. (part. prs. von* eiga)
besitzer: pl. nom. eigendr *(Sigurðr*
allein ist gemeint) Gör II 5, 8
(K. Gíslason, Njála II 563).

eigi, *negat. nicht: Ls 4. 13, Hrbl*
55, 2, Háv 130, 6 u. ö.

eign, *f. (got.* aigin, *n.) eigentum,*
besitz: sg. dat. Od 13, 6; *pl. dat.*
eignum *Vm 50, 5.*

eignask (að; *vgl. got.* ga-aiginôn),
1) in besitz nehmen: inf. Rþ 36, 7;
2) erwerben: inf. Grp 17, 4; *part.*
prt. n. sg. acc. Háv 78, 2.

eik, *f. eiche: sg. nom.* Hrbl 22, 1,
Háv 136, 9; acc. Hlr 7, 4.

eiki-køstr, *m. scheiterhaufen aus*
eichenholz: sg. acc. eikikøst *Ghv 21, 2*
(das metrum verlangt den dat. eiki-
køsti).

eikinn, *adj. wütend, rasend: m. sg.*
acc. Skm 17, 5. 18, 5 *(Bugge,*
Fkv 93a).

eikja, *f. boot das aus einem aus-*
gehöhlten baume verfertigt ist: sg.
dat. c. art. eikjunni *Hrbl 7, 1.*

eimi, *m. dampf: sg. nom. Vsp 59, 5.*

einart, *adv. beständig:* e. láta *sich beständig* od. *treu zeigen (?) Hyndl 4, 4.*

ein-bani, *m. wer allein (ohne hülfe eines andern) jmd tötet: sg. nom. Hym 22, 3, Grm 50, 6.*

einfaldlega, *adv. (vgl. got.* ainfalþs, ainfalþaba) *einzeln, stück für stück: F 305b 18.*

einga, *adj. indecl. einzig: Vkv 36, 7, HHv 36, 4.*

ein-hendr, *adj. einhändig: m. sg. nom. Ls 5.*

ein-heri, *m. 1) einzelkämpfer, held: sg. voc. Ls 60, 5 (bezeichnung des* þórr); *pl. nom.* tveir 'ru einherjar *zwei sind einzelkämpfer, d. h. zwei gehören zu einem zweikampfe Háv 73, 1 (Mhff, DA V, 258); 2) im pl. name der nach ihrem tode in Valhöll aufgenommenen helden: nom.* einherjar *HH I 39, 5 u. ö.; gen.* einherja *Grm 23, 4; dat.* einherjum *Grm 36, 9. 51, 5.*

ein-hverr,*pron.(vgl. got.* ain-hwarjizuh) *irgend einer, einer: m. sg. nom. Rþ 2; dat.* einhverjum *Háv 120, 10; f. sg. acc.* einhverja *Hrbl 30, 2.*

ein-mæli, *n. gespräch unter vier augen: sg. acc. Grm 8; pl. acc. Am 1, 5.*

einn, *num. u. pron. indef. (got.* ains) *1) als einfaches zahlwort, einer: f. sg. nom.* var sú ein vætr eða fóru þar fleiri saman *HHv 27, 4; acc.* hann átti tvá sonu ok eina dóttur *Vkv 1; n. sg. gen.* dœgrs eins gamall *HH I 6, 3; acc.* eitt granabár *Rm 5 pr 6; 2) einer, ein bestimmter unter mehreren: m. sg. nom.* einn *Hym 13, 2, Rþ 42, 9, F 303b 11; gen.* eins *Vkv 11, 4; acc.* einn *Am 42, 4,* úlf þinn einn *einen von deinen wölfen Hyndl 5, 2; f. sg. nom.* ein *HHv 5 pr 15. 28, 2; n. sg. nom. acc.* eitt *Háv 144, 4, Hyndl 40, 5 u. ö.; Háv 67, 6, Am 11, 5; bes. in aufzählungen: m. sg. nom.* hét einn Slagfiðr, annarr Egill, þriði Vǫlundr *Vkv 3, vgl. HH II 12 pr 3; f. sg. nom.* ein (.. ǫnnur .. þriðja) *Vkv 2, 1, HHv 1, Fm 31 pr 12; dat.* einni *Grm 31, 4; acc.* eina *Vsp 23, 5; 3) ein einziger: m. sg. nom.* einn vita né annarr skal *Háv 63, 4, vgl. 87, 6. 162, 5;* sá einn *der einzige Alv 4, 6;*

réð hann einn at þat átján búum er als einziger *Rþ 39, 1, vgl. HH I 40, 4, Br 2, 8; gen.* eins drykkjar *Grm 3, 4; dat.* unna einum né ýmissum *Sg 40, 1,* af einum mér *Grm 54, 9; acc.* einn ek veit . . hór ok af Hlórriða *Ls 54, 4,* ek veit e. at aldri deyr *Háv 76, 4, vgl. Ls 6, 5, Vkv 9, 7, Rm 4 pr 4; m. pl. nom.* lifa þeir né einir *es lebt kein einziger von ihnen Gðr III 5, 3; gen.* nú hefi ek hefnt harma minna allra nema einna *Vkv 28, 7; f. sg. gen.* bœnar einnar *Sg 65, 2; acc.* eina ǫgurstund *Vkv 41, 5, vgl. HHv 24, 4, Grp 31, 6; pl. dat.* or einum durum *aus einer einzigen tür Grm 23, 5; n. sg. dat.* einu-gi feti *auch nicht mit einem einzigen schritt Ls 1, 2,* at einu-gi *zu gar nichts Háv 132, 6,* einu sinni *ein einziges mal Br 8, 3, Gðr I 14, 2, Sg 30, 3, Gðr III 4, 4, Hm 15, 2,* sinni einu *Gðr II 10, 2,* í einu brjósti *Alv 36, 1; n. pl. acc.* ein misseri *in einem einzigen halbjahr Gðr I 8, 6; 4) ein und derselbe: m. sg. dat.* í einum stað *Háv 35, 3; acc.* beð einn *Sg 68, 6; f. sg. gen.* báðu einnar konu báðir *Sf 4; dat.* í sæing einni *Hlr 12, 2; acc.* blæju eina *Od 23, 8; n. sg. dat.* einu nafni hétumk aldrigi *Grm 48, 5,* í einu húsi *Am 69, 2; 5) irgend einer: m. sg. dat.* einum *Háv 123, 3; mit subst. verbunden fast zur bedtg des unbest. artikels abgeschwächt: m. sg. nom.* svipr einn *HH I 54, 1,* maðr einn *Sf 19, Rm 15 pr 5,* einn dvergr *Rm 8,* einn stóll *F 304a 30; dat.* einum hal *Háv 117, 2,* einum húsabœ *Rþ 5,* at frði einum mjóvum *Sf 19; acc.* einn dag *Skm 1, HHv 10, Rm 12 pr 3,* kotbónda einn *Grm 5,* í hólm einn *Vkv 17 pr 3,* hest einn *Rm 1,* einn lax *Rm 11,* orm einn *F 306b 10; f. sg. dat.* einni festi *HH I 4, 7; acc.* eina dóttur *Vm 47, 1,* á eina *HHv 5 pr 4; n. sg. nom.* fljóð eitt *HHv 35, 3,* skip eitt lítit *Sf 19; dat.* einu sinni *einmal Hym 35, 4, Od 27, 2, F 304a 40,* at sundi einu *Hrbl 2; acc.* ástráð mikit eitt *Hym 30, 4,* grey eitt *Háv 100, 4,* eitt hús *HHv 5 pr 5,* eitt sinn *einmal F 303b 9*; 6) *ein bestimmter, ein gewisser*: *m. sg. nom.* varð einn borinn í árdaga *Hyndl 35, 1, vgl. 43, 1*; *gen.* til ins eina dags *Fm 10, 3*; *f. sg. acc.* mey eina *Fm 40, 5*; *n. sg. dat.* einu dœgri mér var aldr um skapaðr *Skm 13, 4*, einu sinni skal alda hverr fara til heljar héðan *Fm 10, 4*; *n. sg. acc.* eitt hǫrmeitið (?) *Hym 39, 8*, dœgr eitt er þér dauði ætlaðr *Grp 25, 7*; 7) *allein*; a) *als einziger unter einer grösseren anzahl, mit ausschluss von allen oder bestimmten anderen*: *m. sg. nom.* einu *Vsp 30, 1*, sá einn áss *Ls 11, 4*; *Grm 2, 4. 5*, sá einn *Háv 18, 1*; *Háv 94, 1. 3, Vkv 17 pr 8, HH II 33, 5, Fm 16, 4. 34, 5, Br 10, 5. 12, 7, Gðr I 25, 3, Hlr 11, 5, Akv 7, 11. 27, 8, Am 70, 7. 80, 5, Ghv 10, 5*; *dat.* einum *Hym 4, 8*, þér einum *Ls 64, 4*, *Vkv 26, 8*, und einum mér *Akv 27, 1*; *acc.* einn *Hlr 10, 5*; *pl. nom.* vit einir *Ls 5, 2*, einir ér *Hm 4, 3*, nema einir (ein? *vgl. aber K. Gíslason, Aarb. 1889 s. 351 anm.* 2) viti slíkan lǫst saman *wenn nicht sie (die betreffenden) allein es wissen Háv 97, 5*; *acc.* góða eina *Hrbl 8, 7*, fimm vetr eina *Od 13, 7*; *f. sg. nom.* ein þú *Ls 54, 1, HH II 44, 1*, bón ein *HHv 26, 8*, ek ein *Gðr I 4, 8*; *Sg 16, 1. 27, 7, Gðr II 27, 5, Akv 39, 5*; *gen.* einnar *þrk 23, 7*; *dat.* skœtingu einni *mit nichts als mit hohn Hrbl 59, 2*, þeirri einni *Háv 162, 7*, mér einni *Od 11, 8*; *acc.* hana eina *Ls 53, 4*; *pl. acc.* nætr einar níu *F 303a 20*; *n. sg. dat.* einu því *hiermit allein (nur mit diesen worten) Br 7, 1, Sg 18, 1. 45, 1*; *n. sg. acc.* við vín eitt *Grm 19, 4*, mikit eitt skala manni gefa *es ist nicht nötig dass man einem manne nur grosse geschenke macht Háv 52, 1*, vilt eitt *Háv 123, 7*, satt eitt *Fm 9, 3, Sg 71, 7*; (*sw.*) þat it eina *Vm 20, 1*; *n. pl. nom.* svik ein *nur täuschung HH II 39, 1. 40, 1*; *acc.* heiptyrði ein *nur feindselige worte Fm 9, 1*; b) *ohne gesellschaft oder begleitung, einsam*: *m. sg. nom.* einn *þrk 6, 3, Skm 3, 4 u. ö.*; *pl. nom.* komið

einir tveir *Vkv 22, 1*; *f. sg. nom.* ein *Vsp 2, 1, Rp 47, 6 u. ö.*; *dat.* mér Atli þat einni sagði (*unter vier augen) Sg 37, 2*; einn saman *dass.*: *m. sg. nom. Háv 47, 2, HHv 30 pr 6 u. ö.*; c) *durch eigene kraft oder leistungsfähigkeit, ohne hilfe oder unterstützung anderer*: *m. sg. nom.* át Sifjar verr .. einn með ǫllu yxn tvá Hymis *Hym 15, 7, vgl. 21, 3. 27, 5, þrk 24, 5, Hrbl 18, 9, Grp 11, 1*; *pl. nom.* mega tveir menn einir tíu hundruð Gotna binda eða berja *Hm 11, 7*; 8) *im pl. einer wie der andere, sämmtlich (Hild. Zze 90)*: *f. nom.* hamingjur einar *Vm 49, 4*; *bes. im genet. vor dem pron. indef. und vor superlativen im sinne von allra (zur hervorhebung oder steigerung des begriffes)*: *m. gen.* einna nǫkkurr *vornehmlich einer Vsp 41, 6*, einna hvatastr *der allerkühnste Háv 64, 6, Fm 17, 6.*

e i n n i g (*d. i.* einu veg) *adv. auf dieselbe weise*: *Br 20 pr 12.*

ein-nættr, *adj. eine nacht alt*: *m. sg. nom. Vsp 33, 8, Bdr 11, 4*; *dat.* einnættum *Háv 85, 3.*

ein-stœðr, *adj. allein stehend, einsam*: *f. sg. nom.* einstœð *Hm 5, 1.*

ein-valdi, *m. alleinbesitzer*: *sg. nom. Fm 38, 6.*

eira (rð), *schonen*: *inf.* sér réð hann lítt eira *er war durchaus nicht zurückhaltend Am 32, 2.*

eisa (að), *sich reissend schnell vorwärts bewegen*: *part. prs. m. sg. nom.* eisandi *HH I 28, 5.*

eiskra (að), *schnauben (vor zorn oder aufregung)*: *inf.* gǫrvir (*nahe daran*) at e. *Hm 12, 2.*

eiskold (*d. i.* *eisk-hold: J Hoffory briefl.*) *n. pl. eigentlich 'bebendes fleisch', d. i. herz*: *acc. Fm 27, 4.*

eitr, *n. gift*: *sg. nom. Ls 65 pr 4, Sf 9 u. ö., c. art.* eitrit *Ls 65 pr 7*; *dat.* eitri *Hyndl 48, 7, Fm 7 u. ö.*; *acc.* eitr *Sf 7. 12, c. art.* eitrit *Ls 65 pr 5. 6.*

eitr-dalr, *m. gifttal, tal in dem eine tötende kälte herrscht (DA V, 117 fg.)*; *pl. acc.* eitrdala *Vsp 37, 2.*

eitr-dropi, *m. gifttropfen*: *pl. nom.* eitrdropar *Vsp 39, 5, Vm 31, 2*; *dat.* eitrdropum *Br 20, 7.*

eitr-fár, *adj. giftig: m. sg. acc.* eitrfán *Hym 23, 3.*

eitr-ormr, *m. giftige schlange: sg. acc.* eitrorm *Ls 65 pr 3.*

ek, *pron. pers.* (got. ik) *ich: sg. nom.* Vsp *2, 7, Bdr 5, 8,* þrk *2, 4 u. ö.; mit apokope des vocals* (bragarmál) *bei enklit. antritt an verbalformen:* sagðak *Bdr 7, 7,* mættak þrk *3, 8,* viljak *Hym 9, 2,* værak *Ls 14, 1,* emk *Ls 14, 2,* hylk *Hrbl 10, 2,* munk *Grp 40, 2,* vannk *Sg 28, 4,* vark *57, 8,* hykk (d. i. hygg ek) *Od 6, 1 usw.; mit nochmaliger widerholung des pron.:* ek vark *Ls 35, 2,* ek .. ættak *43, 1,* ek .. sék *44, 2,* ek .. sják *Hrbl 9, 2,* ek .. hafðak *39, 4,* ek .. komk *Skm 18, 4,* ek freistaðak *Vm 3, 2,* ek .. deildak *55, 8,* ek .. berak *Grm 1, 5,* ek sák *Alv 36, 2,* ek .. hefik *Háv 95, 6,* ek leitk *HHv 28, 9,* ek .. rauðk *Fm 28, 2,* vilk .. ek *Gðr II 28, 1 usw.; bes. wenn dem enklit. pron. die negat.* -a *oder* -at *angefügt ist:* sáka ek þrk *25, 5,* knákat ek *Hym 32, 6,* ek kveðka *Ls 18, 2,* vilkat ek *18, 6,* munka ek *36, 3,* emkat ek *Hrbl 35, 1,* varkat ek *Alv 4, 4,* fanka ek *Háv 39, 1,* biðka ek *Vkv 19, 3,* sitka ek *HH II 35, 1,* mákak *Am 52, 6 usw.; mit gemination des k vor dem* -a: sékka ek *Vkv 18, 9, Gðr III 6, 3,* ek ákka *Fm 2, 4,* ákka ek *Am 13, 2; mit erweichung des k zu g:* þoriga ek *Vkv 26, 7,* myndiga ek *HHv 42, 5,* gerðiga ek *Gðr II 11, 5,* kalliga ek *Gðr III 6, 2,* máttigak *Ghv 12, 3; dreifache setzung des pron.:* þikkak (þikk = þigg ek) *Skm 22, 1,* ek stǫðvigak *Háv 148, 5,* ek .. bjargigak *150, 5,* ek vildigak *Hlr 13, 6, Gðr II 40, 3,* ek máttigak *Od 29, 7.* — *NB. die form* þykkjumkak *Sd 37, 5 beruht nur auf conjectur u. erregt bedenken.* — *gen.* mín *Vsp 2, 6, Hyndl 6, 2, Br 19, 4 u. ö.; dat.* mér *Bdr 5, 2,* þrk *3, 5, Hym 32, 2 u. ö.; acc.* mik *Vsp 2, 5,* þrk *12, 7, Hym 18, 1 u. ö.; du. nom. vit* þrk *11, 7, Hym 6, 4, Ls 5, 2 u. ö.; gen.* okkar *Br 20, 4, Sg 68, 1; dat. acc.* okkr *Ls 9, 6, Skm 10, 2, Fm 22, 3;* þrk *30, 7, Hrbl 42, 4, Skm 10, 6 u. ö.; pl.*

nom. vér þrk *14, 5, Hym 16, 8, Ls 50, 6; dat. acc.* oss *Ls 52, 4, Hrbl 18, 2, HHv 5 7; Ls 10, 4, Hyndl 6, 4, HHv 31, 8 u. ö.*

1. ekki (*d. i.* eitt-gi) *s.* engi.

2. ekki, *m. trauer, betrübnis, kummer: sg. dat. acc.* ekka *HH II 44, 12; Grp 20, 1, Am 44, 6.*

ekkja, *f. witwe: sg. nom. Am 90, 3; gen.* ekkju *Am 97, 4.*

eldi, *n. nahrung, unterhalt (näml. des feuers; poet. bezeichnung des waldes): sg. acc.* Alv *29, 4.*

eldr, *m. feuer: sg. nom.* þrk *27, 8, Alv 26, 4 u. ö.; c. art.* eldrinn *Grm 33 u. ö.; gen.* elds *Háv 3, 1; dat.* eldi *Háv 51, 1, Hyndl 47, 1 u. ö.,* eld *Sd 10, 6 (?); c. art.* eldinum *Grm 54 pr 6, F 305a 12; acc.* eld *Háv 70, 4, HHv 10, 5 u. ö.; e.* ormbeðs 'feuer des schlangenlagers' *d. i. gold Gðr 1 26, 3; pl. gen. acc.* elda *Grm 29, 2, 2; Rp 45, 2 u. ö.*

elds-ljós, *n. licht das durch feuer erzeugt wird: sg. acc. Ls 11.*

eljun, *f.* (vgl. got. aljan, *n.*) *kraft, stärke: sg. acc. (?) Rp 45, 7.*

eljun-frœkn, *adj. tatkräftig: m. pl. nom.* eljunfrœknir *Sg 1, 8.*

ella, *conj. u. adv.* (got. alja) *anderesfalls, sonst: Am 14, 8. 38, 7.*

elli, *f. alter: sg. nom. Háv 16, 4; leben: sg. acc. Am 75, 4.*

ellifti, *num. ord. der elfte: n. sg. acc.* ellifta *Vm 40, 1 u. ö.; pl. nom.* elliftu *Grm 16, 1.*

ellifu, *num. card. indecl.* (got. ainlif) *elf: Skm 19, 1. 20, 1 u. ö.*

ellri, *adj. compar.* (got. alþiza) *der ältere: m. sg. nom. HH I 41, 3; superl.* elztr *Vm 28, 4, Sf 2; sw.* elzti *Rp 42, 1.*

elska (að), *lieben: prt. ind. sg. 3.* elskaði *Rm 5.*

olta (lt), *forttreiben: prt. ind. pl. 3.* eltu *Ls 14, Hrbl 39, 6.*

emja (að), *heulen: prt. ind. pl. 3.* emjuðu *Am 23, 7.*

1. en, *conj.* (richtiger enn, *s. J. Þorkelsson,* Skýringar á vísum í Njálssögu, *Rkvk 1870, s. 9 u. Sievers,* Zz 21, 108) 1) *aber:* þrk *27, 3, Hym 12, 7. 13, 2. 20, 5, Ls 15. 5 pr 2, Hrbl 24, 4, Háv 16, 4, HH II 12, 9, Grp 45, 5, Gðr I*

3, Sg 58, 3 u. ö.; 2) und: Vsp 45, 4, þrk 32, 7 u. ö.; 3) zuw. scheint die partikel causale und concessive bedtg anzunehmen: þik skal Freyr fjásk, . . en þú fengit hefir gambanreiði goða da du der götter zorn auf dich geladen hast Skm 33, 5 (doch ändert Sijmons mit Niedner en in es); ef hann bróður lætr á braut komask, en hann ǫðrum hefir aldrs of synjat obwol er den andern getötet hat Fm 36, 7.

2. en (älter an), conj. als: a) nach compar. Skm 7, 2, Grm 34, 3, Alv 7, 5, Háv 6, 9, Rp 49, 4, Hyndl 19, 6, HHv 8, 4 u. ö.; als wenn Hym 19, 8, als bis Hyndl 44, 7, ohne vorausgang eines compar. begriffes (= heldr en: FJ II, 129a) Gǫr II 9, 8 (s. vita); b) nach annarr: HH I 18, 7. II 1 pr 5, Fm 43, 8.

endi, m. (vgl. got. andeis, m.) ende: sg. dat. enda Hym 5, 4, Vm 37, 2; pl. dat. endum Am 23, 8; acc. enda HH I 4, 2.

end-langr, adj. entgegen gewendet, vor jmd liegend (Sievers, Festgruss an Böhtlingk, Stuttg. 1888, s. 110 ff.): m. sg. acc. endlangan þrk 27, 4, Vkv 8, 8 u. ö.; pl. acc. endlanga Skm 3, 5; n. sg. dat. endlǫngu Am 18, 2. 25, 2.

endr, adv. 1) widerum: þrk 32, 10, Sg 68, 4; 2) ehemals: Am 1, 2.

endr-borinn, part. prt. widergeboren: m. pl. nom. endrbornir HH II 50 pr 3; f. sg. nom. endrborin HH II 4 pr 11; n. pl. nom. endrborin HHv 43 pr 2, HH II 50 pr 6.

endr-gefandi, m. wer ein geschenk durch ein gegengeschenk erwidert: pl. nom. endrgefendr Háv 41, 4.

endr-þaga, f. widerholte einladung, von neuem gewährte gastfreundschaft (E. Magnússon, Cambridge philol. soc. proc. 1887, s. 1 ff.): sg. acc. endrþǫgu Háv 4, 6.

engi (d. i. einn-gi), pron. indef. keiner: a) attributiv mit einem nomen verbunden: m. sg. nom. engi maðr niemand Vsp 46, 11, þrk 7, 5 u. ö., e. hundr Grm 23, kostr e. Am 62, 2; dat. manni ǫngum Vkv 22, 7, ǫ. þeim manni Sd 2 pr 20; acc. engi mann HH I 38, 5 u. ö., e. jǫtun Vm 2, 4, e. frið Háv 16, 5, e. hlut Sg 36, 7. 37, 7; pl. acc. enga (eiða) Grp 46, 7; f. sg. nom. vætr engi Sd 2 pr 11, e. (týja) Akv 27, 7, e. brúðr Akv 44, 2, e. ón Am 68, 1, ǫng sótt Háv 94, 4; acc. þǫrf ǫnga Am 87, 4, vón ǫ. 87, 8; pl. nom. sakar ǫngar Hrbl 28, 2; n. sg. nom. ekki nafn HHv 5 pr 14; acc. ekki hjarta Hrbl 26, 2, e. fleira Grm 27, e. ǫrindi HHv 5, 2, e. lyf Rm 9, 5, e. grand Sg 5, 4. 28, 4, e. orð Od 7, 7, gull e. Akv 6, 5, vápn e. Akv 41, 3, e. dœmi Hm 28, 1, kveld e. Hm 29, 7; b) mit abhängigem genet.: m. sg. nom. engi gumna Rm 23, 1; n. sg. acc. ekki þess Am 69, 9; c) absolut (nur im m. und n. sg.): m. sg. nom. engi þrk 2, 5, Alv 3, 6 u. ö.; dat. einungi Fm 17, 2, engum F 306a 15; n. sg. nom. ekki nichts Háv 96, 5, Am 93, 2; gen. enskis HH II 47, 1; dat. engu Hyndl 49, 2, ǫngu Háv 94, 6, Grp 51, 5; acc. ekki Hym 25, 4, Ls 58, 4 u. ö.; auch als negat. partikel, nicht: HHv 10, 8, Akv 40, 7, Am 46, 7. 81, 4.

1. enn, adv. 1) noch (bis hierher, bis jetzt): Vsp 24, 8, Hrbl 3, 8, Rm 8, 5, Od 11, 2, Am 42, 3 u. ö.; 2) ferner: Bdr 8, 4, Hym 28, 1, Ls 28, 1, Grm 28, 1 (doch ist hier wol mit Rask ein statt enn zu lesen) u. ö.; 3) wider, zurück: Háv 100, 2. 107, 2; 4) wider, zum zweiten male: Vsp 28, 3, Sg 68, 1, Od 27, 1; 5) auch: HH II 16 pr 22; 6) noch (beim compar.): Hyndl 17, 8, Rm 8, 1, Am 62, 4 u. ö.

2. enn (später inn, hinn; got. jains) 1) pron. demonstr. jener, dieser, der: m. sg. nom. voc. Hyndl 18, 8; Hrbl 49, 3; dat. enum Skm 38, 5, Hyndl 12, 4 u. ö.; acc. enn Vkv 8, 4; pl. dat. enum Ls 22, 6. 23, 3; f. sg. nom. voc. en Alv 30, 5; Skm 33, 4; acc. ena Vsp 23, 8, Skm 21, 6, Hrbl 30, 3; n. sg. dat. enu þrk 18, 3; 2) als suffigierter artikel (nur in Hrbl u. den prosastücken; vgl. Grdtv. 201a und Sijmons zu Ls 52, 4): m. sg. nom. eldrinn Grm 33, fuglinn HHv 13 usw.; gen.

stokksins *Hrbl 56, 3*, steinsins *Hrbl 56, 4*, vegsins *Hrbl 56, 5 usw.*; *dat.* verðinum *Hrbl 4, 2*, hernum *Hrbl 40, 1*, bátinum *Hrbl 53, 2 usw.*; *acc.* váginn *Hrbl 2, 2 u. ö.*, hestinn *Skm 9 pr 1 usw.*; *pl. nom.* æsirnir *Rm 5 pr 3*, menninir *F 303b, 25*, steinarnir *F 303b, 26*; *acc.* ásuna *Ls 10 pr 3*, ormana *Dr 16*; *f. sg. nom.* munnlaugin *Ls 65 pr 6*, brynjan *Sd 6 usw.*; *gen.* nætrinnar *HHv 11 pr 12*; *dat.* eikjunni *Hrbl 7, 1*, hǫllinni *Grp 7 usw.*; *acc.* stǫðna *Hrbl 7, 2*, ána *Hrbl 29, 2*, leiðina *Hrbl 55, 1 usw.*; *pl. dat.* limunum *HHv 11*; *n. sg. nom.* hǫfuðit *Hrbl 15, 4*, sverðit *Grm 54 pr 7. 10 usw.*; *gen.* sundsins *Hrbl 3*, gullsins *Rm 16*; *dat.* skipinu *Grm 10*, bastinu *Vkv 16 pr 3 usw.*; *acc.* sundit *Hrbl 1, 2 u. ö.*, skipit *Hrbl 4. 7, 3*, landit *Hrbl 7, 4 usw.*; *pl. nom.* ljǫltin *Grm 54 pr 8*, skipin *HH II 16 pr 11*, kykvendin *F 303b, 25.*

enni, *n. stirne: sg. dat. Rp 15, 6.*

epli, *n. apfel: pl. acc. Skm 19, 1. 20, 1.*

ept, *praep. c. acc. nach (temporal): Skm 39, 4. 41, 4. (Über das verhältnis von ept zu eptir, das dem von fyr zu fyrir analog war, s. unter* fyr.)

eptir, 1) *adv. a) später, hinterher, darauf: Vsp 42, 6, Grp 44 2, Sg 7, 2, Od 30, 2 u. ö.*; *b) dahinter (räuml.): HH II 30, 4*; *c) in vbdg mit verbis:* e. hafa *zurückbehalten Háv 104, 5, Rm 4 pr 3*; e. sitja *(sitzend) zurückbleiben Vkv 38, 4, HH I 52, 8*; e. lifa *überleben, fortdauern Am 51, 7. 102, 5*; e. líta *durchforschen Grp 21, 4*; e. spyrja *nachfragen Am 75, 1*; e. vera *zurückbleiben Am 66, 5*; e. verpa *nachwerfen Sg 22, 7*: 2) *praepos. a) c. dat. hinter her, nach: Fm 44 pr 1*; ríða *e.* ehm *zu jmd reiten um ihn herbeizuholen HHv 36, 3*; *in bezug auf: Rp 6*; *zum gedächtnis jmds: Grm 31, HH II 4. 37 pr 1*; *b) c. acc. nach (temporal): Ls 65 pr 1, Grp 15, 4 u. ö.*; e. genginn guma *nach dem tode des mannes Háv 72, 3*; e. frændr sína *nach dem tode sr verwandten Hyndl 9, 8*; e. þjóðkonunga 'mortuis re-

gibus' *(Möbius) Hm 4, 1*; e. kvið norna *nachdem der spruch der nornen ergangen ist, 29, 8*; krefja niðgjalda e. ehn *nach dem tode jmds verwandtenbusse fordern Rm 9 pr 2.*

er *(älter es, s. d.) A. part. relat.* 1) *die ursprl. anaphorische bedtg tritt noch an einigen stellen zu tage, wo er, scheinbar abundierend, im einfachen satze ein vorangestelltes satzglied wider aufnimmt:* ójafnt skipta er þú mundir með ásum liði *ungleich verteilen, so würdest du unter den asen das volk Hrbl 25, 2, vgl. ferner Grm 50, 2, Alv 7, 2, Háv 93, 2, HHv 16, 5. 18, 5. 22, 5 (anders, aber kaum richtig, erklärt diese sätze M. Nygaard, Ark. 12, 117 ff.)*; 2) *dient er zur anknüpfung eines relativen nebensatzes, u. zwar bezogen a) auf ein subst. dem keinerlei pronom. bestimmungen zur seite stehen: Hym 7, 8. 10, 7, Ls 1. 2. 5. 39, 5, Hrbl 23, 4, Skm 35, 2 u. ö.*; *b) auf ein subst. mit suffigiertem artikel: Hrbl 7, 4. 40, 2, Vkv 16 pr 5, HHv 11 pr 4, F 305b 4*; *c) auf ein subst. mit allr: Vsp 30, 8, Ls 65, 5, Vkv 9, 4, Am 59, 10*; *d) auf ein subst. mit einn: Hym 30, 4, Grm 2, 5, Háv 94, 2 u. ö.*; *e) auf ein subst. mit poss. pron.: Hrbl 39, 4, Háv 40, 2, Rm 10*; *f) auf das demonstr. pron. sá, sú, þat (mit oder ohne nomen), welches entweder α) durch zwischenstehende wörter von dem er getrennt ist: Ls 11, 5, Háv 60, 5. 137, 8. 149, 5, Am 63, 6, Hrbl 44, 3, Rm 8, 6, Vm 15, 5, HH I 5, 4, Grp 32, 7, Bdr 12, 6, Vkv 24, 6, Alv 22, 5, Sf 26, Grm 12, 5, Skm 8, 5, Am 93, 4, Háv 144, 2*; *Hrbl 8, 2, Helr 9, 7, Ls 5 pr 2, HHv 27, 5, Háv 162, 8, Vkv 40, 2, Hlr 13, 6, Am 7, 8, Hrbl 5, 2 u. ö. (sá mit abh. genet. Bdr 5, 3, Skm 14, 2, Háv 54, 6 u. ö.) oder β) demselben unmittelbar voraufgeht: Vsp 43, 8, Skm 10 pr 4, Bdr 2, 8, Ls 35, 5, Hrbl 42, 4, Hyndl 8, 6, HHv 11, 3, HH II 9, Hym 22, 6, Háv 107, 6, Helr 5, Vkv 33, 12, Vm 49, 5, Háv 89, 2, Vkv 29, 3, þrk 24, 8, Vkv 18, 3, Fm 29, 5. 34, 6, Rm 4 pr 1, Hrbl 19, 8, Grm 24, 5, Vsp 4, 8*;

Háv 2, 5, Ls 55, 5, Háv 59, 5.
132 2, HH I 52, 9, Grm 9, 2, Hrbl
8, 8, Rm 10, 3, Háv 93, 3, Hym
32, 8, Alv 8, 6, Sg 65, 9 u. ö. (sá
steht der regel nach in dem casus
den das vbm des hauptsatzes verlangt; als subj. des nebensatzes erscheint es nur Vsp 17, 5, HH I
36, 5; das im hauptsatze stehende
þat im nebensatze widerholt Ls
44, 2); g) auf ein subst. dem ein
adj. mit inn attributiv zugesellt ist:
þrk 26, 3, Ls 20, 5 (hier ist er aber
wol zu streichen) u. ö. (inn durch
hinn wider aufgenommen þrk 29, 3.
32, 3, Ls 38, 6); h) auf ein subst.
mit dem demonstr. pron. þessi: Skm
23, 3. 25, 3, Hrbl 43, 3 (þessi inn);
i) auf das demonstr. pron. hinn (mit
u. ohne nomen): Háv 27, 8. 74, 2;
Háv 8, 2. 22, 5, HHv 26, 2; k)
auf das pron. indef. hverr (mit u.
ohne nomen): Grm 29, 5. 30, 8,
Hm 26. 8; Grm 42, 3, Am 102, 2,
Hm 9, 8, Skm 13, 3 u. ö.; l) auf
das pron. hvat: þrk 2, 5, Fm 31, 6,
Am 19, 6; m) auf das ungeschl.
pers. pron. (HH II 10, 4, Hm 10, 7)
das jedoch in der regel dem er nachfolgt: Fm 4, 6, Od 30, 5, Ls 21, 3.
26, 4. 29, 2, Hyndl 6, 2. 5, Br 8,
7 u. ö.; n) auch das geschl. pers.
pron. hann folgt dem er nach: Hym
38, 7, Br 11, 5, Akv 39, 6; o) auf
andere pronn. od. adjj.: vættugi
er Am 39, 4, allir er Br 12, 6, alt
. . er Háv 162, 5, alt annat er Am
49, 4, fár . . er Fm 6, 5; p) er
steht an der spitze des relat.satzes
ohne jede beziehung auf ein nomen
oder pron.: HH II 21, 5, Fm 17, 5,
Gðr II 25, 2, Od 9, 6, Am 43, 2;
q) er bezieht sich auf locale und
modale adverbia: α) þar er dort
wo, dorthin wo, von dort wo: Bdr
4, 3, Hym 18, 7, Skm 26, 5, Grm
11, Rþ 40, 4, Sg 47, 3 u. ö.; β)
hvargi er (ubicunque) Am 102, 8;
γ) hvegi er (utcunque) Am 34, 4.
　　B. conjunction; 1) mit anderen
partikeln verbunden, a) mit þá,
welches gewöhnl. (oft unmittelbar)
dem er vorausgeht, seltener ihm nachfolgt: α) auf die zukunft hinwei-
send, dann wenn, sobald als: Vsp
54, 3, Ls 58, 5, Háv 25, 5; Vm

44, 5, Grm 23, 6, Háv 6, 4; Ls
42, 4 u. ö.; β) auf die vergangenheit zurückweisend, damals als,
während: þrk 1, 2, Hrbl 38, 2, Grm
49, 5, Háv 95, 2; Vsp 2, 2, Hym
14, 2, Ls 46, 6, Skm 3, Od 23, 7;
Grm 7, Háv 100, 2; HH II 19,
Sf 5, Rm 4 pr 2, Fm 9, Sd 3 u. ö;
b) mit þar: zu der zeit als, damals
als Vsp 6, 2, Háv 143, 10, HH II
1, 7; bis dahin dass Fm 21, 6; da
doch, während doch Hyndl 7, 5, Fm
37, 4; weil Am 15, 8; c) mit
siðan: nachdem Sf 25; 2) allein
stehend; a) als: þrk 31, 3, Hym
25, 2. 29, 2, Ls 5 pr 2, Háv 47, 5,
Hyndl 29, 3, Vkv 15, 3 u. ö.; b)
während: Fm 18, 2, Akv 23, 8 u ö.;
c) nachdem: Grp 16, 3; d) da,
weil: Hym 32, 3, Hrbl 58, 2, Grm
51, 4, Vkv 17, 4 u. ö.; e) wenn:
Vsp 30, 4, Bdr 14, 5, Ls 65 pr 6,
Hrbl 45, 3 u. ö.; f) obgleich: Vm
32, 6, Ghv 2, 5; g) einfache ob-
jects- oder subjectssätze einleitend
(dass), und zwar α) mit anknüpfung an ein vorausgeh. demonstr.
(sá, sú, þat; hinu) Vsp 26, 3, Ls
9, 2. 20, 3 (hier ist aber wol hverr
statt er zu lesen), Hrbl 15, 2; Ls
33, 4. 35, 2, Od 18, 7 u. ö. oder
β) ohne solche anknüpfung: Ls 47,
6, Grm 32, HHv 24, 3, HH II 16,
8 u. ö.

erakendi, verderbte lesart Alv 12, 5;
von den bei Hild. angeführten con-
jecturen trifft vermutlich keine das
rechte.

erendi, n. s. ørindi.

erfa (fð), einen gestorbenen (ehn)
durch ein feierliches leichenmahl
ehren:- inf. Am 72, 2.

erfð, f. erbschaft: sg. nom. Am
66, 5.

erfi n. (got. arbi) erbmahl, leichen-
schmaus: sg. dat. c. art. erfinu Sf
7; acc. erfi Am 83, 12, Ghv 8, 7.

erfiði, n. (vgl. got. arbaiþs, f.) be-
schwerlichkeit, mühe: sg. acc. hefir
þu erendi sem e. entspricht der
erfolg der angewandten mühe þrk
9, 2, vgl. 10, 1, HHv 5, 1; víl
ok e. Hrbl 58, 1; drýgja e. Grm
35, 2.

erfiðr, adj. beschwerlich: n. sg. acc.
erfitt (erfit A) Bdr 5, 4.

erfi-nyti, *m. erbniesser, erbe: sg. acc.* erfinytja *Sg 26, 2.*

erfi-vǫrðr, *dass.: sg. nom. Akv 12, 6; pl. dat.* erfivǫrðum *Sg 63, 3; acc.* erfivǫrðu *Ghv 14, 6. 7.*

ergi, *f. unzüchtige begierde, geilheit: sg. acc. Skm 36, 3.*

ermr, *f. ärmel: pl. acc.* ermar *Rþ 28, 4, Sd 9.*

es (got. is: *Noreen, Grundr. I, 504; KGíslason Efterl. skr. I, 146*), *die ältere form der partikel* er (s. d.), *in den Eddahss. nur erhalten in der enklise an das demonstr.* sá, sú, þat *und einzelne adverbia: a)* þeims (*ei qui*) *Háv 3, 2;* þanns (*eum qui*) *Vsp 40, 5, Hlr 10, 7, Am 89, 4,* (*eum cui*) *Háv 44, 2. 45, 2. 118, 6,* (*eum quem*) *Hym 39, 4, Am 96, 6,* (*eum in quo*) *Hym 3, 7;* þeirs (*ii qui*) *Grm 33, 2, Háv 163, 8;* þærs (*eae quae*) *Vsp 22, 6,* (*eae quas*) *63, 5;* þats (þaz) (*id quod*) *Ls 64, 3, Háv 40, 5, HHv 2, 7, Grp 19, 6. 20, 2. 21, 8, Hlr 10, 8, Am 37, 8. 101, 4; als conj. einen subjectssatz einleitend* (dass) *Gðr I 1, 1, Sg 1, 1; b)* þars (*dort wo*) *Ls 50, 5. 51, 3. Grm 8, 2, Háv 67, 6, HHv 30, 6, Rm 24, 3;* (*dorthin wo*) *Hrbl 60, 2, Sg 11, 2, Hlr 11, 3,* (*dorthin von wo*) *Sg 45, 7;* hvars (*ubicunque*) *Vsp 1, 2. 5, Vm 4, 5, Háv 126, 5. 136, 5. 151, 4, HH I 48, 8, Fm 17, 3. 30, 3, Sd 27, 3. 33, 3, Hlr 3, 7, Akv 12, 8, Am 47, 8;* þegars (*sobald als*) *Am 10, 6;* síðans (*nachdem*) *Am 78, 2;* sems (*wie die welche*) *Am 102, 4;* unz (d. i. und's), *s. d.*

eski-mær, *f. jungfrau welche die truhe* (eski) *einer vornehmen herrin in verwahrung hat, kammermädchen: sg. dat.* eskimey *Grm 21.*

eta (át; *got.* itan) *1) essen, fressen: inf. HH II 7, 8 u. ö.; prt. sg. 1. 3.* át *Hrbl 3, 5; þrk 24, 5. 26, 5, Hyndl 41, 1* (*wo mit* JGrimm át *statt af zu lesen ist*) *u. ö.; pl. 3.* átu *HH II 4 pr 7; opt. sg. 3. pl. 3.* æti *Fm 32, 8; Am 21, 3; part. prt. f. pl. acc.* etnar *HH I 37, 5; n. sg. nom. acc.* etit *HH II 8, 12; Háv 67, 6, Gðr I 8; pl. acc.* etin *Fm 27, 5; 2) e. sér* eht *sich etwas anessen: prs. ind. sg. 3.* etr *Háv 20, 3; 3) verzehren:*

inf. HHv 10, 5; 4) an ǝtw. (eht) *nagen: prs. ind. sg. 3.* etr *Háv 120, 8; 5) jmd* (ehn) *verletzen, schädigen: prs. ind. pl. 3.* eta *Háv 149, 6.*

etja (atta; *got.* fra-atjan), *eigentl. essen machen, zum essen antreiben, daher überhpt jmd* (ehm) *aufreizen od. anspornen: prt. ind. sg. 1.* atta ek jǫfrum *Hrbl 24, 3,* afli mínu atta ek *Fm 28, 5; pl. 3.* mit suffig. pron. ǫttumk (*so ist der allit. wegen statt* hvǫttumk *zu lesen: Beitr. 13, 206*) *Hm 27, 6.*

ex, *f. s.* øx.

1. ey, *f. insel: sg. dat.* eyju *Hrbl 16, 3, Vkv 29, 8; acc.* ey *HH I 13, 8.*

2. ey, *adv.* (*nebenform zu* æ, *s. d.*) *1) immer: Vm 12, 6, Háv 16, 2, Hyndl 46, 6 u. ö.; unablässig Br 13, 7; 2) negat. nicht:* ey manni þat veit *niemandem ist das bekannt Vm 55, 1.*

eyða (dd), *etw.* (eht) *von etw.* (at ehu) *leer machen: prs. opt. pl. 2.* svá at lýðum land of eyðið *so möget ihr das land von leuten gänzlich leer machen Gðr I 21, 2* (*vgl. Zz 29, 57 fg.*).

eyði-mǫrk, *f. wüstes land, einöde: pl. acc.* eyðimerkr *Gðr I 27 pr 2.*

ey-gló, *f. 'die immer glühende', poet. bezeichnung der sonne: sg. acc. Alv 17, 4.*

eyra, *n.* (*got.* ausô) *ohr: sg. dat. acc. Sd 15, 3; Vm 54, 6. 55, 3; pl. dat.* eyrum *Ls 44, 4, Háv 7, 4; acc.* eyru *Fm 35, 8.*

eyra-rúna, *f. vertraute freundin: sg. dat. acc.* eyrarúnu *Háv 114, 7; Vsp 40, 6.*

eyrindi, *n. s.* ørindi.

eyrir, *m.* (*aus lat.* aureus) *eigentl. eine gewichts- oder münzeinheit, dann* (*bes. im pl.*) *soviel als reichtum, schatz überhpt: sg. nom. Sg 52, 3; pl. dat.* aurum (*so ist mit Grdtv. statt* auði um *zu lesen*) *Háv 74, 3; acc.* aura *Hyndl 3, 2, Vkv 14, 5 u. ö.*

eyrr, *f. sandige landzunge: sg. gen.* eyrar *HHv 33, 6.*

eyr-skár, *adj. 'die erde tretend', bezeichnung der pferde: m. sg. acc.* eyrskán *Akv 33, 3.*

ey-vit, *f. n. nichts: sg. gen.* eyvitar *Háv 93, 1; dat.* eyvitu *Háv 28, 4* (*Mhff, DA. V, 283*).

F.

fá (fekk; *got.* fâhan) *1) fangen, er-greifen:prt.ind.pl.3.*fengu*Akv 21, 1;* *2) nehmen: prs. opt. pl. 3.* þótt sér *vers* fái varðir *wenn sich frauen einen mann nehmen Ls 33, 2;* fá ehr *eine frau zur gemahlin nehmen: prs. ind. sg. 3* fekk *Vkv 10, HHv 5 pr 11 u. ö.; inf.* fá verðar eine *mahlzeit zu sich nehmen Háv 33, 2; 3) jmd* (ehm) *etw.* (ehs) *erwirken, erwerben, verschaffen: prs. ind.sg. 3.* fær *Háv 20, 4; prt. ind. sg. 1. 3.* fekk *Háv 52, 6; Rm 9; part. prt. n. sg. acc.* fengit *Háv 40, 2, Hm 29, 5; 4) etw.* (eht oder ehs) *er-langen, bekommen, empfangen, er-halten: inf. Vsp 3, 3 (doch ist hier wol mit Ettmüller* fekk *zu lesen: 'sie hatte erhalten, sie besass'), Háv 91, 3; Sd 36, 5 u. ö.;* rúms fá *'platz schaffen' Háv 105, 2;* fá tvær leiðir *verschiedenen ausgang nehmen, gut oder übel ablaufen (?) Am 20, 8 (vgl. FJ z. st.); prs. ind. sg. 2. 3.* fær *Háv 116, 9, Hyndl 46, 3; Háv 6, 8, Alv 4, 6 u. ö.; pl. 3.* fá *Rm 3, 5. 4, 2; imper. sg. 2.* fá *Skm 35, 8; prt. ind. sg. 3.* fekk *Hym 38, 6, Skm 4 u.ö.; pl. 3.* fengu *Grm 8, HH II 16 pr 3 u. ö.; part. prt. n. sg. acc.* fengit *Ls 2, Skm 33, 5; 5) zustande bringen: prs. ind. sg. 2.* hvers biðr þú . . er þú fyr (at *R*) gráti né færat *was ist das für eine bitte die du vor trähnen nicht aussprechen kannst Hm 9, 8 (FJ II 132a); 6) jmd* (ehm) *etw.* (eht oder ehs) *verursachen: prs ind. sg. 3.* fær *Grp 20, 1; prt. ind. sg. 3.* fekk *Hym 3, 1; 7) jmd* (ehm) *etw.* (eht) *geben: inf. HHv 11 pr 2; imper. sg. 2.* fá *Rm 11, 5; prt. ind. sg. 3.* fekk *Grm 7, Rm 15 pr 1; 8) mit praepp.* fá á ehn *jmd fesseln, gefangen nehmen* (bildl.)*: prs. ind. pl. 3.* fá *Háv 92, 4. 5,* fá á ehu *etw. er-greifen, erfassen: prt. ind. sg. 3.* fekk *Hym 34, 2;* fá sér ehn at gremi *jmd in zorn gegen sich brin-gen: prs. ind. sg. 2.* fær *Ls 21, 3;* fásk at ehu *sich mit etw. versehen: imper. sg. 2.* fástu *Háv 115, 7;* fá í eht *in etw. greifen: prt. ind.*

pl. 3. fengu *Am 43, 4;* fá til *nach etw. greifen: prt. ind. pl. 3.* fengu til margir *viele bereicherten sich damit Am 91, 8.*

2. fá (að), *bunt machen, bemalen, malen: inf. Háv 142, 3; prs. ind. sg. 1.* í rúnum fák *Háv 155, 5; prt. ind. sg. 3.* fáði *Háv 79, 5. 141, 5 (vgl. Sievers, Grundr. I. 240 und Bugge, NI 85); part. prt. f. sg. nom.* valaript vel fáð *Sg 66, 5; pl. nom.* eggjar . . eitrdropum innan fáðar *Br 20, 8.*

faðerni, *n. etw. das man von sm vater geerbt hat: sg. nom. Sg 70, 6.*

faðir, *m.* (got. fadar) *vater: sg. nom. Hym 5, 5 (vgl. jedoch FJ z. st.), Hrbl 9, 6 u. ö.; gen. acc.* fQður *Vsp 56, 8, Skm 22, 6, Rm 10, 5 u. ö.; Bdr 3, 3, Ls 10, 2 u. ö.; dat.* fQður *Háv 139, 3 u. ö.,* feðr *HHv 30 pr 3 u. ö. — Als eigen-name Rp 27, 3.*

faðmask (að), *sich umarmen: inf. Akv 41, 7.*

faðmr, *m. 1) die ausgebreiteten arme: sg. dat.* faðmi *Háv 112, 6, HH II 21, 6. 46, 5; acc.* faðm *Rp 16, 3; 2) busen: sg. dat.* faðmi *Vkv 2, 4; 3) schoss: sg. acc.* faðm *Am 74, 5.*

fagna (að; *got.* faginôn) *1) sich freuen: prt. ind. sg. 3.* fagnaði *Od 13, 3; 2) jmd* (ehm) *freundlich aufnehmen, ihn bewillkommnen: inf. HH II 35, 10; prt. ind. sg. 3.* fagnaði *Am 45, 4; part. prt. n. sg. nom.* hánum var þar vel fagnat *Grm 12, ähnl. Rm 12 pr 5.*

fagr, *adj.* (got. fagrs) *glänzend, leuch-tend, schön (KGíslason, Efterl. skr. I, 61. 280): m. sg. nom. Vsp 32, 7; dat.* fQgrum *HHv 14, 5; acc.* (sw.) fagra *Grp 13, 4; f. sg. nom.* fQgr *Vkv 2, 3 u. ö.; acc.* fagra *Þrk 11, 1, Skm 3,* (sw.) fQgru *Grp 30, 7; pl. acc.* fagrar *Sd 28, 2,* (sw.) fQgru *HHv 3, 3; n. sg. nom.* fagrt *Grp 27, 2; dat.* fQgru *Háv 129, 8; acc.* fagrt *Háv 45, 4 u. ö.; adverbial Am 38, 5;* (sw.) fagra *Alv 13, 5. 17, 5; pl. gen.* fagra *Þrk 3, 1; compar. m. sg. nom.* fegri *Vkv 27, 4; acc.* fegra *Vsp 66, 2; superl. m. sg. nom.* fegrstr *F 304b 6; f. sg. acc.* fegrsta *HHv 6, Fm 40, 6,* (sw.) fegrstu *HHv 1, 3; n. sg.*

acc. fegrst *Háv 90, 4*, adverbial *54, 5*.

fagr-búinn, part. prt. *schön ge-schmückt:* f. pl. nom. fagrbúnar *Am 30, 7*; n. pl. nom. fagrbúin *HII I 32, 3*.

fagr-glór, adj. *herrlich leuchtend:* n. sg. gen. (sw.) fagrglóa *Alv 5, 3*.

fagrliga, adv. *von schönem aus-sehen: Bdr 6, 7* (fagrl' *R*, fagrlig *Hild.*).

fagr-limi, m. *'der schönästige', poet. bezeichnung des waldes:* sg. acc. fagrlima *Alv 29, 5*.

fagr-rauðr, adj. *von schöner roter farbe:* m. sg. nom. *Vsp 43, 7.*

fagr-variðr, part prt. *schön ge-schmückt:* f. sg. nom. fagrvarið *Vkv 39, 5*.

fála, f. *zauberin, hexe:* sg. voc. *HHv 16, 3*; pl. nom. fálur *HHv 13, 6*.

falda (felt; got. falþan) *einwickeln, einhüllen; kleiden, ausrüsten:* prt. ind. pl. 3. feldu (í brynju) *HH II 1, 4*; part. prt. m. sg. nom. faldinn (hjálmi) *HH I 49, 6*.

faldr, m. *ein weibl. kopfputz (Weinh. 177 fg.; Keyser, Efterl. skr. IIb, 72 fg.):* sg. acc. fald *Rp 28, 5*.

falla (fell), 1)*fallen (im eigentl. sinne):* inf. þrk 15, 4. 19, 4; prs. ind. sg. 3. fellr *HH II 44, 9*, f. *ifrá fällt davon herab* Grm 38, 6; pl. 3. falla *Vsp 22, 6. 61, 5*; prt. ind. sg. 1. 3. fell *Háv 138, 6; Sg 23, 10*; pl. 3. fellu *Vsp 39, 5, Akv 43, 3*; part. prt. m. pl. acc. fallna *Gðr II 40, 2*; 2) *im kampfe fallen:* inf. *Vsp 54, 8, Hrbl 15, 5 u. ö.*; prs. ind. pl. 3. falla í val *Hrbl 24, 6*; prt. ind. sg. 3. fell *HHv 39, 1, HH II 27 pr 8 u. ö.*; f. í orrostu *Sf 28*; pl. 3. fellu *HH II 16 pr 29. 18, 5 u. ö.*; f. í val *Gðr I 6, 8*; part. prt. m. sg. acc. fallinn *Gðr II 26, 8*; 3) *strömen, sich ergiessen:* prs. ind. sg. 3. fellr *Vsp 37, 1, Rm 17, 5*; pr. 3. falla *Vm 49, 2* (vgl. aber *Mhff DA V, 242 anm.*), *Grm 28, 11. 12*; part. prs. f. sg. dat. fall-andi *Háv 85, 2*; 4) part. prt. f. sg. nom. fallin at frændum *der verwandten beraubt Hm 5, 3*; 5) fallask *gebrechen, abgehen, im stiche lassen* (ehm): prs. ind. pl. 3. fallask

þrk 9, 6; prt. ind. sg. 3. fellsk *Am 6, 7*.

fang, n. 1) *die ausgebreiteten arme und der raum der durch dieselben umschlossen wird:* sg. dat. fangi *Sf 18*; 2) *ringkampf, kampf im allgem.:* sg. gen. fangs *Rm 13, 7*.

fánn, adj. *glänzend:* n. pl. acc. fán *Rp 31, 5*.

1. **far**, n. 1) *fahrzeug, schiff, boot:* sg. nom. acc. *Sg 53, 5; Od 28, 6, Am 36, 7*; dat. fari *Háv 152, 3, HH I 31, 4*; 2) *beförderung zu wasser, fahrt, überfahrt:* sg. gen. fars *Hrbl 54, 2*; acc. far *Sf 20, Rm 18, 8*; 3) *beschaffenheit eines dinges, sachlage, sache:* sg. acc. far *Hrbl 46, 1*.

2. **fár**, n. 1) *hass, feindschaft:* sg. dat. af fári *aus feindschaft Od 10, 3, in feindseliger absicht Háv 148, 2*; pl. acc. lesa fár um ehn *feindseliges, gehässiges über jmd äussern Háv 24, 5*; 2) *unheil, verderben:* sg. gen. fárs *Am 4, 3*; dat. fári *Sd 8, 2*; acc. fár *Od 8, 6*; 3) *böses vorzeichen:* sg. nom. *Rm 24, 1; unheilvolle prophezeiung:* sg. acc. *Rm 7, 6*.

3. **fár**, adj. (got. faus) *wenig (häufig im sg. gebraucht, wo im deutschen der pl. angewendet werden muss):* m. sg. nom. fár ósnotr *wenige un-kluge Háv 157, 6*, fár var fremri *wenige waren kühner Rm 26, 5, vgl. Fm 6, 4, Br 15, 3 u. ö.*; f. sg. nom. fá systir *wenige schwestern Rm 10, 4*; m. pl. nom. fáir *Grm 18, 5. 22, 5 u. ö.*; acc. fá *Háv 25, 6. 59, 2 u. ö.*; f. pl. gen. fára *HH I 20, 2, Gðr II 43, 6*; n. sg. nom. fátt *Hm 2, 5*; gen. fás *Háv 106, 3*; dat. fá *Háv 33, 6*; acc. fátt *Grm 52, 2, Háv 102, 8 u. ö.*; adverbial (*selten, d. i. gar nicht*) *Am 83, 3*; pl. acc. fá *Gðr I 12, 3*; compar. m. sg. nom. færi *Sg 52, 3*; pl. nom. færi *Am 61, 2*; n. sg. acc. færa *Háv 12, 4, HHv 8, 3* (*verschrieben für* færi, n. pl. acc.?); superl. m. pl. dat. fæstum *den we-nigsten (d. h. keinem) Am 1, 4*; acc. fæsta *Grm 12, 6*; n. sg. acc. adverbial (*am wenigsten, d. i. durch-aus nicht*) fæst *HHv 11, 6, Am 33, 6*.

4. **fár**, *adj.* (*got.* filu-faihs) *in vielen farben spielend: superl. m. sg. acc.* gim fástan *Vkv* 6, 2 [*Bugge, Studier s. 4, anm 2;* anders (fastan, *scil.* slátt) *Fkv 406a]*.

fara (fór; *got.* faran) *1*) *sich vorwärts bewegen: inf.* Rm 22, 6, f. or hreysum *aus den höhlen hervorkommen* Hym 35, 7; *prs. ind. sg. 1.* fer *F 303b* 17; *sg. 3.* ferr *Vsp* 53, 1, *Vm* 22, 5 *u. ö.; pl. 3.* fara *Vsp* 52, 5, *Vm* 48, 6, f. Viðris grey *stürmen einher HH I* 13, 7, brǫgð er hæst f. *die sich hoch emporheben, alles überragen* Grp 10, 7; *opt. sg. 3.* fari *Hyndl* 47, 8; *prt. ind. pl. 3.* fóru *HHv* 27, 6; *opt. sg. 3.* sem logi fœri *wie wenn feuer daherführe* Hyndl 24, 8; *sich zu ross vorwärts bewegen, reiten: prt. ind. pl. 3.* fóru *Vkv* 8, 1, *HH I* 48, 8, Akv 13, 6; *im wagen fahren: prt. ind. sg. 3.* fór *Helr* 8; *pl. 3.* fóru *Hym* 7, 1. 35, 1. 37, 1; *vom vorwärts gleitenden schiffe (segeln): prs. ind. sg. 3.* ferr *Vsp* 52, 1; *prt. ind. pl. 3.* fóru *HH I* 25, 8; *gehen, wandern: inf.* Hrbl 56, 2, *Sf* 22 *u. ö.; prs. ind. sg. 2.* ferr at sofa *gehst schlafen* Háv 113, 6; *prt. ind. sg. 3.* fór ferðar sínnar *gieng seines weges* Rþ; *pl. 3.* fóru at drekka *Ls* 15, segja f. *Hm* 20, 1; *part. prt. n. sg. acc.* farit *Vm* 8, 5, Háv 3, 6; *schwimmen: part. prt. n. sg. acc.* margan hefi ek fors um farit *Rm* 2, 3; *2*) *eine reise oder heerfahrt unternehmen, reisen, umherreisen: inf.* Skm 10, 2, *Vm* 1, 2 *u. ö.; prs. opt. sg. 2.* farir *Vm* 4, 1; *imper. sg. 2.* far *Am* 10, 10; *pl. 2.* farið Akv 12, 7; *prt. ind. sg. 1. 3.* fór *Hrbl* 3, 6, *Vm* 3, 1 *u. ö.; Hrbl* 1, *Vm* 5, 1 *u. ö.; sg. 2.* fórt *Ls* 24, 5, *Am* 90, 7; *pl. 1.* fórum *Am* 95, 3; *pl. 3.* fóru *Gðr I* 22, 6, *Sg* 3, 2 *u. ö.; opt. sg. 3.* fœri *HHv* 4 pr 1, *Am* 7, 2; *part. prt. n. sg. acc.* farit *Alv* 9, 5, *Háv* 18, 3; *3*) *sich zu jmd oder nach einem bestimmten orte hin begeben: inf.* f. heim *Ls* 31, 6, *HH I* 17, 7; f. á brot *sich auf den weg (fort) begeben* Sf 6; f. til ehs *Vkv* 17 pr 7; f. til heljar *sterben* Fm 10, 6 *u. ö.;* f. í ljós annat

dass. *Am* 84, 8; f. í fulla dóma *Sd* 12, 9; f. um sundit (*zu schiffe*) *über die meerenge fahren* Hrbl 8, 10; *prs. ind. sg. 3.* ferr at aski Grm 29, 5; *pl. 3.* fara *Grm* 30, 8, *Háv* 153, 5; f. hildar til *Háv* 154, 5; f. hjǫrstefnu til *HH I* 13, 1, f. á brú *Fm* 15, 5; *opt. sg. 2.* farir draughúsa til *HH II* 50, 2; *pl. 3.* áðr í kistu fari *ehe sie in den sarg gelegt werden* Sd 34, 5; *imper. sg. 2.* far Hrbl 54, 1. 60, 1, f. í sess *Vm* 9, 3, f. á bekk 19, 2 *u. ö.; pl. 2.* farið *Am* 38, 1; *prt. ind. sg. 3.* fór HHv 10. 30 pr 6 *u. ö.,* f. yfir ána *HHv* 5 pr 4, f. á herskip *HH II* 4 pr 1, f. til Frekasteins 16 pr 2, f. til Andvarafors *Rm* 17, f. til ár *F 304a* 13, f. í forsinn *Rm* 10; *pl. 3.* fóru heim *F 303b* 28, f. heim til bœjar *HH II* 48 pr 2, f. á Gnitaheiði *Fm* 1, f. um fjǫrð Lima *Am* 4, 5, f. sæing sína *begaben sich zu bette Am* 10, 1, f. í faðm móður 74, 5; *praet. opt. sg. 2.* ef þú lið of fœrir *wenn du das boot bestiegen hättest* Hrbl 50, 4 (*anders Hj. Falk, Ark. 5, 112*); *part. prt. m. sg. nom.* farinn *Háv* 34, 6; *pl. nom.* farnir Am 76, 6; f. *sg. nom.* farin til Geirmundar Od 27, 1; *4*) *wohin gelangen: inf.* þat mun á hǫlða hvert land fara *Od* 18, 6; *prs. ind. sg. 3.* vindr . . er víðast ferr Alv 20, 5; *5*) *betreten: inf.* lét hón mar fara moldveg sléttan *Od* 3, 1; *6*) *herbeigebracht werden, aufgetragen werden: prt. ind. sg. 3.* fór þar fjǫlð horna *Am* 8, 3; *7*) *fortgehen, verschwinden: part. prt. n. sg. nom.* farit *Grp* 19, 5. 21, 8; *8*) *dahingehen, sterben: inf.* Sg 12, 1; *part. prt. f. sg. nom.* farin *Sg* 64, 5; *9*) *in gang kommen, zu stande kommen: prs. opt. pl. 3.* þótt ǫlǫrmál fari til ǫfug *wenn auch beim trunk die reden zu feindselig werden* Sd 29, 2; *prt. ind. pl. 3.* mál . . er á meðal fóru *die unter ihnen errichtet waren (Mhff)* Vsp 30, 8; *10*) *einen ausgang nehmen, verlaufen: prs. opt. pl. 3.* fari *Am* 33, 5; *prt. ind. sg. 3.* fór *Sf* 13; *11*) *sich benehmen, zu werke gehen: prt. ind.*

sg. 3. fór *Am 45, 3;* 12) *sich anschicken etw. zu tun (der nachfolg. inf. mit u. ohne* at): *inf. Am 101, 6; prs. ind. sg. 2. 3.* ferr *Am 66, 2; Vsp 54, 3; pl. 3.* fara *Grm 23, 6; prt. ind. sg. 2.* fórt *Hrbl 41, 1;* 13) *jmd* (ehm *od.* ehn) *umbringen, töten (eigentl. 'mit jmd abfahren'); etw. (*ehu*) vernichten (E. Bernhardt, Beitr. zur deutschen phil. s. 82): inf.* HHv *13, 6, Fm 5, 3, Ghv 2; prs. opt. sg. 3.* fari *Vm 47, 3; part. prt. n. sg. acc.* farit *Ls 57, 6, Vm 46, 6 u. ö.;* 14) *mit praepp. u. advv.:* f. í eht *ein kleidungsstück anlegen: prs. ind. sg. 3.* ferr *Akv 44, 2; prt. ind. pl. 3.* fóru *Am 41, 2; opt. sg. 2* fœrir *Akv 17, 2;* f. saman *zusammen fahren, erbeben: prt. ind. sg. 3.* fór *Hym 24, 3;* f. upp *sich emporheben: prt. ind. sg. 3.* fór *F 304a 32;* f. við ehn *mit jmd verfahren: prt. ind. pl. 2.* fóruð *Sg 57, 2; prt. prt. n. sg. nom.* farit *Am 83, 4.*

far-hirðir, *m. fährmann, ferge: sg. acc.* farhirði *Hrbl 52, 3.*

fár-hugr, *m. feindlicher gedanke: pl. acc.* fárhugi *Am 85, 2.*

farnaðr, *m. förderung, glücklicher fortgang, heil, glück: sg. gen.* farnaðar *Grp 8, 6; sg. dat.* farnaði *Grp 16, 7.*

far-synjun, *f. verweigerung der überfahrt: sg. acc.* Hrbl *59, 3.*

fastla, *adv. fest, sicher: Akv 21, 4.*

fastna (að), *jmd* (ehm) *ein weib* (eha) *verloben: inf.* Grp *39, 5; prt. ind. sg. 3.* fastnaði *HH II 12 pr 6; part. prt. f. sg. nom.* fǫstnuð *HH II 15, 2.*

fastr, *adj.* 1) *fest: f. sg. dat.* fastri *foldu Grp 1, 7;* 2) *fest anschliessend: f. sg. nom.* fǫst *Sd 7;* 3) *unverbrüchlich: n. sg. dat.* fǫstu *Alv 3, 6; acc.* fast *Háv 129, 9;* 4) *kräftig: n. sg. acc. (adverbial)* fast *F 304a 35.*

fatla (að), *umschliessen mit etw.* (ehu): *part. prt. m. sg. nom.* fatlaðr *Br 16, 7.*

fax, *n. mähne: sg. nom.* vallar fax *'mähne des gefildes', poet. bezeichnung des waldes Alv 29, 2.*

fé, *n. (got.* faíhu): 1) *vieh: sg. nom.* Háv *75, 1. 76, 1;* 2) *vermögen, schatz, reichtum, geld: sg. gen.* fjár

Ls 12, 2, Háv 39, 4 u. ö.; okkr til f. *um uns reichtum zu verschaffen Sg 17, 2; dat. acc.* fé *Háv 69, 5, Fm 10, 1; Skm 22, 6, Háv 58, 3 u. ö.; acc. c. art.* féit *Rm 5 pr 1;* 3) *gold: sg. nom. Fm 9, 5. 20, 5.*

fé-bœtr, *f. pl. geldbusse: acc. Sf 6.*

feðr-munir, *m. pl. väterliches erbteil: dat.* feðrmunum *Fm 8, 3.*

feginn, *adj. froh, erfreut (üb. etw.:* ehu): *m. sg. nom. Háv 73, 5, Fm 25, 2, Am 60, 9 u. ö.; pl. nom.* fegnir *Hrbl 29, 6; acc.* fegna *Gðr II 8, 6; f. sg. nom.* fegin *HH II 42, 1.*

fé-hirðir, *m. hirt: sg. nom. Skm 10 pr 5.*

feigð, *f. nahe bevorstehender tod: sg. acc. HHv 34 pr 2.*

feigr, *adj.* 1) *dem tode verfallen, dem tode nah: m. sg. nom. Hrbl 12, 5 u. ö.; gen.* feigs *Fm 11, 6; dat.* feigum *Vm 55, 4; acc.* feigan *Sd 21, 2; pl. nom.* feigir *Gðr II 43, 5 u. ö.; f. sg. nom.* feig *Sg 31, 10;* 2) *sterbend: m. sg. gen.* feigs *Fm 1 pr 3;* 3) *eben getötet: m. pl. gen.* feigra *Vsp 42, 2 (Mhff, DA V, 126).*

1. feikn, *adj. verderblich: superl. n. sg. nom.* feiknast *Hyndl 40, 6.*

2. feikn, *f. oder n.? unheil: pl. gen.* feikna *Sg 31, 9.*

feikna-lið, *n. fürchterliches (zahlloses?) kriegsheer: sg. acc. HH I 33, 5. II 16 pr 19.*

feikn-stafir, *m. pl. eigentl. verderbenbringende runen, dann überhaupt verderben, unheil, frevel: pl. acc.* feiknstafi *Grm 12, 6.*

feita (tt), *fett machen, füttern: inf. Háv 82, 5.*

fela (fal; *got.* filhan), 1) *verbergen, verstecken: prt. ind. sg. 2.* falt *Vsp 2, 8; pl. 3.* fálu *Grm 37, 5, HH I 4, 2; part. prt. m. sg. acc.* folginn *þrk 6, 8. 7, 2; f. sg. nom.* folgin *Akv 27, 2; n. sg. acc.* folgit *Vsp 24, 2. 25, 2;* felask *sich bergen, sich verstecken: inf. HH II 21, 6; prt. ind. sg. 3.* falsk *Le 65 pr 1;* 2) *eintauchen in etw. (í* ehu*), tränken m. etw.: part. prt. f. pl. nom.* folgnar *Ghv 4, 10;* 3) *etw. für jmd* (ehm) *aufheben, für jmd bestimmen: part. prt. m. sg.*

nom. folginn *Akv 18 , 8 ; n. pl.*
acc. folgin *Vsp 32, 4 ; 4) jmd* (ehm)
etw. (eht) *übergeben: prt. ind. sg. 3.*
fal *Sg 4, 10.*

fé-lagi, *m. genosse, gefährte: sg. acc.*
félaga *Háv 52, 6 ; pl. dat.* félǫgum *F' 304a 28.*

feldr, *m. viereckiges fell oder tuch*
zum schutze des oberkörpers, über-
wurf, plaid (Weinh. 166; Keyser,
Efterl. skr. IIb 61): sg. nom. Grm
1, 6, c. art. feldrinn *Grm 34;*
dat. feldi *Grm 26.*

fella (ld), *1) fallen lassen: prs. ind.*
sg. 3. fellir *Vm 14, 5 ; 2) fallen*
machen, umstürzen: prt. ind. sg. 3.
feldi *Am 2, 5 ; 3) erschlagen, töten:*
inf. Hrbl *16, 6 , Rp 38 , 7 u. ö.;*
prt. ind. sg. 3. feldi *HH II 4 pr 2,*
Fm 43, 6 u. ö.; pl. 3. feldu *HHv*
11 pr 6 ; part. prt. m. sg. acc.
feldan *Sd 35,5 (FJ conjiciert* bautinn,
wodurch die allit. hergestellt wird;
vgl. jedoch bauta), *Am 42, 4 ; n.*
sg. acc. felt *HH I 56, 5 ; 4) von*
jmd (af ehm) *etw.* (eht) *fortnehmen,*
ihn davon befreien: prt. ind. sg. 2.
feldir *Od 8, 5 ; sg. 3.* feldi *Sd 1, 3.*

fen, *n.* (got. fani) *kot, schlamm;*
schlammige grube unter dem blase-
balge (??): sg. acc. Vkv *24, 3. 34, 7.*

fenris-úlfr, *m. eigentl. name des*
mythischen wolfes der beim welt-
untergang den Odin verschlingen
wird, dann bezeichnung eines ge-
fährlichen wolfes überhpt: pl. gen.
fenrisúlfa *HH I 41, 2.*

ferð, *f. (vgl. got.* us-farþô) *1) weg:*
sg. gen. ferðar *Rp 3 ; 2) lebensweg,*
lebensverhältnisse: pl. acc. ferðir
Am 91, 2 ; 3) gefolge: sg. nom.
Sg 69, 6.

ferja (farða; got. farjan), *zu schiff*
befördern, übersetzen: inf. Hrbl *55,*
2; imper. sg. 2. fer *Hrbl 3, 1.*

ferju-karl, *m. fährmann, ferge: sg.*
nom. c. art. ferjukarlinn *Hrbl 3;*
2 üb. u. ö.

festa (st; *vgl. got.* fastan), *1) befe-*
stigen, anbinden: inf. Am *36 , 7 ;*
prs. opt. sg. 2. festir *Hym 26 , 4 ;*
prt. ind. sg. 3. festi *Ls 65 pr 4 ;*
pl. 3. festu *HH I 3, 8, Hm 17, 2 ;*
f. ehn *á* gálga *jmd an den galgen*
hängen: inf. Hm *22, 8 ; imper.*
pl. 2. festið *Am 56, 6 ;* festask við

ehn *jmd angehängt werden: prt.*
ind. sg. 3. ekki nafn festisk við
hann *kein name wurde ihm beigelegt*
HHv 5 pr 14 ; 2) festa hendr *die*
hände anlegen, die hände rühren
(im kampfe): prt. ind. sg. 3. festi
Am 47, 8 ; 3) sichern, schützen :
prt. ind. sg. 3. festi *HHv 26 , 7.*

festr, *f. (vgl. got.* witôða-fasteis) *fessel,*
kette: sg. nom. Vsp *45, 3. 50, 3*
u. ö.; dat. festi *HH I 4, 7.*

fet, *n. schritt: sg. dat.* feti *Ls 1, 3*
u. ö.; pl. dat. fetum *Akv 13, 1 ;*
acc. fet *Vsp 58, 9.*

fífl-megir, *m. pl. tolle, blindlings*
folgende leute (DA V, 150): nom.
Vsp 52, 5.

fimbul-fambi, *m. 'erztropf' (DA*
V, 265): sg. nom. Háv *102, 7.*

fimbul-ljóð, *n. wichtiges, zauber-*
kräftiges lied ('hauptlied' DA V,
270): pl. acc. Háv *139, 1.*

fimbul-vetr, *m. 'der grosse, furcht-*
bare winter', bezeichnung des langen
winters der dem weltuntergange
vorausgeht (Sn. E. I, 186): sg. acc.
Vm 44, 6.

fimbul-þulr, *m. 'hauptdichter', be-*
zeichnung Odins als des 'patrons
und idealen repräsentanten' der
þulir (DA V, 292): sg. nom. Háv
79, 5. 141, 5.

fimm, *num. card.* (got. fimf) *fünf:*
Hrbl 16, 2, Grm 23, 1 u. ö.; fimm
togir *5 dekaden, fünfzig: acc.* fimm
togu *IIHv 8, 4.*

fim-tán, *num. card.* (got. fimftaíhun)
fünfzehn: HH I 10, 4 u. ö.

fimtándi, *num. ord.* (got. fimftataí-
hunda) *der fünfzehnte: n. sg. acc.*
fimtánda *Háv 158, 1.*

fimti, *num. ord. der fünfte: m. sg.*
nom. Grm 8, 1 ; n. sg. acc. fimta
Vm 28, 1 u. ö.

fingr, *m.* (got. figgrs) *finger: sg. dat.*
fingri *Fm 31 pr 5, c. art.* fingrinum
31 pr 7 ; pl. nom. fingr *Rp 8, 5 ;*
dat. fingrum *Rp 27, 4, Am 43, 3.*

finna (fann; *got.* finþan), *1) finden,*
antreffen: inf. Ls *46, 5, HHv 36, 7*
u. ö.; praes. ind. sg. 2. fiðr *Vkv*
34, 3, finnr *Sd 33, 3 ; pl. 3.* finna
F 303b 29 ; prt. ind. sg. 1. 3. fann
Háv 39, 1, Gðr I 10, 5 u. ö.;
fanka ek svá marga mǫgu *ich fand*
nicht so viele leute (denen ich nicht

überlegen gewesen wäre) *Fm 16, 6;
Hym 8, 1, Hyndl 41, 3; sg. 2.*
fannt *Hrbl 14, 3; pl. 3.* fundu *Vsp
20, 5, Hym 1, 7 u. ö.;* 2) *aufsuchen, besuchen: inf. Háv 44, 6
u. ö.; prt. ind. sg. 3.* fann *HHv 30
pr 13; opt. pl. 2.* fyndið *Vkv 22, 8;*
3) *verschaffen: imper. sg. 2.* finn
Rm 1, 6; 4) *erfahren: inf. Sg
40, 6; prs. ind. sg. 3.* finnr *Háv
25, 4 u. ö.; prt. ind. sg. 2.* fant
Fm 8, 6; sg. 3. fann *Akv 16, 1;*
5) *erkennen: part. prt. n. sg. acc.*
fundit *Gðr II 31, 3;* 6) *merken:
prs. ind. sg. 3.* fiðr *Háv 24, 4;*
7) *anerkennen: inf. Br 18, 8;* 8)
deuten: inf. Háv 141, 1; 9) *erfinden, ersinnen: prt. ind. sg. 3.* orð
um fann *fand eine antwort Þrk 26,
3. 28, 3; prs. ind. sg. 3.* fiðr vélar
sinnt auf list Grp 45, 7; finnask
1) *gefunden werden, sich finden:
inf. Vsp 63, 4; prt. ind. sg. 3.*
fannsk *Vsp 6, 5;* 2) *sich treffen,
zusammenkommen, auf einander
stossen: prs. ind. pl. 1.* finnumk
Hrbl 59, 4; pl. 2. finnisk *Skm
24, 5; pl. 3.* finnask *Vm 17, 5.
18, 2; prt. ind. pl. 3.* fundusk
Grp 6, 4.

firar, *m. pl. (nicht* fírar: *Beitr. 5,
160. 6, 315 fg.; Ark. 2, 17 note)
menschliche und übermenschliche
wesen, leute: nom. Ls 25, 6 u. ö.;
gen. acc.* fira *Vsp 4, 7 (hier sind
menschen und götter gemeint: DA
V, 89), Alv 2, 1 u. ö.; Sd 30, 6,
Akv 32, 12; dat.* firum *Skm 27,
6, Vm 44, 6 u. ö.*

firin-illr, *adj. überaus böse: f.
sg. voc. (sw.)* in firinilla mær *Skm
33, 4.*

firin-verk, *n. freveltat: pl. dat.*
firinverkum *HH I 42, 10.*

firna (*að; got.* fairinôn) *jmd (ehn)
· wegen etw. (ehs) tadeln: inf. Háv
92, 1. 93, 1.*

firnar, *f. pl. (vgl. got.* fairina) *frevel-
hafte worte: acc. Br 9, 4.*

firr, s. **fjarri.**

firra (rð), 1) *entfernen;* firrask *fliehen
(or ehu): inf. Sg 26, 3; meiden (ehn):
inf. Háv 160, 2; sich von etw.
(eht) fernhalten: inf. Sd 32, 3;
prs. opt. pl. 3.* firrisk forn røk sie
mögen unerwähnt lassen Ls 25, 6;

2) firra ehn ehu *jmd einer sache
berauben: inf. Am 41, 8; prs. ind.
sg. 3.* firrir *Grp 29, 1; part. prt.
m. sg. acc.* firðan *Am 53, 3; pl.
nom.* firðir *Rm 7, 5; f. sg. nom.*
firð *Sg 24, 6.*

físa (feis) *furzen: inf. Hrbl 26, 7.*

fiskr *m. (got.* fisks) *fisch: sg. nom.*
Hym 24, 6, Grm 21, 3; gen. fisks
F 305b 11; pl. gen. acc. fiska
Rm 8. 1, 1; Vsp 61, 8.

fit, *f. eigentl. die haut zwischen den
zehen gewisser tiere, hier die fuss-
sehnen, welche dem Vǫlundr durch-
schnitten waren: pl. dat.* fitjum *Vkv
29, 2.*

fjá (*að; got.* fijan) *hassen: prs. ind.
sg. 3.* fjár *Ls 19, 6 (wo mit Kölbing Germ. 21, 27* fjár *statt* frjá *zu
lesen ist), 35, 5; pl. 3.* fjá *Hym
22, 6;* fjásk *dass.: inf. Skm 33, 3.*

fjaðr-hamr, *m. federgewand: sg.
nom. Þrk 4, 6. 8, 2; gen.* fjaðr-
hams *Þrk 3, 6.*

fjall, *n. berg, gebirge: sg. dat.* fjalli
Vsp 61, 7, Háv 115. 5 u. ö., c. art.
fjallinu *HHv 5 pr 3 u. ö.; acc.*
fjall *Háv 3, 6, HHv 5 pr 2; pl.
nom. acc.* fjǫll *Ls 55, 1, F 303a 18;
Skm 10, 3, Rp 37, 7 u. ö.; dat.*
fjǫllum *Vkv 14, 10, F 303a 10.*

fjánd-garðr, *m. haus des feindes:
sg. dat.* fjánðgarði *Sg 26, 4.*

fjándi, *m. (got.* fijands) *feind: sg.
acc.* fjánda *Fm 37, 3; pl. gen.*
fjánda *HH I 13, 6, Br 16, 8; dat.*
fjándum *Háv 126, 7 u. ö.; acc.*
fjándr *HH II 30, 7. 36, 3.*

fjarg-hús, *m. gotteshaus, tempel
(vgl. jedoch KGíslason, Efterl. skr.
I, 175): pl. nom. Akv 43, 4; gen.*
fjarg-húsa *Akv 40, 8.*

fjár-nám, *n. fortnahme des ver-
mögens, beraubung an geld u. gut:
sg. acc. HH I 11, 7.*

fjarra-fleini, *m. herumstreicher,
landstreicher: sg. acc.* fjarrafleina
*Alv 5, 4 (vgl. Bugge, Fkv 129b.
402a; Richert s. 30 und Sijmons
z. st.).*

fjarri, *adv. (vgl. got.* faírra) *fern
von etw. (ehu): Vsp 39, 2, Vkv 14,
9 u. ö.; weit weg, fort Fm 28, 1;
in der ferne Hm 10, 8; compar.*
firr *weiter weg (von etw.: ehu):
Hrbl 54, 1, Háv 34, 6, Am 38, 1;*

gǫngumk f. *gehen wir weiter aus-einander* Grm 1, 3.

fjorði (nicht fjórði: KGíslason, Efterl. skr. I, 274), num. ord. der vierte: m. sg. nom. Grm 7, 1; n. sg. acc. fjorða Vm 26, 1 u. ö.

fjórir, num. card. (got. fidwôr) vier: m. nom. Grm 33, 1 u. ö.; f. acc. fjórar HHv 1; n. dat. fjórum HHv 8, 3; fjórir togir vier dekaden, vier-zig: dat. fjórum togum Grm 23, 2. 24, 2.

fjugrtándi, num. ord. der vier-zehnte: n. sg. acc. fjugrtánda Háv 157, 1.

fjǫðr, f. feder; pl. fjaðrar gefieder: dat. fjǫðrum Vsp 68, 5, Háv 13, 4.

fjǫlð, f. eine menge, viel (gewöhnl. mit abhäng. genet.): sg. nom. Vkv 21, 5, Sd 30, 6 u. ö.; dat. (mit neutr. dem. pron.) fjǫlð því Fm 34, 6; acc. fjǫlð Vsp 45, 5, þrk 23, 5 u. ö.; adverbial viel, vielfach, oft: Vm 3, 1. 2. 3, Háv 18, 3. 73, 9 u. ö.

fjǫlði, m. menge: sg. nom. Rm 7.

fjǫl-hǫfðaðr, adj. (fjǫl = got. filu) viele köpfe habend (vgl. sex-hǫfðaðr, þrí-hǫfðaðr): f. sg. acc. fjǫlhǫfðaða Hym 35, 8.

fjǫl-kunnigr, adj. zauberkundig: m. sg. nom. Grm 22, Rm 4; f. sg. dat. fjǫlkunnigri Háv 112, 5.

fjǫl-kyngi, f. zauberei: sg. dat. Háv 136, 10, HHv 5 pr 9.

fjǫl-nýtr, adj. vielfachen nutzen bringend, segenspendend: f. sg. nom. (sw.) fjǫlnýta Sd 4, 3.

fjǫr, n. (got. fairhwus) 1) fleisch und blut als sitz der lebenskraft: sg. dat. fyllisk fjǫrvi feigra manna Vsp 42, 1 (DA V, 126); 2) leben: sg. nom. acc. Skm 20, 5; Háv 58, 3, Fm 22, 4 u. ö.; gen. til fjǫrs skriðu griffen sein leben an Ghv 17, 8; dat. fjǫrvi Ls 57, 6, Hrbl 12, 4 u. ö.

fjǫr-brot, n. pl. todeskampf: dat. fjǫrbrotum Fm 21, 5.

fjǫrðr, m. meerbusen: sg. nom. Am 30, 8; gen. fjarðar HHv 18, 3; dat. firði Háv 115, 5, Sf 18; acc. fjǫrð Am 4, 7, c. art. fjǫrðinn Sf 20 u. ö.

fjǫrg, n. pl. götter (?): nom. Ls 19, 6 (Grdtv. 196 fg.).

fjǫrgyn, f. (vgl. got. faírguni; Hirt, IF I, 479 fg.) erde: sg. dat. fjǫrgynju Od 10, 6. — Als eigenname Vsp 58, 10, Hrbl 56, 7 (Fjǫrgynn, m. Ls 26, 2).

fjǫr-lag, n. ablegung des lebens, tod: sg. dat. fjǫrlagi Ls 50, 5 u. ö.

fjǫr-lausn, f. lebenslösung, erkau-fung des lebens durch lösegeld: sg. acc. Hyndl 48, 4, Rm 15.

fjǫr-segi, m. 'lebensmuskel', poet. bezeichnung des herzens: sg. acc. fjǫrsega Fm 32, 7.

fjǫr-sjúkr, adj. todkrank: f. sg. nom. (sw.) fjǫrsjúka Od 7, 6.

fjǫtra (að), fesseln: part. prt. m. sg. nom. fjǫtraðr Háv 13, 5.

fjǫturr, m. 1) fessel: sg. nom. Háv 147, 6, c. art. fjǫturrinn F 305b 3; dat. fjǫtri Br 16, 7; acc. fjǫtur Vkv 12, 8, Akv 21, 2; pl. nom. fjǫtrar F 305b 5; 2) eisernes band durch welches der schlitten auf den kufen befestigt wird: pl. dat. fjǫtrum Sd 15, 8; 3) nach Svbj. Egilsson (180b) die beiden senkrechten holzstützen auf denen der untere teil des blasebalges in der schmiede ruht: sg. gen. fjǫturs Vkv 24, 3. 34, 7.

flá (fló), abziehen: prt. ind. pl. 3. flógu Rm 13.

flagð, n. wesen von übermensch-licher grösse, riese, riesin: sg. nom. Hyndl 41, 8; dat. flagði (Hel) Hm 16, 4.

flár, adj. (vgl. got. ga-þlaihan) 1) falsch, betrügerisch, hinterlistig: f. sg. nom. flá Ls 31, 1, Hyndl 6, 1; n. sg. nom. acc. flátt Am 38, 6; Háv 45, 5 u. ö.; superl. n. sg. acc. flást Háv 90, 5; 2) unsicher, gefährlich: n. sg. nom. flátt er til sœkja gefähr-lich ist es hineinzugehen Am 38, 2.

flá-ráðr, adj. hinterlistige ratschläge erteilend: f. sg. nom. fláráð Háv 117, 4.

flá-ræði, n. hinterlistiger anschlag: sg. nom. Grp 38, 5.

flaug, f. das fliegen: pl. dat. flaugum Am 24, 4.

flaum-slit, n. pl. bruch eines freund-schaftl. verhältnisses: dat. flaum-slitum Háv 120, 7.

flaust, n. schiff: pl. nom. HH I 32, 3.

fleinn, m. *wurfgeschoss, pfeil (KGís-lason, Efterl. skr. I, 91. 269): sg. dat.* fleini *Háv 85, 1; acc.* flein *Háv148, 3, Rþ 35, 7.*

fleiri, *adj. compar. mehr: m. pl. nom.* fleiri *Grm 34, 1, Hyndl 46, 7, f.* hálfu *doppelt so viele Am 29, 6; dat.* fleirum *Fm 17, 5; acc.* fleiri *Ls 28, 2, Alv 36, 3; f. pl. nom.* fleiri *HHv 27, 6; n. sg. nom.* hálfu fleira *doppelt so viel HH I 26, 4; acc.* fleira *Vm 9, 5, Hyndl 31, 2 u. ö.;* mun fleira *noch weit mehr Am 45, 8 (vgl.* munr 6); *pl. nom. acc.* fleiri *Od 8, 4, at f. desto mehr Sg 64, 8, Gðr II 10, 6; superl.* flestr *der meiste: m. sg nom.* f. fagnaði *die meisten freuten sich (meiner) Od 13, 3; acc.* flestan dag *die meisten tage Grm 15, 5; pl. nom.* flestir *Hyndl 48, 3, HH II 20, 2; acc.* flesta alla menn sína *bei weitem die meisten sr leute Gðr II 2; n. sg. dat.* flestu *Grp 29, 2; acc.* flest *F 304a 11; pl. acc.* flest *Alv 4, 3, Od 10, 4.*

flosk, *n. speck: pl. gen.* fleska *Grm 18, 4.*

fleski, *n. dass.: pl. acc.* Rþ 31, 5.

flet, *n. 1) die an den wänden der halle entlang laufende erhöhung nebst den darauf befindlichen bänken (häufig im pl. gebraucht; vgl. Valt. Guðmundsson, Privatbol. s. 184): sg. gen.* flets *Ls 46, 4; dat.* fleti *Háv 1, 7, Sg 34, 8; acc.* flet *Akv 10, 2; pl. nom.* flet *Bdr 6, 7; gen.* fletja *Rþ 3, 6. 11, 1 u. ö.; dat.* fletjum *Háv 35, 6, Rþ 35, 2; 2)synekdochisch gemach, wohnhaus: pl. dat.* fletjum *Hlr 11, 4.*

fley, *n. schiff: pl. acc. HH II 5, 2. 6, 2.*

fleygja (gð; *got.* us-flaugjan) *1)fliegen lassen: inf. Gðr II 18, 10; 2) schleudern, schiessen: inf. Rþ 35, 7; prt. ind. sg. 3.* fleygði *Vsp 28, 1, Rþ 47, 3.*

fljóð, *n. (vgl. Bugge, Ark. 4, 118 fg.; Stud. 5 anm. 3 u. 390; Bidr. 30) weib: sg. nom. acc. HHv 35, 3 u. ö.; Háv 101, 6; gen.* fljóðs *Alv 5, 3 u. ö.; pl. gen.* fljóða *Br 15, 4. — Als frauenname Rþ 25, 5.*

fljóta (flaut), *1) im wasser sich bewegen, schwimmen (vom schiffe): inf.*

· *HH I 32, 4. II 5, 1 u. ö.; 2) übertr. gebadet sein, schwimmen (im blut): prt. ind. sg. 3.* flaut í dreyra *Sg 24, 8; pl. 3.* flutu (í dreyra) *Hm 7, 4.*

fljótliga, *adv. schnell, bald: Grp 2, 7; bereitwillig: 35, 7 (hier ist des metrums wegen* fljótla *zu lesen: Beitr. 6, 317).*

fljótr, *adj. schnell; bereitwillig: n. sg. acc. (adverbial)* fljótt *Grp 52, 5.*

fljúga (fló), *1) fliegen: inf. Gðr II 41, 2, Am 18, 1; prs. ind. sg. 1.* flýg *F 303b 16; sg. 3.* flýgr *Vsp 61,6, Háv 148,4 u. ö.; pl. 3.* fljúga *Grm 20, 2; part. prs. m. sg. nom.* fljúgandi *Vsp 68, 2; dat.* fljúganda *Háv 85, 1; prt. ind. sg. 3.* fló *þrk 4, 5 u. ö.; pl. 3.* flugu *Vkv 11, HH I 55, 6 u. ö.; 2) fliessen (von trähnen): prt. ind. pl. 3* flugu *Gðr I 16, 3 [wo aber wol mit Sijmons (briefl.)* flutu *zu schreiben ist].*

flóa (óð), *überströmt sein mit etw. (ehu): prt. ind. sg. 3.* flóði *Am 50, 6.*

flóð, *n. (vgl. got.* flôdus) *flut: sg. dat.* flóði *Grm 21, 3, Háv 136, 15, Rm 1, 2.*

flot, *n. fahrwasser: sg. dat.* floti *Háv 152, 3.*

flot-brúsi, *m. 'seebock', poet. bezeichnung des schiffes: sg. acc.* flotbrúsa *Hym 26, 3.*

floti, *m. flotte: sg. nom. HH I 28, 7; sg. dat. acc.* flota *HHv 29, 5, HH I 36, 4; HHv 13, 5. 26, 7.*

flótti, *m. flucht: sg. gen. acc.* flótta *HH II 23, 3; Háv 31, 2.*

flugar-trauðr, *adj. wer nicht gewillt ist zu fliehen: m. sg. acc. (sw.)* flugartrauða *HH I 56, 6.*

flugr, *m. (vgl. got.* þlauhs) *flucht: sg. gen.* flugar *HH I 54, 10, Grp 7, 6.*

flug-stigr, *m. 'flugweg', weg durch die luft: sg. acc.* flugstig *HH II 48, 4.*

flug-trauðr, *adj. wer nicht gewillt ist zu fliehen: m. sg. acc.* flugtrauðan *HH I 36, 3.*

flykkjask (kð), *sich zusammenscharen, sich sammeln: prt. ind. pl. 3.* flykðusk *Am 41, 1.*

flýta (tt), *fördern, beschleunigen (anders KGíslason, Njála 2, 59): part. prs. m. sg. nom.* flýtandi *Am 4, 3.*

flytja (flutta), *jmd* (ehn) *übersetzen*
(*über ein wasser*); *inf. Hrbl 8, 5.*

flærð, *f. falschheit; falsches (d. h.
unsittliches) benehmen: pl. acc.* flærðir *Háv 101, 6.*

flærðar-stafir, *m. pl. 'runen der
falschheit'* (*durch deren anwendung
man ein weib zur unsittlichkeit verleitet*): *acc.* flærðarstafi *Sd 32, 3.*

1. flœja (ð; *vgl. got.* þliuhan), *fliehen:
inf. Sd 21, 1.*

2. flœja (óð), *schichtweise belegen:
part. prt. n. pl. nom.* flóið *Bdr 6, 8*
(*s. Bugge z. st.*).

fnása (að; *Sievers, Proben s. 35 anm.
1; Zz 21, 109), schnauben: prt.
ind. sg. 3.* fnásaði *þrk 12, 2.*

fnœsa (st), *ausschnauben, ausblasen*
(ehu): *prt. ind. sg. 1.* fnœsta *Fm
18, 1; sg. 3.* fnœsti *Gðr I 27, 6.*

fold, *f. erde: sg. nom. Vsp 59, 2,
Hym 24, 4 u. ö.; dat.* foldu *Hyndl
41, 7, Grp 1, 8 u. ö.; acc.* fold
Rm 26, 6.

fold-vegr, *m. erdweg: sg. nom. Bdr
3, 6.*

folk, *n.* 1) *kriegerschar: sg. gen.*
folks *HHv 10, 3, HH II 11, 2;
dat.* folki *Háv 148, 3, HH I 54, 7;
acc.* folk *Vsp 28, 2, Háv 156, 5;
pl. nom.* folk *HH I 51, 2; dat.*
folkum *Hyndl 25, 9;* 2) *volk als
polit. verband: sg. gen.* folks *HH II
41, 3; dat.* folki *Sg 19, 6;* 3)
menschen überhpt: pl. dat. folkum
Grm 48, 7.

folk-djarfr, *adj. mutig im kampfe,
tapfer: m. sg. acc.* folkdjarfan *Rm
14, 2; f. sg. nom.* folkdjǫrf *HH
I 31, 3.*

folk-drótt, *f. volksschar: sg. acc.
Hym 35, 7.*

folk-líðandi, *m. wer unter den
menschen umherzieht, wanderer: pl.
dat.* folklíðǫndum *Fm 41, 4.*

folk-ræði, *n. herschaft über ein
volk: sg. dat. Br 11, 6* (*Bugge, Fkv.
418*).

folk-skár, *adj. menschenvernichtend:
m. sg. acc.* (sw.) folkská *Fm 37, 3.*

folk-valdi, *m. volksbeherscher,
fürst: sg. voc. Skm 3, 2.*

folk-víg, *n. krieg: sg. nom. Vsp
28, 3; acc. Vsp 26, 1; pl. nom.
Hyndl 14, 5.*

folk-vítr, *f. schlachtjungfrau, wal-*

küre: sg. acc. folkvítt *Fm 43, 2*
(*Grdtv. 216 b*).

folk-vǫrðr, *m. volkshüter, fürst:
sg. acc.* folkvǫrð *Gðr II 6, 4.*

foráð, *n. gefährliche stelle; gefahr:
sg. nom. Fm 11, 6.*

for-bergis, *adv. bergab: HH I
43, 8.*

for-brennir, *m. 'verbrenner', poet.
bezeichnung des feuers: sg. acc.* for-
brenni *Alv 27, 5.*

forða (að), 1) *etw.* (ehu) *bewegen,
regen: prt. ind. pl. 3.* forðuðu *Am
43, 3;* 2) *bergen, schützen, retten*
(ehm, ehu): *inf. Hrbl 12, 3; prs.
ind. pl. 3.* forða *Hym 12, 3;* 3)
verschonen (ehm): *imper. pl. 1* forðum
Am 58, 4; 4) forðask *ehk einer
sache entgehen: prs. ind. sg. 1.*
forðumk *Am 28, 3; f. ehn sich
vor jmd bergen, vor jmd fliehen:
inf. HH II 30, 8; absol. sich
retten: inf. HH II 1 pr 4.*

forðum, *adv. ehemals: Vsp 5, 3,
Háv 47, 1.*

for-dæða, *f. übeltäterin, zauberin:
sg. nom. Ls 32, 2, Sd 26, 2.*

for-ellri, *n. vorväter, ahnen: sg.
dat. Rm 6.*

for-mælandi, *m.* (*part. prs.*) *für-
sprecher: pl. acc.* formælendr *Háv
25, 6. 62, 6.*

1. forn, *adj.* (*got.* faírneis) *alt: m.
sg. nom. Hym 13, 6, Hrbl 35, 2;
gen.* forns *Ls 53, 3, Skm 37, 3;
pl. dat.* fornum *Vm 1, 5; acc.* forna
Vm 55, 5 u. ö.; f. sg. nom. forn
Grm 22, 4, (sw.) forna *Hym 24, 3;
dat.* (sw.) fornu *HH II 12 pr 20,
Br 20 pr 9; pl. dat.* fornum *Rþ
1 u. ö.; acc.* fornar *Vsp 62, 8,
Grm 11, 6; n. pl. nom.* forn *Akv
43, 3,* (sw.) fornu *Hm 30 pr 2;
gen.* fornra *HH I 37, 2; acc.* forn
*Vsp 4, 7, Ls 25, 6; compar. n.
sg. nom.* fornara *Hm 2, 5.*

2. fórn, *f. gabe, geschenk: pl. acc.*
fórnir *Am 5, 5.*

forneskja, *f. vorzeit, bes. die heid-
nische; heidentum: sg. dat.* forneskju
HH II 50 pr 3, Fm 1 pr 3.

forn-frœði, *f. alte sage: pl. dat.*
fornfrœðum *Sf 32.*

for-njósn, *f. spähendes umhersehen,
umsicht: sg. gen.* fornjósnar *Sd
27, 1.*

fors, *m. wasserfall: sg. dat.* forsi *Vsp 25, 6 u. ö., c. art.* forsinum *Rm 8; acc.* fors *Rm 2, 3, c. art.* forsinn *Rm 10; pl. nom.* forsar *Vsp 61, 5.*

for-skǫp, *n. pl. unglückliches schicksal: gen.* forskapa *HH II 33, 4.*

for-spell, *n. verlust: sg. acc.* Gǫr *I 4, 6.*

for-streymis, *adv. stromabwärts: F 304a 16.*

for-vitni, *f. wissbegier, neugier: sg. acc.* Vm *1, 4.*

fóstr, *n. erziehung: sg. acc.* Rm *5.*

1. fóstra (að), *aufziehen, erziehen: prt. ind. sg. 3.* fóstraði *Grm 5, 6, HH II 5.*

2. fóstra, *f. 1) pflegemutter: sg. voc.* Gǫr *I 12, 3; 2) pflegetochter: sg. nom.* Grp *29, 4; acc.* fóstru *Grp 31, 8. 39, 7.*

fóstri, *m. 1) pflegevater: sg. nom.* HHv *9, Hlr 11, 3; 2) pflegesohn: sg. nom.* Grm *17; acc.* fóstra *Grm 16.*

fóstr-man, *n. sklaven die mit den kindern des herrn aufgewachsen sind: sg. nom.* Sg *70, 5.*

fót-laug, *f. fusswaschung: sg. acc.* HH *II 38, 3.*

fótr, *m. (got.* fótus) *fuss: sg. nom.* Vm *33, 4, Háv 87, 6 u. ö.; dat.* fœti *Vm 33, 4, Rm 24, 2 u. ö.; acc.* fót *Br 13, 1 (vgl. jedoch DA V, 366, wo Mhff mit Rask* fót *in* fǫt *ändert), Am 48, 6; pl. gen.* fóta *Sg 23, 9; dat.* fótum *Háv 147, 6, Vkv 12, 7 u. ö.; acc.* fœtr *Vkv 24, 4. 34, 8 u. ö.*

frá, *praep. c. dat. (got.* fram: *Noreen² § 238, 1) 1) von, fort von, entfernung oder trennung von etwas bezeichnend, bes. nach verbis der bewegung: Hym 32, 2, Ls 38, 6, Vm 41, 5, Grm 54 pr 6 u. ö.;* vísum vilja frá *ohne besonnenen plan Háv 98, 3 (anders FJ I, 117a);* út frá *heraus von, heraus aus Ls 27, 5; Vm 7, 5; 2) von, von — aus, den ausgangspunkt einer bewegung oder handlung anzeigend: Vsp 17, 6, Hym 7, 3, Ls 51, 4, Skm 28, 7, HH I 32, 6 u. ö.;* neðan frá herab von *Vsp 68, 4;* Heðinn væri góðs verðr frá þér *wäre wert gutes von dir zu empfangen HHv 34, 3;*

3) *von, den ort angebend, wo eine person ihre heimat hat: HH II 17, 2. 41, 2. 44, 2; 4) von, die abstammung oder herkunft einer person bezeichnend: Hyndl 8, 6. 25, 6 u. ö.; 5) von, die person oder sache bezeichnend von der erzählt oder gesprochen wird: Ls 25, 3, Vm 42, 4 u. ö.; 6) adverbial steht* frá *nur Am 36, 8* áðr þeir frá hyrfi *ehe sie fort giengen.*

frakka, *f. speer: pl. acc.* frǫkkur *Rp 35, 8.*

fram (*besser* framm), *adv. (got.* framis: *Noreen² § 217 anm. 4) 1) vorwärts (räumlich): Bdr 3, 5, Hym 36, 4 u. ö.; vorn Grm 9;* bera fr. *herbeibringen Þrk 24, 4, Ghv 6, 1;* draga fr. *hervorziehen Rm 5 pr 7;* ganga fr. *hinzugehen Hym 8, 6. 13, 5 u. ö.;* hafa fr. *vorbringen Am 39, 6;* koma fr. *herankommen Vsp 54, 2;* selja fr. *herausgeben, übergeben Am 4, 4;* setja fr. *aufsetzen Rp 31, 1;* standa fr. *vortreten F 303a 4; 2) vorwärts (zeitlich): Vsp 45, 6, Hyndl 20, 6 u. ö.; in zukunft, später Sg 52, 4;* fr. var kvelda *es war spät am abend Br 12, 1;* vita fr. *die zukunft voraus wissen Þrk 14, 3; 3) auf das eth. gebiet übertragen:* um alla menn fr. *hervorragend vor allen männern Sf 33.*

framan, *adv. von vorn, vorn: Bdr 3, 2;* dag þann framan *den ganzen tag von seinem anbruche an Hym 7, 2 (FJ I, 120a und Sijmons z. st.).*

framarr, *adv. compar. weiter vorwärts: Ls 1, 3, Skm 40, 3, Háv 38, 3; superl.* framast nekkvi *'am weitesten jegliches überragend' (??) Gǫr II 31, 4.*

fram-genginn, *part. prt. 'fortgegangen', d. i. gestorben, tot: m. sg. nom.* Skm *12, 2; pl. acc.* framgengna *Vsp 40, 8.*

frami, *m. 1) tüchtigkeit: sg. gen. acc.* frama *Vm 11, 3, Háv 2, 6; Háv 158, 5; 2) nutzen: sg. acc.* frama *Háv 103, 5.*

fram-leiða (dd), *herbeiführen: part. prt. m. sg. nom.* framleiddr *HHv 30 pr 9.*

fram-lundaðr, *adj. mutig, kühn: f. sg. acc.* framlundaða *Grp 39, 6.*

fram-lyndr, *adj. dass.: m. sg. voc.*
Grp 14, 3.
framr, *adj.* 1) *hervorragend, aus-*
gezeichnet: compar. m. sg. acc.
fremra *Gör II 3, 4; superl. m. sg.*
nom. fremstr *Sd 36, 6,* framastr
Sf 32; acc. fremstan *Br 18, 7;*
2) *mutig, kühn: m. sg. nom.* framr
Hyndl 14, 6; compar. m. sg. nom.
fremri *Rm 26, 5.*
fram-reiða (dd), *herausrücken, über-*
liefern: part. prt. n. sg. acc. fram-
reitt *Rm 4 pr 2.*
fram-víss, *adj. die zukunft kennend:*
m. sg. nom. Grp 4. 21, 7.
frán-eygr, *adj. mit glänzenden*
augen: m. sg. voc. (sw.) fráneygi
Fm 5, 4.
fránn, *adj. glänzend: m. sg. nom.*
Vsp 68, 3, Vkv 18, 7, (sw.) fráni
Skm 27, 6, Fm 26, 5; dat. (sw.)
fråna *Vkv 17, 2; acc.* fránan *Fm*
32, 8, (sw.) frána *Grp 11, 2, Fm*
1, 5; voc. (sw.) fráni *Fm 19, 1;*
pl. nom. fránir *Ghv 17, 7; f. pl.*
acc. fránar *Gör I 14, 5.*
frata (að), *furzen: inf. Ls 32, 6.*
fregna (frá; *got.* fraíhnan) 1) *jmd*
(ehn) *nach etwas* (ehs *oder* at ehu)
fragen: inf. Bdr 8, 2, Skm 1, 4 u. ö.;
prs. ind. sg. 2. fregu *F 303a 5;*
pl. 2. fregnið *Vsp 2, 5; prt. ind.*
sg. 1. 3. frá *Gör II 5, 4; HH I 17,*
1 u. ö.; pl. 3. frágu *Akv 21, 5;*
opt. sg. 1. fræga *Gör II 6, 3; part.*
prt. m. sg. nom. freginn *Háv 30, 5;*
2) *erfragen; von etw.* (eht) *hören,*
etw. erfahren: prs. ind. sg. 3. fregn
Vsp 30, 4; opt. pl. 1. fregnim
Am 13, 8; prt. ind. sg. 1. 3. frá
Ghv 1, 1; Od 2, 1; pl. 1. frágum
Am 83, 10; opt. pl. 1. frægim *Am*
98, 2; part. prt. n. sg. acc. fregit
F 304b 32.
freista(að; *vgl.got.*fraisan,fraistubni)
1) *etw.* (ehs) *versuchen: inf. Hrbl*
16, 7, Alv 9, 1; prt. ind. sg. 1.
freistaða *Vm 3, 2. 44, 2 u. ö.; 2)*
etw. (ehs) *erproben, jmd* (ehs) *auf*
die probe stellen: inf. Vm 5, 2,
Háv 2, 6, Od 23, 4 u. ö.; prs.
ind. sg. 2. freistar *Hyndl 6, 2;*
pl. 2. freistið *Vsp 2, 6; pl.* 3.
freista *Háv 26, 6.*
freki, *m.* 'der gierige', 1) *poet. be-*
zeichnung des wolfes: sg. nom. Vsp

45, 4. 50, 4 u. ö.; dat. freka *Vsp 52,*
6; 2) poet. bezeichnung des feuers:
sg. acc. freka *Alv 27, 4. — Als*
eigenname Grm 19, 1, Hyndl 18, 6.
frekr, *adj.* (*vgl. got.* faíhu-friks)
gierig, begierig: m. sg. nom. Alv
9, 2; dat. frekum *Rm 13, 8.*
fremja (framða), *ausführen, ver-*
richten, ausüben: inf. Rp 35, 12,
Am 61, 6.
fremr, *adv. compar.* (*got.* framis)
später: Ls 31, 2, Hm 2, 6; weiter,
mehr: Grp 19, 7; superl. fremst *zu-*
erst, zuvörderst: Vsp 4, 8, Vm 34, 5.
frest, *n. frist: sg. dat.* fresti *HHv*
34 pr 9.
frétta (tt), 1) *fragen nach etw.* (at
ehu): *prt. ind. sg.* 3 frétti *Gör II*
18, 5, Am 76, 5; pl. 3. fréttu *Am*
74, 6; 2) von etw. (eht) *hören, etw.*
erfahren: inf. Am 78, 8; part. prt.
n. sg. acc. frétt *Am 1, 1.*
freyða (dd), *schäumen: prt. ind.*
sg. 3. freyddi *Fm 31 pr 3.*
friðill, *m. geliebter, buhle: sg. nom.*
Hym 9, 5 (Bugge, Fkv 399a und
Sievers, Proben 40; vgl. jedoch auch
FJ I, 119 fg.), Od. 3; gen. friðils
Vkv 29, 9.
1. **friðr**, *m.* (*vgl. got.* ga-friþôn, Friþa-
reiks) 1) *freundschaft, liebe: sg.*
nom. Háv 51, 3. 89, 1; acc. frið
Skm 19, 4; 2) friede: sg. nom.
HH II 22, 5; gen. friðar *Hrbl*
29, 8; acc. frið *Háv 16, 5, HHv*
34, 7 u. ö.
2. **friðr**, *adj. trefflich, gut, schön:*
m. sg. nom. Am 5, 6; pl. gen.
friðra *Hyndl 46, 4; f. sg. nom.*
(*sw.*) friða *Hym 30, 1; compar.*
m. sg. acc. friðra *Am 84, 7; f. sg.*
acc. friðri *Grp 52, 6.*
frilla, *f. geliebte, beischläferin: sg.*
nom. Hym 30, 2, Gör III 2.
frjá (að; *got.* frijôn) *lieben: inf. Sg 9,*
4; prs. ind. sg. 3. frjár *Háv 91, 6.*
frjósa (fraus; *vgl. got.* frius, *n.*)
frieren: part. prt. m. sg. nom.
frørinn *Hym 10, 8.*
fróð-geðjaðr, *adj. klug, verständig:*
f. pl. nom. fróðgeðjaðar *Vm 48, 6.*
fróð-hugaðr, *adj. dass.: m. sg. voc.*
HHv 2, 3.
fróðligr, *adj. nach art eines ver-*
ständigen: n. sg. acc. (adv.) fróðlikt
in verständiger weise Sd 14, 5.

fróðr, adj. (got. fróþs) klug, verständig, weise: m. sg. nom. Vm 6, 5, Háv 28, 1 u. ö., (sw.) fróði Skm 1, 5 u. ö.; gen. (sw.) fróða Vm 33, 5, Háv 14, 3; dat. fróðum Háv 106, 3; acc. fróðan Vm 26, 2, Fm 12, 2 u. ö.; voc. (sw.) fróði Vm 20, 6. 30, 6 u. ö.; pl. gen. fróðra Háv 7, 6. 63, 2; f. sg. nom. fróð Gör I 12, 4, Am 101, 5; n. pl. acc. fróð Vm 26, 6; compar. m. sg. nom. fróðari F 303a 3.

frum-ungr, adj. in der ersten jugend stehend, blutjung: m. sg. acc. frumungan Sg 6, 7; f. sg. acc. frumunga Sg 4, 9; voc. (sw.) frumunga Sg 25, 7.

frum-verr, m. (vgl. got. fruma-baúr) der erste gemahl: sg. dat. frumver Sg 61, 3.

frýja (ð), jmd (ehm) etw. (ehs) absprechen: prs. ind. sg. 3. frýr-a maðr þér niemand erklärt dich für feig Sg 33, 1; prt. opt. sg. 2. frýðir Fm 26, 6.

frægr, adj. berühmt: m. sg. nom. HHv 10, 4; dat. (sw.) frægja Háv 139, 2; acc. frægjan HH I 42, 9; n. sg. nom. frægt Akv 2; pl. nom. fræg Hyndl 14, 5; superl. m. sg. acc. frægstan HH I 2, 6; n. sg. nom. frægst Od 4, 1. — Als eigenname Vsp 16, 8.

frændi, m. (got. frijônds) verwandter: sg. nom. Hyndl 30, 8; pl. nom. acc. frændr Háv 75, 2; Hyndl 9, 8, HH II 13 u. ö.; gen. frænda HH II 15, 6; dat. frændum Háv 69, 4, Am 53, 3.

fræs, f. zischen: sg. acc. Fm 19, 2.

frævask (að; vgl. got. fraiw, n.), wachsen, gedeihen: inf. Háv 140, 1.

frœði, f. (got. frôdei) kenntnis, kunde: pl. nom. Grp 18, 2; gen. frœða Vsp 45, 5. 50, 5 u. ö.

frœkn, adj. kühn, beherzt, mutig (KGíslason, Efterl. skr. I, 200): m. sg. nom. Grm 17, 6 u. ö.; gen. (sw.) frœkna Akv 23, 6. 25, 4; acc. frœknan Br 1, 7 u. ö.; pl. nom. frœknir Háv 48, 1 u. ö.; dat. frœknum Háv 64, 5.

frœknliga, adv. nach art eines tapfern: HHv 12, 4.

fugl, m. (got. fugls) vogel: sg. nom. HHv 11. 5 pr 5, c. art. fuglinn

HHv 13 u. ö.; gen. fugls Háv 13, 4, Gör I 9 u. ö.; acc. c. art. fuglinn HHv 5 pr 6; voc. fugl HHv 2, 3; pl. nom. fuglar Gör I 16, 7; gen. acc. fugla Rþ 45, 1, F 305b 12; Rþ 47, 4 u. ö.

1. full, n. der gefüllte becher: sg. acc. Sd 8, 1, Gör II 22, 2.

2. fúll, adj. (got. fûls) faul, stinkend f. sg. acc. fúla Gör III 10, 6.

full-drukkinn, part. prt. vollgetrunken, genug getrunken: n. sg. nom. fulldrukkit Am 8, 4.

full-fastliga, adv. in sehr bindender weise: Grp 31, 3.

full-gerva, adv. ganz genau: Ls 30, 2.

full-gœddr, part. prt. reich begabt, reich ausgestattet mit etw. (ehu): f. sg. nom. fullgœdd Sg 34, 7.

full-hyggja (hugða), lieben: prt. ind. sg. 1. fullhugða Ghv 15, 4.

fúlligr, adj. garstig, hässlich: n. sg. nom. fúlligt Rþ 8, 6.

full-illa, adv. schlimm genug: Am 83, 3.

full-kvæni, adj. wer ein gutes weib hat, wolbeweibt: m. sg. nom. Grp 34, 5.

full-mikill, adj. sehr gross: m. sg. nom. Hym 16, 4.

fullr, adj. (got. fulls) 1) voll: m. sg. nom. Sd 5, 5; dat. fullum Ls 53, 3, Skm 37, 3; pl. acc. fulla Rþ 31, 2; f. sg. nom. full Gör II 37, 7, Ls 65 pr 6; pl. acc. fullar Háv 77, 1; n. sg. acc. fult Grm 32 u. ö.; pl. acc. full Akv 7, 2; 2) vollzählig: m. pl. acc. fulla Sd 12, 9.

full-ráða, adj. indecl. festentschlossen: Am 41, 7.

full-rýninn, adj. vollständig vertraut mit den runen: m. sg. nom. Am 10, 9.

full-rœddr, part. prt. zu ende gesprochen: n. sg. nom. fullrœtt Akv 44, 1.

full-steiktr, part. prt. gar gebraten: n. sg. nom. fullsteikt Fm 31 pr 3. 6.

full-trúi, m. treuer freund, vertrauter: sg. nom. f. allra eiða treu in bezug auf die eide Br 2, 8; acc. fulltrúa Sg 15, 10. 43, 8.

full-týja (ð), ausreichende hilfe gewähren: prt. ind. pl. 3. fulltýðu Fm 6, 2.

full-veginn, *part. prt. genug ge-
kämpft: n. sg. nom. acc.* fullvegit
Am 50, 5; Sg 33, 2.

ful-ting, *n. hülfe: sg. acc. Hm 14, 3.*

fultingja (gð), *helfen, nützen (ehm):*
inf. Hm 13, 4.

fúna (að), *faulen, vermodern: prs.*
ind. sg. 3. fúnar *Grm 35, 5.*

fundr, *m. begegnung, zusammen-*
treffen: sg. nom. HHv 40, 4; dat.
fundi *HH II 42, 2, acc.* fund
Hrbl 48, 2, Grp 4, 8.

funi, *m. (vgl. got.* fôn, funins) *feuer:*
sg. nom. voc. Alv 27, 2, Háv 57, 3;
Grm 1, 3; dat. acc. funa *Grm*
42, 3, Háv 57, 3; HH II 38, 4,
Fm 27, 3. 32, 4.

fura, *f. föhre: sg. nom. Vkv 10, 8,*
Hm 5, 4.

furða, *f. 1) wunder: sg. dat.* furðu
in adv. bedeutung, überaus, sehr
HHv 30 pr 3; 2) vorzeichen, omen,
bes. ein solches das jmd den baldigen
tod ankündigt: sg. acc. forðumka
furðu *(so Th. Hjelmqvist, Ark. 11,*
110 fg.; fqr þo Hild. mit R) ich
kann dem durch ein vorzeichen an-
gekündigten tode nicht entgehen Am
28, 3.

fúrr, *m. feuer (KGíslason, Efterl. skr.*
I, 114): sg. acc. fúr *Skm 17, 5. 18, 5.*

fúss, *adj. willig, bereit, entschlossen:*
m. sg. nom. Skm 13, 3; pl. nom.
fúsir *Am 29, 2.*

fylgð, *f. begleitung: sg. acc. HHv*
30 pr 7.

1. fylgja (gð), *folgen, nachfolgen,*
begleiten (ehm, ehu): inf. HHv 7, 1
u. ö.; prs. ind. sg. 3. fylgir *Hym*
11, 7, Grm 39, 2 u. ö.; pl. 3. fylgja
Sg 70, 1; opt. sg. 3. at galli nó
fylgi *dass kein fehler (ihm) anhafte*
Háv 132, 5; prt. ind. sg. 1. fylgða
Od 10, 5; vígum fylgðak *gieng*
kämpfen nach, suchte kämpfe auf
Hrbl 24, 2; sg. 3. fylgði *Am 30, 4,*
F 304a 36 u. ö.; pl. 1. fylgðum
Am 95, 4.

2. fylgja, *f. 1) begleitung: sg. gen.*
acc. fylgju *HHv 35, 4; Rm 20, 4;*
2) gefolge: sg. acc. fylgju *Gðr II*
14, 12; 3) schutzgeist eines men-
schen (dessen erscheinen den bevor-
stehenden tod ankündigte): pl. nom.
fylgjur *HHv 34 pr 3.*

fylkir, *m. ordner des heeres, fürst*

(KGíslason, Efterl. skr. I, 213): sg.
nom. voc. HHv 11, 5, Grp 34, 6;
HH I 37, 1, Grp 4, 7 u. ö.;
gen. fylkis *HHv 3, 4, Grp 15, 2*
u. ö.; dat. acc. fylki *Grp 16, 8;*
HHv 36, 8, Sg 17, 1 u. ö.

fylkja (kt), *in schlachtordnung auf-*
stellen: inf. hamalt *(s. d.) f. Rm*
23, 8.

fylla (ld; got. fulljan) *füllen, an-*
füllen (eht ehs od. með ehu): inf.
Grm 25, 4, Rm 15; prt. ind. sg. 3.
fyldi *Fm 44 pr 4; part. prt. f.*
sg. nom. illa um fyld *böse gedanken*
hegend Sg 8, 2; fyllask *sich füllen,*
sich mästen (ehu): prs. ind. sg. 3.
fyllisk *Vsp 42, 1.*

fyr, fyrir *(got.* faúr), *praep. c. dat.*
u. acc. (fyr, älter fur*, ist ursprl.*
allein als praep. verwendet worden,
während die längere form fyrir *aus-*
schliesslich als postpos. und adv.
gebraucht ward; doch wird die auch
von der metrik bestätigte regel in
den hss. nicht mehr streng befolgt.
Ebenso ist das verhältnis zwischen
ept und eptir, of *und* yfir, *und* und
undir; *vgl. Sievers, Beitr. 5, 479*
ff.) I. c. dat. 1) vor, in localem
sinne, auf die frage wo?: Vsp 45,
2, Skm 10 pr 3, Grm 22, 3 u. ö.;
f. hqndum *'vor den händen', d. h.*
in naher aussicht Grp 26, 8. 36, 1;
f. straumi *stromabwärts Rm 14 pr*
10; auf die frage wohin? (nach
koma) *IIII I 35, 8, (nach* vinda) *Gðr*
I 13, 4; 2) vor, an jmd vorbei
(ohne mit ihm in berührung zu kom-
men): fyr greyjum Gymis Skm 11, 6;
hrapa f. heill *am glücke vorbeieilen(?)*
Rm 25, 6; 3) bei (local): Háv
77, 2. 141, 9 u. ö.; 4) an (local):
f. brjósti *ehs HH I 9, 2, Fm 7, 2;*
5) in gegenwart jmds: Ls 64, 1. 2,
Grm 45, 2, Grp 32, 2 u. ö.;
6) vor (nach vbis *des schützens und*
fliehens): Hrbl 12, 2, HHv 5 pr 9,
HH II 12, 8. 36, 5; hierher auch
wol Ls 64, 4; sjá f. ehu etw. ver-
hindern Grp 39, 8 (vgl. jedoch Ed-
zardi, Germ. 23, 331 anm.); 7)
durch (urheber, mittel oder werkzeug
bezeichnend): hníga fyr *ehm HH II*
9, 2, hníga f. eggjum, f. hjqrum
Skm 25, 4, Háv 156, 6, falla f. *ehm*
Sf 28; 8) wegen, aus, in folge von:

stǫkk súla f. sjón jǫtuns *Hym 12, 6*,
f. hræzlu þínni *Hrbl 26, 6*, f. reiði
Grp 49, 1. f. skǫpum norna *Fm
44, 8*, f. því *Fm 1 pr 1*, fyr gráti
Hm 9, 8 (s. fá 5); 9) in bezug auf:
hygg þú f. ǫllum atkvæðum vel
HHv 7, 5; 10) trotz, ungeachtet:
f. því *Grp 43, 7; 11) für, zum
nutzen od. schaden jmds:* hugðak
mér fyr betra *ich hatte für mich
ein besseres schicksal erwartet (falls
nicht fyr in fyrr zu emendieren ist)
Ghv 14, 2*, f. kveð ek mér minna
*für mich meine ich ist es ein leich-
teres Am 61, 5*, f. mátkum mǫnnum
*mächtigen männern zum schaden (?)
Hm 20, 7; 12)* vorða f. ehu *einer
sache ausgesetzt sein:* þú verðr f.
svikum *Grp 33, 2; 13) vor (temporal):* f. skǫmmu *Sd 1, 6;* þat
er fyr eldi *das geht dem feuer voraus, zeigt künftiges feuer an Gðr
II 39, 1*, vgl. *39, 3*, *Am 19, 3;*
opt verðr glaumr hunda f. geira
flaugum *Am 24, 4*, vera mun þat
f. nekkvi *das wird etwas zu bedeuten haben Am 25, 8;*
*II. c. acc. 1) vor, in localem
sinne, auf die frage wohin?:* þrk
24, 3, *Hym 29, 8*, *Rm 18 u. ö.;
2) an stelle von:* þrk *32, 6. 8*, Ls
*11; 3) in bezug auf: Od 22, 7;
4) für (bezahlung od. lohn bezeichnend): Ls 14, 6; 5) wegen:* f. þá
sǫk *Sf 4; 6) für (zu jmds nutzen):
Gðr III 6, 7; 7) mehr als:* mér
unni mær f. mann hvern *Sg 28, 2;
8) vor (temporal):* f. þjóða rok *(?)
Háv 143, 8*, f. dag *Br 14, 4*, Gðr
II 43, 7; f. þat *Grm 54, 3;*
III. mit advv.: fyr innan *(c. acc.)
innerhalb:* þrk *4, 9. 8, 5*, Ls *14,
2*, *Sf 22;* f. útan *ausserhalb (c.
acc.):* þrk *4, 7*, Ls *14, 1 u. ö.;
mit ausnahme von: Vkv 9, 7;* f.
— neðan *unterhalb (c. acc.: Vsp
5, 8*, Ls *23, 5 u. ö.; hier unten
auf: Grp 22, 2;* f. ofan *von oben
herab auf (c. acc.): Fm 8;* f. —
ofan *oberhalb, auf (c. acc.): Gðr I
17, 6*, *Od 1, 6;* f. handan *jenseits
(c. acc.): Gðr II 7, 6*, f. — h. *Hrbl
1, 2;* f. austan *ostwärts (c. acc.):
Bdr 4, 2*, *Hym 5, 1;* f. norðan
nordwärts: Vsp 38, 1; f. vestan
westwärts (c. acc.): Grm 10, 5, HH

*II 8, 3; (c. gen.) HH II 48, 5. —
Vgl. auch* fyrir.

fyr-banna (að), *durch anwendung
von zauberliedern jmd (ehm) die
erlangung einer sache unmöglich
machen, ihn davon ausschliessen:
prs. ind. sg. 1.* fyrbanna (fyrir banna
Hild.) *Skm 34, 6.*

fyr-bjóða (bauð; *got.* faúr-biudan)
verbieten: prs. ind. sg. 1. fyrbýð
Skm 34, 5.

fyrðar, *m. pl. männer, menschen:
nom.* fyrðar *Háv 147, 2; gen.* fyrða *Háv
54, 4 u. ö.*

fyr-gera (rð), *jmd (ehm) verhexen,
verzaubern: prt. opt. sg. 3.* fyrgerði
Grm 22.

fyrir, *adv. und postpos. I. adv.
1) davor, vorn, voraus (local): Hym
12, 4*, *HHv 28, 2;* af gólfi f. vorn
vom estrich aus Vm 9, 2, á fleti f.
vorn auf dem estrich Háv 1, 7, í
fjarðar mynni f. *vorn in der mündung des fjords HHv 18, 3;* inni
fyrir *vorn innerhalb (des hauses)
Háv 132, 2; 2) abgeschwächt im
sinne unseres 'da':* liggja nam hafr
.. halfdauðr f. *lag halbtot da Hym
37, 4*, vgl. *33, 8;* hníga f. *dahin
sinken Hrbl 15, 6; 3) dabei, in
der nähe:* þrk *26, 2*, *Hym 2, 2
u. ö.;* f. vera *anwesend sein Ls 5
pr 2; 4) davor, in folge dessen:
Skm 14, 5*, *HH II 2, 8; 5) dafür, zum ersatz dafür: Hym 38, 8;
6) voraus (temporal):* lagt er alt f.
vorausbestimmt ist alles Grp 24, 6;
vita f. *vorauswissen Hrbl 4, 3*, *Háv
56, 5, u. ö.;* sjá f. *voraussehen Grp
10, 6. 28, 8*, mæla f. *voraussagen
Am 33, 5: 7) vor (mit vorsicht):*
nýsask f. *sich vorsehen Háv 7, 6*,
hyggjask f. *dass. Ls 15, 6; 8)*
telja f. *aufzählen Háv 157, 3.*
II. postpos. c. dat. 1) vor (local):
Ls *41, 2*, *Grm 38, 2 u. ö.;* hefisk
lind f. *(d. i. hefir fyr sér) Vsp 51, 2*,
lá mér ljósast f. *hellleuchtend lag
vor mir Grp 21, 3*, brennumk feldr f.
*(d. i. brennr f. mér) Grm 1, 6; 2)
für: Háv 70, 5. 141, 10. 11; 3) in
folge von: F 303a 27. — Vgl.* fyr.

fyrir-skyrta, *f. schürze: sg. acc.*
fyrirskyrtu *Hyndl 46, 8.*

fyr-muna (nd), *jmd (ehm) etw. (ehs)
nicht gönnen: prs. ind. sg. 3.* fyrman

Br 3, 5; prt. ind. pl. 3. fyrmundu Gǫr II 3, 1.

fyrna (nd), alt machen: part. prt. f. sg. nom. fyrnd alt Hyndl 20, 5; fyrnask veralten, bei jmd (ehm) in vergessenheit geraten: inf. F306a 15.

fyr-nema (-nam), jmd (ehm) etwas (eht) rauben: inf. Ls 57, 3 u. ö.

fyrr, adv. compar. 1) früher, eher, zuvor: HH I 21, 3. II 12, 2, Grp 5, 6 u. ö.; f. en früher als: Hyndl 19, 6, HH II 14, 5 u. ö.; 2) f. en lieber als: HH I 45, 1; 3) längst: Am 41, 7; superl. fyrst zuerst: Grp 9, 1, Akv 3 u. ö.; alls f. zu allererst þrk 2, 2, Br 6, 4 u. ö.

1. fyrri, adv. früher, zuvor: Br 19, 6, Am 54, 2 u. ö.

2. fyrri, adj. compar. 1) der frühere: m. sg. nom. Háv 120, 7; acc. fyrra HHv 11 pr 11; f. sg. acc. fyrri HHv 26, 3; n. sg. acc. fyrra Od 7, 8; 2) der vordere: m. pl. nom. acc. fyrri Br 6, 8; Rm 22, 6; superl. fyrstr der erste: m. sg. nom. Ls 50, 4, Grm 42, 3 u. ö.; acc. fyrstan þrk 31, 5, Am 96, 1; n. sg. acc. fyrst Vsp 26, 2, (adv.) 'am anfang' Vsp 28, 4 (FJ I, 115a); (sw.) fyrsta Sd 14, 5. 22, 1.

fyr-telja (talða), erzählen: praes. opt. sg. 1 Vsp 4, 6 (doch ist wol die la. von H: framtelja zu bevorzugen).

fýsa (st), antreiben: inf. Grp 35, 4; fýsask verlangen haben, sich sehnen nach etw. (á eht): prt. ind. pl. 3. fýstusk Vkv 3, 7.

fýsi, f. bereitwilligkeit, lust: sg. acc. Hym 20, 7.

fælt, adv. furchtsam: Am 45, 3.

fœða (dd; got. fôdjan) 1) mit speise versehen, füttern: prs. ind. sg. 1. fœði Hrbl 3, 2; 2) aufziehen: inf. Rm 14, 1; prs. ind. sg. 3. fœðir Grp 27, 8 u. ö.; part. prt. f. sg. nom. fædd Grp 28, 4; fœðask upp aufgezogen werden: prt. ind. sg. 3. fœddisk Ghv 4; 3) erzeugen (vom manne): inf. Am 102, 2; prs. ind. pl. 1. fœðum Sg 20, 2; part. prt. f. sg. acc. fœdda Vsp 5, 4; 4) gebären: inf. Od 4; prs. ind. sg. 2. 3. fœðir Gǫr II 29, 8; Vsp 41, 3; prt. ind. sg. 3. fœddi HH I 5, 4; fœðask geboren werden: inf. Hlr 14, 4.

fœðir, m. erzeuger, urheber: sg. voc. feikna f. (Brynhildr) Sg 31, 9.

fœra (rð), 1) heranführen, herbeiführen (ehn): prs. ind. sg. 3. fœrir HH I 33, 6. II 16 pr 20; opt. sg. 3. fœri þrk 7, 7. 10, 7; imper. pl. 2. fœrið þrk 22, 5 (es ist aber wol mit Bugge fœra zu lesen); 2) bringen, herbeibringen (eht): inf. Hym 3, 6, HH I 7, 7; prs. ind. sg. 1. fœri Ls 3, 5, Sd 5, 1; prt. ind. sg. 3. fœrði Gǫr II 22, 1 u. ö.; útar f. hinausbringen, auf die hohe see bringen (ein fahrzeug): inf. Hym 20, 4; 3) fœrask í eht sich mit etwas ausrüsten: prt. ind. sg. 3. fœrðisk Hym 31, 3.

fǫður-arfr, m. vatererbe, väterliche erbschaft: sg. acc. fǫðurarf Rm 11 pr 3. 7.

fǫður-hefnd, f. rache für den getöteten vater: gen. pl. fǫðurhefnda HH II 27 pr 4, Rm 15 pr 2.

fǫður-leifð, f. hinterlassenschaft des vaters: sg. acc. Hyndl 9, 7.

fǫgnuðr, m. freude, genuss: sg. acc. fǫgnuð Háv 129, 7.

fǫlr, adj. fahl, bleich: m. sg. nom. Alv 2, 2; acc. fǫlvan HH II 48, 3; pl. nom. fǫlvir HH I 54, 3; f. pl. acc. fǫlvar Sd 1, 4.

fǫr, f. fahrt, reise: sg. nom. Sg 69, 7; gen. farar HH II 22, 6, Sg 35, 7; dat. acc. fǫr Vsp 52, 8 u. ö.; Vkv 29, 9, Am 7, 5 (wo mit FJ fǫr nach þá zu ergänzen ist), 28, 3 [wo jedoch mit Hjelmqvist (Ark. 11, 110 fg.) furðu statt fǫr þó zu lesen sein wird] u. ö.; pl. gen. fara Skm 13, 3; acc. farar Hrbl 52, 3.

G.

gá (ð), 1) acht geben auf etw. (ehs), sich um etw. kümmern: prs. ind. sg. 2. gár Grp 29, 7; opt. sg. 2. gáir Háv 113, 2; prt. ind. sg. 2. gáðir Hm 7, 7; 2) gá sín sich vorsehen: prt. opt. sg. 3. pl. 3. gæði Am 71, 4; 7, 4; etw. (ehs) schonen: prt. ind. sg. 3. gáði Akv 40, 8.

gafl, m. (vgl. got. gibla) giebelwand: sg. dat. gafli Hym 12, 2, Vkv 8, 6, Hm 30, 2.

gag-hals, adj. mit zurückgebogenem

halse (Bugge, Tidskr. f. phil. 6, 87 fg.): m. pl. nom. gaghalsir *Grm 33, 3.*

gagl, *n. kleine gans; vogel überhpt: pl. acc.* gǫgl *Gunnar systra die aasvögel HH II 7, 3.*

gagl-bjartr, *adj. weiss wie eine gans: f. sg. nom. (sw.)* gaglbjarta *Akv 40, 2.*

gagl-viðr, *m. vogelwald: sg. dat.* gaglviði *Vsp 43, 6 (vgl. jedoch Bugge, Fkv. 390a).*

gagn, *n. erfolg, sieg: sg. dat.* gagni *Hrbl 29, 6, Fm 25, 2.*

gagn-hollr, *adj. überaus wolwollend: m. pl. nom.* gagnhollir *Háv 32, 2.*

gagn-vegr, *m. richtweg: pl. nom.* gagnvegir *Háv 34, 5.*

gala (gól), *1) krähen, krächzen, schreien (von hahn, krähe u. adler): prs. ind. sg. 3.* gelr *Vsp 44, 5; part. prs. f. sg. dat.* galandi *Háv 84, 4; prt. ind. sg. 3.* gól *Vsp 43, 5 u. ö.;* ǫrn gól árla *der adler pflegt zeitig zu kreischen (gnom. praet.: Nygaard II § 6, b) HHv 6, 5; 2) singen, bes. vom singen von zauberliedern: inf. Háv 150, 6; prs. ind. sg. 1.* gel *Háv 147, 4. 154, 4; prt. ind. sg. 3.* gól *Háv 158, 2 u. ö.; g. ehm eht jmd etwas 'ansingen', ihm durch anwendung von zauberliedern etwas verschaffen: prt. ind. sg. 3.* gól *Háv 158, 4; g. sér eht sich durch geschwätz etw. zuziehen: inf. Ls 31, 3; prs. ind. sg. 3.* gelr *Háv 29, 6.*

galdr, *m. zaubergesang, zauberlied: sg. gen.* galdrs *Bdr 3, 3; acc.* galdr *Háv 150, 6; pl. gen. acc.* galdra *Sd 5, 7; Od 6, 7.*

galgi, *m. (got. galga) galgen: sg. nom. Am 32, 5; acc.* galga *Am 21, 1, Hm 22, 8 u. ö.*

gáligr, *adj. überlegt, besonnen: f. sg. nom.* gálig *Am 6, 3.*

galli, *m. fehler: sg. nom. Háv 132, 5.*

gallr, *adj. tönend: n. sg. dat. (sw.)* galla *Vsp 47, 3 (aber nach Mhff, DA V, 143 ist dies ein schreib- oder lesefehler st.* gamla*).*

gamall *(d. i. *ga-máll: Kluge, Kz 26, 70), adj. alt: m. sg. nom. HH I 6, 3, Rm 13, 6 u. ö., (sw.)* gamli *Vm 9, 6, Hyndl 18, 8; gen. dat. (sw.)* gamla *Hyndl 25, 4; Hyndl 12, 4, HH I 53, 4; acc.* gamlan

Grm 30, Hlr 8, 1; pl. nom. gamlir *Háv 133, 7; gen.* gamalla *F 304b 31.*

gaman, *n. (got. ga-man: Kluge, Kz 26, 70) 1) freude, lust: sg. nom. acc. Háv 47, 6, Gðr II 27, 4; Háv 113, 5; gen.* gamans *HH II 32, 6; dat.* gamni *Þrk 23, 4 u. ö.; 2) vorteil: sg. gen.* gamans *Grp 44, 6; 3) liebesgenuss: sg. gen.* gamans *Skm 39, 6. 41, 6; dat.* gamni *Hrbl 30, 6; acc.* gaman *Hrbl 18, 12, Vm 32, 6 u. ö.*

gaman-rúnar, *f. pl. 1) runen durch deren anwendung man die liebe jmds gewinnt: gen.* gamanrúna *Sd 5, 8; 2) liebesverhältnis, liebe: dat.* gamanrúnum *Háv 119, 6. 129, 6.*

gamban-reiði, *f. (lies: gamban-vreiði) heftiger zorn: sg. acc. Skm 33, 6.*

gamban-sumbl, *n. grosses feierliches gelage: sg. acc. Ls 8, 6.*

gamban-teinn, *m. zauberrute: sg. acc.* gambantein *Hrbl 20, 6, Skm 32, 3. 4.*

gamli, *m. der alte: pl. voc.* gamlar *Akv 11, 3.*

gamna (að), *jmd (ehm) erfreuen: inf. Akv 11, 7.*

gandr, *m. stock, stab, bes. der stab den die hexen zu ihrer zauberei benutzten, auf dem sie ihre nächtlichen ritte (die gandreiðir) ausführten; dann zaubermittel, zauberisches ding od. wesen überhpt: pl. gen.* spá ganda *'die seherkraft der zauberwesen' (Mhff, DA V, 110) Vsp 3, 4; acc.* vitti ganda *trieb zauberei Vsp 1, 4. Vgl. jedoch Bugge, Aarb. 1895 s. 130 ff.*

1. ganga (gekk; got. gaggan) *1) gehen, wandern: inf. Hym 14, 8, Skm 6, 2, Háv 35, 1 u. ö.; prs. ind. sg. 1.* geng *Skm 2, 3, Grp 14, 6 u. ö.; sg. 3.* gengr *Vsp 58, 3, Háv 155, 6 u. ö.; pl. 3.* ganga *Þrk 11, 1, Grm 23, 5 u. ö.; opt. sg. 2.* gangir *Háv 19, 6 u. ö.; sg. 3.* gangi *Vkv 39, 5 (so FJ; ganga Hild. mit R); imper. sg. 2.* gakk *Ls 15, 4, Vkv 34, 1 u. ö.; pl. 1.* gǫngum *Vkv 23, 4; part. prs. m. sg. nom.* gangandi *Rp 36, 2. 3; acc.* ganganda *(den wanderer) Háv 131, 7; prt. ind.*

sg. 1. 3. gekk *Skm 32, 1, Gðr II 5, 1 u. ö.; Hym 27, 1, Skm 3 u. ö.; pl. 3.* gengu *Vsp 9, 1, Hrbl 23, 4 u. ö.; opt. sg. 3.* gengi *Hym 15, 6; part. prt. m. sg. nom.* genginn *Grp 8, 8; n. sg. acc.* gengit *Fm 2, 2; mit nachfolg. acc., der den weg, das ziel oder die entfernung angibt: inf.* ganga grœnar brautir *Rp 1, 1; prs. ind. sg. 3.* gengr ísa ok jǫkla *Sg 8, 1,* g. fet níu *Vsp 58, 9; prt. ind. sg. 3.* gekk réttar brautir *Rp 14, 1. 26, 1; mit nachfolgendem gen. des ,weges oder zieles: inf.* ganga heljar (*sterben*) *Hlr 8, 4 (statt dessen til heljar Am 94, 7); prt. ind. sg. 3.* gekk miðrar brautar *Rp 2, 1 u. ö.; pl. 3.* gengu fagra túna *Þrk 3, 1; mit advv. u. präpp.:* ganga á b r a u t (í brott) *fortgehen: prt. ind. sg. 3.* gekk *HHv 30 pr 13, Gðr I 27 pr 1, F 306a 21;* g. f i r r *dass.; imper. sg. 2.* gǫngumk (*d. i.* gakk mér) firr *gehe weg von mir Grm 1, 3;* g. f j a r r i *dass.: prt. ind. sg. 2.* gekt *Fm 28, 1;* g. f r a m *vorwärts gehen, hinzugehen: inf. Fm 44 pr 6; prs. ind. sg. 3.* gengr *Háv 78, 6; opt. sg. 3.* gangi *Háv 1, 2; prt. ind. sg. 3.* gekk *Hym 8, 5 u. ö.; pl. 3.* gengu *Hym 13, 5, Gðr I 2, 1;* g. framarr *weiter vorwärts gehen (von etw. ehu): inf. Háv 38, 3; prs. opt. sg. 2.* gangir *Ls 1, 3;* g. h e i m *nach hause gehen: prt. ind. sg. 3.* gekk *HH II 40 pr 1;* g. í g ǫ g n u m *eht durch etw. hindurch gehen: inf. Hlr 1, 2;* g. í *hineingehen: prt. ind. sg. 3.* gekk *Fm 5;* g. i n n *dass.: inf. Ls 3, 1, Skm 16, 1; prs. ind. sg. 2.* gengr *Ls 4, 1; prt. ind. sg. 3.* gekk *Hym 10, 5, Ls 5 pr 1 u. ö.; pl. 3.* gengu *Vkv 4, 7, Gðr II 20, 1 u. ö.;* g. til *hinzugehen: prt. ind. pl. 3.* gengu *Gðr I 4;* g. u p p *hinaufgehen: prs. ind. pl. 3.* ganga *HH I 51, 1; prt. ind. sg. 3.* gekk *Grm 11; pl. 3.* gengu *Grm 11;* g. ú t *hinausgehen: inf. Ls 64, 5; imper. sg. 2.* gakk *HH II 41, 1; prt. ind. sg. 3.* gekk *Akv 34, 1, Am 45, 1 u. ö.;* 2) *sich vorwärts bewegen (von leblosen wesen): prs. ind. sg. 3.* haf gengr við himinn *steigt zum himmel Hyndl 42, 1; prt. ind. sg. 3.* gekk und ǫðlingum lofðungs floti *HH I 28, 5;* 3) *sich anschicken, im begriffe sein etw. zu tun (es folgt inf. mit od. ohne at): inf. Grp 34, 4, Sg 56, 8, Gðr II 39, 4; prt. ind. sg. 3.* gekk Hyndl 15, 5 (*vgl. aber Sijmons z. st.*); *opt. sg. 2.* gengir *Am 21, 2;* 4) *unpers. ergehen (ehm): inf. Am 14, 7; prs. ind. sg. 3.* gengr *Háv 40, 6; opt. sg. 3.* gangi *Akv 31, 1; part. prt. n. sg. nom.* gengit *Am 65, 8;* 5) *in übertr. sinne mit advv. u. praepp.:* g. a t ehu *auf etw. folgen: prs. ind. pl. 3.* ganga *Sd 23, 5; folge leisten, nachgeben: inf. Grp 50, 4;* g. f r á ehm *jmdm verloren gehen: part. prt. n. pl. acc.* gengin *Hym 32, 2;* g. frá ehu *etw. aufgeben: prt. ind. pl. 3.* gengu *Sg 15, 6;* g. á h ǫ n d *an die hand gehen, dienste leisten: prt. ind. pl. 3.* gengu *Am 96, 3;* g. í kné *in die kniee sinken, die kraft verlieren: prs. ind. sg. 3.* gengr *Am 70, 3;* g. m e ð v e r i *vermählt werden: inf. Gðr II 28, 2;* g. á m i l l i *dazwischen treten, trennen: prt. ind. pl. 3.* gengu *Sg 5, 7 (þess ist zu streichen);* g. a t o p a l t *unglück haben: inf. Am 14, 1;* g. s u n d r *auseinander gehen, zerspringen: inf. F 306b 5;* g. u m g u m a *zu den leuten gelangen, ruchbar werden: prs. ind. sg. 3.* gengr *Háv 28, 6;* g. um ehn *jmd betreffen: prs. ind. sg. 3.* gengr *Háv 93, 3;* g. u m *zu ende gehen, beendigt werden: part. prt. m. sg. nom.* genginn *Od 31, 7;* g. u n d a n *davon kommen, leben bleiben: prt. opt. sg. 3.* gengi *Am 61, 4;* g. á v i t ehs *an etw. gehen, etw. aufsuchen: inf. Háv 59, 3;* g. y f i r *überwinden: inf. Am 77, 1;* 6) *part. prt. m. sg. acc.* genginn *gestorben Háv 72, 3; f. sg. nom.* afli gengin *der stärke beraubt Br 17, 3;* 7) gangask *ergehen: prs. ind. sg. 3.* gengsk *Am 54, 10;* gengsk mér ehs *ich entferne mich von etw.: ,* ills gengsk þér aldri *du wirst niemals vom unheil loskommen Am 66, 7 (Nygaard I, 33; Richert s. 51); á. g. verletzt werden: prt. ind. pl. 3.* gengusk *Vsp 30, 5.*

2. **ganga**, *f. fahrt, reise: sg. gen. dat.* gǫngu *Sg 43, 4. 45, 6; Vm 8, 2.*

gangr, *m. (got.* gaggs) *dass.: sg. gen.* gangs *Gðr I 26, 5.*

gang-tamr, *adj. an das gehen gewöhnt, zugeritten: n. pl. dat.* gangtǫmum *Ghv 2, 11, Hm 3, 7.*

gap, *n. gähnender schlund: sg. nom.* Vsp 6, 7.

gapa (pð), *gähnen, mit offenem munde starren: imper. sg. 2.* gapi *Skm 28, 7.*

garðr, *m.* (got. garðs) 1) *zaun, scheidewand: sg. nom.* Am 41, 4; *pl. acc.* garða *Rp 12, 10;* 2) *eingehegter raum, hof: sg. dat.* garði *þrk 23, 1, Háv 13, 6 u. ö.; acc.* garð *Gðr II 36, 4, Od 25, 7, Akv 32, 2 (schlangenhof);* 3) *der eingefriedigte und gedüngte grasplatz in der nähe des gehöftes: pl. acc.* garða *Am 60, 6;* 4) *im plur. der ganze complex der zu einer ansiedlung gehörigen wohn- u. wirtschaftsgebäude, gehöft: pl. nom.* garðar *Skm 14, 6; gen. acc.* garða *þrk 4, 8, Skm 10 pr 2 u. ö.; Od 28, 8 u. ö.; dat.* gǫrðum *Ls 37, 3, Skm 6, 1 u. ö.*

gás, *f. gans: pl. nom.* gæss *Gðr I 16, 6, Sg 29, 8.*

gátt, *f.* (vgl. got. innat-gâhts) *eingang, tür: pl. acc.* gáttir *Háv 1, 1.*

gautr, *m. schöpfer (?): sg. nom.* Bdr 2, 2. 13, 4.

geð, *n.* 1) *sinn, sinnesart, gesinnung, verstand, überlegung: sg. nom. acc.* Háv 17, 6; Háv 14, 6; *gen.* geðs *Háv 12, 6. 20, 2; dat.* geði *Háv 6, 3. 13, 3 u. ö.; pl. nom.* geð *Háv 53, 3;* 2) *sinnliches verlangen, wollust, liebesgenuss: sg. nom.* Skm 31, 4 *(wo mit Bugge* þitt *in* þik *zu ändern ist); dat.* geði *Ls 20, 3; acc.* geð *Hrbl 18, 12, Háv 98, 6. 159, 3.*

gedda, *f. hecht: sg. nom. c. art.* geddan *Rm 2 üb.; gen.* geddu *Rm 9; acc. c. art.* gedduna *Rm 18.*

geð-leysi, *n. charakterlosigkeit, wankelmut: sg. acc.* Grp 32, 3.

geð-speki, *f. weisheit, klugheit: sg. acc.* Vm 19, 6.

geð-svinnr, *adj. von starkem verstande, klug: comp. m. sg. nom.* geðsvinnari *Sd 13, 3.*

gefa (gaf; *got.* giban) 1) *geben (als geschenk oder leihweise): inf.* þrk 4, 1, Skm 19, 3 u. ö.; *prs. ind. sg. 1.* gef *Ls 12, 2, Skm 9, 1 u. ö.; sg. 3.* gefr *Hyndl 2, 3; opt. sg. 3.* gefi *Ghv 19, 8; imper. sg. 2.* gef *Skm 8, 1, Háv 135, 4; prt. ind. sg. 1. 3.* gaf *Háv 49, 2; Ls 20, 5, Hrbl 20, 6 u. ö.; sg. 2.* gaft *Rm 7, 1 u. ö.; pl. 3.* gáfu *Grm 5, 5; opt. sg. 3.* gæfi *Hym 17, 4; part. prt. n. sg. acc.* gefit *Vkv 22, 4;* 2) *gewähren, verleihen: inf.* Ls 22, 5 u. ö.; *prs. ind. sg. 2. 3.* gefr *Hrbl 45, 1; Háv 16, 5, Hyndl 3, 1 u. ö.; opt. pl. 3.* gefi *Háv 16, 6; imper. sg. 2.* gef *Háv 126, 7; pl. 2.* gefit *Sd 3, 6,* gefið *Sd 4, 5; prt. ind. sg. 1. 3.* gaf *Ls 23, 1, Hlr 8, 5; Vsp 21, 5, Rp 36, 5 u. ö.; sg. 2.* gaft *Ls 22, 4; pl. 3.* gáfu *Vsp 9, 6; opt. sg. 3.* gæfi *Sg 71, 4; part. prt. m. sg. nom.* gefinn *Rm 17, 3; f. sg. nom.* gefin *HH II 39, 8. 40, 8; n. sg. nom.* erat þér at ǫllu gefit *dir ist nicht in jeder beziehung glück zu teil geworden HH II 18, 2;* 3) *überliefern, opfern: inf.* HHv 18, 5; *prt. ind. sg. 3.* gaf *Akv 43, 1; part. prt. m. sg. nom.* gefinn *Háv 137, 5, Gðr II 7, 8; f. sg. acc.* gefna *Vsp 29, 8;* 4) *erteilen (ráð oder vielmehr* ráða, *s. unter* góðr, *2): prt. opt. sg. 3.* gæfi *Sg 61, 5;* 5) *darreichen (speise oder trank): inf.* HH II 38, 7; *prs. opt. pl. 3.* gefi *Ls 6, 5, Skm 35, 6; prt. ind. sg. 3.* gaf *Grm 31, Háv 104, 1 u. ö.; pl. 3.* gáfu *Dr 4, F 306b 11. 16; prägn. ohne obj. speise geben, füttern: inf.* HH I 45, 7; *prs. ind. sg. 2.* gefr *HH I 35, 2;* 6) *eine frau einem manne zur ehe geben, sie vermählen: inf.* Sg 56, 1 u. ö.; *prt. ind. sg. 3.* gaf *Gðr II 1, 8; pl. 3.* gáfu *Ghv 11, 6; opt. sg. 1.* gæfa *Ghv 16, 3; part. prt. f. sg. nom.* gefin *Háv 80, 4 u. ö.;* gefask *sich vermählen (von der frau): inf.* Sg 37, 6.

gefandi, *m. (part. prs. zum vor.) geber: pl. nom.* gefendr *Háv 2, 1.*

gegn, *adj. verständig, weise* (KGíslason, Efterl. skr. I, 87) *m. sg. voc.* Grp 8, 1.

gegna (nd), *begegnen; an zahl oder*

*grösse einem anderen gleich sein,
mit ihm übereinstimmen: prs. ind.
sg. 3.* hví gegnir þat *wie stimmt das
zusammen, was hat das zu bedeuten
Grp 38, 1, vgl. Sg 27, 6.*

gegnum, *adv. s.* gǫgnum.

geir-laukr, *m.* 'speerlauch' *(eine art
knoblauch?): sg. nom.* Gǫr I 18, 3.

geir-mimir, *m.* 'Mimir des speeres',
*poet. bezeichnung eines helden: sg.
gen.* geirmimis *HH I 14, 8.*

geir-njǫrðr, *m.* 'Njǫrðr des speeres', *poet. bezeichnung eines helden:
sg. nom.* Ghv 8, 5 *(Hamðir meint
mit dieser bezeichnung sich selbst).*

geirr, *m. (got.* *gais *in* Gaisa-reiks:
Wrede, Wand. 56 fg.) speer: sg. gen.
geirs *Háv 38, 6, HH II 27 pr 5;
dat.* geiri *Háv 137, 4, Akv 5, 3 u.
ö., c. art.* geirnum *HH II 27 pr 8;
acc.* geir *Hrbl 40, 4, Am 23, 5; pl.
nom.* geirar *Háv 16, 6, Hm 25, 6;
gen. acc.* geira *HH I 12, 7 u. ö.; Akv
38, 8; dat.* geirum *Vsp 26, 4 u. ö.*

geisa (að; *vgl. got.* us-gaisjan), *stürmen, rasen: prs. ind. sg. 3.* geisar
Vsp 59, 5.

geiska-fullr, *adj. schreckerfüllt, erschrocken: f. pl. nom.* geiskafullar
HH II 36, 8.

geisli, *m. strahl: sg. nom.* Ghv 15, 8;
dat. geisla *Sg 55, 6; pl. nom.* geislar
HH I 16, 8. II 16 pr 5.

geit, *f. (got.* gaits) *geiss, ziege: sg.
nom.* Grm 25, 1; *pl. nom. acc.* geitr
*HH II 36, 7; Háv 36, 4 u. ö.;
gen.* geita *Skm 35, 6, Rþ 12, 13.*

geita-kyrtla, *f. frau die ein kleid
aus ziegenfell trägt: sg. acc.* geita-
kyrtlu *Rþ 23, 3.*

gelda (ld), *entmannen: prt. ind. pl. 3.*
geldu *HH I 41, 5; part. prt. m.
sg. nom.* geldr *HHv 20, 2.*

gengi, *n. (got.* faúra-gaggi) *begleitung; beistand, hilfe, unterstützung:
sg. dat.* Grm 51, 4.

gongil-beina, *f.* 'die herumwan-
dernde', *dienerin, magd: sg. nom.*
Rþ 10, 2.

gera *s.* gøra.

geri, *m.* 'der gierige', *name eines
raubtiers (nach Sn. E. II, 488. 571
des raben): sg. gen. dat.* gera *F
306b 17; Br 4, 4. — Als eigenname
(von Odins wolf) Grm 19, 1.*

gerla *s.* gǫrla.

gerr *s.* gǫrr.

gerva *s.* gǫrva.

gervallr *s.* gǫrvallr.

gervi, *f. ausrüstung, kleidung: sg.
acc.* Hrbl 6, 4.

gesta-hús, *n. gebäude das zur aufnahme von gästen bestimmt ist: sg.
acc.* F 304a 29.

gestr, *m. (got.* gasts) *fremdling, gast:
sg. nom. voc.* Vm 9, 6, Háv 2, 2 u. ö.;
Vm 19, 1 u. ö.; *gen.* gests *Am 31, 7;
dat. acc.* gest *Háv 31, 3; Háv 131,
7 u. ö.; pl. gen.* gesta *Am 6, 8;
acc.* gesti *Hym 9, 7 u. ö.*

geta (gat; *got.* bi-gitan) 1) *erlangen
(eht), in den besitz von etwas gelangen, bekommen: inf. Skm 32, 3,
Grm 3, 6, Alv 6, 6 u. ö.; prs. ind.
sg. 2. 3.* getr *Háv 111, 4. 112, 4
u. ö.; Háv 17, 5. 129, 10 u. ö.;
prt. ind. sg. 1. 3.* gat *Skm 32, 4,
Háv 103, 3 u. ö.; Dr 11; sg. 2.*
gazt *Vkv 14, 3; part. prt. n. sg.
acc.* getit *Gðr II 25, 2; mit nachfolg. inf. erlangen, erreichen (oft
in der abgeschwächten bedtg eines
hilfsverbums): prs. ind. sg. 3.* getr
*Háv 78, 2, HHv 9, 4, Am 102, 2;
prt. ind. sg. 1. 3.* gat *Od 19, 2;
Rþ 46, 6;* 2) *erzeugen (ein kind
mit einem weibe:* barn við ehi):
prt. ind. sg. 1. 3. gat *Ls 35, 4;
Vm 32, 4 u. ö.; sg. 2.* gazt *Ls 36, 5;
part. prt. (erzeugt): m. sg. nom.*
getinn *Hyndl 19, 8; pl. acc.* getna
*Br 11, 8; vom einem manne (við
ehm) ein kind bekommen: prs. ind.
sg. 2.* getr *Rm 11, 3; prt. ind.
sg. 3.* gat *Hyndl 40, 3, Akv 39, 10;*
3) *etw. (eht) zu stande bringen: inf.*
geta *Hym 4, 4;* 4) *jmd (ehm)
etw. (eht) verschaffen: inf. Ls 8, 6
u. ö.; prs. ind. sg. 3.* getr *Háv
8, 2. 75, 6; opt. sg. 3.* geti *Sd
25, 6;* geta vel ehm *jmd wohltaten
gewähren: imper. sg. 2.* get *Háv
134, 7;* 5) *einer sache (ehs) erwähnung tun, von etw. sprechen:
inf. Ls 20, 2, Hrbl 15, 1 u. ö.;
prs. ind. sg. 2.* getr *Am 54, 1;
pl. 3.* geta *F 304a 10; imper. sg. 2.*
get *Grp 32, 2. 48, 2; prt. ind.
sg. 3.* gat *Am 85, 7; part. prt. n.
sg. nom. acc.* getit *Ls 52, 4, F 304b
28; F 304b 15. 21;* 6) *vermuten
(ehs): prs. ind. sg. 1.* get *Hrbl 58, 2,*

Skm 24, *4*;   7) *unpersönl.*: geta
illa *übel ablaufen*: *prs. opt. sg. 3.*
geti *Vm 10*, *5*; *part. prt. n. sg.*
acc. lát þér at góðu getit *lass dir
das gute wolgefallen Háv 127*, *7.*
g e y j a (gó), *1) bellen (von hunden)*:
inf. Am 24, *2*; *prs. ind. sg. 3.*
geyr *Vsp 45*, *1. 50*, *1 u. ö.*; *prt.
ind. sg. 3.* gó *Bdr 3*, *4 (vgl. jedoch
JHoffory*, *Eddastud. 94 fg.*); *2)*
'anbellen', *anfahren* (ehn): *imper.
sg. 2.* geyj (-a) *Háv 134*, *5.*
g e y m i n n, *adj. (vgl. got.* gaumjan)
sorgsam, *vorsichtig*: *m. sg. nom.
Háv 65*, *1.*
-g i (*nach harten consonanten* -ki; *lat.*
-que), *part. negat. et indef.*: ulf-gi
(*st.* ulfr-gi) *der wolf nicht Ls 39*, *4*;
þorf-gi *unnötig HHv 39*, *8*, *Sg 35*,
8; vilt-ki *unangenehm Grd 26*, *6*;
væt-ki *nichts Grp 25*, *6*; þat-ki *das
(ist) nicht Hrbl 6*, *5*, *das nicht Gðr
III*, *3*, *6*; hvat-ki *was immer Am
19*, *5*; en-gi, ei-gi, svá-gi (*s. d.*).
g i f r, *n. riesenweib*: *pl. nom. Vsp
53*, *6*; *dat.* gífrum *HHv 15*, *3.*
g i l d i, *n. 1) vergeltung, gegengeschenk*:
sg. gen. gildis *Háv 143*, *3*; *2)
tribut (opfer)*: *sg. acc.* gildi *Vsp
27*, *8 (anders Bj. Magnússon Ólsen,
Timarit 15*, *33 fg.*).
g i m r, *m. edelstein*: *sg. acc.* gim *Vkv
6*, *2. Nach Bugge (Stud. 4. 416)
entlehnt aus ags.* gim (*lat.* gemma).
g í n a (gein), *gähnen, den rachen auf-
sperren*: *prs. ind. sg. 3.* gínn *Vsp 57*,
1; *part. prs. m. sg. nom.* gínandi
*'der gähner' (als spottname) Hyndl
22*, *4*; *dat.* gínanda *Háv 84*, *3*;
prt. ind. sg. 3. gein *Hym 22*, *5.*
g i n n - h e i l a g r, *adj. hochheilig*: *n.
pl. nom.* ginnheilug *Vsp 9*, *3*, *Ls
11*, *3 u. ö.*
g i n n - r e g i n, *n. pl. die hohen oder
heiligen götter*: *nom. Hym 4*, *3*,
Alv 21, *3*, *Háv 79*, *4 u. ö.*
g i n n u n g, *f.* (?) *kluft*: *pl. gen.* ginnunga *Vsp 6*, *7 (vgl. jedoch EMogk,
Beitr. 8*, *153 fg.*, *der Ginnunga
als gen. sg. eines nom. prop.* Ginn-
ungi *auffasst).*
g i p t, *f. (got.* fra-gifts) *vom schicksal
verliehene gabe, glück*: *sg. nom.
Grp 53*, *3.*
g i p t a (pt), *eine frau* (eha) *einem
manne* (ehm) *vermählen*: *inf. Dr 3*;

prt. ind. pl. 3. giptu *Rþ 23*, *4. 41*, *3*;
part. prt. f. sg. nom. gipt *Ghv 5*;
giptask *sich einem manne* (ehm) *vermählen*: *inf. Sd 2 pr 18. 20*, *Dr 5*;
prt. ind. sg. 3. giptisk *Sf 28.*
g i s l, *m. geissel*: *sg. nom. Ls 34*, *3.
35*, *3.*
g í s l i n g, *f. geisselschaft*: *sg. dat.*
gíslingu *Vm 39*, *3.*
g i s t a (st), *bei jmd als gast einkehren*:
inf. Sd 26, *5.*
g i s t i n g, *f. herberge*: *sg. acc. Rm 13.*
g j a f - o r ð, *n. eheliche verbindung des
mannes mit der frau*: *sg. acc. Alv
6*, *6. 7*, *3.*
g j a l d a (galt; *got.* gildan), *1) für
etwas empfangenes* (við ehu) *eine
gegenleistung* (eht) *gewähren*: *inf.
Háv 42*, *3. 45*, *6*; *2) zahlen, auszahlen* (ehm eht): *inf. Vsp 27*, *6*;
prt. ind. sg. 1. galt *Am 92*, *1*; *3)
erwidern*: *prt. ind. sg. 3.* galt *Rm
11 pr 4*; *4) für einen erschlagenen*
(ehn) *bussgeld zahlen*: *inf. Gðr II
17*, *8*; *etw.* (eht) *als bussgeld geben*:
prt. ind. sg. 3. galt *Hym 38*, *7*;
5) büssen für etw. (ehs): *inf. HHv
30 pr 8*, *Grp 33*, *4*; *part. prt. n.
sg. acc.* goldit *Gðr I 26*, *6*; *etw.*
(eht) *als strafe für etw.* (ehs) *erdulden*: *inf. Am 59*, *6*; *6) jmd*
(ehm) *etw.* (eht) *heimzahlen, vergelten*: *inf. HH I 11*, *6*, *Gðr II
29*, *2*; *prs. opt. sg. 3.* gjaldi *Sd
12*, *3*; *7) jmd* (ehm) *etw.* (eht) *verleihen*: *prs. ind. sg. 3.* geldr *Hyndl
2*, *3*; *prt. ind. sg. 3.* galt *HH I
9*, *5*; *8) zeigen, beweisen, bewähren* (ehm eht): *prs. opt. sg. 2.*
gjaldir *Ls 12*, *5*, *HHv 6*, *8*; *prt.
ind. sg. 2.* galzt *Fm 19*, *3.*
g j a l f r - d ý r, *n. 'wogentier', poet. bezeichnung des schiffes*: *sg. nom.
HH I 31*, *7.*
g j a l l a (gall), *1) schreien, krächzen
(von rabe, adler, gans) inf. Gðr II
8*, *4. 5*; *prt. ind. pl. 3.* gullu *HH
I 1*, *2*, *Gðr I 16*, *5*, *Sg 29*, *7*; *heulen
(vom hunde)*: *prt. opt. pl. 3.* gylli
Gðr II 42, *4*; *2) klirren, erklingen
(von speer, bogensehne, harfensaiten)*:
part. prs. m. sg. dat. gjallanda *Akv
5*, *3. 15*, *7*; *prt. ind. pl. 3.* gullu
Od 27, *8 (doch ist dafür wahrscheinl.
das in R am rande nachgetragene
mæltu in den text zu setzen).*

gjallr, *adj.* 1) *hclltönend, laut: m.
sg. acc.* gjallan *Sg* 30, 7; 2) *hellleuchtend: n. sg. nom.* (*sw.*) gjalla
Fm 9, 4. 20, 4.

gjaltr, *m.* (*entlehnt aus ir.* geilt)
wahnsinniger, verrückter: sg. dat.
gjalti *Háv* 128, 7 (*s. Fritzner*[2] *s.
v.* gjalti *und Bugge, Stud.* 390).

gjarn, *adj.* (*got.* faíhu-gaírns) *begierig: m. pl. nom.* gjarnir *HH I*
53, 5.

gjǫf, *f.* (*got.* giba) *gabe, geschenk:
sg. nom. dat. acc. Háv* 143, 3; *Háv*
42, 3; *Alv* 4, 6, *Háv* 42, 3; *pl.
gen.* gjafa *HHv* 34, 4; *dat.* gjǫfum
Háv 44, 5 *u. ö.; acc.* gjafar *Hrbl*
21, 1, *Rm* 7, 1.

gjǫfull, *adj. freigebig: m. sg. nom.
Grp* 7, 5.

gjǫld, *n. pl.* (*got.* gild) 1) *gabe od.
spende die jmd zu erwarten oder
zu fordern hat. acc. at* reiða gj.
rǫgni *um dem könige das ihm ge-
bührende* (*den willkommentrank*)
darzureichen Akv 34, 4 (*Zz* 26,
28); 2) *gegengeschenke: nom. Háv*
46, 6; 3) *lohn, belohnung: acc.
Grm* 3, 6, *Háv* 116, 10; 4) *lösegeld: acc. Rm* 6, 2; 5) *bussgeld:
busse: acc. Akv* 42, 8; *dat.* gjǫldum
HH II 34, 6; 6) *vergeltung, strafe:
acc. Háv* 65, 6, *Rm* 3, 4.

gjǫrð, *f.* (*got.* gairda) *gürtel: sg. nom.
g.* jarðar *'der gürtel der erde', d. i.
die Midgardsschlange Vsp* 57, 2.

gjǫróttr, *adj. trübe, in folge eines
bodensatzes): m. sg. nom. Sf* 9.

glaða (að), *jmd* (ehn) *erfreuen: inf.
HH I* 46, 4 *u. ö.*

glaðr, *adj. heiter, froh: m. sg. nom.
Vsp* 43, 4, *Grm* 13, 6 *u. ö.; dat.*
glǫðum *Fm* 31, 4; *acc.* glaðan *HH
II* 13, 2; *pl. nom.* glaðir *HH I*
50, 8; *f. sg. nom.* glǫð *Sg* 31, 5,
Am 6, 5; *n. sg. nom.* glatt *Háv*
55, 5; *pl. nom.* glǫð *Grm* 7, 6.
— *Als name eines pferdes Grm*
30, 1.

glama (að?), *schwatzen: prs. opt.
sg. 3.* glami *Háv* 31, 6 (*vgl. Wimmer, Runenschrift* 374).

glata (að), *zu grunde richten, vernichten* (ehm): *part. prt. n. sg. acc.*
glatat *Hlr* 4, 6.

glaumr, *m.* 1) *lärm; geheul, gebell:
sg. nom. Am* 24, 3; 2) *lärmender*
jubel: sg. nom. Hm 19, 1; 3) *freude,
fröhlichkeit: sg. gen.* glaums *Br* 16,
6, *Gðr II* 42, 3; *dat.* glaumi *Gðr
II* 30, 2; *acc.* glaum *Skm* 34, 7.
— *Als name eines pferdes Akv* 30, 2,
F 305a 18.

gleðja (gladda), *froh machen, erfreuen* (ehn): *prt. ind. sg. 1.* gladda
Hrbl 30, 5; *sg. 3.* gladdi *Rm* 18, 2.
26, 8; *opt. sg. 3.* gleddi *Fm* 35, 6;
part. prt. m. sg. nom. gladdr *erfreut
über etw.* (ehu) *Sd* 35, 7; gleðjask
sich gegenseitig erfreuen durch etw.
(ehu): *inf. Háv* 41, 2.

glepja (glapða), 1) *jmd* (ehm) *etw.*
(eht) *verderben, ihn an etw. verhindern: inf. Hrbl* 52, 3; 2) *eine
frau* (eha) *verführen: prs. ind. sg. 3.*
glepr *Vsp* 40, 5; *prt. ind. sg. 3.*
glapði *Ls* 20, 3.

gler, *n. glas: sg. dat.* gleri *Hym*
29, 4 (*der krystallkelch ist gemeint*),
Sd 17, 1; nú er grjót þat at gleri
orðit *nun sind diese steine* (*durch das
feuer der zahlreichen opferbrände
geschmolzen u. so*) *zu glas geworden
[Noreen mündl.; anders FJ in der
Festschrift f. Weinhold* (*Strassb.*
1896) *s.* 16] *Hyndl* 10, 4. — *Als
name eines pferdes Grm* 30, 2.

gleyma (mð), *vergessen: prt. ind.
sg. 1.* (*mit suff. pron.*) gleymðak
Gðr II 25, 1 (*so Bugge, Fkv* 425a;
gleymðu *Hild. mit R; vgl. Zz* 29,
59 *fg.*).

gleypa (pð), *verschlingen: inf. Vm*
53, 1; *prs. ind. sg. 3.* gleypir *Vsp*
48, 8 (*Mhff, DA V,* 147 *conjiciert*
hleypir; *vgl. aber dagegen FJ I,*
115 *und bes. RMuch, Hz* 37, 417).

glíkligr, *adj. wahrscheinlich: n. sg.
nom.* glíkligt *Am* 28, 5.

glíkr, *adj.* (*got.* ga-leiks) *gleich: m.
sg. nom. Hym* 2, 3; *acc.* glíkan *Ls*
27, 3; *pl. nom.* glíkir *Háv*
128, 7, *Ghv* 3, 1; *n. pl. nom.* glík
Háv 46, 6.

glissa (st), *grinsen, höhnisch lachen:
prs. ind. sg. 3.* glissir *Háv* 31, 5.

glóa (að), *glühen; glänzen, leuchten:
prs. ind. sg. 3.* glóar *Hyndl* 7, 5;
pl. 3. glóa *HH II* 37, 9.

glóð, *f. glut: pl. dat.* glóðum *Vsp*
57, 4 (*nach der herstellung von
Grdtv.*).

glóð-rauðr, *adj. glutrot: n. sg.*

nom. glóðrautt *Gðr II 2, 7,* (sw.) glóðrauða *Fm 9, 5. 20, 5; dat.* glóðrauðu *Am 13, 6.*

glúpna (að), *verzagt werden, ängstlich werden: part. prs. m. sg. dat.* glúpnanda *Fm 31, 5; prt. ind. pl. 3.* glúpnuðu *Am 74, 3.*

glý, *n. freude: pl. gen.* glýja *Hm 7, 7.*

glýjaðr, *adj. erfreut: f. sg. nom.* glýjuð *Vsp 36, 7.*

glymja (glumða), *1) rauschen, brausen: inf. Grm 7, 3; part. prs. n. sg. acc.* glymjanda *Rm 16, 4; 2) erklirren: prt. ind. pl. 3.* glumðu *Hym 10, 6, Akv 32, 9.*

glymr, *m. geklirr: sg. nom. HH I 28, 2.*

glý-stamr, *adj. freudelos: n. pl. nom.* (sw.) glýstǫmu *Hm 1, 4.*

glœpr, *m. missetat, frevel: sg. nom. HHv 32, 1, Am 31, 7; acc.* glœp *Am 83, 11.*

gløggr, *adj.* (vgl. got. glaggwô, glaggwuba), *1) genau: compar. n. sg. acc.* gleggra *Akv 44 pr 1; 2) karg, geizig: m. sg. nom. Hym 9, 7, Háv 48, 6; 3) säumig, träge zu etw.* (ehs): *m. sg. nom. Grp 7, 6.*

gnaddr, *m. junger bursche, jüngling; held: pl. gen.* gnadda *Akv, 34, 8* (vgl. zur st. Bj. Magnússon Olsen, Ark. 9, 232 fg.).

gnaga (að), *nagen: inf. Háv 105, 3; prs. ind. pl. 3.* gnaga *Grm 33, 3.*

gnapa (þð) *den kopf hängen lassen: prs. ind. sg. 3.* gnapir *Háv 62, 1, Br 7, 5.*

gnata (að), *zusammenstürzen: prs. ind. pl. 3. Vsp 53, 5.*

gneggja (að), *wiehern: inf. HHv 20, 1.*

gneggjuðr, *m. 'wieherer', poet. bezeichnung des windes: sg. acc.* gneggjuð *Alv 21, 3.*

gneypa (þð), *niederbeugen, quälen: inf. Skm 30, 1.*

gnótt, *f.* (vgl. got. ga-naúha), *menge, überfluss: sg. nom. Am 71, 1.*

gnýja (gnúða), *tosen, lärmen: prs. ind. sg. 3.* gnýr *Vsp 49, 3.*

gnýr, *m. getose, lärm: sg. nom. HH I 55, 3, Gðr II 4, 2 u. ö.*

gnæfa (að), *1) trans. erheben, wehen lassen: inf. Hrbl 40, 3* (s. Grdtv. z. st.; anders Bugge, Fkv 399b); *2) intr. sich erheben F 305b 9.*

goð, *n.* (got. guþ) *gott: sg. dat.* goði *Grm 38, 3. 39, 2, Sd 15, 2; pl. nom. voc. acc.* goð *Vsp 9, 3, Hym 22, 6, Ls 11, 3 u. ö.; Ls 7, 2; Hym 3, 4, Ls 12, 6 u. ö.; gen.* goða *Hym 39, 2, Ls 48, 6, Hrbl 9, 7 u. ö.; dat.* goðum *Ls 34, 3, Skm 28, 6, Vm 15, 6, Hyndl 8, 6 u. ö.*

goð-borinn, *part. prt. von edler abkunft: m. sg. nom. HH I 33, 1; pl. nom.* goðbornir *Hm 17, 3.*

goð-málugr, *adj. in der götterkunde erfahren, mytholog: m. pl. gen.* goðmálugra *Hym 38, 3.*

góðr, *adj.* (got. gôþs) *1) gut, trefflich, tüchtig: m. sg. nom. Háv 122, 4. 132, 4, Hlr 11, 1; gen.* góðs *Háv 34, 4, Hm 29, 5; acc.* góðan *Háv 61, 7, Sd 25, 6 u. ö.,* (sw.) góða *Grm 13, 6; pl. nom.* góðir *Ls 12, HH I 47, 1. II 27, 1; acc.* góða *Vsp 21, 4. 8, Hrbl 8, 7; f. sg. nom.* góð *Háv 101, 1; voc.* (sw.) góða *HH II 16, 7; gen.* góðrar *Skm 12, 6,* (sw.) góðu *Háv 100, 5. 107, 5; dat.* góðri *Grp 49, 5; acc.* góða *Háv 129, 5, Sg 20, 3; pl. acc.* góðar *Hrbl 21, 1, Am 92, 4; n. sg. nom. acc.* gótt *Sg 48, 2; Hrbl 45, 2; gen.* góðs *Háv 4, 4; dat.* góðu *Hlr 4, 8; pl. acc.* góð *Hrbl 6, 2. 31, 1, Hm 22, 7; substantiviert das gute: sg. gen.* góðs *Háv 122, 3, HHv 34, 3, Sg 31, 6; dat.* góðu *Háv 127, 7, HHv 33, 11, Am 67, 4; acc.* gótt *Háv 44, 3. 45, 3. 129, 10; 2) nützlich, erspriesslich: n. sg. nom. acc.* gótt *Háv 12, 1. 133, 7, Sg 17, 3; Háv 12, 2; pl. nom. acc.* góð *Háv 111, 4. 112, 4 u. ö.; Grp 26, 3; gen.* góðra *Sg 61, 6* (der vers ist um eine silbe zu kurz, es ist daher góðra ráða zu schreiben: dass gefa den gen. regieren kann, beweist die verbindung gefa staðar und die analogie der verba ljá u. unna, Nygaard I, 33; anders Sievers, Beitr. 6, 342); *3) wirksam: m. pl. gen.* góðra (galdra) *Sd 5, 7; 4) glücklich: n. pl. nom. acc.* góð *Sg 58, 9; HH I 7, 4* (wo mit Kop. góð ár statt goðár zu lesen ist); *gen.* góðra *Grp 45, 4, Br 3, 6; glückverheissend: n. pl. nom.* góð (heill) *Rm 20, 1; 5) freundlich, wolwollend: m. sg. gen.* góðs *Háv 102, 6, Gðr II 10, 3, (sw.)* góða *Háv 116, 10; pl. dat.* góðum *Hym 11, 2; n. sg. acc.* gótt *Am 34, 2; 6) von gutem (d. h. vornehmem) geschlechte: m. pl. nom.* góðir *Sg 70, 4; gen.* góðra *Sg 56, 2; n. pl.* góð *schätze, vermögen (?): nom. Sg 52, 5.*

goð-vegr, *m. götterweg (weg nach Valhǫll): sg. acc.* goðveg *Hyndl 5, 6.*

golf, *n. 1) fussboden, estrich; zuweilen (wie in Hym) auch ein erhöhter teil desselben (estrade, podium): sg. nom. acc.* Rp *26, 8; Hym 14, 4. 34, 4; dat.* golfi *Vm 9, 2, Rp 2, 6, Vkv 16, 5 u. ö.; 2) zimmer, gemach: pl. gen.* golfa *Grm 24, 1.*

gómr, *m. kiefer: pl. acc.* gæta *tungu í góma báða die zunge im zaum halten, sich vorsichtig äussern Am 9, 6.*

goti, *m. hengst: pl. gen.* gota *Hm 19, 3. — Als name eines pferdes F 304 b 14. 305 b 1.*

gotneskr, *adj. (vgl.* got. Gut-þiuda) *gotisch: f. sg. nom.* gotnesk *Gðr II 16, 2.*

gráðugr, *adj. (got.* grêdags) *gierig: m. sg. nom.* Háv *20, 1, Grp 11, 3; n. pl. nom.* gráðug *Hm 28, 5.*

grafa (gróf; *got.* graban) *1) graben: prt. ind. pl. 3.* grófu *Hrbl 18, 8, Rp 12, 14; gr.* niðr *eingraben: part. prt. n. sg. acc.* grafit *Fm 44 pr 3 (vgl. Bugge, Norr. skr. 196); gr.* undir *unterminieren, im geheimen eine verderbliche tätigkeit entfalten: prt. ind. sg. 2.* gróft *Am 93, 5; 2) schnitzen: part. prt. m. pl. nom.* grafnir *Gðr II 15, 4; 3) nagen, stechen: prt. ind. sg. 3.* gróf *Óð 29, 6.*

1. gramr, *adj. zornig, feindlich: m. pl. nom.* gramir *feindliche wesen, unholde Hrbl 60, 2, Br 9, 5; dat.* grǫmum *Háv 31, 6; f. sg. nom.* grǫm *Ls 54, 3, Ghv 13, 2; n. pl. nom.* grǫm *feindliche wesen, unholde HH I 45, 8; superl. m. sg. nom.* gramastr *HHv 15, 3. — Als name eines schwertes Rm 14 pr 7 u. ö.*

2. gramr, *m. fürst, könig (KGíslason, Efterl. skr. I, 136 fg.): sg. nom.*

voc. Grp *2, 3, Sg 31, 2, Am 13, 5 u. ö.; Grp 13, 8. 37, 4, Br 16, 5; gen.* grams *HHv 4, 4, HH II 11, 4 u. ö.; dat.* gram *Grp 33, 8, Br 7, 6 u. ö.; grami HHv 13, 3, HH I 7, 8 u. ö.; acc.* gram *HH I 36, 3, Grp 47, 8, Rm 14, 2 u. ö.*

grana-hár, *n. barthaar: sg. acc.* Rm *5 pr 6.*

grand, *n. unheil, schaden: sg. nom. acc.* Am *20, 4; HHv 13, 3, Grp 49, 6 u. ö.; dat.* grandi *Gðr II 32, 6. III 9, 8.*

granda (að), *schaden: inf. Sf 11.*

gran-síðr, *adj. mit langem schnurrbart: m. pl. nom.* gransíðir *Akv 35, 5.*

grán-stóð, *f. schar von grauen rossen: sg. nom. gr.* gríðar *die grauen rosse der riesin, d. i. die wölfe HH II 17, 7.*

grán-varðr, *adj. grau gekleidet, grau: m. pl. nom.* gránvarðir *Akv 11, 3 (so Bugge, Aarb. 1869 s. 273; gránverðir Hild. mit R).*

grár, *adj. grau: m. sg. nom.* Br *7, 5, F 305 a 14; acc.* grán *HH II 1, 5; pl. gen.* grára *HH I 12, 7; n. sg. dat.* grá *Gðr II 2, 8; pl. dat.* grám *Ghv 2, 11, Hm 3, 7.*

gras, *n. (got.* gras) *grünende pflanze, kraut, gras: sg. nom. acc.* Vsp *6, 8; Gðr II 5, 6; dat.* grasi *Vsp 63, 4, Grm 17, 2 u. ö.*

gráta (grét; *got.* grêtan) *1) weinen: inf. Gðr I 2, 6, F 304 a 2 u. ö.; prs. ind. sg. 2.* grætr *HH II 44, 5; pl. 3.* gráta *Bdr 12, 6; imper. sg. 2.* grát *HHv 41, 2, Sg 25, 5; part. prs. m. pl. nom.* grátendr *Akv 12, 3; f. sg. nom.* grátandi *Vkv 29, 7, Br 15, 5 u. ö.; prt. ind. sg. 3.* grét *HH II 20 pr 1 u. ö.; pl. 3.* grétu *Akv 39, 4 u. ö.; part. prt. m. sg. nom.* grátinn *F 303 b 24; 2) beweinen (ehn, eht): inf. Akv 18, 2, Hm 10, 6; imper. sg. 2.* grát *Hm 10, 1; prt. ind. sg. 3.* grét *Vsp 34, 5, Akv 39, 6; 3) part. prt.* grátinn *verweint: f. sg. acc.* grátna *Am 93, 8.*

grátr, *m. (got.* grêts) *weinen, wehklagen, jammer, klage: sg. nom.* Óð *31, 8; gen.* gráts *Gðr I 23, 6; dat.* gráti *Gðr I 20, 8, Hm 9, 8; acc.* grát *Skm 30, 8, Sg 30, 7.*

greiða (dd; *got.* ga-raidjan) *ausein-*
anderwickeln: prt. ind. pl. 3. greiddu
HH I 3, 5.

greina (nd), *aufzählen: part. prt.*
m. pl. nom. greindir *F 305 b 18.*

greipa (pð), *verüben: part. prt. n.*
sg. acc. greipt *Am 83, 11.*

gremi, *f. zorn: sg. gen. dat. HH I*
12, 8; Ls 21, 3.

gremja (gramða; *got.* gramjan) *jmd*
(ehn) *gegen einen andern* (at ehm)
zornig machen: imper. sg. 2. grem
Ls 12, 6.

greppr, *m. held, krieger: pl. nom.*
greppar *Akv 14, 3; gen.* greppa
Akv 10, 3.

grey, *n. hündin; hund: sg. acc. Háv*
100, 4; *pl. nom.* HH I 13, 7, Hm
28, 4; *dat.* greyjum *þrk 5, 3, Skm*
11, 6.

grey-stóð, *n. schar von hunden:*
sg. dat. greystóði *Akv 11, 7.*

grið, *n. pl. friede, schonung und*
sicherung des lebens: acc. HH II
16 *pr* 31, *Am* 32, 6.

griða-staðr, *m. friedensstätte: sg.*
nom. Ls 11.

gríðr, *f. riesin: sg. gen.* griðar *HH*
II 17, 7.

gríma, *f.* 1) *maske, hülle* (*poet. be-*
zeichnung der nacht): sg. acc. grímu
Alv 31, 3; 2) *geschnitztes bild am*
vordersteven des schiffes, gallion-
bild: pl. nom. grímur *Gðr II, 15, 3.*

grimmliga, *adv. bitterlich: Sg 25, 6.*

grimmr, *adj.* 1) *grimmig, trotzig:*
m. sg. nom. Rm 4; dat. grimmum
HH I 19, 3, Sg 9, 8; pl. nom.
grimmir *Am 74, 3; n. pl. dat.*
grimmum *Ghv 1, 7;* 2) *feindlich*
gesinnt (gegen jmd, ehm): m. sg.
nom. Am 85, 8; gen. grimms *Hyndl*
25, 9 (*vgl. jedoch Bugge, Ark. 1,*
252); *f. pl. nom.* grimmar *Sg 5, 8;*
3) *grausam: f. sg. nom.* grimm *Am*
82, 1; *pl. nom.* grimmar *Sd 23, 4;*
4) *bitter: n. pl. dat.* grimmum (*tár-*
um) HH II 44, 6; 5) *schmerz-*
lich: n. sg. nom. grimt *Grp 51, 2;*
superl. m. sg. nom. grimmastr *Ghv*
17, 5; 6) *schrecklich: n. sg. acc.*
grimt *Br 16, 2.*

grimm-úðigr, *adj. kühnen, trotzigen*
mutes: m. sg. acc. grimmúðgan *Am*
56, 5; *superl. m. sg. acc.* grimm-
úðgastan *HH II 19, 6.*

grind, *f.* (*vgl. got.* grinda-fraþjis)
1) *gitterwerk, gehege* (*bes. für vieh):*
pl. dat. grindum *Skm 28, 7; acc.*
grindr *Háv 77, 1;* 2) *eingehegter*
ankerplatz für schiffe, hafen: pl.
dat. grindum *HH I 51, 5* (*anders*
Bugge, Norr. skr. 195); 3) *gitter-*
tür: sg. nom. acc. Grm 22, 4; Háv
134, 6, *Gðr II 36, 3; pl. nom.*
grindr *Am 37, 5.*

grípa (greip; *got.* greipan) *greifen,*
ergreifen: prs. opt. sg. 3. gripi *Skm*
31, 4; *prt. ind. sg. 3.* greip (á stafni)
Hym 27, 2, gr. við orði *vernahm*
das wort Gðr II 33, 2.

grjót, *n. gestein, steine: sg. nom. acc.*
Hyndl 10, 3; Háv 105, 3; dat.
grjóti *Hrbl 29, 5, Hlr 1, 3, Am 84, 2.*

grjót-bjarg, *n. steinberg, felsen:*
pl. nom. grjótbjǫrg *Vsp 53, 5.*

gróa (grøra), *wachsen, grünen: part.*
prs. f. sg. acc. gróandi '*die grü-*
nende', poet. bezeichnung der erde
Alv 11, 5; part. prt. f. sg. nom.
gróin *bewachsen Vsp 7, 7.*

gruna (að), *unpersönl. mutmassen,*
ahnen (ehn um eht): *prt. ind. sg. 3.*
grunaði *HHv 34 pr 2.*

grund, *f.* (*vgl. got.* grundu-waddjus)
ebene fläche, erdboden, erde: sg. nom.
acc. Vsp 7, 7; Vsp 31, 12, Hrbl
18, 7 *u. ö.*

grunn-ýðgi, *f.* '*flachsinnigkeit';*
leichtgläubigkeit, arglosigkeit: sg.
gen. Am 71, 1.

grunr, *m. zweifel, misstrauen: sg.*
nom. Háv 46, 3.

grýma (mð?), *etw.* (á eht) *besudeln* (?):
prs. ind. sg. 3. grýmir *Sg 60, 8*
(*Bugge, Fkv. 422b; GV, Cpb I,*
302.558 *emendiert:* gyrja mun beð).

grýta (tt), *jmd* (á ehn) *mit steinen*
werfen, ihn steinigen: imper. pl. 2.
grýtið *Hm 25, 5.*

grœnask (að?), *grau werden, sich*
verdüstern (KGíslason, *Aarb. 1866*
s. 383 ff.; Bugge, Fkv. 200b. 412):
inf. HH II 49, 6.

grœnlenzkr, *adj. grönländisch: n.*
pl. dat. grœnlenzkum *Akv 44 pr 2.*

grœnn, *adj. grün: m. sg. nom. Vsp*
22, 7, *Gðr II 2, 3; dat.* grœnum
Vsp 7, 8; f. pl. nom. acc. grœnar
Fm 41, 2; Rp 1, 2.

grœta (tt; *nicht* grœta: *Bugge, Zz*
7, 395) *betrüben: prs. ind. sg. 3.*

grœtir *Ls 37, 4; part. prt. f. sg. acc.* grœtta *Háv 109, 6, HH II 28, 4.*

grœti, *n. pl. (nicht græti) kummer: nom. acc. Sg 64, 8, Hm 1, 3; Gðr II 10, 6.*

grœtir, *m. (nicht grætir) betrüber, kummerbringer, feind: sg. acc.* grœti *Hym 14, 3.*

grǫf, *f. (got. graba) grube: sg. dat. c. art.* grǫfinni *Fm 13; acc.* grǫf *Fm 4, c. art.* grǫfna *Fm 10.*

grǫn, *f. die auf den lippen wachsenden haare, schnurrbart: sg. acc. Sf 16, Gðr I* 13, *6.*

Guðrúnar-kviða, *f. das lied von Gudrun: sg. dat.* Guðrúnarkviðu *Br 20 pr 8.*

guð-vefr, *m. gewand aus kostbarem stoffe (seide?): pl. dat.* guðvefjum *Helr 5, Akv 39, 3, Ghv 16, 2; acc.* guðvefi *Hm 17, 4.*

gull, *n. (got. gulþ) gold: sg. nom. acc. Vkv 14, 7, Rm 5, 1, Fm 9, 4 u. ö.; Hyndl 2, 4, Vkv 6, 1, HH I 9, 6 u. ö.; acc. c. art.* gullit *Rm 4 pr 3. 11 pr 2, Dr 1; gen.* gulls *Skm 22, 4, Fm 21, 3 u. ö., c. art.* gullsins *Rm 16; dat.* gulli *Vsp 11, 4, Ls 42, 1, Grm 15, 2 u. ö., c. art.* gullinu *Rm 5 pr 4, Fm 7.*

gull-band, *n. goldenes band: pl. acc.* gullbǫnd *þrk 5, 4.*

gull-bitlaðr, *adj. mit goldenem gebiss: f. sg. nom.* gullbitluð *HH I 43, 3.*

gull-bitull, *m. goldenes gebiss: sg. dat.* gullbitli *HH II 35, 9.*

gull-bjartr, *adj. glänzend von gold: f. sg. nom. (sw.)* gullbjarta *Grm 8, 2; acc. (sw.)* gullbjǫrtu *Hrbl 30, 5.*

gull-bóka (að), *mit gold sticken: prt. ind. sg. 3.* gullbókaði *Gðr II 14, 2.*

gull-brynja, *f. goldener panzer: sg. acc.* gullbrynju *Fm 44 pr 4, Sg 48, 1.*

gull-hringr, *m. goldring: sg. acc.* gullhring *Vkv 16 pr 2.*

gull-hyrndr, *adj. mit vergoldeten hörnern: f. pl. nom. acc.* gullhyrndar *þrk 23, 2; HHv 4, 3.*

gullin-burstr, *adj. mit goldenen borsten: m. sg. nom. (sw.)* gullin-bursti *Hyndl 7, 6.*

gullinn, *adj. (got. gulþeins) 1) golden,* vergoldet: *m. sg. dat.* gullnum *Háv 104, 2; f. pl. nom.* gullnar *Vsp 63, 3; n. sg. dat.* gullnu *F 304b 4; acc.* gullit *Hm 21, 8; pl. dat.* gullnum *Grm 7, 6; acc.* gullin *HH I 3, 6; 2) goldglänzend: m. sg. acc.* gullinn *HH II 22, 4.*

gull-miðlandi, *m. (part. prs.) goldspender: sg. nom.* Hlr *11, 2.*

gull-roðinn, *part. prt. goldgerötet, vergoldet: m. pl. acc.* gullroðna *Akv 4, 3.*

gull-skál, *f. goldene schale: pl. acc.* gullskálir *Akv 10, 3.*

gull-spori, *m. goldener sporn: pl. acc.* gullspora *F 305a 10.*

gull-variðr, *part. prt. goldgeschmückt: f. sg. voc.* gullvarið *HH II 44, 5.*

gumi, *m. (got. guma) mann, mensch: sg. nom.* Háv *12, 6, Hm 27, 7 u. ö.; gen. dat. acc.* guma *Háv 17, 6; Háv 38, 6, Sd 13, 3; Háv 72, 3. 93, 3; pl. nom.* gumar *Ls 45, 3 u. ö., gumnar* Háv *32, 1 u. ö.; gen.* gumna *Skm 26, 5, Háv 15, 5 u. ö., guma* Háv *53, 3, Rm 19, 3; dat.* gumnúm *Grm 28, 11 u. ö.; acc.* guma *Ls 55, 6 u. ö.,* gumna *Hm 25, 5.*

gunnar-fúss, *adj. kampfbegierig: m. sg. dat.* gunnarfúsum *F 306b 6; pl. acc.* gunnarfúsa *Br 11, 7.*

gunnar-gjarn, *adj. dass.: m. pl. nom.* gunnargjarnir *HH I 35, 7.*

gunn-fani, *m. kriegsbanner, sturmfahne: sg. acc.* gunnfana *Hrbl 40, 3, HH II 22, 3.*

gunn-heilagr, *adj. jmd den man im kampfe zu schonen verpflichtet ist, den man nicht verletzen darf: m. sg. nom. (sw.)* gunnhelgi *Hm 27, 7.*

gunn-hvatr, *adj. kühn im kampfe: m. sg. acc.* gunnhvatan *Akv 12, 3.*

gunnr, *f. kampf: sg. acc.* gunni *HH I 46; 3. 53, 6. II 26, 3. — Als walkürenname Vsp 31, 7, HH II 7, 4.*

gunn-tamiðr, *adj. kampfgewohnt: m. sg. nom.* Grm *19, 2.*

gusa (að), *ausspritzen* (ehu): *prs. ind. sg. 3.* gusar *Vsp 57, 3 (nach der vermutung von Grdtv.).*

gyðja, *f. (vgl. got. gudja, m.) priesterin: sg. nom.* Hyndl *13, 4.*

gýgjar-kyn, *n. sprössling einer riesin, riesentochter: sg. voc. Hlr 14, 8.*

gýgr, *f. riesin, riesenweib: sg. nom. Helr 8, F 304a 1, c. art.* gýgrin *Helr 9. 4 üb.; gen.* gýgjar *Vsp 43, 3 u. ö.; dat.* gýgi *Grm 17.*

gylfi, *m. fürst, könig: sg. gen.* gylfa *HH I 50, 7; pl. gen.* gylfa *HH II 19, 5. — Als eigenname F 303a 1.*

gylla (ld; lt), *vergolden: part. prt. m. sg. pl. dat.* gyltum *Akv 34, 3; Akv 5, 4; f. pl. nom.* gyltar *Gǫr II 15, 3.*

gyrða (rð; *vgl. got.* bi-gairdan) *ungürten: part. prt. m. pl. nom.* gyrðir *Gǫr II 20, 7.*

gær, *adv. (nur in der verbindung* í gær *u.* á gær; *vgl. got.* gistra-dagis) *1)* í gær *gestern: Hm 2, 2;* gær á morgun *(d. i.* á gær morgun) *gestern morgen HH II 11, 3 (FJ); 2)* í gær morgen *Hm 29, 6 (vgl. Bugge z. st. und Aarb. 1869 s. 273 fg.; KGislason, Aarb. 1867 s. 160 ff.).*

gæta (tt), *1) wache halten: prt. ind. sg. 3.* gætti *HHv 5 pr 5; 2) etw. (ehs) bewachen, hüten: inf. HH II 38, 6, g.* tungu í góma báða *die zunge im zaum halten Am 9, 5; prt. ind. pl. 3.* gættu *Rp 12, 13; 3)* gætask ehs *sich sorge machen wegen etw.: prt. ind. sg. 3.* gættisk *Am 20, 3; sich etw. angelegen sein lassen: prt. ind. sg. 3.* gættisk *Am 61, 1; 4)* gætask um eht *etw. beraten: prt. ind. pl. 3.* gættusk *Vsp 9, 4 u. ö.*

gætinn, *adj. achtsam, vorsichtig: m. sg. nom. Háv 6, 3. 65, 1.*

gætti, *n. türpfosten: sg. dat. acc. Rp 2, 4. 26, 6; Fm 44 pr 2.*

gœða (dd), *1) jmd (ehn) mit etw. (ehu) begaben, beschenken, ausstatten: inf. Od 14, 5; prt. ind. sg. 1.* gœdda *Ghv 16, 1; sg. 3.* gœddi *Am 69, 5; part. prt.* gœddr *reich ausgestattet, reich an (ehu): f. sg. gen.* gœddrar *HHv 5, 9; acc.* gœdda *Fm 40, 7; 2) unpersönl.* gœðir á *'es fügt hinzu': inf.* á mun nú gœða *das wird nun noch wachsen, zunehmen Am 68, 6.*

gœla (ld; *got.* gôljan) *zufriedenstellen, sättigen (ehu; über die ursprl. bedtg vgl. KGislason, Efterl. skr. I, 144 fg.): inf. Sg 9, 7.*

gœzka, *f. güte: sg. dat.* gœzku *Am 99, 6.*

gǫfga (að), *schmücken: inf. Gǫr I 8, 1; part. prt. f. sg. nom.* gǫfguð *Gǫr II 27, 7.*

gǫfugligr, *adj. von stattlichem ansehen: superl. f. sg. nom.* gǫfugligust *HHv 5 pr 15.*

gǫfugr, *adj. (vgl. got.* gabeigs) *1) stattlich: n. sg. nom.* gǫfukt *HH I 50, 7,* gǫfugt *Fm 2, 1; superl. m. sg. acc.* gǫfgastan *Sf 33; 2) reich ausgestattet mit etw. (ehu): m. pl. acc.* gǫfga *Sg 67, 4; f. sg. acc.* gǫfga *Hyndl 13,* ⋈

gǫgn, gǫgnum *s.* gøgn, gøgnum.

gǫltr, *m. eber: sg. nom* Hyndl 5, 5. 7, 5; *dat.* gelti *Hyndl 45, 2; pl. dat.* gǫltum *HH I 45, 7.*

gǫrla, *adv. (Sievers, Zz 21, 104), vollständig, gänzlich, genau: Hrbl 4, 3, Háv 31, 4 u. ö.*

gǫrliga, *adv. dass.: Grp 36, 3.*

gǫrn, *f. darm: pl. dat.* gǫrnum *Ls 49, 6. 50, 3.*

gǫrr, *adj. (zur etymol. vgl. Fr. Kauffmann, Beitr. 20, 530 fg.) 1) bereit zu etw. (ehs, til ehs od. mit nachfolg. at c. inf.): m. sg. nom.* gǫrr *Gǫr II 18, 1; pl. nom.* gǫrvir *Am 56, 4, Hm 12, 2; f. sg. nom.* gǫr *HH I 43, 4; pl. nom. acc.* gǫrvar *Vsp 31, 11; Vsp 31, 3; 2) geneigt zu etw. (ehs): m. sg. nom.* gǫrr *Hym 9, 8; 3) das part. prt. von* gøra *vertretend: gelan, gemacht, geschaffen, bereitet, errichtet: m. sg. nom.* gǫrr *HH II 37 pr 1, F 305b 8. 15; acc.* gǫrvan *Fm 42, 6, Am 21, 1; pl. nom.* gǫrvir *F 305b 5; acc.* gǫrva *Grm 5, 3, HH II 36, 2 u. ö.; f. sg. acc.* gǫrva *HH II 46, 2; pl. nom.* gǫrvar *Br 20, 6; n. sg. nom. acc.* gǫrt *Vkv 17 pr 1, Rm 5 pr 5; Am 83, 12, F 304a 12; pl. nom. acc.* gǫr *Helr 2; gehandelt: n. sg. nom. acc.* gǫrt *Grp 52, 4; gerüstet: m. pl. nom.* gǫrvir *Am 41, 3; vollendet: f. sg. acc.* gǫrva *Sg 40, 8; superl.* gerstr, *nur im acc. sg. m. in der verbindung* gerstan dag *den ganzen, ausgeschlagenen tag Skm 30, 2, Rp 9, 8.*

gǫrva, *adv. völlig, vollständig; genau, umständlich: Ls 52, 5, Háv 101,*

2; *Hrbl 8, 8; Gör II 44, 4
u. ö.*

g ǫ r v a l l r, *adj. 1) all: f. pl. dat.*
gǫrvǫllum *Háv 144, 7; n. pl. dat.*
gǫrvǫllum *Hyndl 43, 8, Am 44, 8;
2) ganz, vollständig: m. sg. acc.*
gǫrvallan *Am 32, 5.*

g ǫ t v a (að), *begraben: inf. Gör I
8, 2.*

g ǫ t v a ð r, *m. mörder: sg. acc.* gǫtvað
*Br 9, 6 (vgl. Mhff, DA V, 369
ann.).*

g ø g n (g ǫ g n, g e g n), *nur in der verbindung í gøgn; 1) adv. dafür,
als ersatz: Skm 30, 9; 2) praep.
c. dat. gegenüber, entgegen: Rm
23, 2, Akv 34, 2.*

g ø g n u m (gegnum, gǫgnum), *nur
in der verbindung í gøgnum, praep.
c. acc. durch: Hym 29, 6, Gör I
16, 4 (hier viell. adv.?), Hlr 1, 1
u. ö.*

g ø r a (gǫrva, gøra, gerva; rö)
1) tun (eht): prt. ind. pl. 3. gerðu
F 303b 25; 2) verfertigen: inf.
gørva *Rp 9, 5. 22, 4. 7; prt. ind.
sg. 1.* gørða *Fm 29, 5; sg. 3.* gørði
Hym 21, 8, gerði *Rm 14 pr 6; pl. 3.*
gørðu *Vsp 10, 8, Hyndl 7, 8; 3) zu-
rechtmachen, bereiten: inf.* gøra *Sd
34, 1; prs. opt. sg. 2.* gørvir *HHv
41, 6; prt. ind. sg. 1.* gørða *Od
11, 4; sg. 2.* gørðir *Ls 65, 1; sg. 3.*
gerði *Rp 32, 4,* gørði *Fm 4; pl. 3.*
gørðu *Rp 11, 6, Am 8, 7; 4) schaffen: prt. ind. pl. 3.* gørðu *Vsp 13, 6,
Háv 79, 4. 141, 6,* gørðu *Grm 41, 2;
5) anlegen, errichten: prt. ind. sg. 2.*
gørðir *Vkv 34, 2; sg. 3.* gerði *Hyndl
10, 1; pl. 3.* gørðu *Rp 23, 10,* gørðu
*Vkv 4; 6) ausrichten, veranstalten:
inf.* gøra *Hym 2, 8, Ls 65, 3,* gørva
*Od 27, 4, Am 72, 4; 7) ausführen,
begehen, durchführen: inf.* gøra *Od
22, 4,* gera *F 305b 2,* gerva *Br 3, 2;
prs. opt. pl. 3.* gøri *Sd 22, 5; prt.
ind. sg. 2.* gørðir *Fm 19, 2; sg. 3.*
gerði *Hyndl 14, 6; 8) verüben,
erheben: prt. ind. pl. 3.* gørðu *Am
1, 2. 49, 1; 9) etw. (eht) gegen
jmd (ehm) anwenden: prt. ind. sg. 3.*
gørði *Vkv 19, 7; pl. 1.* gerðum
*Grp 46, 4; 10) absol. handeln,
verfahren: inf.* gøra *Ls 15, 2,* gera
Am 82, 2; prs. ind. sg. 3. gørir
Háv 113, 1; pl. 3. gerva *Am 61, 2;*

imper. sg. 2. gør *Am 57, 1. 99, 5;
prt. ind. sg. 2.* gerðir *Am 54, 2;
opt. sg. 3.* gørði *Grm 32; 11) zu
etw. machen (mit dopp. acc.): inf.*
gørva *Háv 122, 5; prs. ind. sg. 3.*
gerir *Háv 93, 5; pl. 3.* gøra *Gör
II 27, 3; prt. ind. sg. 2.* gørðir
HH I 42, 9; sg. 3. gørði *HH II
4, 10; pl. 3.* gørðu *Hlr 5, 5,
12) als hilfsverb mit nachfolg. inf.
tun (wie engl. to do): prs. ind. sg. 2.*
gerr *Grp 20, 8; prt. ind. sg. 1.*
gerði (-ga) *Gör II 11, 5,* gerða *Gör
II 21, 8; sg. 3.* gerði *Gör I 1, 5,
Sg 4, 6, unpers.* gerðit hlut þiggja
man empfing nichts (?) *Am 93, 6
(Bugge, Fkv. 436 b); pl. 3.* gerðu
Am 36, 7, gørðu *Hm 19, 4; opt.
sg. pl. 3.* gerði *Vkv 6, 8, Am
25, 7; Sg 58, 10; 13) g. ehn at
ehu jemand wozu bringen, veranlassen: inf.* gørva *Sg 21, 2; prt.
ind. pl. 3.* gørðumk *(d. i.* gørðu mik*)
Hm 27, 8; g. til etw. (eht) zur
anwendung bringen: prs. ind. pl. 1.*
gørvum *Hym 6, 4; g. eht við ehn
jmd etw. antun: prt. ind. pl. 3.*
gørðu *HHv 10, 8; g. hleyti við
ehn zu jmd in verwandtschaftl. beziehungen treten, sich mit ihm ver-
schwägern: inf.* gørva *Grp 34, 2;
g. sér lett sich heiter stellen: prt.
ind. sg. 3.* gerði *Am 71, 7.*

gørask *1) sich bereit machen, sich
anschicken, sich in bewegung setzen:
prs. ind. sg. 2.* heiman gørisk bist
im begriffe abzureisen *Am 10, 7;
prt. ind. sg. 3.* gørðisk *Hrbl 40, 2,
Br 15, 6, Gör I 1, 2; 2) sich ereignen: inf.* gørask *Grp 8, 5; prs.
ind. opt. sg. 3.* gørisk *Am 31, 8;
Grp 22, 7; prt. opt. pl. 3.* gørðisk
*Am 21, 5; 3) werden, entstehen:
prs. ind. pl. 3.* gørask *Skm 36, 6;
prt. ind. pl. 3.* gørðusk *HH II 8,
10; 4) ablaufen: prs. opt. sg. 3.*
gørvisk *Am 34, 4; inf.* gørask at
góðu *sich zum guten gestalten HHv
33, 12.*

g ø r l a, gørliga, *s.* gǫrla, gǫrliga.

g ø r r, gerr, *adv. compar. vollstän-
diger, genauer: Hym 38, 4, HHv
27, 3, Grp 8, 2; superl.* gerst *ganz
und gar Sg 10, 4;* gǫrst *am ge-
nausten Am 63, 6.*

gørsimi, *f. kostbarkeit, kleinod: pl. nom. acc.* gørsimar *Vkv 21, 8; Vkv 17 pr 6.*

H.

há, *f. fell: pl. dat.* hám *Háv 133, 10 (anders Wisén, EE 120 fg.).*

há-beinn, *adj. hochbeinig: m. sg. nom.* Gør II 2, 5.

háð, *n. hohn, spott: sg. dat.* háði *Háv 131, 5.*

haddr, *m. haar (einer frau; Mhff, Hz 12, 347): sg. nom.* Gør I 15, 3; *acc.* hadd *Ghv 16, 8.*

háðung, *f. verhöhnung, beschimpfung: sg. gen.* háðungar *Háv 101, 7.*

haf, *n. meer: sg. nom. acc.* Hyndl *42, 1; Grm 4 u. ö.; dat.* hafi *HHv 19, 6 u. ö.*

hafa (fð; *got.* haban) *1) haben, besitzen: inf.* Vm *51, 5, Grm 53, 2, Háv 68, 5 u. ö.; prs. ind. sg. 1.* hefi þrk *10, 1, Hrbl 3, 3 u. ö.; sg. 2. 3.* hefir þrk *9, 1, Hrbl 6, 4 u. ö.; þrk 10, 3, Skm 9, 6 u. ö.; pl. 1.* hǫfum *HHv 5, 1 u. ö.; pl. 2.* hafið *Rp 49, 4; pl. 3.* hafa *HH I 47, 7. II 27, 7, Sd 18, 8; opt. sg. 2.* hafir *Hrbl 6, 5, HHv 20, 6; sg. 3.* hafi *þrk 14, 7 u. ö.; imper. sg. 2.* haf *HH II 34, 5; prt. ind. sg. 1.* hafða *Hrbl 18, 12; sg. 3.* hafði *Hym 8, 3, Vm 32, 6 u. ö.; pl. 2.* hǫfðuð *HH II 1, 6,* hǫfðut *Am 57, 5; pl. 3.* hǫfðu *Vsp 21, 2, Háv 49, 5 u. ö.; opt. sg. 2.* hefðir *HH II 32, 7 u. ö.; sg. 3.* hefði *Vkv 11, 5; 2) jmd zur ehe haben (vom manne wie vom weibe): inf.* Skm *35, 2, Sg 6, 5 u. ö.; prs. opt. sg. 1.* hafa *HHv 7, 8; 3) tragen (von kleidungsstücken und waffen): inf. HH II 25, 5; prs. ind. sg. 1.* hefi *Skm 23, 3. 25, 3; sg. 3.* hefir *F 305a 10; prt. ind. sg. 3.* hafði *Sd 14, 3; pl. 3.* hǫfðu *Gør II 20, 4; 4) erhalten, erlangen, in se gewalt bekommen: inf.* Skm *30, 9, Alv 7, 2 u. ö.; prs. ind. sg. 3.* hefir *Hrbl 22, 1, Grm 42, 2; pl. 3.* hafa *Rm 23, 5; opt. sg. 3.* hafi *Hyndl 9, 7, Fm 21, 6; pl. 3.* hafi *Hrbl 60, 2 u. ö.; prt. ind. sg. 1.* hafða *Háv 101, 9; sg. 2.* hafðir *Ls 40, 5;*

5) annehmen (ástráð): inf. Fm 35, 2; 6) verwenden, benutzen (ehn, eht at ehu): inf. Háv 30, 2, Sd 19, 7; prs. ind. pl. 3. hafa *Ls 1, 5, Vm 45, 5; imper. sg. 2.* haf *Háv 131, 6; prt. ind. sg. 3.* hafði *HHv 30 pr 7; pl. 3.* hǫfðu *Ls 34, 5; part. prt. m. pl. acc.* hafða *Am 79, 6; etw. (eht) an stelle von etw. (fyr eht) anwenden: part. prt. n. sg. nom.* haft *Ls 11; etw. (eht) gegen jmd (við ehn) anwenden: prt. ind. sg. 1.* hafða *Hrbl 20, 2; 7) gebrauchen: inf. Háv 64, 3; 8) etw. fortbewegen, wohin bringen: imper. sg. 2.* haf *Hym 26, 6; prt. ind. sg. 3.* hafði *Am 48, 9; opt. sg. 3. hefði (í munn?) Am 16, 5; 9) in der lage sein (mit nachfolg. at c. inf.): prs. ind. sg. 1.* hefi *Gør I 6, 3; 10) betreiben, ausführen: prt. ind. sg. 3.* hafði strandhǫgg *HH II 4 pr 6; 11) etw. (eht) worauf (á ehu) anbringen: prt. ind. pl. 1.* hǫfðu (vit) *Gør II 14, 5; 12) sich an etw. (á ehu) halten (etw. beobachten): imper. sg. 2.* haf *Ls 36, 2; 13) mit adv. bestimmungen: h. ehn braut jemand fortführen: prt. ind. sg. 3.* hafði *HHv 5 pr 7; h. eptir zurückbehalten: inf. Háv 104, 5; prt. ind. sg. 3.* hafði *Rm 4 pr 3; h. fram vorbringen: imper. sg. 2.* haf *Am 39, 6; h. ehn heim jmd nach hause führen: prt. ind. pl. 3.* hǫfðu *Vkv 9; h. eht í hug sér etw. in überlegung ziehen: imp. sg. 2.* haf *Sd 20, 5; h. uppi nennen, erwähnen: part prt. n. sg. nom.* hafat *Vsp 19, 8; h. vel (betr, bazt) sich wol befinden (besser, am besten daran sein): prs. ind. sg. 3.* hefir *Ls 39, 4; prt. opt. sg. 2.* hefðir *Akv 17, 1; prs. ind. sg. 3.* hefir *Háv 79, 6; 14) als hülfsverb mit dem part. prt. zur umschreibung des perf. und plusqpft: inf. Rm 12, Sd 10, 2, Od 21, 7; prs. ind. sg. 1.* hefi *Vsp 15, 6, þrk 7, 1, Vm 8, 5 u. ö.; sg. 2. 3.* hefir *þrk 6, 7, Ls 23, 7, Hrbl 51, 2 u. ö.; Bdr 5, 3, Ls 30, 6, Vm 46, 6 u. ö.; pl. 1.* hǫfum *Br 7, 3, Gør II 29, 3 u. ö.; pl. 2.* hafið *Hym 38, 1, Hm 20, 7; pl. 3.* hafa *Hyndl 9, 1, HH I 47, 5 u. ö.; opt. sg. 1.* hafa *Sg 53, 7; sg. 2.*

hafir *Sd 35, 5; sg. 3.* hafi *Háv 109, 2, Grp 42, 5 u. ö.; pl. 1.* hafim *HH II 45, 3; prt. ind. sg. 1.* hafða *Hrbl 39, 4, Skm 37, 4 u. ö.; mit suff. pron.* hafðak *Gðr II 25, 2 (so Grdtv.;* hǫfðu *Hild. mit It); sg. 2.* hafðir *HH II 29, 4, Am 83, 5; sg. 3.* hafði *Þrk 32, 4, Ls 1, Skm 1 u. ö.; pl. 2.* hǫfðuð *Sg 57, 4, Am 42, 2; pl. 3.* hǫfðu *Vsp 5, 4, Hrbl 37, 3, Rm 7 u. ö.; opt. sg. pl. 3.* hefði *Vsp 29, 5, Háv 108, 7 u. ö.; Br 20 pr 10; zur umschreibung des fut. exact.: prs. ind. sg. 1.* hefi *Am 38, 3; 15)* hafask *eht fyrir sich etw. vorhalten: prs. ind. sg. 3.* hefisk *Vsp 51, 2;* vel hafask *sich wol befinden: inf. Háv 140, 3;* hafask í hildileik *sich in den kampf begeben: inf. Fm 31, 3.*

há-fjall, *n. hoher berg;* h. skarar *'haarberg', poet. bezeichnung des kopfes: sg. acc. Hym 23, 6.*

hafna (að), *1) aufgeben, verwerfen* (ehu): *prs. ind. pl. 1.* hǫfnum *Am 67, 4; 2) verlieren: prs. ind. sg. 2.* hafnar *Sg 31, 7.*

hafnar-mark, *n. hafenzeichen, merkzeichen für einsegelnde schiffe: sg. nom. HHv 30, 4.*

hafr, *m. bock: sg. nom. Hym 37, 3; pl. nom.* hafrar *Þrk 21, 1; gen. acc.* hafra *Hym 20, 2. 31, 2; Hym 7, 5; dat.* hǫfrum *Hyndl 47, 7.*

hafrar, *m. pl. hafergrütze (sicherlich nicht 'bockfleisch', das nicht wie die heringe als ärmliche kost gelten kann): acc.* hafra *Hrbl 3, 7.*

hagl, *n. hagel: sg. nom. HHv 28, 7.*

hagliga, *adv. auf geschickte, zierliche weise: Þrk 15, 7. 19, 7.*

hagligr, *adj. von gefälligem äusseren, hübsch: f. pl. nom.* hagligar *HHv 1, 5.*

1. hagr, *m. 1) stellung, lage, verhältnisse: sg. dat.* hag *Grp 22, 8; 2) nutzen, vorteil: sg. gen.* hags *Am 94, 10.*

2. hagr, *adj. geschickt, kunstfertig: m. pl. nom.* hagir *Hyndl 7, 8; compar. m. sg. nom.* hagari *Rm 3; superl. m. sg. nom.* hagastr *Vkv 14; n. sg. acc. (adv.)* hagast *Vkv 18, 4.*

hála, *f. riesin: sg. voc. HHv 16, 2. 18, 1; gen.* hálu skær *'der riesin*

ross', *poet. bezeichnung des wolfes HH I 55, 7.*

halda (helt; *got.* haldan) *1) halten: prt. ind. sg. 3.* helt skildi *Vsp 31, 5,* h. munnlaug undir eitrit *Ls 65 pr 5,* h. hǫfði við hringbrota *lehnte den kopf an ihn Od 21, 3; imper. sg. 2.* halt hjarta við funa *Fm 27, 3; 2) festhalten* (ehm): *prs. ind. sg. 3.* heldr *F 305b 5; sich fest halten: prt. ind. sg. 3.* helt *F 304a 17; stand halten: inf. Am 98, 6; 3) behalten, in seinem besitze erhalten* (ehu, ehm): *prs. opt. sg. 3.* haldi *F 304a 9; prt. opt. sg. 1.* helda *Hrbl 32, 3;* h. ehu við ehn *etw. gegen jmd behaupten: inf. Akv 32, 12;* h. rúmi *an einer stelle ausharren: prt. ind. sg. 3.* helt *Am 59, 2;* h. lífi *das leben fristen: inf. Od 30, 4; prt. opt. sg. 3.* heldi *Br 10, 8; 4) etw. versprochenes oder gelobtes* (eht, ehu) *halten: inf. Grp 31, 4; part. prt. n. sg. acc.* haldit *Br 19, 7; 5) im zaume halten* (tungu): *part. prs. m. pl. acc.* haldendr *Háv 29, 5; 6) hüten, weiden: inf.* h. geitr *HH II 25, 2; 7) etw. für den gebrauch im stande u. in bereitschaft halten* (skip): *inf. Hrbl 8, 2; prs. ind. sg. 2.* heldr *Hrbl 7, 4; 8)* h. vǫrð wache halten: *inf. HH II 48 pr 3; prs. ind. pl. 3.* halda *HHv 23, 3; prt. ind. sg. 3.* helt *HHv 5 pr 4. 11 pr 11; 9) sich wenden (KGíslason, Efterl. skr. I, 205 fg.): imper. sg. 2.* halt til vinstra vegsins *Hrbl 56, 5; pl. 2.* haldið heim *Rm 9, 6; 10)* h. á ehu *sich andauernd mit etw. beschäftigen: prs. opt. sg. 3.* haldit maðr á keri *man bleibe nicht am becher kleben Háv 19, 1 (vgl. z. st. E. Magnússon, Cambr. philol. soc. proc. 1887, s. 8; FJ, Eddal. I, 116; Wisén EE 105 ff.); prt. ind. pl. 3.* heldu *Rp 15, 2; 11) intr. halten, unversehrt bleiben: inf. HH I 4, 8; prt. ind. sg. 3.* helt *F 305b 7.*

hálf-brunninn, *part. prt. halbverbrannt: n. sg. dat.* hálfbrunnu *Háv 87, 3.*

hálf-dauðr, *adj. halbtot: m. sg. nom. Hym 37, 4.*

hálfr, *adj. (got.* halbs) *1) halb: m. sg.*

nom. Háv 59, 6; *dat.* hálfum *Háv* 52, 4; *acc.* hálfan *Grm* 14, 4. 6 *u. ö.; pl. acc.* hálfa *Am* 52, 3; *f. sg. nom.* hálf *Skm* 42, 6; *n. sg. nom. acc.* hálft *Am* 94, 7; *Hym* 26, 2; *dat.* hálfu *um die hälfte* (*d. i. doppelt*) *HH I* 26, 4, *Od* 25, 4 *u. ö.; 2) unvollkommen: f. sg. nom.* hálf *Háv* 53, 6 (*FJ, Ark.* 4. 51; *Eddal. I*, 116).

hálf-sviðinn, *part. prt. halbverkohlt: m. sg. acc. Hyndl* 41, 3.

hálf-yrkr, *adj. nur halbe arbeit verrichtend, wenig leistend: m. sg. acc.* hálfyrkjan *Am* 58, 5 (*wo mit FJ* hǫggum hálfyrkjan *st. des hsl.* hǫgum vér halft yrkjum *zu lesen ist*).

hali, *m. schwanz: sg. dat. acc.* hala *Ls* 49, 3 *u. ö.; HHv* 20, 3 *u. ö.*

háll, *adj. glatt: m. sg. dat.* hálum *Háv* 89, 4.

hallr, *adj.* (*vgl. got.* wilja-halþei) *geneigt, gebeugt: f. sg. nom.* hǫll *Gðr I* 15, 2; *n. sg. dat.* með hǫllu keri *mit schief gehaltenem* (*also halbgeleertem*) *becher Háv* 52, 5.

halr, *m. 1) mann: sg. nom. voc. Hym* 3, 2, *Háv* 20, 1, *Ghv* 20, 7 *u. ö.; Hrbl* 49, 3, *HHv* 14, 2; *dat. acc.* hal *Háv* 117, 2, *Hm* 15, 5; *Háv* 149, 4, *Br* 4, 7; *pl. nom.* halir *Háv* 128, 9, *HH I* 23, 7 *u. ö.; acc.* hali *Háv* 101, 3, *Rm* 21, 6 *u. ö.; 2) herr: sg. nom. Háv* 36, 3. 37, 3; *3) mensch: pl. nom.* halir *Vsp* 53, 7, *Vm* 43, 8 *u. ö.; 4) bewohner des totenreiches: pl. nom.* halir *Alv* 29, 3. — *Als eigenname Rþ* 24, 3.

hals, *m.* (*got.* hals) *1) hals: sg. nom. acc. Rþ* 28, 11; *Vkv* 2, 10, *Sg* 42, 3 *u. ö.; dat.* halsi *Ls* 57, 5, *Skm* 23, 5 *u. ö.; 2) zipfel am segel: pl. gen.* halsa *Bdr* 12, 8 (*vgl.* skaut).

halsa (að), *umhalsen, umarmen: prt. ind. sg. 1.* halsaða *Gðr III* 4, 1; *sg. 2.* halsaðir *Gðr I* 13, 7.

hals-men, *n. halsschmuck, halsband: pl. dat.* halsmenjum *Am* 44, 7. 69, 6.

haltr, *adj.* (*got.* halts) *lahm: m. sg. nom. Háv* 71, 1. 89, 9.

hamask (að; *vgl. got.* ga-hamôn) *sich verwandeln in etw.* (*í* eht): *part. prt. n. sg. acc.* hamazk *HHv* 5 *þr* 8.

hamalt, *adv. in keilförmiger schlachtordnung: Rm* 23, 8.

hamarr, *m. hammer: sg. gen.* hamars *þrk* 1, 3. 32, 7; *dat.* hamri *þrk* 2, 8, *Hym* 23, 5 *u. ö.; acc.* hamar *þrk* 3, 7. 6, 8 *u. ö.*

Hamðis-mál, *n. pl. das lied von Hamðir: nom. Hm* 30 *pr* 1.

hamingja, *f. schutzgeist* (*R Keyser, Saml. afh.* 308 *fg., Grimm, Myth. II*⁴ 730. *III*⁴ 266): *pl. nom.* hamingjur *Vm* 49, 4.

hamla, *f. ruderband* (*der riemen der es verhindert dass die ruder aus den ruderpflöcken gleiten*): *pl. nom.* hǫmlur *Am* 36, 5.

hamr, *m. 1) gewand* (*schwanenkleid*): *pl. acc.* hami *Hlr* 7, 1; *2) äussere gestalt: sg. dat.* hami *Vsp* 41, 8, ham *Vm* 37, 3; *pl. dat.* hǫmum *Grp* 43, 5; *3) folgegeist, schutzgeist* (*s. v. a.* hamingja): *sg. nom. Am* 18, 6.

handan, *adv. nur in der verbindung* fyr h. *praep. c. acc. jenseits: Hrbl* 1, 2, *Gðr II* 7, 6.

handar-vanr, *adj. handlos: m. sg. nom. Háv* 71, 2.

hand-bani, *m. mörder: sg. acc.* handbana *Hyndl* 29, 8.

hand-taka (-tók), *ergreifen, festnehmen: inf. Grm* 25.

hanga (hekk; *got.* hâhan) *hängen* (*suspensum esse*): *inf. Am* 21, 2; *prs. ind. sg. 3.* hangir *Grm* 10, 4, *Háv* 133, 10; *prt. ind. sg. 1.* hekk *Háv* 137, 1; *opt. pl. 3.* hengi *Háv* 67, 5.

hangi, *m. gehängter: sg. gen.* hanga *F* 305b 21.

hangin-lukla, *f. frau welche herabhängende schlüssel trägt: sg. acc.* hanginluklu *Rþ* 23, 2.

hani, *m.* (*got.* hana) *hahn: sg. nom. Vsp* 43. 7. 44, 7.

hann, hón, *pron. pers. er, sie: m. nom. acc.* hann *Vsp* 8, 8, *Bdr* 2, 3, *þrk* 1, 2, *Hym* 3, 4 *u. ö.; þrk* 7, 5, *Ls* 19, 6, *Hrbl* 15, 5, *Skm* 16, 1 *u. ö.; gen.* hans *Ls* 3, *Hrbl* 48, 2, *Vm* 37, 4, *Grm* 26, 4 *u. ö.; dat.* hánum *Vsp* 43, 5, *þrk* 10, 7, *Hym* 11, 7, *Hrbl* 56, 9 *u. ö.; f. nom.* hón *Grm* 14, 5, *Rþ* 4, 5, *Vkv* 11, 8 *u. ö.; gen.* hennar *Háv* 98, 6, *Rþ* 41, 1, *Hyndl* 17, 2 *u. ö.; dat.*

henni *Vsp 3, 1, Háv 50, 3, Rþ 11, 3 u. ö.; acc.* hana *Vsp 1, 1, Vm 47, 3 u. ö.* — *Zuweilen vertritt* hann, hón *geradezu das pron. pers. der 1. person: m. sg. nom. acc.* hann *Am 32, 4. 6 ('ich'); Am 32, 3 ('mich'); f. sg. nom.* hón *Hyndl 4, 1. 2, HHv 24, 5 ('ich'); acc.* hana *Ls 53, 4 ('mich'); vgl. Bugge, Fkv. 121a.*

hann-yrð, *f. kunstvolle arbeit: pl. dat.* hannyrðum *Gðr II 14, 7 (Bugge, Tidskr. f. phil. 6, 90; Hj. Falk, Ark. 3, 89).*

hanzki, *m. handschuh: sg. gen. acc.* hanzka *Ls 60, 4; Hrbl 26, 4.*

happ, *n. erspriessliches, ehrenvolles werk: sg. acc. Am 86, 3.*

hapt, *n. fessel: sg. nom. Háv 147, 7; gen.* hapts *Háv 146, 3; pl. nom.* hǫpt *Vsp 35, 4; dat.* hǫptum *Ls 37, 6.*

hapta, *f. gefangene: sg. nom. Gðr I 9, 1; acc.* hǫptu *HH II 4, 10.*

haptr, *m. (got. hafts) gefangener: sg. nom. Fm 7, 4. 8, 4, Akv 29, 2; acc.* hapt *Vsp 36, 1.*

1. hár, *adj. (got. háuhs) 1) hoch, hochgewachsen, hoch emporragend: m. sg. nom. Vsp 22, 3, Vkv 37, 5; dat.* hám *HH I 5, 6, Akv 2, 8; acc.* hávan *Bdr 9, 1; pl. acc.* háva *HHv 28, 7; f. sg. gen.* hárar *Gðr II 36, 2; dat.* hári *Od 3, 3, (sw.)* há *Akv 14, 4, Hm 11, 10; acc.* háva *Gðr II 13, 4; pl. nom.* hávar *HH I 16, 3; n. sg. dat.* hávu *Bdr 3, 7 u. ö.,* há *Grm 17, 2; pl. acc.* há *HH I 30, 2; compar. m. sg. nom.* hæri *Vsp 32, 6; superl. m. sg. acc.* hæstan *Ghv 21, 4; n. sg. acc. (adv.)* hæst *Grp 10, 7; 2) hoch emporschlagend (von wogen u. flammen): m. sg. nom.* hár *Vsp 59, 7 u. ö.; acc.* hávan *Háv 150, 2, Hlr 10, 3; f. pl. nom. acc.* hávar *Sg 62, 6; Ghv 13, 6; Rm 16, 3; compar. m. sg. nom.* hæri *Rm 17, 6; 3) in übertr. sinne, erhaben, herrlich: compar. f. sg. nom.* hæri *Gðr I 19, 3; superl. m. sg. nom.* hæstr *Hyndl 14, 4, Grp 7, 3; 4) laut: n. sg. acc. (adv.)* hátt *Vsp 47, 5, Rm 15, 1 u. ö.; compar. n. sg. acc.*

(adv.) hæra *Hrbl 47, 4.* — *Als eigenname Vsp 18, 3. 26, 5, Grm 46, 6, F 303a 1.*

2. hár, *n. haar: sg. nom. acc. Rþ 34, 5, HH II 43, 5; Akv 8, 5; acc. c. art.* hárit *Rm 5 pr 9; dat.* hári *Grm 40, 5.*

3. hár, *m. ruderpflock: pl. nom.* háir *Am 36, 6.*

hara (að?), *jmd (á ehn) anstarren (?): prs. opt. sg. 3.* hari *Skm 28, 3.*

harð-gǫrr, *adj. 1) aus festem stoffe gefertigt, dauerhaft: n. pl. nom.* harðgǫr *Vsp 35, 3; 2) fest (gegen gift): m. sg. nom. Sf 11.*

harð-hugaðr, *part. prt. 1) von festem, unbeugsamem sinne: m. sg. nom. þrk 31, 3; f. sg. nom.* harðhuguð *Ghv ·1, 5; 2) schmerzbetäubt: f. sg. nom.* harðhuguð *Gðr I 5, 5. 11, 5.*

harð-hugðigr, *adj. von festem sinne, unerschrocken, kühn: n. sg. acc.* harðhugðikt *Grp 27, 7.*

harðla, *adv. heftig, sehr: Am 2, 6.*

harðliga, *adv. 1) schwer, drückend: HHv 38, 3; 2) kühn: Fm 30, 5 (vgl. jedoch Mhff, DA V, 366).*

harð-móðigr, *adj. von hartem, rauhem sinn: m. pl. nom.* harðmóðgir *Akv 13, 6; n. pl. nom. (sw.)* harðmóðgu *Grm 41, 5.*

harðr, *adj. (got. hardus) 1) hart (im eigtl. sinne): compar. m. sg. nom.* harðari *Hym 30, 6; 2) hart, rauh, schwer: n. pl. dat.* hǫrðum *Gðr I 10, 3; acc.* hǫrð *HH II 3, 1; compar. m. sg. acc.* harðara *Gðr I 6, 3; superl. n. sg. nom.* harðast *Ghv 16, 5; 3) schlimm, böse, furchtbar: f. pl. acc.* harðar *Od 18, 1; n. sg. nom.* hart *Vsp 46, 5; dat.* hǫrðu *Am 78, 3; 4) schwerbedrückt, kummervoll: m. sg. gen.* harðs *Gðr I 2, 3; 5) heftig: n. sg. acc. (adv.)* hart *Ls 65 pr 7; 6) streitbar, kühn, mutig: m. sg. nom. Hym 31, 1; acc.* harðan *Hrbl 20, 4, HHv 6, 7 u. ö.; pl. acc.* harða *Grp 9, 5; n. sg. acc.* hart *HH I 54, 12; compar. m. sg. acc.* harðara *Hrbl 14, 3.*

harð-ráðr, *adj. rauh, streng: m. sg. nom. Hym 10, 3.*

harð-ræði, *n. 1) kühne tat: sg. acc.*

Am 47, 3; 2) *untat, verbrechen:*
sg. gen. harðræðis *Am 83, 7.*

harð-skafr, *adj. abgehärtet (?): m.*
sg. nom. (*sw.*) harðskafi *Hyndl*
22, 2.

harð-sleginn, *part. prt. durch*
hämmern hart oder fest gemacht,
hartgehämmert: m. sg. nom. Hym
13, 3.

harm-broᵹð, *n. pl. kummerbereitende*
anschläge: dat. harmbroᵹðum *Akv*
16, 7.

harm-doᵹg, *f. 'kummertau', poet.*
bezeichnung der trähnen: sg. dat.
HH II 44, 4 (vgl. jedoch FJ II,
125 b).

harm-flaug, *f. unglücksgeschoss*
(„schmerzenspfeil" Mhff): sg. nom.
Vsp 33, 3.

harmr, *m.* 1) *kummer, sorge, schmerz,*
leid: sg. nom. Vsp 54, 2; gen.
harms *HH II 34, 6, Grp 9, 4 u.*
ö.; dat. harmi *HH II 50 pr 2,*
Gðr I 4; acc. harm *Hrbl 13, 1*
(wo wol zu lesen ist: Harm ljótan
telk mér í því; *vgl. Cpb I 119.*
488), Sd 12, 3, Gðr I 6, 4 u. ö.;
pl. gen. acc. harma *Vkv 28, 6,*
HHv 38, 4 u. ö.; HHv 27, 2,
Gðr II 4; 2) *kummer bereitende*
tat, trauriges ereignis: sg. nom.
Br 14, 6; acc. harm *Br 3, 4,*
Am 65, 3; pl. acc. harma *Gðr*
II 9, 2.

harpa, *f. harfe: sg. dat. acc.* horpu
Vsp 43, 2, Dr 16; Od 26, 6, Akv
32, 7, Am 63, 1.

hárr, *adj. grau: m. sg. dat.* hárum
Hym 16, 1, Háv 133, 5; acc. (sw.)
hára *Fm 34, 2; n. pl. nom.* hár
Rþ 2, 8.

hasla (að), *den platz (voll) auf dem*
ein zweikampf stattfinden soll mit
haselruten abstecken (Kormakssaga
ed. Möbius 20, 28 fg.); daher voll
hasla ehm *jemand zum zweikampf*
herausfordern: part. prt. m. sg. acc.
haslaðan *HHv 34 pr 7.*

há-timbra (að), *hoch aufbauen: prt.*
ind. pl. 3. hátimbruðu *Vsp 10, 4;*
part prt. m. sg. dat. hátimbruðum
Grm 16, 6.

hatr, *n. (got.* hatis) *hass: sg. nom.*
Háv 151. 4; gen. hatrs *Rm 8, 6.*

há-tún, *n. hochburg: sg. acc.* hátún
horna *'hörnerburg'. poet. bezeich-*

nung des stierkopfes Hym 19, 3. —
Als ortsname HH I 8, 5. 26, 3.

hauðr, *n. erde: sg. acc. Hyndl 48, 2.*

haugr, *m. hügel, bes. grabhügel:*
sg. nom. HH II 37 pr 1. 41, 5;
gen. c. art. haugsins *HH II 38 pr 3.*
48 pr 5; dat. haugi *Vsp 43, 1,*
þrk 5. 1 u. ö.; c. art. hauginum
HH II 45 pr 1. 48 pr 4; acc. c.
art. hauginn *HH II 41 pr 1; pl.*
dat. haugum *Hrbl 44, 3; acc.* hauga
Hrbl 45, 3.

haukr, *m. habicht: sg. dat.* hauki
Gðr II 18, 10; pl. nom. haukar
HH II 42, 4; gen. acc. hauka
Grm 44, 8; Sg 67, 8.

hauk-staldr, *m. s.* hoᵹ-staldr.

haull, *m. bruch (hernia): sg. dat.*
hauli *(besser:* haulvi) *Háv 136, 11.*

hauss, *m. schädel: sg. dat.* hausi
Vm 21, 4 u. ö.; acc. haus *Hym*
30, 5; pl. acc. hausa *Am 79, 5.*

haust-grima, *f. herbstnacht: sg.*
nom. Háv 73, 8.

heðan, *adv. von hier, von hier aus:*
Ls 7, 6, Hrbl 14, 2 u. ö.

heðinn, *m. zottiger pelzrock: sg.*
acc. heðin *Háv 73, 3. — Als männl.*
eigenname HHv 2 u. ö.

hefingar, *f. pl.* (hœfingar *FJ; vgl.*
auch Bugge, Stud. 473 anm. 2) *die*
oberen triebe oder sprossen eines
baumes (?): pl. acc. Grm 33, 2.

hefja (hóf; *got.* hafjan) 1) *heben, em-*
porheben: inf. F 304 a 45; prt. ind.
sg. 3. hóf *Hym 36, 1; part. prt.*
n. pl. nom. hafið *Gðr II 35, 4;*
h. ehn sér at armi *jmd an die*
brust drücken, umarmen: inf. Sg
4, 8; h. af *abheben: prs. ind. pl.*
3. hefja *Grm 42, 6;* h. upp *hin-*
aufheben: prt. ind. sg. 3. hóf *Hym*
34, 5; hefjask *sich emporheben: prt.*
ind. sg. 3. hófsk *Vkv 29, 6. 38, 2;*
übertr. sich überheben (durch un-
mässigen stolz): prt. ind. sg. 2.
hófsk þú *Am 94, 4 (FJ II, 131 b;*
hóstu Hild. mit R); 2) *tragen:*
inf. Sg 62, 5; prt. ind. pl. 3. hófu
Ghv 13, 5: h. út *hinaustragen:*
prs. ind. pl. 3. hefja *Am 99, 8.*

hefna (nd), 1) *rache nehmen, sich*
rächen: prs. opt. sg. 2. hefnir *Sd*
22, 4; part. prt. n. sg. acc. hefnt
vinna *die rache ausführen Am 86, 4;*
2) *rache nehmen für jmd* (ehs), *jmd*

rächen: inf. Grm 17, 6, Grp 9, 2
u. ö.; prt. ind. sg. 3. hefndi Akv 1;
pl. 1. hefndum HH II 10, 4; pl. 2.
hefnduð HH II 9, 6; part. prt.
n. sg. acc. hefnt HHv 43, 5; unpersönl. part. prt. n. sg. nom. hefnt
Vsp 56, 8; rache nehmen an jmd
(ehm) für jmd (ehs): inf. Ghv 5, 8;
3) rache nehmen für etw. (ehs), etw.
rächen: inf. Hyndl 29, 6, Hm 12, 6;
part. prt. n. sg. acc. hefnt Vkv 28, 5,
h. vinna Bdr 10, 6; unpersönl.
part. prt. n. sg. nom. hefnt Br
9, 8; rache nehmen an jmd (ehm)
für etw. (ehs): inf. Rm 10, 6;
unpersönl. part. prt. n. sg. nom.
hefnt HH II 32, 1.

hefnd, f. rache: sg. nom. acc. Sg
12, 6 (vgl. jedoch FJ z. st., der
hefnd in hǫnd ändern will); HH
II 24, 6 u. ö.; pl. nom. acc.
hefndir Ghv 5, 2; Od 18, 2; gen.
hefnda Sg 22, 5; dat. hefndum
Hym 3, 3 u. ö.

hé-gómi, m. unwahrheit, lüge: sg.
nom. Grm 24.

hegri, m. reiher: sg. nom. Háv
13, 1.

heiðingi, m. 'heidebewohner', poet.
bezeichnung des wolfes: sg. gen.
heiðingja Akv 8, 3. 5 (doch ist an
der ersten stelle wol mit FJ zu
lesen: varinn úlfs váðum).

1. heiðr, f. (got. haiþi) heide: sg. dat.
heiði HH I 52, 6, Akv 33, 8 (wo
aber wol zu lesen ist: er af viði
kómu, s. Zz 26, 28).

2. heiðr, adj. heiter, klar, glänzend:
m. sg. nom. (sw.) heiði Sg 55, 4;
acc. (sw.) heiða Hrbl 19, 5; f. sg.
acc. heiða Grm 39, 6; pl. nom.
heiðar Vsp 59, 4.

heið-vanr, adj. an heitere luft gewöhnt (serenitati, aetheri adsuetus
Mhff): m. sg. dat. heiðvǫnum Vsp
25, 3 (vgl. aber auch Bugge, Aarb.
1869 s. 249).

heilagliga, adv. auf heilige weise
(durch ein gottesurteil): Gǫr III
8, 7.

heilagr, adj. 1) heilig: m. sg. dat.
acc. (sw.) helga Gǫr III 3, 4; Sd
18, 3; f. pl. acc. helgar dem heil.
tempelfrieden unterworfen (Mhff)
Vsp 4, 2; n. sg. nom. heilakt Grm
4, 1; gen. heilags Hyndl 1, 8;

2) ehrfurcht gebietend, gewaltig: m.
sg. dat. helgum Vsp 25, 4; f. sg.
nom. heilǫg Grm 22, 3; pl. dat.
helgum Grm 22, 3; n. pl. nom.
heilǫg Grm 29, 9, HH I 1, 3.

heili, m. gehirn: sg. dat. heila Grm
41, 4.

1. heill, adj. (got. hails) 1) heil,
ganz, ohne bruch: m. sg. nom. Hym
13, 4. 31, 5; acc. heilan Hym 29, 7;
2) ungeschädigt, unverletzt, gesund:
m. sg. nom. Ls 62, 7 u. ö.; illa
heill von angegriffener gesundheit
Háv 69, 2; acc. heilan Gǫr I 13, 8;
pl. nom. heilir Háv 154, 6. 7. 8 u. ö.;
dat. heilum Vkv 32, 3; f. pl. acc.
heilar Gǫr III 9, 3; n. pl. nom.
heil Vkv 15, 3; 3) in begrüssender
anrede, bei heils- u. segenswünschen:
vom glück begünstigt: m. sg. nom.
Hym 11, 1, Ls 53, 1, Skm 37, 1
u. ö.; acc. heilan Grm 3, 2; pl.
nom. heilir Ls 11, 1, Háv 2, 1 u. ö.;
f. sg. nom. heil HHv 40, 1 u. ö.;
pl. nom. heilar Ls 11, 2, Sd 4, 2;
4) ohne falsch, treu, hold: m. sg.
nom. Am 19, 5; gen. (sw.) heila
Háv 104, 6; dat. heilum Rm 7, 3,
Sg 42, 7, Am 93, 9.

2. heill, n. vorzeichen: sg. dat.
heilli Gǫr I 22, 8 u. ö.; pl.
nom. acc. heill Rm 19, 6. 20, 3;
Rm 19, 3.

3. heill, f. 1) glückliche schickung,
glück (bes. im plur.): sg. dat. Rm
25, 6; pl. gen. heilla Rm 22, 4;
dat. heillum Sd 19, 7; 2) amulet
(vgl. H. Petersen, Om nordboernes
gudedyrkelse og gudetro i hedenold,
Kbh. 1876, s. 74): pl. dat. heillum
Sd 17, 2.

heilla (að), verzaubern, behexen:
prs. opt. pl. 3. heilli Háv 128, 9.

heil-ráðr, adj. heilbringende entschlüsse fassend: m. sg. nom. HHv
10, 2 (anders FJ z. st.).

heilsa (að), jmd (ehm) begrüssen:
prs. ind. sg. 3. heilsar Grp 5, 3.

heilyndi, n. gesundheit: sg. acc.
Háv 68, 4.

heim, adv. nach hause, heimwärts,
heim: Bdr 14, 1, Þrk 21, 2, Hym
10, 4, Ls 31, 6 u. ö.; bjóða heim
ehm jmd einladen: Háv 67, 2, Dr 7,
Am 7, 1; sœkja h. ehn jmd besuchen: Akv 3, 8; sœkja h. hǫnd

ehs *jmds hand ergreifen: HH II 13, 3.*

heima, *adv. zu hause, daheim:* Hrbl 48, 1, Vm 2, 1, Alv 1, 6, Háv 5, 3 *u. ö.* — HH I 42, 2 *ist mit Bugge* (*Wimmer, Læseb.* ⁴VIII) b r e i n a *zu lesen.*

heiman, *adv. von hause, von hause fort:* Ls 55, 3, Hrbl 3, 6 *u. ö.*

Heimdallar-galdr, *m.* 'Heimdalls zaubersang', *name eines gedichtes: sg. dat.* Heimdallargaldri *F 303b 2.*

heim-fǫr, *f. heimkehr: sg. nom.* HH II 39, 8. 40, 8.

heim-hagi, *m. heimstätte: pl. gen.* heimhaga *Háv 153, 7* (so *GV, Cpb I, 27. 468;* heim huga *Hild. mit R).*

heim-hamr, *m. die eigentliche od. natürliche haut, im gegensatze zu der durch zauberkunst angenommenen: pl. gen.* heimhama *Háv 153, 6* (so *GV, Cpb I, 27. 468;* heim hama *Hild. mit R).*

heimi, *n. heimat: sg. gen.* heimis *Hrbl 44, 3. 45, 3, Sd 25, 5.*

heimis-garðar, *m. pl. heimatliches gehöft: gen.* heimisgarða *Háv 6, 5.*

heim-kynni, *n. pl. heimwesen: nom.* Hrbl 4, 4.

heimr, *m.* (got. haims, *f.*) 1) *heimatland, heimat: sg. acc.* heim *HH II 34, 5, Akv 17, 4; pl. acc.* heima *HH II 5, 4. 6, 3;* jǫtna heima *den wohnort der riesen Þrk 4, 10. 8, 4;* 2) *welt: sg. dat.* heimi *Vsp 26, 2, Vm 49, 5, Alv 8, 4, HHv 40, 3 u. ö.; acc.* heim *Vm 43, 5 u. ö.; pl. nom.* heimar *Grm 42, 4; dat.* heimum *Sd 2 pr 24; acc.* heima *Vsp 5, 5, Skm 2, Vm 43, 6 u. ö.;* 3) *die oberwelt im gegensatze zu dem totenreiche* (hel): *sg. dat.* heimi *Bdr 6, 4, Ghv 20, 8.*

heimska, *f. torheit: sg. acc.* heimsku *Am 83, 7.*

heimskr, *adj. töricht, einfältig: m. sg. dat.* heimskum *Háv 20, 6; acc.* heimskan *Háv 92, 5; voc.* (sw.) heimski *Hyndl 16, 10. 17, 6 u. ö.; pl. acc.* heimska *Háv 93, 4, Sd 24, 3.*

heim-stǫð, *f. heimstatt* (erde): *sg. acc.* Vsp 58, 8.

heimta (mt), 1) *heimbringen, holen: prs. ind. sg. 3.* heimtir *Þrk 7, 6*

u. ö.; opt. sg. 2. heimtir *Þrk 17, 8; prt. ind. sg. 3.* heimti *Gǫr II 17, 2;* 2) *einfordern, reclamieren: inf. Rm 11 pr 7.*

heipt, *f.* (*vgl. got.* haifsts) 1) *zorn, grimm, hass: sg. nom. Fm 19, 4, Am 85, 5; gen.* heiptar *aus zorn Br 3, 3; pl. gen.* heipta *Háv 149, 5; dat.* heiptum *Sg 10, 1; acc.* heiptir *HH I 46, 8. II 26, 8, Sd 36, 1;* 2) *tobsucht* (Lüning): *pl. dat.* heiptum *Háv 136, 12;* 3) *tat die zorn od. hass erregt, schreckenstat: sg. acc.* heiptar (Heði *ist von Sijmons mit recht als glossem gestrichen) Bdr 10, 5; pl. dat.* heiptum *Sd 12, 3; acc.* heiptir *Gǫr II 29, 2.*

heipt-gjarn, *adj. rachgierig: m. sg. gen.* heiptgjarns *Br 9, 7; f. sg. voc.* heiptgjǫrn *Sg 31, 4.*

heipt-móðr, *adj. zornig, erbittert: m. sg. nom. Akv 32, 7.*

heipt-mǫgr, *m. feind: pl. acc.* heiptmǫgu *Háv 146, 3.*

heipt-yrði, *n. pl. feindliche worte: acc. Fm 9, 1, Am 85, 3.*

heit, *n.* (got. ga-hait) 1) *gelübde: sg. acc. HHv 4. 30 pr 11, Sd 2 pr 19; dat.* heiti *Alv 3, 6; pl. acc.* heit *HHv 30 pr 11;* 2) *drohung: pl. dat.* heitum *Am 18, 5.*

1. **heita** (hét; got. haitan) 1) *versprechen* (ehm ehu): *inf. Háv 129, 8, Am 101, 4; prs. ind. sg. 2.* heitr *Grp 35, 7; prt. ind. sg. 1. 3.* hét *Oð 9, 5; Am 7, 5; part. prt. n. sg. acc.* heitit *Sd 2 pr 8;* 2) *jmd* (ehm) *eine frau* (ehi) *verloben: part. prt. n. sg. acc.* heitit *Alv 4, 5, HH I 19, 3;* 3) *jmd* (ehm) *mit etw.* (ehu) *drohen: prs. opt. sg. 2.* heitir *Hyndl 49, 4; prt. ind. sg. 1.* hét *Am 78, 3;* 4) *jmd* (ehn) *zu etw.* (at ehu) *herbeirufen: inf. Sg 15, 8. 43, 6; prt. ind. sg. 1.* hét *Ghv 12, 2;* 5) *heissen, befehlen: imper. pl.* heitið mik heðan (scil. ganga) *Ls 7, 6;* 6) *nennen, benennen* (mit *dopp. acc.*): *prt. ind. pl. 3.* hétu *Vsp 1, 1, Rþ 7, 4 u. ö.; part. prt. m. sg. nom.* heitinn *Háv 63, 3, Grp 40, 2 u. ö.; f. sg. nom.* heitin *Hm 3, 2;* 7) *benannt sein, heissen: inf. Rþ 34, 4. 46, 7; prs. ind. sg. 1.* heiti *Bdr 6, 1, Ls 45, 1 u. ö.; sg. 2. 3.* heitir

Hrbl 9, 10, *HHv 14, 1. 16, 1; Vsp 22, 2, Hym 11, 10, Hrbl 8, 1, Vm 11, 4 u. ö.; pl. 3.* heita *Grm 5, 1, Alv 18, 4. 19, 1; prt. ind. sg. 1. 3.* hét *Grm 50, 2. 54, 2; mit suff. pron.* hétumk *Grm 46, 1. 2 u. ö.* (*zur form vgl.* Jón Þorkelsson, *Ark. 8, 34 ff.;* Noreen² *§ 458 anm. 2, § 461 anm. 3, § 463 anm. 1.*); *Ls 1, Skm 4, Grm 1, Rp 3 u. ö.; pl. 1.* hétum hjóna nafni hiessen *eheleute Sg 68, 7; pl. 3.* hétu qðrum nqfnum *mit anderen namen Rp 25, 1; HH II 14; opt. sg. 3. pl. 3.* héti *Hyndl 13, 3; Rp 12, 3.*
heitask *sich einem manne* (ehm) *verloben: prt. ind. sg. 1.* hétumk *Sg 36, 1.*

2. **heita** (tt), *brauen: prs. opt. sg. 1. Hym 3, 8; part. prt. n. sg. nom.* þú ert, qlõr! of heitt *nun bist du fertig gebraut, mein bier! Hym 32, 8 (vgl. Cpb I, 224 u. Sievers, Zz 21, 109).*

heiti, *n. name: sg. acc. Rp 36, 5.*

heitr, *adj. heiss: m. sg. nom. Grm 1, 1; dat.* heitum *Akv 42, 7; acc.* heitan *Akv 20, 4. 43, 8, Hm 24, 10; compar. m. sg. nom.* heitari *Háv 51, 1.*

heit-strenging, *f. ablegung von gelübden: pl. nom.* heitstrengingar *HHv 30 pr 9.*

hel, *f. (got.* halja) *das totenreich, die unterwelt: sg. gen.* heljar *Skm 27, 3; fara til* h. *sterben Fm 10, 6 u. ö.; ganga næst (til)* h. *dass. Hlr 8, 4, Am 94, 7; lemja ehn til* h. *jmd totschlagen Am 42, 5; dat.* helju *Bdr 2, 8 (vgl. jedoch Bugge z. st.), Vm 43, 8 (wo aber die worte* or helju *von FJ wol mit recht gestrichen werden), Alv 15, 3 u. ö.; hafa ehn í* h. *jemand erschlagen haben Am 48, 9; senda ehn* h. *jmd töten Am 53, 5; acc.* koma ehm í hel *jmd töten Ls 63, 4; drepa ehn í* h. *jmd totschlagen Hrbl 27, 2, Am 40, 2. — Als name der todesgöttin Vsp 44, 8, Bdr 3, 8 u. ö.*

héla, *f. reif: sg. dat.* hélu *HH II 43, 6.*

heldr, *adv. compar. (got.* haldis) *1) lieber, eher, vielmehr: Skm 37, 1, Rp 48, 1 u. ö.;* h. en *eher, lieber*

als: *Alv 7, 5, Háv 149, 6; at* h. *vielmehr, im gegenteil, hingegen: Grp 16, 5. 26, 3; 2) mehr:* hálfu h. *um das doppelte mehr, weit genauer Od 25, 3;* h. en *mehr als Akv 28, 7; 3) gar sehr: Hrbl 51, 2; 4) den adjectivbegriff verstärkend, sehr, gar: Vsp 35, 3, Vkv 19, 7, Grp 10, 3 u. ö.;* h. til allzu *sehr Grm 1, 2; 5) beim compar. weit, viel: Skm 13, 2, HH II 3, 5, Hlr 1, 7; 6) trotzdem: Am 30, 10. 65, 4, at* h. *dass. Háv 95, 6; 7)* né in h. *ebensowenig: Háv 61, 6, HH I 12, 3 u. ö.; 8) conj. sondern, vielmehr: Bdr 13, 3. 7, Háv 6, 3, Od 17, 6; 9) conj. damit wenigstens: Ls 53, 4.*

hel-fúss, *adj. mordgierig: f. sg. dat.* helfússi *Akv 42, 3.*

helga (að), *weihen: inf. Gðr III 7, 3.*

Helga-kviða, *f. das lied von Helgi: sg. dat.* Helgakviðu *HH II 16 pr 16.*

hella, *f. (vgl. got.* hallus) *flacher stein: sg. acc.* hellu *F 305a 6, c. art.* helluna *F 305a 2.*

hellir, *m. felshöhle: sg. dat.* helli *Hyndl 1, 4, Am 54, 6, F 303b 29, c. art.* hellinum *Grm 17.*

hel-stafir, *m. pl. todbringende runen: dat.* helstqfum *HHv 29, 3.*

hélugr, *adj. bereift: n. pl. acc.* hélug *Rp 37, 7, Fm 26, 3 (R hat an letzterer stelle* heilog, *vgl. Mhff, DA V, 100 u. 366).*

hel-vegr, *m. weg zur unterwelt, todesweg: sg. acc.* helveg *Vsp 53, 7, Hlr 7; pl. dat.* helvegum *Vsp 48, 6.*

henda (nd; *vgl. got.* fra-hinþan) *ergreifen, fangen: inf. Háv 89, 9;* hendask *sich etw. zuschleudern (?): prt. ind. pl. 3.* hendusk *Am 85, 3.*

hengja (gð), *hängen (trans.): inf. Ghv 8; prt. ind. pl. 3.* hengðu *Am 5, 7.*

heppinn, *adj. glücklich: m. pl. nom.* hepnir *Rm 12.*

hér, *adv. (got.* hêr) *1) hier: Bdr 7, 1, Þrk 23, 1, Ls 1, 4, Hrbl 9, 8 u. ö.;* hér ok hvar *hier u. da Háv 67, 1; 2) hierher (nach vbis der bewegung): Gðr III 5, 1, Akv 15, 5 u. ö.*

her-baldr, *m. heerführer, kriegsfürst: sg. nom. Sg 19, 8.*

her-bergi, *n. herberge: sg. gen.* herbergis *F 304a 29.*

herða (rð; *got.* ga-hardjan) *härten: prt. ind. sg. 1.* herða *Vkv 18, 5.*

herða-klettr, *m. 'schulterfels', poet. benennung des kopfes: sg. acc.* herðaklett *Ls 57, 4.*

herðr, *f. schulter: pl. dat.* herðum *Hym 36, 1.*

her-gjarn, *adj. kampfbegierig: m. sg. nom. Sg 22, 6.*

her-glǫtuðr, *m. heervernichter: sg. nom. Br 13, 3. 19, 5.*

her-konungr, *m. heerkönig: pl. gen.* herkonunga *Sf 33.*

hermaðr, *m. kriegsmann: sg. nom. HHv 30 pr 1, HH II 8, Sd 2 pr 7.*

hermð, *f. sorge, gram: sg. gen.* hermðar *HH I 32, 7. 49, 9.*

her-mǫgr, *m. krieger: pl. nom.* her-megir *HH II 5, 3.*

hernaðr, *m. kriegszug: sg. dat.* hernaði *HHv 30 pr 4, HH II 9.*

her-numa, *f. kriegsgefangene: sg. nom. Gðr I 9, 2.*

her-numi, *m. kriegsgefangener: sg. nom. Fm 8, 5.*

her-numinn, *part. prt. kriegsgefangen: m. sg. nom. Fm 7, 5.*

herr, *m. (got.* harjis) *1) versammlung: sg. dat.* her *HH II 15, 2 (vgl. FJ z. st.); 2) kriegerschar, heer: sg. nom. Am 90, 8; gen.* hers *Grp 41, 2 u. ö.; dat. c. art.* hernum *Hrbl 40, 1, HHv 5 pr 9; acc.* her *Rþ 48, 4, HH I 32, 8 u. ö.; pl. gen.* herja *Gðr III 4, 2; 3) vernichter: sg. acc.* her *alls viðar den vernichter alles holzes, d. i. das feuer: Hlr 10, 4.*

her-saga, *f. kriegsbotschaft: sg. dat.* hersǫgu *HH II 16 pr 24.*

hers-borinn, *part. prt. dem stande der hersen entsprossen: n. sg. nom.* hersborit *Hyndl 11, 10. 16, 6.*

hersir, *m. herse (gaufürst): sg. gen.* hersis *Gðr I 9, 7; pl. nom.* hersar *Am 96, 3. — Als männl. eigenname Rþ 40, 4.*

her-skip, *n. kriegsschiff: pl. acc. HH II 4 pr 2.*

her-vápn, *n. kriegswaffe: pl. dat.* hervápnum *Sd 5.*

her-vegr, *m. heerstrasse: sg. dat.* hervegi *Ghv 2, 10, Hm 3, 6.*

hervi, *n. egge (?): sg. acc. Akv 18, 4 (vgl. jedoch Grdtv. z. st.).*

hesli-kylfa, *f. haselgerte: sg. acc.* heslikylfu *HH II 25, 6.*

hesta-heiti, *n. pferdename: pl. nom. F 304b 8.*

hestr, *m. pferd: sg. nom. Vm 11, 4, F 304b 23, c. art.* hestrinn *Fm 44 pr 6; gen.* hests *Háv 61, 6; dat.* hesti *Háv 87, 4, Rþ 38, 3 u. ö.; c. art.* hestinum *F 305b 4; acc.* hest *Háv 82, 5, Rm 1 u. ö., c. art.* hestinn *Skm 9 pr 1; pl. nom.* bestar *F 304b 11. 37; gen. acc.* hesta *Vm 12, 4, HH II.38, 6; Rþ 43, 3; dat.* hestum *Rþ 35, 9 u. ö.; Rævils* hestum *'des seekönigs rosse', d. i. die schiffe Rm 16, 2.*

heyja (háða), *ins leben rufen; erregen, veranstalten (KGíslason, Efterl. skr. I, 138): inf. HH I 46, 3 u. ö.; prt. ind. sg. 1.* háða *Hrbl 30, 4.*

heyra (rð; *got.* hausjan) *hören: inf. Ls 13, HH I 29, 1 u. ö.; prs. ind. sg. 2. 3.* heyrir *Rm 22, 2, Gðr II 8, 3; Am 102, 8; pl. 1.* heyrum *Akv 6, 4; opt. pl. 3.* heyri *Skm 34, 1. 2; imper. sg. 2.* heyr *þrk 2, 3, HHv 27, 1; prt. ind. sg. 1.* heyrða *Hrbl 43, 3, Háv 110, 7 u. ö.; sg. 3.* heyrði *Grm 54 pr 4, Fm 31 pr 10 u. ö.; pl. 3.* heyrðu *Am 43, 2 u. ö.; opt. sg. 3.* heyrði *Hrbl 26, 8; part. prt. n. sg. acc.* heyrt *Hym 38, 1; h. á eht auf etwas hören: inf. Am 61, 8; h. til (ehs) durch das gehör vernehmen: inf. Hm 19, 4; prs. ind. sg. 1.* heyri *Skm 14, 2; part. prt. n. sg. acc.* heyrt *HHv 12.*

hildi-leikr, *m. kampf: sg. acc.* hildileik *Fm 31, 3.*

hildi-meiðr, *m. 'kampfbaum', poet. bezeichnung eines helden: sg. nom. Fm 36, 2.*

hildingr, *m. held, kriegsfürst: sg. nom. HH II 3, 2; gen.* hildings *Háv 151, 5 u. ö.; pl. nom.* hildingar *HH I 6, 6. II 26, 7 u. ö.; dat.* hildingum *HH I 17, 6 (wo aber wol* hildingi *zu lesen ist), II 28, 9 u. ö.*

hildi-tǫnn, *f. 'kampfzahn', beiname des königs Haraldr: sg. nom. Hyndl 28, 1.*

hildr, *f. (got. *hildi in eigennamen: Wrede 86) kampf, krieg: sg. gen.*

hildar *Háv 154, 6; dat. acc.* hildi
*Háv 154, 7; HH II 7, 2, Akv
15, 8 (vgl. jedoch Bugge, Fkv. 430b).
— Als weibl. eigenname Vsp 31, 7,
Grm 36, 4, Hlr 6, 3 und auch wol
HH II 21, 2.*

hilmir, *m. herrscher, könig (KGíslason, Efterl. skr. I, 76. 113): sg. nom.
voc. HHv 37, 5 u. ö.; HHv 6, 8,
HH II 7, 1; gen.* hilmis *Grp 3, 8,
Rm 26, 7 u. ö.; dat.* hilmi *HH II
13, 7, Grp 5, 4 u. ö.*

himin-jǫðurr, *m. himmelskante,
himmelsrand: sg. acc.* himinjǫður
*Vsp 8, 4 (Bugge, Fkv. 1b; Aarb.
1869 s. 247 fg.; JHoffory, Eddastud. s. 73 fg.).*

himinn, *m. (got. himins) himmel: sg.
nom. Vsp 53, 8, Vm 21, 4 u. ö.;
gen.* himins *Hym 5, 4, Vm 37, 2 u.
ö.; dat.* himni *Vsp 59, 3 u. ö.; acc.*
himin *Vsp 59, 8, Bdr 12, 7 u. ö.*

himin-vangar, *m. pl. himmelsauen,
himmel (vgl. Sijmons, Zz 18, 113
anm. 1): acc.* himinvanga *HH I
16, 4. — Als ortsname HH I 8, 6.*

hindri, *adj. compar. (vgl. got. hindana,
hindumists) der spätere, folgende: m.
sg. gen.* hindra *Háv 108, 1 (vgl. z.
st. Richert s. 11 fg.); superl.* hinztr
*der letzte: m. sg. nom. HHv 40, 3;
f. sg. nom.* hinzt *Sg 65, 4, Am 45, 6.*

hingat, *adv. hierher:* Hrbl 7, 1,
HHv 37, 2 u. ö.

hinig, *s.* hinnig.

hinn, *pron. demontr. (got. himma,
hina, hita) jener, dieser, der: m.
sg. nom. Háv 8, 1. 27. 8 u. ö.;
f. sg. nom.* hin *Þrk 29, 3; gen.*
hinnar *Ls 38, 5; acc.* hina *Þrk
32, 3, HHv 26, 1; n. sg. nom.*
hitt *Ls 33, 4, Gðr III 1, 5;
gen.* hins *Hrbl 9, 9 u. ö.; acc.*
hitt *Skm 16, 4, Vm 3, 4 u. ö.;
mit suffig. -gi* hitki *das nicht: Háv
22, 4 u. ö.*

hinnig, hinig *(d. i. hinn veg; die
form mit einem n wird fast an
allen stellen durch das metrum gefordert), adv. 1) hierher: Vm 43, 8,
Fm 26, 3, Ghv 19, 4, HH II
35, 8; 2) in beziehung hierauf:
Od 9, 6.*

hirð, *f. gefolgschaft eines fürsten: sg.
at. Hyndl 25, 3; gen.* hirðar *HH
II 17; acc. c. art.* hirðina *Akv 5.*

hirða (rð), *1) jmd (ehn) unterbringen,
in sicherheit bringen: prt. ind. sg. 3.*
hirði *Hym 7, 5; 2) sich um etw.
(eht) kümmern: imper. sg. 2* hirð
*HH II 16, 1; 3) an etw. denken,
etw. im sinne haben (mit folg. inf.):
imper. sg. 2.* hirð *Gðr II |29, 1.
32, 1, Am 39, 5.*

hirðir, *m. (got. haírdeis) hirt: sg.
nom. voc. Vsp 43, 3, Skm 12 üb.;
Skm 11, 1.*

hiti, *m. hitze, feuer: sg. nom. Vsp
59, 7.*

hitta (tt), *1) finden, treffen, antreffen
(ehn, eht; í eht): inf. Þrk 3, 8,
Hrbl 56, 8 u. ö.; prs. ind. sg.
2. 3.* hittir *Hrbl 56, 6; Háv 66, 6;
prt. ind. sg. 3.* hitti *Ls 16, HH
II 20 u. ö.; pl. 3.* hittu *Fm 2;
2) jmd (ehn) aufsuchen: inf. Þrk
11, 2; imper. sg. 2.* hitt *Hrbl
53, 4; h. ehn at máli jemand
aufsuchen um mit ihm zu sprechen:
prt. ind. sg. 3.* hitti *Grp 7;
hittask sich finden, zusammenkommen: prs. ind. pl. 3. Vsp 62, 1;
imper. pl. 1.* hittumk *HHv 22, 3;
prt. ind. pl. 3.* hittusk *Vsp 10, 1.*

híu *(nicht hjú: Ranisch, Hampismál
74 anm.) n. pl. (vgl. got. heiwa-frauja)
1) eheleute: nom. Am 8, 7; 2) haus-
genossen, familie: nom. Vkv 15, 3.*

hixta (xt), *röcheln: prt. ind. sg. 3.*
hixti *Am 40, 4.*

hjá, *praep. c. dat. neben, bei: Hrbl
18, 11, Rþ 11, 3, Vkv 6 u. ö.*

hjala (að), *plaudern: inf. Grp 6, 2.*

hjaldr, *m. kampflärm, kampf: sg.
dat.* hjaldri *Am 47, 7.*

hjálm-drótt, *f. schar von helm-
trägern, kriegerschar: sg. acc. Gðr
II 14, 11.*

hjálmr, *m. (got. hilms) helm: sg.
dat.* hjálmi *HHv 28, 3, HH I 49,
6 u. ö.; acc.* hjálm *Alv 19, 6,
Hyndl 2, 6 u. ö., c. art.* hjálminn
Sd 5; pl. dat. hjálmum *HH I
16, 3. II 7, 7 u. ö.; acc.* hjálma
Gðr II 20, 6.

hjálm-stafr, *m. 'helmstab', poet.
bezeichnung eines kriegers: pl. dat.*
hjálmstǫfum *Rm 22, 5.*

hjálm-stofn, *m. 'helmstumpf', poet.
benennung des kopfes: sg. nom.
Hym 31, 6.*

hjálm-vítr, *f. 'helmwesen', poet.*

benennung der walküren: pl. nom.
HH I 55, 2 (Grdtv. 216 b).

hjálp, *f. hilfe, hilfeleistung: sg. nom.*
Háv 144, 4; gen. hjálpar *Od 9, 2.*
26, 8; pl. acc. hjálpir *Od 1, 8,*

hjálpa (halp) *helfen:*
inf. Háv 144, 5 u. ö.; prs. opt.
sg. 2. hjálpir *Od 4, 8; pl. 3.* hjálpi
Od 8, 1.

hjalt, *n. das obere oder untere ende*
des schwertgriffes (knopf od. parier-
stange): sg. dat. hjalti *HHv 9, 1,*
Sd 6, 3; pl. knopf u. parierstange,
schwertgriff: nom. hjǫlt *Akv 7, 4;*
c. art. hjǫltin *Grm 54 pr 8.*

hjarðar-sveinn, *m. hirtenjunge:*
sg. acc. hjarðarsvein *HH II 20.*

hjarta, *n. (got.* haírtô) *1) herz: sg.*
nom. Dr 14, Akv 22, 1; blóðugt
er hjarta *'das herz blutet', d. h. er*
fühlt bitteres leid Háv 37, 4; hold
ok hj. var mér in horska mær *'lieb*
wie mein eigen fleisch u. blut' Háv
95, 4; aptarla hj. hygg ek at þítt
sé *'dein herz sitzt hinten', d. h. du*
hast keinen mut HHv 20, 4, gen.
Vsp 56, 7, Fm 11 u. ö.; dat. Háv
94, 2, Hyndl 41, 1 u. ö., c. art.
hjartanu *Fm 31 pr 4; acc. Fm*
26 pr 2, Gðr II 9, 5 u. ö.; pl.
nom. acc. hjǫrtu *Háv 83, 5; Gðr*
II 41, 5 u. ö.; 2) sinn, gemüt:
sg. nom. Háv 55, 4; acc. Háv
120, 8, Grp 51, 2; 3) mut: sg.
acc. Hrbl 26, 2.

hjart-blóð, *n. herzblut: sg. nom.*
acc. Fm 31 pr 8; Gðr II 30, 8.

hjón, *n. pl. (zur form vgl. Noreen,*
Gramm.² § 338 u. Grundr. I, 495)
eheleute: nom. Rþ 2, 7. 3, 8 u. ö.;
gen. hjóna *Sg 68, 8, Am 93, 10.*

hjú, *s.* híu.

hjúfra (að), *weinen: inf. Gðr I 1, 5.*
II 11, 5.

hjǫrð, *f. (got.* haírda) *herde: sg. acc.*
Háv 71, 2; gen. hjarðar *Hym 17, 5;*
pl. nom. hjarðir *Háv 21, 1.*

hjǫr-drótt, *f. mit schwertern be-*
waffnete schar, kriegerschar: sg.
acc. Gðr II 14, 11.

hjǫr-leikr, *m. schwertspiel, kampf:*
sg. gen. hjǫrleiks *Rm 23, 7.*

hjǫr-lǫgr, *m. 'schwertnass', poet.*
bezeichnung des blutes: sg. dat.
hjǫrlegi *Fm 14, 5.*

hjǫrr, *m. (got.* haírus) *1) schwert:*

sg. nom. HHv 40, 7, Fm 1, 6 u. ö.;
gen. hjǫrs *Fm 29, 6 u. ö.; dat.*
hjǫrvi *Rm 12, 5, Gðr I 14, 8 u. ö.,*
hjǫrfi *Rþ 38, 4,* hjǫr *Gðr II 38, 7;*
acc. hjǫr *Vsp 56, 7 u. ö.; pl. dat.*
hjǫrum *Háv 156, 6 u. ö.; 2) scharfe*
felskante (?): sg. dat. hjǫrvi *Ls*
49, 4. 50, 1.

hjǫr-stefna, *f. schwerterbegegnung,*
kampf: sg. gen. hjǫrstefnu *HH I*
13, 2.

hjǫrtr, *m. hirsch: sg. nom. Grm*
26, 1. 35, 4, Gðr II 2, 5; pl. nom.
hirtir *Grm 33, 1;* rakka h. *'hirsche*
der racks' (s. rakki), *d. i. schiffe*
HH I 50, 3.

hjǫr-undaðr, *part. prt. vom schwerte*
verwundet: f. sg. nom. hjǫrunduð
Sg 48, 7.

hjǫr-þing, *n. schwerterversammlung,*
kampf: sg. acc. HH I 51, 12; dat.
hjǫrþingi *Ghv 6, 4.*

1. hlaða, (hlóð; *got.* af-hlaþan) *1) laden,*
beladen: part. prt. m. sg. nom.
hlaðinn *Sf 21; f. sg. nom.* hlaðin
halsmenjum *mit halsbändern ge-*
schmückt Am 44, 7; 2) etw. (ehu)
aufschichten: imper. pl. 2. hlaðið
Ghv 21, 1; hl. upp *dass.: inf. Rm*
5 pr 4; 3) zusammenfügen: prs.
ind. pl. 3. hlaða spjǫldum *die vier-*
ecke (eines gewebes) zusammensetzen
Gðr II 27, 2; part. prt. m. sg.
acc. hlaðinn steinum *aus steinen*
Hyndl 10, 2; 4) fallen lassen:
prt. ind. pl. 3. hlóðu seglum *HH*
II 16 pr 14; 5) hlaðask á mara
bógu *die pferde besteigen: prt. ind.*
pl. 3. hlóðusk *Ghv 7, 7.*

2. hlaða, *f. scheune: pl. acc.* hlǫður
Rþ 22, 6.

hlakka (að), *schreien (vom adler):*
prs. ind. sg. 3. hlakkar *Vsp 51, 6.*

hland, *n. urin: sg. acc. Skm 35, 6.*

hland-trog, *n. nachtgeschirr: sg.*
dat. hlandtrogi *Ls 34, 5.*

hlátr, *m. gelächter: sg. acc. Háv 42,*
4; dat. hlátri *Háv 42, 4. 131, 5.*

hlaupa (hljóp; *got.* us-hlaupan) *laufen,*
springen: inf. Grm 24; prs. ind.
sg. 2. 3. hleypr *Hyndl 47, 5; F 305a*
11; prt. ind. sg. 3. hljóp *Grm 10,*
HH II 16 pr 12 u. ö.

hlaut, *f. (got.* hlauts, *m.) anteil*
(der götter an dem opfer), daher
opferblut: sg. acc. Hym 1, 6.

hlaut·viðr, m. loszweig: sg. acc. hlautvið Vsp 65, 2 (Mhff DA V, 155 fg.).

hléðr, adj. berühmt: m. pl. dat. hléðum Hm 11, 2; superl. n. sg. nom. hlézt Od 4, 3. Vgl. Hj. Falk in: Akademiske afhandlinger til prof. S. Bugge (Christ. 1889) s. 17.

hleifr, m. (got. hlaifs) brot: sg. dat. hleifi Háv 52, 4. 138, 1; acc. hleif Rp 4, 2; pl. acc. hleifa Rp 30, 6.

hlenni-maðr, m. räuber, spitzbube: pl. acc. hlennimenn Hrbl 8, 5.

hleypa (pt), zum laufe antreiben, tummeln (hesti): ·prt. ind. sg. 3. hleypti Rp 38, 3.

hleyti, n. pl. verschwägerung: acc. Grp 34, 2.

hlezt, (Od 4, 3) s. hléðr.

1. hlið, f. seite: sg. acc. Rp 3, 7, Sg 66, 8. 67, 2 u. ö.; dat. hliðu Grm 35, 5; pl. acc. hliðar Rm 24, 5.

2. hlið, n. toröffnung, tor: sg. dat. hliði Skm 10 pr 4.

3. hlíð, f. abhang, berghalde: pl. acc. hlíðir HH I 48, 6.

hlið-farmr, m. seitenlast, last die an den seiten des pferdes herabhängt: sg. acc. hliðfarm Od 20, 3.

hlið-skjálf, f. fensterbank (RHenning, DLZ 1890, sp. 229): pl. acc. hliðskjálfar djúpar Akv 14, 2. — Als name von Odins hochsitz Skm 1, Grm 15.

hlið-vǫrðr, m. torwächter: pl. nom. hliðverðir Gǫr II 36, 1.

hlíð-þang, n. 'tang der berghalde', poet. bezeichnung des waldes: sg. acc. Alv 29, 3.

hlíf, f. 1) schutz: sg. gen. hlífar Háv 81, 6; 2) schild: pl. acc. hlífar Rp 43, 4.

hlífa (fð; got. hleibjan) jmd. (ehm) schützen: prt. ind. sg. 3. hlífði HHv 9 pr 4; pl. 3. hlífðu HH I 55, 4; hlífask sich mit etw. (ehw) schützen: prt. ind. pl. 3. hlífðusk Am 43, 6.

hljóð, n. (got. hliuþ? hliuþs?) 1) gehör, aufmerksamkeit, schweigen: sg. gen. hljóðs Vsp 4, 1; dat. hljóði Háv 7, 3; 2) tönendes instrument, horn: sg. acc. Vsp 25, 2.

hljóðr, adj. schweigsam, ruhig: n. sg. acc. hljótt ruhe, gemach Am 53, 1.

hljóta (hlaut), erlangen, erhalten: inf. Am 97, 4; prs. ind. sg. 2. hlýtr Hrbl 47, 6; prt. ind. sg. 3. hlaut þrk 32, 5.

hlóa (að?), im siedezustande sein, kochen (KGislason, Efterl. skr. I, 123 anm.): prs. ind. pl. 3. Grm 29, 9.

hlunn-blik, n. pl. glänzende türflügel (?) die sich in rollen bewegen: nom. Sg 69, 3.

hlunn-goti, m. 'rollenhengst', poet. bezeichnung des schiffes: sg. acc. hlunngota Hym 20, 1.

hlunn-vigg, n. dass.: pl. nom. Rm 17, 7.

hluti, m. los, schicksal: sg. nom. Am 99, 3.

hlutr, m. 1) teil: sg. nom. fóta hl. der unterkörper Sg 23, 9; acc. hlut HHv 11 pr 11. Sg 36, 9. 37, 7, bera lægra hl.' den kürzeren ziehen HH II 24, 7; pl. gen. hluta Sg 23, 6, F 305 b 17; 2) los, schicksal: sg. dat. hlut Am 81, 3; 3) ding, sache: sg. acc. hlut (mit negat.) nichts Am 93, 6; pl. dat. hlutum F 305 b 8; acc. hluti Rm 12 pr 1, F 306 b 19.

hlýða (dd), 1) hören (auf etw.: ehu od. á eht): inf. HHv 41, 4; imper. sg. 2. hlýð Hyndl 25, 8; prt. ind. sg. 2. hlýdda Háv 110, 6; sg. 3. hlýddi HHv 13; pl. 3. hlýddu Háv 163, 8; 2) horchen, lauschen: prs. ind. sg. 3. hlýðir Háv 7, 4; prt. ind. sg. 2. hlýddir Od 31, 1.

hlýði, f. gehorsam (?): sg. nom. (mit suffigiertem -gi) hlýðigi Hm 11, 6.

hlýja (hlýða), jmd (ehm) schutz gewähren: prs. ind. sg. 3. hlýr Háv 50, 3.

hlymja (hlumða), ertönen, erklingen; heulen: prt. ind. pl. 3. hlumðu Hym 24, 1 (doch ist des metrums wegen die lesart von A: hrutu in den text zu setzen, vgl. Bugge, Aarb. 1895 s. 129).

hlymr, m. lärm, getöse (KGislason, Efterl. skr. I, 151): sg. nom. Od 25, 5; pl. gen. hlymja Skm 14, 1.

hlynr, m. ahorn; baum im allgem.: sg. nom. vápna hl. 'waffenbaum', d. i. held Sd 20, 3.

hlýr, n. wange: sg. nom. Gǫr I 15, 4.

hlýri, m. bruder: sg. nom. F 306 a 17; dat. hlýra Rm 10, 6.

hlýrnir, *m. himmel: sg. nom. Alv 13, 2.*

hlæja (hló; *got.* hlahjan) *lachen: inf. Háv 46, 4, Rm 15, 1; prs. ind. sg. 2. 3.* hlær *Sg 31, 3, Gðr III 1, 4; Háv 22, 3; imper. sg. 2.* hlæ *Háv 133, 6; part. prs. m. f. sg. nom.* hlæjandi *Vkv 29, 5. 38, 1; Br 15, 7, Ghv 7, 1; prt. ind. sg. 3.* hló *þrk 31, 1, Br 8, 1 u. ö.; pl. 3.* hlógu *Hm 6, 8.*

hlœða (dd), ‹ 1) *jmd* (ehn) *beladen, belasten: inf. Hyndl 5, 8;* 2) *etw.* (ehu) *auf jmd* (á ehn) *laden: inf. Grp 13, 5.*

hlœgi, *n. verspottung: sg. gen.* hlœgis *Háv 20, 4.*

hlœgligr, *adj. lächerlich: n. sg. nom.* hlœgligt *HHv 30, 5,* hlœglikt *Am 54, 7.*

hnafa (hnóf), *abschneiden* (?): *prt. ind. sg. 1.* hnóf *Ghv 12, 5.*

hnefi, *m. faust; baumkrone* (?): *sg. nom. Am 70, 3.*

hnekking, *f. widerstand: sg. acc. Am 57, 5.*

hníga (hné; *got.* hneiwan) 1) *sich neigen, sich lehnen: inf. Am 70, 5,* hn. ehm at armi *sich an jmds brust lehnen, ihn umarmen HH II 17, 4; prt. ind. sg. 1. 3.* hné *Od 9, 1* (til hjálpar, *um jmd hilfe zu leisten); Hyndl 29, 3, Gðr I 15, 1, Sg 48, 5; pl. 1.* hnigum at rúnum *neigten uns zu einander um ein vertrautes gespräch zu führen Gðr III 4, 8; part. prt. f. sg. nom.* hnigin *angelehnt, halb offen Rp 26, 5;* 2) *sinken, fallen* (bes. von sterbenden): *inf. HH II 9, 4, Am 48, 2,* hn. til moldar *Hm 16, 8; prs. ind. sg. 3.* hnígr *Skm 25, 5, Háv 156, 6; prt. ind. sg. 3.* hné *Sg 23, 8, Hm 30, 3,* hné til hluta tveggja *fiel in zwei teile auseinander Sg 23, 5; pl. 3.* hnigu *Akv 43, 8,* hnigu heiløg vǫtn *strömten herab HH I 1, 3; part. prt. m. sg. nom.* hniginn *gefallen* (im kampfe) *Ghv 8, 5;* hn. fyrir dahin sinken, umkommen: *inf. Hrbl 15, 6.*

hnipinn, *adj. biegsam, poet. epitheton des getreides: m. sg. acc. Alv 33, 6.*

hnipna (að), *den kopf hängen lassen, traurig werden: prt. ind. sg. 3.* hnipnaði *Sg 13, 2, Gðr II 5, 5 u. ö.*

hnit-bróðir, *m. geselle, kamerad* (?): *sg. dat.* hnitbróður *Hym 23, 8* ('twinbrother' *,Cph.*). *Vgl. jedoch B. Magnússon Olsen, Aarb. 1888 s. 22.*

hnjósa (hnaus), *niesen: inf. Hrbl 26, 7* (doch vermutet Sievers Zz 21, 109 *verderbnis aus* fnjósa).

hnoss, *f. kostbarkeit, kleinod: pl. gen.* hnossa *Am 54, 4; acc.* hnossir *Gðr II 21, 2. 3, Ghv 6, 1. 19, 8.*

hnúka (kð), *zusammengekauert sitzen: prt. ind. sg. 2.* hnúkðir (*so R*) *Ls 60, 5.*

hnœfiligr, *adj. anzüglich, höhnisch: n. pl. acc.* (sw.) hnœfiligu *Hrbl 43, 2; compar. n. pl. acc.* hnœfiligri *Hrbl 43, 4.*

hnøggva (hnǫgg), *jmd* (ehn) *von etw.* (ehu *od.* at ehu) *trennen, ihn einer sache berauben: prt. ind. sg. 2.* (mit suffig. þú) hnǫktu *Gðr III 5, 7; part. prt. m. sg. nom.* hnugginn *Grm 51, 3.*

hodd, *f.* (got. huzd, *n.*) 1) *schatz: sg. nom. acc. Akv 27, 3; HH I 9, 8;* 2) *eingeschlossener raum, bezirk: sg. acc. Grm 27, 8* (vgl. Bugge z. st.).

1. hof, *n.* 1) *wohnung: sg. dat.* hofi *Hym 33, 4;* 2) *tempel: sg. acc. Vsp 10, 3, HHv 4, 1; pl. dat.* hofum *Vm 38, 6.*

2. hóf, *n. mass: sg. dat.* hófi *Ls 36, 2, Háv 19, 2* (anders erklärt von Wisén EE 105 ff.) *u. ö.*

hóf-gullinn, *adj. vergoldete hufe habend, d. i. pferd: m. pl. gen.* hófgullinna *Od 25, 6.*

hófr, *m. huf: sg. dat.* hófi *Sd 15, 4.*

hógligr, *adj. passend: compar. n. sg. acc.* hógligra *Am 67, 3.*

hold, *n. fleisch: sg. nom. acc. Háv 95, 4; Vkv 10, 6 u. ö.; dat.* holdi *Vm 21, 1, Grm 40, 1.*

hold-gróinn, *part. prt. ans fleisch gewachsen: f. sg. nom.* holdgróin *Sd 7, Hm 14, 7.*

hollr, *adj.* (got. hulþs) *hold, freundlich, wolwollend: m. pl. gen.* hollra *Am 65, 6; f. pl. nom.* hollar *Hrbl 18, 4, Od 8, 2; n. pl. nom. acc.* holl *Am 100, 6; Ls 4, 5.*

holl-vinr, *m. vertrauter freund: sg. nom. F 306b 3.*

hólmr, *m.* 1) *insel: sg. dat.* hólmi

Vkv 40, 4. 41, 4; acc. hólm *Vkv 17 pr 3;* 2) *kampfplatz: sg. nom. Fm 14, 4.*

holt, *n. gehölz, wald: sg. gen.* holts *Skm 32, 1;* dat. holti *Vm 45, 3, Vkv 16, 8;* sem ǫsp í holti *wie die espe im* (nadel-)*walde Hm 5, 2* (Bugge, *Zz 7, 387*).

holt-rið, *n. bewaldeter bergrücken: pl. gen.* holtriða *Hym 26, 7.*

hór-dómr, *m. ehebruch: sg. nom. Vsp 46, 6.*

horfa (fð), 1) *gerichtet sein: prs. ind. pl. 3.* horfa *Vsp 39, 4;* prt. ind. pl. 3. horfðu *Rp 26, 4.* 2) *schauen, blicken: inf. Skm 27, 3.*

horn, *n.* (got. haúrn) *horn: sg. nom.* acc. *Vsp 47, 6; Grm 31, Sf 8 u. ö.,* acc. c. art. hornit *Sf 8 u. ö.;* dat. horni *Ls 53 pr 1, Háv 138, 2 u. ö.;* pl. nom. horn *HH II 37, 9;* gen. horna *Hym 19, 4, Am 8, 3;* dat. hornum *Grm 26, 4.*

horn-gǫfugr, *adj. mit hörnern geschmückt: superl. m. pl. acc.* horn-gǫfgasta *Hym 7, 6.*

hornungr, *m. bastard: sg. acc. Hm 15, 8.*

hórr, *m.* (got. hórs) *ehebrecher: sg. nom. Ls 30, 6;* gen. hóss *Ls 33, 3;* acc. hór *Ls 54, 6, Hrbl 48, 1.*

horskliga, *adv. freimütig, offen: Grp 10, 3.*

horskr, *adj. klug, weise, verständig: m. sg. nom. Skm 9, 6, Háv 6, 4 u. ö.;* acc. horskan *Háv 92, 4, Br 4, 7;* pl. nom. horskir *Fm 42, 5, Akv 12, 7* (vgl. *Wisén, EE 126 fg.*); dat. horskum *Háv 20, 5. 93, 4;* acc. horska *Háv 90, 6;* f. sg. nom. horsk *Am 3, 1. 10, 5,* (sw.) horska *Háv 95, 5;* dat. horskri *Am 65, 3;* acc. horska *Rp 40, 7, Grp 31, 7;* pl. voc. acc. horskar *Am 34, 3; Hrbl 18, 3;* n. sg. nom. (sw.) horska *Háv 101, 8.*

hóstu (*Am 94, 4*) ist mit *FJ* in hófsk þú *zu ändern; s.* hefja.

1. hót, *n. drohung: pl. acc. Rm 9, 4.*

2. hót, *n. etwas: sg. dat.* hóti um *etwas, um ein bedeutendes, bei weitem Hyndl 32, 2* (vgl. *Sijmons z. st.*).

hot-vetna (d. i. hvat-vetna: *Noreen² § 72, 10*) *n. pron. jegliches, alles;*

nom. acc. *Skm 28, 4, Am 94, 9; Háv 48, 5, Am 68, 7;* dat. hví-vetna *Háv 22, 3, Fm 9, 2 u. ö.*

hrað-fœrr, *adj. hurtig laufend, schnell: m. sg. acc.* (sw.) hraðfœra *Ghv 19, 3.*

hrað-mæltr, *adj. schnell bereit zum reden: f. sg. nom.* hraðmælt *Háv 29, 4.*

hrafn, *m. rabe: sg. nom. HH I 5, 5, Sd 1, 7 u. ö.;* gen. hrafns *Rm 20, 6;* dat. hrafni *HH I 5, 5;* pl. nom. hrafnar *Gðr II 9, 6 u. ö.;* acc. hrafna *HH I 45, 3, Gðr II 8, 4.* — *Als pferdename F 304b 10. 305a 10.*

hrammr, *m. klaue, tatze: sg. dat.* hrammi *Sd 16, 1;* pl. acc. hramma *Am 16, 3.*

hrapa (að), 1) *stürzen, fallen: inf. Rm 25, 6;* 2) *versinken: prs. ind. pl. 3.* hrapa *Rm 17, 7.*

hrár (später rár), *adj.* 1) *feucht: m. sg. gen.* hrás *Skm 32, 2;* 2) *saft-frisch: m. sg. gen.* rás *Háv 149, 3;* 3) *roh, ungebraten: n. sg. acc.* hrátt *HH II 7, 8;* rátt (scil. kjǫt) *HH II 4 pr 7.*

hrata (að; später rata) 1) *fallen, zu fall kommen: prs. ind. sg. 3.* ratar *Grp 36, 3;* pl. 3. hrata (so *UW,* rata *R*) *Vsp 53, 6;* 2) *sich überstürzen, sich beeilen: part. prt. n. sg. nom.* hratat *Alv 1, 4.*

hraun-búi, *m. bewohner der fels-wüste, d. i. riese: sg. dat. pl. gen.* hraunbúa *Hym 38, 5; HHv 25, 5.*

hraun-hvalr, *m. 'walfisch der fels-wüste', poet. bezeichnung des riesen: pl. acc.* hraunhvala *Hym 36, 5.*

hregg, *n. sturm, unwetter: sg. nom. Am 17, 4.*

hreið, *f. wagen: sg. dat. Sd 15, 6* (vgl. *aber FJ 127a,* der zu lesen vorschlägt: und reið Hrungnis bana, *d. i. unter Thors wagen*).

hrein-gálkn, *n. 'ungeheuer* (d. h. schädiger, feind) *der renntiere', poet. bezeichnung des wolfes* (S. Bugge, *Aarb 1895 s. 129*): pl. nom. *Hym 24, 1* [*FJ I, 120* wollte hraun-gálkn *lesen: 'die ungeheuer der felsen'*].

1. hreinn, *m. renntier: sg. acc.* hrein *Háv 89, 10.*

11*

2. hreinn, adj. (got. hrains) rein, hell: m. sg. acc. (sw.) hreina Alv 35, 4; f. sg. dat. hreinni Rp 28, 12.

hreysi, n. steinhaufe: sg. dat. HH I 37, 11; pl. dat. hreysum Hym 35, 5.

hreyta (tt), 1) fortschleudern (ehu): prt. ind. sg. 3. hreytti Am 44, 8; 2) verschenken: prt. ind. sg. 3. hreytti Rp 39, 7.

hríð, f. unwetter, sturm: pl. dat. hríðum Hyndl 42, 1. — Name eines flusses Grm 28, 6.

hríð-gríð, f. stürmische wut, grimmiger hass: sg. dat. Ghv 13, 4.

hrikja (kð), knarren: prt. ind. pl. 3. hrikðu Am 37, 5.

hrím-kaldr, adj. kalt wie reif, eiskalt: m. sg. gen. acc. (sw.) hrímkalda Ls 49, 5. 50, 2, Vm 21, 5; Fm 38, 2.

hrím-kalkr, m. krystallkelch (Bugge, Stud. 4): sg. dat. hrímkalki Ls 52 pr 2. 53, 2, Skm 37, 2.

hrím-þurs, m. reifriese: sg. dat. hrímþursi Vm 33, 2; pl. nom. hrímþursar Skm 34, 2, Grm 31, 5, Háv 108, 2; gen. hrímþursa Skm 30, 4.

hrinda (hratt), 1) stossen, fortstossen (ehm, ehu): prt. ind. sg. 3. hratt Sg 43, 1, Akv 20, 3. 42, 5; pl. 3. hrundu Am 40, 1; part. prt. n. sg. acc. hrundit Hym 32, 4; hr. út hinausstossen: prt. ind. sg. 3. hratt Grm 10, Sf 22; 2) abwerfen, einer sache (ehu) ein ende machen: inf. Ghv 13, 3.

hring-broti, m. 'ringbrecher', d. i. schätzespender, fürst: sg. acc. hringbrota Od 21, 4; pl. nom. hringbrotar HH I 46, 7.

hring-drifi, m. 'zerstreuer der ringe' d. i. schätzespender, fürst: sg. nom. Akv 32, 11.

hring-leginn, part. prt. im kreise gelagert, sich ringelnd: m. sg. dat. hringlegnum Háv 85, 4.

hringr, m. 1) ring, bes. der goldene armring, im plur. oft s. v. a. schätze, kostbarkeiten überhaupt: sg. dat. hringi Akv 31, 8, hring Akv 8, 6; acc. hring Rm 4 pr 4, c. art. hringinn Rm 5 pr 8, Dr 9; pl. gen. acc. hringa þrk 32, 8, HH I 11, 3;

Vsp 3, 2, þrk 29, 6 u. ö.; dat. hringum Rp 39, 7, HHv 5, 9 u. ö.; 2) ring an der tür: sg. nom. Rp 26, 6: am schwertknopf: sg. nom. HHv 9, 1; ringförmiger griff am kessel: pl. nom. hringar Hym 34, 8; panzerring: gen. pl. hringa (so ist mit FJ II, 128 statt hringi zu lesen) Sg 69, 4. — Als männl. eigenname HH I 53, 2.

hring-variðr, part. prt. ringgeschmückt: m. sg. nom. Sg 68, 2.

hripuðr, m. feuer: sg. voc. Grm 1, 1.

hrís, n. 1) buschwerk, gesträuch: sg. dat. hrísi Grm 17, 1, Háv 118, 8, c. art. hrísinu Fm 31 pr 11; acc. hrís Akv 5, 7; 2) reisig: sg. acc. hrís Rp 9, 8; dat. hrísi Vkv 10, 7.

hrista (st; vgl. got. af-hrisjan) schütteln: inf. þrk 1, 5; prt. ind. sg. 3. hristi Fm 12; pl. 3. hristu Hym 1, 5; opt. sg. 3. hristi Am 16, 3; hristask sich schütteln: prt. ind. pl. 3. hristusk HHv 28, 4; erschüttert werden, erbeben: prt. ind. sg. 3. hristisk Akv 13, 5.

hrjóta (hraut), 1) hervorstürzen, hervorbrechen: prt. ind. sg. 3. hraut Fm 8; hr. í gøgnum eht etwas durchbrechen: prt. opt. sg. 3. hryti Am 15, 3; hr. í sundr zerspringen: prt. ind. pl. 3. hrutu Am 44, 10; 2) losbrechen, aufbrüllen: prt. ind. sg. 3. hraut Hm 25, 1; pl. 3. hrutu (so ist des metrums wegen mit A zu lesen) Hym 24, 1; opt. sg. 3. hryti Hm 25, 4; hrjótask sich losmachen: prt. ind. sg. 3. hrauzk or skikkju fuhr aus dem mantel, warf den mantel ab Am 47, 4.

hróðigr, adj. (got. bróþeigs) 1) ruhmvoll: m. sg. nom. Grm 19, 3; 2) stolz auf den ruhm: m. sg. nom. Bdr 14, 2. — Vgl. hróðugr.

hroðinn, part. prt. mit metall überzogen (vgl. ags. gehroden golde Béow. 304): n. sg. acc. hroðit Sg 49, 6.

hróðr-baðmr, m. 'baum des ruhmes' (Baldr): sg. acc. hróðrbaðm Bdr 9, 2 [andere (E. Jessen, Zz 3, 76; Bugge, Fkv. 136b; Wimmer, Læseb.⁴ 216; FJ I, 121) fassen hr. als bezeichnung des mistilteinn; vgl. dagegen Grdtv. z. st. u. Bugge, Fkv. 402a].

hróðr-fúss, *adj. ruhmbegierig: m. pl. acc.* hróðrfúsa *Rm 21, 6.*

hróðr-glaðr, *adj. des ruhmes froh: f. sg. nom.* hróðrglǫð *Hm 11, 1.*

hróðrs-vitnir, *m. 'der kriegsberühmte wolf' (Mhff DA V, 124) d. i. Fenrir: sg. gen.* hróðrsvitnis *Ls 39, 2. Vgl. den eigennamen* Hróðvitnir *Grm 39, 5.*

hróðugr, *adj. voll freudigem stolz: m. sg. nom. Ls 45, 4. Vgl.* hróðigr.

hrokkinn, *s.* hrøkkva.

hrolla (ld), *zittern, wanken: prt. ind. sg. 3.* hroldi *Am 94, 9.*

hróp, *n. (got.* hrôps, *m.) tadel, verleumdung: sg. dat.* hrópi *Ls 4, 4.*

hróptr, *m. redner, sprecher (?): sg. nom. Háv 141, 7 (wo mit Sijmons zu lesen ist:* ok reist røgna hróptr). — *Als beiname Odins Vsp 64, 6, Ls 45, 5, Grm 8, 4, Sd 13, 6.*

hrósa (að), *loben, rühmen* (ehu): *inf. Vkv 26, 2; prs. ind. sg. 2.* hrósar *Hrbl 4, 2.*

hross, *n. ross: sg. dat.* hrossi *Háv 71, 1; pl. gen.* hrossa *Hrbl 8, 6, Ghv 9; dat.* hrossum *Ghv 2, 12, Hm 3, 8.*

hrotta-meiðr, *m. 'schwertbaum', poet. bezeichnung eines kriegers: sg. dat.* hrottameiðu *Rm 20, 6.*

1. hryggr, *m. rücken: sg. nom. Rp 8, 7; acc. c. art.* hrygginn *F 304a 39; pl. dat.* hryggjum *Vsp 39, 8.*

2. hryggr, *adj. betrübt, traurig: m. sg. nom. Ls 31, 6; n. sg. nom.* hrygt *Gðr III 1, 3.*

hrynja (hrunða), *klirrend herabfallen: inf. þrk 15, 2. 19, 2; prs. ind. pl. 3. Sg 69, 1.*

hræ, *n. (got.* hraiw *in:* hraiwadûbô): 1) *leiche: sg. acc. F 305b 22; dat.* hrævi *HH II 17, 6;* 2) *im pl. leichenfleisch, aas: dat.* hræum *HH I 45, 4. II 32, 8, Gðr II 42, 6.*

hræða (dd), *erschrecken, in furcht setzen: inf. Am 39, 5; part. prt. m. sg. nom.* hræddr *Am 59, 1; pl. acc.* hrædda *HH II 36, 2; n. pl. nom.* hrædd *Am 16, 4;* hræðask *in furcht geraten, sich fürchten (vor etw.:* eht): *inf. Sd 2 pr 21, Hlr 9, 8; prs. ind. sg. 1.* hræðumk *Rm 9, 5, Am 14, 8; pl. 3.* hræðask *Vsp 48, 5; prt. ind. pl. 3.* hrædd-

usk við *sie fürchteten sich davor Rm 14 pr 5.*

hræ-dreyrugr, *adj. mit leichenblut bespritzt: n. pl. acc.* hrædreyrug *Akv 37, 3.*

hræfa (fð), *etw. (um eht) ertragen: prt. ind. sg. 1.* hræfða *Am 68, 7.*

hræ-gífr, *n. 'leichenriesin', d. i. wölfin:* sg. nom. Gðr II 30, 7.

hræ-lundir, *f. pl. leichenfleisch* Bugge, *Fkv. 416a): acc. Sd 1, 7 (FJ conjiciert:* hræs undir).

hrælza, *f. furcht: sg. gen. dat.* hrælzu *Am 96, 4; Hrbl 26, 3. 6.*

hrœra (rð), *bewegen, in bewegung setzen, von der stelle bringen: inf. Hym 33, 6, Br 13, 1; prs. ind. sg. 3.* hrœrir *HH II 4, 4; prt. ind. sg. 3.* hrœrði hǫrpu *er schlug die harfe Am 63, 2.*

hrœsinn, *adj. prahlend (mit etw.:* at ehu): *m. sg. nom. Háv 6, 2.*

hrǫðuðr, *m. 'der schnelle'? poet. bezeichnung des feuers: sg. acc.* hrǫðuð *Alv 27, 6.*

hrǫnn, *f. woge: pl. dat.* hrǫnnum *HH I 30, 3. — Name eines flusses Grm 28, 5.*

1. hrøkkva (hrǫkk), *falten, zusammenlegen: part. prt. n. sg. nom.* hrokkit *faltig, runzlig Rp 8, 2.*

2. hrøkkva (kt), *forttreiben: prs. opt. sg. 2.* hrøkkvir *Háv 134, 6.*

hrør, *n. (vgl. Bugge, Fkv. 243a) leiche: sg. acc. Gðr I 5, 6. 11, 6. 12, 8; pl. acc. Gðr I 8, 4.*

hrørask (rð?), *schwach werden, alt werden: inf. Fm 6, 5 (die lesung wird jedoch von Lüning mit recht beanstandet; ich vermute dass zu emendieren ist:* er frævask tøkr 'so-bald er mannbar zu werden beginnt'; *vgl. Zz 29, 55 fg.).*

hrørna (að), *vergehen, absterben: prs. ind. sg. 3.* hrørnar *Háv 50, 1.*

húð-skór, *m. lederschuh: sg. nom. Hrbl 35, 2.*

hugaðs-rœða, *f. verständige rede: sg. dat.* hugaðsrœðu *Grp 14, 2.*

hugall, *adj. verständig, besonnen: n. sg. nom.* hugalt *Háv 15, 1.*

hug-blauðr, *adj. verzagten sinnes, mutlos, feig: m. sg. voc. (sw.)* hugblauði *Hrbl 49, 3.*

hug-bleyði, *f. verzagtheit, feigheit: sg. dat. Hrbl 26, 3.*

hug-borg, *f.* 'burg od. wohnort des geistes', poet. bezeichnung der brust: *sg. acc.* Gðr I 14, 7.

hug-brigðr, *adj.* von schwankender gesinnung, wankelmütig: *f. sg. nom.* hugbrigð Háv 101, 3.

hug-fullr, *adj.* mutvoll, beherzt: *m. sg. nom.* Hlr 7, 2, Hm 19, 5; *pl. acc.* hugfulla Hym 9, 3, Sd 31, 3.

hugga (að), trösten: *inf.* Grp 53, 1, Gðr I 5, Am 67, 5; huggask sich trösten: *imper. sg.* 2. (mit suff. pron.) huggastu HH II 21, 1; *pl.* 2. huggizk Am 34, 3.

hugi, *m.* 1) gesinnung: *sg. dat.* huga Hrbl 21, 1; 2) aufmerksamkeit: *sg. dat.* huga Grp 12, 5. 18, 5.

huginn, *m.* rabe: *sg. nom.* Gðr II 30, 7; *gen.* hugins HH I 55, 8; *acc.* hugin Rm 18, 2. 26, 8, Fm 35, 6. — Name von Odins einem raben Grm 20, 1. 4, F 305b 21.

hug-leikinn, *adj.* eifrig, mit lust (Bugge, Fkv. 4b): *f. sg. nom.* hug-leikin Vsp 1, 6 [es ist aber wol mit FJ (Ark. 4, 28 fg.; Eddal. I 115) zu lesen: seið hug leikinn: 'sie bewirkte durch ihre zauberkünste dass der verstand (der menschen) verstört ward'].

hugr, *m.* (got. hugs) 1) gemütsverfassung, gemüt, herz, neigung, gesinnung, zuneigung, verlangen, überzeugung: *sg. nom.* þrk 31, 2, Ls 64, 3, Háv 90, 3 u. ö.; *gen.* hugar Háv 104, 6, Grp 32, 7, Br 9, 7; *dat. acc.* hug HH I 32, 7. II 14, 6, Grp 47, 6 u. ö.; Háv 46, 5. 120, 10, Am 71, 6 u. ö.; *pl. dat.* sitja í hugum sich wolwollend verhalten Hyndl 2, 2; *acc.* hugi Háv 159, 4; góðr h. wolwollen: *sg. gen.* hugar Háv 116, 10, Gðr II 10, 3; *pl. dat.* hugum Hym 11, 2; grimmr h. zorn: *sg. dat.* hug Sg 9, 8; harðr h. schwermut: *sg. gen.* hugar Gðr I 2, 3; illr h. feindseligkeit: *sg. gen.* hugar Hym 9, 8, Gðr II 37, 7; *acc.* hug HH II 16, 3; œðri h. günstigere gesinnung: *sg. gen.* hugar Rm 12, 3; 2) sinn, gedanke, verstand, überlegung: *sg. nom.* Hym 14, 1, Sg 38, 2; *dat. acc.* hug Sd 20, 5, Sg 13, 3; Am 86, 1; *pl. nom.* hugir Gðr II 6, 2; *acc.* hugi Háv 90, 6; 3) mut, tapferkeit:

sg. nom. HHv 9, 2, Fm 6, 1 u. ö.; *gen.* hugar Fm 26, 6; *dat. acc.* hug Hym 17, 6; HHv 6, 7, Fm 19, 3 u. ö.

hug-rúnar, *f.pl.* weisheit verleihende runen: *acc.* Sd 13, 1.

hug-sótt, *f.* gemütskrankheit, liebeskummer: *pl. acc.* hugsóttir Skm 4.

hug-steinn, *m.* 'stein des sinnes', poet. bezeichnung des herzens: *sg. acc.* hugstein Hyndl 41, 4.

hugum-stórr, *adj.* von grossem mute, beherzt, tapfer: *m. sg. nom.* (sw.) hugumstóri Ghv 4, 2. 8, 2, Hm 6, 2. 24, 2; *acc.* (sw.) hugum-stóra HH I 1, 6.

hunang, *n.* honig: *sg. acc.* Gðr II 41, 6, Akv 37, 4.

Hundings-bani, *m.* 'töter des Hunding', beiname des Helgi Sigmundarson: *nom.* HH I 54, 6. II 4 pr 4.

hund-margr, hunn-margr, *adj.* überaus zahlreich: *m. pl. nom.* hund-margir HH I 23, 7; *dat.* hunnmǫrgum Vm 38, 7.

hundr, *m.* (got. hunds) hund: *sg. nom* Grm 23; *acc.* hund Háv 82, 6; *pl. nom.* hundar Skm 10 pr 2, Grm 26; *gen. acc.* hunda Grm 44, 9, Am 24, 3; HH II 38, 5, Sg 67, 7; *dat.* hundum Rþ 35, 10.

hundrað, *n.* (vgl. got. hund) hundert (d. i. 12×10): *sg. acc.* Vm 18, 4; *pl. nom. acc.* hundruð Grm 23, 4, HH I 26, 1 u. ö.; Hym 8, 4, Vkv 9, 3 u. ö.

hund-víss, *adj.* sehr weise: *m. sg. nom.* Hym 5, 3, HHv 25, 4.

hungr, *m. n.* (vgl. got. hûhrus) hunger: *sg. dat.* hungri Ls 62, 7.

hún-lenzkr, *adj.* aus Hunnenland, hunnisch: *m. pl. dat.* húnlenzkum Hm 12, 5.

húnn, *m.* junges tier, welf; bursche, junger mann: *pl. nom.* húnar Akv 12, 4; *gen. acc.* húna Vkv 24, 2. 34, 6; Ghv 12, 1; *dat.* húnum Vkv 32, 4.

húnskr, *adj.* hunnisch: *m. sg. nom.* Sg 4, 7, (sw.) húnski Sg 9, 3 u. ö.; *dat. acc.* (sw.) húnska Sg 67, 1; Sg 66, 7; *f. sg. gen.* húnskrar Gðr I 26, 2; *pl. acc.* húnskar Gðr II 27, 1.

hurð, *f.* (got. haúrds) tür: *sg. nom.* Rþ 2, 4 u. ö.; *pl. dat.* hurðum Am 45, 2; *acc.* hurðir Fm 44 pr 2.

hús, n. (got. gud-hûs) haus: sg. acc.
Rp 14, 8, Vkv 4 u. ö.; gen. húss
Rp 11, 4; dat. húsi Vsp 20, 4, Háv
87, 3 u. ö., c. art. húsinu HHv 5
pr 5 u. ö.; pl. gen. húsa Vsp 1, 2
u. ö.; acc. hús Am 15, 4.

húsa-bœr, m. gehöft: sg. dat. húsabœ Rp 6.

hús-bak, n. hintere seite eines hauses: sg. dat. húsbaki Hm 30, 4.

hús-freyja, f. hausfrau: sg. nom. Am
3, 1; acc. húsfreyju Gðr I 10, 7.

hús-gumi, m. hausherr: sg. nom. Rp
27, 5; acc. húsguma Gðr I 10, 5.

hús-karl, m. knecht: pl. nom. hús-
karlar Am 29, 7; acc. húskarla
Akv 40, 4. 42, 6.

hús-kona, f. hausfrau: sg. nom.
Rp 28, 1.

[hvá], hvat, pron. (got. hwas) A. interrog. wer? was? 1) alleinstehend,
a) in directer frage: m. sg. dat.
hveim Bðr 6, 5; n. sg. nom. acc.
hvat Vsp 49, 1, þrk 6, 1, Ls 44, 1,
Vm 52, 4 u. ö.; Vsp 24, 8, Ls
1, 4, Hrbl 15, 7, Vm 34, 4, HHv
7, 1 u. ö.; b) in indirecter frage:
m. sg. dat. hveim Skm 1, 5. 2, 5;
n. sg. nom. acc. hvat Sg 14, 3,
Am 11, 7. 21, 6; þrk 2, 4, Vm
55, 2, Háv 26, 5 u. ö., við hvat
wovon Grm 18, 6; 2) mit nachfolg. gen. a) in directer frage: n.
sg. nom. hvat manna was für ein
mann Bðr 5, 1, Vm 7, 1. 44, 4,
hvat hlymja Skm 14, 1, hvat fira
Alv 2, 1, hvat rekka Alv 5, 1, hvat
fiska Rm 1, 1; acc. hvat þíns eða
míns munar Skm 40, 4, hvat nýra
spjalla HHv 31, 2; b) in indirecter
frage: m. sg. dat. hveim alda Ls
8, 5; n. sg. acc. hvat megins Vsp
8, 8; 3) das neutr. hvat dient
häufig auch als fragepartikel: a)
etwa: hvat er þat álfa gehört der
etwa zu den elben Skm 17, 1; b)
warum, weshalb: Hrbl 11, 1. 28, 1,
Háv 50, 6, Rp 47, 7, Hlr 2, 1;
c) wie: Háv 109, 3, HH II 10, 1,
Grp 1, 3; in indir. frage Hrbl 9,
10; d) ob: in indir. frage Gðr II
16, 3; B. indefin. 1) irgend-
einer: m. sg. dat. manni hveim
ungum Skm 7, 2, manna hveim Skm
27, 5; 2) was nur immer: n. sg.
nom. acc. hvat Fm 31, 6; Ls 25, 4;

nom. mit suffig. -gi hvatki Am 19, 6;
3) jeder; jedes, jegliches, alles:
a) alleinstehend: m. -sg. dat. hveim
Skm 13, 3, Vm 10, 6 u. ö; n. sg.
nom. hvat Háv 5, 3; b) mit nachfolg. gen. pl.: m. sg. dat. alda hveim
Ls 47, 5, hveim holða Sg 12, 5;
n. sg. nom. acc. beina hvat Ls 61, 6;
vætna hvat Alv 9, 6; c) attrib.:
hveim snotrum manni Háv 94, 5.

hvaðan, adv. (vgl. got. hwaþ, hwaþrô,
hwadrê) 1) interrog, woher, ursprl.
local, dann aber auch in fragen nach
dem ursprunge eines dinges oder der
ursache einer begebenheit: Vm 20,
4. 22, 4, HH II 8, 10, Sg 20, 6
u. ö.; 2) indef. woher es auch sei,
von jedem orte Háv 154, 8.

hvalr, m. walfisch: pl. acc. hvali
Hym 21, 2. 26, 5.

hvar, adv. (got. hwar) A. interrog.
1) wo? a) in dir. frage þrk 25, 3,
Hrbl 43, 1, Vm 40, 4 u. ö.; b) in
indir. frage Vsp 2, 8, Hm 12, 1, Grm
16 u. ö.; 2) wohin? in indir. frage
Rm 25, 5; B. indefin. 1) überall
Háv 53, 6, hér ok hvar hier und
da Háv 67, 1; 2) hvars (d. i.
hvar es) wo immer, überall wo:
Vsp 1, 2, Vm 4, 5, Háv 126, 5
u. ö.; mit suffig. -gi hvargi Am
102, 8, wohin immer Akv 12, 8.

hvarfa (að; got. hwarbôn) sich hin
und her bewegen, schwanken: inf.
Hm 21, 8; prt. ind. sg. 1. hvarf-
aða Gðr II 6, 1; sg. 3. hvarfaði
F 305a 14.

hvarfla (að), sich hin und her bewegen; sich verbreiten, kund werden:
prt. ind. pl. 3. hvorfluðu (so ist mit
Sievers, Beitr. 6, 340 statt hvarfla
þóttu zu lesen) Hyndl 14, 7.

hvar-fúss, adj. überall hin verlangend, unbeständig: n. sg. voc.
hvarfúst Hlr 2, 3 (vgl. jedoch Sijmons, Zz 12, 91 anm. 1, wo hvarfúst wol mit recht in hvarffúst geändert wird).

hvárr, pron. (älter hvaðarr; got. hwa-
þar) A. interrog. wer von beiden?
1) in dir. frage: n. sg. nom. hvárt
Grp 32, 1. 48, 1; 2) in indir.
frage: m. sg. nom. hvárr Vm 9, 5;
3) das neutr. hvárt dient als fragepartikel: a) ob (in indir. frage): Fm
31, pr 6, Am 31, 5; b) doppelfragen

werden eingeleitet durch hvárt . .
eða, α. *in dir. frage:* Skm 12, 1,
HH I 39, 1; β. *in indir. frage*
(ob — oder): Vsp 27, 5, Sg 38, 3;
B. *indef. jeder von beiden: m. sg.*
nom. Fm 14; *gen.* vers, hóss eða
hvárs *einen mann, einen buhlen od.*
jedes von beidem (d. h. neben dem
gatten noch einen liebhaber) Ls 33,
3; *f. sg. acc.* hvára Rp 3, 7. 5, 7
u. ö.; n. sg. nom. hvárt Háv 88, 6;
dat. hváru Hym 33, 7, Hm 9, 6;
m. pl. nom. hvárir 'beide parteien'
HH II 12; hvárt . . eða (*in concess.*
doppelsatze) sei es dass . . oder: Sd
33, 4. 35, 4.

hvár-gi, *pron. indef. keiner von*
beiden: m. sg. nom. F 305 b 7;
n. sg. nom. hvártki Hlr 12, 5, Am
85, 4; *pl. gen.* hvárigra *für keine*
von beiden parteien, d. i. für keinen
von uns Am 99, 3; hvárki (d. i.
hvártki) . . né *weder . . noch:* Hrbl
26, 5, Sf 11, Gðr I 17, 7 u. ö.

hvar-leiðr, *adj. überall verhasst:*
m. sg. nom. HH I 37, 12.

hvár-tveggja, *pron. jeder von*
beiden: n. pl. acc. Rm 19, 2.

hvass, *adj. (vgl. got.* hwassei,
hwassaba) 1) *scharf (beiwort von*
waffen): m. sg. nom. (sw.) hvassi
Fm 6, 3; *gen. acc. (sw.)* hvassa
Fm 29, 6; Fm 28, 3; *n. sg. nom.*
hvast Rm 14 pr 8; *dat.* hvǫssu
Grp 15, 6, Akv 20, 2; *pl. gen.*
hvassa Sd 20, 3; *superl. m. sg.*
acc. hvassastan Akv 7, 6; 2) *scharf,*
durchdringend: n. pl. nom. hvǫss
(augu) HH II 2, 3; 3) *schmerz-*
lich: superl. m. sg. nom. hvassastr
(harmr) Ghv 18, 1; 4) *wild, mutig:*
m. pl. nom. hvassir HH II 10, 5;
acc. hvassa Ghv 12, 1; 5) *gierig:*
compar. n. sg. acc. (adverb.) hvas-
sara þrk 25, 4.

hvatliga, *adv. hurtig:* Od 24, 5.

hvatr, *adj.* 1) *hurtig, schnell: m.*
sg. dat. hvǫtum Háv 59, 6; *n. sg.*
acc. (adverb.) hvatt Vkv 19, 8; *pl.*
dat. hvǫtum (*so ist des metrums*
wegen statt hvǫssum *zu lesen; vgl.*
Zz 29, 58 fg.) Gðr II 2, 6; 2)
kühn, tapfer: m. sg. nom. Ls 15,
6 u. ö.; *gen.* hvats Fm 26, 6;
dat. hvǫtum Fm 31, 1; *acc.* hvatan
Fm 30, 4; *pl. nom.* hvatir Rm

23, 7, Akv 35, 6; *superl. m. sg.*
nom. hvatastr Háv 64, 6, Fm
17, 6.

hvé, *schwach betont* hve, *adv. (got.*
hwê) A. *interrog. wie:* 1) *in dir.*
frage Skm 42, 3, HHv 14, 1. 3, HH
II 43, 11 u. ö.; 2) *in indir. frage*
þrk 13, 7, Ls 42, 6, Vm 3, 5,
Háv 142, 1—8 u. ö.; B. *indef.*
wie auch immer: Gðr III 8, 8;
mit suff. -gi hvégi Am 34, 4.

hveðrungr, *m. riese: sg. gen.*
hveðrungs Vsp 56, 5 (*von anderen*
wird das wort als eigenname ge-
fasst).

hveiti, *n. (vgl. got.* hwaiteis) *weizen:*
sg. dat. Rp 30, 7.

hvél, *n. rad: sg. acc.* Alv 15, 3.
17, 5; *dat.* hvéli Háv 83, 4, Sd
15, 5.

hvelpr, *m. (junger) hund: sg. dat.*
hvelpi Bdr 2, 7; *pl. acc.* hvelpa
Gðr II 42, 2, Akv 42, 4.

hvél-vagn, *m. mit rädern versehener*
wagen: pl. dat. hvélvǫgnum Akv
29, 1.

1. hverfa (hvarf; *got.* hwaírban) 1) *sich*
bewegen: inf. hverfa himin *über den*
himmel hin Vm 23, 4; *prs. ind. pl. 3.*
hverfa af himni *fallen herab* Vsp
59, 3; hv. um hodd goða *fliessen*
Grm 27, 8; *part. prs. n. sg. dat.*
acc. hverfanda *rollend* Háv 83, 4;
Alv 15, 3; 2) *sich wohin begeben*
(til ehs, til ehs staðar, at ehm stað):
imper. sg. 2. hverf Hym 17, 5;
prt. ind. sg. 1. 3. hvarf Gðr II
11, 1; Am 45, 5, Ghv 7, 2; *pl. 3.*
hurfu Hym 7, 7; 3) *sich fort-*
begeben, verschwinden: prt. ind.
sg. 3. hvarf Grm 54 pr 12, Sf 22;
hv. sér *sich fortbegeben: prt. ind.*
sg. 3. hvarf Sg 47, 1; 4) *mit*
adv.: hv. aptr *zurückkehren: prt.*
ind. sg. 1. 3. hvarf Háv 98, 1; Ls
15; hv. á brot *sich fortbegeben:*
part. prt. m. sg. nom. horfinn Fm
22 pr 1; hv. frá *sich fortbegeben:*
prt. opt. pl. 3. hyrfi Am 36, 8;
hv. í sundr *sich trennen: prt. opt.*
sg. 3. áðr í sundr hyrfi *ehe man*
sich trennte Am 35, 2.

2. hverfa (fð), *machen dass etwas*
sich bewegt: prs. ind. sg. 1. hugi
ek hverfi konu *ich wandle ihr den*
sinn Háv 159, 4; *part. prt. f. pl.*

nom. hverfðar við mjǫð *verquirlt, vermischt mit* Sd 18, 3.

h v e r f r, *adj. (got.* ga-hwaírbs) *beweglich, wandelbar, unbeständig: m. sg. acc.* hverfan *Sg* 40, 3; *f. sg. nom.* hverf *Háv* 73, 8.

h v e r g i, *adv. nirgends: Vsp* 6, 8, *Hym* 4, 4, *HHv* 13, 2 *u. ö.; c. gen. loci* þrk 2, 6, *Hlr* 9, 7.

h v e r - g æ t i r, *m. kesselhüter, koch: sg. nom. Am* 59, 1.

h v e r n i g (*d. i.* hvern veg), *adv. auf welche weise: in indir. frage Rm* 11 pr 6.

1. h v e r r, *m.* 1) *kessel: sg. nom. Hym* 13, 3 *u. ö.; gen.* hvers *Gǫr III* 9, 6; *acc.* hver *Hym* 3, 6, *Gǫr III* 7, 4 *u. ö.; pl. acc.* hvera *Hym* 9, 4, *Grm* 42, 6; 2) *gebirgskessel, schlucht: sg. acc.* hvor *Hym* 26, 8; 3) *springquelle, sprudel (Jessen, Zz* 3, 37; *Mhff, DA V,* 9): *pl. gen.* hvera *Vsp* 36, 2.

2. h v e r r, *pron. (got.* hwarjis) *A. interrog. wer, welcher (von mehreren):* 1) *in dir. frage, a) alleinstehend: m. sg. nom. Bdr* 8, 5, *Hrbl* 1, 1, *Alv* 5, 6 *u. ö.; pl. nom.* hverir *Vkv* 13, 1 *HHv* 12, 1 *u. ö.; f. pl. nom.* hverjar *Bdr* 12, 5 *u. ö.; n. sg. gen.* hvers *wonach? Vsp* 2, 5, *worauf? HH II* 5, 5, *was? Hm* 9, 7; *acc.* hvert *wohin? HH II* 5, 7; *b) mit abhäng. genet. m. sg. nom. Hym* 38, 2; *c) attrib. m. sg. dat.* hverjum *Fm* 1, 2; *pl. nom.* hverir *Vm* 50, 4; *gen.* hverra *Fm* 1, 3; *n. sg. dat.* hverju *Fm* 3, 3; *pl. acc.* hver *Rm* 3, 4; 2) *in indir. frage, a) alleinstehend: m. sg. nom. Vsp* 12, 5, *Ls* 5 pr 3, *Vm* 28, 4 *u. ö.; gen.* hvers *Háv* 137, 9; *acc.* hvern *HH II* 1, 3; *n. sg. acc.* hvert *wohin? Am* 76, 6; *b) attrib. n. sg. gen.* hvers *Háv* 132, 3; *dat.* hverju *Háv* 18, 4; *n. pl. nom. acc.* hver *Rm* 19, 4; *Hym* 38, 5; *B. indef.* 1) *wer immer* (hverr er): *m. sg. nom. Grm* 42, 3, *Háv* 123, 2, *Rm* 4, 5, *Hlr* 6, 4, *Gǫr III* 10, 2; 2) *jeder, jeglicher, im plur. alle: a) alleinstehend: m. sg. nom. Hrbl* 22, 3, *Háv* 36, 3, *Grp* 43, 7 *u. ö.; dat.* hverjum *Hrbl* 5, 2, *Alv* 1, 5; *acc.* hvern *Hym* 15, 1, *Ls* 37, 6; *f. sg. dat.* hverri *Sg* 49, 5; *b) mit ab-*

häng. genet.: m. sg. nom. Ls 30, 6, *Háv* 7, 6, *Rm* 25, 2 *u. ö.; f. sg. nom.* hver *Gǫr I* 3, 5; *c) attrib.: m. sg. nom. Háv* 14, 6, *Gǫr II* 35, 2, *Od* 31, 5; *dat.* hverjum *Hym* 30, 8, *Alv* 8, 5, *HH II* 38, 2 *u. ö., acc.* hverjan *Vsp* 24, 6, *Hym* 1, 8, *Skm* 30, 5 *u. ö.,* hvern *Vm* 14, 5, *Háv* 73, 3, *Sd* 37, 3 *u. ö.; f. sg. nom.* hver *Gǫr I* 24, 7, *Am* 19, 8; *gen.* hverrar *Háv* 101, 7; *dat.* hverri *Gǫr I* 19, 3; *acc.* hverja *Vsp* 3, 8, *Skm* 21, 6, *Vm* 14, 2 *u. ö.; pl. nom.* hverjar *Hm* 1, 7; *n. sg. nom. acc.* hvert *Hyndl* 41, 8 *u. ö.; Háv* 37, 6, *Od* 18, 6; *gen.* hvers *Háv* 135, 6, *Gǫr II* 23, 2; *dat.* hverju *Am* 102, 6; *pl. nom.* (sw.) hverju *Akv* 7, 3; 3) *irgend einer, jemand: mit abhäng. gen. Grm* 34, 3.

h v e r s u, *adv. wie: Ls* 12, *Hrbl* 17, 1.

h v e s s a (st), *schärfen: prs. ind. sg.* 3. hvessir augu *hat einen scharfen, durchdringenden blick HH I* 6, 5; *prt. ind. sg.* 1. hvesta *Vkv* 18, 3.

h v e t j a (hvatta; *got.* ga-hwatjan), *antreiben, aufreizen* (ehn at ehu *oder* mit at *c. inf.*): *imper. pl.* 2. hvetið *Br* 14, 5; *prt. ind. sg.* 3. hvatti *Ls* 64, 3, *Ghv* 1, 6, *Hm* 2, 7 *u. ö.; pl.* 3. hvǫttu *Akv* 9, 1; *part. prt. m. sg. acc.* hvattan *Br* 3, 3; *pl. acc.* hvatta *Ghv* 6, 3; hvetjask *sich aufreizen: inf. Fm* 5, 2, *Sg* 10, 2.

h v í, *part. interr. (vgl. got.* hwaiwa) 1) *wie? a) in directer frage Grp* 38, 1; *b) in indir. frage Sg* 27, 6, *Od* 30, 2; 2) *warum? weshalb? a) in directer frage Vsp* 2, 6, þrk 6, 3, *Ls* 7, 1, *HHv* 31, 5 (*vgl. FJ z. st.*) *u. ö.; b) in indir. frage Bdr* 1, 7; 3) *woher? wodurch? a) in directer frage* þrk 27, 5, *Alv* 2, 2, *HH II* 7, 5 *u. ö.; b) in indir. frage Vm* 42, 2.

h v i ð u ð r, *m. 'der stürmische', poet. bezeichnung des windes: sg. acc.* hviðuð *Alv* 21, 6.

1. h v í l a, *f. (got.* hweila) *ruhestätte, bett: sg. gen. acc.* hvílu *Sg* 30, 5; *HHv* 41, 6 *u. ö.*

2. h v í l a (ld; *got.* hweilan) *ruhen, schlafen: inf. Grp* 41, 1; *prt. ind. sg.* 1. hvílda *Hrbl* 18, 11; hvílask *ausruhen: inf. Vkv* 1, 6. 30, 6.

hvíl-beðr, *m. ruhebett: sg. gen.*
hvílbeðjar *Akv 31, 7.*
hvíld, *f. ruhe: sg. dat. acc. Hrbl
3, 5; Alv 1, 6.*
hvíta-bjǫrn, *m. eisbär: sg. acc.
Am 17, 3.*
hvít-armr, *adj. weissarmig: f. sg.
dat.* hvítarmri *Háv 159, 5.*
hvítingr, *m. tier von weisser farbe
(zum opfer bestimmt ?): pl. acc.*
hvítinga *Gǒr II 43, 3.*
hvítr, *adj. (got. hweits) weiss, glänzend: m. sg. nom. (sw.)* hvíti *Ls
20, 4; dat. (sw.)* hvíta *Vsp 22, 4
u. ö.; acc.* hvítan *Rp 30, 3 u. ö.,
(sw.)* hvíta *Ghv 16, 7; pl. dat.* hvítum *Hlr 9, 3; acc.* hvíta *Rp 30, 7;
f. sg. nom.* hvít *HHv 28, 3, HH
II 47, 7; dat. (sw.)* hvítu *Hrbl
32, 3; acc.* hvíta *Rp 40, 7; n. pl.
dat.* hvítum *Ghv 2, 9, Hm 3, 5;
compar. m. f. sg. nom.* hvítari *Rp
28, 11; Sg 55, 3; superl. m. sg.
nom.* hvítastr *prk 14, 2; acc.*
hvítastan *Akv 7, 9.*
hvívetna, *s.* hotvetna.
hvǫrfun, *f. schwanken, zweifel: sg.
dat. Sg 38, 1.*
hvǫt, *f. aufreizung: sg. nom. Hm
18, 7 (vgl. aber Bugge, Zz 7, 403,
nach welchem* hvǫt *aus* brǫ'ǒ, *d. i.
bráð verderbt ist:* trǫnu bráð *des
kranichs speise, d. i. die schlange).*
hvǫtuðr, *m. anstifter: sg. acc.* eggleiks hvǫtuð *'streitstifter' (d. i. Atli)
Gǒr II 32, 11.*
hvǫtun, *f. aufreizung: sg. dat. Grp
50, 2.*
1. hyggja (hugða; *got.* hugjan)
1) *meinen, glauben, wähnen, vermuten, a) ohne abh. satz: prt. ind.
sg. 1.* hugða *Bdr 13, 2; b) mit
acc. c. inf.: prs. ind. sg. 1.* hygg
Ls 55, 2, Hrbl 47, 5 u. ö., hykk
d. i. hygg ek) *Skm 5, 2, Od 6, 1;
sg. 2.3.* hyggr *Akv 8, 1; Háv 24, 2.
25, 2; imper. sg. 2.* hyggi (-at) *Sd
36, 2; prt. ind. sg. 1.* hugða *Hrbl
20, 5 u. ö. (der inf. ausgelassen
Vkv 14, 9); pl. 3.* hugðu *Am 5, 8;
opt. sg. 3.* hygði *Sg 5, 6; c) mit
at c. opt.: prs. ind. sg. 1.* hygg *Ls
21, 5, Hrbl 4, 5, Vm 10, 5 u. ö.;
prt. ind. sg. 1.* hugða *Am 18, 5;
sg. 3.* hugði *Vkv 11, 5, Fm 31 pr 2;
2) hoffen, erwarten: prs. opt. sg. 2.*

hyggir *Sg 54, 2;* (h. eht) *prt. ind.
sg. 1.* hugða *Ghv 14, 2, (mit at c.
opt.) Háv 98, 4; (mit acc. c. inf.)
sg. 3.* hugði *Od 26, 7; argwöhnen
(eht): prt. ind. pl. 3.* hugðu *Am 5, 3
(Bugge, Fkv. 434a vermutet* ugðu);
3) *zu sehen glauben (im traume),
mit acc. c. inf.: prt. ind. sg. 1.*
hugða *Gǒr II 38, 5, Am 15, 1. 18,
1 u. ö.; mit part. prt. an stelle des
inf.: prt. ind. sg. 1.* hugða *Gǒr II
40, 1, Am 16, 1. 21, 1 u. ö.;* h. sér
grimt í svefni *böse träume haben:
prt. ind. sg. 1.* hugða *Br 16, 1;
4) denken, im sinne haben, beabsichtigen, a) mit abh. acc.: inf.
Háv 45, 5; prs. ind. pl. 1.* hyggjum
Háv 90, 5; pl. 3. hyggja *Háv
89, 2; b) mit inf.: prt. ind. sg. 3.*
hugði *Akv 24, 4, Am 39, 2; opt.
sg. 3.* hygði *HH II 49, 2; 5) sich
vorstellen (ehn, eht): inf. Fm 36, 4;
prs. ind. sg. 1.* hygg *Grm 24, 3;
opt. sg. 3.* hyggi *Grm 34, 3;
prt. ind. sg. 2.* hugðir *Am 17, 3;
6) für etw. halten (mit dopp. accus.):
prt. ind. sg. 1.* hugða *Ls 23, 8.
24, 6; sg. 3.* hugði *HH II 1, 7;
7) nachdenken, überlegen: prt. ind.
sg. 1.* hugða *Háv 110, 5; begreifen:
inf. Am 11, 6;* h. eht *etw. bedenken,
überdenken: inf. Br 13, 4; prt. ind.
sg. 3.* hugði *Sg 15, 1; beobachten:
prt. ind. sg. 3.* hugði er hatte be-
obachtet *HH I 49, 7; ersinnen:
prt. ind. sg. 3.* hugði *Sd 13, 6;
8) h. verst ehu mit etwas durchaus nicht zufrieden sein: prs. ind.
sg. 1.* hyggjum (*zur form vgl. Jón
Þorkelsson, Ark. 8, 46 und Noreen*[2]
§ 458 anm. *2) Grp 24, 1. 40, 1;*
h. gótt ehm *jmd wolgesinnt sein:
prt ind. sg. 3.* hugði *Am 34, 2;
9) part. prt.: m. pl. nom.* hugðir
gesinnt Ghv 3, 3; 'n. sg. nom. hugat
bestimmt Rm 8, 6, h. var því illa
*das war nicht wol überlegt Am
29, 8; acc.* hugat wol überlegt,
*verständig Grp 10, 4, freundlich,
tröstlich Gǒr II 21, 4, zugedacht,
bestimmt (ehm) Háv 40, 5; 10) mit
praepp.:* h. á eht *an etw. denken,
etwas bedenken: inf. Am 100, 5;
auf etw. sinnen: prt. ind. sg. 3.*
hugði *Am 47, 3. 85, 6;* h. á grið
wider den frieden (auf treubruch)

sinnen: prt. opt. sg. 3. hygði *Am 32, 6;* h. at ehu *seine aufmerksamkeit auf etw. richten, etw. betrachten: prt. ind. sg. 3.* hugði *Rp 28, 2; an etw. denken, etw. bedenken, überlegen: prs. ind. sg. 3.* hyggr *Háv 23, 3; imper. sg. 2.* hygg *Am 10, 8; auf etw. sinnen: prt. ind. sg. 3.* hugði *Hym 3, 3, Sg 48, 8, Am 3, 2;* h. vel fyr ehu *etwas gehörig erwägen: imper. sg. 2.* hygg *HHv 7, 5;* h. um sik *an sich denken, für sich sorgen: prt. opt. sg. 3.* hygði *Fm 35, 5;* 11) hyggjask *von sich glauben, erwarten; hoffen (mit inf.): prs. ind. sg. 3.* hyggsk *Háv 16, 2, HHv 11, 7; prt. ind. sg. 1.* hugðumk *Fm 16, 5;* h. fyrir ehu *auf etw. rücksicht nehmen: prs. ind. sg. 3.* hyggsk *Ls 15, 6, Grp 39, 8.*

2. hyggja, *f.* 1) *die gesamten geistes- und gemütskräfte des menschen im gegensatze zu der körperl. hülle: sg. acc.* hyggju *Grp 43, 8;* 2) *einsicht, verstand: sg. acc.* hyggju *Háv 158, 6, Am 2, 4, Hm 9, 2.*

hyggjaðr, *adj. gesonnen, gewillt: f. sg. nom.* hyggjuð *Gðr II 16, 4.*

hyggjandi, *f.* 1) *nachdenken, überlegung: sg. dat. af* h. *nachdem sie nachgedacht hatte Sg 51, 1;* 2) *verstand: sg. dat. acc. Háv 6, 1; Hm 26, 6.*

hylda (ld), *das fleisch aufschneiden: imper. pl. 2.* hyldið *Am 56, 2.*

hylja (hulða; *got.* huljan) 1) *etwas (eht, of eht, um eht) verhüllen, zudecken, bedecken: inf. Rm 15, Gðr I 12, 7 u. ö.; prt. ind. sg. 3.* hulði *Rp 30, 4. 8, Rm 5 pr 8; part. prt. m. sg. nom.* huliðs *Alv 19, 6;* 2) *etw. (um eht, of eht) verheimlichen: inf. Hrbl 11, 1; prs. ind. sg. 1.* hyl *Hrbl 10, 2.*

hylli, *f. huld: sg. dat.* Grm 51, 6; *acc.* þrk 29, 10, Grm 42, 1, H·H II 14, 4.

hý-nótt, *f. jammernacht, sehnsuchtsnacht (Kock, Hz 40, 197 fg.): sg. nom. Skm 42, 6.*

hý-rógi, *m. (?) das mutterkorn im roggen (?): sg. nom. Háv 136, 11 (s. GV s. v.* haull; *'spur of rye' Cpb I, 15).*

1. hyrr, *m. feuer (vgl. got.* haúrja,

n. pl. 'kohlenfeuer'): sg. acc. hyr *Hyndl 48, 1.*

2. hýrr, *adj. sanft, freundlich: m. sg. nom. Vkv 16, 7.*

hæðinn, *adj. geneigt zum spott gegen jmd (at ehm): m. sg. nom. Háv 31, 3.*

hæl-bítr, *m. 'fersenbeisser', wer jmd (hinterrücks) an der ferse verwundet: sg. nom Hrbl 35, 1.*

hæll, *m. ferse: sg. acc.* hæl *Sg 69, 2; pl. nom.* hælar *Rp 8, 8; dat.* hælum *Hym 34, 7.*

1. hætta (tt), *aufhören (mit etw.: ehu): imper. sg. 2.* hæt *Ls 36, 1; pl. 1.* hættum *Hrbl 53, 3.*

2. hætta (tt), *wagen: prt. ind. sg. 1.* hætta ek hǫfði til *ich wagte den kopf Háv 105, 6.*

3. hætta, *f. gefahr: sg. nom. Hm 11, 5.*

hættligr, *adj. gefährlich: f. sg. nom.* hættlig *Vsp 33, 3.*

hættr, *adj. unsicher, zweifelhaft: m. sg. nom. Sd 25, 5: n. sg. nom.* hætt *Háv 88, 6.*

hœfr, *adj. passend, geziemend: n. sg. nom.* hœft *Rm 12, 4.*

hœgr, *adj.* 1) *sanft, mild: f. sg. nom.* hœg *Am 47, 7. 94, 3;* 2) *geschickt: compar. f. sg. gen.* handar innar hœgri *der geschickteren, d. i. der rechten hand Ls 38, 4; dat. Vsp 8, 3, Ls 61, 4;* 3) *passend, geeignet: superl. n. sg. nom.* hœgst *Vkv 18, 6, Am 8, 8.*

hœlask (ld), *sich rühmen: prs. ind. sg. 1.* hœlumk *Am 81, 4.*

hœta (tt; *got.* hwôtjan) *jmd (ehm) mit etw. (ehu) drohen: prs. opt. sg. 2.* hœtir *Ls 62, 3.*

hœtingr, *m. schmähung, gezänk: sg. dat.* hœtingi *Hrbl 53, 3.*

hǫfðingi, *m. häuptling, edler: pl. nom.* hǫfðingjar *HH II 16 pr 30.*

hǫfn, *f.* 1) *besitz, habe: sg. acc. Sg 37, 4;* 2) *hafen: sg. acc. c. art.* hǫfnina *HH II 16 pr 13; pl. acc.* hafnir *HHv 26, 2;* 3) *schiffsmannschaft (= skipshǫfn): sg. nom. HH I 30, 5 (Bugge s. st.).*

hǫfuð, *n. (älter* haufuð, *wie des metrums wegen an einigen stellen geschrieben werden muss; got.* haubiþ) *haupt, kopf: sg. nom. HH II 19, 8, Sd 14, 4, Sg 23, 7 u. ö., c. art.*

hǫfuðit *Hrbl* 15, 4; *voc. Hlr* 2, 3; *acc. Vsp* 34, 2, *Bdr* 11, 6, *þrk* 15, 8 *u. ö.; gen.* hǫfuðs *Háv* 73, 2, *Rm* 6, 3; *dat.* hǫfði *Hym* 15, 2, *Vm* 19, 4, *Háv* 105, 6 *u. ö.; pl. gen.* hǫfða *Hym* 8, 3; *dat.* hǫfðum *Sg* 67, 5; *acc.* hǫfuð *Vkv* 24, 1. 34, 5, *Ghv* 12, 5.

hǫfuð-niðjar, *m. pl. die nächsten verwandten: dat.* hǫfuðniðjum *Gðr III* 5, 8.

hǫfuð-smátt, *f. (zu* smjúga; *vgl. Hj. Falk, Ark.* 5, 124) *kopföffnung im panzer:·sg. dat. Sd* 8.

hǫfugr, *adj. schwer: f. pl. acc.* hǫfgar *Vkv* 12, 6.

hǫgg, *n. hieb: sg. gen.* hǫggs *Háv* 81, 7; *pl. dat.* hǫggum *Gðr I* 10, 4; *acc.* hǫgg *þrk* 32, 7, *Hrbl* 47, 6.

hǫggva, (hjó) 1) *hauen, schlagen: inf. Skm* 23, 4 *u. ö.; prt. ind. sg.* 3. hjó *Fm* 39 *pr* 1; 2) *zerhauen: inf. Am* 49, 9; 3) *niederhauen, erschlagen, töten: inf. Am* 48, 7; *imper. pl.* 2. hǫggum (*so FJ;* hǫgum *Hild. mit R*) *Am* 58, 5; *prt. ind. sg.* 3. hjó *HHv* 17, 6, *Akv* 20, 1 *u. ö.; opt. pl.* 1. hyggim *Sg* 32, 4; *part. prt. m. sg. nom. acc.* hǫggvinn *Gðr II* 7, 5; *HHv* 24, 3; *pl. nom.* hǫggnir *Am* 38, 4. 52, 4; 4) *zuhauen: prs. ind. sg.* 1. hǫgg *Am* 38, 8; 5) *mit advv.:* h. sundr *zerhauen: prt. ind. sg.* 3. hjó *Rþ* 39, 8; *part. prt. m. sg. acc.* hǫgginn *Br* 7, 4; h. undan *weghauen: prs. ind. sg.* 3. hǫggr *Am* 70, 6; 6) hǫggvask *sich schlagen, kämpfen: prs. ind. pl.* 3. *Vm* 40, 6. 41, 3; h. orðum á *sich mit worten befehden, schmähreden gegen einander gebrauchen: prs. ind. pl.* 3. *Rm* 3, 6 *[aber GV (Cpb I* 469) *und FJ ändern wol mit recht* hǫggvask *in* ljúgask*].*

hǫg-staldr, *m. (urnord.* hagu-staldar) *im 'hag', d. h. auf einem kleinen nebengut oder abbau wohnender, bezeichnung der jüngeren söhne eines grundbesitzers, die auf den haupthof, der dem erstgebornen als erbe zufiel, keinen anspruch hatten, mithin gewöhnl. auch keinen eigenen hausstand gründen konnten u. daher oft gezwungen waren, als söldner in herrendienst zu treten;* | *das wort erhielt daher geradezu die bedtg krieger, held: pl. gen.* hǫgstalda *Sg* 31, 2, *Od* 5, 6. *[R hat an beiden stellen* hauc- (*d. i.* hǫk-)stalda: *vgl. über den übergang von* g *zu* k *vor harten conss.* Noreen² § 190; *dass das wort durch die volksetymologie an* haukr *angelehnt ist (Sijmons, Zz* 21, 370 *anm. und Hj. Falk, Akad. afhandl. til S. Bugge s.* 16) *glaube ich nicht.]*

hǫlð-borinn, *part. prt. dem stande der erbbauern entsprossen: n. sg. nom.* hǫlðborit *Hyndl* 11, 9. 16, 5.

hǫlðr, *m. (KGíslason, Aarb.* 1866 *s.* 264 *ff.; Bugge, Fkv.* 144b) *mann, mensch überhpt: pl. nom.* hǫlðar *Háv* 42, 5, *HHv* 12, 1; *gen. acc.* hǫlða *Háv* 93, 5, *Fm* 19, 5 *u. ö.; Vsp* 44, 3, *Br* 15, 8; *dat.* hǫlðum *Gðr II* 29, 1. — *Als männl. eigenname Rþ* 24, 4.

hǫlkn, *n. steiniger grund, felsboden: pl. nom. Hym* 24, 2.

hǫlkr, *m. (entlehnt aus ags.* hulc? *Bugge, Bidr.* 159) *hütte, wohnraum: sg. dat.* hǫlkvi hvílbeðjar *dem schlafgemache Akv* 31, 7.

hǫll, *f. halle: sg. gen.* hallar *Ls* 6, 2, *Skm* 30, 4 *u. ö.; dat.* hǫllu *Vsp* 26, 5, *Hym* 7, 7, *Ls* 10, 6 *u. ö.,* hǫll *Gðr I* 26, 1, *Od* 3, 4 *u. ö., c. art.* hǫllinni *Grp* 7; *acc.* hǫll *Ls* 14, 3, *Vm* 6, 2 *u. ö., c. art.* hǫllina *Ls* 5 *pr* 1, *Akv* 5; *pl. dat.* hǫllum *Ls* 27, 2, *Vm* 7, 5; *acc.* hallir *Ls* 3, 2. 4, 2, *Rþ* 49, 2. — *Name eines flusses Grm* 27, 10.

hǫnd, *f. (got.* handus) *hand: sg. nom. acc. Hm* 14, 8; *Bdr* 11, 5, *Ls* 6 *u. ö.,* ganga á h. *an die hand gehen, dienste leisten Am* 96, 3; *gen.* handar *Ls* 38, 4, *Háv* 73, 4 *u. ö.; dat.* hendi *Vsp* 8, 3, *þrk* 30, 8, *Ls* 14, 5 *u. ö.,* bera eht at h. ehm *jmd etwas darreichen Hyndl* 48, 6, koma at h. *begegnen, eintreffen Fm* 31, 6, koma at h. ehm *jmd betreffen HH I* 42, 6; *pl. nom. acc.* hendr *HH II* 43, 9, *Fm* 6, 2 *u. ö.; Vsp* 34, 1, *Sd* 34, 3, *Sg* 42, 4 *u. ö.; gen.* biðja konu til handa ehm *für jmd um eine frau werben HHv* 7, *Grp* 35, 5. 36, 7; *dat* hǫndum *þrk* 29, 5, *Hym* 29, 2, *Háv* 147, 7 *u. ö.,* fyr h. *nahe bevorstehend Grp* 26, 8.

36, 1, fella ehm fár af h. *jmd aus einer gefahr erretten Od 8, 6.*

hǫ n d l a (að), *die hand an etw.* (eht) *legen, behandeln, mit etw. hantieren:* inf. *Gǫr I 8, 3.*

hǫr-gefn, *f. 'göttin des flachses', poet. bezeichnung einer frau: sg. nom.* Fm 43, 7.

hǫrgr, *m. heidnisches heiligtum* (*Myth. I⁴ 54, III⁴ 32;* RKeyser, Saml. afh. 324; Mogk, Lit.bl. 1887, sp. 472; KGíslason, Efterl. skr. I, 214 fg.; FJ *in der* (Strassb.) Festschr. für Weinhold s. 13 ff.): *sg. dat.* hǫrgi Grm 16, 6; *acc.* hǫrg Vsp 10, 3, Hyndl 10, 1; *pl. dat.* hǫrgum Vm 38, 6; *acc.* hǫrga HHv 4, 2.

hǫr-meitiðr, *m. zeit der flachsernte, spätherbst: sg. acc.* hǫrmeitið Hym 39, 8 (GV, Cpb I 514).

hǫrmugr, *adj. kummervoll, bekümmert: n. pl. nom.* hǫrmug Gǫr III 4, 7.

hǫrr, *m. flachs, lein: sg. dat.* hǫrvi Rp 30, 3.

hǫr-skrýddr, *part. prt. mit leinwand bekleidet: f. sg. nom.* hǫrskrýdd Sg 51, 2.

hǫrund, *f. haut: sg. dat.* Sf 12.

hǫss, *adj. gelbgrau, fahl: m. sg. acc.* hǫsvan Rp 7, 3.

hølzti (*d. i.* helzt til), *adv. gar sehr:* HH II 27, 10.

I.

í, *praepos. u. adv.* (got. in) *I. praepos. c. dat. u. acc. A. c. dat. in, an, auf, bei, zu: 1) local, auf die frage wo? bezeichnet es* a) *den ort in od. an dem eine person od. ein gegenstand sich befindet, wo etw. vorgeht oder ausgeführt wird:* býr in aldna í Jarnviði Vsp 41, 2; hǫfuð þitt bæra ek í hendi mér Ls 14, 5; falsk Loki í Fránangrs forsi Ls 65 pr 1; vark í þeiri eyju Hrbl 16, 3; era mér gulls vant í gǫrðum Gymis Skm 22, 5; tefldu í túni Vsp 11, 1; gól .. í galgviði hani Vsp 43, 6; brúðir .. barðak í Hléseyju Hrbl 37, 2; *vgl.* Skm 23, 3, Vm 2, 3, Grm 9, Alv 36, 1, Háv 26, 3, Hyndl 24, 1, Vkv 28, 3 *u. ö.; dem casus nachfolgend:* ása gǫrðum í Ls 37, 3; ossum rǫnnum í Skm 14, 3; *vgl.* Vm 19, 5, Grm 21, 3, Alv 10, 6 *u. ö.;* b) *die gestalt*

od. *kleidung in der jmd erscheint:* tungls tjúgari í trolls hami Vsp 41, 8; sitr .. jǫtunn í arnar ham Vm 37, 3; sá var í feldi blám Grm 26; *vgl.* HHv 30, 6, HH I 6, 1. II 1, 3, Grp 15, 3 *u. ö.;* c) *citate:* svá segir í Sigurðarkviðu F 306 a 22; svá segja menn í fornum sǫgum Rp 1; svá sem fyrr er ritat í Helgakviðu HH II 16 pr 16; *vgl.* Sf 32, Br 20 pr 1, Od 1, 2 *u. ö.;* d) *in übertragenem sinne unkörperliche gegenstände:* heiptyrði tølr þú þér í hvívetna *in jedem* (worte) *glaubst du eine beleidigung erblicken zu müssen* Fm 9, 2; harm ljótan telk mér í því *schlimme mühsal erkenne ich darin* Hrbl 13, 1; þá er í ráði *dann wird es im rate* (des *schicksals*) *beschlossen* Hyndl 42, 7; bes. *das innere des menschen als sitz des geistes- und gefühlslebens:* sér þú geðleysi í grams skapi Grp 32. 4; sǫgn eða þǫgn hafðu þér sjálfr í hug *überlege in deinem sinne ob du dich erklären oder schweigen willst* Sd 20, 5; úlfr er í ungum syni *wölfische* (feindliche) *gesinnung* Sd 35, 6; *vgl.* Sg 39, 3. 48, 2, Gǫr III 1, 3 *u. ö.; 2) die gesamtheit von der jmd einen teil ausmacht:* dverga í Dvalins liði Vsp 17, 2; váru þeir í hirð Hrólfs ins gamla Hyndl 25, 3, *vgl.* HH I 54, 7 *u. ö.; 3) die unternehmung od. beschäftigung in der jmd begriffen ist:* þeim er bróðir Býleists í fǫr Vsp 52, 8; þú hefir ver þinn í valsinni Hyndl 6, 6; *vgl.* HHv 30 pr 4, Hlr 3, 4 *u. ö.; 4) die geistes- oder gemütsverfassung in der jmd ist:* snýsk jǫrmungandr í jǫtunmóði Vsp 51, 4; ásmegir í ofvæni Bdr 7, 6; *vgl.* Am 93, 9 *u. ö.;* svíkja (véla) ehn í trygð *jmd in seinem vertrauen täuschen* Hrbl 34, 2, Sd 7, 3, Br 20 pr 13; 5) *die lage oder den zustand in dem jmd sich befindet:* át ek í hvíld Hrbl 3, 5; um sik er hverr í |slíku *jeder sorgt für sich in solcher lage* Hrbl 22, 3; *vgl.* Alv 5, 2, Br 16, 2; 6) *die natur- od. witterungsverhältnisse die während einer handlung oder begebenheit herrschen:* í náttmyrkri brutu þeir við land Grm 4; í vindi skal við hǫggva *Háv '81, 1; vgl. Háv 89, 7, Fm 11, 5 u. ö.;* 7) *zeit od. gelegenheit zu oder bei welcher etw. geschieht (temporal):* í barnœsku *Sf 29, Fm 6, 6;* í forneskju *HH II 50 pr 3, Fm 1 pr 2;* í orrostu *Háv 128, 6, Sf 28 u. ö.;* í orrostum *HHv 9 pr 5;* véltu mik í verfangi *bei der vermählung Hlr 13, 8;* var ek Hǫðbroddi í her fǫstnuð *bei einer heerversammlung HH II 15, 2;* 8) *den gegenstand auf den der begriff eines wortes sich vorzugsweise bezieht od. beschränkt ist (in bezug auf):* í orðum spakr *Grp 7, 8;* léttari í malum *Ls 52, 1;* auðigr í andsvǫrum *Ls 5, 5;* í orði vinr *Ls 2, 6;* 9) *das mittel durch welches man etwas erreicht:* opt kaupir sér í litlu lof *Háv 52, 3;* 10) *die art und weise wie etw. angewandt wird, die näheren umstände einer handlung od. eines zustandes:* í hófi hafa *mit mass gebrauchen Háv 64, 3;* í rúnum fák *schreibe mit runen Háv 155, 5;* í valrúnum vígspjǫll segir *gibst in kampfrunen (in poet. umschreibung des kampfes) von der schlacht nachricht HH II 11, 7;* í hugaðsrœðu segja *mit tröstlicher rede Grp 14, 2;* ligg í fjǫrbrotum *Fm 21, 5;* **B.** *c. acc.* in, nach, zu*; es bezeichnet* 1) *local, auf die frage wohin? die richtung od. das ziel einer bewegung oder tätigkeit, a) nach vbis des kommens, gehens, fahrens, fallens u. ä.:* nú emk í hǫll kominn *Vm 6, 2;* kómu í hug henni Hǫgna viðfarar *Am 86, 1;* Sigrún gekk í valinn *HHH II 16 pr 33;* farðu í sess *Vm 9, 3;* aka í jǫtunheima *þrk 11, 8;* í garð riðu *Od 25, 7;* í hildileik hafask *Fm 31, 3;* steig niðr í sal *Hym 34, 4;* sígr fold í mar *Vsp 59, 2; vgl. Hrbl 26, 4, Rm 18, HHv 28, 6. Akv 43, 8 u. ö.; dem casus nachfolgend:* inn skal ganga Ægis hallir í *Ls 3, 2, vgl. 4, 2, F 304a 23;* b) *nach vbis des legens, setzens, hebens, sendens, führens, stossens, werfens, fassens u. ä.:* leggið Mjǫllni í meyjar kné *þrk 30, 6;* Gunnarr (var) settr í ormgarð *Dr 15;* vif valnesk (váru) hafið í vagna *Gǫr II 35, 4;* hana (Gná) sendir

Frigg í ymsa heima *F' 303b 6;* Hrungnis bani mun þér í hel koma *Ls 63, 5;* hann brá fingrinum í munn sér *Fm 31 pr 7;* ek munda þik í hel drepa *Hrbl 27, 2;* verpa laugi í lǫg *Sd 8, 3;* Óðinn í folk um skaut *Vsp 28, 2;* vindr rak þá í haf út *Grm 4;* fengu í snœri *Am 43, 4;* áðr kvæn konungs í ketil tœki *Gǫr III 7, 8; vgl. Skm 31, 8, Gǫr II 5, 6. III 10, 6, Akv 20, 4, F 304a 29. 34 u. ö.;* c) *nach den vbis des bekleidens:* jarl hafði hamazk í arnarlíki *HHv 5 pr 8;* fóru í brynjur *Am 41, 2;* smugu í guðvefi *Hm 17, 4; vgl. auch Hym 31, 4 fœrðisk allra í ásmegin er rüstete sich aus mit der asenkraft;* d) *nach vbis des sehens und sagens:* í augu leit *Vsp 2, 4;* hann sá í jǫtunheima *Skm 2;* hvat mælti Óðinn . . í eyra syni? *Vm 54, 6; vgl. Hym 2, 5, Rp 27, 2, Vm 55, 3 u. ö.;* e) *nach verschiedenen andern vbis u. adject.:* halr . . í horn um þaut *Hm 19, 6;* skínn sól í sali *Alv 36, 7;* kell mik í hǫfuð *Vkv 31, 5;* Hymis meyjar þér í munn migu *Ls 34, 6;* grafit í jǫrð niðr *Fm 44 pr 3;* it blóði í spor báðir renduð *Br 18, 3;* hón (grind) er í lás um lokin *Grm 22, 6;* gæta varð hon tungu í góma báða *Am 9, 6;* lemða alla (meinkráku) í liðu *zerschlüge sie in (einzelne) glieder, in stücke Ls 43, 6;* afr í tvau áss brotnaði *Hym 12, 7;* óðfús í jǫtunheima *þrk 26, 8. 28, 8;* f) *endlich wird zuweilen* í *c. acc. gesetzt, wo im deutschen nach anderer auffassung der dat. gebraucht wird:* er mér í heðin hvern handar væni *Háv 73, 3;* hvat þú árnaðir í jǫtunheima *Skm 40, 5;* ólusk í ætt þar œztir kappar *Hyndl 18, 3, vgl. Hlr 4, 4 þú vart heilli verstu í heim borin;* 2) *temporal (wo im deutschen ebenfalls meist der dat. angewandt wird):* í árdaga *Vsp 63, 5, Ls 9, 2 u. ö.;* í ragna rǫk *Bdr 14, 7 (vgl. Bugge u. Sijmons z. st.; aber auch FJ z. st., Wimmer Lb⁴ 257a und Richert s. 32),* í aldar rǫk *Vm 39, 4;* í dag *heute Hrbl 57, 1;* í morgun *heute morgen HHv 39, 1, HH II 18, 5 u. ö.;* í aptan

heute abend HH I 35, 1; *í nótt heute nacht Alv 2, 3, Am 27, 2*; *í sinni sogleich Alv 1, 3*; *í sinn þetta diesmal Am 11, 4. 14, 4*; *í annat sinn ein andermal HH I 44, 5*, *í sinn annat Hrbl 59, 4 u. ö.*; *í mál hvert jedesmal Háv 37, 6*; *3) die ursache oder den zweck einer handlung bezeichnend:* Óδinn stakk hana svefnþorni *í hefnd þess um sich dafür zu rächen dass* .. *Sd 2 pr 15*; *mǫrgum orðum mælta ek í minn frama zu meinem nutzen Háv 103, 5*; *fá þú mey mann í megin-þarfar um einem dringenden bedürfnis abzuhelfen Rm 11, 6*; *4) die nähere bestimmung oder einschränkung eines adj. angebend:* varat hann í augu yðr um líkr *in bezug auf die augen Sg 36, 5*; *C. in betreff der adv. ausdrücke í* brot (brott), í gær, í gǫgn (gǫgn), í gǫgnum (gegnum), í milli, í mót, í sundr, í þrá *s. das zweite wort.*
II. adv. 1) darin Sf 9, Am 31, 8. 40, 4. 46, 1; 2) hinein Vkv 21, 4. 23, 8, Fm 6, Dr 10.

iδ, *f. (nicht* iδ: *Bugge, Zz 7, 395) werk, tat: pl. nom.* íðir *Hm 1, 2.*

iδ-gjǫld, *n. pl. ersatz, vergeltung, busse: acc. Háv 104, 4.*

iδ-gnógr, *adj. reichlich: m. sg. acc.* iðgnógan *HH I 22, 5.*

iδja-grœnn, *adj. von neuem grünend: f. sg. acc.* iðjagrœna *Vsp 61, 4 (Bugge, Aarb. 1869, s. 249; Mhff, DA V, 154 nimmt* iðja, grœna *als zwei wörter).*

iδrar, *f. pl. (vgl. got.* idroiga) *1) eingeweide: nom. Gǫr II 24, 6; 2) reue: nom. Am 66, 3. Zur bedeutungsentwicklung vgl. gr. σπλάγχνα.*

iδrask; *vgl. got. idreigôn) etw. (ehs) bereuen: prs. ind. sg. 1.* iðrumk *Sg 7, 2; prt. ind. sg. 3.* iðraðisk *HHv 30 pr 12.*

if, *n. (vgl. got. ibai) zweifel: sg. nom. HHv 33, 9.*

ifi, *m. dass.: sg. nom. Háv 107, 1.*

í-frá, *adv. davon herab: Grm 38, 6.*

igδa, *f. ein vogel (die spechtmeise — sitta europaea — od. die bachstelze — motacilla alba —? letztere bezeichnet igda jetzt im norweg.: Bugge, Norr. skr. 195; Aasen 321b; vgl. auch Mhff, Anz. f. d. alt. 4, 116):*

sg. nom. Fm 31 pr 11. 35 üb.; pl. nom. igður *Fm 31 pr 11. 39 pr 5.*

i-grœn, *f. 'die immergrüne'? poet. bezeichnung der erde: sg. acc. Alv 11, 4.*

í gǫgnum (í gǫgnum) *s.* gǫgnum.

íkorni, *m. eichhörnchen: sg. nom. Grm 32, 1.*

il, *f. fusssohle: pl. dat.* iljum *Rþ 10, 3.*

il-kvistr, *m. 'zweig der fusssohle', poet. bezeichnung der zehe: pl. dat.* ilkvistum *Am 63, 2.*

illa, *adv. (vgl. got.* ubilaba) *1) übel, böse, schlimm, schlecht: Hrbl 47, 2, Vm 10, 5, Háv 22, 2 u. ö.; i.* trúa ehm *jmd misstrauen: Háv 45, 2. 46, 2; i.* heill *von angegriffener gesundheit Háv 69, 2; 2) kaum:* á sér þat illa *das ist an euch kaum zu merken Am 42, 1.*

illr, *adj. (got.* ubils) *schlecht, schlimm, übel, böse: m. sg. nom. Háv 132, 6 u. ö.; gen.* ills *Hym 9, 8 u. ö.; dat.* illum *Hrbl 21, 1 u. ö.; acc.* illan *Háv 116, 5, HH II 16, 3; pl. dat.* illum *Háv 51, 2; f. sg. gen.* illrar *Vsp 1, 8 u. ö.; dat.* illri *Hyndl 41, 6; n. sg. nom. acc.* ilt (illt) *þrk 6, 5, Am 23, 3 u. ö.; F' 304a 12; gen.* ills *Am 66, 7; dat.* illu *Háv 127, 5, Hyndl 48, 8 u. ö.; pl. gen.* illra *Skm 2, 1; acc.* ill *Háv 9, 4 u. ö.; subst. n.* illt *1) unheil: sg. gen.* ills *Am 82, 8; acc.* illt *Am 39, 8; 2) bosheit: sg. gen.* ills *Sg 8, 2; dat.* illu *Sd 32, 2. 37, 2.*

ill-úδ, *f. (d. i.* ill-hugô) *bosheit, tückischer anschlag: sg. nom. Vkv 21, 3. 23, 7 (vgl. z. st. Wisén, Hjeltes. 36).*

ill-úδigr, *adj. argwöhnisch, misstrauisch: f. pl. nom.* illúðgar *Am 13, 1.*

ill-þræli, *n. elender sklave: sg. nom. Am 60, 3.*

ima, *f. streit, kampf: sg. dat.* imu *HH I 54, 9.*

in, *adv. c. compar. nach vorangegangener negation, noch:* né — in heldr *und noch viel weniger Háv 61, 6, HH I 12, 3, Grp 21, 7 u. ö.;* hvergi in betra *niemals einen noch besseren Gǫr I 10, 6;* vituma .. menn in sælli né in mætri mægð *Sg 19, 2. 3;* helta in lengr rúmi

Am 59, 2; orð er ek heyrða aldrigi
in hnœfiligri *Hrbl 43. 4.*

1. inn, *pron. demonstr. (älter* enn; *s. d.)*
jener, dieser, der: m. sg. nom. voc.
acc. Vsp 2, 2, Hym 37, 7, Ls 20, 4,
Hrbl 3, 4 u. ö.; Hrbl 51, 1, Skm 4, 2,
Vm 20, 6 u. ö.; þrk 25, 7, Ls 2, Hrbl
14, 3, Skm 16, 3 u. ö.; gen. ins
Ls 49, 5, Vm 5, 3, Grm 25, 5 u. ö.;
dat. inum *Vsp 24, 3, Háv 139, 2,*
Vkv 17, 2 u. ö.; pl. acc. ina *Gðr*
II 35, 9, Akv 13, 3; f. sg. nom.
voc. in *Vsp 41, 1, þrk 26, 1, Hym*
24, 3, Grm 20 u. ö.; HH II 16, 7.
47, 10; gen. innar *Ls 38, 4, Háv*
100, 5. 107, 5, dat. inni *Vsp 8, 3,*
Ls 61, 4, Hrbl 32, 3 u. ö.; acc.
ina *þrk 32, 1, Hrbl 30, 5, Vkv 39,*
4 u. ö.; pl. nom. acc. inar *Ghv 4, 8,*
Hm 7, 2; HHv 3, 3; dat. inum
Háv 79, 3; n. sg. nom. voc. acc.
it *Vsp 48, 3, þrk 12, 5, Ls 44, 1*
u. ö.; HH I 39, 1; þrk 14, 7, Vm
20, 1, Grm 15, 3 u. ö.; gen. ins
Skm 11, 5, Alv 5, 3 u. ö.; dat.
inu *Vsp 47, 3, Grm 39, 2, HH II*
29, 5; pl. nom. acc. in *Vm 17, 6,*
Grm 12, 1 u. ö.; Ls 52, 6, Hrbl
43, 2; dat. inum *Akv 44 pr 2.*

2. inn, *adv. (got.* inn) *hinein, herein:*
Vsp 39, 6, þrk 29, 1, Hym 10, 5,
Ls 3, 1 u. ö.

inna *(nt), hersagen: prt. ind. sg. 3.*
innti *Am 9, 3.*

innan, *adv. u. praepos. (got.* innana)
A. adv. von innen, von innen her:
Háv 111, 7, Sf 11, Br 20, 8 u. ö.;
B. praepos. c. gen. innerhalb: Vkv
33, 14, Hm 24, 6; fyr (fyrir) innan,
praep. c. acc. dass.: þrk 4, 9. 8, 5,
Ls 14, 2; Sf 22.

innar, *adv. drinnen: Ls 11, 5.*

inn-fjalgr. *adj. sich hinein bren-*
nend (? FJ II, 125): n. sg. nom.
innfjalgt *HH II 44, 11 [Bugge, Fkv.*
199 vermutet im anschluss an die
brüder Grimm (Lieder der alten
Edda 117) ófjalgt 'kühl', und diese
conjectur ist von Grdtv. und GV
in den text aufgenommen].

inni, *adv. (vgl. got.* inna) *drinnen,*
innerhalb des hauses: Ls 1, 4, HH
II 1, 6, Sd 31, 6 u. ö.; i. fyrir
dass.: Háv 132, 2.

inn-leið, *f. eingeweide (?): sg. nom.*
Gðr II 23, 8.

isarn, *n. (got.* eisarn) *eisen: pl. acc.*
i. kól *'kühle eisen' (nach Sn. E. I, 56*
zwei blasebälge) Grm 37, 6. Vgl.
járn.

iss, *m. eis: sg. nom. gen. Vm 16, 6;*
F 305 a 11; dat. isi *Háv 82, 2*
u. ö.; acc. is *Háv 80, 5; pl. acc.*
isa *Sg 8, 3.*

itarligr, *adj. ausgezeichnet, herrlich,*
stattlich: m. sg. nom. Grp 4, 5;
n. sg. nom. itarlikt *Am 91, 1.*

itr, *adj. dass.: m. sg. nom. Grp 7, 7.*
47, 5; voc. itr *Grp 10, 1, (sw.)*
itri *Grp 23, 3; f. pl. nom.* itrar
Gðr I 3, 1.

itr-borinn, *part. prt. von vornehmer*
geburt: m. sg. nom. HHv 37, 7, HH
I 9, 3 (vgl. jedoch FJ z. st.); f.
sg. nom. itrborin *Am 101, 3.*

itr-laukr, *m. edler lauch: sg. acc.*
itrlauk *HH I 7, 8.*

itr-skapaðr, *part. prt. von statt-*
lichem wuchs: m. sg. nom. HH II
37, 3.

itr-þveginn, *part. prt. durch wa-*
schen glänzend geworden: m. pl.
acc. itrþvegna *Ls 17, 5.*

ivið-gjarn, *adj. auf bosheit sinnend,*
boshaft: f. sg. dat. iviðgjarnri *Vkv*
28, 8 [so ist mit Sijmons (briefl.)
statt -gjarnra *zu lesen].*

iviði, *n. raum im weltbaum (? Mhff,*
DA V, 89): pl. acc. Vsp 5, 6.

iviðja, *f. waldbewohnerin, riesin: sg.*
acc. iviðju *Hyndl 47, 2.*

iþrótti, *m. (?) tüchtigkeit, helden-*
tugend: sg. acc. (?) iþrótta *Am*
64, 4. (FJ schreibt iþróttir).

J.

jaðarr, *m. eigentl. der äusserste rand*
oder die spitze eines gegenstandes,
daher poet. s. v. a. der erste, der
fürst: sg. nom. Ls 35, 6; gen.
jaðars *Háv 106, 6 (wo zu lesen sein*
wird á vé alda jaðars; vgl. Zz 29, 51);
acc. jaðar *HH II 41, 3, Fm 36, 3.*

jafna *(að; vgl. got.* ga-ibnjan) *ebnen,*
glatt machen, schlichten: prt. ind.
sg. 3. jafnaði *þrk 5, 6; part. prs.*
m. pl. nom. jafnendr *'die schieds-*
richter' Hrbl 42, 3.

jafnaðr, *m. richtiges verhältnis: sg.*
gen. til jafnaðar *auf gehörige weise*
Sg 67, 10.

jafnan, *adv. gewöhnlich, beständig:* Rm 14 *pr* 1.

jafn-gǫrla, *adv. ebenso genau: Ls* 21, 6.

jafn-hár, *adj. ebenso hoch: n. sg. acc.* (*adv.*) jafnhátt *F 304a 26. — Beiname Odins Grm 49. 9.*

jafn-hǫfugr, *adj. ebenso schwer: m. pl. nom.* jafnhǫfgir *Skm 21, 4.*

jafn-langr, *adj. ebenso lang: f. sg. acc.* jafnlauga *Sg 15, 2.*

jafn-mikill, *adj. ebenso gross, in ebenso grosser menge: n. sg. acc.* jafnmikit *Akv 6, 8.*

jafn-rammr, *adj. ebenso stark: m. sg. acc.* jafnramman *Vm 2, 5.*

jafn-rúmr, *adj. gleich weit: n. sg. nom.* jafnrúmt *Sg 65, 8.*

jafn-spakr, *adj. gleich weise: m. pl. nom.* jafnspakir *Háv 53, 5.*

jarðar-megin, *n. die der erde innewohnende (heil-) kraft: sg. acc. Háv 136, 6.*

jarkna-steinn, *m.* (*vgl. got.* unairkns, airkniþa) *glänzender stein: sg. nom. Gðr I 18, 7; pl. acc.* jarknasteina *Vkv 25, 2. 35, 6, Gðr III 8, 4.*

jarl, *m.* 1) *jarl, mann aus dem stande, der nach dem könige die höchste stellung einnahm: sg. nom. HHv 6. 8 u. ö., c. art.* jarlinn *HHv 9; gen.* jarls *Háv 96, 4 u. ö.; pl. nom.* jarlar *Gðr I 2, 1; gen. acc.* jarla *Gðr I 3, 2; Hrbl 24, 5;* 2) *mann im allg.: pl. nom. voc.* jarlar *Hm 20, 1; Am 55, 1, Ghv 21, 1; dat.* jǫrlum *Gðr III 1, 6, Ghv 22, 1. — Als männl. eigenname Rp 34, 4 u. ö.*

jarmr, *m. geschrei (von vögeln): sg. dat.* jarmi *F 303a 27.*

járn, *n.* (*älter* ísarn, *s. d.*) 1) *eisen: sg. dat.* járni *Fm 44 pr 2;* 2) *eiserne waffe, schwert: sg. nom. acc. Sg 23,3. 68, 3; Gðr II 39, 2; pl. nom.* járn *Hm 25, 7; gen.* járna *HH I 28, 2. Vgl. Sievers, Zz 21, 108.*

járn-bjúgr, *adj. vom eisen gefällt, durch das schwert getötet: m. sg. gen.* járnbjúgs *Gðr II 25, 4 (Bugge, Fkv. 425a).*

járn-borg, *f. eiserner beschlag an den schiffswänden, schiffspanzer: pl. nom.* járnborgir *HHv 13, 4.*

járn-lurkr, *m. eiserne keule: sg. dat.* járnlurki *Hrbl 39, 5.*

járn-ofinn, *part. prt. aus eisen geflochten: m. sg. nom.* serkr j. (*ein ringpanzer?*) *F 306b 8.*

járn-skjǫldr, *m. eisenschild (beiname eines helden): m. sg. nom. Hyndl 22, 3.*

jarpr, *adj. dunkelbraun: f. sg. acc.* jarpa *Hm 21, 5; pl. acc.* jarpar *Gðr II 20, 8.*

jarp-skǫr, *f. 'braunhaar', spött. bezeichnung des Erpr: sg. nom. Hm 13, 3.*

jar-tegn, *f. wahrzeichen: pl. gen.* jartegna *Dr 9.*

játa (tt), *ja sagen, zustimmen: prt. ind. sg. 3.* játti *Dr 5.*

jaxl, *m. backenzahn: pl. dat.* jǫxlum *Am 80, 8.*

jóð, *n. kind: sg. acc. Rp 7, 1, Vkv 33, 13 u. ö. — Als eigenname Rp 42, 3.*

jóð-ungr, *adj. ganz jung, blutjung: f. sg. dat.* jóðungri *Sg 37, 9. 11.*

jóla-aptann, *m.* (*vgl. got.* jiuleis) *der abend des julfestes: sg. acc.* jólaaptan *HHv 30 pr 6.*

jól, *n. besudelung, beschimpfung [vgl. schwed.* (*dial.*) jola, *f. unreinlichkeit, schmutz; unordnung, verwirrung (Rietz 297b) und isländ.* jóla *besudeln, beschmutzen (Bj. Hald. I, 433a)]: sg. acc. Ls 3, 4. [In R steht* ioll; *Sievers (Beitr. 18,208) schlug vor* oll *zu lesen, das jedoch nicht im nord., sondern nur im ags. in der bedtg 'spott', 'hohn' vorkommt; Bj. Magnússon Ólsen (Ark. 9, 227) will* ioll *in* spiǫll *bessern].*

jór, *m.* (*got.* aíhws *in* aihwa-tundi) *pferd: sg. nom. Vm 13, 4, Háv 87, 5 u. ö.; gen.* jós *Ls 13, 1; dat. acc.* jó *Háv 89, 3, Gðr 3, 6; Skm 15, 3, HH II 48, 3 u. ö.; pl. gen. acc.* jóa *Grm 44, 5, Ghv 16, 10; HH II 39, 5. 40, 5; dat.* jóm *Grm 30, 6 u. ö. — Als pferdename F 304b 22.*

jó-reið, *f. ritt: sg. acc. HH I 49, 7.*

jó-reykr, *m. staubwolke die von pferden aufgewirbelt wird: pl. acc.* jóreyki *HHv 5 pr 3.*

jǫfurr, *m. fürst (Bugge, NI 248): sg. nom. voc. Sg 11, 9; Grp 14, 3; gen.* jǫfurs *Gðr I 14, 7. II 25, 3; dat.* jǫfri *HHv 4, 8, Grp 7, 4 u. ö.; acc.* jǫfur *HHv 41, 7, Gðr I 19, 8*

u. ö.; pl. nom. jǫfrar *Vkv 13, 1;
gen. acc.* jǫfra *Hyndl 8, 3, HHv
10, 6 u. ö.; Rm 8, 4; dat.* jǫfrum
Hrbl 24, 3 u. ö.

jǫkull, *m. eiszapfen, eisscholle: pl.
nom.* jǫklar *Hym 10, 6; acc.* jǫkla
gletschereis Sg 8, 3.

jǫlstr, *f. lorbeerweide (salix pen-
tandra): pl. dat.* jǫlstrum *Gǫr I
19, 7 (Bugge, Fkv. 419 a; anders,
aber sicher unrichtig, Hj. Falk
Ark. 5, 112 fg., vgl. Zz 29, 56 fg.).*

jǫrð, *f. (got.* airþa*) 1) erde: sg.
nom. acc. Vsp 6, 5, þrk 21, 6, Skm
14, 4 u. ö., c. art.* jǫrðin *F 303b
26; Vsp 44, 6, þrk 7. 4, Ls 23,
5 u. ö.; gen.* jarðar *Vsp 57, 2,
þrk 1, 7 u. ö.; dat.* jǫrðu *Vsp
13, 7, HH II 20, 1; 2) pl. landbesitz: acc.* jarðir *Sg 37, 5.*

jǫrmun-gandr, *m. (vgl. got.* *Aírma-
na-reiks*)riesenschlange, weltschlange
(der miðgarðsormr): sg. nom. Vsp
51, 3.*

jǫrmun-grund, *f. ungeheurer grund,
welt, erde: sg. acc. Grm 20, 3.*

jǫru-vǫllr, *m. sandfeld (Mhff, DA
V. 93; JHoffory, Eddastud. 26):
pl. gen.* jǫruvalla *Vsp 17, 8.*

jǫtun-heimr, *m. (gewöhnl. im pl.)
riesenwelt, wohnsitz der riesen: sg.
nom. Vsp 49, 3; pl. dat.* jǫtun-
heimum *Vsp 11, 8; acc.* jǫtunheima
þrk 6, 4, Skm 2 u. ö.

jǫtun-móðr, *m. riesenzorn: sg. dat.*
jǫtunmóði *Vsp 51, 4.*

jǫtunn, *m. riese: sg. nom. voc. Vsp
48, 4, Hym 13, 6, Hrbl 15, 3 u. ö.;
Vm 8, 6 u. ö.; gen.* jǫtuns *Vsp
29, 7, þrk 26, 4, Hm 12, 6 u. ö.;
dat.* jǫtni *þrk 23, 4, Hym 3, 1;
acc.* jǫtun *Hrbl 19, 2, Vm 1, 6, Grm
50, 3 u. ö.; pl. nom. voc.* jǫtnar
*þrk 17, 5, Skm 34, 1 u. ö.; þrk
22, 3; gen. acc.* jǫtna *þrk 4, 10,
Hym 9, 1 u. ö.; Vsp 5, 1, þrk
24, 3; dat.* jǫtnum *Vm 49, 6,
Háv 141, 11.*

K.

kala (kól), *kalt werden, frieren: prs.
ind. sg. 3.* kell *Vkv 31, 5; part.
prt. m. sg. nom.* kalinn *Háv 3, 3.*

kaldr, *adj. (got.* kalds*) 1) kalt: f.
sg. acc.* kalda *Br 16, 4; 2) feind-*

selig, verderblich: m. pl. acc. kalda
Vm 53, 4; f. sg. dat. kaldri *Akv
2, 6; n. pl. nom.* kǫld *Ls 51, 6,
Vkv 31, 6.*

kald-rifjaðr, *adj. 'kalt unter den
rippen'; feindselig, arglistig: m. sg.
acc.* kaldrifjaðan *Vm 10, 6.*

kálfr, *m. (vgl. got.* kalbô*) kalb: sg.
nom.* Rp 4, 9; *gen.* kálfs *Am 80, 4;
dat.* kálfi *Háv 86, 1.*

Kálfs-vísa, *f. das lied des Kálfr:
sg. dat.* Kálfsvísu *F 304b 38.*

kalkr, *m. kelch: sg. dat.* kalki *Hym
30, 8 u. ö.; acc.* kalk *Hym 28, 8;
pl. nom.* kalkar *Rp 31, 8, Sg 29, 6.
— Nach Bugge (Stud. 4) aus ags.
calic und dies vom lat.* calix.

kalla (að), *1) rufen: prs. ind. sg. 1.*
kalli (-gak) *Gǫr III 6, 2; sg. 2. 3.*
kallar *Akv 38, 1; Hrbl 2, 2; prt.
ind. sg. 3.* kallaði *Vkv 14, 1, Br
5, 4 u. ö.; 2) jmd (á ehn) anrufen: prt. ind. sg. 3.* kallaði *Vkv
23, 1, Rm 9 pr 6; 3) nennen:
inf.* þrk 16, 4, Rm 18, 5; *prs. ind.
sg. 2.* kallar *Hrbl 45, 3; pl. 3.*
kalla *Alv 11, 3. 6, HHv 14, 3, Sf
32 u. ö.; part. prt. m. sg. nom.*
kallaðr *HH II 4 pr 3 u. ö.; pl.
nom.* kallaðir *Ls 65 pr 8; f. sg.
nom.* kǫlluð *HH II 50 pr 4; n. pl.
nom.* kǫlluð *Hm 30 pr 1; 4) erzählen: part. prt. n. sg. nom.* kallat
HH II 50 pr 6.

kampar, *m. pl. schnurrbart: acc.*
kampa *Hm 21, 2.*

kangin-yrði, *n. pl. spöttische reden:
acc. Hrbl 13, 4.*

1. kanna (að), *1) kennen lernen: inf.
Akv 18, 4; prs. ind. sg. 3.* kannar
Háv 101. 2; 2) untersuchen: inf.
leið k. *den weg untersuchen, eine
fahrt unternehmen HH II 5, 8.
6, 8; 3) erspähen, recognoscieren:
prt. ind. pl. 3.* kǫnnuðu *HH I 32, 8;
part. prt. m. pl. acc.* kannaða *HH
I 24, 7.*

2. kanna, *f. kanne: sg. dat.* kǫnnu
Rp 31, 7.

kapp, *n. eifer: sg. gen.* kapps *(adv.)
überaus, sehr Am 6, 3.*

kappi, *m. kämpe, held: sg. nom. Am
97, 7; pl. nom.* kappar *Hyndl 18, 4.*

kapp-svinnr, *adj. tatkräftig, energisch: f. sg. nom. (sw.)* kappsvinna
Am 76, 2.

karl, *m.* *1) mann: sg. nom. acc.* Hym 32, 5, Grm 6, Sf 21 u. ö.; Rm 18, 6; *gen.* karls Hym 10, 7, F 304a 8; *dat.* karli Hym 31, 5; *pl. nom.* karlar Gðr I 5 u. ö.; *gen.* karla Háv 90, 3, Am 70, 2; *2) freier grundbesitzer, bauer: sg. gen.* karls HH II 2, 5; *pl. gen.* karla Rp 25, 8; *3) daher überhpt mann aus niederem stande, kerl: sg. nom.* Hrbl 2, 1; *pl. gen.* karla Hrbl 2, 1. — *Als männl. eigenname* Rp 21, 3. 23, 4.

kartr, *m. karren, lastwagen: pl. acc.* karta Rp 22, 7 (GV, Sturl. I, CLXXXVI; Bugge, Stud. 6).

Káru-ljóð, *n. pl. das lied von Kara: dat.* Káruljóðum HH II 50 pr 9.

kasta (að), *1) werfen* (ehu): *prt. ind. sg. 3.* kastaði Rm 18; *2) abwerfen* (ehu): *prs. opt. sg. 2.* kastir HH II 43, 4.

kaupa (keypta; *vgl. got.* kaupôn) *1) kaufen* (eht): *inf.* Háv 82, 3, Am 100, 1; *2) erkaufen, erwerben* (eht ehu *oder* í ehu): *inf.* Skm 19, 4, Grp 30, 6 u. ö.; *prs. ind. sg. 3.* kaupir Háv 52, 3: *part. prt. f. sg. acc.* keypta Ls 42, 1; *3) handeln: imper. pl. 1.* kaupum vel saman *handeln wir ehrlich mit einander* HHv 3, 7.

keisa (st), *aufstecken* (einen kopfputz): *prt. ind. sg. 3.* keisti Rp 28, 5.

kemba (bð), *kämmen: inf.* Sd 34, 4; *prs. ind. sg. 3.* kembir Bdr 11, 6; *prt. ind. sg. 3.* kembði Vsp 34, 2; *part. prt. m. sg. nom.* kembðr Rm 25, 1.

kenna, (nd; *got.* kannjan) *1) kennen: prs. ind. sg. 3.* kennir HH II 12, 10; *2) erkennen: prt. ind. pl. 3.* kendu HH II 16 pr 7; *3) kennen lernen: inf.* HH II 23, 2; *4) prüfen: inf.* Rp 49, 7; *5) fühlen, empfinden* (ehs): *prs. ind. sg. 1.* kennumk (*zur form vgl.* Jón þorkelsson, Ark. 8, 46) Am 53, 6; *prt. ind. sg. 3.* kendi Am 60, 4. 87, 3, F 305a 12; *6) jmd* (ehm) *etw.* (eht) *angeben, anzeigen, bezeichnen: inf.* Hrbl 7, 2. 56, 9, Hm 15, 6; *7) jmd* (ehm) *etwas* (eht) *lehren: inf.* Grp 17, 2, Sd 2 pr 22; *prs. ind. sg. 1.* kenni Háv 162, 2; *prt. ind.*

sg. 3. kendi Hym 30, 2, Grm 6, Rp 36, 4; *part. prt. f. sg. nom.* kend *erfahren, weise* Am 9, 1; *8) jmd* (ehm) *etw. nennen: imper. pl. 2.* kennið HHv 12, 6; *9) etw.* (eht) *nach jmd* (við ehn) *benennen: part. prt. n. sg. nom.* kent HH II 7; *10) jmd* (ehm) *etw.* (eht) *zur last legen: inf.* Am 51, 4; *prt. ind. sg. 3.* kendi Dr 2; *11) gebären* (= *ags.* cennan): *part. prt. f. sg. nom.* (*sw.*) kenda Alv 30, 5.

kensla, *f. unterweisung, unterricht: sg. acc.* kenslu Rm 5.

keppa (pð), *1) etw. mit eifer erstreben: inf.* Am 55, 5; *2) etw. mit ausdauer ertragen: inf.* Am 62, 7.

ker, *n.* (*got.* kas) *1) behälter, schrein: pl. dat.* kerum Ghv 7, 4; *2) trinkgefäss, becher: sg. dat.* keri Háv 19, 1. 52, 5; *acc.* ker Hm 21, 8; *pl. dat.* kerum Grm 7, 6.

kerling, *f. altes weib: sg. nom.* Grm 5. 7; *pl. gen.* kerlinga HH II 50 pr 4.

ketill, *m.* (*got.* katils) *kessel: sg. dat.* katli Háv 84, 8; *acc.* ketil Hym 5, 6, Ls 2, Gðr III 7, 8. — *Als männl. eigenname* Hyndl 19, 1.

keyra (rð; *got.* kausjan) *1) kosten lassen* (näml. die peitsche), *daher antreiben, bes. von pferden: inf.* Akv 38, 10; *prs. ind. pl. 2.* keyrið HH II 39, 6; *opt. pl. 1.* keyrim HH II 40, 6; *prt. ind. sg. 3.* keyrði F 306a 2; *einen menschen* (zur arbeit) *antreiben: prt. ind. sg. 3.* keyrði Gðr I 10, 4.; *2) in bewegung setzen: inf.* Rp 22, 8.

kind, *f. 1) leibesfrucht: sg. acc.* Sd 9, 3; *2) nachkommenschaft, geschlecht: sg. gen.* kindar Hyndl 32, 6. 35, 4; *pl. dat.* kindum Vsp 17, 3; *acc.* kindir Vsp 4, 2. 41, 4, Gðr II 32, 4.

kinga, *f. henkelmünze* (von frauen als schmuck getragen): *sg. nom.* Rp 28, 6.

kinn-skógr, *m.* (*got.* kinnus) 'wangenwald', *poet. bezeichnung des bartes: sg. nom.* Hym 10, 8.

kippa (pð, pt), *ruckweise ziehen;* kippask *zusammenzucken: prt. ind. sg. 3.* kiptisk Ls 65 pr 7.

kista, *f. 1) kiste, lade: sg. gen.* kistu Vkv 21, 1. 23, 5; *pl. acc.* kistur

Fm 44 pr 4; 2) *sarg: sg. acc.* kistu *Sd 34, 5, Am 100, 2.*

kjálki, *m. kleiner schlitten: sg. acc.* kjálka *Grm 49, 5.*

kjaptr, *m. kiefer: pl. acc.* kjapta *'rachen' Vm 53, 4.*

kjarr, *n. dichtes gebüsch, dickicht: pl. acc.* kjǫrr *Rp 47, 2.*

kjóll, *m. schiff: sg. nom. Vsp 52, 1; acc.* kjól *Rp 49, 6; pl. nom.* kjólar *HH I 50, 2; gen.* kjóla *Hym 19, 7.*

kjósa (kaus; *got.* kiusan) *1) wählen, erwählen: inf. Vsp 65, 2, HHv 4, 1 u. ö.; prs. ind. sg. 1.* kýs *HHv 2,7; imper. sg. 2.* kjós *Háv 136, 6, HHv 3, 1; prt. ind. sg. 3.* kaus *Rm 1; part. prt. f. sg. acc.* kørna *HHv 32, 3;* 2) *wünschen: inf. HH II 21, 4;* 3) *sich etw. zueignen: prs. ind. sg. 3.* kýss *Grm 8, 5. 14, 5; pl. 3.* kjósa *Vm 41, 4; prt. ind. pl. 1.* kurum *Am 96, 2;* 4) *eine entscheidung über etw.* (eht) *treffen: prt. ind. pl. 3.* kuru *Vsp 23, 10;* 5) *zaubern* (vgl. dän. kyse): *prs. ind. pl. 3.* kjósa mœðr frá mǫgum *zaubern die mütter von den kindern los, d. h. bewirken durch zaubermittel die entbindung* (so Bugge, Norr. skr. 195; GV, Cpb I, 470 u. JHoffory, Eddastud. 116 *geben der lesart der* Vǫls *saga:* ok kjósa frá mœðrum mǫgu den *vorzug; ähnl. schon die br. Grimm s. 187) Fm 12, 6.*

kjǫlr, *m. schiff: sg. acc.* kjǫl *Am 36, 2; pl. nom.* kilir *HH I 29, 4.*

kjǫt, *n. fleisch: sg. acc. HH II 7, 8.*

klaka (að), *schnattern, krächzen* (von vögeln und menschen)*: inf. Ls 44, 6; prt. ind. pl. 3.* klǫkuðu *Fm 31 pr 11.*

klekkr (kløkkr), *adj. mutlos, verzagt: m. sg. nom. Am 59, 3.*

klekkva *s.* kløkkva.

klífa (kleif), *1) etw.* (eht) *erklimmen: inf. HH II 25, 4;* 2) *in etw.* (í eht) *kriechen: prt. ind. sg. 3.* kleif *Am 59, 4.*

kljúfa (klauf), *spalten: prt. ind. sg. 3.* klauf *Rm 14 pr 12; part. prt. m. pl. nom.* klofnir *Vsp 46, 8.*

klo̧, *f. klaue, tatze: pl. dat.* klóm *Sd 16, 3.*

klofna (að), *bersten: prs. ind. sg. 3.* klofnar *Vsp 53. 8.*

1. klyfja (klufða), *spalten: inf. Vm 53, 5.*

2. klyfja (að), *belasten: prt. ind. sg. 3.* klyfjaði *Fm 44 pr 5.*

klæði, *n. kleid: pl. acc. HH II I pr 5.*

klæki, *n. schande: sg. acc. Hrbl 38, 1.*

klǫk, *n. pl. gezwitscher, gekrächze: acc. Rp 45, 1.*

kløkkva, klekkva (klǫkk), *1) eingeschüchtert werden: inf. Akv 24, 4;* 2) *jammern, klagen: inf. Skm 13, 2; prs. opt. sg. 3.* kløkkvi *Am 55, 6; prt. ind. pl. 3.* klukku *Am 63, 5.*

knáttu (knátta), *1) können, vermögen, im stande sein, gelegenheit haben, in der lage sein: prs. ind. sg. 1. 3.* kná *Hym 32, 6, Am 52, 8; Vsp 35, 1, Grm 25, 6 u. ö.; sg. 2.* knátt *Hrbl 9, 8, Grm 53, 5 u. ö.; pl. 2* kneguð *Akv 4, 1; pl. 3.* knegu *HHv 13, 6; opt. sg. 1.* knega *HH II 35, 10; prt. ind. sg. 3.* knátti *Sg 30, 6, Hlr 12, 5 u. ö.; pl. 1.* knáttum *Hrbl 16, 5; pl. 3.* knáttu *Vsp 28, 7; opt. sg. 1.* knætta *HH II 21, 6, Hm 22, 2; sg. 2.* knættir *Sg 32, 8; pl. 1.* knættim *Sg 20, 4, Ghv 5, 5;* 2) *dürfen: prs. ind. sg. 3.* kná *HHv 24, 5; prt. ind. sg. 3.* knátti *Gðr III 3, 8; opt. sg. 3.* knætti *Sg 3, 8;* 3) *verstehen: prs. ind. sg. 3.* kná *Sd 19, 6;* 4) *als pleonast. hilfsverb: prs. ind. pl. 3.* knegu *Grm 7, 2; prt. ind. pl. 3.* knáttu *HH I 32, 4.*

kné, *n.* (got. kniu) *knie: sg. dat. Háv 3, 3; pl. acc.* þrk *19, 4, Hym 31 1 u. ö.; gen.* knjá *Akv 38, 2; dat.* knjám *Hym 32, 4, Gðr I 13, 4.*

knés-fótr, *m. kniegelenk: pl. dat.* knésfótum *Vkv 17 pr 2.*

knífr, *m. messer: sg. dat.* knífi *Am 56, 2. 60, 2.*

knúi, *m. knöchel* (am finger)*: pl. nom.* knúar *Rp 8, 3.*

knýja (kníða), *schlagen: prs. ind. sg. 3.* knýr *Vsp 51, 5; prt. ind. sg. 3.* kníði *Hym 23, 5 u. ö.; pl. 1.* kníðum *Gðr II 35, 8.*

knýta (tt), *knüpfen: prt. ind. sg. 3.* knýtti *Dr 10.*

knǫrr, *m. schiff: sg. acc. Am 100, 1.*

kólfr, *m. pfeil:* sg. dat. kólfi *Rp* 47, 3.

kóll, *adj. kühl:* n. pl. acc. kól *Grm* 37, 6.

koma (kom; *got.* qiman) 1) *kommen:* inf. *Vsp* 64, 4, *Ls* 51, 6, *Grm* 19, *Háv* 97, 2 u. ö.; prs. ind. sg. 1. køm *Ls* 6, 1; sg. 2. 3. kømr *HHv* 22, 6; *Vsp* 56, 1, *Vm* 10. 2. 6, *Háv* 4, 2 u. ö., kemr *Hyndl* 44, 1, *Gðr III* 6, 1, *F* 303a 29; pl. 2. komið *Grp* 43, 6; pl. 3. koma *Vsp* 22, 5, *Grm* 9, 2, *Háv* 132, 3 u. ö.: opt. sg. 3. komi *Háv* 30, 3, *Sg* 44, 8 u. ö.; imper. sg. 2. kom þú heill *sei willkommen HHv* 31, 1; pl. 2. komið *Vkv* 22, 1. 2; prt. ind. sg. 1. 3. kom *Skm* 18, 4, *Háv* 66, 2. 99, 1; *Vsp* 1, 2, *Bdr* 2, 8, *þrk* 4, 7 u. ö.; sg. 2. komt *Skm* 17, 4, *Am* 53, 2. 98, 1; pl. 1. kvámum *Am* 95, 8; pl. 3. kvámu *Vsp* 11, 5, *Hym* 7, 4, *Grm* 9 u. ö., kómu *Vm* 31, 5, *Rp* 40, 3, *Hyndl* 8, 6 u. ö.; opt. sg. 3. kœmi *HHv* 18, 6; pl. 2. kœmið *Akv* 3, 6, kvæmið *Am* 12, 4; pl. 3. kvæmi *Akv* 15, 5, *Am* 2, 8; inf. prt. kvámu *HH I* 49, 4 (s. *FJ* z. st.); part. prt. m. sg. nom. acc. kominn *þrk* 6, 3, *Hym* 11, 3, *Hrbl* 50, 3 u. ö.; *Hym* 14, 4, *Akv* 7, 10; dat. komnum *Grp* 5, 4; pl. nom. komnir *Hyndl* 33, 8, *HH I* 35, 6 u. ö.; dat. komnum *Am* 45, 4; f. pl. nom. acc. komnar *Rp* 13, 9. 25, 7; *Vsp* 31, 2; n. sg. nom. acc. komit *Hyndl* 40, 8. 41, 8, *HHv* 40, 7; *Rm* 7; pl. acc. komin *HH I* 7, 4; *unpersönl.:* prs. ind. sg. 3. er at morni kømr *Háv* 23, 5; part. prt. n. sg. nom. var þar at kveldi um komit *þrk* 24, 2; 2) *etw.* (eht) *durchstreifen, durchwandern:* prt. ind. sg. 1. kom *Vm* 43, 6; part. prt. n. sg. acc. komit *Vm* 43, 5; 3) *mit praepp. u. adverb. ausdrücken:* k. aptr *widerkommen, zurückkehren:* inf. *Vm* 39, 5; prs. opt. sg. 1. koma *HHv* 33, 10; sg. 2. komir *Bdr* 14, 3, *Vm* 4, 2; sg. 3. komi *Grm* 20, 5; prt. ind. sg. 3. kom *Háv* 143, 10 u. ö.; pl. 3. kvámu *Vkv* 12; part. prt. m. sg. nom. kominn *Háv* 103, 2; f. sg. nom. komin *Vkv* 11, 8; k. at ehu *in den besitz von etwas kommen:* prt. ind. sg. 3. kom *þrk* 32, 9; k. at *herbeikommen, herankommen:* prt. ind. sg. 3. kom *Ls* 56 pr 1, *Sd* 3; part. prt. m. sg. acc. at kominn dauða *dem tode nahe HH II* 16 pr 34; k. enn *widerkommen:* part. prt. m. sg. nom. kominn *Háv* 100, 2. 107, 2: k. fram *herbeikommen, sich nahen:* prs. ind. sg. 3. kømr *Vsp* 54, 1; pl. 2. er ér fram komið .. mín at vitja *wenn ihr dahin gelangt mich zu besuchen, d. h. wenn ihr sterbt Sg* 52, 4; k. at hendi *sich ereignen:* prs. ind. sg. 3. kømr *Fm* 31, 6; k. at hendi ehm *jmd zustossen:* prt. ind. pl. 3. kómu *HH I* 42, 5; k. illa ehm *jemand übel bekommen:* inf. *Hrbl* 47, 2; k. inn *hineinkommen:* prt. ind. sg. 3. kom *þrk* 29, 1, *Am* 44, 1; part. prt. m. sg. nom. acc. kominn *Ls* 5 pr 3, *Háv* 2, 2 u. ö.; *Am* 16, 1; k. fyrir kné *fussfällig bitten:* prt. ind. pl. 3. kvámu *Gðr II* 25, 5; k. saman *zusammenkommen:* prs. ind. pl. 1. komum *Fm* 24, 2; *zusammenstossen:* prt. ind. pl. 3. kvámu *HH I* 29, 2. 54, 2. k. til *hinzukommen:* prt. ind. sg. 3. kom *Od* 5; k. upp *heraufkommen:* inf. *Vsp* 61, 1; prs. opt. sg. 2. komir *HHv* 23, 5; prt. ind. pl. 3. kómu *HHv* 5 pr 2; part. prt. m. sg. nom. kominn *Háv* 106, 5; k. út *hinauskommen:* prs. ind. sg. 2. kømr *Skm* 28, 2, *Vm* 7, 4; opt. sg. 3. komi *F* 303a 2; prt. opt. sg. 2. kvæmir *Ls* 27, 4; part. prt. m. sg. nom. kominn *Rm* 21, 2; k. á vit ehs *zu jmd (zu einem orte) gelangen:* prs. ind. sg. 1. kem *HHv* 43, 2; opt. sg. 2. komir *Bdr* 14, 3; part. prt. m. sg. nom. kominn *Alv* 3, 5; k. yfir *hinüberkommen:* prs. ind. sg. 3. kømr (unpers.) *Háv* 80, 5; 4) *bringen* (ehm i eht): inf. *Ls* 63, 5; k. ehm inn *jmd hineinbringen:* inf. *Grm* 45, 5; k. ehu út *etwas hinausbringen:* inf. *Hym* 33, 2; 5) komask *sich wohin bringen, wohin gelangen:* prs. ind. sg. 2. (mit suff. pron.) kømstu *Sd* 10, 9; pl. 1. komumk *Skm* 11, 5; prt. opt. sg. 1. kœmumk *Hrbl* 13, 6; *entrinnen:* prs. ind. pl. 1. komumk *Skm* 10, 5; *sich auf eine reise begeben:* prt. ind. sg. 3.

komsk *Am 3, 8; mit praepp. oder advv.*: k. aptr *zurückkehren: prs. ind. sg. 2. 3.* kemsk *Hyndl 47, 3; Ghv 8, 3;* k. á braut *sich fortbegeben, entfliehen: inf. Fm 36, 6;* k. fyr kné móður *geboren werden: prt. ind. sg. 3.* komsk *Sg 46, 1;* k. undan *entkommen: prt. ind. sg. 3.* komsk *HH II 4 pr 1;* k. viðr *wozu im stande sein: prt. opt. sg. 1.* kœmumk *Hrbl 33, 2.*

kona, *f. (got.* qinô) *weib, frau: sg. nom. voc. Bdr 13, 6, Ls 3 u. ö.; HH I 39, 7 u. ö.; gen. dat. acc.* konu *Háv 100, 5, Hyndl 41, 4 u. ö.; Ls 40, 2, Háv 112, 5 u. ö.; Ls 37, 5, Háv 80, 2 u. ö., c. art.* konuna *HHv 34 pr 4; pl. nom. acc.* konur *Þrk 24, 8, Hrbl 17, 1 u. ö.; Hrbl 18, 1, Vkv 6 u. ö.; gen.* kvenna *Ls 17, 2, Háv 89, 1 u. ö.; dat.* konum *Hrbl 38, 2 u. ö.*

konr, *m. (vgl. got.* alja-kuns) *1) sprössling, sohn: sg. nom. Rm 13, 2. 14, 3; 2) mann: pl. nom.* konir *HHv 14, 3; acc.* koni *HH I 24, 8. — Als männl. eigenname Rp 42, 10 u. ö.*

konunga-stefna, *f. königsversammlung: sg. dat.* konungastefnu *HH II 12 pr 5.*

konung-borinn, *part. prt. von königlicher abstammung: f. sg. voc. (sw.)* konungborna *HH II 47, 10; acc. (sw.)* konungbornu *HHv 32, 4.*

konung-dómr, *m. königtum: sg. dat.* konungdóm *Sg 15, 5.*

konungligr, *adj. königlich: n. sg. nom.* konunglikt *Fm 40, 3.*

konungr, *m. könig: sg. nom. voc. Grm 1, Vkv 1, HHv 1, HH II 1 u. ö.; HH II 17, 3, Grp 8, 1 u. ö.; gen.* konungs *Grm 13, Háv 85, 8 u. ö.; dat.* konungi *Vkv 17 pr 5, HHv 7 u. ö.; acc.* konung *Grm 21, Am 96, 1 u. ö.; pl. nom.* konungar *HH II 16 pr 26 u. ö.; gen.* konunga *Gðr I 24, 10, Ghv 7, 3; dat.* konungum *Gðr II 34, 2.*

kópa (pt), *stieren, gaffen: prs. ind. sg. 3.* kópir *Háv 17, 1.*

koss, *m. kuss: sg. dat.* kossi *Sd 28, 6; pl. gen.* kossa *Háv 81, 8.*

kosta (að), *1) erproben (ehs): inf. Rp 9, 4; 2) sich bemühen: imper. pl. 2.* kostið *Am 55, 5; 3) nachstellen* (mans): *inf. Hrbl 16, 8.*

kosta-lauss, *adj. unvermögend nach eigener wahl zu handeln, der freien selbstbestimmung beraubt: f. sg. nom.* kostalaus *Skm 30, 6.*

kosta-vanr, *adj. dass.: f. sg. nom.* kostavǫn *Skm 30, 7.*

kost-móðr, *adj. müde oder träge infolge des essens (?): m. sg. gen.* kostmóðs *Hym 30, 7.*

kostr, *m. (got.* kustus) *1) wahl: sg. nom. Sd 20, 2; 2) entscheidung, bestimmung: pl. dat.* kostum *Grm 14, 3; 3) erwählter, daher erwünschter gegenstand: pl. gen.* friðra kosta *gutes das deinem wunsche entspricht Hyndl 46, 4; 4) gelegenheit, möglichkeit: sg. nom. Am 62, 2; 5) bedingung: sg. gen.* kostar *Hym 33, 1; 6) lage, umstände: sg. dat.* kosti *Am 97, 2; pl. dat.* kostum *Am 70, 1; 7) entschluss: pl. nom.* kostir *entschlossenheit Skm 13, 1.*

kot-bóndi, *m. häusler, kossat: sg. acc.* kotbónda *Grm 5.*

kráka, *f. krähe: sg. nom. Rp 47, 5; dat.* kráku *Háv 84, 4.*

kranga (að?), *sich mühsam fortschleppen, schleichen: inf. Skm 30, 6. 7.*

krangr, *adj. schwach, elend; unselig: f. sg. nom.* krǫng *Sg 46, 1.*

krappr, *adj. eng, schwer zu passieren; übertr. schwer zu durchschauen: f. sg. nom.* krǫpp *Am 71, 5.*

krás, *f. eigentl. das gekröse von tieren, dann leckerbissen überhaupt: pl. acc.* krásir *Þrk 24, 7, HH I 37, 6; gen.* krása *Rp 4, 10.*

krefja (krafða), *etw. (ehs) von jmd (ehn) fordern: prt. ind. pl. 3.* krǫfðu *Vkv 21, 2. 23, 6, Rm 9 pr 1.*

kroppinn, *part. prt. (vom ungebräuchl.* kreppa) *verkrüppelt, knotig: m. pl. nom.* kroppnir *Rp 8, 3.*

krumma, *f. zusammengebogene hand, kralle: pl. acc.* krummur *HHv 22, 6.*

krǫpturligr, *adj. kräftig: m. sg. acc.* krǫpturligan *(scil. róðr) Hym 28, 7.*

kuðr, *adj. s.* kunnr.

kumbl, *n. helmschmuck; helm: pl. acc.* Ghv 7, 3.

kumbla-smiðr, *m.* 'helmschmied', *d. h. jmd der im kampfe auf die*

helme hämmert (?), held: sg. acc.
kumblasmið Akv 24, 3 (vgl. jedoch FJ II, 131a, der kumla meið schreiben will).

kunna (kunna; got. kunnan) 1) kennen (ehn, eht): inf. Alv 5, 5; prs. ind. sg. 1. 3. kann Ls 30, 2, Háv 157, 5; Háv 21, 5. 60, 3; pl. 2. kunnið Vkv 33, 12; pl. 3. kunna Hlr 3, 8; prt. ind. sg. 1. kunna Hyndl 25, 1; sg. 3. kunni Hlr 6, 4; opt. sg. 1. kunna Hrbl 8, 8; k. ehs (?): prt. ind. sg. 1. kunna Ghv 11, 2; 2) bemerken: prs. ind. sg. 2. kant Háv 126, 5; 3) verstehen, kundig sein, a) c. acc.: inf. Rp 46, 8, Sd 6, 1 u. ö.: prs. ind. sg. 1. 3. kann Háv 144, 1. 145, 1 u. ö.; Háv 5, 5. 27, 5 u. ö., prt. ind. sg. 3. kunni Rp 44, 2, Am 9, 2; b) c. dat.: prt. ind. sg. 3. kunni Br 15, 3 (vgl. jedoch Bugge, Norr. skr. 44); c) mit nachfolg. inf. (der zuw. suppliert werden muss): inf. Sd 11, 3; prs. ind. sg. 1. 3. kann Háv 150, 6; Hym 38, 2, Háv 28, 2 u. ö.; sg. 2. kant Gðr I 12, 3; pl. 3. kunnu Rp 49, 5, Rm 23, 6; prt. ind. sg. 1. kunna Vkv 18, 4. 41, 8; sg. 2. kunnir Ls 22, 2 u. ö.; sg. 3. kunni Rp 3, 1, Vkv 28, 2 u. ö.; opt. sg. 3. kynni Fm 35, 2; 4) können, vermögen, im stande sein: prs. ind. sg. 1. 3. kann Vm 43, 3, Am 66, 6. 67, 1 (wo mit R kaunka zu lesen ist) u. ö.; Sg 26, 3; sg. 2. kant Alv 8, 5, HHv 31, 2; opt. sg. 3. kunni HH I 52, 10; prt. ind. sg. 3. kunni Vsp 1, 5, Am 62, 7; pl. 3. kunnu Am 63, 6; opt. sg. 3. kynni Hym 28, 6 u. ö.; 5) ursache haben: prt. ind. sg. 3. kunni Am 59, 3.

kunnigr, adj. kundig, klug: m. sg. acc. kunnigan Rp 1, 4; f. sg. nom. kunnig Vkv 16, 1. 30, 1; dat. kunnigri Vkv 25, 3. 35, 7.

kunnr, kuðr, adj. (got. kunþs) 1) bekannt: m. sg. nom. kuðr Háv 57, 5; f. sg. nom. kunn Vkv 15, 7; 2) klug, verständig (?): m. sg. acc. kunnan Akv 1, 3; f. sg. nom. kunn Sg 54, 3.

kvaka (að), zwitschern, krächzen: prt. ind. sg. 3. kvakaði HHv 13.

kváma, f. ankunft, besuch: sg. nom.

Am 31, 7; gen. acc. kvámu Am 38, 5, Hm 24, 4.

kván, kvæn, f. (got. qêns) frau, ehefrau: sg. nom. dat. acc. kván Vkv 16, 2, Sg 7, 3 u. ö., kvæn Ls 56, 2, Sd 7, 2 u. ö.; þrk 10, 8, Vkv 25, 4 u. ö., kvæn þrk 7, 8; Vkv 33, 8, Grp 42, 1 u. ö.; voc. kvæn Ls 26, 5; gen. kvánar Vkv 6, 7 u. ö.; pl. nom. kvánir Sg 15, 6 (nur éine frau, näml. Brynhild ist gemeint: vgl. Bugge z. st.).

kveða (kvað; got. qiþan) 1) sagen, sprechen, a) absol.: prt. ind. sg. 3. kvað Grm 34, Háv 163, 5, Vkv 29, 1, HHv 14 u. ö.; pl. 3. kváðu Am 46, 8; part. prt. n. sg. nom. kveðit Vkv 16, HH II 50 pr 9 u. ö.; b) c. acc. der bei pass. constr. in den nom. verwandelt wird: inf. HH II 45, 6; prs. ind. sg. 3. kveðr Háv 83, 3; pl. 3. kveða Háv 133, 7; prt. ind. sg. 1. 3. kvað Ls 64, 1. 2; Bdr 4, 8, þrk 2, 2, Hym 32, 5, Rp 47, 5 u. ö.; sg. 2. kvazt Od 10, 4; part. prt. n. sg. nom. kveðit Gðr I 10; pl. nom. acc. kveðin Háv 163, 1; Sd 24, 5; kv. ehm eht etw. zu jmd sprechen: inf. Bdr 4, 6; c) mit acc. c. inf.: prs. ind. sg. 1. kveð Ls 17, 2, Skm 10, 2 u. ö.; pl. 3. kveða Vm 37, 5, Grm 13, 2 u. ö.; opt. sg. 2. kveðir Skm 19, 5; prt. ind. sg. 2. kvazt Od 11, 5; sg. 3. kvað HH I 12, 5, Sd 2 pr 15, Od 15, 5 u. ö.; pl. 3. kváðu Vm 33, 2 u. ö., kóðu Ls 24, 2, Hm 15, 7; mit suffig. pron. pers.: prs. ind. sg. 3. kvezk (dicit se) Rp 36, 6; prt. ind. sg. 2. kvazk (dixisti te) HH I 38, 5; sg. 3. kvazk (dixit se) Hym 17, 1, HHv 37, 5 u. ö.; pl. 3. kváðusk (dixerunt se) Od 21, 7; d) an stelle des inf. tritt das part.: prs. ind. sg. 1. kveð Alv 36, 5, Fm 23, 6, Am 27, 7; prt. ind. sg. 3. kvað Sd 15, 1; pl. 3. kváðu HH I 7, 3; e) der inf. (des verb. subst.) ist zu ergänzen: prs. ind. sg. 1. kveð Vm 1, 5, Am 61, 5; sg. 2. kveðr Hyndl 7, 3; pl. 3. kveða Ls 45, 2, Vm 24, 2 u. ö.; prt. ind. sg. 3. kvað Hym 28, 5, Am 87, 4; beide constr. (c und e) neben einander: prs. ind. pl. 3. kveða Fm 12, 2. 14, 2; 2) nennen (mit doppeltem acc.): part. prt. m. sg. acc. kveðinn HH 1 19, 6; 3) mit praepp. u. advv.: kv. at ehm zu jmd sprechen: prt. ind. sg. 3. kvað HH I 5, 5; kv. at orði ein wort aussprechen, sich äussern: prt. ind. sg. 3. kvað Am 31, 1. 33, 1; kv. eht at ehu etw. für etw. erklären: imper. sg. 2. kveð Háv 126, 6; kv. um eht von etw. sprechen: part. prt. n. sg. nom. kveðit Od 8; kv. við (viðr) antworten: inf. Háv 26, 5; prt. ind. sg. 3. kvað Rm 9 pr 3, Sg 51, 4; widerhallen: prt. ind. pl. 3. kváðu Sg 29, 5.

1. kveðja, f. gruss: sg. nom. Am 45, 6.

2. kveðja (kvadda; über die ursprl. bedtg s. KGíslason, Efterl. skr. I, 145. 163. 185) 1) begrüssen, anreden (ehn ehu): prs. ind. sg. 1. kveð Ls 18, 2; opt. sg. 2. kveðir Ls 16, 5; sg. 3. kveði Ls 10, 5; prt. ind. sg. 3. kvaddi Ls 16, Skm 10 pr 6, Akv 9, 5 (Bugge, Fkv. 428b) u. ö.; jmd (ehn) anrufen: inf. Háv 136, 12; 2) jmd (ehn) um etw. (ehs od. at ehu) ansprechen, etw. von ihm fordern: inf. Skm 5, Háv 129, 6 u. ö.; prs. ind. sg. 3. kveðr Grp 3, 4; prt. ind. sg. 3. kvaddi Grp 9; pl. 3. kvǫddu HH I 11, 1; 3) jmd. (ehn) zu etw. (ehs) herausfordern, etwas bei ihm hercorrufen: prs. ind. sg. 3. kveðr Háv 149, 5.

kveina (að; got. qainôn) klagen, jammern: inf. Gðr I 1, 7. II 11, 7.

kveld, n. abend: sg. acc. Rm 13, Hm 29, 7, c. art. kveldit HHv 30 pr 9; dat. kveldi þrk 24, 1, Háv 80, 1; pl. gen. kvelda Br 12, 1.

kveld-riða, f. 'nachtreiterin', hexe: pl. acc. kveldriður HHv 15, 6.

kvelja (kvalða) 1) quälen, plagen: prs. ind. sg. 3. kvelr Grm 19; 2) zu tode martern, töten: imper. sg. 2. kvelj- (at) Vkv 33, 7; part. prt. f. pl. acc. kvalðar HHv 15, 6.

kvenn-váð, f. frauenkleid: pl. acc. kvennváðir þrk 15, 3. 19, 3.

kvernir, f. pl. (vgl. got. asilu-qaírnus) mühle: dat. kvernum Ls 44, 6, HH I 36, 7, HH II 2, 6.

1. kviða, f. gedicht: sg. nom. Akv 6; dat. kviðu Br 20 pr 1.

2. kviða (dd), fürchten (ehu): inf. Fm 40, 4.

kviðr, m. 1) gerede, leumund: sg. nom. Sd 25, 5; 2) schicksalsspruch: sg. acc. kvið Hm 29, 8.

kviðugr, adj. (vgl. got. qiþus 'mutterleib') schwanger: m. sg. nom. Hyndl 41, 5.

kvikr, kykr, adj. (got. qius) lebendig: m. sg. nom. Háv 70, 3; gen. kyks F 304a 7; acc. kvikvan HHv 36, 8, Akv 24, 3 u. ö.; pl. nom. kvikvir Hlr 14, 4; f. sg. nom. kvik HH II 47, 9; dat. kvikri Am 97, 5.

kvikvendi, kykvendi, n. lebendes wesen, geschöpf, tier: pl. nom. Rm 14 pr 5; c. art. kykvendin F 303b 25.

kvistr, m. zweig: sg. dat. kvisti Rþ 47, 6, Hm 5, 4. 29, 4; pl. nom. kvistir, Am 70, 4; acc. kvistu Grm 34, 9.

kvist-skœðr, adj. den zweigen schädlich: f. sg. nom. (sw.) in kvistskœða (die sonne) Hm 5, 7.

kvæði, n. gedicht: sg. nom. Rþ 7.

kvæn, s. kván.

kvǫl, f. qual: sg. nom. acc. Am 97, 5; Am 62, 8.

kvøkva (kt; vgl. got. ga-qiujan) 1) beleben, lebendig machen: prs. ind. pl. 3. kvøkva Hm 1, 8; 2) kvøkvask sich entzünden: prs. ind. sg. 3. kvøkisk Háv 57, 3.

kykr, adj. s. kvikr.

kykvendi, n. s. kvikvendi.

kyn, n. (got. kuni) 1) geschlecht: sg. acc. Hrbl 24, 7; gen. kyns Háv 132, 3; 2) art: sg. gen. kyns Gðr II 23, 2.

kyn-birtr, adj. (part. prt. von birta) wunderbar glänzend: n. sg. nom. kynbirt Sg 23, 3.

kynda (nd), anzünden: inf. HH II 38, 4; prt. ind. pl. 3. kyndu Am 5, 2; kyndask anbrechen, eintreten (Mhff, DA V, 144 fg.): prs. ind. sg. 3. kyndisk Vsp 47, 2.

kynni, n. 1) art, eigenschaft: sg. nom. acc. HHv 3, 8; Am 13, 2; 2) bewirtung, gastliche aufnahme, gastmal: sg. gen. kynnis Háv 17, 2. 30, 3. 33, 3.

kyn-ríkr, adj. hochgeboren: m. sg. nom. Od 26, 9.

ký r, f. kuh: sg. nom. Ls 23, 6 (Weinhold, Hz 7, 11); acc. kú Háv
70, 3; pl. nom. acc. kýr þrk 23, 2;
HHv 4, 3.
kyrr, adj. (got. qairrus) ruhig, un-
beweglich: m. sg. nom. Hym 19, 8.
33, 8; pl. nom. kyrrir Ghv 2, 1
(hví sitið kyrrir ist des metrums
wegen mit V zu lesen; vgl. Zz 29, 62);
n. sg. acc. (adverb.) kyrt Am 98, 7.
kyrra (rö), 1) beruhigen, beschwichtigen: inf. Rþ 45, 2; prs. ind. sg. 1.
kyrri Ls 18, 4, Háv 152, 4; 2)
locken, zu berücken suchen: inf. Rþ
47, 8; prt. ind. sg. 3. kyrði Rþ
47. 4.
kyssa (st), küssen: inf. þrk 27, 2
u. ö.; imper. sg. 2. kys- (tu) HHv
43, 1; prt. ind. sg. 2. kystir HH
I 36, 8; sg. 3. kysti HH II 12
pr 17. 13, 5.
k æ ra (rö), klagen: prt. ind. pl. 3.
kærðu Gðr II 4.
k œnn, adj. klug, verständig: m. pl.
gen. kœnna Rm 25, 2.
kǫgur-sveinn, m. lumpenkerl (?):
sg. dat. kǫgursveini Hrbl 13, 5.
kǫr. f. bett: sg. dat. Gðr II 44, 3
(Hild. schreibt fälschl. kjǫr).
kǫttr, m. katze: sg. gen. kattar HH
I 19, 8 (Bugge, Norr. skr. 194),
F 305b 9.

L.

l á, f. lebenswärme (Noreen, Tidskr.
f. fil. 4, 31 fg.): sg. acc. Vsp 21,
3. 7.
lag, n. beschaffenheit, inhalt: sg. acc.
Am 3, 3.
laga (að), brauen (unpersönl. c. gen.):
part. prt. n. sg. nom. lagat Am
73, 2.
lága-stafr, m. 1) wasser, meer:
sg. acc. lágastaf Alv 25, 5; 2) getreide (gerste): sg. acc. lágastaf Alv
33, 5. — Nach Grdtv. 209a urspr.
s. v. a. 'trinkstoff', bestandteil des
bieres (das aus wasser und gerste
bereitet wird).
l agðr, m. flocke (von wolle): sg. acc.
c. art. lagðinn Rm 14 pr 11.
lágr, adj. niedrig, kurz: compar. m.
sg. acc. lægra HH II 24, 7.
land, n. (got. land) 1) land, reich
im polit. sinne als wohnsitz eines

volkes od. machtgebiet eines fürsten:
sg. acc. Grm 23, Vkv 14, 9, HH
I 4, 4 u. ö., c. art. landit HHv 5
pr 3. 11; gen. lands Hlr 9, 7, Gðr
II 23, 6; dat. landi Grm 18, HHv
31, 6, Grp 2, 2 u. ö.; pl. nom.
acc. lǫnd Am 93, 3; HHv 30 pr 13,
Rm 14, 7 u. ö.; gen. landa Rþ
38, 8, HH I 57, 9 u. ö.; dat.
lǫndum HH I 10, 8, Grp 2; 2)
reich od. wohnsitz eines gottes: sg.
nom. Grm 4, 1. 17, 3; dat. landi
Grm 12, 4; pl. gen. landa Hrbl
56, 10; 3) landsitz, landgut als
residenz eines herrschers: sg. gen.
lands Akv 33, 2; 4) land im phy-
sikal. sinne, als gegensatz zum
wasser: sg. acc. Grm 4, HHv 21, 3.
Gðr II 35, 6 u. ö., c. art. landit
Hrbl 7, 4; gen. lands HH II 16
pr 9; dat. landi Vsp 20, 5, HHv
29, 4 u. ö.; pl. acc. lǫnd Hyndl
24, 7; gen. landa Hym 22, 8;
dat. lǫndum HH I 28, 8.
land-reki, m. 'landdurchwanderer',
poet. bezeichnung eines fürsten: sg.
nom. HH I 33, 3.
land-rǫgnir, m. landesherrscher,
könig: sg. acc. landrǫgni Akv 12, 1.
lands-bruni, m. verheerung eines
landes durch feuer: sg. acc. landsbruna HHv 5 pr 2.
land-skjálfti, m. erdbeben: pl. nom.
landskjálftar Ls 65 pr 8.
lang-barðr, adj. langbärtig: m. sg.
gen. langbarðs des langbärtigen, d. i.
Atlis Gðr II 20, 3 (Sijmons, Beitr.
3, 238).
lang-hǫfðaðr, adj. mit langem
kopfe versehen, langschnäblig (poet.
beiwort des schiffes: n. pl. acc.
langhǫfðuð HH I 25, 5.
lang-niðjar, m. pl. vorfahren,
ahnen: gen. langniðja Vsp 19, 7.
langr, adj. (got. laggs) lang, weit
(von raum und zeit): m. sg. nom.
Gðr II 23, 5; dat. lǫngum Hym
11, 6, Sf 19; acc. langan Ls 6, 3.
62, 2 u. ö.; pl. nom. langir Rþ 8, 8,
HH I 29, 4; f. sg. nom. lǫng Skm
42, 1; gen. langrar Sg 43, 4. 45, 6;
acc. langa Sg 7, 6; pl. nom. acc.
langar Skm 42, 2, HH I 50, 4;
Sf 18; n. sg. nom. acc. langt
Hrbl 56, 2 u. ö.; Hrbl 50, 3, Sd
37, 4 u. ö.; þat hefir l. liðit síðan

seitdem ist eine lange zeit verflossen Hm 2, 3; Sigmundr ok allir synir hans váru l. um fram alla menn aðra *übertrafen bei weitem alle andern männer* Sf 30; pl. nom. acc. lǫng Sd 2, 3; þrk 9, 4; dat. lǫngum *lange zeit* Rm 8; compar. f. sg. acc. lengri Hll I 44, 8; n. sg. acc. lengra *längeres, ausführlicheres* Hyndl 17, 8. 20, 6, Grp 12, 6 u. ö., *weiter hinaus* Hym 20, 8; *weiter in die zukunft* Vsp 45, 6 u. ö.; fram um l. *dass.* Hyndl 44, 6, Grp 20, 4: litlu l. *ein wenig später* Am 37, 1; þvígit l. *nicht später als dies* Sg 60, 2.

lang-skip, n. *kriegsschiff:* pl. dat. langskipum HH II 12, 2.

lang-vinr, m. *langjähriger freund:* pl. acc. langvini Háv 154, 3.

láss, m. *schloss:* sg. acc. lás Grm 22, 6.

lasta-stafir, m. pl. *schmähreden:* dat. lastastǫfum Ls 10, 5 u. ö.

lát, n. pl. *die äusserl. gewohnheiten und manieren eines menschen, sein benehmen:* dat. látum Grp 38, 3, Br 15, 4.

láta (lét; got. lêtan) 1) *loslassen, fahren lassen* (cht): imper. sg. 2. lát þrk 29, 5; 2) *aufgeben, verlieren* (eht, ehu): inf. Sg 10, 4: part. prt. n. sg. acc. látit Gðr II 2; *bes. vom verluste des lebens* (l. fjǫr, fjǫrvi, ǫnd, ǫndu): inf. Fm 22, 4, Sg 16, 6. 33, 5; part. prt. n. sg. acc. látit Sg 53, 8; 3) *sterben:* inf. Br 14, 8. Sg 71, 8: 4) *übrig lassen:* prs. ind. sg. 2. lætr Am 82, 7; 5) *sich benehmen, sich verhalten, sich fühlen:* inf. Am 98, 7, svá skaltu láta sem *so wird es dir vorkommen, als wenn* Gðr II 29, 5; prs. ind. sg. 3. lætr Háv 33, 5; pl. 2. látið HHv 12, 4; opt. sg. 3. láti Hyndl 4, 4; 6) látask *durch äusserungen zu erkennen geben, erklären, sagen* (mit nachfolgendem inf.): prs. ind. sg. 1. látumk Am 88, 3; sg. 3. læzk Grm 17, 5 (Bugge, Aarb. 1869, s. 258); prt. ind. sg. 2. 3. lézk Ls 9, 5 (Hild. schreibt fälschl. lézt); Hyndl 29, 5, HH II 14, 5 u. ö.; pl. 3. létusk Am 29, 2; 7) *nennen* (?): prt. ind. pl. 3. létu (þik?) stórráða Am 90, 4; 8) *lassen* (mit nachfolg. inf. od. part. prt.) u. zwar a) s. v. a. *zulassen, gestatten:* prs. ind. sg. 1. læt þrk 16, 5; sg. 3. lætr Skm 15, 3, HHv 14, 5, Fm 36, 5; opt. sg. 2. látir Ls 53, 5; imper. sg. 2. lát Ls 10, 2, Grp 23, 3, Sd 28, 5: pl. 1. látum Sg 45, 3; pl. 2. látið HH I 10, 1; prt. ind. sg. 3. lét HH I 10, 1, Sg 43, 3; sg. 2. lézt Fm 5, 2, Am 93, 1; pl. 3. létu Am 30, 10; opt. sg. 1. léta Sg 37, 6; sg. 2. létir Fm 29, 2; mit ellipse des inf.: inf. þik Atli mun eigi láta (scil. eiga hana) Sg 58, 4; beide constr. verbunden: prt. ind. sg. 3. létat buðlungr bótir uppi (scil. vera) né niðja in heldr nefgjǫld fá HH I 12, 1; b) *machen od. bewirken dass etw. geschieht:* α) c. inf.: inf. Háv 129, 9, HH II 48, 3; prs. ind. sg. 1. læt Vkv 22, 3; sg. 2. 3. lætr HHv 7, 1. 19, 3; Vsp 56, 5, HH II 6, 1; pl. 3. láta HH II 5, 1; opt. sg. 2. látir Sg 11, 8; sg. 3. láti Fm 34, 2; imper. sg. 2. lát Háv 116, 6, Hyndl 5, 3 u. ö.; pl. 1. látum þrk 15, 1, HH I 53, 7, Sg 12, 1; pl. 2. látið Ghv 21, 3; prt. ind. sg. 1. 3. lét Hrbl 15. 5, Háv 104, 5, Hlr 8, 1; Hym 29, 3, Rm 14 pr 9, Hlr 10, 1 u. ö.; sg. 2. lézt HHv 10, 5. Am 93, 7; pl. 1. létum Sg 39, 1, Od 28, 5, Am 95, 5; pl. 2. létuð Br 8, 8; pl. 3. létu þrk 19, 1, Rp 34, 4 u. ö.; opt. sg. 2. létir Akv 18, 1. 6; pl. 3. léti Gðr II 12, 7; látask *in ders. bedtg.:* prt. ind. sg. 1. létumk Háv 105, 2; mit ellipse des inf.: prs. ind. sg. 3. lætr HH II 22, 3; opt. sg. 3. láti Fm 38, 2; imper. sg. 2. lát Sg 65, 5; prt. ind. sg. 3. lét Br 20, 1, Akv 33, 1. 42, 8; pl. 3. létu Hym 15, 1, Vkv 9, 6. 8; β) c. part. prt.: inf. Gðr II 40, 4 (vgl. vilja); prs. ind. sg. 3. lætr Grm 18, 2; imper. sg. 2. lát Háv 127, 7, Sd 25, 8; prt. ind. pl. 3. létu Am 19, 7. 73, 1; c) *anordnen oder befehlen etw. zu tun;* α) c. inf.: prs. ind. sg. 3. lætr Grm 25; prt. ind. sg. 3. lét Grm 28, 32, Vkv 15 u. ö.; β) c. part. prt.: prt. ind. sg. 3. lét Hlr 7, 1; 9) *oft steht láta c. part. prt. geradezu*

an stelle des einfachen vbms: inf.
eiskold ek vil etin láta (st. eta) Fm
27, 5; prs. ind. sg. 3. lætr Sd
24, 5; imper. sg. 2. lát Hyndl
11, 1: prt. ind. sg. 3. lét Háv
109, 5, HHv 17, 5, HH I 10, 5;
sg. 2. lézt Ls 26, 5. 42, 2. 52, 3,
HHv 24, 3.

l auf, n. (got. laufs) laub: sg. nom.
Gðr I 19, 6, F 304b 1; dat. laufi
Hm 5, 6, F 301b 4.

l aug, f. bad: sg. acc. Sd 34, 1.

l aukr, m. 1) lauch: sg. nom. Gðr II
2, 3 (Bugge, Norr. skr. 194); dat.
lauki Sd 8, 3; 2) kraut überhaupt:
sg. dat. lauki Vsp 7, 8 (Bj. Magnússon Olsen, Timarit 15, 37 fg.).

1. l aun, f. (vgl. got. ana-laugnei) ver-
borgenheit, heimlichkeit: sg. dat.
á laun heimlich HH II 18, Sg 58,
6, Am 3, 4.

2. l aun, n. pl. (got. laun) lohn, vergeltung, gegengabe: nom. Háv 39, 6;
acc. Hym 38, 6, Háv 122, 3.

l auna (að), 1) jmd (ehn) od. etw. (eht)
mit etw. (ehu) belohnen: prs. ind. pl.
2. launið Am 31, 5 (vgl. verðr, 1);
prt. ind. sg. 2. launaðir Hrbl 21, 1;
part. prt. n. sg. acc. launat Br
18, 6; 2) jmd (ehm) etw. (eht)
vergelten od. heimzahlen, etw. an
ihm rächen: inf. Hrbl 13, 4. 59, 3,
Am 13, 4; imper. sg. 2. launa
Sd 25, 9.

l aun-þing, n. heimliche zusammenkunft: sg. acc. Hrbl 30, 4.

l ausn, f. (vgl. got. us-lauseins) erlö-
sung: sg. gen. lausnar lófa die erlö-
sende hand (die hand der geburts-
helferin) Sd 16, 7.

l auss, adj. (got. laus) ledig, frei:
m. sg. nom. Bdr 14, 5, Fm 8, 6,
vilja lauss freudelos Vkv 31, 2;
dat. lausum Ls 49, 3.

l ausung, f. unzuverlässigkeit, trug:
sg. acc. Háv 42, 6. 45, 6.

l ax, m. lachs: sg. gen. acc. Ls 65 pr
1; Rm 11; pl. acc. laxa þrk 24, 6.

l eggja (lagða; got. lagjan) 1) eine
person od. eine sache (ehn, eht) an
einen bestimmten ort bringen (legen,
werfen): imper. sg. 2. leg- (ðu) Gðr
I 13, 6; pl. 2. leggið þrk 30, 5;
prt. ind. sg. 1. lagða Vkv 34, 8;
sg. 3. lagði Bdr 2, 4, Sg 4, 2, Akv
32, 2 u. ö.; pl. 3. lǫgðu Vkv 13, 2,

Od 26, 4 u. o.: part. prt. m. sg.
nom. lagiðr Vm 35, 6, Sg 59, 4;
f. sg. nom. lagið Háv 83, 6; n. sg.
nom. lagit Sg 68, 4; l. hendr á
ehn hand an jmd legen, ihn angreifen: inf. Br 4, 8; l. hǫnd,
hendr (arm, arma) yfir (um) ehn.
um háls ehm jmd umarmen: inf.
Hlr 12, 8; prt. ind. sg. 2. lagðir
Ls 17, 5; sg. 3. lagði Sg 42, 4,
mit suffig. pron. lǫgðumk Háv 107,6;
vgl. auch Ls 20, 6: prt. ind. sg. 2. þú
lagðir lær yfir; 2) anbringen: inf.
l. strengi sehnen am bogen befestigen
Rp 35, 4, l. (rúnar) eld (eldi?) í ár
ins ruder einbrennen (?) Sd 10, 6;
3) anlegen, gründen: prt. ind. pl. 3.
lǫgðu Vsp 10, 5, Rp 12, 10; 4)
jmd (ehm) etwas auferlegen: prt.
ind. pl. 1. lǫgðum Rm 14; 5) fest-
setzen, anordnen: prt. ind. pl. 3.
lǫgðu Vsp 23, 9, HH I 13, 3;
6) für jmd (ehm) etw. (eht) fest-
setzen, jmd etw. zumessen, verleihen,
bescheiden (bes. von bestimmungen
des schicksals): part. prt. f. sg.
nom. lagið Grp 53, 3, lǫgð Grp
23, 2; n. sg. nom. lagt Grp 30, 2,
lagit Ls 48, 3, Skm 13, 6; 7)
jmd (ehn) mit etw. (ehu oder með
ehu) durchbohren: prt. ind. sg. 3.
lagði Rm 9 pr 4, Fm 10, Gðr I
27 pr 8; 8) mit advv.: l. at anlegen: prt. ind. pl. 3. lǫgðu Am
40, 3; l. fyrir vorausbestimmen:
part. prt. n. sg. nom. lagt Grp
24, 6; l. í gǫgnum ehn ehu od.
með ehu jmd mit etw. durchbohren:
inf. Gðr II 38, 8; prt. ind. sg. 3.
lagði HH II 27 pr 7; 9) leggjask
sich legen: prt. ind. sg. 3. lagðisk
miðrar rekju legte sich mitten in
das bett Rp 5, 5 u. ö.; l. eptir
sich dahinter legen: prs. opt. sg. 3.
leggisk HH II 30, 4.

l eggr, m. schenkelknochen, knochen
überhpt: pl. dat. leggjum Vsp 12, 8.

l eið, f. 1) weg: sg. dat. leiðu Vkv
14, 8. leið Grp 37, 6. 38, 4; acc.
leið HH II 5, 8. 6, 8 u. ö., c.
art. leiðina Hrbl 55, 1; pl. acc.
leiðir Sf 18, Am 20, 8 (vgl. fá, 4); 2)
aufgebot zu einem kriegszuge, heeres-
folge: sg. gen. leiðar HH I 22, 4.

1. l eiða (dd), 1) führen, geleiten,
begleiten: inf. Háv 154, 3, l. ehn

aldri *jmd im leben begleiten, mit* *jmd zus. leben Sg 41, 4; prs. ind. pl. 3.* ósaðra orða .. oflengi leiða limar *weithin führen die zweige unwahrer worte (unabsehbar sind die folgen) Rm 4, 6; opt. sg. 2.* leiðir ástum *mit deiner liebe begleitest, deine liebe ihm zuwendest HHv 41, 8; prt. ind. sg. 3.* leiddi sjónum *geleitete, verfolgte mit den augen Hym 13, 7; pl. 3.* leiddu *Grm 7, Gðr III 10, 5, Akv 12, 1; part. prt. m. sg. nom.* leiddr *Am 34, 8; mit advv.:* l. at huga *se aufmerksamkeit auf etwas richten: imper. sg. 2.* leið *Grp 12, 5. 18, 5;* l. ehn nær ehu *jmd an etw. heranführen: part. prt. m. pl. acc.* leidda *Hm 10, 4;* 2) *erdulden (?): inf.* leiða trega *Skm 30, 10.*

2. leiða (dd), *leid machen;* leiðask eht *etw. verabscheuen, verschmähen: prs. ind. sg. 3.* leiðisk *Háv 129, 10.*

leiði, *n. grab: sg. acc. Bdr 4, 4.*

leiðr, *adj. leid, unbeliebt, verhasst, widerwärtig: m. sg. nom. Skm 27, 4, Háv 35, 4 u. ö.; dat.* leiðum *Háv 40, 4, Sd 25, 9 (lýðum R, vgl. aber Zz 26, 27); f. sg. nom.* leið *HHv 25, 2; acc.* leiða *Hym 8, 2; n. sg. nom.* leitt *HHv 28, 9; pl. nom.* leið *Háv 39, 6, F 303a 18.*

leið-stafir, *m. pl. dinge die abscheu erregen, schandtaten: acc.* leiðstafi *Ls 29, 3.*

leif, *f. (got. laiba) überbleibsel: pl. acc.* varga leifar *was die wölfe übrig gelassen hatten Gðr II 11, 4.*

leifa (fð; *got.* bi-laibjan) *übrig lassen, zurücklassen: inf. Am 80, 6; prt. ind. sg. 3.* leifði *Am 93, 4.*

1. leika (lék; *got.* laikan) 1) *sich rasch bewegen, hin u. her fahren: inf. Ls 49, 3, Háv 153, 3; prs. ind. pl. 3.* leika Míms synir *sind in lebhafter bewegung Vsp 47, 1; prt. ind. sg. 3.* lék *Hm 15, 3; pl. 3.* léku *HH II 12, 6; bes. von der züngelnden bewegung der flammen: prs. ind. sg. 3.* leikr *Vsp 59, 7, Fm 43, 3; opt. sg. 3.* leiki *Ls 65, 6;* 2) *spielen: inf. Am 76, 7; prt. ind. pl. 1.* lékum leik margan *Am 69, 3; pl. 3.* léku við stokki *sprangen spielend am sitzpfeiler empor (?)*

Am 74, 2, l. sárt spielten *ein schlimmes spiel Am 47, 2; part. prt. m. sg. nom.* leikinn *zum spott geneigt Ls 19, 5 (vgl. EKölbing, Germ. 21, 27; anders FJ I, 120a);* emka lítt leikinn *mir ist nicht wenig (sehr schlimm) mitgespielt Am 87, 7;* leika ehu *mit etw. spielen: inf. Rp 27, 4, Fm 15, 3; prt. ind. sg. 3.* lék *Am 71, 8;* l. við ehn *mit jmd spielen: prt. ind. sg. 1.* lék *Hrbl 30, 3;* 3) l. ehm í mun *jmd locken, reizen: prt. ind. sg. 3.* lék *Sg 39, 3;* 4) *etw. (eht) ausführen: prt. ind. pl. 3.* léku *Gðr II 14, 6;* 5) *jmd (ehn) überlisten: prs. opt. pl. 3.* leiki *Háv 130, 10; prt. ind. sg. 3.* lék *HHv 38, 5, Gðr I 7, 4;* 6) *bezaubern: part. prt. m. sg. acc.* leikinn *bezaubert, verstört Vsp 1, 6.*

2. leika, *n. überlisterin: sg. acc.* leika Dvalins *'den, der leger med, narrer dværgen' (Wimmer, Aarb. 1875 s. 197 fg.) Alv 17, 3 (vgl. aber auch Sijmons z. st.).*

leikr, *m. (got.* laiks) *spiel, leibesübung: sg. nom. Akv 41, 5; dat.* leiki *Háv 85, 7; acc.* leik *Am 61, 6. 69, 3; pl. acc.* leika *Rp 42, 6.*

1. leiptr, *f. blitz: pl. nom.* leiptrir *HH I 15, 4. — Als name eines flusses Grm 28, 10, HH II 29, 6.*

2. leiptr, *n. dass.: pl. nom. HH II 16 pr 4.*

leita (að; *got.* wlaitôn) 1) *jmd oder etw. (ehs, til ehs) suchen, aufsuchen: inf. Vkv 12, HH II 1 pr 3, Akv 19, 5 u. ö.; prs. opt. sg. 2* þú leitir þér innan út staðar *suchst dir draussen ein plätzchen (zur verrichtung der notdurft) Háv 111, 7; prt. ind. sg. 1.* leitaða ek í líkna darin *suchte ich rettung Am 46, 1; sg. 3.* leitaði *Háv 140, 5. 7, Vkv 13; pl. 3.* leituðu *HH II 1 pr 6;* l. ráða við ehn *bei jmd rat suchen, jmd um rat fragen: prt. ind. sg. 3.* leitaði *Rm 11 pr 4;* 2) *suchen, bestrebt sein, sich bemühen (mit nachfolg. inf.): inf. Ghv 3, 6; prt. ind. sg. 3.* leitaði *Hym 33, 5;* 3) *jmd (ehm) etw. (ehs) antun, zufügen, .erweisen: prs. ind. sg. 3.* leitaði *Háv 101, 8, Gðr I 8, 8; part. prt. n. sg. nom.* leitat *HHv 38, 4; acc.* leitað *Od 5, 2.*

leka (lak), *lecken, tropfen: part. prt.*
n. sg. acc. lekit *Sd 13, 8.*

lemja (lamða), *1) schlagen: prt. opt.*
sg. 1. lemða alla í liðu *würde sie*
ganz in stücke schlagen Ls 43, 6;
part. prt. m. sg. acc. lamðan til
heljar *tot geschlagen Am 42, 5;*
2) erschlagen, zerschmettern: prt.
ind. sg. 3. lamði *þrk 31, 8;* lemjask
zerschmettert werden: inf. HHv
21, 4.

lengi, *adv. 1) lange, lange zeit:*
Bdr 3, 4, Hym 37, 1, Ls 49, 2,
Vm 8, 5 u. ö.; til l. *zu lange Hlr*
14, 2; 2) in zukunft (?): Sg 20, 2;
compar. lengr *länger: Ls 36, 3,*
Br 10, 7 u. ö.; superl. lengst *am*
längsten Háv 41, 5.

lengja (gð), *verlängern: inf. Am*
39, 8.

lesa (las; *got.* lisan) *1) zusammen-*
lesen, sammeln: inf. Gðr II 11, 3;
2) äussern, sprechen: prs. opt. pl. 3.
lesi *Háv 24, 5.*

lesti, *nur in der verbindung* á lesti
zuletzt: Am 64, 3.

letja (latta; *got.* latjan) *1) jmd (ehn)*
zurückhalten oder zurückzuhalten
suchen (bes. durch abraten): inf.
Vm 2, 1, Sg 42, 8, Am 46, 2;
prt. ind. pl. 3. lǫttu *Am 29, 4.*
30, 9; 2) jmd (ehn) von etw. (ehs)
abhalten, ihn an etw. hindern: inf.
Sg 43, 3; prs. opt. sg. 3. leti *Sg*
45. 5; mit inf.: imper. pl. 2. letið
Br 14, 5; 3) jmd (ehn) von etw.
(ehs) zu befreien suchen: prt. ind.
pl. 3. lǫttu *Gðr I 2, 4; 4)* letjask
sich zurückhalten lassen, sich be-
deuten lassen: prs. ind. sg. 2. lezk
Ls 47, 3.

létta (tt), *ablassen: inf. Gðr II 32, 9;*
prs. ind. pl. 3. F' 305a 3.

léttliga, *adv. sanft, freundlich,*
zärtlich: Gðr III 2, 7.

léttr, *adj. (got.* leihts) *1) leicht:*
compar. f. sg. nom. hefnd léttari
til sátta eine rache die leichter zur
sühne führt Sg 12, 6 (vgl. jedoch
unter hefnd); *2) leichten sinnes,*
heiter, freundlich: n. sg. nom. létt
er þér du bist bei guter laune Ls
49, 1; acc. létt hón sér gerði *sie*
stellte sich heiter Am 71, 7; com-
par. f. sg. nom. léttari *Ls 52, 1.*

leyfa (fð; *got.* ga-laubjan) *loben,*

preisen: inf. Háv 80, 1, Ghv 4, 4
u. ö.; part. prt. f. sg. nom. leyfð
Am 90, 3.

leyna (nd; *got.* laugnjan) *etw. (ehu)*
verbergen, verheimlichen, verschwei-
gen (vor jmd: ehn): inf. Ls 36, 3,
Háv 28, 4 u. ö.; prt. ind. sg. 3.
leyndi *Od 5, 10; pl. 3.* leyndu *Od*
25, 2; leynask *sich verbergen: inf.*
Vm 45, 2.

leysa (st; *got.* lausjan) *1) lösen, los-*
machen, losbinden: inf. 1. kind frá
konum *frauen entbinden Sd 9, 3;*
prs. ind. sg. 3. leysir *Ls 37, 6;*
prt. ind. sg. 2. leystir du öffnetest
Hm 26, 2; sg. 3. leysti *Akv 42, 4;*
2) loskaufen: imper. sg. 2. leys- (tu)
Rm 1, 5.

1. lið, *n. 1) schar, versammlung, ge-*
folgschaft, kriegsvolk: sg. nom. acc.
HH I 50, 7; HHv 11 pr 2, Br
16, 8; gen. liðs *Am 42, 6; dat.*
liði *Vsp 17, 2 (vgl. jedoch Svbj.*
Egilsson 524b), Háv 157, 2 u. ö.;
2) hilfe, unterstützung: sg. gen. liðs
Hrbl 32, 1; dat. liði *Hrbl 25, 2.*

2. lið, *n. fahrzeug, boot: sg. acc.* ef
þú lið of (litum *R*) fœrir *wenn du*
in das boot gegangen wärest Hrbl
50, 4 (vgl. Sijmons z. st; anders
Niedner, Hz 31, 223 u. Hj. Falk,
Ark. 5, 112).

liða (leið *oder* lídda; *got.* ga-leiþan)
1) sich vorwärts bewegen (zu fuss,
zu pferde, zu schiffe), wandern,
ziehen: prs. ind. sg. 1. lið *F 303b*
18; sg. 3. liðr *Bdr 14, 6 u. ö.;*
pl. 3. liða *Vm 48, 5; part. prs.*
m. sg. nom. liðandi *Vkv 4, 3. 10, 3;*
pl. dat. liðǫndum *HH I 25, 6;*
prt. ind. pl. 3. liðu *Hm 12, 3; part.*
prt. n. sg. nom. þat hefir langt liðit
síðan *das (die zeit) ist seitdem weit*
vorgerückt, es ist lange zeit ver-
strichen Hm 2, 4; 2) dahin-
schwinden, vergehen: prt. ind. pl. 3.
liðu *Rp 6, 5. u. ö.; zu ende gehen,*
aufhören: prs. ind. sg. 3. liðr *Am*
19, 8; part. prt. f. sg. nom. liðin
HH II 17, 5; pl. acc. sjónir liðnar
erloschene, gebrochene augen Gðr I
14, 6; n. sg. acc. liðit *Grm 53, 3;*
sterben: part. prt. m. sg. acc. liðinn
HHv 42, 6; pl. nom. liðnir *HH*
II 21, 5, Sd 34, 2; dat. liðnum
HH II 45, 12; 3) unpersönl.

a) vorwärts bewegen: prs. ind. sg. 3.
þá er inn mæra líðr fimbulvetr með
firum *wenn es den winter heran-*
bringt, wenn der winter naht Vm
44, 5; prt. ind. sg. 3. unz miðjan
dag liddi *bis der mittag herankam*
Am 50, 2; b) zu ende führen,
aufhören machen: prs. ind. sg. 3.
líðr þína ævi *es geht zu ende mit*
deinem leben Am 88, 4; prt. ind.
sg. 3. leið randa rym *der schild-*
lärm hörte auf HH I 18, 3.

liði, *m. gefolgsmann, krieger: pl.*
nom. liðar *Gör II 20, 3.*

1. liðr, *m. (got.* liþus) *glied: pl. dat.*
liðum *Háv 112, 7; acc.* liðu *Ls*
43, 6 u. ö.

2. liðr, *m. günstiger augenblick: sg.*
acc. sjaldan hittir leiðr í lið *der*
unbeliebte trifft nie den geeigneten
zeitpunkt, kommt immer ungelegen
Háv 66, 6 (Hj. Falk, Ark. 5, 112).

líf, *n. leben: sg. nom. acc. Ls 48, 3.*
Skm 13, 6; Vsp 23, 10, Grm 53,
3 u. ö.; gen. lífs *Sg 53, 3 u. ö.;*
dat. lífi *HHv 11, 6, Rm 10, 2, Ghv*
2, 2 u. ö. — Als weibl. eigenname
Vm 45, 1.

lifa (fö; *got.* liban) *1) leben, ein*
leben führen, am leben sein: inf.
Skm 19, 6, Háv 16, 2, Sg 50, 6
u. ö.; prs. ind. sg. 1. lifi *Rm 9, 3,*
Fm 8, 6 u. ö.; sg. 2. 3. lifir *Háv*
119, 7; Vsp 19, 6, Skm 20, 5 u. ö.,
mit suff. negat. lifira *Am 58, 7;*
pl. 1. lifum *Sd 4, 6; pl. 2.* lifið *Hm*
4, 3; pl. 3. lifa *Háv 48, 2 u. ö.; opt.*
sg. 3. mit suff. negat. lifit *Sg 12, 8;*
pl. 3. lifi *Gör II 29, 6; imper.*
sg. 2. (mit suff. pron.) lifðu heill
lebe glücklich Grp 17, 8; part. prs.
m. sg. acc. lifanda *Akv 32, 1; prt.*
ind. sg. 1. lifða *Sg 57, 8; sg. 3.*
lifði *Od 13, 8, Am 68, 8; pl. 1.*
lifðum *Akv 27, 6; pl. 3.* lifðu *Gör*
II 5, 8, Am 49, 6; opt. sg. pl. 3.
lifði *Hm 27, 2; Hrbl 23, 6; mit*
praepp. u. advv.: l. at ehm *bei*
jmd leben: inf. HH II 16, 6; l.
eptir *überlebend sein: prs. ind.*
pl. 1. lifum *Am 51, 7; lebendig,*
bekannt bleiben: inf. Am 102, 5;
l. eptir ehn *jmd überleben: inf. Gör*
I 27 pr 6; l. við eht *von etwas*
leben: inf. Hym 16, 8; prs. ind.
sg. 3. lifir *Grm 19, 6;* l. við ehn

mit jemand leben: inf. Háv 96, 6;
l. við lǫst *mit schande leben: inf.*
Háv 68, 6; 2) etw. (eht) erleben:
inf. lifa langan aldr *ein hohes alter*
erleben Ls 62, 1; prs. ind. sg. 3.
kveld lifir maðr ekki *den abend er-*
lebt der mensch nicht Hm 29, 7.

lifðr, *adj. lebendig: m. sg. dat.* lifðum *Háv 70, 1.*

lifinn, *adj. dass.: m. sg. dat.* lifnum
HH II 46, 8; pl. acc. lifna *HH*
II 21, 4.

lifr, *f. leber: sg. nom. Gör II 24, 7;*
gen. lifrar *Dr 16.*

lífs-hvatr, *adj. wer sich im leben*
tapfer zeigt, tatkräftig, energisch:
m. sg. acc. lífshvatan *Gör II 32, 10.*

liggja (lá; *got.* ligan) *1) gelagert*
sein, liegen, ruhen: inf. Vsp 36, 1,
Ls 41, 1, Grm 52, 4 u. ö.; prs.
ind. sg. 3. liggr *HHv 9, 5, Grp*
11, 3, Fm 21, 3 u. ö.; pl. 3. liggja
Grm 34, 1, HH I 51, 5 u. ö.; opt.
sg. 3. liggi *Sg 68, 1; imper. sg. 2.*
ligg *Fm 21, 5; part. prs. m. sg.*
nom. liggjandi *þrk 9, 7, Háv 58, 4;*
dat. liggjanda *Br 20 pr 13; prt.*
ind. sg. 1. 3. lá *Fm 16, 3. 18, 2;*
HHv 19, 5, HH II 4 pr 5, Fm
34, 6 u. ö.; sg. 2. látt *HH I 42, 2,*
Fm 28. 6; pl. 3. lágu *HHv 11*
pr 10. Hm 23. 3; opt. sg. 1. læga
Gör II 44, 1 (vgl. jedoch Grdtv.
z. st.); 2) sich weithin erstrecken:
inf. land . . er ek liggja sé *Grm*
4, 2; prs. ind. sg. 3. jǫrð . . er
liggr fyr alda sonum *Alv 10, 5;*
pl. 3. liggja vegir (brautir) *Háv*
34, 5, Fm 41, 1; 3) prägn. da-
liegen ohne nutzen zu gewähren:
prt. ind. pl. 3. meðan lǫnd þau lágu
Am 93, 3; mit praepp. oder
advv.: l. fram *nach vorwärts sich*
erstrecken: prt. ind. pl. 3. fram
lágu brautir *Hm 18, 1;* l. fyrir
vorne liegen: prt. ind. sg. 2. látt
HHv 18, 3; da liegen: inf. Hym
37, 2; l. ehm fyrir *jmd vor augen*
liegen, erkennbar sein: prt. ind.
sg. 3. lá *Grp 21, 1;* l. yfir *da-*
rüber liegen: prs. ind. sg. 3. liggr
Bdr 7, 4.

lík, *n. (got.* leik) *1) gestalt: sg. dat.*
líki *Ls 24, 4. 65 pr 1 u. ö.; 2)*
geschöpf: sg. acc. lík *Háv 96, 6;*
3) leiche: sg. acc. c. art. líkit *Sf 20.*

líki, n. (got. ga-leiki) 1) gleichheit, ähnlichkeit: sg. nom. Alv 2, 4; 2) äusseres, äussere schönheit: sg. acc. Háv 91, 4; 3) gestalt: sg. acc. Vsp 36, 3; 4) leiche: sg. acc. Am 100, 4.

líkn, f. 1) entschädigung, trost: sg. nom. Ls 35, 1; pl. gen. líkna Grp 30, 1; 2) heilung, hilfe, rettung: sg. gen. líknar Sd 16, 8; pl. gen. líkna Am 46, 1.

líkna (að), sich jmds annehmen, jmd pflegen: inf. Gðr II 39, 7.

líknar-galdr, m. heilender zauber: sg. acc. Háv 119, 7.

líkn-fastr, adj. beliebt: m. sg. acc. líknfastan Háv 122, 6.

líkn-stafir, m. pl. heilkräftige runen: gen. líknstafa Sd 5, 6; acc. líknstafi Háv 8, 3.

líkr, adj. (got. ga-leiks) gleich, ähnlich: m. sg. nom. Sg 36, 6; acc. líkan Sg 61, 8; pl. nom. líkir Gðr II 20, 2. — Vgl. glíkr.

limar, f. pl. 1) zweige: nom. Sd 11, 6; dat. limum Grm 25, 3. 26, 3, c. art. limunum HHv 11; 2) verzweigungen, folgen: nom. Rm 4, 6, Sd 23, 4.

lim-rúnar, f. pl. zweigrunen (runen die auf zweige geritzt werden): acc. Sd 11, 1.

lín, n. (got. lein) 1) flachs: sg. acc. Vkv 6, 1, 8; 2) linnen, leinwand: sg. dat. líni þrk 11, 6, Rþ 41, 4, Gðr III 2, 8 u. ö.

lína, f. schleier: sg. acc. línu þrk 27, 1.

1. lind, f. 1) linde: sg. gen. lindar Fm 43, 4; 2) schild (aus lindenholz): sg. acc. lind Vsp 51, 2, Rþ 35, 3. 38, 2; 3) seil aus lindenbast (?): sg. dat. Vkv 6, 4.

2. lind, f. quelle, flut: sg. gen. lindar Rm 1, 6 (nach Bugge, Stud. 6 aus dem irischen; vgl. auch KGíslasson, Efterl. skr. I, 182).

1. lindi, m. gürtel: sg. dat. linda Vkv 18, 2.

2. lindi, n. lindenholz: sg. dat. hugstein hálfsviðinn l. brendu halbgeröstet durch brennendes lindenholz Hyndl 41, 2.

lín-hvítr, adj. weiss wie linnen: f. sg. acc. (sw.) línhvíta Hrbl 30, 3.

lín-klæði, n. gewand aus linnen: pl. nom. Am 15, 5.

linn-vengi, n. 'schlangenlager', poet. bezeichnung des goldes: sg. gen. linnvengis Od 30, 3.

linr, adj. milde, hold, freundlich: n. sg. acc. (adverb.) lint Akv 41, 6.

líta (leit), 1) sehen, blicken: imper. sg. 2. lít- (tu) HHv 29, 1, Gðr I 13, 5; prt. ind. sg. 3. leit Vsp 2, 4, Hym 2, 5, Sg 47, 5; 2) erblicken, erkennen (ehn, eht): inf. Grp 36, 2, Am 55, 4; prs. ind. sg. 2. lítr Rm 21, 4; opt. sg. 2. lítir HH II 40, 4; sg. 3. líti HH II 45, 8; imper. sg. 2. lít-(tu) Gðr II 8, 1; pl. 2. lítið Sd 3, 5; prt. ind. sg. 1. 3. leit HHv 28, 9, HH II 12, 1; Gðr I 27, 7; pl. 1. litum Gðr I 26, 4; part. prt. m. sg. nom. litinn Gðr II 35, 2; 3) mit advv.: l. á hinblicken: prt. ind. sg. 3. leit Gðr I 14, 1; l. aptr zurückblicken: inf. Hym 35, 2; l. eptir nach etw. ausspähen, etw. erforschen: inf. Grp 21, 4; l. í hineinblicken: prt. ind. pl. 3. litu Vkv 23, 8; l. upp aufblicken: inf. Háv 128, 5; um litask sich umschauen: inf. Am 51, 3.

litill, adj. (got. leitils) 1) klein, gering, unbedeutend: m. pl. gen. lítilla Háv 53, 1. 2; acc. lítla Am 74, 1; f. sg. nom. lítil Ls 33, 1, HH II 4, 1 u. ö.; acc. lítla Hym 20, 7; n. sg. nom. lítit Hrbl 56, 1 u. ö., lítið Sf 19, (sw.) lítla Ls 44, 1; pl. nom. lítil Háv 53, 3; 2) wenig: n. sg. nom. lítt HH II 8, 12; dat. lítlu Háv 52, 3; adverbial: um ein weniges, ein wenig Br 10, 7. 14, 4 u. ö., wenig (d. i. gar nicht) Am 34, 7; acc. lítit Am 82, 8; adv. wenig: lítit Grp 46, 8; lítt wenig: Vsp 20, 6, Am 45, 2. 87, 7; wenig (d. i. gar nicht): Hrbl 29, 6, Sg 33, 3, Akv 25, 7 u. ö.

litkuðr, m. röter, färber: sg. dat. litkuð Sg 69, 4 (s. FJ z. st.).

litr, m. (got. wlits) 1) farbe: sg. nom. HH I 49, 9; dat. lit Sg 31, 8; pl. acc. litu Vsp 21, 4. 8; 2) spec. die rötliche färbung des himmels beim auf- und untergang der sonne, die dämmerung: pl. acc. litu er lýsti *als die dämmerung sich erhellte Am 29, 1;* 3) *aussehen, äusseres, gestalt (auch im plur.): sg. acc.* lit *Grp 39, 1; pl. nom.* litir *Háv 92, 6; dat.* litum *Grp 37, 5. 38, 3; 4) prägn. schöne gestalt: sg. gen.* vélkeypts litar *der durch list erworbenen schönheit (d. h. der Gunnlǫð) Háv 106, 1 (Richert s. 9 ff.).* — *Name eines zwerges Vsp 15, 4.*

l j á (léða; *vgl.* got. leihwan, *st. v.*) *jmd* (ehm) *etw.* (ehs) *leihen: inf.* þrk *3, 6; prt. ind. sg.* 3. léði *HH II 27 pr 4.*

l j ó ð, *n. (vgl.* got. liuþôn, liuþareis) *lied, zauberspruch: pl. acc.* Háv *144, 1; gen.* ljóða *Háv 161, 1. 162, 6, Sd 5, 5.*

l j ó ð i, *m. fürst: sg. nom.* Vkv *11, 3.*

l j ó m a (að), *leuchten: prt. ind. sg.* 3. ljómaði *Sd 2.*

l j ó m i, *m. glanz, strahl, licht: sg. dat. acc.* ljóma *HH I 9, 4. 15, 1. Fm 42, 8; HH I 22, 6. II 35, 6; pl. dat.* ljómum *HH I 15, 3.*

l j ó n a r, *m. pl. (Bugge, Ark. 2, 218 fg.) menschen: gen.* ljóna *Vsp 17, 3.*

l j ó r i, *m. öffnung im dache durch die der rauch hinauszieht: sg. acc.* ljóra *Vsp 39, 6.*

l j ó s, *n.* 1) *licht, glanz: sg. acc.* Sd 2, Am *84, 8;* 2) *fackel: pl. dat.* ljósum *Háv 99, 4.*

l j ó s s, *adj.* 1) *leuchtend, strahlend, hell: m. sg. dat.* ljósum *Am 9, 4; pl. acc.* ljósa *HH II 50, 8; n. sg. dat. (sw.)* ljósa *HH II 29, 5;* 2) *von glänzender oder weisser hautfarbe: m. sg. dat.* ljósum *Vkv 2, 4; f. sg. gen.* ljóssar *Vkv 6, 6; acc.* ljósa *Sg 53, 4; pl. nom.* ljósar *Am 30, 9; n. sg. gen. (sw.)* ljósa *Háv 91, 5; compar. n. sg. nom.* ljósara *Rþ 28, 10;* 3) *klar, deutlich: superl. n. sg. acc. (adverb.)* ljósast *Grp 21, 3.*

l j ó s t a (laust), *schlagen, werfen, treffen* (ehn ehu *oder* með ehu): *prt. ind. sg.* 3. laust *Rm 11; part. prt. f. sg. acc.* lostna *HHv 29, 2.*

l j ó t r, *adj. (got.* liuts) 1) *graus, furchtbar (KGislason, Njála 2, 568 fg.): m. pl. acc.* ljóta *Ls 29, 3; n. sg. nom.* ljótt *Grp 22, 6, (sw.)* ljóta *Ls 48, 3;* 2) *feindselig: f. pl. nom.* ljótar *Sg 7, 5.*

l j ú f r, *adj. (got.* liufs) *lieb, geliebt: m. sg. nom.* Háv *35, 4; dat.* ljúfum *Háv 40, 5; acc.* ljúfan *Gðr I1 3, 5.*

l j ú g a (laug; *got.* liugan) 1) *lügen: prs. ind. sg. 2. 3.* lýgr *Am 94, 1. 99, 1; Grp 25, 6. 37, 8; opt. sg. 2.* ljúgir *Hrbl 49, 4; part. prt. m. pl. acc.* logna *Br 2, 4;* 2) *belügen* (á ehn, at ehm): *prs. ind. sg. 3.* lýgr *Grp 48, 5, Rm 4, 5; prt. opt. sg. 3.* lygi *Am 32, 4.*

l o ð i, *m. pelzmantel: sg. nom.* Grm *1, 4; pl. acc.* loða *Gðr II 20, 4, Hm 17, 1.*

l o f, *n. lob, ruhm: sg. acc.* Háv *8, 3. 9, 3. 52, 3; dat.* lofi *Háv 122, 6.*

l o f a (að), *loben, rühmen: prt. ind. pl. 3.* lofuðu *Ls 12.*

l o f ð a r, *m. pl., männer: gen.* lofða *HH II 45, 11, F 306 b 3.*

l o f ð u n g r, *m. fürst, könig: sg. nom.* HH *I 4, 3; gen.* lofðungs *HHv 29, 5, HH I 28, 7 u. ö.; dat.* lofðungi *HH II 46, 7.*

l o f - g j a r n, *adj. ruhmbegierig: m. sg. dat.* lofgjǫrnum *F 306a 6.*

l ó f i, *m. (got.* lôfa) *die innenseite der flachen hand, hand überhaupt: sg. dat.* lófa *Sd 16, 7, Gðr III 8, 2; pl. dat.* lófum *Sd 9, 4.*

l o f - s æ l l, *adj. durch ruhm beglückt, ruhmreich: f. sg. nom.* lofsæl *Grp 48, 6.*

l o g a (að), *lodern, brennen: inf.* Háv *150, 2, Hyndl 48, 2.*

l o g i, *m. lohe, glut: sg. nom.* Ls 65, 6, Vm *50, 6 u. ö., c. art.* loginn *F 305b 1; dat.* loga *þrk 21, 6 u. ö.; acc.* lindar loga *wogenglut, d. i. gold Rm 1, 6.*

l o g n, *n. windstille: sg. nom.* Alv *22, 4. 23, 1.*

l o g n - f ǫ r, *f. heiml. fahrt, heiml. begegnung: pl. gen.* lognfara *Skm 39, 3. 41, 3.*

l o k, *n. schluss: sg. acc.* Am *37, 2; pl. dat.* lokum *Háv 162, 6.*

l o k k a (að), *locken, herbeilocken: prt ind. sg. 3.* lokkaði *Am 74, 1.*

l o p t, *n. (got.* luftus, *m.) luft: sg. nom. acc.* Skm *6, 6, Hyndl 42, 4; Vsp 29, 5, Grm 1, 5 u. ö.; dat.* lopti *Vsp 47, 6, þrk 9, 3 u. ö.; c. art.* loptinu *HH II 16 pr 6, F 303b 11.*

l o ß n a (að; *got.* fra-lusnan) *los werden,*

*sich losmachen: inf. Gðr II 42, 2;
prs. ind. sg. 3.* losnar *Vsp* 48, 4. 51, 8;
prt. ind. sg. 3. losnaði *Gðr I* 15, 3.

lost-fagr, *adj. (vgl. got.* lustus) *lieb-
reizend: m. pl. nom.* lostfagrir *Háv
92, 6.*

lostigr, *adj. freiwillig: f. sg. nom.*
lostig *HHv* 42, 5.

lúðr, *m.* 1) *der kasten auf dem der
mühlstein ruht: sg. nom. HH II* 2, 8.
4, 2; 2) *boot (?): sg. acc. Vm* 35, 6.

lúka (lauk; *got.* lûkan) 1) *schliessen,
zuschliessen: part. prt. f. sg. nom.*
lokin *Grm* 22, 6; l. upp *aufschliessen, öffnen: prt. ind. pl. 3.*
luku *Gðr II* 36, 3; *part. prt. m.
sg. nom.* lokinn *HH II* 41, 5; 2)
umschliessen, umgeben (ehn ehu):
prt. ind. sg. 3. lauk *Hlr* 9, 1; 3)
*beschliessen, beendigen: part. prt.
n. sg. nom. acc.* lokit *HH I* 57, 10
u. ö.; Am 19, 7. 73, 1; 4) *zahlen:
prt. opt. sg. 1. mit suff. pron.* lykak
(*so ist mit Rask statt* lítt er *zu lesen*)
Ls 14, 6.

lundr, *m. hain, wald: sg. nom. Skm*
39, 3 *u. ö.; dat.* lundi *Vsp* 36, 2
u. ö.; acc. lund *HHv* 11.

lúta (laut; *vgl. got.* liuta, liutei) *sich
neigen, sich bücken: prs. ind. pl. 3.*
lúta *Sd* 11, 6; *prt. ind. sg. 3.* laut
Þrk 27, 1; *part. prt. m. sg. nom.*
lotinn *gekrümmt Rp* 8, 7; l. saman
*sich zu einander neigen, traulichen
verkehr pflegen: inf. Sg* 58, 5.

lýðir *u.* lýðar, *m. pl. (vgl. got.* liu-
dan) *männer, leute, menschen: nom.*
lýðir *Vsp* 52, 3, lýðar *Akv* 12, 2;
gen. lýða *Rm* 3, 3, *Sd* 2, 3 *u. ö.;
dat.* lýðum *Gðr I* 21, 1; *acc.* lýði
Od 16, 3.

lyf, *n. (vgl. got.* lubja-leis, -leisei)
*kräftiges mittel (gift od. arznei): pl.
acc.* lyf *Grp* 17, 7; *sg. acc.* ekki l.
nicht im geringsten Rm 9, 5; *vgl.
Bugge, Fkv.* 413 b *u. A. O. Freu-
denthal in Finländska bidrag till
svensk språk- och folklifsforskning
(Helsingfors* 1894) *s.* 51 *ff.*

lyfja (að), *jmd* (ehm) *von etw.* (eht)
heilen: inf. lyfja ykkr elli *euch des
lebens zu berauben Am* 75, 4.

lygi, *f. (vgl. got.* liugn, ga-liug) *lüge:
sg. nom. Grm* 20, varða (*so ist statt*
var þá *zu lesen*) ván lygi *die erwartung wurde nicht getäuscht Am*

90, 5; *dat. acc. Þrk* 9, 8 *u. ö.;
Ls* 14, 6, *Sd* 25, 9.

lykill, *m. schlüssel: pl. gen. acc.* lukla
Vkv 21, 2. 23, 6; *Þrk* 15, 2. 19, 2.

lykja (lukða), *umschlingen* (ehn, eht
ehu): *prs. opt. sg. 3.* lyki *Háv* 112,
7; *prt. ind. sg. 3.* lukði alla banga
lind *umschlang alle ringe mit dem
bastseil, reihte sie an dem seile auf
Vkv* 6, 3.

lyng, *n. heidekraut: sg. dat.* lyngvi
Fm 21, 3 *u. ö.*

lyng-fiskr, *m. 'fisch des heidekrau-
tes', poet. bezeichnung der schlange:
sg. nom.* l. lagar *eine meerschlange
Gðr II* 23, 5.

lýsa (st), 1) *glänzen, leuchten: prs.
ind. sg. 3.* lýsir *Skm* 4, 5, *Vm* 12, 6;
prt. ind. pl. 3. lýstu *Skm* 6, 4;
lýsask *dass.: prs. ind. pl. 3. Akv*
28, 6; 2) *hell machen, erhellen: prt.
ind. sg. 3. (unpersönl.)* lýsti *Am* 29,
1 (*vgl. litr* 2); 3) *offenbaren, ver-
kündigen* (eht): *inf. Am* 66, 2; *prs.
ind. sg. 2.* lýsir *HH II* 9, 1.

lýsi-gull, *n. leuchtendes gold: sg.
nom. Ls* 11.

lysta (st; *vgl. got.* lustôn) *gelüsten*
(ehn): *prs. ind. sg. 3.* lystir *Hyndl*
46, 2, *HH II* 5, 7, *Hlr* 2, 6 *u. ö.;
prt. ind. sg. 3.* lysti *Þrk* 27, 2;
l. til *dass.: prs. ind. sg. 3.* lystir
Am 57, 1.

lystr, *adj. begierig nach etw.* (ehs):
m. pl. nom. lystir *Br* 4, 6; *f. sg.
nom.* lyst *Am* 75, 3 (*Jón Þorkelsson,
Ark.* 8, 37 *fg.*).

lýti, *n. fehler, vergehen: sg. dat. Od*
22, 3; *pl. gen.* lýta *Gðr III* 6, 8.

læ, *n. (got.* lêw) *verderben, unglück:
sg. gen.* læs *Háv* 135, 6, *Am* 13, 3;
dat. lævi *Vsp* 29, 6. 53, 2; *pl.
nom.* læ *Sd* 2, 3.

læ-blandinn, *part. prt. unheilvoll,
verderblich; tückisch: m. sg. dat.*
læblǫndnum *Gðr II* 38, 7.

lægi, *n. meeresstille: sg. nom. Alv* 23, 2.

lægja (gð), *beruhigen, stillen: inf.
Rp* 44, 8. 45, 4; *unpersönl. prt.
ind. sg. 3.* lægði storminn (veðrit)
*es beruhigte den sturm, der sturm
legte sich HH II* 16 *pr* 8, *Rm* 18
pr 2; lægjask *sich legen, abnehmen:
prt. ind. sg. 3.* lægðisk *F* 305b 3.
306 a 5.

læ-gjarn, *adj. nach bösem strebend,*

unheilbrütend: m. sg. gen. lægjarns Vsp 36, 3.

lækna (að; *got.* lêkinôn) *heilen: inf.* Gðr II 39, 7.

lækning, *f. heilung: sg. dat.* (?) Grp 17, 7.

læknir, *m.* (*vgl. got.* lêkeis) *arzt: sg. nom.* Sd 11, 2; *pl. nom.* læknar Háv 145. 3.

læknis-hǫnd, *f. hand die zum heilen geschickt ist: pl. acc.* læknishendr Sd 4, 6.

lær, *n. schenkel: sg. acc.* Háv 58, 5; *pl. nom. acc.* Háv 67, 4; Ls 20, 6.

læti, *n. geberde: sg. acc.* Vsp 21, 3 (*Noreen, Tidskr. f. fil. 4, 32 fg. und* J *Hoffory, Eddastud.* 114; *anders FJ, Ark. 4, 28 und Eddal. I,* 115a); *pl. acc.* Grp 39, 2.

læ-viss, *adj. in bosheit erfahren, arglistig: m. sg. nom.* (sw.) lævísi Hym 37, 7, Ls 54, 7.

lǫð, *f.* (*vgl. got.* laþôn, laþôns) *einladung: sg. gen.* laðar Vm 8, 4.

lǫg, *n. pl. gesetze, satzungen: pl. acc.* Vsp 23, 9.

lǫg-fákr, *m. 'meerross', poet. bezeichnung des schiffes: sg. dat.* lǫgfáki Hym 27, 4.

lǫggra (að), *wedeln, schwänzeln: inf.* Ls 44, 2.

lǫgr, *m.* 1) *meer: sg. nom.* Skm 6, 6; *gen.* lagar Gðr II 23, 5; *dat.* legi HHv 21, 3, HH II 8, 11 *u. ö.; acc.* lǫg Vsp 52, 3, Hyndl 24, 7 *u. ö.;* 2) *flüssigkeit, getränk: sg. dat.* legi Sd 13, 7; *acc.* lǫg Alv 35, 4, Sd 8, 3.

lǫg-vellir, *m. 'der die flüssigkeit wallen macht', poet. bezeichnung des kessels: sg. acc.* lǫgvelli Hym 6, 2.

lǫskr, *adj. faul, träge: m. sg. nom.* Am 58, 8.

lǫstr, *m.* 1) *fehler, laster, schande: sg. acc.* lǫst Háv 68, 6. 97, 6, Od 22, 4; *pl. dat.* lǫstum Grp 23, 1; 2) *schädigung, kränkung: sg. acc.* lǫst Sg 5, 2.

M.

má (ð), *beschädigen, benagen: inf.* Grm 34, 9.

maðr, *m.* (*got.* manna) 1) *wesen von menschlicher gestalt* (*ohne rücksicht auf das geschlecht*), *daher zuweilen auch bezeichnung der anthropo-* *morphen götter u. riesen; mensch: sg. nom.* Sg 33, 1, Gðr III 10, 1, Od 22, 7 *u. ö.*, engi m. *niemand·* Vsp 46, 11, þrk 7, 5, Skm 7, 5 *u. ö.; gen.* manns Grp 17, 5, Hlr 2, 8 *u. ö.; dat.* manni Vm 55, 1, Sg 38, 9. 46, 7, m. ǫngum *niemandem* Vkv 22, 7; *acc.* mann Sg 43, 3. 51, 5; *pl. nom.* menn Ls 12, Hrbl 19, 8, Vm 36, 6 *u. ö.*, menskir m. '*menschliche wesen', menschen* Grm 31, 6, Sd 18, 8; meðr Akv 5, 8; *c. art.* menninir F 303b 25; *gen.* manna Bdr 14, 3, Hrbl 23, 7, Skm 27, 5, Háv 110, 6 (*wo aber wol mit* Mhff *Háva statt* manna *zu lesen ist*) *u. ö.; dat.* mǫnnum Ls 46, 3, Alv 11, 1, Rþ 44, 6 *u. ö.; acc.* menn Vsp 40, 3, Vm 22, 5 *u. ö.;* 2) *person männlichen geschlechtes, mann: sg. nom.* Skm 15, 1, Vm 10, 1, Grm 13 *u. ö.; gen.* manns Ls 37, 5, Háv 55, 4, Sd 32, 5 *u. ö.; dat.* manni Skm 7. 2, Háv 3, 5, HH II 38, 2 *u. ö.; acc.* mann Hym 28, 5, Hrbl 14, 3, Grm 26 *u. ö.; pl. nom. acc.* menn Háv 48, 2, HHv 12, HH II 39, 4 *u. ö.;* Sf 31, Sg 19, 2, Gðr II 3 *u. ö.; gen.* manna Vsp 42, 2, Bdr 5, 1, Vm 7, 1 *u. ö.; dat.* mǫnnum HHv 26, 10. 29, 6, Hm 20, 7; 3) *ehemann, gatte: sg. nom.* Rþ 15, 3, HHv 25, 6; *acc.* mann Km 11, 5; 4) *einmal steht* m. *schon in der abgeschwächten bedeutung des nhd.* man: *sg. nom.* Fm 7, 3.

magi, *m. magen: sg. nom.* Háv 20, 6; *gen.* maga Háv 21, 6.

magn, *n.* 1) *macht, kraft, stärke: sg. gen.* magus Rþ 9, 4; *dat.* magni Vkv 17, 8, af m. *mit macht, kräftig* F 305a 1; 2) *zauberkraft: sg. dat.* magni Sd 5, 3, Gðr II 22, 6.

1. magr, *adj. mager: m. sg. acc.* magran Háv 82, 3.

2. mágr, *m.* (*got.* mêgs) *verwandter* (*durch heirat*): *sg. nom.* Hyndl 20, 4; *dat.* mági Hyndl 25, 7, HH II 43, 10; *acc.* mág HH II 27 pr 6; *pl. nom.* mágar Am 2, 8.

makligr, *adj. passend: m. sg. nom.* HHv 25, 6.

1. mál, *n.* (*got.* mêl) 1) *zeit, gelegene od. passende zeit: sg. nom. acc.* Vsp

17, 1, Háv 110, 1 u. ö.; Skm 10, 2;
2) ein bestimmter zeitabschnitt, und
zwar die hälfte eines misseri (Cod.
reg. 1812 ed. L. Larsson 8, 27):
pl. acc. Háv 60, 6; 3) malzeit:
sg. acc. Háv 37, 6; pl. dat. (mit
suffig. -gi) málungi Háv 67, 3;
4) mass: sg. acc. Háv 21, 6.
2. mál n. (got. maþl) 1) sprache:
sg. acc. Ls 57, 3 u. ö.; 2) wort,
rede: sg. acc. Vkv 37, 1, Od 14, 2;
gen. máls Skm 5, Háv 113, 3 (vgl.
jedoch þjóðarmál); dat. máli þrk
26, 4, HHv 41, 4 u. ö.; pl. nom.
acc. mál Háv 163, 1; 110, 6; dat.
málum Ls 52, 1, Hm 9, 4; 3) gespräch, unterredung, beratung: sg.
nom. Hrbl 59, 1; gen. máls Grp
9 u. ö.; dat. máli Bdr 1, 4, þrk
13, 4 u. ö.; pl. gen. mála Skm 1, 3;
4) verabredung, vertrag: pl. nom.
mál Vsp 30, 7; dat. málum Grp
32, 6; 5) redegabe, beredsamkeit:
sg. acc. Sd 4, 4; 6) streitfrage:
sg. acc. Grm 20.
mala (mól; got. malan) mahlen: inf.
HH II 1 pr 6. 3, 4.
mál-fár, adj. mit eingelegten orna-
menten verziert (vom schwerte): m.
sg. acc. málfán Skm 23, 2. 25, 2,
Sg 4, 3.
málmr, m. (vgl. got. malma) 1) metall:
sg. nom. F 303b 27; 2) gold: sg.
dat. málmi Hyndl 9, 2, Sg 17, 4,
Akv 40, 6; 3) metallene waffe,
schwert: sg. nom. Sg 68, 2.
mál-rúm, n. zeit oder gelegenheit
zum sprechen: sg. acc. Sg 71, 4.
mál-rúnar, f. pl. runen deren zauberkraft jemand zum reden geschickt
macht: acc. Sd 12, 1; þér m. gaf
veranlasste dass du zu sprechen be-
gannst Gðr I 23, 8 (FJ z. st.).
málugr, adj. redegewandt: m. sg.
nom. Háv 102, 4.
mál-vinr, m. freund mit dem man
zu plaudern pflegt, geliebter: sg.
gen. málvinar Gðr I 20, 3.
man, n. 1) collect. sclaven, leibeigene:
sg. dat. mani Am 67, 5; 2) magd,
sclavin: sg. nom. HH II 4, 14;
3) maid, jungfrau: sg. nom. acc.
Háv 101, 8. 160, 3; Alv 6, 5, Háv
81, 3, Grp 27, 7 u. ö.; gen. mans
Hrbl 16, 8, Skm 11, 5 u. ö.; dat.
mani Skm 34, 7. 8.

mánaðr, m. (got. mênôþs) monat:
sg. nom. Skm 42, 4; dat. mánaði
Háv 73, 11; pl. nom. mánuðr Rp
6, 6 u. ö.
mána-salr, m. 'mondessaal', poet.
bezeichnung des himmels: sg. acc.
mánasal HH I 3, 7.
máni, m. (got. mêna) mond: sg. nom.
Vsp 8, 7, Vm 22, 4 u. ö.; gen.
acc. mána Vsp 8, 2, Vm 23, 2;
Háv 136, 12, Vkv 8, 4. — Personificiert Rm 23, 4.
man-kynni, n. bekanntschaft oder
umgang mit weibern: pl. acc. Hrbl
31, 1.
man(n)-gi, pron. niemand, keiner:
m. sg. nom. Ls 2, 6, Grm 2, 3,
Háv 50, 5 u. ö.; gen. mannskis
Skm 20, 3, Háv 113, 5 u. ö.
mann-hættr, adj. gefährlich für
menschen: n. sg. acc. mannhætt HH
II 16 pr 3.
mann-kyn, n. menschengeschlecht:
sg. dat. mannkyni HHv 25, 2.
mann-líkan, n. (vgl. got. man-leika)
bild od. figur von menschl. gestalt:
pl. acc. mannlíkun Vsp 13, 5.
mann-semi, f. männlichkeit, mann-
haftigkeit: sg. acc. Hyndl 3, 7.
mann-vit, n. menschenverstand,
weisheit: sg. nom. acc. Háv 10, 3
u. ö.; Háv 6, 9 u. ö.; gen. mannvits Hm 26, 8; dat. mannviti Am
3, 2, 46, 5.
man-ungr, adj. im jungfräul. alter:
n. sg. nom. (sw.) manunga Háv
160, 3.
man-vél, f. list die man bei frauen
anwendet, verführerische kunst: pl.
acc. manvélar Hrbl 20, 1.
már, m. möve: sg. nom. F 303a 30.
marg-dýrr, adj. vielteuer, überaus
herrlich: m. sg. nom. Br 20, 3.
marg-faldlegr, adj. verschieden-
artig: m. pl. gen. margfaldlegra
F 305b 17.
marg-fróðr, adj. in vielen dingen
erfahren: m. sg. nom. Háv 102, 5.
marg-gullinn, adj. reich mit gold
geschmückt: f. sg. nom. marggullin
HHv 26, 4.
margr, adj. mancher, viel; 1) subst.
a) absol.: m. sg. nom. Háv 30, 4,
Fm 24, 5; dat. morgum Am 34, 7;
acc. margan Sd 29, 6; pl. nom.
margir Am 34, 5. 91, 8; dat.

mǫrgum *Háv 62, 5, Hyndl 3, 3;*
n. sg. nom. acc. mart *Háv 40, 6,*
Rm 10, 3 u. ö.; Ls 5, 6, Háv 27,
6. 9 u. ö.; gen. margs *Vsp 23, 2,*
Hrbl 16, 7 u. ö.; dat. mǫrgu *Fm*
40, 4; pl. acc. mǫrg *Am 16, 5;*
b) mit abhäng. gen. plur.: n. sg.
nom. mart *Ls 9; gen.* margs *Am*
91, 3; 2) adj.: m. sg. dat. mǫrgum *Hyndl 3, 8 u. ö.; acc.* margan
Háv 93, 3, Rm 2, 3 u. ö.; pl. nom.
margir *Háv 32, 1, HH I 50, 5*
u. ö.; gen. margra *Hyndl 21, 6;*
acc. marga *Háv 66, 2, HHv 4, 2*
u. ö.; f. sg. nom. mǫrg *Háv 101, 1;*
pl. gen. margra *Gðr II 21, 6; acc.*
margar *HHv 17, 4; n. sg. acc.*
mart *HH I 43, 6, Sg 2, 6; dat.*
mǫrgu *Hym 9, 6; n. pl. nom. acc.*
mǫrg *(zahlreich) Háv 81, 4 u. ö.;*
Vsp 13, 6, Hym 32, 1 u. ö.; dat.
mǫrgum *Háv 103, 4, Sd 30, 3.*

margs-konar, *adv. genet. allerhand:*
Hyndl 24, 6.

mark, *n. zeichen, kennzeichen: sg.*
acc. Grm 23.

marka (að), *zeigen, beweisen: part.*
prt. n. sg. acc. markat *HH I 47, 5.*

1. marr, *m. (vgl. got.* mari-saiws,
marei) *meer: sg. nom. Alv 24, 4;*
acc. mar *Vsp 59, 2, Hym 24, 6,*
Vm 48, 5 u. ö.

2. marr, *m. pferd, ross: sg. nom.*
HH II 30, 5; mistar m. 'das
ross des nebels', *d. h. die erde*
HH I 48, 7 (anders FJ II 124b,
dessen erklärung jedoch eine un-
natürliche wortstellung voraussetzt);
gen. mars *Skm 15, 2, Grm 17, 5*
u. ö.; dat. mari *Vm 12, 6,* mar
Skm 40, 2, Akv 3, 3; acc. mar
Ls 12, 1, Skm 8, 1, Háv 82, 3
u. ö.; pl. nom. marir *HHv 28, 4,*
Fm 15, 6; gen. mara *Ghv 7, 8;*
dat. mǫrum *Þrk 5, 5, Hm 10, 7.*
12, 5; acc. mara *Rþ 39, 6 u. ö.,*
mari *Akv 13, 3. — Als pferdename*
F 304b 16.

matar-góðr, *adj. freigebig mit speise,*
gastfrei: m. sg. acc. matargóðan
Háv 39, 2.

mat-góðr, *adj. dass.: m. sg. nom.*
Grm 25.

mat-niðingr, *m. wer mit der speise*
kargt, ungastfreier mann: sg. nom.
Grm 18.

matr, *m. (got.* mats) *speise: sg. nom.*
Hrbl 3, 4, Skm 27, 4; gen. matar
Háv 3, 4, Rm 9 u. ö.; dat. acc.
mat *Vm 45, 5; Ls 46, 3, Grm 2,*
3 u. ö.

máttugr, *adj. (got.* mahteigs) *mäch-*
tig, gewaltig: m. sg. nom. (sw.) mátki
Háv 93, 6; acc. mátkan *Vsp 62, 4;*
pl. dat. mátkum *Hm 20, 7; compar.*
m. sg. nom. mátkari *Hyndl 44, 2.*

með, *praepos. und adv. (got.* miþ)
I. praepos. c. dat. u. acc. A. c. dat.
bezeichnet es 1) die person od. das
tier in deren gesellschaft od. beglei-
tung ein lebendes wesen etw. aus-
führt, unternimmt oder erleidet
(mit): fara fíflmegir með freka
allir *Vsp 52, 6, ef ek ek m. þér í*
jǫtunheima *Þrk 12, 9, vgl. Hym*
35, 6, Hyndl 5, 4. 47, 7, Vkv 10,
HHv 26, 3 u. ö.; 2) den gegen-
stand der als teil oder zubehör
eines anderen das mit diesem vor-
genommene mitmacht, der als eigen-
tum einer person das schicksal der-
selben teilt u. ä. (mit, mitsammt,
zugleich mit): (Hlórriði) vatt með
austri upp lǫgfáki *Hym 27, 3,* með
árum bar hann brimsvín *Hym 27, 5,*
baug .. þann er brendr var með ..
Óðins syni *Skm 21, 3, vgl. Skm*
22, 3, Vm 24, 6, Gðr II 40, 5
u. ö.; með ǫllu *mit allem was*
dazu gehört (ohne etwas übrig zu
lassen) Hym 15, 7, ganz und gar,
durchaus Grp 38, 7; 3) den gegen-
stand den jmd (als waffe, kleidung,
gerät u. s. w.) mit sich führt (mit):
Surtr ferr .. með sviga lævi *Vsp*
53, 2, maðr svaf með ǫllum hervápnum *Sd 5,* Brynhildr ók með
reiðinni *Hlr 7, vgl. Sg 36, 3, Akv*
3, 7. 34, 3; auf unkörperliches
übertr.: Guðmundr reið heim með
hersǫgu *HH II 16 pr 23; 4) ein*
charakterist. attribut (mit): Bil-
skírni með bugum *Grm 24, 3,* Glasir
stendr með gullnu laufi *F 304b 4,*
lyf með lækning *(heilkräftige mittel)*
Grp 17, 7; 5) die person zu der
jmd in feindl. oder freundl. bezie-
hungen tritt (mit): þótt hann með
grǫmum glami *Háv 31, 6, ef ek*
eflik svá víg með virðum *Grp 12, 3,*
mægð með mǫnnum *Grp 44, 3;*
6) charaktereigenschaften mit denen

jemand behaftet ist: emkat ek með bleyði borinn *Sd 21, 3,* vgl. *25, 3,* era með lǫstum lǫgð ævi þér *Grp 23, 1;* 7) *art und weise, begleitende umstände einer handlung u. ä.* (*mit*): vaxi þér tár með trega *Skm 29, 3,* leiða með tárum trega *Skm 30, 10,* þeir með ríki fara (*unter mächtigem schutz?*) *Háv 154, 5,* með hermðar hug her kǫnnuðu *HH I 32, 7,* hann bǫlvaði óvin sínum með nafni *Fm 1 pr 5;* 8) *das mittel od. werkzeug dessen sich jmd bedient* (*mit*): hann var bundinn með þǫrmum *Ls 65 pr 2,* hann sló Sigtrygg með svǫlum eggjum *Hyndl 15, 4,* jarl hafði varit þær með fjǫlkyngi *HHv 5 pr 9,* fylla otrbelginn með gulli *Rm 15,* Guðrún .. sendi með rúnum orð *sandte botschaft vermittelst der runen Dr 8,* vgl. *Háv 52, 4. 5. 99, 4, HH I 37, 10, Grp 15, 8 u. ö.;* 9) *eine mehrzahl von personen bei denen oder in deren mitte sich jmd aufhält, bei denen etw. sich befindet, ereignet od. geschieht* (*bei, unter, zwischen*): hvat er með ásum *Vsp 49, 1, þrk 6, 1,* hesta beztr þykkir hann með Hreiðgotum *Vm 12, 5,* jǫrð heitir með mǫnnum *Alv 11, 1,* eldr er beztr með ýta sonum *Háv 68, 2,* vgl. *Vsp 49, 2, Ls 53, 5, Skm 27, 6, Vm 49, 6, Grm 48, 7 u. ö.; seltener folgt nach* með *in dieser bedtg der sing.:* var ek með Fjǫlvari *Hrbl 16, 1,* bekki breiða nú skal brúðr með mér *Alv 1, 1,* (*vgl. jedoch Sijmons z. st.*), vartu í nótt með ná *Alv 2, 3,* hann dvalðisk vetrlangt með Sváfni *HHv 8,* vgl. *HHv 30 pr 3. 5, Rm 14 pr 1, Sg 10, 8 u. ö.; vgl. auch HHv 9, 5* liggr með eggju (*nahe bei der schneide*) ormr dreyrfáðr; 10) *die beiden* (*oder mehr*) *parteien zwischen denen getrennt, gestritten od. vermittelt wird:* deila víg með verum *Ls 22, 3,* bera tilt með tveim *Ls 38, 3,* deila með mǫnnum mat *Ls 46, 3,* ójafnt skipta er þú mundir með ásum liði *Hrbl 25, 2,* á er deilir með jǫtna sonum grund ok með goðum *Vm 15, 5. 6. 16, 2. 3; ähnl.* hatr vex með hildings sonum *Háv 151, 5,* eldi heitari brennr með

illum vinum friðr *Háv 51, 2,* þótt með seggjum fari ǫlǫrmál *Sd 29, 2.* með sifjungum sakrúnar bar *HH II 33, 7;* 11) *die grenzen innerhalb deren sich etw. bewegt:* hvǫrfluðu hans verk með himins skautum *Hyndl 14, 8;* 12) *nach vbis der bewegung die personen, in deren mitte od. zu denen sich jmd begibt od. etw. gebracht wird* (*zu*): ókynja in meira koma með ása sonum *Ls 56, 5,* Aurgelmir kom með jǫtna sonum *Vm 30, 5,* þá er inn mæra liðr fimbulvetr með firum *Vm 44, 6,* kváðu með gumnum góð ár komin *HH I 7, 3, ähnl.* láttu á flet vaða .. gullskálir með gumna hǫndum *in die hände der leute Akv 10, 4,* vgl. *Vm 38, 5. 39, 6, Háv 20, 5, HHv 28, 8 u. ö.;* 13) *längs, entlang:* (Heimdallr fór) fram með sjóvarstrǫndu *Rp 4;* **B.** *c. acc.* 1) *mit* (= *A 1*): hann lá með herr sinn í Brunavágum *HH II 4 pr 5,* reið hón með valkyrjur um lopt *HH II 12 pr 8,* vgl. *HH II 38 pr 3, Gðr III 5, 2;* 2) *mit* (= *A 3*): þeir rœru á báti með dorgar sínar *Grm 3,* vgl. *Hrbl 3, Sd 14, 2;* 3) *zu* (= *A 12*): ósnotr maðr er með aldir kømr *Háv 27, 7;*

II. adverb. dabei: bar hón hánum hornit ok þó ámælisorð með *Sf 15.*

meðal, *adv., nur in der verbindung* á m. *praepos. u. adv. I. praepos. c. gen. zwischen:* benvǫnd of lét .. konungr á m. okkar *Br 20, 4,* seggr .. lagði .. mæki .. á m. þeira *Sg 4, 4; II. adv. dazwischen, in der mitte:* mál er á m. fóru *die verträge die unter ihnen errichtet waren Vsp 30, 8.*

meðal-kafli, *m. schwertgriff* (*eigtl. der teil zwischen knopf u. parierstange*): *sg. nom. HII II 3, 7.*

meðal-snotr, *adj. mittelmässig klug: m. sg. nom. Háv 54, 1. 55, 1. 56, 1.*

meðan, *conj. u. adv.* (*got. miþþan*) *I. conj. während, so lange als:* a) *c. ind. prs. Vsp 19, 6, Skm 20, 5, Háv 9, 3 u. ö.;* b) *c. ind. prt. HH I 36, 7, Fm 16, 3, Sg 57, 8 u. ö.; II. adv. inzwischen, während dessen: Ls 65 pr 6, Hrbl 15, 7 u. ö.*

mega (*mátta; got. magan*) 1) *können, vermögen, im stande od. in der lage* *sein etw. zu tun*: *inf. Háv* 122, 5; *prs. ind. sg.* 1. 3. má *Háv* 147, 5, *HHv* 26, 9. *Grp* 36, 2 u. ö.; *HHv* 33, 11, *HH II* 23, 1, *Fm* 44, 5; *sg.* 2. mátt *HHv* 13, 2, *Am* 57, 8. 70, 7; *pl.* 2. megnð *Ls* 7, 3; *pl.* 3. megu *Háv* 28, 5, mega *Hm* 11, 7; *opt. sg.* 2. megir *Grm* 53, 6; *sg.* 3. megi *Háv* 60, 5, *Ghv* 21, 5, *Hm* 14, 5; *prt. ind. sg.* 1. mátta *Vkv* 41, 10, *Sd* 2, 5, *Gðr II* 23, 4, mátti (gak-) *Od* 29, 7, *Ghv* 12, 3; *sg.* 2. máttir *Ls* 62, 6, *Am* 82, 2; *sg.* 3. mátti *Ls* 13, *Sf* 11, *Gðr I* 2, 6 u. ö.; *pl.* 1. máttum *Od* 21, 1; *pl.* 3. máttu *Hym* 4, 1, *Ls* 46, 5, *Gðr II* 3, 5; *opt. sg.* 1. mætta *þrk* 3, 8, *Hrbl* 27, 3, *Am* 55, 7; *sg.* 2. mættir *Grp* 52, 8, *Fm* 40, 8; *sg.* 3. mætti *Háv* 4, 5; *pl.* 1. mættim *Skm* 5, 6; *pl.* 2. mættið *Hym* 33, 2; *pl.* 3. mætti *Br* 4, 5, *Gðr II* 21, 5; m. mikit *grosse kraft od. wirkung besitzen*: *prt. opt. sg.* 3. mætti *Fm* 1 *pr* 4; m. lítt *wenig kraft haben*: *part. prs. m. pl. acc.* megandi *Vsp* 20, 6; m. ekki *machtlos sein*: *prt. opt. pl.* 1. mættim *Am* 16, 6; 2) *dürfen*: *prs. ind. sg.* 2. mátt *Alv* 9, 1, *Rm* 18, 5; 3) *möglich sein*; *passend sein, geziemen*: *prt. opt. sg.* 3. mætti þér (so, *nicht* mættið ér, *ist mit W zu lesen*) *Rp* 48, 1.

megin, *n. kraft, stärke, tüchtigkeit*: *sg. nom. acc. Fm* 22, 6. 30, 2; *Fm* 28, 5, um m. *über vermögen, allzu sehr Alv* 1, 4 (*vgl. jedoch Sijmons u. FJ z. st., die mit Svbj. Egilsson* um mægi *lesen*); *gen.* megins *Vsp* 8, 8; *dat.* megni *Hyndl* 38, 2. 43, 4.

megin-dómar, *m. pl. grosse, gewaltige ereignisse*: *acc.* megindóma *Vsp* 62, 6.

megin-fjall, *n. hochgebirge*: *sg. dat.* meginfjalli *HHv* 5, 4.

megin-gjarðar, *f. pl. kraft verleihender gürtel* (*des þórr*): *acc.* *F* 304a 17; *dat.* megingjǫrðum *F* 304a 15.

megin-hyggjur, *f. pl. grosse umsicht, klarer verstand*: *acc. Grp* 39, 4.

meginligr, *adj. feierlich*: *n. pl. nom.* meginlig *Vsp* 30, 7.

megin-rúnar, *f. pl. zauberkräftige runen*: *nom. Sd* 19, 4.

megin-tírr, *m. erhabener ruhm*: *sg. dat.* megintíri *Sd* 5, 4.

megin-þarfar, *f. pl. dringende not, dringendes bedürfnis*: *acc. Rm* 11, 6.

megum = **vegum**, *s.* vegr.

meiðmar, *f. pl.* (*vgl. got.* maiþms) *kostbarkeiten, kleinode*: *acc. Rp* 39, 5 u. ö.; *gen.* meiðma *þrk* 23, 5 u. ö.; *dat.* meiðmum *Sg* 16, 8. 47, 4.

meiðr, *m.* 1) *baumstamm, baum*: *sg. gen.* meiðs *Grm* 34, 9; *dat.* meiði *Vsp* 33, 1. *Háv* 137, 2. 7 u. ö.; *acc.* meið *Rp* 15, 4; 2) *galgen*: *sg. dat.* meiði *Hm* 18, 4.

mein, *n.* (*vgl. got.* ga-mains 'unheilig') 1) *hinderniss*: *sg.* (?) *nom. Sg* 44, 8; 2) *unglückliches ereignis, unheil, verderben*: *sg. nom. Grp* 36, 1; *dat.* meini *Ls* 3, 6; *pl. nom.* mein *Háv* 149, 6, *Sd* 20, 6; *gen.* meina *Gðr II* 33, 6; 3) *unrecht, frevel, schandtat*: *sg. nom. Grp* 22, 7; *gen.* meins *Br* 4, 6; *dat.* meini *Ls* 23, 3. 56, 3.

meina (að; *got.* ga-mainjan) *jmd* (ehm) *an etw.* (eht) *verhindern*: *prs. opt. pl.* 3. meini *Sg* 44, 5.

mein-blandinn, *part. prt. mit schädlichen stoffen vermischt, vergiftet*: *m. sg. nom. Sd* 8, 6.

mein-kráka, *f. unheilvolle, unselige krähe*: *sg. acc.* meinkráku *Ls* 43, 5.

mein-stafir, *m. pl. kränkende reden*: *acc.* meinstafi *Ls* 28, 3.

meins-vanr, *adj. fehlerlos, ohne makel*: *m. sg. nom.* (sw.) meinsvani *Grm* 16, 5.

mein-svari, *sw. adj. meineidig*: *m. pl. acc.* meinsvara *Vsp* 40, 3.

mein-tregi, *m. sorge wegen begangenen unrechts*: *pl. nom.* meintregar *Grp* 34, 7.

meiri, *adj. compar.* (*got.* maiza) 1) *grösser, mächtiger, höher, bedeutender*: *m. sg. nom. Hyndl* 43, 2, *HHv* 32, 2; *pl. acc. Vsp* 4, 3; *f. sg. nom. Fm* 19, 4, *Gðr I* 22, 2; *n. sg. nom. acc.* meira *Ls* 56, 4, *Fm* 22, 6; *Sg* 33, 8; 2) *mehr, zahlreicher*: *m. sg. acc.* meira *þrk* 25, 7, *Rm* 13, 5; *n. sg. nom. acc.* meira *Am* 92, 6; *Grm* 35, 3, *adv.*: *Háv* 73, 11, *F* 306a 10; *pl. acc.* meiri *Vkv* 15, 1;

superl. mestr (*got.* maists) *1*) *der grösste, mächtigste:* m. sg. nom. (*sw.*) mesti *Grm 24, Sd 2 pr 6;* f. sg. nom. mest *'F 304a 14,* (*sw.*) mesta *Grm 20;* pl. acc. mestar *Gör I 17, 4;* n. sg. nom. acc. mest *Hyndl 11, 11. 16, 7; Grm 24, 6, Gör I 24, 12;* adv. (*am heftigsten, sehr heftig*) *Am 50, 1;* pl. nom. mest *Hrbl 19, 6; 2*) *der meiste, zahlreichste:* n. sg. nom. mest *HH I 51, 9;* acc. (adv.) mest *am meisten Am 11, 5. 53, 6; 3*) *der schwerste, schmerzlichste:* n. sg. nom. mest *Hrbl 5, 3.*

meirr, adv. compar. (*got.* mais) *1*) *mehr: Grm 20, 6, Vkv 37, 2, Rm 15, 5 u. ö.,* m. leiðr *verhasster Skm 27, 4; 2*) *darauf, sodann: Vm 41, 6, Rp 3, 5 u. ö.,* m. at þat *dass.: Rp 2, 1. 4, 5 u. ö.; 3*) *ferner, fernerhin: Rp 44, 5, Grp 18, 7, Sg 71, 3; 4*) *später, in zukunft: Bdr 14, 4, Ghv 8, 3.*

meiss, m. *korb* (vgl. ELidén, Beitr. 15, 512 fg.): sg. acc. meis *Hrbl 3, 3.*

meita (tt; *got.* maitan, red. verb.) *beschneiden:* inf. *Akv 38, 9.*

mél, n. (*aus* *miðl: Bugge, Fkv. 421b) *zwischenraum, zeit:* sg. dat. af méli *mit der zeit Sg 44, 7.*

mél-dropi, m. (*Bugge, Fkv.* 396a) *'gebisstropfen', schaum der am gebiss der pferde herabtrieft:* pl. acc. méldropa *Vm 14, 4.*

mél-greypr, adj. *am gebisse kauend, beiwort der pferde:* m. sg. dat. (*sw.*) mélgreypa *Akv 3, 3;* pl. acc. mélgreypa *Akv 4, 8,* (*sw.*) mélgreypu *Akv 13, 3.*

melta (lt; *vgl. got.* ga-malteins) *verdauen:* inf. *Akv 37, 5.*

men, n. *1*) *halsschmuck:* sg. nom. acc. men Brísinga *'der Brisingenhalsschmuck', das kostbare halsband der göttin Freyja* (*über die bedeutung des namens vgl. Mhff, Hz 12, 303. 30, 221; Wislicenus, Symbolik von tag und nacht s. 21 ff. u. Bugge, Beitr. 12, 72 ff.*) *Þrk 12, 6; 14, 8;* dat. meni *Þrk 18, 4; 2*) *im plur. kostbarkeiten, kleinode überhaupt:* gen. menja *Þrk 23, 6 u. ö.;* dat. menjum *Hyndl 13, 2, Fm 16, 3 u. ö.;* acc. men *Vsp 3, 2.*

mengi, n. (*got.* managei, f.) *menge:* sg. nom. dat. acc. *HH I 51, 10 u. ö.; Br 11, 4, Sg 56, 4; HH I 27, 4, Akv 4, 4.*

menskr, adj. (*got.* mannisks) *menschlich:* m. pl. nom. menskir *Grm 31, 6, Sd 18, 8* (vgl. maðr).

men-skǫgul, f. *'walküre des halsbandes', poet. bezeichnung einer frau:* sg. nom. *Sg. 40, 4.*

men-vǫrðr, m. *'hüter der kleinode', poet. bezeichnung eines fürsten:* sg. acc. menvǫrð *Akv 29, 4.*

mergr, m. *mark* (*die fette masse in den höhlungen der knochen*): sg. dat. mergi *Ls 43, 4.*

merki, n. *1*) *kennzeichen, merkmal:* pl. nom. *Hrbl 19, 6; 2*) *feldzeichen, banner:* sg. nom. *Sd 4* (*anders Valt. Guðmundsson, Privatboligen 124*).

merkja (kð; kt), *1*) *mit zeichen oder mustern versehen:* part. prt. m. sg. acc. merktan *Rp 30, 2; 2*) *ein zeichen anbringen* (*bes. vom einritzen, der runen: Bj. Magnússon Olsen, Runerne s. 30*): inf. *Sd 7, 6; 3*) *zeigen, beweisen:* part. prt. n. sg. acc. merkt *HH II 27, 5.*

meta (mat; *got.* mitan) *abmessen, zumessen:* part. prt. n. pl. nom. metin *Sd 20, 6.*

metnaðr, m. *ehrgefühl, stolz:* sg. nom. *Háv 78, 4.*

mettr, adj. (vgl. got. matjan) *gesättigt:* m. sg. nom. *Háv 61, 1, Rm 25, 3.*

mið-garðr, m. (*got.* in miþgarda-waddjus) *'grenzwall', der die wohnsitze der menschen umgebende und gegen die riesen sie schützende burgwall; dann wohnsitz der menschen überhaupt, erde:* sg. gen. miðgarðs *Vsp 58, 6;* dat. miðgarði *Hrbl 23, 8 u. ö.;* acc. miðgarð *Vsp 7, 3, Grm 41, 3.*

miðla (að), *1*) *verteilen:* part. prs. m. pl. acc. miðlendr *Akv 38, 7; 2*) *durchschneiden, durchbohren*(ehn ehu): prt. ind. sg. 3. miðlaði sik *Sg 48, 3* (*wo aber* miðlaðisk *zu schreiben ist*).

miðr, adj. (*got.* midjis) *mitten, in der mitte befindlich:* m. sg. dat. miðjum *HH I 36, 4. II 23, 4;* acc. miðjan *Vsp 9, 8, HH I 3, 8 u. ö.;* pl.

gen. miðra *þrk* 8, 8, *Rp* 4, 6; *f. sg.*
gen. miðrar *Rp* 2, 2. 5, 6 *u. ö.;*
acc. miðja *F 304a* 18; *n. sg. gen.*
miðs *Grm* 54 *pr* 3; *dat.* miðju
HHv 9, 2, *Akv* 38, 6; *pl. gen.*
miðra *Rp* 3, 6. 11, 1 *u. ö.*

miga (mé, meig), *pissen: prt. ind.*
pl. 3. migu *Ls* 34, 6.

mikill, *adj.* (*got.* mikils) 1) *gross,*
das gewöhnliche mass übersteigend,
gewaltig, erhaben usw.: m. sg. nom.
Vsp 46, 6, *Ls* 12, *Grm* 1, 2 *u. ö.,*
(*sw.*) mikli *Vsp* 56, 1; *dat.* miklum
Fm 18, 3; *acc.* mikinn *Skm* 4, 3,
HHv 5 *pr* 13 *u. ö.,* (*sw.*) mikla
Ls 2; *pl. acc.* mikla *Skm* 5, 2;
f. sg. nom. mikil *Vm* 10, 4, *Háv*
146, 2 *u. ö.;* *acc.* mikla *Vm* 1, 4,
Rm 25 *pr* 1 *u. ö.;* *pl. dat.* miklum
Alv 36, 4; *acc.* miklar *Hrbl* 20, 1,
Skm 4 *u. ö.;* *n. sg. nom.* mikit
Háv 10, 3, *Rm* 24, 1 *u. ö.,* (*sw.*)
mikla *þrk* 12, 5; *gen.* (*sw.*) mikla
HH I 12, 6; *dat.* miklu *Grm* 51, 3,
(*sw.*) mikla *þrk* 18, 3; *acc.* mikit
Hym 4, 7, *Háv* 6, 9 *u. ö.,* *adv.*
(*sehr*) *HHv* 30 *pr* 3, (*sw.*) mikla
þrk 14, 7; *pl. acc.* mikil *Rm* 6, 3;
2) *zahlreich: m. sg. dat.* miklum
HH II 16 *pr* 1; *f. sg. nom.* mikil
Hrbl 23, 5; 3) *viel: n. sg. gen.*
mikils *Hrbl* 25, 3, *Hm* 26, 7;
dat. (*adv.*) miklu (*beim compar.*)
um vieles Hym 19, 6, *Vkv* 27, 6
u. ö., (*beim superl.*) *bei weitem HH*
I 51, 9, *Fm* 40, 6; *acc.* mikit
Fm 1 *pr* 4.

mikilsti (*d. i.* mikils til) *adv. um*
vieles, zu viel: m. snemma *viel zu*
früh Háv 66, 1.

mildingr, *m. 'freigebiger mann',*
ehrende bezeichnung der fürsten:
sg. gen. mildings *HHv* 19, 5; *dat.*
mildingi *HH I* 20, 8; *pl. gen.*
mildinga *HH I* 27, 3.

mildr, *adj.* (*got.* un-milds)*wolwollend,*
freigebig: m. sg. acc. mildan *Háv*
39, 1; *pl. nom.* mildir *Háv* 48, 1;
f. sg. nom. voc. mild *Od* 6, 3; *Hlr*
2, 7.

milli, *praepos. u. adv. I. praepos.*
c. gen. zwischen: *Grm* 29. 2, 2;
í m. *dass.:* *Sg* 68, 1, *Dr* 2, *F 305a*
2; á m. *dass:* *HH I* 13, 6. II 10,
Sg 5, 7, sín á m. *untereinander,*
gegenseitig Gðr II 4; *II. adv.*

dazwischen: Am 41, 4. 94, 6; á. m.
dass.: *HH I* 4, 4.

millum, *praep. c. gen. zwischen:*
Am 82, 8.

minjar, *f. pl.* (*vgl. got.* ana-minds,
gaminþi) *erinnerung: acc.* *Sg* 54, 5.

minn, *pron. poss.* (*got.* meins) *mein:*
m. sg. nom. voc. acc. *Hym* 5, 5,
Ls 57, 2 *u. ö.;* *Skm* 3, 6; *þrk* 3, 7,
Hrbl 13, 3 *u. ö.;* *gen.* míns *Skm*
40, 6, *Grm* 24, 6 *u. ö.;* *dat.* mínum
Vm 7, 2, *Hyndl* 5, 4 *u. ö.;* *pl.*
nom. mínir *Br* 6, 7, *Gðr I* 6, 5
u. ö.; *gen.* mínna *Háv* 146, 5, *Vkv*
28, 6 *u. ö.;* *dat.* mínum *Skm* 4, 6,
Vkv 32, 4 *u. ö.;* *acc.* mína *Ls*
28, 3, *Vm* 55, 5 *u. ö.;* *f. sg. nom.*
voc. mín *Hrbl* 5, 4, *Sg* 69, 6 *u. ö.;*
Hyndl 1, 2, *Gðr I* 17, 9; *gen.*
mínnar *Vkv* 19, 2, *Grp* 12, 8 *u. ö.;*
dat. mínni *Alv* 6, 4, *Hyndl* 25, 8
u. ö.; *acc.* mína *Vm* 55, 8, *Grp*
52, 7 *u. ö.;* *pl. gen.* mínna *Sg*
49, 3; *acc.* mínar *þrk* 29, 8. 9,
Háv 49, 1; *n. sg. nom. acc.* mítt
Sg 70, 5; *Hrbl* 39, 3, *Fm* 4, 1
u. ö.; *gen.* míns *Ls* 12, 2, *Hrbl*
9, 1 *u. ö.;* *dat.* mínu *Hrbl* 12, 4,
Grm 51, 4 *u. ö.;* *pl. gen.* mínna
Hrbl 19, 7 *u. ö.;* *dat.* mínum *Ls*
51, 4; *acc.* mín *Skm* 38, 1 *u. ö.*

minna (nt), *jmd* (ehn) *erinnern: part.*
prt. m. sg. acc. mintan *Am* 78, 4;
unpersönl. sich erinnern: prs. ind.
sg. 3. minnir þik eiða *du erinnerst*
dich der schwüre Grp 45, 1; minnask *sich an etw.* (ehs *oder* á ebt)
erinnern: inf. *Sg* 57, 1; *prs. ind.*
pl. 3. minnask *Vsp* 62, 5; *imper.*
sg. 2. (*mit suffig.* þú) minnstu *Ghv*
20, 1.

minni, *adj. compar.* (*got.* minniza)
weniger, geringer: m. sg. nom. *Skm*
42, 5; *pl. acc.* *Vsp* 4, 3; *f. sg.*
nom. *Ghv* 22, 4; *pl. nom. Am* 68, 4;
n. sg. acc. minna *Am* 61, 5; *superl.*
n. sg. acc. (*adv.*) minnst *am wenig-*
sten, so gut wie gar nicht Vkv 31, 3,
Am 77, 5.

minnigr, *adj. mit starkem ge-*
dächtnis begabt: m. sg. nom. Háv
102, 4.

minnis-veig, *f.* (*vgl. got.* ga-minþi)
erinnerungstrank, trank der das
gedächtnis stärkt: sg. acc. *Sd* 4
pr 2.

minnis-ǫl, *n. 'erinnerungsbier'* (= minnis-veig): *sg. acc. Hyndl* 45, 1.

miskor-blindr, *adj.* (?): *m. sg. dat.* (*sw.*) miskorblinda *Hym* 2, 4. *Die hrgbr vermuten* mistorblinda *'nebelblind'* (*vgl. Bugge und Grdtv. z. st., sowie GV, Cpb I; 512*).

missa (st) *1) verfehlen, fehlgreifen: prs. ind. sg. 3.* missir þó stórum *man greift doch gewaltig fehl, hat schweres unglück* (*trotz der guten wünsche die einem auf den weg gegeben werden*) *Am* 34, 6; *2) verlieren* (ohs): *prs. opt. sg. 3.* missi *Rm* 10, 5; *prt. ind. pl. 1.* mistum *Am* 52, 2; *part. prt. n. sg. acc.* mist *HH II* 45, 3, *Am* 65, 6. 79, 2; *unpers. prs. ind. sg. 3.* ef Gunnars missir *wenn man G. verliert Akv* 11, 4.

misseri, *n. halbjahr: sg. acc. Háv* 60, 6; *gen.* misseris *Gǫr I* 9, 3; *pl. acc.* misseri *Gǫr I* 8, 6. 27 *pr* 5. *Il* 13, 6.

missir, *m. verlust: sg. nom. Am* 97, 8.

mist, *f. nebel: sg. gen.* mistar *HH I* 48, 7. — *Als name einer walküre Grm* 36, 1.

mistil-teinn, *m. mistelzweig: sg. nom. Vsp* 32, 8.

mjall-hvítr, *adj. weiss wie schnee: n. sg. acc.* (*sw.*) mjallhvíta *Alv* 7, 6.

mjó-fingraðr, *adj. mit schlanken fingern: f. sg. acc.* mjófingraða *Rp* 40, 6. — *Vgl.* mæ-fingr.

mjólk, *f.* (*got.* miluks) *milch: sg. dat. F* 305*b* 12.

mjór, *adj. dünn, schmal: m. sg. nom. Vsp* 32, 7; *dat.* mjóvum *Sf* 19; *acc.* mjóvan *Skm* 23, 2. 25, 2. — *Vgl.* mær.

mjǫðr, *m. met: sg. nom. Bdr* 7, 2, *Sd* 8, 6; *gen.* mjaðar *þrk* 24, 10, *Ls* 6, 6 *u. ö.; acc.* mjǫð *Vsp* 24, 5, *þrk* 25, 7 *u. ö.*

mjǫð-rann, *n. methaus, trinkhalle: sg. dat.* mjǫðranni *Akv* 9, 7.

mjǫk, *adv. sehr: Vsp* 11, 7, *Hym* 2, 3, *Ls* 32, 3, *Grm* 9, 1 *u. ö.*

mjǫll, *f. frischgefallener schnee: sg. dat.* mjǫllu *Rp* 28, 12.

mjǫt, *f. rechtes mass: sg. acc. Háv* 60, 3.

mjǫtuðr, *m.* (*vgl. got.* mitaþs, mitadjô) *verhängnis, ende, tod: sg. nom. Vsp* 47, 2, *Sg* 71, 3, *Od* 15, 8.

mjǫt-viðr, *m. nach wolbedachtem*

plane erschaffener baum, bezeichnung der esche Yggdrasill, des symbols des planmässig eingerichteten weltganzen: *sg. acc.* mjǫtvið *Vsp* 5, 7 (*Mhff DA V*, 90; *Bugge, Stud.* 491).

móða, *f. fluss: sg. dat.* móðu *Fm* 15, 6. *Nach Bugge* (*Stud.* 389) *entlehnt aus ags.* múða *'mündung'.*

móð-akarn, *n. 'ecker des geistes', gehäuse das den geist in sich schliesst wie die frucht den samen, poet. bezeichnung des herzens: sg. acc. HH I* 54, 12.

móðigr, móðugr, *adj.* (*got.* môdags) *1) beherzt, mutig, kühn: m. sg. nom.* móðigr *Br* 19, 3, móðugr *Hym* 5, 6. 21, 2, *Ghv* 20, 6; *voc.* móðugr *Akv* 37, 5; *pl. nom.* móðgir *Ghv* 7, 7: *2) betrübt, traurig: f. sg. nom.* móðug *Gǫr I* 2, 7. 5, 3. 11, 3; *n. pl. acc.* móðug *Ghv* 9, 7.

móðir, *f. mutter: sg. nom. Bdr* 13, 8, *Hrbl* 4, 5 *u. ö.; gen. acc.* móður *Vm* 47, 6, *Hyndl* 19, 4 *u. ö.; Hyndl* 13, 1, *Am* 54, 3 *u. ö; dat.* móður *Grp* 35, 8, mœðr *Vkv* 27, 5; *pl. gen.* mœðra *F* 303*b* 3; *acc.* mœðr *Fm* 12, 6. — *Als weibl. eigenname Rp* 27, 3 *u. ö.*

1. móðr, *m.* (*got.* môþs) *1) zorn: sg. dat.* móði *Vsp* 30, 2. 58, 5; *2) mut: sg. dat.* móði *Akv* 9, 8; *acc.* móð *Rm* 13, 5, *Ghv* 3, 7.

2. móðr, *adj. müde: m. sg. nom. Háv* 23, 4, *Od* 14. 3; *f. sg. dat.* móðri *HH I* 43, 5.

móð-tregi, *m. schmerz, kummer: sg. dat. acc.* móðtrega *Sd* 30, 3, *Sg* 46, 8; *Skm* 4, 3.

móður-bróðir, *m. mutterbruder: sg. voc. Grp* 6, 6. 24, 8.

móður-faðir, *m. grossvater von mütterl. seite: sg. nom. Hyndl* 19, 3; *gen.* móðurfǫður *HHv* 11 *pr* 3.

móður-lauss, *adj. mutterlos: m. sg. nom.* (*sw.*) móðurlausi *Fm* 2, 3.

mold, *f.* (*got.* mulda) *erde: sg. acc. Vsp* 5, 8, *Grp* 22, 2 *u. ö.; gen.* moldar *Hm* 16, 8; *dat.* moldu *Gǫr I* 4, 3, *Sg* 19, 1.

mold-vegr, *m. weg auf der erde: sg. acc.* moldveg *Od* 3, 2. 7, 2.

mold-þinurr, *m. 'erdumspanner', poet. bezeichnung der Midgardschlange: sg. acc.* moldþinur *Vsp*

62, 3 (nach Mhff DA V, 155 wäre moldþinul zu lesen).

mólka (að), *1) milch geben: part. prs. f. sg. nom.* mólkandi *Ls 23, 6;* *2) melken: prt. ind. sg. 2.* mólkaðir *HH I 44, 4.*

morð, *n. (vgl. got.* maúrþr) *mord, ermordung: sg. gen.* morðs *Hm 12, 6; dat.* morði *Akv 33, 4. 35, 7, Hm 8, 2.*

morð-fǫr, *f. todesfahrt, tod: sg. acc.* Sg 40, 8. 44, 6.

morð-gjarn, *adj. mordlustig: m. sg. dat.* morðgjǫrnum *Hym 36, 4.*

morð-vargr, *m. mörderischer wolf, mörder: pl. acc.* morðvarga *Vsp 40, 4.*

morgin-dǫgg, *f. morgentau: pl. acc.* morgindǫggvar *Vm 45, 4.*

morginn, morgunn, *m. (got.* maúrgins) *morgen: sg. nom.* morginn *Am 65, 5; dat.* morni *Háv 23, 5, Hyndl 45, 6 u. ö.; acc.* morgin *Vsp 9, 7, Vm 14, 5, Am 78, 5 (s. FJ z. st.) u. ö.,* morgun *F 303a 30; á m. heute früh Hrbl 3, 2, í m. dass. HHv 39, 1, Gðr I 23, 7 u. ö. — Personificiert F 305a 9.*

morn, *f. abzehrung: sg. nom.* Skm 31, 5 (*anders Bugge, Fkv. 95b*).

morna (að; *vgl. got.* ga-maúrgjan) *1) klein werden, hinschwinden, verwelken, verdorren: inf.* Od 29, 4; *2) verdorren machen, verzehren: prs. opt. sg. 3.* morni *Skm 31, 5* (*anders Bugge, Fkv. 95b*).

mót, *n. begegnung: sg. acc. nur in der verbindung* þar í mót *dem entgegen Sd 2 pr 20.*

1. muna (munda; *got.* munan) *1) sich an jmd, an etw. (ehn, eht) erinnern: prs. ind. sg. 1. 3.* man *Vsp 4, 8, Vm 35, 4, Gðr II 44, 4 u. ö.; Vsp 26, 1; sg. 2.* mant *Ls 9, 1, Vm 34, 4, Grp 31, 7 u. ö.; prs. opt. sg. 1.* svá at ek muna *soweit ich mich erinnere HH I 41, 4; prt. ind. sg. 1.* munda (-k) *Gðr II 22, 4; mit at c. ind.: prs. ind. sg. 1.* man *Vkv 15. 1; mit indir. fragesatze: prs. ind. sg. 1. 3.* man *Od 11, 1; HH II 1, 2; 2) inne werden, bemerken (eht): prs. ind. sg. 3.* man *Ls 47, 6.*

2. muna (að; *got.* munan) *gelüsten*

(unpersönl.): prs. ind. sg. 3. munar *Rm 15, 6.*

munar-heimr, *m. holde heimat: sg. dat.* munarheimi *HHv 1, 4. 42, 2.*

munar-lauss, *adj. freudelos:superl. f. sg. acc.* munarlausasta *Gðr I 4, 4.*

mund, *f. hand: sg. dat.* Vsp 56, 6; *pl. gen.* munda *Hrbl 42, 2.*

mundr, *m. mahlschatz (das geld welches der bräutigam den verwandten der braut zu zahlen hat): sg. dat.* mundi *Grp 30, 6, Fm 41, 8; acc.* mund *Od 20, 7, Am 92, 1.*

mun-gát, *n. schwächeres bier, dünnbier: sg. dat.* mungáti *F 306b 18.*

munn-laug, *f. (d. i.* mund-laug, 'handbad') *waschschüssel, schale: sg. nom. c. art.* munnlaugin *Ls 65 pr 6; acc.* munnlaug *Ls 65 pr 5.*

munnr, *m. (got.* munþs) *mund: sg. gen.* munns *Hrbl 49, 1; dat.* munni *Vm 55, 4, HH I 37, 10,* munn (? *Bugge vermutet gegen das metrum í* munn) *Am 16, 5; acc.* munn *Ls 34, 6 u. ö.,* rata m. *die spitze des bohrers Háv 105, 1.*

munr, *m. (got.* muns) *1) leidenschaftl. verlangen, begierde, sehnsucht, wunsch: pl. dat.* munum *Skm 4, 6,* at m. ehs *nach jmds wunsche, jmd zu gefallen Skm 20, 3. 24, 3. 26, 3. 35, 10, af* þínum m. *gegen deinen wunsch Skm 35, 9; acc.* muni *Skm 5, 1; 2) bes. verlangen nach liebesgenuss, (geschlechtl.) liebe: sg. nom. Háv 93, 6; pl. dat.* munum *Od 21, 2; 3) vergnügen, freude, lust: sg. gen.* munar *Háv 95, 3, HH II 45, 4, Gðr I 8, 8; dat.* at muni *nach herzenslust Bdr 12, 6* (*anders FJ z. st.*), mun *Hm 16, 4; 4) sinnesart: pl. dat.* munum *Od 31, 6 (anders Bugge, Fkv. 428b); 5) gemüt, seele: sg. gen.* at munar stríði *zur bekümmerung des gemütes Sg 38, 10; dat.* mun *Sg 39, 3; 6) sache von bedeutung: sg. gen.* þíns eða míns munar *was für dich oder für mich von wichtigkeit ist Skm 40, 6; dat.* mun fleira *um ein bedeutendes mehr Am 45, 8.*

mun-ráð, *n. plan an dem jmd seine freude hat, lieblingswunsch: sg. acc.* HH II 15, 8.

munu (munda), *hilfsvb. mit dem inf.*

1) *werden*. a) *zur umschreibung futur. ausdrücke:* inf. munu *Hrbl* 47. 5, *Háv* 16, 2, *Rm* 9. 2, mundu *Ls* 9, 5, *Hrbl* 52, 2 u. ö. *(mit ellipse des inf. HH* I 12, 5), myndu *Od* 15, 6. 22, 2; *prs. ind. sg.* 1. 3. mun *Ls* 5, 5, *Hrbl* 12, 3, *Skm* 23, 5 u. ö. *(mit ellipse des inf. Grp* 40, 2); *Ls* 63, 5, *Hrbl* 47, 2, *Skm* 9, 5 u. ö. *(mit ellipse des inf. Hrbl* 59, 1, *HH* I 21, 3, *Grp* 12. 1. 30, 1. 53, 3, *Rm* 14, 5, *Br* 17, 1, *Sg* 41, 5. 53, 5. 56, 5, *Am* 14, 3. 17, 4. 58. 8. 66, 5 75, 7), unpersönl. *Grp* 52, 2, *Am* 68, 6, man *Vsp* 45, 3. 46, 11, *Bdr* 8, 5, *Grm* 53, 2 u. ö. *(mit ellipse des inf. Vsp* 19, 5); *sg.* 2. munt *Ls* 65, 2, *HHv* 22, 5, *Grp* 7, 1 u. ö., *mit suffig. pron.* mundu *Ls* 13, 2, *Háv* 111, 3, *HHv* 6, 1 u. ö. *(mit ellipse des inf. Ls* 41, 4, *Sg* 59, 3, *Am* 84, 1), muntu *Ls* 31, 6, *HHv* 21, 4 u. ö., mantu *Grp* 45, 2, mun þú *Háv* 161. 2, *mit pron. u. negat. suffix* munattu *Ls* 49, 2, mana þú *Gðr* I 21, 5; *pl.* 1. munum *Hm* 10, 8; *pl.* 2. munúð *Grp* 31, 1, *Sg* 58, 5, *Am* 14, 1 *(mit ellipse des inf. Sg* 54, 1); *pl.* 3. munu *Vsp* 46, 1, þrk 16, 3, *Ls* 4, 6 u. ö. *(mit ellipse des inf. Háv* 111, 4, *Grp* 43, 1, *Am* 66, 3); *opt. sg.* 3. myni *Ls* 31, 2 *(mit ellipse des inf. Hm* 11, 6); *pl.* 1. *(mit ellipse des inf.)* munim *Am* 28, 6; *pl.* 3. myni *Hym* 18, 2; *prt. ind. pl.* 3. mundu *Am* 46, 6; *opt. sg.* 1. munda þrk 4, 1, *Hrbl* 27, 2 u. ö. *(mit ellipse des inf. Sg* 71, 2), mynda *Skm* 37, 5, *Háv* 98, 5, *HH* II 46, 8, *mit suffig. pron. u. negat. suffix* myndiga (ek) *HHv* 42, 5; *sg.* 2. mundir *Hrbl* 25, 2 *(mit ellipse des inf. Hrbl* 50, 3), myndir *HHv* 20, 1, *Grp* 52, 5, *Ghv* 20, 5; *sg.* 3. mundi *Grm* 24, *HHv* 11 pr 2 u. ö. *(mit ellipse des inf. Hrbl* 23, 5. 7, *Háv* 67, 2, *HHv* 35, 6), myndi *Fm* 38, 4; *pl.* 3. mundi *HH* I 29, 6; b) *zur bezeichnung des hypoth. charakters einer aussage: prs. ind. sg.* 3. vera mun þat fyr nekkvi *das hat wahrscheinl. etw. zu bedeuten Am* 25, 8, *vgl.* Alv 1, 5, *Grp* 38, 5, *Rm* 10, 4; *sg.* 2. *mit suffig. pron.* muntu *Hrbl* 48, 2; *pl.* 3. munu *Alv* 5, 5;

2) *wollen: prs. ind. sg.* 1. mun *Bdr* 7, 8, þrk 20, 3, *Ls* 20, 2 u. ö., mun *Bdr* 6, 4; *sg.* 3. mun *Skm* 39 5, *Hyndl* 4, 1, *Grp* 2, 3 u. ö.; *sg* 2. munt *Skm* 38, 5, *mit suffig. pron.* mundu *HHv* 2, 1, muntu þrk 3, 5, Akv 16, 6; *pl.* 1. munum *Sg* 50, 6 *(mit ellipse des inf. Hyndl* 31, 2. 34, 2 u. ö.); 3) *sollen, müssen, veranlassung haben: prs. ind. sg.* 2. munt *Ls* 48, 5, *Háv* 141, 1, *mit suffig. pron.* mundu *Hym* 26, 1, *Ls* 44, 5, *HH* II 25, 1, *Grp* 25, 5, muntu *Hrbl* 48, 3; *pl.* 1. munum *Hym* 16, 5; *opt. sg.* 3. muni *Hyndl* 45, 3, myni *Fm* 22, 5; *pl.* 1. mynim *Am* 61, 7, *Hm* 28, 3; *prt. ind. sg.* 2. mundir *Ls* 32, 6, *Ghv* 4, 3, myndir *Hm* 6, 3 *(Bugge, Fkv.* 438a); *sg.* 3. mundi *Gðr* I 2, 8; *pl.* 2. munduð *Ghv* 3, 5; *pl.* 3. mundu *HH* I 39, 5; 4) *mögen (in wunschsätzen): prt. opt. sg.* 3. munda *Vm* 2, 2, *HH* II 21, 4.

munúð *f.* (d. i. mun-hugð) 1) *zuneigung, liebe: sg. nom. acc. Od* 22, 8; *Háv* 78, 3; 2) *gegenstand der zuneigung, liebling: sg. acc. HH* I 5, 4 *(anders FJ z. st.).*

mylinn, *m.* 'der feurige' (?), *poet. bezeichnung des mondes: sg. nom. Alv* 15, 2.

mynni, *n. mündung (eines meerbusens): sg. dat. HHv* 18, 3.

myrða (rð; *vgl. got.* maúrþrjan) *ermorden: prt. ind. sg.* 2. myrðir *Am* 54, 4, *Ghv* 5, 4.

1. **myrkr**, *adj. dunkel: m. sg. acc.* myrkvan *Skm* 8, 2, *Vkv* 3, 8 u. ö., myrkan *Rp* 37, 6; *n. sg. nom.* myrkt *Skm* 10, 1.

2. **myrkr**, *n. finsternis, dunkelheit: sg. dat.* myrkri *Háv* 81, 3.

myrk-riða, *f. frau die im dunkeln umherreitet, zauberin: pl. acc.* myrkriður *Hrbl* 20, 2.

myrkvi, *m. finsternis, dunkelheit: sg. dat.* myrkva *F* 305b 3.

mýrr, *f. moor, sumpf: sg. acc.* mýri *Gðr* III 10, 6.

mæ-fingr, *adj. mit schlankenfingern: f. sg. nom. Hm* 11, 3 *(Bugge, Tidskr. f. phil.* 6, 96). — *Vgl.* mjó-fingraðr.

mægð, *f. verwandtschaft, verschwägerung. sg. nom. acc. Hyndl* 20, 5. *Grp* 44, 3; *Sg* 19, 4, *Am* 52, 4.

mækir, m. (got. mêkeis) schwert: sg. nom. Vkv 18, 7; gen. mækis Vkv 33, 6, Sg 48, 4, Hm 16, 3; acc. mæki Ls 12, 1, Skm 23, 1 u. ö.

mæla (lt; got. maþljan), 1) reden, sprechen: a) absol. inf. Ls 7, 3, Grp 6, 1. 16, 2; prt. ind. sg. 3. mælti Ls 52 pr 3, Skm 5 u. ö.; pl. 3. mæltu Fm 39 pr 5, Od 21, 5; b) mit objectsaccus.: inf. Háv 91, 1, HH I 47, 4 u. ö.; prs. ind. sg. 1. mæli þrk 2, 4, Háv 90, 1, Sg 62, 1; sg. 2. 3. mælir Ls 5, 6. Br 9, 3; Háv 29, 1; pl. 1. mælum Háv 90, 4, Grp 10, 4; pl. 3. mæla Am 34, 5; opt. sg. 3. mæli Vm 10, 3, Háv 19, 3 u. ö.; prt. ind. sg. 1. mælta Sg 7, 1, Od 9, 6; sg. 2. mæltir Vkv 37, 1, Grp 20, 2, Od 11, 2; sg. 3. mælti Hym 25, 4, Vm 54, 4 u. ö.; pl. 1. mæltum Ghv 20, 2; pl. 3. mæltu Am 3, 4; part. prt. n. sg. acc. mælt HHv 42, 1; prt. inf. (?) mæltu Od 6, 1; c) mæla ehn orðum jmd mit worten anreden: inf. Vm 4, 6; d) mit abh. satze (at c. opt.): prt. ind. sg. 3. mælti Sf 21; e) mit advv. u. praepp.: m. á manns tungu hverja in jeder sprache reden: inf. Grp 17, 6; m. af ehu von etw. reden, von etw. meldung tun: prt. ind. pl. 3. mæltu Od 27, 8 (vgl. gjalla); m. af mannviti verständig reden: prt. ind sg. 3. mælti Am 46, 5; m. at munns ráði nach dem rate des mundes sprechen, reden wie es einem in den mund kommt: prs. ind. sg. 2. mælir Hrbl 49, 1; m. fyrir einen wunsch aussprechen: prs. ind. sg. 1. mæli Am 33, 5; m. í frama sinn zu sm vorteil reden (morgum orðum): prt. ind. sg. 1. mælta Háv 103, 5: m. of (um) hug wider se überzeugung sprechen: inf. Háv 46, 5, HH II 14, 2, Am 71, 6; m. til ehs zu jmd sprechen: prt. ind. sg. 3. mælti Sf 9; m. um eht von etw. sprechen: prt. ind. sg. 1. mælta Vm 55, 5; m. við ehn mit od. zu jmd reden: inf. Skm 2, 3, Háv 45, 4 u. ö.; prs. ind. sg. 3. mælir Vsp 47, 7, Háv 155, 7; prt. ind. sg. 3. mælti Skm 9 pr 1, Grm 8 u. ö.; opt. sg. 2. mæltir Gðr III 1, 7; f) mælask sich unterreden: prs. ind. sg. 2.

mælisk Vm 9, 2; imper. pl. 1. mælumk Vm 19, 3; m. um (?) zu sich selber reden (eht): inf. Sg 6, 4: 2) m. sér konu eine frau (durch überredung u. werbung) gewinnen: inf. Háv 97, 3.

mælgi, f. geschwätz: sg. acc. Ls 47, 6.

mælska, f. 1) sprache: sg. acc. mælsku Grp 39, 3; 2) beredsamkeit: sg. acc. mælsku Hyndl 3, 3.

1. mær, f. (vgl. got. mawi) jungfrau, mädchen, tochter: sg. nom. voc. Ls 26, 2, Hrbl 30, 6 u. ö., m. fira die tochter der menschen Vkv 2, 3; Skm 23, 1, Hyndl 1, 1 u. ö.; gen. meyjar þrk 30, 6, Skm 12, 6 u. ö.; dat. meyju HH I 5, 3, Grp 41, 3 u. ö., mey Hrbl 32, 3 u. ö.; acc. mey Vsp 29, 8, þrk 25, 8 u. ö.; pl. nom. acc. meyjar Vsp 11, 6, Bdr 12, 5 u. ö.; Gðr II 27, 1: gen. meyja Vm 49, 3, Hyndl 1, 1 u. ö.; dat. meyjum Vkv 22, 5.

2. mær, adj. (= mjór) dünn, schmal: m. sg. nom. Vsp 33, 2.

mærr, adj. (got. waíla-mêrs) berühmt, ausgezeichnet, trefflich: m. sg. nom. voc. Hym 21, 1, Grp 42, 3 u. ö., (sw.) mæri Vsp 58, 1; Grp 24, 7. 41, 3; gen. (sw.) mæra Grm 50, 5; dat. mærum Od 29, 8, (sw.) mæra Vsp 24, 3; acc. mæran Vsp 5, 7 u. ö., (sw.) mæra Skm 16, 3, Vm 44, 5; pl. nom. mærir Hym 4, 2, Gðr I 16, 7; f. sg. gen. mærrar Grp 36, 5; dat. mærri Am 92, 1; pl. nom. mærar Am 8, 1; n. sg. acc. (sw.) mæra Akv 5, 7; pl. dat. mærum Sd 4, 5.

mæti, n. pl. wertvolle, kostbare dinge: acc. Hym 32, 1, Vkv 15, 2; dat. mætum Am 67, 6.

mætr, adj. ausgezeichnet, trefflich: m. sg. acc. mætan Hyndl 5, 8; f. pl. nom. mætar Sd 19, 4; compar. m. sg. nom. mætri Grp 53, 5; f. sg. acc. mætri Sg 19, 3; superl. m. sg. nom. mæztr Vsp 13, 2, Grp 7, 2.

mœða (dd; vgl. got. af-mauiþs) ermüden, entkräften: prs. ind. pl. 3. Am 88, 6

mœta (tt; got. ga-môtjan) entgegen gehen, begegnen (ehm): inf. Vsp 57, 6, Hyndl 44, 8; prs. opt. sg. 3. mœti Háv 87, 2; prt. ind. sg. 3.

mœtti *Bdr 2, 7, þrk 8, 7: pl. 3.* mœttu *HH I 49, 1.*

mǫgr, *m. (got.* magus) *knabe, junger mann, sohn: m. sg. nom. voc. Vsp 56, 2, Hym 8, 1 u. ö.; Fm 44, 1; gen.* magar *Ls 49, 5 u. ö.; dat.* megi *Vsp 56, 5, Hym 2, 3 u. ö.; acc.* mǫg *Ls 35, 4, Skm 1, 3 u. ö.; pl. nom.* megir *Ls 45, 5, HH I 48, 8 u. ö.; gen.* maga *Am 79, 1; dat.* mǫgum *Vkv 21, 6 u. ö.; acc.* mǫgu *Vsp 4, 4, Fm 16, 6. — Als männl. eigenname Rp 42, 4.*

mǫn, *f. mähne: sg. nom. acc. Vm 12, 6; þrk 5, 6; pl. dat.* mǫnum *HHv 28. 5; acc.* manar *Akv 38, 9.*

mǫndull, *m. der stock mit welchem der mühlstein gedreht wird: sg. acc.* mǫndul *HH II 4, 4.*

mǫndul-tré, *n. dass.: sg. nom. HH II 3, 8.*

mǫrk, *f. (got.* marka) *grenzland; land überhpt: sg. nom. m.* menja *'land der kleinode', poet. bezeichnung der frau Sg 47, 3.*

mǫsmar, *m. pl. kostbarkeiten* (?): *acc.* mǫsma *Rp 39, 5.*

mǫlva *(lð; got.* ga-malwjan) *zermalmen: prt. opt. sg. 1.* mølða *Ls 43, 5 (Bugge, Fkv. 401a).*

N.

ná *(ð; got.* nêhwjan) *1) sich nähern, nahe kommen* (ehu)*: inf. Ls 62, 6; prs. ind. sg. 3.* náir *HH II 17, 6; 2) etw. erreichen, wohin gelangen (mit nachfolg. inf.): inf. Grp 30, 5; prs. ind. sg. 2. 3.* náir *Háv 120, 9; Háv 68, 5; opt. sg. 3.* nái *Háv 30, 6; prt. opt. sg. 2.* næðir *Fm 7, 1.*

ná-borinn, *part. prt. nahe verwandt: m. pl. dat.* nábornum *Sg 11, 3; acc.* náborna *Hm 10, 3.*

nadd-él, *n. 'schauer von geschossen', d. i. kampf: sg. gen.* naddéls *Grp 23, 7.*

nadd-gǫfugr, *adj. berühmt durch den speer: m. sg. acc.* naddgǫfgan *Hyndl 35, 6.*

naðr *m. (got.* nadrs) *natter, schlange: sg. nom. Vsp 68, 3, HHv 9, 8; dat.* naðri *Vsp 58, 11.*

naðra, *f. dass.: sg. nom. Dr 16.*

nafn, *n. (vgl. got.* namô) *name: sg.*

nom. acc. Grp 23, 8 u. ö.; Hrbl 10, 2, HHv 12, 6 u. ö.; gen. nafns *Hrbl 8, 9, Fm 1 pr 1 u. ö.; dat.* nafni *Ls 1, Grm 48, 5 u. ö.; pl. dat.* nǫfnum *Rp 25, 2; acc.* nǫfn *Vsp 9, 6, F 304b 31.*

nagl, *m. nagel (am finger): sg. dat.* nagli *Sd 7, 6. 17, 7.*

ná-gráðugr, *adj. hungrig nach leichen: f. sg. voc.* nágráðug *HHv 16, 2.*

ná-grindr, *f. pl. gehege das die totenwelt einschliesst: acc. Ls 63, 6, Skm 35, 3.*

náinn, *adj. nahe stehend, verwandt: m. pl. dat.* nánum *Am 34, 2. — Als name eines zwerges Vsp 14, 5.*

nálgask (að), *sich jmd* (ehn) *nähern: imper. sg. 2. mit suff. pron.* nálgastu *Grm 53, 6.*

nanna, *f. göttin, walküre: pl. nom.* nǫnnur *Vsp 31, 10. — Als eigenname Hyndl 20, 1.*

nár, *m. (got.* naus) *toter, leiche: sg. nom. Am 101, 1; gen.* nás *Bdr 4, 8, Háv 71, 6: dat.* ná *Alv 2, 3; pl. dat.* nám *HH II 20, 4, Sd 33, 2: acc.* nái *Vsp 40, 8, Gðr II 42. 7 u. ö. — Als name eines zwerges Vsp 14, 5.*

nara (rð), *das leben zubringen, leben: inf. Skm 31, 2.*

narr, *m. schwert: sg. gen.* nars nornir *'die göttinnen des schwertes', d. h. die kriegerischen frauen Akv 18, 1 (s. unter* norn).

nátt-ból, *n. nachtquartier: sg. acc. HHv 5 pr 4.*

nátt-myrkr, *n. dunkel der nacht: sg. dat.* náttmyrkri *Grm 4.*

nauð-fǫlr, *adj. durch (todes-) not erblichen: m. pl. acc.* nauðfǫlva *Akv 18, 2 (vgl.* norn).

nauð-gǫngull, *adj. in der not herbeikommend, hilfebringend: f. pl. nom.* nauðgǫnglar *Fm 12, 5.*

nauðigr, nauðugr, *adj. gezwungen, wider willen: m. sg. nom.* nauðigr *HH II 28, 3, Gðr II 42, 7; f. sg. nom.* nauðig *Bdr 4, 7, Gðr II 34, 4,* nauðug *Bdr 7, 7, Akv 36, 7 u. ö.*

nauð-maðr, *m. mann mit dem man eng verbunden ist. ehemann: sg. dat.* nauðmanni *Am 23, 4.*

nauðr, *f. (got.* nauþs) *1) not, gefahr: sg. nom. Háv 152, 2; 2) not-*

wendigkeit: sg. nom. Vkv 3, 6;
3) im pl. fesseln: acc. nauðir *Vkv*
12, 6, Sd 1, 4. — Als name der
rune n *Sd 7, 6.*

náungr, *m. verwandter: sg. nom. Akv*
9, 2.

naut, *n. hornvieh, rind: pl. nom.*
Am 91, 5; gen. nauta *Hyndl 10, 6.*

né, *part. negat. (got.* ni, nih) *1) nicht:*
Ls 7, 3, Skm 5, 3, Vm 7, 4, Háv
92, 5 u. ö., mit anderen negat. ver-
bunden: manngi — né *Grm 2, 3,* né
— at *Ls 47, 3, Grm 20, 5, Fm 3, 1*
u. ö.; 2) und nicht, aber nicht:
Hym 4, 1, Skm 20. 4, Háv 63, 5,
Grp 49, 3, Sg 40, 2 u. ö; 3) in
disjunctiver periode, a) né — né
weder — noch: Vsp 8, 5. 7. 9, Ls 37,
4. 5, Háv 134, 5. 6 u. ö., das erste
né *durch* -at *verstärkt Gðr II 3,*
5. 6: b) -a (-at) — né, *dass.: Vsp*
6, 3. 4, þrk *25, 7, Vkv 22, 6; Bdr*
13, 6, Skm 18, 2. 3, Háv 50, 3 u. ö.:
c) eigi — né *dass.: Háv 113, 3,*
HHv 43, 4, Grp 21, 7 u. ö.; d)
hvárki — né *dass.: Hrbl 26, 7, Sf*
11 u. ö.: e) né — ok ekki *dass.:*
Sg 5, 2; f) æva — né *dass.: Vsp*
6, 6. 34, 2, Háv 162, 3; g) sjaldan
— né selten *(d. i. gar nicht) — noch*
Háv 58, 6: h) síð — né spät *(d. i.*
gar nicht) — noch HHv 6, 4; i)
engi (manngi) — né keiner — noch:
Háv 61, 6. 88, 3, HH II 47, 3;
Háv 83, 3: k) fár — né selten einer
(d. i. niemand) — noch: F 305 b 13
(vgl. Sg 52, 2 færi — neit): *l)*
aldrigi — né niemals — noch: *Háv*
131, 7, Am 69, 9; m) hvergi — né
nirgends — noch: *þrk 2, 7; n) auch*
das interr. pron. hvat *(auf welches*
verneinende antwort erwartet wird)
kann das erste glied der disjunct.
periode einleiten: hvat er þat álfa
né ása sona né víssa vana *du bist*
doch wol nicht von den alfen noch
von den asen usw. Skm 17, 3, vgl.
Hm 14, 7; o) das erste glied der
disjunct. periode steht zuw. ganz
ohne negat.: skósmiðr þú verir né
skeptismiðr *Háv 125, 6, vgl. Ls*
40, 4, Vkv 19. 5 u. ö. (Bdr 11, 6 ist
des metrums wegen þvær-at *zu lesen).*

neðan, *adv. 1) von unten her, unten:*
Vsp 68, 3, Hym 22, 7, Grm 35, 6,
Vkv 37, 8; 2) fyr — neðan, *praep.*

c. acc. unterhalb: Vsp 5, 8, Skm 35,
3 u. ö.; hier unten auf: Grp 22, 2.

neðarr, *adv. compar. weiter unten,*
tiefer: HHv 16, 5.

nef, *n. 1) nase: sg. nom. Rp 10, 5;*
2) schnabel: sg. dat. nefi *Sd 16, 4.*
17, 8.

nef-fǫlr, *adj. bleich um die nase:*
m. sg. nom. Vsp 51, 7 (FJ, Ark.
4, 35 und Sijmons geben der les-
art von H: niðfǫlr *'düsterbleich'*
den vorzug); dat. neffǫlum *Akv*
36, 7 (vgl. Bugge, Fkv. 432b).

nef-gjǫld, *n. pl. verwandtenbusse,*
wergeld für einen erschlagenen ver-
wandten: acc. HH I 12, 4.

nefna (nd; *got.* namnjan) *1) nennen:*
inf. Hyndl 44, 4, Sd 6, 6; prs.
ind. pl. 3. nefna *Grp 1, 4. 27, 4;*
imper. sg. 2. nefn *HHv 16, 3;* nefn-
ask *sich nennen: prt. ind. sg. 3.*
nefndisk *Grm 27, Rp 6 u. ö.: 2)*
aussprechen: part. prt. m. pl. acc.
nefnda (eiða) *Akv 31, 4.*

negla (ld; *got.* ga-nagljan) *nageln,*
benageln: part. prt. f. pl. nom.
negldar brynjur *lederkoller mit eiser-*
nen knöpfen od. schuppen (Weinh.
210) Vkv 8, 2.

nei, *negat. interj. (got.* nê) *nein:*
HHv 30 pr 8, Rm 9 pr 3. 11 pr 4.

neiss, *adj. der schande ausgesetzt,*
verachtet: m. sg. nom. Háv 49, 6.

neit (?) *Sg 52, 5, nach Mhff (DA V,*
283) part. negat. (= got. ni waíht);
wahrsch. aber ist die stelle verderbt.

neita (tt; *got.* ga-naitjan) *schmähen,*
lästern, beschuldigen: inf. Vkv 37, 4
(Bugge, Fkv. 406 b).

1. nema (nam; *got.* niman) *1) nehmen,*
fassen: prs. opt. sg. 3. þótt þik
nótt um nemi *wenn dich auch die*
nacht überfällt Sd 26, 6; prt.
ind. pl. 3. veiðar námu *nahmen*
wildpret ein, speisten wildpret Hym
1, 2; u. ráð *beschlüsse fassen:*
part. prt. n. sg. acc. numit *Sg*
26, 7; n. eht etwas fortnehmen,
rauben: inf. Alv 1, 6; n. ehn frá
ehm *jmd von jmd fortnehmen, fort-*
führen: prs. opt. sg. 2. nemir *HH*
I 20, 7; n. ehn ehu jmand einer
sache berauben: prt. ind. pl. 3. námu
Vkv 29, 4; 2) annehmen (ráð):
prs. ind. sg. 2. nemr *Háv 111, 3.*
112, 3 u. ö.; opt. sg. 2. nemir *Háv*

111, 2. 112, 2, Fm 20, 2 u. ö.; 3) in sich aufnehmen, lernen: inf. Háv 151, 3; prs. ind. sg. 2. nemr *Háv 161, 5; imper. sg. 2.* nem *Háv 119, 7; prt. ind. sg. 1. 3.* nam *Hrbl 44, 1, Háv 139, 2; Háv 163, 7, Rþ 45, 1; sg. 2.* namt *Hrbl 43, 1, Sd 19, 8; pl. 3.* námu *Rþ 42, 6; part. prt. n. pl. nom.* numin *Grp 18, 2;* nemask *in sich aufnehmen, sich einprägen: inf. Grp 23, 4; 4)* nema upp *heraufnehmen, erfinden (DAV, 270): prt. ind. sg. 1.* nam *Háv 138, 4. 5; 5) sich anschicken etwas zu tun, anfangen, beginnen (oft pleonast. wie nhd.* tun*): prt. ind. sg. 1. 3.* nam *Háv 140, 1, Od 27, 5; Vsp 33, 4, Bdr 4, 5, þrk 1, 5, Am 62, 5 (wo des metrums wegen mit FJ* hlæja nam *statt* hló þá *zu lesen ist) u. ö.; pl. 3.* námu *Grp 6, 1, Am 36, 1.*

2. nema, *conj. 1) wenn nicht, es sei denn dass: a) c. opt. prs. þrk 7, 7, Ls 41, 5, Hrbl 11, 2 u. ö.; b) c. opt. prt. Hym 28, 8, Ls 9, 6, Hrbl 34, 2 u. ö.; 2) nur: HH II 16 pr 30, Gör III 4, 1; 3) sondern: Od 21, 3; 4) ausgenommen, ausser: Ls 11, 4, Grm 2, 4, Háv 96, 6 u. ö.*

nenna *(nt; got.* ana-nanþjan*) sich mit jmd (ehm) einlassen, sich mit jmd vereinigen: inf. Skm 38, 6 (Hj. Falk, Ark. 5, 117 fg.).*

neppr, *adj. vornüber gebeugt (Bugge, Fkv. 10b; anders FJ, Ark. 4, 37 und Eddal. I, 116b): m. sg. nom. Vsp 58, 11.*

nept, *f. (= nipt?) weibl. verwandte, weib überhpt: sg. acc. Rm 8, 3 (anders, aber kaum richtig, FJ II, 126 und GV s. v. nefst).*

nes, *n. landspitze, vorgebirge: sg. dat. nesi HH I 40, 2; pl. dat. nesjum Fm 11, 2.*

nest, *n. lebensmittel die man auf einer reise mit sich führt, reisevorrat: sg. dat. nesti Ls 62, 6, Háv 73, 6.*

net, *n. (got.* nati*) netz: sg. acc. Rm 17, c. art. netit Rm 18; dat. c. art. netinu Rm 18.*

neyða *(dd; got.* nauþjan*) nötigen, zwingen (ehn til ehs): prs. ind. sg. 3. neyðir Grp 25, 4.*

neyta *(tt), brauchen, benutzen (ehs): prt. ind. sg. 1. neytta F 304a 41.*

ni, *negat. interj. nein: Am 46, 8.*

1. nið, *n. pl. neumond: acc. Vm 25, 4; dat. niðjum Vsp 9, 5.*

2. níð, *n. (got.* neiþ*) 1) hohn, beschimpfung, schmähung: sg. acc. Akv 36, 8; 2) schandtat: sg. gen. níðs Vsp 28, 12 (vgl. jedoch FJ, Ark. 4, 37 u. Eddal. I, 116b).*

niðar, *f. pl. neumond: dat. niðum Vm 24, 6.*

nið-gjold, *n. pl. busse für einen erschlagenen verwandten, wergeld: gen. niðgjalda Rm 9 pr 2.*

nið-myrkr, *adj. tiefdunkel, stockfinster: f. sg. nom. niðmyrk Gör II 12, 2.*

1. niðr, *m. (got.* niþjis*) verwandter von männlicher seite, schwertmage: sg. nom. voc. Háv 72, 6, HH II 8, 2; HH II 46, 4, Fm 44, 7; dat. acc. nið HH I 5, 2; Háv 72, 6; pl. nom. niðjar HHv 11, 4, Od 21, 6 u. ö.; gen. acc. niðja Vm 28, 5 u. ö.; Hyndl 11, 2 u. ö.; dat. niðjum Sg 11, 4, Am 101, 2 u. ö. — Als männl. eigenname Rþ 42, 5.*

2. niðr, *adv. hinab, abwärts, nach unten: Bdr 2, 5, Hym 34, 4, Grm 32, 6 u. ö.; setjask n. sich niedersetzen: Skm 29, 4, Sd 2 pr 1, Sg 53, 1.*

niðr-bjúgr, *adj. nach unten gebogen, eingedrückt: n. sg. nom. niðrbjúgt Rþ 10, 5.*

nifl-farnaðr, *m. feierliches gelage zum gedächtnis eines verstorbenen (= erfi): sg. acc. niflfarnað Akv 34, 8 (s. Bj. Magnússon Ólsen, Ark. 9, 232 ff.).*

nipt, *f. (vgl. got.* niþjô*) verwandte: sg. nom. HH I 4, 5, Sd 3, 3 (vgl. jedoch Bugge und FJ z. st.); acc. nipti HH II 28, 4.*

níta *(tt), nein sagen, verhindern, verweigern (ehu): inf. Am 33, 6. 68, 2; prt. ind. sg. 3. mit suff. negat. níttit Am 7, 7 (vgl. jedoch Th. Hjelmqvist, Ark. 11, 103 ff., der das hsl. nítti in hlítti ändern will: 'Hogni gab sich damit zufrieden').*

níu, *num. card. (got.* niun*) neun: Vsp 5, 5, Hym 8, 4 u. ö.*

níund, *f. anzahl von neun, enneade:*
pl. nom. níundir *HHv 28, 1.*
níundi, *num. ord.* (*got.* niunda) *der*
neunte: m. sg. nom. Grm 14, 1;
acc. níunda *Vkv 3, 5; f. sg. acc.*
níundu *Skm 21, 3; n. sg. acc.*
níunda *Vm 36, 1, Háv 152, 1.*
njól, *f. nacht (poet.): sg. nom. Alv*
31, 2.
njósn, *f.* (*vgl. got.* niuhseins) *kund-*
schaft: sg. dat. acc. Háv 111, 6;
HH II 16 pr 13.
njósna (að; *vgl. got.* bi-niuhsjan)
etw. (til ehs) *auskundschaften: prt.*
ind. sg. 3. njósnaði *HH II 16.*
njóta (naut; *got.* niutan) *1) etw.* (ehs)
geniessen, sich an etwas erfreuen:
inf. Vsp 66, 8, HH I 56, 2, Rm
5, 8 u. ö.; prt. ind. pl. 3. nutu
Rp 41, 8; 2) vorteil von etw. (ehs)
haben, nutzen aus etw. ziehen: inf.
Háv 111, 3. 112, 3 u. ö.; prs. ind.
sg. 3. nýtr *Háv 71, 6; opt. sg. 3.*
njóti *Háv 163, 7; imper. sg. 2.*
njót *Sd 19, 8; prt. ind. sg. 1.* naut
F 304a 8; pl. 1. nutum *Am 91, 6;*
opt. sg. 1. nyta *Háv 107, 4; sg. 2.*
nytir *Fm 29, 4; part. prt. n. sg.*
acc. notið *Háv 106, 2.*
norðan, *adv. nur in der verbindung*
fyr n. *nordwärts: Vsp 38, 1.*
norðr, *adv. nach norden: Vsp 39, 4.*
norðr-vegr, *m. nach norden füh-*
render weg: pl. acc. á norðrvega
nach norden HH I 4, 6.
norn, *f. schicksalsgöttin, norne: sg.*
nom. Rm 2, 4; gen. nornar *Sd*
17, 7; pl. nom. acc. nornir *HH I*
2, 2, Fm 12, 4 u. ö.; HH II
18, 4, nars nornir '*die göttinnen*
des schwertes', d. h. die kriege-
rischen Hunnenweiber (*identisch*
mit den skjaldmeyjar) *Akv 18, 1.*
2 (wo zu lesen sein wird: nars
nornir létir nauðfǫlva gráta; *vgl. Zz*
29, 61 fg.); gen. norna *Fm 11, 1,*
Hm 28, 4 u. ö.; dat. nornum *Ghv*
13, 2. — Zur etymol. vgl. Schade,
Altd. wb.² 657 b.
nótt, *f.* (*got.* nahts) *nacht: sg. nom.*
dat. acc. Skm 42, 1, Vm 24, 6 u. ö.;
Vsp 9, 5, Háv 73, 5. 111, 5; Skm
21, 6, Vm 13, 6 u. ö.; gen. c. art.
nætrinnar *HHv 11 pr 12; pl. gen.*
nátta *HHv 33, 7, HH I 20, 2 u. ö.;*
dat. nóttum *þrk 26, 6, Vkv 8, 1;*

u. ö., náttum *Hyndl 47, 6; acc.*
nætr *Skm 39, 4, Grm 2, 1 u. ö. —*
Personific. Vm 25, 3.
nú, *adv.* (*got.* nu) *nun, jetzt, soeben:*
Vsp 15, 6, Bdr 7, 8, þrk 2, 3, Hym
11, 3, Ls 20, 2 u. ö.
ný, *n. vollmond: sg. acc. Vm 25, 4.*
ný-feldr, *part. prt. jüngst gefällt:*
m. sg. dat. nýfeldum *Háv 86, 4.*
nýliga, *adv. soeben: Gðr II 38, 1.*
nýligr, *adj. neu: n. pl. acc.* nýlig
Sg 26, 8.
nýr, *adj.* (*got.* niujis) *1) neu: n. sg.*
gen. nýs *HH II 8, 1; pl. gen.* nýra
HHv 31, 3; 2) frisch: n. sg. dat.
nýju *Hyndl 10, 5. — Als name*
eines zwerges Vsp 15, 5.
nýsa (st; *got.* bi-niuhsjan) *forschend*
spähen: prt. ind. sg. 1. nýsta *Háv*
138, 3; nýsask fyrir *vorsichtig um-*
herspähen: prs. ind. sg. 3. nýsisk
Háv 7, 6.
nyt, *f. genuss, nutzen: sg. acc. Skm 34,*
8. — Name eines flusses Grm 28, 4.
nýta (tt), *geniessen, verzehren: inf.*
Gðr II 42, 8.
nýtr, *adj.* (*vgl. got.* un-nuts) *1) nütz-*
lich: f. sg. nom. nýt *Am 1, 4; n.*
pl. nom. nýt *Háv 161, 5; 2) treff-*
lich, herrlich: m. sg. dat. nýtum
Grm 43, 6; f. sg. nom. (sw.) nýta
Háv 99, 2; n. pl. nom. acc. nýt *Vm*
25, 5; Vm 13, 6. 14, 3.
nytsamligr, *adj. nützlich: n. sg.*
nom. nytsamlikt *Háv 151, 3.*
næfr, *f. die äussere rinde der birke:*
pl. gen. næfra *Háv 60, 2.*
næma (mð), *berauben* (ehn ehu)*: inf.*
Br 1, 8, Gðr II 43, 4; prs. ind.
sg. 1. mit suff. pron. næmik *Gðr*
II 32, 12 (Bugge, Fkv. 425 b).
nær, *adv. u. conj.* (*got.* nêhwis) *1) nahe*
c. dat. (local)*: Grm 4, 3, Háv 72, 5,*
Sd 27, 5 u. ö.; 2) gegen c. dat.
(*temporal*)*:* nær aptni *Háv 97, 1,*
nær morni *Háv 100, 1; 3) soeben,*
vor kurzem: Sg 26, 7; 4) wann:
Skm 38, 4, Háv 21, 2. 38, 5; 5)
wenn: HHv 23, 5. — superl. næst
1) alsbald, sofort, demnächst, bald
darauf: Hym 3, 4, Ls 41, 4 u. ö.,
því n. *demnächst F 303b 22; 2)*
jüngst: HH II 8, 1.
næstr, *adj. superl. der nächste: n. sg.*
acc. (adv.) hjarta (dat.) it næsta *ganz*
in die nähe des herzens HHv 40, 8.

nǫkkurr, *pron. indef.* (*Noreen²,*
§ 404, 3) *irgend einer, jemand;*
im pl. irgend welche, einige: m. sg.
nom. Vsp 41, 6; *dat.* nǫkkurum
Sg 56, 2, nǫkkorum *F 304 a 1;*
acc. nǫkkurn *HHv 11; pl. nom.*
nǫkkurir *F 303 b 10; f. sg. nom.*
nǫkkur *Helr 9; dat.* nǫkkurri *Rþ 5;*
acc. nakkvara *Rm 15 pr 4; n. sg.*
nom. nakkvat *Am 31, 8; dat.* nǫkk-
uru *HHv 11 pr 9, HH II 16 pr 10,*
nøkkvi *HH II 18, 3,* nekkvi *Gǫr*
II 31, 4, *Am 25, 8; acc.* nǫkkut
HH I 5, 8; *pl. dat.* nǫkkurum
F 303 a 11.

nǫs, *f. nasenloch, im pl. nase: pl. acc.*
nasar *Alv 2, 2.*

nøkkviðr, nøkðr, *adj.* (*got.* naqaþs)
nackt: m. sg. nom. nøkkviðr *Háv*
49, 6; *acc.* nøkðan *Am 47, 5;*
n. sg. acc. nøkkvit *Sg 4, 2.*

O.

óask (að, ð; *got.* ôgan sis) *sich fürch-*
ten (vor etw.: eht, *für jmd:* um
ehn): *prs. ind. sg. 1.* óumk *Skm 16, 4,*
Grm 20, 4, Am 13, 7.

ó-auðigr, *adj. ohne vermögen, arm:*
m. sg. nom. Vm 10, 1, *Háv 74, 5.*

ó-beðinn, *part. prt. ungebetet: n.*
sg. nom. óbeðit *Háv 143, 1.*

ó-bilgjarn, *adj. nicht zum zaudern*
geneigt, schnell entschlossen: m. sg.
dat. óbilgjǫrnum *Sg 22, 8; acc.*
óbilgjarnan *Sg 22, 2.*

ó-blauðr, *adj. nicht furchtsam, un-*
erschrocken, tapfer: m. sg. acc.
óblauðan *Ghv 18, 3; superl. m. sg.*
nom. óblauðastr *Fm 24,* 4; *acc.*
óblauðastan *Fm 23, 6.*

ó-borinn, *part. prt.* (*got.* un-baúrans)
ungeboren: m. pl. acc. óborna *Rm*
8, 4.

ó-brigðr, *adj. nicht wankelmütig,*
treu: compar. m. sg. acc. óbrigðra
Háv 6, 7.

ó-bryddr, *part. prt. ohne spitzen*
oder stacheln (an den hufeisen): m.
sg. dat. óbryddum *Háv 89, 3.*

ó-búinn, *part. prt. ungerüstet, wehr-*
los: m. sg. dat. óbúnum *Br 20 pr 14;*
pl. nom. óbúnir *Am 42, 3.*

óðal, *n. ererbtes besitztum, erbgut:*
sg. dat. óðli *HH II 23, 5; acc.*
Rþ 49, 3.

óðal-torfa, *f. ererbter landbesitz:*
sg. gen. óðaltorfu *Sg 62, 8.*

óðal-vǫllr, *m. dass.: pl. acc.* óðal-
vǫllu *Rþ 36, 8. 9.*

oddr, *m.* (*vgl. got.* uzda- *in eigen-*
namen: Wrede 138) 1) *spitze od.*
schneide einer waffe: sg. gen. odds
Am 60, 4; *dat.* oddi *HHv 9, 3,*
Sd 17, 5; 2) *waffe: pl. nom.* oddar
HH I 54, 3; dat. oddum *HH II*
8, 8; 3) *sporn: pl. dat.* oddum
HH II 39, 6. 40, 6.

odd-viti, *m. heerführer: sg. voc.*
HHv 10, 3, HH II 11, 2, Grp
41, 2. 53, 2.

óð-fúss, *adj. heftig verlangend, be-*
gierig: f. sg. nom. óðfús *þrk 26, 7.*
28, 7.

1. óðr, *m. vernunft* ('de sjæleevner
der udmærke mennesket fremfor
dyret' KGíslason, Efterl. skr. I,
187): *sg. acc.* óð *Vsp 21, 2. 6.*

2. óðr, *adj.* (*got.* wôþs) 1) *wild, heftig:*
m. sg. dat. óðum *Háv 89, 7; f. pl.*
nom. óðar *HH II 36, 6; n. sg. nom.*
ótt *Am 17, 2;* 2) *zornig: m. pl.*
nom. óðir *Am 43, 1;* 3) *sinnlos: m.*
sg. acc. óðan *Akv 41, 2. — Als*
name eines gottes Vsp 29, 8, *Hyndl*
46, 5.

ó-dæll, *adj. schwierig, misslich: com-*
par. n. sg. nom. ódælla *Háv 8, 4.*

ó-døkkr, *adj. nicht finster, hell: m.*
sg. dat. ódøkkum *Fm 42, 7.*

of, *praepos. u. adv.* (*got.* uf) I. *praepos.*
c. acc. u. dat. A. *c. acc. bezeichnet*
es 1) *den ort, über welchen oder*
oberhalb dessen etw. sich bewegt od.
erstreckt (über, über — hin): *Vsp*
3, 8, Vm 13, 6, Rþ 28, 3, Hyndl
47, 2 u. ö.; 2) *den ort an welchem*
etw. geschieht: ganga nam . . sundr
of síðar serkr *F 306 b 7;* 3) *den*
zeitpunkt, der bei eintritt eines
ereignisses unmittelbar bevorsteht
(gegen): of morgin *Vkv 5;* 4) *den*
widerspruch zwischen jmds über-
zeugung u. handlungsweise (gegen):
of hug mæla *HH II 14, 2;* 5) *den*
gegenstand über den man spricht
oder urteilt, den man verschweigt,
von dem man etw. weiss usw. (über,
von, in bezug auf): *Ls 2, 1,*
Hrbl 11, 1, Alv 10, 2, Háv 46, 1.
110, 7, Gǫr II 3, 6, Ghv 16, 7 u. ö.;

6) die nähere bestimmung oder begrenzung der einer person beigelegten
eigenschaft) (an, mit rücksicht
auf): dvergr of vǫxt Rm 3; 7) die
ursache eines ereignisses (um —
willen, wegen): Sg 62, 3; 8)
die person die jmd schädigt: of þik
véla vinir Grm 52, 3; 　B. c. dat.
bezeichnet es 1) den ort über dem
oder oberhalb dessen jmd sich
befindet: stóð of hléðum Hm 11, 2;
2) den gegenstand den ein anderer
an grösse, umfang oder wert übertrifft (höher, hervorragender, wertvoller als): Gðr II 2, 2. 8; 3) die
person die in schutz u. obhut einer
anderen steht: halda of vísa vǫrð
HHv 23, 3.;
　　II. als adv. mit dem vbm verbunden bezeichnete of ursprl. (wie
ga- im got. u. westgerm.) die vollendung oder durchführung einer
handlung: of brugginn mjǫðr fertig
gebrauter met Bdr 7, 2, ǫlðr of
heitt fertig gebrautes bier Hym
32, 8 (vgl. heita 2), heima alla
níu hefik of farit vollständig durch-
wandert Alv 9, 5, (ef) hefði hánum
Suttungr of sóit ob ihn S. gänzlich
vernichtet hätte Háv 108, 7, né þat
máttu mærir tívar of geta hvergi
konnen es durchaus nicht fertig
bringen Hym 4, 4, þau á vági vindr
of lék überlistete (vernichtete) sie
gänzlich Gðr I 7, 4, land of eyðið
mögt es gänzlich leer machen Gðr
I 21, 2, Jǫrmunrekr yðra systur..
jóm of traddi liess sie vollständig
zertreten Ghv 2, 8 u. ö.; diese
perfect. bedtg von of schwächte sich
jedoch allmählich ab und es wurde
schliesslich rein pleonastisch (zur
versfüllung) verwendet: Grm 8, 3,
Rp 27, 7, Br 20, 1, Od 2, 8 u. ö.
Vgl. um und yfir.

ofan, adv. 1) von oben herab, von
oben: Vsp 67, 3, Hym 19, 3, Grm
32, 5 u. ö.; 2) oben: Hym 31, 6,
Grm 35, 4, Hm 29, 3; fyr o.,
praep. c. acc. von oben herab auf:
Fm 8; fyr — o. oberhalb, auf:
Gðr I 17, 6, Od 1, 6.

ofan-verðr, adj. oben befindlich:
f. sg. acc. í ǫnn ofanverða in den
oberen raum des vorhauses (?) Skm
31, 8.

ó-fár, adj. 'haud multus': f. sg., nom.
ófá Am 1, 1 (R ófo, d. i. ófǫ).

ofarla, adv. hoch oben: o. bíta den
kopf verletzen (?) Háv 117, 1.

ofarr, adv. compar. (vgl. got. ufar)
höher hinauf: HH I 30, 2.

of-blótinn, part. prt. zu viel geopfert: n. sg. nom. ofblótit Háv
143, 2.

of-drukkinn, part. prt. zu viel getrunken: n. sg. acc. ofdrukkit Grm
51, 2.

of-drykkja, f. übermässiges trinken:
sg. nom. Ls 47, 4, Háv 11, 6.

of-gaman, n. verbotener liebesgenuss:
sg. gen. ofgamans Sd 32, 6.

of-hlý, n. übermässig ruhige, schwüle,
drückende luft: sg. acc. Alv 23, 4.

of-lengi, adv. allzu lange: Rm 4, 6.

of-ljótr, adj. überaus furchtbar: n.
sg. acc. ofljótt Hym 23, 7.

of-margr, adj. allzu viel: m. pl.
nom. ofmargir Grm 19.

of-mikill, adj. allzu gross: m. sg.
nom. Grm 21, 5; f. sg. acc. ofmikla
Am 73, 4; n. sg. acc. ofmikit Grp
20, 5; pl. nom. ofmikil Sg 20, 8.

of-reiðr, adj. übermässig erzürnt
auf jmd (ehm): m. sg. nom. Hlr
8, 8, (sw.) ofreiði Skm 1, 6. 2, 6.

ofr-gjald, n. harte strafe: pl. acc.
ofrgjǫld Rm 4, 1.

ofr-hefnd, f. furchtbare rache: pl.
acc. ofrhefndir Am 73, 8.

ó-friðr, m. unfriede, feindschaft: sg.
nom. HH II 10, Dr 1.

of-ríki, n. übermacht: sg. nom. Am
70, 2.

ofr-mælgi, f. geschwätzigkeit: sg.
nom. Vm 10, 4.

ó-fróðr, adj. (got. un-frōþs) unklug,
unverständig: m. pl. acc. ófróða
Akv 39, 9; compar. m. sg. acc.
ófróðara Sg 21, 4.

ofr-ǫlvi, adj. allzusehr berauscht: m.
sg. nom. Háv 14, 2.

of-sóinn, part. prt. zuviel verdorben,
vergeudet: n. sg. nom. ofsóit Háv
143, 5.

of-stríð, n. schwer drückender kummer: sg. acc. Hlr 14, 1.

of-tregi, m. übermässiger kummer:
sg. dat. acc. oftrega Grp 49, 3;
Gðr I 3, 6.

ófu (Sg 33, 4 und Am 1, 1): s. áfa
und ófár.

of-varr, adj. allzu vorsichtig: m. sg.
acc. ofvaran Háv 130, 6.
of-viðri, n. unwetter: sg. acc. HH
II 16 pr 3.
of-væni, n. hoffnungslosigkeit, ver-
zweiflung: sg. dat. Bdr 7, 6.
of-þrunginn, part. prt. übermässig
gedrängt: f. sg. nom. ofþrungin Sg
34, 6.
ó-gagn, n. schade, unheil: pl. nom.
ógǫgn HH I 42, 5.
ógn, f. 1) furcht, schrecken: sg. nom.
HHv 9, 3; 2) schrecken erregende
nachricht, schrecknis: sg. acc. Am
13, 8; 3) poet. bezeichnung für
fluss (Sn. E. I 576, 7), daher: sg.
gen. ógnar ljómi 'stromglanz', d. i.
gold HH I 22, 6, Fm 42, 8.
ógn-hvatr, adj. schnell bereit zum
kampfe: m. sg. dat. ógnhvǫtum Od
30, 5.
ó-góðr, adj. nicht gut, schlimm: n.
fⁱ sg. acc. ógótt Ls 31, 3, Háv 29, 6.
ógurligr, adj. furchtbar: f. sg. nom.
ógurlig HH I 30, 5.
ó-gǫrla, adv. ungenau: Háv 132, 1.
ó-happ, n. unheil, unfall: pl. acc.
óhǫpp Háv 116, 7.
ó-hróðugr, adj. niedergeschlagen,
missmutig: m. sg. nom. Sg 47, 1.
ó-hvatr, adj. mutlos, feige: m. sg.
dat. óhvǫtum Fm 31, 2.
ó-jafn, adj. (got. ibns) ungleich: n. sg.
acc. (adv.) ójafnt Hrbl 25, 1.
ok (älter auk, s. d.), conj. u. adv.
(got. auk) 1) und: Vsp 2, 4. 3, 2,
Bdr 1, 3. 5. 2, 3. þrk 1, 3. 2, 1,
Hym 1, 3. 6. 4, 3 u. ö., zwischen
zwei zus. gehörige wörter eingeschoben Am 37, 1; 2) und zwar:
Háv 149, 4, HH I 24, 4, HH II
3, Gǫr III 2, 7; 3) bæði — ok
sowol — als auch: Gǫr I 5; 4)
auch: þrk 20, 3, Ls 39, 4, Grm
33, 1, Háv 141, 10 u. ö.; 5) zuw.
scheint ok die stelle einer relativ-
part. zu vertreten: segðu mér þat
. . ok ek vilja vita Skm 3, 3, at
hǫllu hann kom ok átti Íms faðir
Vm 5, 5, vgl. Grm 30, Vkv 6.
ó-kátr, adj. unfroh, traurig: m. sg.
nom. Vkv 38, 3.
okkarr, pron. poss. (got. *ugkar) unser
(uns beiden gehörig): m. sg. nom.
Akv 8, 7, Hm 27, 3; dat. okkrum
HH II 42, 2, Hlr 14, 5; acc.

okkarn Hym 26, 4, Skm 1, 3. 16,
2; f. sg. nom. okkur œðri die
bessere von uns beiden Hlr 3, 5;
gen. okkarrar Hm 24, 4; pl. nom.
okkrar Gǫr III 4, 6; n. sg. nom.
okkat Hrbl 59, 1, okkart Skm 20, 5,
hvártki . . okkart keiner von uns
beiden Hlr 12, 8; acc. okkart Hlr
3, 8; pl. nom. acc. okkur HHv
33, 4; Sg 39, 2.
ó-kuðr, adj. (got. un-kunþs) 1) unbe-
kannt: m. sg. nom. Grp 4, 4; dat.
ókunnum Háv 10, 5; acc. (sw.)
ókunna Akv 3, 4. 13, 4; pl. gen.
ókunnra Bdr 5, 2; 2) prägn. un-
berühmt: m. sg. acc. ókunnan HHv
42, 7 (Edzardi, Germ. 23, 164).
ó-kunnigr, adj. dass.: m. sg. nom. Grp
2, 6; n. sg. acc. ókunnikt Fm 4, 2.
ó-kunnr, s. ó-kuðr.
ó-kvíðinn, adj. nicht zurück-
schreckend vor etw. (ehs): m. sg. dat.
ókvíðnum Vsp 58, 12 (vgl. jedoch
z. st. FJ, Ark. 4, 37 u. Eddal.
I, 116; sowie KGíslason, Efterl.
skr I, 272).
ó-kynjan, n. person die eine schande
ihres geschlechtes ist, auswurf: sg.
nom. Ls 56, 4.
ó-kynni, n. (got. un-kunþi) unschickl.
benehmen: sg. gen. ókynnis Háv 19, 4.
ó-lagaðr, part. prt. nicht fertig:
n. sg. nom. ólagat Háv 66, 5.
ó-leiðr, adj. nicht verhasst, lieb: superl.
m. sg. acc. óleiðastan Skm 19, 6.
ó-lifðr, adj. leblos, tot: m. sg. dat.
ólifðum Háv 70, 2, HH II 47, 6;
acc. ólifðan HH II 43, 2.
óliga, adv. eifrig: Od 24, 7 (Noreen² § 232 anm.).
ó-líkr, adj. ungleich: n. sg. acc.
ólíkt Akv 23, 5. 25, 5.
ó-ljós, n. lichtlosigkeit, dunkel, poet.
bezeichnung der nacht: sg. acc. Alv
31, 4.
ó-ljúfr, adj. (got. un-liufs) unlieb,
verhasst: m. sg. acc. óljúfan (scil.
kost?) at bjóða unannehmlichkeit
bereiten Hrbl 41, 1.
ólmr, adj. böse, bissig (von hunden):
m. sg. nom. Grm 24; pl. nom. ólmir
Skm 10 pr 3.
óluð Ghv 22, 2, s. válað.
ó-minni, n. vergesslichkeit, gedanken-
losigkeit (Richert s. 4): sg. gen.
óminnis Háv 13, 1.

óminnis-veig, *f. trank der die erinnerung an früher geschehenes auslöscht, vergessenheitstrank: sg. acc. Dr 4.*
ómun, *f. stimme: sg. nom. Sg 71, 5.*
ón, *f.* (= ván; *got.* wêns) *1) erwartung: sg. nom. Skm 2, 2; dat.* ónu verr *schlechter als es zu erwarten war Ls 36, 6; 2) hoffnung: sg. nom. Am 68, 1.*
ó-nauðigr, *ungezwungen, freiwillig: f. sg. nom.* ónauðig *HHv 4, 7.*
ó-neiss, *adj. ohne schande, makellos: m. sg. acc.* óneisan *HH I 19, 7, Gðr III 4, 3; pl. nom.* óneisir *Akv 12, 2; gen.* óneissa *Akv 19, 8; acc.* óneisa *HH I 24, 8.*
ó-nýtr, *adj.* (*got.* un-nuts) *unbrauchbar, unnütz: m. sg. nom. Háv 87, 5; n. pl. dat.* ónýtum *HH I 46, 5. II 26, 5.*
ópi, *m. abneigung* (?): *sg. nom. Skm 29, 1.*
opinn, *adj. 1) offen: f. sg. nom.* opin *Vm 16, 4; n. sg. acc.* opit *Fm 44 pr 1; 2) sichtbar: m. pl. nom.* opnir *Grm 42, 4; 3) klar, deutlich: f. sg. nom.* opin *Vkv 21, 3. 23, 7.*
opt, *adv.* (*got.* ufta) *1) oft: Vsp 26, 9, þrk 9, 5, Ls 22, 4, Skm 42, 4, Háv 9, 5 u. ö.; compar.* optarr *öfter Akv 41, 7 (vgl. Sievers, Ark. 5, 132); 2) reichlich, in fülle: Hym 2, 8, Háv 33, 2 (Richert s. 21 fg.).*
or, *praep. u. adv.* (*got.* us) *I. praep. c. dat. Es bezeichnet 1) local auf die frage woher? den ausgangspunkt einer bewegung od. tätigkeit, die heimat einer person, den ursprung eines dinges u. ä. (aus, von) a) nach vbis des gehens, kommens, fahrens, fliegens, besuchens u. ä.:* gengr or skála skatna dróttinn *Grp 5, 1,* sér hón upp koma jǫrð or ægi *Vsp 61, 3,* Loki líðr or bǫndum *Bdr 14, 6,* Heðinn fór einn saman or skógi *HHv 30 pr 6,* or Stafnsnesi beit hér út skríðu *HH I 24, 2,* Sigurðr hljóp or grǫfinni *Fm 13,* fló .. járn or konungs hendi *Sg 23, 4,* or Elivágum stukku eitrdropar *Vm 31, 1,* stigu or sǫðlum *Vkv 8, 5,* or sǫðlum sígask látum *Hyndl 8, 1,* þú myndir mín .. vitja .. or helju *Ghv 20, 7 u. ö.; b) nach vbis des führens, bringens, ziehens, stossens*

u. ä.: leiddu landrǫgni lýðar or garði *Akv 12, 4,* ef koma mættið út or óru ǫlkjól hofi *Hym 33, 3,* hví er þér .. støkt or landi? *HHv 31, 6,* hugða ek mæki borinn or serk þínum *Am 23, 2,* drógu þeir or skíði skíðijárn *Hm 16, 1,* ek kalki sé or knjám hrundit *Hym 32, 4; c) nach verbis des losmachens, befreiens u. ä.:* hrauzk or skikkju *Am 47, 4,* snørisk .. Rán or hendi gjálfrdýr *HH I 31, 6,* kannat hann firrask or fjándgarði *Sg 26, 4,* hǫfuð þitt leystu helju or *Rm 1, 5,* þeir biðja hana gráta Baldr or helju *F 304a 3 u. ö.; d) nach vbis des grabens, reissens, schneidens:* þær .. grund or dali djúpum grófu *Hrbl 18, 7,* hann mun .. or Hǫgna hjarta slíta *Gðr II 32, 7,* (Reginn) skar hjarta or hánum *Fm 26 pr 2 u. ö.; e) nach vbis des brennens, tropfens, wachsens u. ä.:* þykki mér or augum eldr um brenna *þrk 27, 7,* freyddi sveitinn or hjartanu *Fm 31 pr 4,* þeim legi er lekit hafði or hausi Heiðdraupnis *Sd 13, 9,* laukr or grasi vaxinn *Gðr II 2, 4 u. ö.; f) nach vbis des sprechens, fragens:* ek mun segja þér .. or reiðu *Hlr 5, 2,* frá or úlfiði dǫglingr *HH I 17, 2; g) nach versch. anderen vbis:* Óðinn ok Sága drekka .. or gullnum kerum *Grm 7, 6, vgl. Fm 26 pr 4;* biðið .. or Brandeyju búna verða *sich bereit zu machen von B. auszulaufen HH I 23, 3;* kýs ek þats ek vil or konungs garði *HHv 2, 8, vgl. Ghv 7, 4;* hinnig deyja or helju halir *Vm 43, 8 (vgl. jedoch unter* hel), vágum or skógi þanns vildum syknan *kämpften aus dem walde heraus (befreiten aus der verbannung) Am 96, 5; h) nach nom. und nominalen ausdrücken:* hón vissi tíðindi or ǫllum heimum *Sd 2 pr 24,* hvat kantu segja nýra spjalla or Nóregi *HHv 31, 4, vgl. Alv 8, 4; mit ellipse des nomens:* segðu mér or helju, ek man or heimi *Bdr 6, 3. 4; nam ek at heyra or Hléseyju hve þar af stríðum strengir mæltu (der indir. fragesatz vertritt hier den objects-acc.) Od 27, 6;* brúðr or steini *die im felsen ihre wohnung hat Hlr 3, 2,* Njarðar dóttur or Nóatúnum *þrk 22, 8;* i) *im übertr. sinne:* vaknaði víf or svefni *Grp 16, 4, vgl. Ghv 4, 6, Hm 6, 6;* rǫskr .. rakðisk or svefni *Am 87, 2;* ek vélta hann or viti *brachte ihn durch list um sn verstand Hrbl 20, 7;* ill ráð hefir maðr opt þegit annars brjóstum or *Háv 9, 6;* 2) *bezeichnet es den stoff aus dem etw. gemacht ist:* var þeim vettergis vant or gulli *Vsp 11, 4,* vígbǫnd snúa or þǫrmum *Vsp 35, 4,* þær or sandi síma undu *Hrbl 18, 5,* or Ymis holdi var jǫrð um skǫpuð *Vm 21, 1 u. ö.* II. *adv.* 1) *heraus:* draup þar or eitr *Ls 65 pr 4,* skerið or hjarta *Am 56, 3,* upp or *oben heraus Sd 4,* or er þar brunnit *da ist etw. herausgebrannt (da ist eine lücke entstanden) Am 51, 8;* 2) *daraus:* svá óx unz or varð jǫtunn *Vm 31, 3.*

ór, óra *usw. s. 2.* várr.

óra (rð), *hadern (?): prs. ind. sg. 3.* órir *Háv 32, 6 (Richert s. 5 fg.).*

orð, *n. (got.* waúrd) 1) *wort, rede: sg. nom. acc. Háv 140, 4, Grp 20, 2, Fm 1 pr 3; Sd 14, 5, Sg 7, 1, Od 7, 8 u. ö.; gen.* orðs *Háv 140, 5, Hm 9, 5; dat.* orði *Ls 2, 6, Vm 7, 3, Háv 140, 4 u. ö.; pl. nom. acc.* orð *Vsp 30, 6, Háv 133, 9; Bdr 4, 8, Hrbl 43, 2, Grm 32, 4 u. ö.; gen.* orða *þrk 2, 1, Skm 2, 1, Háv 65, 4 u. ö.; dat.* orðum *Vm 4, 6, Háv 83, 1, HH I 34, 8 u. ö.;* 2) *ruf, rühmende anerkennung: sg. acc. Háv 4, 6 (Eiríkr Magnússon, Cambr. phil. soc. proc. 1889 s. 1 ff.).*

orð-bæginn, *adj. zum wortstreit geneigt: m. sg. nom. Hym 3, 2.*

orð-heill, *f. die (üble) vorbedeutung eines wortes: sg. nom. Hyndl 49, 1.*

orð-kringi, *f. zungenfertigkeit: sg. nom. Hrbl 47, 1.*

orð-speki, *f. gabe weise und verständig zu reden: sg. acc. Vm 5, 2. 55, 8.*

orð-stafr, *m. schriftzeichen, rune: pl. acc.* orðstafi *Am 9, 3 (FJ schreibt* orð stafa *'die worte die die buchstaben ausmachten').*

orðs-tírr, *m. guter ruf, ruhm: sg. nom. Háv 75, 4.*

ó-reiðr, *adj. nicht zornig, milde, gnädig: n. pl. dat.* óreiðum *Sd 3, 4.*

orka (að), *von jmd (*ebn *od.* á ehn) *etw. (*ehs *od.* til ehs) *verlangen: inf. Háv 81, 5.*

orm-beðr, *m. 'schlangenlager': sg. gen.* ormbeðs eld *'das feuer des schlangenlagers', d. i. gold Gðr I 26, 4.*

orm-garðr, *m. schlangenhof, zwinger in dem schlangen gehalten werden: sg. nom. Akv 18, 7; acc.* ormgarð *Sg 59, 4, Dr 15 u. ö.*

ormr, *m. (got.* waúrms) *schlange: sg. nom. voc. Vsp 51, 5, Skm 27, 6 u. ö.; Fm 19, 1; gen.* orms *Hym 22, 3 u. ö.; dat.* ormi *Vsp 57, 6, Háv 85, 4 u. ö.; acc.* orm *Vsp 58, 4, Hym 23, 3 u. ö.; pl. nom.* ormar *Grm 34, 1 u. ö.; gen.* orma *Vsp 39, 8; dat.* ormum *Akv 32, 5, Am 56, 8; acc.* orma *HHv 30 pr 7; c. art.* ormana *Dr 16.*

orrosta, *f. schlacht: sg. nom. HHv 34 pr 9, HH II 16 pr 28; gen. dat. acc.* orrostu *Háv 154, 2; Háv 128, 6 u. ö.; Rm 25 pr 1. 4; dat. c. art.* orrostunni *Sd 2 pr 14; pl. dat.* orrostum *HHv 9 pr 5.*

ó-sáinn, *part. prt. ungesät: m. pl. nom.* ósánir *Vsp 64, 1.*

ó-sannr, *adj. unwahr: n. sg. dat.* ósǫnnu *HH I 37, 4; pl. gen.* ósaðra *Rm 4, 4.*

ó-sátt, *f. nichteinwilligung: sg. dat.* at ó. mínni *ohne meine einwilligung Alv 6, 4.*

ó-sáttr, *adj. unversöhnt: m. pl. nom.* ósáttir *HH II 24, 3.*

ó-sendr, *part. prt. nicht geopfert (Hj. Falk, Ark. 5, 111): n. sg. nom.* ósent *Háv 143, 4.*

ó-sjaldan, *adv. nicht selten, häufig: Vsp 26, 9.*

óska-byrr, *m. erwünschter, günstiger wind: sg. nom. HH II 30, 3.*

ósk-mær, *f. 'wunschmädchen', walküre (Myth. ⁴ 347): sg. acc.* óskmey *Od 15, 3.*

ósk-mǫgr, *m. wunschsohn, adoptivsohn (anders Hj. Falk, Arkiv 5, 114): pl. gen.* óskmaga *Ls 16, 3.*

ó-skorinn, *part. prt. ungeschnitten: n. sg. nom.* óskorit *Gðr II 23, 7.*

ó-skǫp, *n. pl. ungehörigkeit, unschicklichkeit: nom. Háv 97, 4.*

ó-smár, adj. nicht gering, bedeutend:
f. pl. acc. Od 19, 8.

ó-snjallr, adj. mutlos, feig: m. sg.
nom. Háv 16, 1. 48, 4.

ó-snotr, adj. unklug, unverständig.
töricht: m. sg. nom. Háv 24, 1.
78, 1 u. ö.; gen. ósnotrs Háv
102, 9.

ó-spiltr, part. prt. unversehrt, un-
verdorben: f. pl. acc. óspiltar Sd
19, 6.

ossar, ossum, s. 2. várr.

ó-sviðr, adj. unklug, töricht: m. sg.
nom. Háv 21, 4, Fm 37, 1 u. ö.;
gen. ósvinns Fm 11, 3; pl. gen.
ósviðra Grm 34, 3; acc. ósvinna
Háv 121, 7.

ó-sýnn, adj. ungewiss, unsicher: n.
sg. nom. ósýnt Rm 25, 4.

ó-teitr, adj. unfroh, mürrisch: m.
sg. nom. Hym 25, 1.

ó-tíðr, adj. ungewohnt: n. sg. nom.
þó er hánum ótítt við jǫtuns brúðir
hat nicht gerne zu schaffen mit . .
Hyndl 4, 5.

otr, m. fischotter: sg. gen. otrs Rm
10; dat. c. art. otrinum Rm 13. —
Als eigenname Rm 9. 9 pr 2.

ó-trauðr, adj. nicht träge, leicht
bereit zu etw. (ehs): m. pl. nom.
ótrauðir Skm 24, 6.

otr-belgr, m. otterbalg: sg. acc. c.
art. otrbelginn Rm 15. 5 pr 2.

ótta, f. (got. ûhtwô) der letzte teil der
nacht vor eintritt der morgendäm-
merung: sg. acc. óttu Am 50, 3.

ó-varr, adj. unvorsichtig: m. sg. nom.
Akv 41, 1.

ó-vili, m. freudlosigkeit, elend: sg.
gen. óvilja Sg 46, 6.

ó-víltr, part. prt. unverfälscht: f. pl.
acc. óvíltar Sd 19, 5.

ó-vinr, m. feind: sg. gen. óvinar
Háv 43, 4; dat. óvin Fm 1 pr 5;
pl. nom. óvinir Háv 1, 6.

ó-viss, adj. (got. un-wis) ungewiss:
n. sg. nom. óvist Háv 1, 5. 38, 4,
Fm 24, 1.

ó-væginn, adj. nicht zur nachgibig-
keit geneigt, trotzig, eigenwillig:
n. pl. nom. óvægin Am 95, 2.

oxi, uxi, f. (got. aúhsa) ochse: sg.
nom. uxi Hym 18, 7; gen. dat. uxa
Hym 22, 4; Hym 18, 3; acc. oxa
þrk 24, 5; pl. nom. øxn þrk 23, 3;
gen. uxna F 304 b 31; dat. øxnum

Am 19, 3; acc. øxn Rp 22, 3, yxn
Hym 15, 8.

ó-þarfr, adj. 1) unnütz: n. pl. nom.
óþǫrf Háv 163. 4; 2) schädlich:
n. sg. acc. (adv.) óþarft zum schaden,
zum verderben Sg 64, 4.

ó-þoli, m. (vgl. got. þulains) unge-
duld: sg. nom. Skm 29, 2; acc.
óþola Skm 36, 3.

ó-ǫrr, adj. langsam: n. sg. acc. (adv.)
óǫrt Sg 62, 1.

P.

penningr, m. münze, pfennig: sg.
acc. penning Ls 40, 4.

pína (nd, að), peinigen, martern: inf.
Grm 28, 33.

plógr, m. pflug: sg. acc. plóg Rp 22, 8.

pro-lepsis, f. (πρόληψις) 'vorwegnahme', eine stilist. figur: sg. nom.
F 305 b 16.

R.

1. rá, f. segelstange, rahe: sg. acc.
HH I 34, 2; pl. nom. rár Háv
73, 7, HH I 50, 4.

2. rá, f. älter vrá, s. d.

ráð, n. 1) rat, ratschlag: sg. nom.
acc. Fm 21, 1; Hrbl 53, 1; dat.
ráði Hrbl 49, 1; pl. nom. acc. ráð
Ls 51, 6, Vkv 31, 6 u. ö.; Grm 6,
Háv 111, 2, Rp 3, 2 u. ö.; gen.
ráða Rm 11 pr 5; dat. ráðum Háv
110, 8; 2) entschluss, ratschluss,
plan, anschlag: sg. acc. Am 62, 4.
67, 2, Hm 20, 5; dat. ráði Hyndl
42, 7, Od 13, 4; pl. gen. ráða Grp
33, 4; dat. ráðum Sg 48, 8, Am
10, 8; acc. ráð Sg 26, 8; 3) verständige überlegung, klugheit: sg.
nom. Grp 36, 4; pl. dat. ráðum
Hrbl 18, 10; 4) recht eine entscheidung zu treffen, macht, gewalt:
pl. acc. Alv 4, 3; dat. ráðum Alv
5, 2; 5) lage, umstände, befinden:
sg. gen. ráðs Háv 108, 3 (anders
Richert s. 12 fg.); 6) das eheliche
verhältnis, partie, ehe: pl. gen. ráða
Grp 45, 4, Br 3, 6.

ráða (réð; got. ga-rêdan) 1) etw. (eht;
einmal Fm 26, 1 ehu) anraten,
jmd (ehm) einen rat (eht) erteilen:
inf. Hrbl 53, 1; prs. ind. sg. 1.
ráð Sd 22, 1. 23, 1 u. ö.; mit

suff. pron. ráðumk (*zur form vgl. unter* heita 7) Háv 111, 1. 112, 1 u. ö.; *sg.* 2. ræðr Akv 6, 3; *imper. sg.* 2. ráð Vm 1, 1; *part. prs. m. pl. nom.* ráðendr *die ratgeber* Akv 9, 3; *prt. ind. sg.* 2. rétt Fm 26, 1; *sg.* 3. réð HHv 9, Ghv 6; *part. prt. n. sg. nom.* ráðit Fm 21, 1; 2) *macht od. gewalt über etw.* (ehu) *haben, macht gewinnen über etw., über etwas herrschen, einer sache walten u. ä.: inf.* Grm 2, 5, Hyndl 49, 2 u. ö.; *prs. ind. sg.* 3. ræðr Vsp 67, 4, Vm 38, 7 u. ö.; mǫrgum ræðr lítlu *bei vielen hat das wenig* (d. h. gar keinen) *einfluss* Am 34, 7; *pl.* 1. ráðum Sg 19, 6; *pl.* 3. ráða Vm 50, 4; *prt. ind. sg.* 3. réð Rp 39, 1, HH I 10, 7 u. ö.; *opt sg.* 3. réði Fm 26, 5, Br 11, 2; *inf.* látum því þarfar ráða *lassen wir das schicksal darüber entscheiden* Sg 45, 4; *prs. ind. sg.* 1. ek því ræð at *ich bin schuld daran dass* Ls 28, 4; *sg.* 2. alls þú bjóða ræðr *da du im stande bist es zu gewähren* HHv 7, 4; *sg.* 3. hverr er segja ræðr *falls jmd in der lage ist zu sagen* Háv 123, 2; hann ræðr ró þeim er rœgir hér goð *bringt ihn zur ruhe* Ls 55, 4; 3) *beschliessen, einen entschluss fassen: prs. ind. sg.* 1. *mit suff. pron.* yfir ráðumk ganga *ich beschliesse mich zu überwinden* Am 77, 1; *prt. opt. sg.* 3. er hinn um réði *wenn jener sich dazu entschliessen wollte* Am 7, 8; *part. prt. n. sg. nom.* svá er nú ráðit Am 28, 2; *acc. ef* hǫfðuð áðr ráðit *wenn ihr vorher pläne geschmiedet hattet* Am 42, 2; 4) *jmd* (ehm) *etw.* (eht) *bereiten: prs. ind. pl.* 3. er brœðr hennar þér bana ráða Grp 51, 4; 5) *sich auf etw.* (ehu) *einlassen: inf.* lýti ráða *sich eines fehltrittes schuldig machen* Od 22, 3; 6) *sich anschicken etw. zu tun, mit nachfolg. inf.* (mit od. ohne at), *oft rein pleonast. wie nhd.* tun: *prs. ind. sg.* 1. ræð Hrbl 47, 3; *imper. sg.* 2. ráð Skm 1, 2; *prt. ind. sg.* 2. rétt Am 80, 6; *sg.* 3. réð þrk 1, 7, HHv 26, 2, Am 10, 6 u. ö.; 7) *jmd* (ehn) *verraten: inf.* Fm 22, 2; *prt. ind. sg.* 3. réð Fm 22, 1; *part. prt. m. sg. nom.*

acc. ráðinn Akv 16, 5; Fm 37, 5; 8) *erraten, deuten* (schriftzeichen, träume): *inf.* Háv 142, 2, Gðr II 23, 4, Am 9, 8; *imper. sg.* 2. ráð Am 21, 6; *prt. ind. sg.* 1. 3. réð Am 11, 1; Sd 13, 4; *opt. sg.* 1. réða Gðr II 38, 4; *part. prt. m. pl. acc.* ráðna stafi *deutbare zeichen?* (vgl. Bugge, Fkv. 395b *und* NI *s.* 21 *anm.* 1; *zur bedeutung des part. vgl.* þakinna næfra Háv 60, 2) Háv 141, 2; 9) *mit praepp.*: r. á ehn *sich an jmd heranwagen, jmd anfallen: inf.* Grm 26; r. til ehs *sich zu etw. anschicken: prt. ind. sg.* 3. réð til hefnda Sg 22, 5; *prt. ind. pl.* 2. hve ér yðr snemma til saka réðuð *wie ihr selbst frühzeitig schuld auf euch ludet* Sg 34, 4; *part. prt. n. sg. nom.* mun Gunnari til gamans ráðit verða eða sjálfum mér *wird für G. od. mich freude daraus erwachsen* Grp 44, 6; r. um eht *sich über etw. beraten: prt. ind. pl.* 3. réðu Bdr 1, 5, þrk 13, 5; r. við sik *mit sich selbst zu rate gehen: prs. ind. sg.* 3. ræðr Fm 33, 2;

ráðask 1) *sich wozu anschicken, wohin gelangen: prs. ind. pl.* 3. ráðask Am 24, 2; *prt. ind. sg.* 3. rézk Rp 5, 4. 19, 4; 2) *sich beraten: prt. ind. sg.* 3. illa rézk Atli *war übel beraten* Am 2, 3; 3) r. at *sich raten lassen: prt. ind. pl.* 3. ekki at réðusk Am 46, 7.

ráð-bani, *m. wer durch se anschläge jmds tod herbeiführt: sg. nom.* Hym 19, 2.

ráð-snotr, *adj. kluge entschlüsse fassend, klug, einsichtig: m. pl. gen.* ráðsnotra Háv 64, 2.

ráð-spakr, *adj. dass.: m. sg. nom.* Grp 21, 6; *pl. nom.* ráðspakir Grp 6, 3; *n. sg. acc.* (sw.) ráðspaka Háv 101, 5.

ráð-sviðr, *adj. dass.: m. sg. nom.* (sw.) ráðsvinni Hrbl 8, 3. — *Als name eines zwerges* Vsp 15, 7.

ragr, *adj. unmännlich, weibisch; insbes. bezeichnung desjenigen, der sich zu widernatürl. unzucht gebrauchen lässt: m. sg. nom.* Ls 33, 4; *voc.* (sw.) ragi Hrbl 27, 1. 51, 1; *f. sg. voc.* rǫg Ls 57, 1. 59, 1 u. ö.

rakki, *m.* *1) hund: pl. nom.* rakkar *Am 24, 1;* *2) um den mast gelegter ring (aus ketten od. tauwerk) an dem die rahe befestigt ist, rack: pl. gen.* rakka *HH I 50, 3.*

rakk-látr, *adj. von kühner handlungsweise, entschlossen, mutig: m. pl. dat.* rakklátum *Am 62, 3.*

ramliga, *adv. kräftig: HH I 31, 5, Sg 23, 2.*

ramm-aukinn, *adj. mit ungewöhnlicher stärke ausgerüstet: m. sg. nom.* Hyndl 35, 3.

ramm-hugaðr, *adj. seelenstark: m. sg. nom. Sg 25, 3.*

rammr, *adj.* (älter hrammr? *KGíslason, Efterl. skr. I, 171) stark, kräftig, mächtig, gewaltig: m. sg. acc.* ramman *Hym 28, 5, Rþ 1, 5; n. sg. nom.* ramt *Háv 135, 1; acc. (adv.)* ramt *Od 6, 6; n. pl. nom. acc.* rǫmm *Sd 37, 6; Vsp 45, 8 u. ö.*

rangr, *adj. älter* vrangr *s. d.*

rann, *n.* (got. razn) *haus: sg. nom.* Grm 9, 4; *dat.* ranni *Bdr 3, 8, Grm 13, 5, Hm 23, 1; pl. gen.* ranna *Grm 24, 4; dat.* rǫnnum *Skm 14, 3.*

raptr, *m. 1) dachsparren: pl. acc. c. art.* raptana *F 304a 34; 2) pl.* raptar *die nach art der sparren in einem spitzen winkel zusammenlaufenden seitenhölzer der harfe: nom.* Am 63, 8.

rár, *adj., älter* hrár *s. d.*

rás, *f. lauf: sg. gen.* rásar *HH I 43, 4.*

1. rata (að), *älter* hrata *s. d.*

2. rata (að; *älter* vrata, *got.* wratôn) *umherwandern: prs. ind. sg. 3.* ratar *Háv 5, 2. 18, 2; part. prt. n. sg. acc.* ratat *Alv 6, 2.*

rati, *m. bohrer: sg. gen.* rata *Háv 105, 1 (vgl. Bugge z. st.).*

rauðr, *adj.* (got. rauþs) *rot: m. sg. dat.* rauðum *Vsp 42, 4, HH I 34, 3, Akv 8, 6,* (sw.) rauða *Hyndl 12, 8; acc.* rauðan *Rþ 21; 5; pl. nom.* rauðir *HH I 57, 3; dat.* rauðum *Hlr 9, 3, Akv 40, 3; acc.* rauða *þrk 29, 6, Vkv 19, 4 u. ö.; f. pl. acc.* rauðar *Gðr II 14, 9; n. sg. nom. acc.* rautt *Vkv 21, 7, F 304b 2; Vkv 6, 1; dat.* rauðu *Rm 16. 9, 1,*

Od 14, 6. — *Als name eines ochsen F 304b 33.*

raufa (að), *durchbohren: prt. ind. sg. 2.* raufaðir *HH I 42, 8.*

raun, *f. erfahrung: pl. acc.* raunir *Od 18, 4.*

regin, *n. pl.* (got. ragin) *götter: nom. acc. Vsp 9, 1, Ls 32, 5, Vm 25, 5 u. ö.; Ls 4, 5, Vm 3, 3, Hyndl 42, 8 u. ö.; gen.* ragna *Vsp 42, 3. 45, 7, Ls 39, 6 u. ö.,* rǫgna *Hyndl 35, 4,* rǫgna *Háv 141, 7.*

regin-dómr, *m. erhabenes, gewaltiges gericht: sg. dat.* kømr inn ríki at regindómi *Vsp 67, 2,* 'um wie kein anderer mit unvergleichlicher macht u. autorität gericht zu halten' (Mhff, DA V, 35).

regin-kunnigr, *adj. von göttlicher abkunft: m. sg. nom.* (sw.) reginkunngi *Hm 25, 2.*

regin-kunnr, *adj. dass.: f. pl. dat.* reginkunnum *Háv 79, 3.*

regin-þing, *n. grosse, allgemeine versammlung: pl. gen.* reginþinga *HH I 52, 2* — *wahrscheinlicher ist jedoch das wort (mit Bugge in Wimmers Læseb.* 4 VIII) Reginþinga *zu schreiben und als ortsname zu fassen.*

regn, *n.* (got. rign) *regen: sg. gen.* regns *Gðr I 15, 5; dat.* regni *Bdr 5, 6.*

reið, *f. 1) ritt: sg. acc. F 303 b 10; 2) wagen: sg. dat.* reið *Helr 5,* reiðu *Hlr 5, 2 (vgl. jedoch Mhff, DA V, 387 fg.), c. art.* reiðinni *Helr 7.*

reiða (dd; *got.* raidjan) *1) darreichen: inf.* Akv 34, 4 (Zz 26, 28); *2) entrichten, auszahlen: prt. ind. pl. 3.* reiddu *Rm 5 pr 1; part. prt. n. sg. nom.* reitt *Rm 6, 1.*

1. reiði, *n. kostbares gerät: pl. nom. F 306a 7.*

2. reiði, *f. älter* vreiði, *s. d.*

reiðr, *adj. älter* vreiðr, *s. d.*

reifa (fð), *jmd (ehn) mit etw.* (ehu) *begaben, beschenken: inf. Am 13, 6; prt. ind. sg. 3.* reifði *Gðr II 1, 6. 7, Akv 40, 4.*

reifr, *adj. munter, leutselig: m. sg. nom. Háv 15, 4. 102, 2.*

reini, *m.* (älter vreini) *hengst: sg. nom. HHv 21, 1; gen.* reina *HHv 20, 6 (Bugge, Fkv. 407a).*

reisa (st; *got.* ur-raisjan) *aufrichten;*
prs. opt. sg. 3. reisi *Háv 72, 6;*
prt. ind. pl. 3. reistu *Rm 5 pr 3.*

reka, *älter* vreka, *s. d.*

rekja (rakða; *got.* uf-rakjan) *1) auf-*
wickeln, ausbreiten, ausspannen:
inf. borða at rekja *teppiche (am web-*
stuhle) ausspannen, weben Hlr 1, 6;
prt. ind. sg. 3. rakði *Od 1ö, 2;* *2)*
entwickeln, darlegen, herzählen: prs.
ind. pl. 3. rekja *Hyndl 45, 8;* *3)*
rekjask *sich herauswickeln, sich los-*
reissen, auffahren: prt. ind. sg. 3.
rakðisk *Am 87, 2.*

rekkja, *f. bett: sg. gen. dat. acc.*
rekkju *Rþ 5, 6 u. ö.; Br 20 pr 5;*
Rþ 11, 6. 32, 4.

rekkr, *m. (ags.* rinc) *mann, held:*
sg. nom. voc. Hrbl 8, 3; *HHv*
22, 5; dat. rekki *Hyndl 3, 8;*
pl. nom. rekkar *Háv 49, 4 (vgl.*
KGíslason, Njála II 367), Vkv
29, 4, Grp 6, 4; gen. acc. rekka
Alv 5, 1, Akv 19, 8, F 305b 11;
HHv 18, 4, Gðr II 14, 10; dat.
rekkum *Gðr I 19, 2, Am 62, 3.*

rengja (gð; *älter* vrengja) *verdrehen,*
verfälschen: prt. ind. sg. 3. rengði
Am 4, 2.

1. renna (rann; *älter* rinna, *got.*
rinnan) *1) laufen, rennen: inf. Vsp*
45, 4, þrk 21, 4, Grm 32, 2 u. ö;
prs. ind. sg. 3. renn lopt ok lǫg
durch luft u. meer F 303b 7; pl. 3.
renna *Am 24, 1; opt. sg. pl. 3.*
renni *HH II 30, 5. 6. 35, 7; HH*
I 52, 1; prt. ind. sg. 2. rant *Hyndl*
46, 5; sg. 3. rann *Gðr II 4, 1,*
r. á hals hánum *fiel ihm um den*
hals HH II 12 pr 17; opt. pl. 3.
rynni *HH II 36, 6; 2) fliessen,*
strömen: inf. Vm 16, 4, Am 25, 1;
prt. ind. sg. 3. rann *Gðr I 15, 6;*
part. prt. f. sg. acc. runna *beströmt,*
bespritzt Gðr I 14, 4; 3) schwim-
men: prs. ind. sg. 3. renn *Rm 1, 2;*
4) aufwachsen, entspriessen: prs.
ind. sg. 3. renn *Háv 137, 9.*

2. renna (nd; *got.* ur-rannjan) *laufen*
lassen (ehu): prt. ind. pl. 2. renduð
Br 18, 4.

repta (pt), *mit dachsparren versehen,*
bedecken: part. prt. n. sg. nom. pl.
acc. rept *Grm 9, 4; Grm 24, 5.*

rétta (tt; *got.* ga-raihtjan) *gerade*
machen, aufrichten; r. við *davon-*

kommen: *prt. opt. sg. 3.* rétti *Am*
60, 8.

rétti, *n. gerademachung: sg. acc.*
rifja r. *HHv 22, 4 (vgl. FJ z. st.).*

réttr, *adj. (got.* raihts) *1) gerade:*
f. pl. acc. réttar *Rþ 14, 2. 26, 2;*
2) richtig, wahr: n. sg. acc. rétt
Grp 1l, 8, adv. der wahrheit ge-
mäss Vsp 15, 8, Grp 21, 5.

reyna (nd), *1) versuchen, auf die*
probe stellen, erproben: inf. Alv 9,3,
HHv 21, 2, Am 39, 4; prs. ind.
sg. 2. reynir *Am 75, 8; prt. ind.*
sg. 1. reynda *Vm 3, 3. 44, 3 u. ö.;*
pl. 1. reyndum *Am 90, 6; 2) er-*
fahren, kennen lernen: prs. ind.
sg. 2. reynir *Am 66, 4. 77, 6; prt.*
ind. sg. 1. reynda *Háv 95, 1. 101, 4;*
part. prt. n. sg. acc. reynt *Am 57, 4;*
3) durch prüfung sich bewähren:
prt. ind. sg. 3. reyndi *Br 19, 1;*
part. prt. m. sg. nom. reyndr *Háv*
80, 3; n. sg. nom. reynt *Háv 79, 1;*
reynask *dass.: inf. Am 57, 3.*

reyrr, *m. (got.* raus, *n.) rohr: sg. dat.*
reyri *Háv 95, 2.*

1. ríða (reið), *reiten: inf. Vsp 31, 3,*
Ls 28, 5 u. ö.; prs. ind. sg. 2.
3. ríðr *Grp 13, 7; Sg 27, 1, F 305a*
9; pl. 3. ríða *Ls 42, 5, Vm 41,*
5 u. ö.; opt. sg. 1. ríða *Skm 38, 3;*
sg. 3. ríði *Háv 61, 2; imper. sg. 2.*
ríð *Bdr 14, 1, Fm 20, 3; prt.*
ind. sg. 3. reið *Bdr 2, 5, HHv*
28, 2 u. ö.; pl. 1. ríðum *Gðr II*
36, 4; pl. 2. ríðuð *Sg 35, 4;*
pl. 3. ríðu *HH II 16 pr 7, Br 13,*
8 u. ö.; opt. sg. 2. ríðir *Br 16, 5;*
sg. 3. ríði *F 305b 3; part. prt.*
n. sg. acc. ríðit *Br 19, 2. 20 pr 10;*
mit acc. des weges: inf. Vsp 31, 11,
Vm 47, 4 u. ö.; prt. ind. sg. 3.
reið *Rþ 37, 5, HH II 4 pr 10 u. ö.;*
pl. 1. ríðum *Gðr II 35, 6; pl. 3.*
ríðu *HH II 48 pr 1; statt dessen*
um c. acc. HH II 12 pr 8; mit
dat. des tieres auf dem man
reitet: inf. Rþ 35, 9, Gðr II 18, 9
u. ö.; prs. ind. sg. 3. ríðr *Háv*
71, 1; pl. 3. ríða *Grm 30, 6, Rm*
16, 1; prt. ind. sg. 3. reið *HHv*
30 pr 7, Fm 44, 4 u. ö.; statt
dessen á c. dat.: prt. ind. sg. 3.
reið *HHv 35, 1; acc.: inf.* kjól at
ríða *Rþ 49, 6; mit dat. u. acc.:*
part. prt. n. sg. acc. hafða ek þér

móðri mart skeið riðit *HH I 43, 6*; *inf.* ríða ørindi (*mit einer botschaft*) mar inum mélgreypa Myrkvið inn ókunna *Akv 3, 2, vgl. Akv 8, 8.*

2. ríða (reið; *älter* vríða) *flechten, knüpfen: part. prt. n. sg. acc.* riðit *Akv 8, 6.*

3. ríða (að), *sich hin u. her bewegen: inf. Háv 135, 2; prt. ind. pl. 3.* riðuðu *Rp 21, 6.*

rif, *n. rippe: pl. gen.* rifja *HHv 22, 4.*

rífa (reif), *1) zerreissen, zerbrechen: prt. ind. pl. 3.* rifu *Am 36, 2; 2) ausreissen: part. prt. m. pl. nom.* rifnir *Gðr II 40, 5.*

rifna (að), *in stücke gehn, zerbrechen: prs. ind. pl. 3.* HH II 2, 7; *prt. ind. sg. 3.* rifnaði *Hym 31, 8.*

rifr, *m. webebaum: sg. gen.* rifjar *Rp 15, 4.*

ríki, *n.* (*got.* reiki) *1) macht, gewalt: sg. acc. Háv 64, 1; dat.* ríki mit *macht, kräftig, gewaltig Am 36, 1, af r. dass. HH I 48, 1; 2) reich, königreich: sg. dat. Sf 24; gen.* ríkis *Sf 26; 3) ansehen, ruhm: sg. nom. dat. F 306a 11; Háv 154, 5.*

rík-menni, *n. coll. angesehene, vornehme leute: sg. dat.* HH II 20, 8.

ríkr, *adj.* (*got.* reiks) *mächtig, kräftig, gewaltig, herrlich: m. sg. nom. HH II 6. 12 pr 1,* (*sw.*) ríki *Vsp 67, 1, Akv 30, 1; voc.* ríkr *HHv 6, 3, Akv 16, 6; gen.* riks *Grp 26, 2; dat.* ríkjum *Grp 17, 1,* (*sw.*) ríkja *Ghv 6; pl. nom.* ríkir *Bdr 1, 6, Akv 9, 4 u. ö.; f. sg. nom.* rík *Grp 49, 2,* (*sw.*) ríkja *HH I 57, 4; dat.* ríkri *Am 63, 7; n. sg. acc.* (*adv.*) ríkt *Od 6, 5; pl. nom.* rík *Fm 39, 1; superl. m. sg. nom.* ríkstr *Rm 14, 6.*

ript, *f. stück zeug, lumpen, ärmliche kleidung: sg. acc.* Háv 49, 5.

ripti, *n. 1) zeug, tuch: sg. dat. Rp 21, 4; 2) gewand: sg. acc. Rp 28, 3; 3) schleier: sg. dat. Rp 23, 6; 4) betttuch: sg. acc. Sg 8, 8.*

rísa (reis; *got.* ur-reisan) *1) aufstehen, sich erheben, sich aufrichten: inf. Háv 58, 1. 59, 1; imper. sg. 2.* rís *Ls 10, 1, Skm 1, 1 u. ö.; prt. ind. sg. 3.* reis *Bdr 4, 7, Sg 25, 4 u. ö., r. á kné erhob sich halb mit gebeugten knien, nahm die zum*

werfen *passende stellung ein Hym 31, 1; 2)* r. upp, *a) aufstehen, sich erheben: imper. sg. 2.* rís *Vkv 39, 1; prt. ind. sg. 3.* reis *Bdr 2, 1, Rp 5, 3 u. ö.; b) aufbrechen: inf. Am 29, 3; prt. ind. sg. 3.* reis *Háv 143, 9; 3) sich erheben, entstehen: part. prt. n. pl. nom.* risin *Sd 37, 6.*

1. rísta (reist), *ritzen, schneiden, prt. ind. sg. 3.* reist *Sd 7; part. prt. m. sg. nom.* ristinn *Rm 26, 4; bes. vom ritzen od. einschneiden der runen: inf. Háv 142, 1, Sd 6, 3 u. ö.; prs. ind. sg. 1.* ríst *Skm 36, 1, Háv 155, 4; prt. ind. sg. 1. 3.* reist *Háv 141, 12; Háv 141, 7, Sd 13, 5 u. ö.; part. prt. m. pl. nom.* ristnir *Gðr II 23, 3; f. pl. acc.* ristnar *Sd 15, 1; r. á einschneiden: prt. ind. sg. 1.* reist *Skm 36, 5; part. prt. f. pl. nom.* ristnar *Sd 18, 2; r. af wegschneiden: prs. ind. sg. 1.* ríst *Skm 36, 4.*

2. rista (st), *zerschneiden: inf. Grp 15, 7, F 305a 4; prt. ind. pl. 3.* ristu *F 305a 2. 5.*

rita (að; *älter* vrita; *vgl. got.* writs) *schreiben: part. prt. n. sg. nom.* ritat *HH II 16 pr 22,* ritað *HH II 16 pr 16.*

rjóða (rauð), *röten: inf. Hrbl 40, 4, Rp 38, 6 u. ö.; prs. ind. sg. 3.* rýðr *Vsp 42, 3, Fm 24, 6; prt. ind. sg. 1. 3.* rauð *Fm 28, 2; Hyndl 10, 5; sg. 2.* rautt *Fm 1, 4; opt. sg. 3.* ryði *Rm 26, 6; part. prt. m. pl. nom.* roðnir *rotgefärbt* (*mit blut*) *Gðr II 23, 3* (*vgl. FJ z. st.*), *40, 6; f. pl. nom. acc.* roðnar *Ghv 4, 9, Hm 7, 3; HH II 48, 2.*

rjóðr, *adj.* (*vgl. got.* ga-riuds '*ehrbar*', *eigentl.* '*rot vor scham*') *rötlich; von frischer gesichtsfarbe: m. sg. acc.* rjóðan *Rp 21, 5.*

rjúfa (rauf), *reissen: inf.* undir r. *wunden schlagen Rp 49, 8; part. prs. m. pl. nom.* rjúfendr *die zerstörer Bdr 14, 8; part. prt. m. pl. acc.* rofna (*scil.* vinna) *zerrissen zu machen Sg 18, 5* (*Mhff, DA V, 377 anm.*); rjúfask *vernichtet werden, untergehen: prs. ind. pl. 3.* Ls 41, 3, Vm 52, 6 u. ö.

rjúka (rauk) *rauchen: prt. ind. pl. 3.* ruku *Akv 43, 4.*

ró, f. ruhe: sg. nom. acc. Am 75, 7; Ls 55, 4.

róa (rœra), rudern: inf. Hym 17, 2, Háv 81, 2 u. ö.; prs. ind. sg. 2. rœr Fm 11, 5; pl. 3. róa Alv 24, 5; imper. sg. 2. ró Hrbl 53, 2; prt. ind. pl. 3. røru Hym 25, 2, Grm 3, reru HH I 28, 4.

roðna (að), rot werden, sich röten: prt. ind. sg. 3. roðnaði Gðr I 15, 4.

róðra, f. blut: sg. acc. róðru Am 19, 2.

róg, n. (älter vróg; vgl. got. wrôhs) 1) anschuldigung, verdächtigung: sg. dat. rógi Ls 4, 4; pl. nom. róg Am 94, 6; 2) feindschaft, streit: sg. dat. rógi Rm 5, 6. Hm 10, 4; pl. nom. róg Sd 37. 6; 3) gegenstand des streites, veranlassung zum streit: sg. nom. Háv 32, 4; dat. rógi HH II 20. 7.

róg-apaldr, m. 'apfelbaum des kampfes', kampfbaum, d. i. krieger, held: sg. voc. HHv 6, 3 (vgl. Bugge, Norr. skr. 193).

róg-málmr, m. 'kampferz', metall das veranlassung zum streite gibt, d. i. gold: sg. dat. rógmálmi Akv 28, 2.

róg-þorn, m. 'kampfdorn', d. i. schwert: pl. dat. rógþornum Akv 30, 4.

rokkr, m. spinnrocken: sg. acc. rokk Rþ 16, 2.

róma, f. lärm, streit (KGíslason, Efterl. skr. I, 195): sg. gen. rómu HH I 26, 6.

rosmu-fjǫll, n. pl. rote felsen (?): acc. Akv 19, 7 (vgl. jedoch Bugge, Ark. 1, 11 fg., der Rosmonfjǫll, Rosomonorum montes, lesen will).

rót, f. (älter hrót? KGíslason, Njála II, 157) wurzel: pl. nom. rœtr Grm 31, 1; dat. rótum Skm 35, 5, Háv 137, 9 u. ö.

rót-lauss, adj. wurzellos: m. sg. dat. rótlausum Háv 84, 6.

rúm, n. (got. rûm? rûms?) raum, platz: sg. gen. rúms Háv 105, 2; dat. helta in lengr rúmi blieb nicht länger an seinem platze Am 59, 2.

rúm-brugðinn, adj. geräumig: m. sg. acc. Hym 5, 7.

rúnar, f. pl. (got. rûna) 1) geheimnisse, geheimnisvolle weisheit: acc. Vsp 62, 8, Háv 110, 7; dat. rúnum

Vm 42, 4. 43, 1; 2) heimliche, vertraute unterredung: dat. rúnum Sg 15, 8, Gðr III 4, 8 u. ö.; 3) die als geheimnisvoll und zauberkräftig angesehenen german. schriftzeichen, runen: acc. Háv 136, 14, Rþ 36, 4, Am 4, 1 u. ö.; gen. rúna Am 9, 2; dat. rúnum Háv 79, 2. 155, 5, Dr 8.

runi, m. eber: sg. dat. runa Hyndl 5, 4.

runnr, m. gesträuch, gebüsch: sg. dat. runni Rþ 36, 1.

ryðja (rudda), räumen, verlassen: inf. Vsp. 58, 8.

rymr, m. lärm, getöse: sg. acc. rym HH I 18, 3.

rýna (nd; vgl. got. bi-rûnains), heiml. mit einander reden: prt. ind. pl. 3. rýndu Rþ 11, 5; part. prs. m. pl. nom. rýnendr vertraute ratgeber Akv 9, 3.

rýta (tt), grunzen (vom schweine): part. prs. n. sg. dat. rýtanda Háv 84, 5.

ræfr, n. dach: sg. acc. Alv 13, 5; dat. ræfri F 304a 33.

ræna (nt), 1) berauben (ehn ehu): inf. Bdr 8, 8. 9, 6; part. prt. m. sg. acc. ræntan Ghv 17, 3; 2) ausrauben, plündern: part. prt. n. sg. acc. rænt HHv 5 pr 11.

ræsir, m. fürst: sg. nom. Rm 14, 5, Akv 30, 1, Hm 25, 1; gen. ræsis HHv 18, 4; dat. ræsi HH I 18, 4.

1. rœða, (dd; got. rôdjan) reden, sprechen (zu jmd: við ehn): inf. Vkv 39, 6, Gðr II 5, 2 u. ö.; prt. ind. pl. 3. rœddu Rþ 11, 5; sich über etwas (um eht) besprechen: imper. pl. 2. rœðið Hm 20, 5.

2. rœða, f. gespräch: sg. nom. Am 19, 8; gen. rœðu Hyndl 45, 5.

rœði, n. ruder: sg. dat. Hym 25, 5.

rœgja (gð; älter vrœgja, got. wrôhjan) anklagen; verläumden: prs. ind. sg. 3. rœgir Ls 55, 5.

rœkja (kt), auf etw. (eht) achten, sich um etwas kümmern: prs. ind. pl. 2. rœkið Am 15, 6; opt. sg. 1. rœkja Am 94, 2.

rǫdd, f. (got. razda) stimme, sprache: sg. acc. HHv 20, 6, Fm 31 pr 10, Gðr I 9; dat. rǫddu Vkv 16, 6, Akv 2, 6.

rǫgnir, m. (got. ragineis) fürst: sg.

dat. rǫgni (*Zz 26*, *28*) *Akv 34*, *4.*
— *Beiname Odins Sd 15*, *6* (*vgl.*
jedoch hreið).

rǫk, rǫk-stóll, *s.* røk, røk-stóll.
rǫkn (*oder* raukn? *s. Wimmer Lb.*[4]
XXI anm.) *n. zugtier, pferd: pl.*
nom. HH I 52, *1.*

rǫnd, *f.* 1) *rand* (*des schildes*): *sg.*
nom. dat. HH I 34, *4; Vkv 33*, *4;*
2) *schild: sg. nom. acc. HH I 28*, *3;*
pl. nom. acc. randir *Hlr 9*, *4; Háv*
154, *4*, *Gðr II 14*, *9; gen.* randa
HH I 18, *3; dat.* rǫndum *Akv*
14, *7.* *30*, *3.*

rǫskr, *adj.* (*vgl. got.* ga-wrisqan?)
kühn, tapfer: m. sg. nom. Am 51, *1.*
57, *3. 87*, *1; acc.* rǫskvan *Rp 1*, *5.*

rǫst, *f.* (*got.* rasta) *meile: sg. gen.*
rastar *Hym 5*, *8; pl. gen.* rasta
Vm 18, *4; dat.* rǫstum *Þrk 7*, *3,*
HHv 16, *4.*

røk, *n. pl.* (*nicht* rǫk, *denn das wort*
gehört zu rekja *u. ist mit ahd.* rahha
nicht identisch) *entwickelung oder*
verlauf einer begebenheit (*von an-*
fang bis zu ende), *begebenheiten,*
schicksale: acc. ǫll of røk fira *über*
alles was die menschen betrifft Alv
10, *2. 12*, *2 u. ö., ähnl.* um ragna
røk *Vm 55*, *6,* tíva røk ǫll *Vm 38,*
2 u. ö., firrisk æ forn røk firar *von*
alten geschichten soll man sich fern
halten, vergangenes soll man nicht
aufrühren Ls 25, *6, fyr* þjóða røk
ehe man von völkergeschick etwas
wusste, in der urzeit (*vor erschaffung*
der menschen) *Háv 143*, *8; bes.*
das letzte schicksal, der untergang:
nom. acc. ragna r. *der untergang der*
götter, das weltende HH II 39, *3,*
Am 21, *5; Vsp 45*, *7. 50*, *7 u. ö.;*
acc. i aldar røk *am ende der welt*
Vm 39, *4;* í ragna røk *dass. Bdr*
14, *7.*

røkkr, *n.* (*got.* riqiz) *finsternis, dun-*
kel: sg. nom. pl. gen. nú er røkkr
røkkra *dichte finsternis Hyndl 1*, *5;*
gen. ragna røkkrs· *der 'götterfin-*
sternis', des unterganges der götter*
Ls 39, *6* (*über den ursprung des*
ausdruckes s. Mhff, Hz 16, *146 fg.*).

røkkva, (*prät. unbelegt; vgl. got.*
riqizjan) *dunkel werden: part. prt.*
n. sg. nom. røkvit *HHv 35*, *2.*

røk-stóll, *m. ratstuhl, richterstuhl:*
pl. acc. røkstóla *Vsp 9*, *2. 12*, *2 u. ö.*

S.

1. sá, sú, þat, *pron. dem.* (*got.* sa,
sô, þata) *der, dieser, jener, der-*
selbe, er: 1) *mit subst.* a) *unmittel-*
bar vorhergehend: m. sg. nom. sá
halr *Háv 156*, *6,* sá leikr *Akv 41*, *5,*
vgl. Hym 24, *6*, *Vm 11*, *4*, *Alv 12,*
4 u. ö.; gen. þess fugls *Háv 13*, *4,*
þ. viðar *Háv 60*, *4; dat.* þeim sal
Vsp 23, *3,* þ. meiði *Háv 137*, *7,*
vgl. Rm 7, *Sd 13*, *7 u. ö.; acc.*
þann lǫgvelli *Hym 6*, *2,* þ. mann
Grm 26, *vgl. Háv 149*, *4*, *Fm 19,*
6 u. ö.; pl. nom. þeir baugar *Fm*
9, *6,* þ. karlar *Am 63*, *5; dat.* þeim
ljómum *HH I 15*, *3,* þ. atburðum
Rm 6, *vgl. Vkv 21*, *6*, *F 304a 28;*
f. sg. nom. sú á *Vm 15*, *4,* sú grind
Grm 22, *4*, *vgl. Alv 10*, *4*, *Hyndl*
20, *5 u. ö.; gen.* þeirar veizlu
Ls 3, þ. sýnar *Gðr I 26*, *7*, *vgl. Sg*
16, *7. 35*, *7; dat.* þeiri eyju *Hrbl*
16, *3,* þ. sǫgu *Rp 7*, *vgl. HH I 5*, *3;*
acc. þá meinkráku *Ls 43*, *5,* þá konu
HHv 4, *vgl. Sf 4*, *Sg 66*, *1 u. ö.;*
pl. nom. acc. þær meyjar *Bdr 12*, *5,*
þ. nornir *Fm 12*, *4*, *vgl. Vm 48*, *4;*
þ. skálar *Vkv 24*, *5,* þ. kindir *Gðr*
II 32, *4*, *vgl. Am 11*, *1; dat.* þeim
heiptum *Sg 10*, *1; n. sg. nom. acc.*
þat lǫgn *Alv 22*, *4,* þ. tré *Háv*
135, *1*, *vgl. Alv 34*, *4*, *HH II 30,*
1 u. ö.; þ. sumbl *Ls 3*, *3,* þ. sverð
Skm 8, *4*, *vgl. Grm 23*, *Alv 6*, *6*
u. ö.; gen. þess rikis *Sf 26,* þ. gulls
Fm 21, *3; dat.* því liði *Vsp 20*, *2,*
þ. landi *Grm 12*, *4*, *vgl. Sd 12*, *7,*
Br 15, *2 u. ö.; pl. nom.* þau ský
Alv 18, *4; gen.* þeira orða *Þrk*
17, *4*, *Gðr I 24*, *4; dat.* þeim
fljóðalátum *Br 15*, *4;* b) *durch*
zwischenstehende wörter getrennt: m.
sg. nom. sá .. Óðins sonr *Vsp 33*, *7,*
vgl. Bdr 11, *3*, *Hym 22*, *2 u. ö.;*
gen. þess .. gangs *Gðr I 26*, *5;*
dat. þeim .. þjóðkonungi *Sg 36*, *1;*
acc. þann .. þrek *Hrbl 48*, *3*, *vgl.*
Háv 150, *6*, *Hyndl 43*, *5 u. ö.;*
pl. nom. þeir .. dvergar *Vsp 13*, *5,*
vgl. Hyndl 24, *1*, *Gðr I 21*, *7 u. ö.;*
gen. þeira .. fira *Vkv 2*, *1,* þ.
.. sigtíva *Akv 30*, *5; dat.* þeim
.. jóm *Grm 30*, *4; f. sg. nom.*
sú .. umgjǫrð *Hym 22*, *6*, *vgl. Ls*
35, *1*, *Vm 47*, *4 u. ö.; acc.* þá ..

sonnu *Ghv 1, 1; pl. nom.* þær .. Hjǫrvarðs konur *HHv 1, 5; n. sg. nom.* þat .. gull *Rm 5, 1, vgl. Vsp 19, 5, Am 102, 5; gen.* þess .. vanréttis *Ls 40, 5, vgl. Háv 101, 9; pl. acc.* þau .. gjǫld *Akv 42, 8; c) oft bezieht sich der voraufgehende plur. des dem. auf zwei od. mehrere persönl. subst. (in der regel eigennamen) im sing.: m. nom.* þeir Hǫðr ok Baldr *Vsp 64, 5,* þeir Erpr ok Eitill *Dr 5, vgl. Hyndl 9, 1, Gðr II 15, 6, F 305 b 6;* þ. Sólarr ok Snævarr ok Gjúki *Dr 12, vgl. Ghv 4; gen.* þeira Hundings konungs ok Sigmundar konungs *HH II 11, vgl. HH II 4, 11, F 304b 33; acc.* þá Véa ok Vilja *Ls 26, 4,* þá Alf ok Eyjólf, Hjǫrvarð ok Hervarð *HH II 12 pr 13; f. nom.* þær Drumba ok Kumba, Ǫkkvinkálfa ok Arinnefja *usw. Rp 13, 1; n. nom.* þau Óðinn ok Sága *Grm 7, 4, vgl. HHv 30 pr 2; zuw. wird nur eine person genannt, wenn die übrigen als bekannt vorausgesetzt werden: m. nom.* þeir Atli *A. u. se leute Am 41, 1, vgl. HH II 48 pr 1,* þ. Angantýr *(d. i. A. u. Óttarr) Hyndl 45, 7; gen.* þeira Gunnars *Akv 35, 7; dat.* þeim Gunnari *Akv 15, 4, Ghv 3, 2 (Gunnar u. seinem geschlecht); acc.* þá Gunnar *Grp 34, 1; n. nom.* þau kerling *(d. h. das weib u. ihr mann) Grm 7,* þ. Guðrún *(G. u. Sigurðr) Sg 8, 5,* þ. Hǫgni *(H. u. Kostbera) Am 10, 2; d) das subst. steht vor dem dem. (diesem folgt dann gewöhnlich unmittelbar die relat. part.* er, es*): m. sg. nom.* hani sá *Vsp 43, 8,* ǫrn .. sá *Vsp 61, 7, vgl. Hym 11, 5, Skm 31, 7 u. ö.,* hann er matníðingr sá, *at ein solcher geizhals dass Grm 18; gen.* sonar .. þess *HHv 43, 7, vgl. Skm 10 pr 4; dat.* hvelpi þeim *Bdr 2, 8, vgl. Háv 3, 6, Sd 11, 6 u. ö.; acc.* hver þanns *Hym 3, 7,* mǫg þann *Ls 35, 5, vgl. Skm 8, 2, Háv 44, 2 u. ö.; pl. nom.* æsir .. þeir *Vsp 10, 3, vgl. Hrbl 42, 4, Háv 145, 3 u. ö.; gen.* gumna þeira *Hyndl 8, 5, vgl. Vkv 24, 1, Fm 23, 4 u. ö.; dat.* hringum .. þeim *HHv 11, 3; acc.* jǫtna .. þá *Vsp 5, 3, vgl. Hrbl 24, 6, HH*

II 9 u. ö.; f. sg. nom. þǫll sú *Háv 50, 2, vgl. Hyndl 13, 7, Grp 46, 2 u. ö.; gen.* smiðju þeirar *Vkv 34, 2, vgl. HH I 13, 3, F 304a 13; dat.* hendi þeiri *HH II 3, 6, vgl. Grp 48, 4, Helr 5; acc.* kván .. þá *Vkv 33, 12, vgl. Grp 32, 5, Fm 3 u. ö.; pl. nom. acc.* dǫggvar þærs *Vsp 22, 6, vgl. HH I 2, 3. 55, 4;* konur þ. *HHv 12, vgl. 3, 6; gen.* kvenna þeira *Háv 89, 2; dat* rúnum .. þeim *Háv 79, 4, vgl. Vkv 29, 3; n. sg. nom. acc.* grjót þat *Hyndl 10, 3, vgl. Vkv 18, 3, Grp 20, 2 u. ö.;* vamm þ. *Sg 5, 5, vgl. Hlr 10, 8, Akv 6, 7 u. ö.; gen.* ókynnis þess *Háv 19, 4, vgl. Fm 29, 5. 38, 5 u. ö.; dat.* eyvitu .. því *Háv 28, 6, auf ein fem. bezogen:* fjǫlð þ. *Fm 34, 6; pl. nom. acc.* fólkvíg þau *Hyndl 14, 6, vgl. Am 15, 6 u. ö.;* ljóð .. þ. *Hlr 144, 1, vgl. HH I 25, 7, Grp 10, 7; gen.* ranna þeira *Grm 24, 4, vgl. Háv 65, 4; 2) mit subst. u. adj. od. pron.: m. sg. nom.* sá einn áss *Ls 11, 4,* sá .. fránn mækir *Vkv 18, 7; gen.* Sigurðar .. folkum grims þess *Hyndl 25, 10; dat.* or skǫrpum belg .. þeim *Háv 133, 10, vgl. Sd 2 pr 21; acc.* mann .. engi .. þann *Grp 22, 3, vgl. Gðr I 3, 7, Hlr 10, 7; pl. nom.* hirtir .. fjórir þeirs *Grm 33, 2, vgl. HH II 29, 3 u. ö.; f. sg. nom.* systir .. ykkur sú *Hm 3, 3; gen.* mærar meyjar .. þeirar *Grp 36, 8; pl. nom. acc.* gullnar tǫflur .. þærs *Vsp 63, 5, vgl. Sd 27, 6;* krásir allar þ. *þrk 24, 8, vgl. Gðr II 27, 2, Od 17, 7; dat.* þeim systrum sjau *Hrbl 18, 11; n. sg. acc.* þat .. ástráð mikit eitt *Hym 30, 1,* þ. sama kveld *Rm 13, vgl. Rm 4 pr 1; n. pl. nom. acc.* merki mest .. þau *Hrbl 19, 8; forn* spjǫll .. þau *Vsp 4, 8; häufig steht neben sá noch das pron. inn: m. sg. nom.* sá inn lævísi Loki *Ls 54, 7, vgl. Hrbl 15, 3, Skm 10, 7 u. ö.; gen.* þess ins alsvinna jǫtuns *Vm 5, 3; dat.* ormi þeim inum frána *Vkv 17, 2; acc.* þann inn heiða himin *Hrbl 19, 5, vgl. Vm 1, 6, Grm 50, 1 u. ö.; pl. dat.* mǫnnum þeim enum aldrœnum *Hrbl 44, 2; f. sg. gen.* innar góðu konu þeirar *Háv*

107, 6; dat. þeiri inni hvítu mey
Hrbl 32, 3; acc. þá ina fǫgru
fylkis dóttur Grp 30, 7; n. sg.
nom. acc. þat it mikla men Brísinga þrk 12, 5; þ. it unga man
Alv 6, 5, vgl. Alv 7, 6, Akv 5, 7;
n. pl. nom. þau in harðmóðgu ský
Grm 41, 5, vgl. Od 7, 3; 3) mit
adj. od. pron.: m. sg. nom. ǫflugr . .
sá Vsp 67, 4, sá einn Alv 4, 6, vgl.
Háv 18, 1, Rm 26, 6 u. ö.; acc.
annan þanns Háv 45, 2; pl. nom.
þeir allir Ls 5 pr 4, þ. . . tveir
Grm 3, vgl. HH I 32, 5. Br 13, 5
u. ö.; grn. beggja þeira Hyndl
27, 8, tveggja þ. Vkv 25, 6. 36, 2,
vgl. Fm 39 pr 3; dat. þeim ǫllum
Vsp 41, 5, vgl HH I 31, 1; acc.
þá alla Akv 43, 1, vgl. Am 6, 4.
65, 2; f. sg. dat. þeiri einni Háv
162, 7; pl. nom. acc. allar . . þær
Sd 18, 2; þ. báðar HHv 5 pr 8,
vgl. Grp 17, 3, Sd 12, 6; dat.
þeim . . ǫllum Hrbl 18, 9; n. sg.
nom. acc. alt . . þat Hyndl 16, 9,
vgl. HHv 28, 9, Am 94, 10 u. ö.;
þ. annat Vm 22, 1, vgl. Alv 8, 6,
Háv 145, 1 u. ö.; gen. alls þess
Gðr III 3, 1; dat. einu því Br
7, 1 u. ö.; pl. nom. ǫnnur þau
Am 29, 4; dat. oss ǫllum . . þeim
Sg 65, 9; von dem zugehörigen
pron. ist ein gen. pl. abhängig:
m. sg. nom. gumna hverr sá er
Háv 18, 6, fróðra hverr sá er Háv
63, 3, vgl. auch einhverr af ásum
sá er Rþ 3; neben sá steht noch
das pron. inn: m. pl. dat. þeim . .
enum slævurum Ls 22, 5. 23, 2;
n. sg. nom. acc. þat it litla Ls
44, 1; þ. it eina Vm 20, 1, vgl.
24, 1, Háv 130, 9 u. ö.; 4) neben
sá steht ein abhäng. gen. pl.: m.
sg. dat. þeim . . gumna HHv 38, 7;
pl. dat. þeim . . fyrða Háv 54, 4;
f. pl. nom. þær . . mínna þýja Sg
49, 2; n. sg. nom. acc. hvat er
þat fiska was für ein fisch ist das
Rm 1, 1. vgl. Bdr 5, 1, Skm 14,
1 u. ö.; þat orða þrk 2, 1 u. ö.;
5) neben sá steht eine adv. bestimmung: m. pl. gen. þat var trúa
þeirra í forneskju Fm 1 pr 2; 6)
sá steht absolut, a) auf etw. vorhergegangenes zurückweisend: m.
sg. nom. Vsp 38, 8, Bdr 3, 1,

Hym 11, 10 u. ö.; gen. þess Vm
29, 5, Háv 43, 3: dat. þeim Háv
43, 3. 46, 4. 56, 6; acc. þann
Vsp 48, 7 (vgl. aber Mhff, DA
V, 147), Háv 45, 4, Rþ 36, 7 u. ö.;
pl. nom. þeir þrk 3, 1, Hym 1, 7,
Ls 8, 5 u. ö.; gen. þeira Grm
37, 4, Hyndl 19, 1, Vkv 8, 3 u. ö.;
dat. þeim Vsp 11, 3, Ls 3, 6, Vm
18, 6 u. ö.; acc. þá Grm 4, Rm
14, Am 76, 8 u. ö.; f. sg. nom.
sú Vsp 37, 4. Rþ 23, 5, HHv 6
u. ö.; gen. þeirar Hyndl 13, 5,
Rm 11, 7, Vkv 2. 8; dat. þeiri
Am 49, 2; acc. þá Fm 41, 7;
pl. nom. acc. þær Vsp 23. 9, Hrbl
18, 5, Vm 49, 6 u. ö.; Hrbl 20, 3,
Grm 29, 3, Vkv 9 u. ö.; gen.
þeira Hrbl 18, 12, Vkv 2, 1, Gðr
I 3, 5 u. ö.; dat. þeim Háv 83, 5,
Vkv 6; n. sg. nom. acc. þat Vsp
28, 3, Ls 14, 6, Hrbl 48, 4 u. ö.;
Hym 4, 1, Ls 4, 6, Hrbl 33, 1 u.
ö.; auf einen vorausgegangenen
plur. bezogen: nom. þat 'das pack'
Háv 49, 4 (vgl. Bugge z. st.); ein
voraufgegangenes þviat wird durch
þat wider aufgenommen HHv 34
pr 2; gen. þess Hrbl 3, 8, Skm
36, 6, Vm 53, 3 u. ö.; dat. því
Hym 37, 7, Grp 18, 1, Rm 17, 8
u. ö., fyr því trotzdem Grp 43, 7,
því næst darauf Ls 41, 4, F 303b
22, þvígit lengra nicht später als
das Sg 60, 2, þvígit fleira nicht
mehr als das Od 6, 2; pl. nom.
acc. þau Vsp 21, 1, Ls 4, 6, Hrbl
19, 6 u. ö.; Skm 19, 3, Gðr I 7,
3, Am 30, 8; gen. þeira Háv
88, 6, HHv 2, Gðr I 8, 4 u. ö.;
dat. þeim Rþ 3, 1, Am 8, 8 u. ö.;
neben sá steht zuweilen die anaphor.
part. er: m. sg. nom. sá er HH I
36, 5; pl. nom. þeir er Vsp 17, 5;
f. pl. nom. þær er Vm 49, 5; relat.
(auf ein vorhergegangenes hvat be-
züglich): n. sg. nom. acc. þat er Grp
16, 7; b) auf etwas folgendes hin-
weisend (das gewöhnl. in einem
relat. satze mit er, einem subjects-
satze mit at od. einem indir. fragesatze angeknüpft wird): m. sg. nom.
Skm 9, 6, Grm 6, 1, Háv 2, 5 u. ö.;
dat. þeim Ls 55, 5, Háv 3, 2,
HHv 9, 4 u. ö.; acc. þann Vsp
40, 5, Háv 46, 1, Sd 23, 3 u. ö.;

pl. nom. þeir *Ls 5 pr 2, Háv 132, 2,
Rm 23, 5 u. ö.; gen.* þeira *HH I
52, 9; dat.* þeim *Hym 13, 2, Grm
9, 2, Sd 34, 2 u. ö.; acc.* þá *Hrbl
8, 8; f. sg. nom.* sú *HHv 27, 4;
n. sg. nom. acc.* þat *Hym 33, 1,
Ls 33, 1, Hrbl 6, 5 u. ö.; Vsp
8, 5, Bdr 1, 5,* þrk *13, 5 u. ö.;
gen.* þess *Hym 18, 1, Ls 20, 2,
Hrbl 41, 1 u. ö.; dat.* því *Hym
32, 8, Ls 28, 4, Hrbl 13, 1 u. ö.;
7) der dat. sg. n.* því *wird als adv.
und conj. gebraucht: a) daher:*
Vm 31, 6, *HH II 4, 13 u. ö.;
deshalb: Grp 41, 5; b) neben dem
compar. desto:* þ. fyrr *HH II 24, 1;
c)* því — *at deswegen — weil Ls
45, 4, Ghv 13, 7; unter der bedingung — dass Háv 14, 4.*
2. **sá** (søra; *got.* saian) *säen, aus-
streuen* (ehs): *prs. ind. pl. 3. Alv
32, 5; prt. ind. sg. 3.* søri *Akv
40, 1; bestreuen: part. prt. m. pl.
nom.* sánir *Bdr 6, 6.*
1. **sáð,** *n. (vgl. got.* mana-sêþs, *f.)
saat, getreide: sg. nom. Alv 32, 4.*
2. **sáð,** *f. die das getreidekorn um-
schliessende hülse: pl. dat.* sáðum
Rp 4, 4.
1. **saðr,** *adj. (got.* saþs) *satt, gesättigt (von etw.:* ehs): *m. sg. nom.
Hrbl 3, 8; pl. nom.* saðir *Hym
1, 4.*
2. **saðr,** **sannr,** *adj. 1) wahr, der
wahrheit gemäss: m. sg. nom.* saðr
Sd 23, 3; pl. acc. sanna *Sd 14, 6;
f. sg. acc.* sanna *Háv 117, 6; n.
sg. nom. acc.* satt *Vkv 40, 1. 41,
1; Hrbl 50, 1, Vm 43, 3 u. ö.;
dat.* sǫnnu *Sd 25, 4; pl. nom.*
sǫnn *HHv 33, 2; superl. n. sg.
acc.* (sw.) sannasta *Vm 42, 6, Am
87, 5; 2) der wahrheit gemäss
beschuldigt, schuldig: m. sg. nom.
Grp 48, 3. — Als beiname Odins
Grm 47, 1.*
3. **saðr,** *m. 1) wahrheit, treue, auf-
richtigkeit: sg. nom. Am 45, 7; 2)
passendes benehmen, anstand: sg.
nom. Am 6, 7.*
saga, *f. rede, erzählung: sg. dat.
acc.* sǫgu *Rp 7, Hyndl 25, 8, Grp
48, 4; Od 7; pl. nom.* sǫgur *þrk
9, 6; dat.* sǫgum *Rp 2,* Vkv 14,
Od 1, 2.
sakask (að; *got.* sakan) *1) sich an-*

*klagen: imper. sg. 2. HHv 33, 1;
2) mit einander streiten: inf. Ls
5, 3. 19, 3, Hm 28, 3.*
sak-lauss, *adj. schuldlos, unschul-
dig: m. sg. acc.* saklausan *Grm 33.*
sakna (að), *etw.* (ehs) *vermissen: prs.
ind. sg. 1. Gðr I 20, 1; prt. ind.
sg. 3.* saknaði *þrk 1, 4, Vkv 11, 4.*
sak-rúnar, *f. pl. runen die hass
u. streit zu erregen vermögen: acc.
HH II 33, 8.*
sala-kynni, *n. pl. hauswesen, wohnsitz: nom. Vm 3, 6; vgl.* sal-kynni.
sáld, *n. mass für getreide u. flüssig-
keiten, eimer, tonne: pl. acc.* þrk
24, 10.
sal-drótt, *f. hausvolk, gesinde: sg.
nom. Háv 100, 3.*
sal-garðr, *m. hauswand: sg. acc.*
salgarð *Vkv 30, 5.*
sal-hús, *n. zimmer: pl. acc. Akv
7, 1.*
sal-kona, *f. hausmagd: pl. nom.
acc.* salkonur *Sg 50, 7; Sg 47, 8.*
sal-kynni, *n. pl. hauswesen, wohnsitz, haus: acc. Skm 17, 6, Grm 9,
3 u. ö.; gen.* salkynna *Rp 3, 8.
5, 8 u. ö.; vgl.* sala-kynni.
salr, *m. 1) halle, saal (sowol das
ganze gebäude, dessen innenraum
eine einzige grosse halle bildet, als
dieser innenraum selbst): sg. nom.
Vsp 38, 3,* þrk *12, 3 u. ö.; gen.*
salar *Hym 12, 2, Vkv 8, 6, Hm
30, 2; dat. acc. sal Vsp 23, 3,
Vm 7, 2, Grm 14, 3 u. ö.; Vsp
39, 1,* þrk *27, 4, Hym 10, 5 u. ö.,
acc. c. art.* salinn *F 305b 5; pl.
acc.* sali *Skm 3, 5, Gðr II 14, 3;
2) im plur. gewöhnl. die gesammtheit
der zu einem gehöft gehörenden gebäude, gehöft, wohnsitz, herrscher-
sitz: sg. nom.* sala *Hym 11, 4, Vm 8, 3,
Rm 13, 4; dat.* sǫlum *Vsp 44, 8,
Ls 28, 6 u. ö.; acc.* sali *Vsp 8, 6,
Grm 5, 3, Alv 36, 7 u. ö.; 3)
boden, erdgrund (?), s. J Hoffory,
Eddastud. s. 24 fg.: sg. gen.* salar
Vsp 7, 6. 17, 6.
sal-þjóð, *f. hausvolk, gesinde: pl.
dat.* salþjóðum *Vkv 22, 6.*
sama (mð; *vgl. got.* samjan) *geziemen:
prs. ind. sg. 3.* samir *HH I 57, 2,
Sg 18, 3, Gðr II 28, 5; prt. opt.
sg. 3.* semði *Hlr 1, 5.*

saman, *adv.*(*got.*samana) *1)zusammen, vereinigung od. gemeinschaft bezeichnend:* bera s. *zusammentragen HH I 38, 4, Fm 33, 6, unpersönl. HH II 9, 5;* blanda s. *vermischen Ls 9, 3, Fm 14, 6;* byggja s. *zusammen wohnen Skm 20, 6, Rp 41, 5;* drekka s. *Ls 45, 6, Gðr II 30, 8;* dœma s. *HH II 24, 3;* drekka ok dœma s. *Sg 2, 6;* fara s. *gemeinschaftl. einherreiten HHv 27, 6 (vgl. dagegen Hym 24, 4* fór .. fold ǫll saman *fuhr zusammen, erbebte);* kaupa s. *mit einander handeln HHv 3, 7;* koma s. *HH I 29, 2. 54, 2, Fm 24, 2;* lúta s. *sich zu einander neigen Sg 58, 6;* mælask s. *Vm 19, 3;* sitja s. *Vm 41, 6, Vkv 40, 4. 41, 4;* slíta aldri s. *das leben gemeinsam verbringen Hlr 14, 7;* teljask s. *Akv 35, 3;* vaxa s. *Vm 33, 3;* vera s. *Skm 5, 4,* váru þeim bjóri bǫl mǫrg s. *es waren dem biere schädliche zusätze beigemischt Gðr II 24, 2;* vígja s. *durch weihe vereinigen Þrk 30, 7;* eigut þær ætt s. *sind nicht von gleicher abstammung Fm 13, 3;* einn s. *einsam, allein Háv 47, 2, Grp 5 u. ö.;* einir s. *ausschliesslich zwei Háv 97, 6;* bæði s. *beide vereinigt Gðr III 4;* allar s. *alle insgesammt Vm 31, 5, Sd 12, 6; 2) zu gleicher zeit:* s. munu brullaup bæði drukkin *Grp 43, 1; 3) im ganzen:* þrjár nætr s. *Rp 6, 2 u. ö.;* fóru fimm s. *Am 29, 5.*

sam-hyggjandi, *part. prs. von dem gleichen entschlusse beseelt, zu derselben tat entschlossen: m. pl. nom.* samhyggjendr *Ghv 5, 7.*

sam-kunda, *f. 1) zusammenkunft zu gemeinsamer beratung: sg. acc.* samkundu *Am 1, 3; 2) festl. vereinigung, gelage: sg. nom. Am 73, 3.*

sam-mœðri, *sw. adj. von derselben mutter geboren: m. pl. gen.* sammœðra *Hm 24, 5.*

samna (að), *sammeln* (ehm): *inf. Akv 19, 4; prt. ind. sg. 3.* samnaði *HH II 16 pr 1; pl. 3.* sǫmnuðu *HH II 16 pr 24.*

samr, *adj. (vgl. got.* sama) *pron. 1) derselbe, der gleiche: n. sg. gen.* sams *Gðr I 9, 3, Am 20, 2; dat. (sw.)*

sama *Vkv 27, 8; acc.* samt *(adv.) 'zusammen' Skm 7, 6, HH I 32, 1:* (*sw.*) sama *Rm 13; it* s. *in gleicher weise, ebenso Vm 22, 6, Grm 15, 3, Háv 28, 3 u. ö.; 2) in gleicher weise geneigt od. bereitwillig zu etwas: m. sg. nom. Am 72, 3; 3) geeignet wozu: compar. f. sg. nom.* semri væri Guðrún .. frumver sínum at fylgja dauðum *geeigneter wäre G., passsender wäre es für G. Sg 61, 1.*

sam-týnis, *adv. 'in demselben gehege', zusammen: Am 85, 1.*

sandr, *m. 1) sand: sg. nom. Vsp 6, 3; dat.* sandi *Hrbl 18, 5; 2) sandiger strand: sg. dat.* sandi *HH I 50, 1; pl. gen.* lítilla sanda, lítilla sæva *klein sind die ufer von kleinen seen Háv 53, 1 (vgl. Grdtv. u. FJ z. st.).*

sannr, *adj. s.* saðr 2.

sann-ráðinn, *part. prt. in wahrheit verraten: m. pl. nom.* sannráðnir *Am 1, 8.*

1. sár, *n. (got.* sair) *1) wunde: sg. acc. Sg 32, 6; pl. nom. acc. Am 88, 6; HH I 37, 9, Sd 11, 3, Gðr I 27, 7; 2) schmerz: pl. gen.* sára *Ghv 11, 1.*

2. sár, *m. eimer: sg. nom. F 305 n.*

sár-beitr, *adj. durch biss od. schnitt schmerzen verursachend: n. sg. dat.* sárbeitu *Hm 8, 7.*

sár-dropi, *m. wundentropfen, blutstropfen: pl. acc.* sárdropa *HH II 41, 9.*

sárla, *adv. 1) mit schmerzen: Gðr II 12, 3; 2) heftig, mit gier (?): Gðr II 30, 6.*

sárligr, *adj. herb: n. sg. acc.* sárlikt *Gðr II 22, 3.*

sárr, *adj. 1) wund, verwundet: m. sg. acc.* sáran *Rm 24, 6, Hm 18, 4; pl. nom.* sárir *Am 57, 7; 2) schmerz erregend, schmerzlich: m. sg. dat.* sárum *Gðr I 20, 8. II 7, 4; f. sg. acc.* sára *Gðr I 24, 9; pl. nom.* sárar *Ghv 5, 3; superl. m. sg. nom.* sárastr *Ghv 17, 1; 3) schmerzerfüllt: m. sg. dat.* sárum *Sg 60, 10; f. sg. acc.* sára *Sg 57, 3; 4) schlimm: n. sg. acc. (adv.)* sárt *Am 47, 2.*

sár-vítr, *f. 'wunden schlagendes wesen' (Grdtv. 215b) poet. bezeichnung einer walküre: pl. nom. HH I 55, 6 (wo mit FJ* sárvítr *flugu zu lesen ist).*

sár-yrði, *n. pl. verletzende reden, schmähungen: dat.* sáryrðum *Ls 5, 3. 19, 3.*

sátt, sætt, *f. (gewöhnl. im pl.; got.* gasahts) *1) vergleich, übereinkunft, versöhnung: pl. acc.* sáttir *Am 68, 3; gen.* sátta *Sg 12, 7,* sætta *Dr 3; 2) einwilligung: sg. acc.* sætt *Skm 23, 6; pl. acc.* sáttir *Alv 7, 1.*

sátt-mál, *n. pl. vergleich: acc. Sg 39, 2.*

sáttr, *adj. versöhnt: m. pl. nom.* sáttir *Vm 41, 6; n. pl. nom.* sátt *Sg 54, 1.*

saurugr, *adj. schmutzig, rostig: m. sg. acc.* saurgan *Háv 82, 4.*

sax, *n. kurzes schwert: sg. dat.* saxi *Akv 22, 5; pl. dat.* sqxum *Vsp 37, 3.*

scðja (sadda; *vgl. got.* ga-sôþjan) *sättigen, speisen: inf. HH I 45, 3; prs. ind. sg. 3.* seðr *Grm 19, 2; prt. ind. sg. 1.* sadda *HH II 8, 8; part. prt. m. pl. acc.* sadda *HH I 36, 6.*

1. sefi, *m. 1) sinn, gemüt: sg. nom. Háv 56, 6; gen. dat. acc.* sefa *Háv 104, 7, Gðr II 41, 7; Háv 159, 6; Háv 94, 3, Rp 45, 3 (wo mit Rask und Bugge* sefa of svefja *zu lesen ist); 2) mut: sg. acc.* sefa *Sd 27, 6.*

2. sefi, *m. verwandter: sg. nom. Vsp 48, 8; gen.* sefa *HH II 9, 6. 10, 4.*

seggr, *m. (RKögel, Hz 33, 19) 1) gefolgsmann, krieger, held: sg. nom. voc. Vkv 9, 4, Rm 13, 3 u. ö.; Skm 4, 2. 5, 3, Akv 6, 3; acc.* segg *HH I 38, 7, Akv 1, 3; pl. nom. voc.* seggir *Am 1, 3, Vkv 8, 1 u. ö.; Gðr III 8, 5; gen.* seggja *Vsp 23, 12, Br 6, 6; dat.* seggjum *Ls 25, 3, Grp 40, 3 u. ö.; acc.* seggi *Sg 44, 1; 2) scherzende bezeichnung eines knaben: sg. nom. Vkv 23, 2. — Als männl. eigenname Rp 24, 8.*

segja (sagða), *1) sagen, sprechen, erzählen, mitteilen, ankündigen, a) absolut: inf. Háv 110, 11, Am 28, 1. 44, 4; prs. ind. sg. 3.* segir *Grm 18, F 303 b 1; opt. sg. 3.* segi *Ls 29, 6; imper. sg. 2. (mit*

suffig. pron.) segðu *Grp 38, 8. 50, 8; prt. ind. sg. 1. (mit suffig. pron.)* sagðak *Bdr 7, 7. 9, 7. 11, 9; sg. 3.* sagði *Vsp 13, 8, Sf 16, Rm 6 pr 1 u. ö.; part. prt. n. sg. nom.* sagt *Ls 2; b) mit acc. der sache: inf. Hrbl 50, 1, Alv 8, 5, Háv 102, 8 u. ö.;* mun ek s. þér *lífs ørvæna ljósa brúði ich will dir ankündigen dass die frau sich keine hoffnung macht ferner zu leben Sg 53, 2; prs. ind. sg. 2. 3.* segir *Vm 42, 6, Grp 12, 4; Háv 123, 7, HH II 11, 8, Grp 11, 8; imper. sg. 2.* seg *Grp 12, 6. 18, 6, (mit suff. pron.)* segðu *Ls 1, 1, Skm 11, 1, Vm 13, 1 u. ö.; pl. 2.* segið *Am 87, 5; prt. ind. sg. 1.* sagða *Sg 71, 1, (mit suff. pron.)* sagðak *Sg 71, 7; sg. 3.* sagði *HHv 13, Sd 14, 6 u. ö.; pl. 3.* sqgðu *Br 13, 6; c) mit dat. der person: inf. Vkv 26, 7, Grp 4, 2 u. ö.; imper. sg. 2. (mit suff. pron.)* segðu *Bdr 6, 3, Vm 11, 1 u. ö.; prt. ind. sg. 3.* sagði *HH I 18, 4, Gðr II 5 u. ö.; pl. 3.* sqgðu *Od 24, 8; d) mit dat. der pers. und acc. der sache: inf. Skm 29, 5, Grm 32, 6, Háv 120, 9 u. ö.; prs. ind. sg. 1. (mit suffig. pron.)* segik *Fm 9, 3; sg. 3.* segir *Háv 65, 5; pl. 1.* segjum *Hyndl 31, 1. 34, 1 u. ö.; opt. sg. 1. (mit suff. pron.)* segjak *Skm 4, 1; sg. 2.* segir *Skm 5, 3. 23, 6; imper. sg. 2.* seg *Vkv 32, 1, Am 84, 5, (mit suff. pron.)* segðu *þrk 9, 3, Skm 3, 1 u. ö.; prt. ind. sg. 1.* sagða *Grm 52, 1, (mit suff. pron.)* sagðak *Od 31, 2; sg. 2.* sagðir *Am 78, 5; sg. 3.* sagði *Hym 4, 8, Sg 37, 2, Akv 36, 8 u. ö.; pl. 3.* sqgðu *Vkv 40, 2, HH I 49, 3; e) mit nachfolg. at c. ind.: prs. ind. sg. 3.* segir *Grm 19; pl. 3.* segja *Rp 1; prt. ind. sg. 3.* sagði *Sd 2 pr 4; part. prt. n. sg. nom.* sagt *Sf 10, Hlr 6; daneben mit dat. der pers.: imper. sg. 2. (mit suff. pron.)* segðu *HH II 1, 1; prt. ind. sg. 1. (mit suff. pron.)* sagðak *Sd 2 pr 18; sg. 3.* sagði *Rm 14 pr 2; mit acc. der sache: prs. ind. pl. 3.* segja *Br 20 pr 11; prt. ind. sg. 3.* sagði *Grm 23; f) mit nachfolg. at c. opt.: prs. ind.*

sg. 1. segi *Fm 13, 2; sg. 3.* segir *F 303a 1; pl. 3.* segja *Br 20 pr 4. 6; prt. ind. sg. 1. (mit suff. pron.)* sagðak *Am 80, 4; sg. 2.* sagðir *HHv 34, 1; sg. 3.* sagði *Grm 32; part. prt. n. sg. nom.* sagt *HHv 43 pr 1; daneben mit dat. der pers.: inf.* Grp *47, 2; imper. pl. 2.* segið *Vkv 22, 5; prt. ind. sg. 3.* sagði *Gðr III 2. 2, 4; mit acc. der sache: prs. ind. sg. 2.* segir *Hrbl 5, 1; imper. sg. 2. (mit suff. pron.)* segðu *HH I 35, 1; g) mit indir. fragesatz* (hve): *inf. Oð 1, 1; daneben mit dat. der pers.: inf. Sg 34, 1, Hlr 5, 1; imper. sg. 2. (mit suff. pron.)* segðu *Grp 6, 5;* (hvaðan): *part. prt. n. sg. nom.* sagt *HH II 8, 9; 2) antworten: inf. Háv 28, 3. 63, 1; prs. ind. sg. 3.* segir *F 303a 6; 3) nennen: part. prt. m. sg. nom.* sagðr *Sd 25, 4; 4) unpersönlich: prs. ind. sg. 3.* svá sem segir í Vǫlsungakviðu *wie es heisst HH II 12 pr 19, vgl. Br 20 pr 8, Akv 44 pr 1 u. ö.; prt. ind. sg. 3.* þat . . er sagði þér *was man dir sagte Vkv 41. 2; 5) mit praepp. u. advv.:* s. (ehm) frá ehu (jmd) *von etwas erzählen: inf. Ls 25, 3. 60, 3; prt. ind. sg. 3.* sagði *Rm 5, Gðr II 7, 2; part. prt. n. sg. nom.* sagt *Br 20 pr 1;* s. eht frá ehu (ehm) *etwas über etw. erzählen, mitteilungen über jmd machen: inf. Vm 43, 3; prt. ind. sg. 3.* sagði *Grm 27;* s. eht í eyra ehm *jmd etw. ins ohr sagen: prt. ind. sg. 2.* sagðir *Vm 55, 3;* s. til ehs *jmd mitteilung machen: prt. opt. sg. 3.* segði *Oð 24, 4;* s. ehm til *jmd anreden: inf. Am 77, 2; prt. ind. sg. 3.* sagði *Akv 6, 2;* s. til nafns síns sn *namen nennen: inf. Hrbl 9, 1; imper. sg. 2. (mit suff. pron.)* segðu *Hrbl 8, 9;* s. vel ehm *jmd gutes verheissen: prt. ind. sg. 3.* sagði *Hym 14, 1; 6)* segjask: *inf.* létuat heldr s. *sie liessen sich dennoch nicht raten Am 30, 10.*

segl, *n. segel: pl. acc. HH I 30, 2; dat.* seglum *HH II 16 pr 14.*

segl-marr, *m. 'segelross', d. i. schiff: pl. dat.* seglmǫrum *Sd 10, 3.*

segl-vigg, *n. dass.: pl. nom. Rm 16, 5.*

seið-berandi, *m. (part. prs.) zauberer: pl. nom.* seiðberendr *Hyndl 33, 5.*

seilask (ld), *die hände ausstrecken: inf. Hrbl 27, 3. 28, 1.*

seina (að; *vgl. got.* sainjan). *versäumen: part. prt. n. sg. nom.* seinat er *es ist versäumt, es ist zu spät Akv 19, 3, Am 28, 1.*

seinn, *adj. 1) langsam, saumselig: m. sg. nom. Hrbl 50, 2, Hyndl 5, 5; 2) langwierig: n. sg. acc.* seint *HH I 25, 3; 3) n. sg. acc. (adv.)* seint *mit mühe, kaum, gar nicht Háv 160, 2.*

sekr, *adj. eines verbrechens schuldig, daher geächtet, friedlos: m. sg. nom. Hrbl 9, 2 (vgl. FJ z. st.).*

selja (ld; *got.* saljan) *1) fortgeben, übergeben, darreichen, ausliefern* (ehm eht): *inf. þrk 4, 3; prt. ind. sg. 1.* selda *Vkv 35, 4, Am 80, 3; sg. 2.* seldir *Ls 42, 3; sg. 3.* seldi *Vkv 24, 8, Sg 37, 10; pl. 3.* seldu *Vm 39, 3; 2)* s. eiða *eide leisten, treue geloben: prt. ind. sg. 1.* selda *Hlr 7, 8; part. prt. m. pl. acc.* selda *Br 2, 2. 3;* seljask eiða *sich gegenseitig eide leisten: prt. ind. pl. 3.* seldusk *Sg 1, 7.; 3) mit praepp.:* s. fram *übergeben: prt. ind. sg. 3.* seldi *Am 4, 4.*

sem, *conj. 1) wie (partikel der vergleichung) a) alleinstehend: Vsp 13, 8, Bdr 13, 2, þrk 14, 4, Ls 2 u. ö.; b) eingeleitet durch* svá: *Ls 14, 2, Hrbl 35, 2, Skm 36, 5, Háv 12, 2 u. ö.; durch* slíkr: *Hrbl 12, 2,* (sems) *Am 102, 4; durch* jafn-: *Ls 21, 6, Vm 2, 6, F 304a 26; 2) als wenn, als ob, a) alleinstehend: Hrbl 6, 1, Háv 33, 5, Hyndl 24, 8, HH I 29, 5 u. ö.; b) eingeleitet durch* svá: *Háv 89, 3, HH II 36, 5, Sd 2, Br 20 pr 3 u. ö.; 3) als:* ek brúðar á flest um ráð sem faðir *Alv 4, 3; 4) wie, und (fast gleichbedeutend mit* ok): *þrk 9, 2 (vgl. 10, 2), Rm 14 pr 11, Akv 17, 3 (?); 5) relativpartikel:* baugi sem jafnendr unnu *Hrbl 42, 3;* þar s. *dort wo HH II 27 pr 6, F 303 a 11.*

senda (nd; *got.* sandjan) *1) senden,*
fortsenden, aussenden: inf. Sg 63,
6; prs. ind. sg. 3. sendir *F 303b*
5; prt. ind. sg. 1. senda *Vkv 35, 7.*
36, 4; sg. 3. sendi *Grm 21, Vkv*
25, 3, HHv 36, 1 u. ö.; pl. 2.
senduð *Am 53, 5; pl. 3.* sendu
Rm 16, F 303b 22; part. prt. m.
sg. nom. sendr *Ls 34, 3. 35, 3;*
acc. sendan *HHv 37, 2; f. pl. nom.*
sendar *Sd 18, 4; s. at hinschicken:*
part. prt. f. pl. acc. sendar *Akv*
37, 8 (s. Bj. Magnússon Olsen,
Timarit 15, 106 anm. 4); s. at
ehm *jmd holen lassen: imper. sg. 2.*
(mit suffig. pron.) sentu *Gðr III*
7, 1; sendask *eht sich gegenseitig*
etwas zusenden: prt. ind. pl. 3.
sendusk *Am 85, 2; 2) darbringen,*
opfern: inf. Háv 142, 7 (Hj. Falk,
Ark. 5, 111 fg.).
sendi-maðr, *m. bote: pl. nom.* sendi-
menn *Am 4, 6, F 303b 28.*
senn, *adv. 1) auf einmal, zu gleicher*
zeit: Hym 21, 4, Grm 23, 5, Hyndl
8, 1 (wo im anschlusse an Sijmons
zu lesen ist: senn nú or sǫðlum
sígask látum), *Sg 50, 3; 2) so-*
gleich, alsbald, schnell: Bdr 1, 1,
þrk 13, 1, Hym 14, 7 u. ö.
1. senna (nt), *streiten, disputieren:*
inf. Háv 124, 5; prt. ind. sg. 3.
senti *Hym 28, 4.*
2. senna, *f. wortstreit: sg. acc.* sennu
Ghv 1, 1; pl. nom. sennur *Sd 30, 1.*
serkr, *m. oberkleid, waffenrock: sg.*
nom. F 306b 8; dat. acc. serk
Am 23, 2; Rp 28, 8; pl. acc.
serki *Akv 4, 6.*
sess, *m. sitz, sessel: sg. dat.* sessi
Ls 15, 1, Vm 19, 3 u. ö.; acc. sess
Vm 9, 3; pl. gen. acc. sessa *Grm*
14, 3; Ls 7, 4. 8, 1.
sess-meiðr, *m. sitzbaum. bank: pl.*
dat. sessmeiðum *Akv 14, 6.*
sess-mǫgr. *m. bankgenosse: pl. dat.*
sessmǫgum *Háv 150, 3.*
setja (tt; *got.* satjan) *setzen: inf.*
Hym 9, 4, Grm 29; prs. ind. sg. 3.
setr *Sd 12, 6; imper. pl. 2.* setið
Vkv 17, 9; prt. ind. sg. 3. setti
Rp 4, 8; part. prt. m. sg. nom.
settr *Vkv 17 pr 2, Dr 15; s.* ehn
sælan *jmd glücklich machen: prt.*
ind. pl. 1. settum *Am 96, 7; s.* ehn
í fjǫtur *jmd in fesseln schlagen:*

prt. ind. pl. 3. settu *Akv 21, 2;*
s. fram *auftragen: prt. ind. sg. 3.*
setti *Rp 31, 1;* setjask *sich setzen:*
inf. Od 12, 5; prt. ind. sg. 3. settisk
Rp 3, 5, Vkv 30, 6 u. ö.; pl. 3.
settusk *Vkv 1, 6; part. prt. n. sg.*
acc. sezk *Skm 1; s.* niðr *sich*
niedersetzen: imper. sg. 2. (mit suff.
pron.) seztu *Skm 29, 4, Sg 53, 1;*
prt. ind. sg. 3. settisk *Sd 2 pr 1;*
s. upp *sich aufrichten: prt. ind.*
sg. 3. settisk *Sd 9.*
setr, *n. wohnsitz: sg. acc. Ls 43, 3.*
sétti, *num. ord. (got.* saíhsta) *der*
sechste: m. sg. nom. Grm 11, 1, Háv
51, 5; n. sg. acc. sétta *Vm 30, 1,*
Háv 149, 1, Sd 29, 1.
sevi, *s.* sefi.
sex, *num. card. (got.* saíhs) *sechs:*
F 305b 8.
sex-hǫfðaðr, *adj. mit sechs köpfen:*
m. sg. acc. sexhǫfðaðan *Vm 33, 6.*
sextándi, *num. ord. der sechszehnte:*
n. sg. acc. sextánda *Háv 159, 1.*
seyðir, *m. kochfeuer: sg. acc.* seyði
Hym 15, 3.
sía (sé?), *seihen, durchseihen: inf.*
Sf 16.
síð, *adv. (vgl. got.* þanaseiþs, seiþus)
spät: Háv 66, 3, HHv 6, 1, Rm
23, 3 u. ö.
1. síða (seið), *zaubern: inf. Ls 24, 1;*
prt. ind. sg. 3. seið *Vsp 1, 5. 6.*
2. síða, *f. seite: pl. acc.* síður *F*
306b 7.
síðan, *adv. 1) dann, darauf: Hym*
15, 4, Vkv 3, 1, HHv 5, 5, Grp
44, 7 u. ö.; 2) hinfort, seitdem,
in zukunft, ferner, später, mehr:
Ls 28, 6, Hrbl 19, 8, Skm 26, 6,
Grp 51, 6 u. ö.; 3) síðan er (es)
nachdem: Sf 25, Am 78, 2.
síðar, *adv. comp. später: F 305b 18.*
síðari, *adj. comp. der spätere: m.*
sg. nom. Sg 33, 6.
síð-búinn, *adj. (part. prt.) spät*
fertig, spät bereit: m. sg. nom.
Hym 10, 2.
síð-lauss, *adj. (vgl. got.* sidus) *sitten-*
los, ungesittet: m. sg. nom. HH I
44, 2.
1. síðr, *adj. lang herabhängend: f.*
pl. acc. síðar *Rp 28, 7, Ghv 7, 5.*
2. síðr, *adv. comp. weniger, minder,*
gar nicht (in negierten aufforde-
rungssätzen mit opt.): Ls 12, 4, Sd

22, 4; als conj. damit nicht (quo-
minus): Ls 10, 4, Háv 128, 9, Sg
28, 7; superl. sizt am wenigsten,
durchaus nicht : Akv 24, 4, Am
79, 4. 82, 6.

sif, f. (got. sibja) 1) verwandtschaft:
sg. dat. Hyndl 43, 7; 2) im plur.
a) verwandtschaftl. verhältnis: dat.
sifjum Vsp 46, 4; b) freundschaft:
dat. sifjum Háv 123, 1, Sg 28, 5;
3) personificiert, Thors gattin (þrk
24, 9, ,Hym 3, 5. 15, 5 u. ö.),
daher auch soviel als göttin überhaupt: pl. acc. sifjar silfrs 'die
göttinnen des silbers', d. h. die
frauen Sd 28, 4 (Bugge z. st.).

sifjaðr, adj. verwandt (ehm): m. sg.
nom. Hym 21, 6; acc. sifjaðan
Hyndl 43, 7 (vgl. FJ z. st.).

sifjungr, m. verwandte person (auch
von frauen gebraucht: Bugge, Fkv.
432a): sg. nom. Akv 30, 5; pl. dat.
sifjungum HH II 33, 7, Am 82, 5.

sifr, m. (vgl. got. un-sibjis) verwandter:
sg. dat. sifi Grp 50, 6 (vgl. jedoch
KGislason, Aarb. 1869 s. 53).

siga (seig), 1) fallen, herabsinken:
inf. HHv 19, 3; mit refl. or sǫðlum
sígask látum lasst uns aus den sätteln
herabgleiten, vom pferde steigen
Hyndl 8, 2 (Zz 29, 52 fg.), lét
sígask liess sich herabfallen F 304a
34; prs. ind. sg. 3. sígr Vsp 59, 2;
2) inf. létum síga sáttmál okkur
wir liessen den vergleich zwischen
uns zu stande kommen (?) Sg 39 1.

sigla (ld), segeln: inf. Am 3, 7;
imper. pl. 2. siglið Am 33, 3; prt.
ind. pl. 3. sigldu HH II 16 pr 11.

sigli, n. schmuck: sg. acc. Ls 20, 5,
Sg 49, 6. Nach Bugge, Stud. s. 4
aus ags. sigle.

signa (að) 1) weihen, segnen: inf.
Sd 8, 1; 2) opfern: part. prt. m.
pl. nom. signaðir Hyndl 28, 10
(Bugge, Ark. 1, 252).

sigr, m. (got. sigis) sieg: sg. acc.
Ls 22, 6, Háv 58, 6, Hyndl 3, 1
u. ö.; gen. sigrs HH I 57, 9;
dat. sigri HHv 39, 5, Sd 2 pr 8,
Ghv 17, 3.

sigr-drifa, f. 'siegspenderin', poet.
bezeichnung der walküre Brynhild:
sg. nom. Fm 44, 5; fälschlich als
eigenname gefasst Sd 2 pr 2 (Sijmons, Zz 24, 15 fg.).

sig-rúnar, f. pl. 'kampfrunen', runen deren zauberkraft im kampfe
zu schützen im stande ist: acc. Sd
6, 1.

sigr-þjóð, f. siegreiche schar: acc.
HH II 48, 8 (FJ schreibt sigþjóð
'kampfvolk').

sig-tívar, m. pl. schlachtgötter (FJ,
Ark. 4, 34): gen. sigtíva Vsp 45, 8,
Ls 1, 6, Grm 45, 2 u. ö.

sig-toptir, f. pl. 'kampfstätte' (=
Valhǫll): acc. Vsp 64, 6 (vgl. FJ
z. st.).

Sigurðar-kviða, f. lied von Sigurd:
sg. dat. Sigurðarkviðu Gðr I 27 pr 9,
F 306a 22.

siklingr, m. fürst: sg. voc. Grp 33, 1;
gen. siklings HHv 29, 6; dat. sik-
lingi Rm 11, 4; acc. sikling HH
II 13, 2; pl. nom. siklingar HH
I 27, 7; dat. siklingum HH I 47, 3,
II 27, 3.

síld, f. hering: pl. acc. síldr Hrbl 3, 7.

silfr, n. (got. silubr) silber: sg. nom.
acc. Am 92, 6; Sd 28, 4; dat.
silfri þrk 4, 4, Grm 6, 3 u. ö.

silfr-gyltr, adj. (part. prt.) mit
vergoldetem silber verziert: n. pl.
acc. silfrgylt Akv 4, 5.

silki, n. seide: sg. dat. Rp 34, 2.

síl-ægja, f. 'das schweigende wasser'
(GV, Cpb 1, 483), poet. bezeichnung des meeres: sg. nom. Alv
25, 2 (Sijmons z. st.).

síma, n. faden: pl. acc. símu HH
I 3, 6.

sími, m. tau, fessel: pl. acc. síma
Hrbl 18, 6.

simul, f. 1) riesenweib: sg. voc. HH
I 43, 8; 2) bezeichnung einer
stange: sg. nom. F 305 n.

1. sin, f. sehne: pl. nom. sinar Vkv
17 pr 2; gen. sina Vkv 17, 8 (wo
des metr. wegen sinva zu lesen sein
wird, vgl. ahd. senawa); dat. sinum
F 305b 14.

2. sin, sér, sik, pron. reflex. (got.
seina, sis, sik) seiner (ihrer), sich,
sich: gen. sg. sín Br 3, 8, Am
71, 4; pl. Am 7, 4; sín á milli
unter einander, gegenseitig Gðr II 4;
í milli sín zwischen sich F 305a 2;
dat. sg. sér Vsp 68, 5, Hym 3, 6,
Grm 5, 3, Háv 4, 5 u. ö.; pl.
Hym 12, 3, Ls 33, 2, Vm 45, 5
u. ö.; acc. sg. sik Hrbl 22, 3,

Háv 102, 3, HH II 23, 8, Grp 48, 7 u. ö.

1. **sinn**, *n. (got.* sinþs? sinþ?) *mal:* sg. acc. um s. *einmal HH II 12, 1;* eitt sinn *dass. F 303 b 9;* þetta diesmal *HHv 39, 7, í* s. þetta dass. *Am 11, 4. 14, 4;* annat s. *ein ander mal HHv 5 pr 1, í* annat s. *dass. HH I 44, 5, í* s. annat *dass. Hrbl 59, 4, Am 10, 10. 101, 8;* it þriðja s. *zum dritten male Sf 14.*

2. **sinn**, *pron. poss. (got.* seins) sein, ihr: m. sg. gen.* síns *þrk 1, 3, Ls 65 pr 3, Skm 3, Grm 9 u. ö.; dat.* sínum *Vsp 36, 6, Háv 42, 1, HHv 30 pr 4, Sg 13, 3 u. ö.; acc.* sinn *Hym 13, 8, Hrbl 56, 8, Háv 15, 6, HHv 20, 3 u. ö.; pl. gen.* sinna *Háv 153, 6, Gðr III 10, 8 u. ö.; dat.* sínum *þrk 5, 5, Gðr II 33, 3 u. ö.; acc.* sína *Ls 14, Grm 19, Hyndl 9, 8, HH II 36, 3 u. ö.; f. sg. gen.* sinnar *Rp 4, Vkv 6, 6 u. ö.; dat.* sinni *Háv 6, 1, Vkv 16 pr 2, HH I 19, 2, Sg 25, 2 u. ö.; acc.* sína *Hym 20, 6, Ls 2, 2, Grm 21, Grp 33, 7 u. ö.; pl. acc.* sínar *Grm 3, HHv 30 pr 10, Rm 9 pr 6; n. sg. gen.* síns *Háv 12, 6, Fm 1 pr 1 u. ö.; dat.* sínu *Rm 6, Sg 70, 8; acc.* sítt *Háv 14, 6, Rp 36, 5, Fm 22, 4 u. ö.; pl. dat.* sínum *þrk 5, 3, Háv 38, 1, F 303 b 7; acc.* sín *Hym 38, 8, Ls 2, 1 u. ö.*

1. **sinni**, *m. (got.* ga-sinþa) gefährte, begleiter: sg. nom. Vsp 8, 2.*

2. **sinni**, *n. 1) reise, weg: sg. acc.* Bdr 5, 4; *pl. dat.* sinnum *Vm 4, 3,* dagr var á s. *der tag ging zu rüste Rp 31, 10;* 2) *folge, begleitung: sg. dat. acc. Sg 3, 4; Sg 12, 2;* lýða sinni *gefolgschaft: sg. acc. Gðr II 33, 8; gen.* sinnis *Akv 19, 6;* 3) *mal: sg. dat.* einu sinni *einmal Hym 35, 4, Fm 10, 4 u. ö.;* sinni einu *dass. Gðr II 10, 2;* öðru s. *zum zweiten male Vsp 61, 2,* þriðja s. *zum dritten mal Ghv 14, 3,* mörgu s. *manchmal, oft Hym 9, 6; acc.* í sinni *sogleich Alv 1, 3; pl. dat.* mörgum sinnum *oftmals Sd 30, 3.*

sitja (sat; *got.* sitan) *1) sitzen (häufig mit dem nebenbegriffe der ruhe od.*

untätigkeit): inf. Ls 10, 3, Skm 27, 2, Háv 2, 3 u. ö.; prs. ind. sg. 1. sit Vkv 31, 2; sg. 2. 3. sitr Skm 3, 4. 11, 2; Vsp 30, 3, Ls 11, 5, Háv 5, 6 u. ö.; pl. 1. sitjum Hm 10, 7; pl. 2. sitið Ghv 2, 1; pl. 3. sitja Hym 12, 1, Vm 41, 6 u. ö.; opt. sg. 2. sitir Hym 19, 8; imper. sg. 2. (mit suff. pron.) sittu Fm 27, 1; part. prs. m. sg. nom. sitjandi Hym 29, 5, Sg 17, 7; dat. sitjanda þrk 9, 5; n. pl. dat. sitjöndum Sd 3, 6; prt. ind. sg. 1. 3. sat Grm 2, 2, Háv 95, 2, Gðr II 11, 9, (mit suff. pron.) satk Gðr II 12, 3; þrk 5, 1, Rp 11, 3 u. ö.; sg. 2. (mit suff. pron.) saztu Hm 6, 7. 7, 6, sattu Od 31, 1; pl. 1. sátum Ghv 20, 4; pl. 3. sátu Grm 15, Rp 2, 7 u. ö.; opt. sg. 2. sætir Akv 17, 5; 2) weilen, sich aufhalten, wohnen: inf. Sg 11, 5; prs. ind. sg. 1. (mit suff. pron. u. negat.) sitka HH II 35, 1; sg. 3. sitr Vm 37, 2, Grm 18 u. ö.; prt. ind. sg. 1. 3. sat Gðr II 13, 5; Vkv 13, F 304a 1 u. ö.; prt. ind. pl. 1. sátu (vit) Vkv 41, 3; pl. 2. sátuð Vkv 40, 3; pl. 3. sátu Vkv 3, 1, Am 85, 1; s. í hugum sich wolwollend verhalten: inf. Hyndl 2, 2; 3) mit advv.: s. eptir zurückbleiben: inf. HH I 52, 8; prt. ind. sg. 3. sat Vkv 38, 4; s. fyrir vorn, dabei, in der nähe sitzen: prs. ind. pl. 3. sitja Háv 1, 6. 132, 2; prt. ind. sg. 3. sat þrk 26, 1. 28, 1, Hym 2, 1; s. úti im freien sitzen (um zauberei zu treiben): prt. ind. sg. 3. sat Vsp 2, 1 (GV, Cpb II, 649).

siz (d. i. síð es), *conj. und praep. A. conj. 1) seitdem: Ls 60, 4, Grm 48, 7. Gðr II 30, 5, Am 53, 2; 2) da, weil: Ls 17, 4. 32, 4, HH I 41, 5; B. praep. c. acc. nach (tempor.): Vkv 31, 4 (Bugge z. st.).*

1. **sjá** (sá; *got.* saihwan) *1) sehen, blicken, schauen, erblicken, betrachten; a) absol.: inf. Grp 8, 4. 30, 4, Rm 23, 6; prs. opt. pl. 3.* sé *Gðr III 8, 5 (das komma nach* nú *ist zu tilgen); prt. ind. sg. 1.* sá *Háv 110, 4. 5; b) mit objectsaccus.: inf. Skm 17, 6, Grm 9, 3, Vkv 23,*

4 u. ö.; prs. ind. sg. 1. (mit suff.
pron.) sék Háv 148, 6, Fm 35, 8,
Gðr III 6, 3; sg. 2. 3. sér Skm
23, 1, Grp 32, 3 u. ö.; Ls 59, 6;
pl. 1. sjám Am 19, 2; pl. 3. sjá
Vm 36, 6, Alv 14, 5 u. ö.; opt.
sg. 2. sér Grp 29, 8, Sd 28, 2;
pl. 3. sé Hrbl 19, 8, Skm 26, 6;
prt. ind. sg. 1. 3. sá Háv 77, 2, HH
II 19, 5, (mit suff. pron.) sák Alv
36, 2, Od 28, 7; Skm 2, Rm 4 pr 1
u. ö.; sg. 2. sátt Am 15, 8, (mit
suff. pron.) sáttu HHv 1, 1; pl. 3.
sá HHv 5 pr 2, Akv 14, 1, F 303b
10; opt. sg. 2. sæir Gðr III 1, 8;
part. prt. m. pl. nom. sénir Hm
20, 3; n. sg. acc. sét HH II 14, 8,
Gðr III 3; c) mit dopp. acc. (des
obj. und praed.): inf. Rm 24, 6;
prt. ind. sg. 3. sá Gðr III 9, 3;
d) mit genet. (?): prt. ind. sg. 1. (mit
suffig. pron.) svarra sára sákat ek
né kunna schlimmere schmerzen habe
ich nie gesehen oder kennen gelernt
Ghv 11, 2; þeirar sýnar sámk ey
von diesem anblick wandte ich stets
meinen blick ab Gðr I 26, 8 (Richert
s. 49 ff., anders FJ z. st.); e) mit
part. prt. u. acc.: prs. ind. sg. 1.
(mit suff. pron.) sék Vkv 18, 9;
sg. 2. sér Hm 24, 7; prt. ind. sg.
1. 3. sá Vsp 32, 1; Vsp 31, 1, Hym
14, 2, Gðr I 14. 3; pl. 3. sá Vkv
9, 1; f') mit part. prt. u. dat.: prs.
ind. sg. 1. sé Hym 32, 3; sg. 2.
sér Hm 24, 8; g) mit acc. u. inf.:
prs. ind. sg. 1. sé Ls 41, 1, Grm
4, 2, Háv 148, 2 u. ö., (mit suff.
pron.) sék Ls 44, 2; sg. 2. 3. sér
Ls 28, 5, Rm 22, 6, Akv 38, 5;
Vsp 61, 1. 66, 1; prt. ind. sg. 1. 3.
sá Skm 6, 2, Háv 70, 4 u. ö.,
(mit suff. pron.) sák þrk 25, 5;
Vsp 36, 1, Hym 35, 5 u. ö.; sg. 2.
(mit suff. pron.) sáttu þrk 25, 3;
pl. 3. sá Am 37, 3; opt. sg. 3.
sæi Fm 7, 3; h) mit dat. u. inf.:
prs. ind. sg. 3. sér Vsp 25, 5; i)
sjá ehm eht etw. an jemand erblicken: prt. opt. sg. 2. sæir Sg
32, 5; k) mit at c. ind.: prt. ind.
sg. 3. sá HH II 38 pr 2, Sd 4
u. ö.; pl. 3. sá HH II 16 pr 6;
l) mit at c. opt.: inf. Am 55, 7;
m) mit indir. fragesatz: imper. sg. 2.
sé Hym 12, 1; prt. ind. pl. 3. sá

Ls 5 pr 2; 2) prüfen, untersuchen, beurteilen (eht): inf. Sd
11, 3; 3) mit advv. und praepp.:
s. á eht auf etw. blicken: inf. Ls
3, 3, Vm 6, 3 u. ö.; prt. ind.
sg. 3. sá Hm 21, 6; pl. 3. sá
Hym 1, 6; unpers. prs. ind. sg. 3.
á sér þat illa das ist an euch kaum
zu bemerken Am 42, 1; s. fram
in die zukunft blicken: prs. ind.
sg. 1. sé Vsp 45, 6. 50, 6 u. ö.;
sg. 2. sér Grp 20, 3; pl. 3. sjá
Hyndl 44, 5; opt. sg. 3. sé Grp
22, 3; s. eht fyrir etw. voraussehen: prs. ind. sg. 2. sér Grp 10,
5. 28, 7; s. í hineinsehen: prt.
ind. pl. 3. sá Vkv 21, 4; s. í
eht in etw. hineinsehen: prt. ind.
sg. 3. sá Skm 2, Sf 8; s. of eht
über etw. hinweg schauen: prt. ind.
sg. 3. sá Vsp 3, 7; s. til ehs etw.
erwarten: prs. ind. sg. 3. sér Háv
143, 3; s. ráð til einen rat für
etw. wissen: prs. ind. sg. 1. sé Am
67, 2; s. um eht über etw. hin-
wegblicken: prt. ind. sg. 3. sá Skm
2; pl. 3. sá Grm 15; mit etw.
bescheid wissen (?): prs. ind. sg. 3.
sér Háv 94, 3; s. við ehu sich
vor etw. hüten: inf. Fm 37, 6, Sd
8, 2. 32, 2; prs. opt. sg. 2. sjáir
Sd 37, 2; 4) sjásk eht sich vor
etw. fürchten: inf. HHv 12, 5; prs.
ind. sg. 1. sjámk HH II 15, 5.
16, 8 (wo zu lesen ist: ætt átt, en
góða! es eigi sjámk); sg. 3. sésk
Sg 33, 3; prt. ind. pl. 3. sásk
Akv 2, 4; mit advv. u. praepp.:
s. at ehu für etw. fürchten: prs.
ind. sg. 3. sésk HHv 11, 5; s. í
augu sich in die augen sehen: prt.
ind. pl. 3. sásk Rþ 27, 2; s. til
nach einander blicken, sich gegenseitig anschauen: prt. ind. pl. 3.
sásk Am 35, 1; s. um sich umschauen: prt. ind. pl. 3. sásk Vkv
4, 8; s. um ehn besorgt sein um
jmd: prs. ind. sg. 1. sjámk Grm
20, 6.

2. sjá, pron. dem. der, dieser: m.
f. sg. nom. Háv 2, 3, HHv 40,
3 u. ö.; Skm 42, 6, Sd 4, 3,
Akv 6.

sjaldan, adv. (vgl. got. silda-leiks)
selten: Vsp 30, 3, Hrbl 10, 2, Háv
6, 6 u. ö.

sjálfr, *pron.* (*got.* silba) *selbst:* m. sg. nom. *Vm 54, 6, Háv 9, 2, HH I 7, 5 u. ö.; dat.* sjálfum *Háv 125, 7, Grp 5, 8, Am 82, 7 u. ö.; acc.* sjálfan *Vsp 59, 8, Vm 6, 3, Rm 17, 4 u. ö.; pl. nom.* sjálfir *Skm 34, 4, Am 49, 6* (*wo aber wol* sjálfir *in* heilir *zu ändern ist, vgl. Zz 29, 62*) *u. ö.; dat.* sjálfum *Háv 41, 3, HH I 31, 1; f. sg. nom.* sjálf *Gðr I 8, 1. 2. 3, Am 3, 8 u. ö.; dat.* sjálfri *Vkv 27, 7, Sg 10, 6, Od 30, 8; acc.* sjálfa *HHv 37, 4, Grp 48, 7, Gðr II 25, 7; n. sg. nom.* sjálft *Ls 11, Skm 8, 5. 9, 5.*

sjálf-ráði, *sw. adj. wer den eigenen entschlüssen folgt, eigenwillig: m. sg. dat.* sjálfráða *Háv 86, 2.*

sjálf-skapa, *indecl. adj. wer selber der urheber von etw.* (ehs) *ist: f. sg. nom. Am 65, 7.*

sjau, *num. card.* (*got.* sibun) *sieben: Hrbl 18, 11, Vkv 11, HH I 51, 4 u. ö.*

sjaundi, *num. ord.* (*got.* sibunda) *der siebente: n. sg. acc.* sjaunda *Vm 32, 1, Háv 150, 1, Sd 31, 1; pl. nom.* sjaundu *Grm 12, 1.*

sjautjándi, *num. ord. der siebzehnte: n. sg. acc.* sjautjánda *Háv 160, 1.*

sjóða (sauð), *sieden, kochen: inf. Hym 14, 8, F 306 b 11; part. prt. m. sg. nom. acc.* soðinn *Rp 4, 9; Grm 18, 3; f. sg. nom.* soðin *Gðr II 24, 7.*

sjón, *f.* (*got.* siuns) *1) blick: sg. dat. Hym 12, 6; 2) auge: pl. dat.* sjónum *Hym 13, 7, Háv 148, 6; acc.* sjónir *Gðr I 14, 5.*

sjór, *m. s.* sær.

sjóvar-strǫnd, *f. meeresufer: sg. dat.* sjóvarstrǫndu *Rp 4.*

sjúkr, *adj.* (*got.* siuks) *krank: m. sg. dat.* sjúkum *Háv 86, 1.*

sjǫt, *n. 1) sitz, wohnsitz: sg. acc. Vsp 17, 7. 42, 3, Grp 53, 7; 2) volk* (?)*: pl. dat.* sjǫtum *Hyndl 43, 8* (Bugge, Fkv. 405 a).

skafa (skóf; *got.* skaban) *1) schaben: prs. ind. sg. 3.* skefr *Hrbl 22, 2; s. af abschaben: part. prt. f. sg. nom.* skafnar *Sd 18, 1; 2) durch schaben glatt machen, glätten: prt. ind. pl. 3.* skófu *Rp 43, 5; part. prt. m. pl. acc.* skafna *Akv*

4, 2; *f. pl. nom.* skafnar *HH I 50, 6.*

skaka (skók), *schütteln: prt. ind. sg. 3.* skók *Hym 21, 5; pl. 3.* skóku *Ls 14, Hm 17, 1.*

skakkr, *adj. schief, nach einer seite überhängend; hinkend, lahm: m. sg. nom. s.* á beini *hinkend mit dem fusse Hym 37, 6.*

skál, *f. schale: pl. acc.* skálar *hirnschalen Vkv 24, 5. 35, 1.*

skáld, *n. dichter: sg. nom. c. art.* skáldit *F 306 b 12; pl. gen.* skálda *Grm 44, 7; dat.* skáldum *Hyndl 3, 6.*

skáli, *m. wohnhaus: sg. gen. dat.* skála *Vkv 10; Skm 3, Grp 5, 1.*

skálm, *f. schwert: pl. dat.* skálmum *Gðr II 20, 7; acc.* skálmir *Hm 17, 2.*

skálm-ǫld, *f. 'schwertalter', kriegerische zeit: sg. nom. Vsp 46, 7.*

skammask (að; *got.* skaman sik) *sich einer sache* (ehs) *schämen: prs. opt. sg. 3.* skammisk *Háv 61, 5.*

skamm-lífr, *adj. kurzlebig;* verða sk. *frühzeitig sterben: f. sg. nom.* skammlíf *HH II 50 pr 1.*

skammr, *adj. kurz: f. sg. nom.* skǫmm *Am 75, 7; dat.* (sw.) skǫmmu *Gðr I 27 pr 10; pl. nom.* skammar *Háv 73, 7; n. sg. nom.* skamt *Hrbl 59, 1; dat.* skǫmmu *Sd 1, 6; acc.* skamt *kurze zeit HH I 10, 1, Am 86, 6; compar. m. sg. acc.* skemra *Hym 15, 2, Fm 34, 1. 38, 1.*

skamm-ærr, *adj. kurzlebig, frühzeitig sterbend: m. pl. nom.* skammæir *Am 28, 6.*

skap, *n. sinnesart, denkweise: sg. dat.* skapi *Háv 22, 2, Grp 32, 4.*

skapa (að), *1) schaffen, erschaffen, machen, bereiten, verfertigen: inf. Grm 43, 3, Am 49, 7* (sk. sókn *'angreifen'*)*; part. prt. m. sg. nom.* skapaðr *Skm 13, 5, Háv 125, 8; f. sg. nom.* skǫpuð *Vm 21, 2, Grm 40, 2 u. ö.; n. pl. nom.* skǫpuð *Grm 41, 6, Háv 83, 5: 2) schlichten, ordnen: part. prt. n. sg. nom.* skapat *Rp 15, 5; 3) bescheiden, verhängen* (vom schicksal)*: part. prt. f. sg. nom.* skǫpuð *Rm 6, 5; n. sg. nom.* skapat *HH II 20, 6.*

skap-dauði, *sw. adj. durch das*

schicksal dem tode geweiht, zum tode reif: m. sg. nom. Am 58, 6.

skap-ker, *n. schöpfkrug: pl. (?) acc. Grm 25, 4 (Bugge, Fkv. 80b und 397a).*

skapliga, *adv. auf geziemende weise: Am 76, 3.*

skapligr, *adj. geziemend, passend: n. sg. nom.* skaplikt *Am 89, 2.*

skapt, *n. schaft (am spiesse): sg. nom. acc. Háv 125, 9; Rþ 38, 1; pl. dat.* skǫptum *Grm 9, 4.*

skarðr, *adj. vermindert, verringert, beschädigt: m. sg. acc.* hǫfum ǫll skarðan *(scil. hlut) wir haben alle schaden erlitten Am 99, 4, (sw.)* enn skarða mána *den abnehmenden mond Vkv 8, 4.*

skarpliga, *adj. eifrig: Am 43, 5.*

skarpr, *adj. rauh, hart: m. sg. dat.* skǫrpum *Háv 133, 8; f. pl. nom.* skarpar *Ls 62, 4.*

skars u. **skass**, *n. zauberweib, hexe: sg. nom.* skars *Hyndl 40, 5; voc.* skass *HHv 23, 6, HH I 39, 2.*

skati, *m. krieger, held: sg. nom.* Hyndl 9, 6, F 305a 5; *pl. nom.* skatar *Gðr II 14, 6; gen.* skatna *Grp 5, 2, Sg 56, 4 u. ö.*

skaut, *n. (got.* skauts, *m.) ecke, zipfel: pl. dat.* með (und) himins skautum *zwischen den (vier) ecken des himmels, in aller welt Hyndl 14, 8, Grp 10, 8,* hálsa skautum *die segelschoten Bdr 12, 8 (vgl. Wimmer, Lb.⁴ 156 und Bugge, Stud. 252 fg.).*

skaut-gjarn, *adj. verhüllungen od. verkleidungen liebend (?): m. sg. nom.* Hyndl 30, 9 *(nach Kop. und Rask verschrieben für* skrautgjarn, *nach schmuck lüstern; vgl. Hj. Falk, Ark. 5, 121; anders FJ, I, 122; Bugge, Zz 7, 401 schreibt* skóðgjarn *'geneigt schaden zu stiften').*

skegg, *n. bart: sg. nom. acc.* Rþ 15, 5; *þrk 1, 5; dat.* skeggi *F 305b 10.*

skeggj-ǫld, *f. (Sievers, Beitr. 12, 487) 'beilalter', kriegerische zeit: sg. nom. Vsp 46, 7. — Als name einer walküre Grm 36, 3.*

skeið, *n. 1) lauf: sg. acc. á* skeið *schnell, bald Fm 5, 6 (vgl. áborinn); 2) wegstrecke: sg. acc. HII I 43, 6.*

skelfa (fð), *erzittern machen, schwingen: inf. Rþ 35, 3; prt. ind. sg. 3.* skelfði *Rþ 38, 2; pl. 3.* skelfðu *Rþ 43, 6.*

1. **skella**, **skjalla** (skall), *erklingen, klirrend anschlagen: prt. ind. pl. 3.* skullu *Hym 34, 8.*

2. **skella** (lð), *1) erklirren machen, erschüttern, schütteln: prt. ind. pl. 3.* skelðu *Hrbl 39, 3; 2) sk. eht undan etwas gewaltsam fortstossen, fortschlagen: prt. ind. sg. 3.* skelði fót undan *hieb den fuss ab Am 48, 6.*

skellr, *m. hieb, schlag: sg. acc.* skell *þrk 32, 5.*

skemma, *vorratshaus (Valt. Guðmundsson, Privatbol. 247 ff.): sg. gen.* skemmu *Skm 3, Ghv 7, 2.*

skenkja (kt), *einschenken (ehm): prt. ind. sg. 3.* skenkti *Ls 10 þr 1.*

skepja (skóp u. skapði; *got.* ga-skapjan) *1) schaffen, erschaffen, machen, bewirken, verfertigen: inf. Vsp 12, 6; prt. ind. sg. 3.* skapði skœru *wirkte streit, kämpfte Am 48, 5; pl. 3.* skópu *Vsp 7, 4, Vm 25, 5 u. ö.; 2) verhängen, bestimmen, bescheiden: prt. ind. sg. 3.* skóp *Rm 2, 5; pl. 3.* skópu *HH I 2, 4, Sg 7, 6.*

skepna, *f. schicksal: sg. gen.* skepnu *Gðr I 24, 8. Vgl. alda.*

skepta (pt), *mit schäften versehen: inf. Rþ 35, 6, Akv 38, 8; prt. ind. sg. 3.* skepti *Rþ 27, 8.*

skepti-smiðr, *m. verfertiger von (speer-) schäften: sg. nom. Háv 125, 6.*

skera (skar), *schneiden, schnitzen, zerschneiden: prt. ind. sg. 3.* skar *Fm 26 þr 2; pl. 3.* skáru *Vsp 23, 7, Od 26, 2, Akv 22, 7; part. prt. f. sg. acc.* skorna *Gðr I 14, 8; pl. nom.* skornar *Vkv 17 þr 1; n. sg. nom.* skorit *Dr 15, Akv 22, 4; sk. ehn á háls jmd die kehle durchschneiden: prt. ind. sg. 3.* skar *Am 76, 4; sk. eht or etw. ausschneiden: imper. pl. 2.* skerið *Am 56, 3; sk. ehn til hjarta jmd nach dem herzen schneiden, ihm das herz ausschneiden: prt. ind. pl. 3.* skáru *Akv 24, 2, Ghv 18, 4.*

skerða (rð), *beschneiden; benagen: prs. ind. sg. 3.* skerðir *Grm 35, 6.*

skeyti, *n. wurfgeschoss, pfeil: pl. acc. Rþ 43, 5.*

skeytir, *m. schütze: sg. dat.* skeyti *Sg 56, 3* (?).

skíð, *n. 1) holzscheit, holztafel, schindel: sg. dat.* skíði *Vsp 23, 7; pl. gen.* skíða *Háv 60, 1; 2) türpfosten* (?): *sg. dat.* skíði *Rp 14, 4; 3) schwertscheide: sg. dat.* skíði *Hm 16, 1.*

skíð-garðr, *m. lattenzaun: sg. gen.* skíðgarðs *Skm 10 pr 3.*

skíði-jarn, *n. 'scheideneisen', d. i. schwertklinge: pl. acc. Hm 16, 2.*

skífa (fð), *spalten, zerlegen: prt. ind. pl. 3.* skifðu *F 306b 15.*

skikkja, *f. mantel: sg. dat.* skikkju *Am 47, 4.*

skil, *n. pl. unterschied: acc.* kunna skil ehs *mit etwas bescheid wissen, kunde von etw. haben Háv 157, 5, Am 9, 2.*

skilinn, *adj. verständig: n. pl. nom.* skilin *Háv 133, 9.*

skilja (lð; *vgl. got.* skilja *'fleischer')* 1) *trennen: prt. ind. sg. 3.* skilði *Vkv 3, 6, Am 30, 8;* skiljask *sich trennen: imper. pl. 1.* skiljumk *Grp 52, 1; prt. ind. pl. 3.* skilðusk *Am 35, 4;* sk. við ehn *sich von jmd trennen: inf. Grp 24, 2; 2) bemerken* (mit *c. ind.*): *prt. ind. sg. 3.* skilði *Sf 8; 3) verstehen* (eht): *prt. ind. sg. 3.* skilði *Fm 31 pr 9, Gðr I 9; 4)* sk. um eht *auskunft geben über etw.: inf. Hym 38, 4.*

skillingr, *m.* (*got.* skilliggs) *münze, geldstück: pl. acc.* skillinga *þrk 32, 6.*

skin, *n. glanz, licht* (*poet. bezeichnung des mondes*): *sg. acc. Alv 15, 5.*

skína (skein; *got.* skeinan) *scheinen, leuchten, glänzen, strahlen: prs. ind. sg. 3.* skinn *Vsp 53, 3; Alv 36, 7, Vkv 18, 1; opt. sg. 3.* skíni *Akv 28, 8; part. prs. f. sg. dat.* skínandi *Rm 23, 3, n. sg. dat.* skínanda *Grm 38, 3, Sd 15, 2; prt. ind. sg. 3.* skein *Vsp 5, 5.*

skinn, *n. haut: sg. nom. Rp 8, 2.*

skip, *n.* (*got.* skip) *schiff: sg. nom. acc. HH II 30, 1, Sf 19; Hrbl 39, 3, Grm 7 u. ö.,* (*mit art.*) skipit *Hrbl 4, Grm 11 u. ö.; gen.* skips *Háv 73, 7, Vkv 33, 3; dat.* skipi *Grm 9, HHv 23, 6, Am 95, 6,* (*mit art.*) skipinu *Grm 10, Sf 22; pl. nom. acc.* skip *Gðr II 15, 1,* (*mit art.*) skipin *HH II 16 pr 11; HH I 25, 5,* (*mit art.*) skipin *HH II 16 pr 5; gen.* skipa *Grm 43, 4. 44. 3, HH I 23, 2; dat.* skipum *HHv 12, 3, HH II 22, 2 u. ö.*

skipa (að), *ordnen, anordnen; verfahren, handeln* (*gegen jmd* við ehn): *inf. Grp 49, 4.*

skipa-herr, *m. flotte mit bemannung, kriegsflotte: sg. dat.* skipaher *HH II 16 pr 2.*

skipa-lið, *n. schiffsvolk: sg. acc. Rm 15 pr 2.*

skipta (pt), *1) verteilen* (ehu): *inf. Hrbl 25, 1, Rp 39, 3; prt. ind. pl. 3.* skiptu *Od 12, 4; 2) austauschen, vertauschen, wechseln* (ehu við ehu): *inf. Háv 44, 5, HH I 34, 8 u. ö.; 3) ordnen, anordnen: part. prt. n. sg. nom.* skipt *Sg 67, 9; 4) handeln, verfahren: prt. ind. sg. 3.* skipti *Am 76, 3; walten* (*vom schicksal*): *inf. prt.* skiptu *Am 35, 3* (*vgl. Bugge zu Akv 8, 1*).

skír-leitr, *adj. 1) glänzend: n. sg. dat.* (*sw.*) skírleita *Grm 39, 2; 2) von heller gesichtsfarbe: f. sg. nom.* (*sw.*) skírleita *Akv 36, 1.*

skírr, *adj.* (*got.* skeirs) *leuchtend, strahlend, klar, hell: m. sg. gen.* (*sw.*) skíra *Grm 25, 5; dat.* skírum *Grm 43, 5; acc.* skíran *Akv 40, 6,* (*sw.*) skíra *Vm 12, 2; f. sg. nom.* skír *Grm 11, 5; pl. nom.* skírar *Bdr 7, 3.*

skjald-borg, *f. 'schildburg', zaun aus zusammengesetzten schilden: sg. nom. Sd 3; acc. c. art.* skjaldborgina *Sd 4.*

skjald-mær, *f. 'schildjungfrau', jungfrau die gerüstet am kampfe teilnimmt: pl. nom. acc.* skjaldmeyjar *Akv 43, 6; Akv 18, 3.*

skjálfa (skalf), *zittern, erbeben: inf. F 305a 14, b 7; prs. ind. sg. 3.* skelfr *Vsp 48, 1; pl. 3.* skjálfa *Ls 55, 1, Skm 14, 6; prt. ind. sg. 3.* skalf *Ls 65 pr 8, HH I 48, 7; pl. 3.* skulfu *Am 48, 10.*

skjarr, *adj. furchtsam vor etw.* (við eht): *superl. m. sg. nom.* skjarrastr *Ls 13, 7.*

skjóa (?), *sich zeigen, offenbar werden: prs. ind. sg. 3.* skjór *Fm 5, 6* (*Richert s. 40 fg.; vgl. jedoch Zz 26, 26*).

skjól, *n. zufluchtsort; schutz: sg. dat.* skjóli *Gðr II 34, 8.*

skjóta (skaut), *schiessen* (ehn ehu): *inf. Vsp 33, 4, Gðr II 18, 11; prt. ind. sg. 3.* skaut *Vsp 28, 2, HHv 5 pr 6; pl. 3.* skutu *Am 43, 5; part. prt. m. sg. acc.* skotinn *Háv 148, 2;* sk. ehn neðan *jmd von unten her treffen: prt. opt. sg. 3.* skjóti *Vkv 37, 8;* skjótask *sich rasch vorwärts bewegen, eilen, fliegen: prt. ind. pl. 3.* skutusk *Hyndl 46, 7.*

skjótliga, *adv. schnell: HH I 23, 1.*

skjǫldr, *m. (got.* skildus) *schild: sg. nom. Bdr 7, 4, Grm 38, 3; gen.* skjaldar *Vkv 33, 4, Am 30, 5; dat.* skildi *Vsp 31, 5, HH I 34, 3, Sd 15, 1; acc.* skjǫld *Háv 81, 6, Akv 7, 9, Hm 21, 6; pl. nom.* skildir *Vsp 46, 8, Vkv 8, 3, HH I 50, 5; dat.* skjǫldum *Grm 9, 5, Sg 66, 2 u. ö.; acc.* skjǫldu *Ls 14, Akv 4, 1.*

skjǫldungr, *m. eigentl. bezeichnung der von dem myth. könige Skjǫldr abstammenden fürsten (Hyndl 11, 5 u. ö.), dann könig, fürst überhpt: sg. nom. HH II 22, 1; pl. nom.* skjǫldungar *HH II 21, 3, Am 2, 1 (Zz 26, 28); gen.* skjǫldunga *HH II 50, 3, Br 14, 3.*

skoða (að), *1) spähen: prs. ind. sg. 3.* skoðar *Háv 7, 5; 2) besichtigen, recognoscieren* (eht): *inf. HHv 26, 2; um* skoðask *sich umschauen: inf. Háv 1, 3.*

skógr, *m. 1) wald: sg. gen.* skógar *Hym 18, 6, Ls 15, Gðr I 27 pr 2; dat.* skógi *HHv 30 pr 6, Br 20 pr 7; pl. acc.* skóga *Rp 47, 2; 2) aufenthaltsort der friedlosen u. verbannten, verbannung: sg. dat.* skógi *Am 96, 5.*

skokkr, *m. kiste, truhe: sg. nom. Rp 15, 8.*

skókr, *m. 'erschütterer': sg. nom.* sk. bituls *'erschütterer des gebisses', d. i. pferd Akv 29, 6.*

skolla (ld), *sich hängend od. schwebend hin u. her bewegen [anders KGislason, Nogle bemærkninger om skjaldedigtenes beskaffenhed i formel henseende (Kbh. 1872) s. 5]: prs. ind. sg. 3.* skollir *Háv 133, 11, Vkv 37, 9.*

skoll-víss, *adj. erfahren in betrug: f. sg. voc.* skollvís *HH I 38, 3.*

skór, *m. (got.* skôhs) *schuh: sg. nom. Háv 125, 8; pl. gen. acc.* skúa *Háv 61, 4; Gðr I 9, 6.*

skorða (að), *im gleichgewicht erhalten, stützen, auf stützen stellen: part. prt. n. sg. acc.* skorðat *Hrbl 39, 4.*

skó-smiðr, *m. schuhmacher: sg. nom. Háv 125, 5.*

skó-sveinn, *m. 'schuhbursche', diener: sg. nom. Skm 4.*

skot, *n. wurf, schuss: sg. acc. Ls 13, 7.*

skrá, *f. stück leder, haut: pl. dat.* skrám *Háv 133, 11 (anders Wisén, EE 120).*

skreyta (tt), *schmücken, schmuck anlegen: inf. Gðr I 9, 5.*

skríða (skreið), *sich gleitend oder kriechend vorwärts bewegen; a) von schiffen, dahingleiten: prs. opt. sg. 3.* skríði *HH II 30, 1. 2; prt. ind. pl. 3.* skriðu *HH I 24, 3, Gðr II 15, 2; b) von schlangen, kriechen: prt. ind. sg. 3.* skreið *Fm 3. 6. 9; pl. 3.* skriðu *Ghv 17, 8; part. prt. m. sg. nom.* skriðinn *bekrochen Akv 32, 3; n. sg. acc.* skriðit *HH I 37, 12; c) von der bewegung des auf eis- oder schneeschuh dahingleitenden: inf. Háv 82, 2; prt. ind. sg. 3.* skreið *Vkv 12. 5, 1; pl. 3.* skriðu *Vkv 3.*

skriðr, *m. die gleitende bewegung des schiffes: sg. gen.* skriðar *Háv 81, 5.*

skript, *f. bildliche darstellung (auf dem gewebe eines teppichs): pl. dat.* skriptum *Gðr II 14, 5.*

skrækr, *m. geschrei: sg. nom. F 304a 36.*

skræktun, *f. dass.: sg. acc. Am 61, 8.*

skrǫk, *n. lüge: pl. acc. HH I 38, 4 (anders FJ z. st.).*

skulu (skylda; got. skulan) *1) sollen, müssen, verpflichtet oder genötigt sein, a) nach dem willen eines anderen (daher bes. in sätzen, die einen befehl oder entschluss, eine aufforderung, einen rat oder eine vorschrift enthalten): prs. ind. sg. 2.* þu skalt ásum opt sumbl gøra *Hym 2, 7, vgl. Skm 12, 5, Háv 121, 6, HH II 16, 5 u. ö., (mit suff. pron.)*

skaltu *Ls* 60, 2, *Háv* 44, 4. 45, 4
u. ö., (mit *suff. negat. und pron.*)
skalattu *Háv* 112, 6, *Grp* 22, 5
u. ö.; *sg. 3.* skal *Ls* 57, 2, *Alv*
1, 2, *Háv* 2, 3, *HH II* 45, 5
u. ö., *mit ellipse des inf. Rm* 25, 2;
unpersönl. Vm 9, 4, *Háv* 52, 2,
Grp 19, 7, *Sd* 7, 4 u. ö.; *pl. 2.*
skoluð *Am* 56, 4; *pl. 3.* skulu
Háv 41, 2, *Fm* 39, 5, *Sg* 49, 1
u. ö.; *opt. sg. 3.* skyli *Háv* 6, 2.
15, 2, *Od* 22, 5, *mit ellipse des
inf. Háv* 15, 5. 54, 2 u. ö.; *unpersönl. Háv* 1, 3. 4. 74, 6; *pl. 2.*
skyliö *Ls* 25, 2; *pl. 3.* skyli *Háv*
42, 5; *prs. ind. sg. 1.* skylda *Gör*
I 9, 5; *pl. 3.* skyldu *þrk* 21, 4,
HHv 5 pr 1 u. ö., *mit ellipse des
inf. þrk* 24, 8; *opt. sg. 1.* (*mit suff.
pron.*) skyldak *Fm* 26, 2; *sg. 2.*
skyldir *HH II* 41, 10; *sg. 3.* skyldi
Hrbl 49, 2, *Rm* 11 pr 6, *Am* 59, 6
u. ö.; *pl. 3.* (*mit ellipse des inf.*)
skyldi *Am* 74, 6; *inf. prt.* skyldu
Od 15, 4; *in verwünschungen: prs.
ind. sg. 2.* með þursi þríhǫfðuðum
þú skalt æ nara *Skm* 31, 2, *vgl.*
30, 5, (*mit suff. pron.*) skaltu *Skm*
26, 4, *Akv* 26, 1 u. ö.; *sg. 3.* Hrím-
grímnir heitir þurs er þik hafa skal
Skm 35, 2, *vgl.* 33, 3, *HHv* 25, 1,
Rm 5, 1; *pl. 3.* skulu *Skm* 30, 2;
opt. sg. 3. hón skyli morna! *Od*
29, 4; *pl. 3.* skyli *HH II* 29, 1,
Gör II 9, 5; *prt. opt. sg. 2.* skyldir
HHv 16, 5; *in segenswünschen:
prs. ind. sg. 2.* (*mit suffig. pron.*)
heill skaltu .. bæði njóta Hǫgna
dóttur ok Hringstaða *HH I* 57, 5,
vgl. 56, 1, *mit ellipse des inf.* heill
skaltu Agnarr! *Grm* 3, 1; *pl. 2.*
skuluð *Br* 10, 3; *b*) *nach göttl.
ratschluss od. der fügung des schicksals: prs. ind. sg. 1.* ek skal mærrar
meyjar biðja ǫðrum til handa *Grp*
36, 5, *mit ellipse des inf. HH II*
48, 5; *sg. 2.* þá .. er þú skalt við
úlf um vega *Ls* 58, 5; *sg. 3.* (úlfr)
er í bǫndum skal bíða ragna røkkrs
Ls 39, 5, *vgl. Vm* 16, 5, *Grm* 2, 5,
Alv 22, 5 u. ö., *mit ellipse des inf.
Grm* 39, 6, *HHv* 33, 12; *pl. 1.*
skulum *Grp* 38, 2; *pl. 2.* (*mit
ellipse des inf.*) skuluð *Am* 46, 4;
pl. 3. skulu *Vsp* 66, 5, *Ls* 49, 5,
Vm 23, 5 u. ö.; *opt. pl. 1.* þótt

skylim nú eða í gær deyja *Hm* 29, 6;
pl. 3. skyli *Grm* 34, 8; *prt. ind.
sg. 1.* (*mit suff. pron.*) því ek land
um sték at lifa skyldak *Ghv* 13, 8;
pl. 3. (*mit ellipse des inf.*) skylduat
feigir *Am* 2, 2; *opt. sg. 1.* aumlig
norn skóp oss .. at ek skylda í vatni
vaða *Rm* 2, 6; *inf. prt.* skyldu
Sd 2 pr 16. 18; *c*) *durch die macht
der verhältnisse* (*in der lage sein, in
die lage kommen, durch umstände
genötigt od. gezwungen sein*): *prs.
ind. sg. 1.* hve skal ek þér .. þess
bót of vinna (*wie wird mir gelegenheit werden, wie kann ich es möglich machen*) *HH II* 43, 11; *sg. 2.*
skalt *Vm* 4, 5, (*mit suffig. pron.*)
hvat skaltu of nafn hylja *Hrbl* 11, 1,
vgl. 28, 1, *Rp* 47, 7, *Hlr* 2, 1;
sg. 3. skal *Háv* 2, 5. 37, 5, *HH II*
3, 3 u. ö.; *pl. 1.* skulum *þrk* 11, 7,
Ls 5, 2, *Hyndl* 1, 6 u. ö.; *pl. 3.*
skulu *Rm* 17, 3, *Sd* 12, 8 u. ö., *mit
ellipse des inf. Háv* 21, 2; *opt.
sg. 3.* skyli *Háv* 89, 9, *Fm* 39, 2;
prt. ind. sg. 1. (*mit suffig. pron.*)
skyldak *Gör II* 42, 8; *sg. 3.* skyldi
Od 25, 4, *Am* 11, 8; *pl. 3.* skyldu
Od 23, 6, *Akv* 41, 6; *d*) *in folge
gegenseitiger verabredung od. übereinkunft: prs. opt. sg. 1.* (*mit suff.
pron.*) þriggja nátta skylak þar (*zum
zweikampfe*) koma *HHv* 33, 8; *prt.
ind. pl. 3.* skyldu *F* 303a 13; *opt.
sg. 3.* skyldi *Vsp* 12, 5; *pl. 3.*
skyldi *Vsp* 27, 5. 7; *e*) *in folge
des eigenen entschlusses* (*wollen,
müssen: die entschiedenheit des
willens wird stärker betont als durch
vilja*): *prs. ind. sg. 1.* hafa skal ek
Sigurð eða þó svelti *Sg* 6, 5, *vgl.
HHv* 38, 7, *Sg* 16, 5; *sg. 2.* skalt
Sd 32, 2; *sg. 3.* (*mit ellipse des
inf.*) skal *Sd* 36, 6, *unpers. Ls* 3, 1,
Hrbl 54, 2, *Grp* 25, 1; *pl. 1.* skulum
Vm 19, 5, *Hyndl* 8, 2 u. ö., *mit
ellipse des inf. HH I* 6, 8; *pl. 2.*
skuluð *Ls* 19, 2; *prt. opt. sg. 1.*
(*mit suff. pron.*) skyldak *Od* 9, 8;
inf. prt. skyldu *HH II* 14, 4; *f*)
*durch moral. zwang, amtspflicht,
standesrücksichten u. ä.: prs. ind.
sg. 1. 3.* skal *Háv* 154, 2. 156, 2.
157, 2; *Sg* 41, 1; *pl. 3.* skulu *Ls*
8, 5; *prt. ind. sg. 1.* (*mit suffig.
pron.*) skyldak *Gör I* 8, 1. 2. 3;

20*

sg. 3. sem konungr skyldi *wie es einem könige zukam Akv 9, 6; opt. sg. 1.* skylda *Ls 23 , 2 , (mit suff. pron. und ellipse des inf.)* skyldak *Sg 58, 8; sg. 2.* skyldir *Ls 22, 5, Am 79, 4. 82, 6; sg. 3.* skyldi *Br 2, 6, (mit ellipse des inf.) Od 19, 4, Am 94, 10, unpers.* æva skyldi *hätte nie geschehen dürfen Vkv 41, 6; 2) werden (als umschreibung des fut.): prs. ind. sg. 1.* skal *HHv 15, 2, Grp 32, 5; sg. 2.* skalt *Grm 3, 5, Sg 10, 3, (mit suff. pron.)* skaltu *Alv 6, 5, Gðr II 29, 5, Hm 10, 5, (mit suffig. negat. u. pron.)* skalattu *Ls 15, 2; sg. 3.* skal *Grm 45, 3. 5, unpers. Alv 1, 6, Hrbl 42, 1; pl. 1.* skulum *Hlr 14, 5; pl. 2.* skuluð *Br 8, 5, mit ellipse des inf. Am 38, 4; pl. 3.* skulu *HH II 24, 1; prt. ind. pl. 2.* skylduð *Rm 7, 5; opt. sg. 1.* skylda *Hrbl 13, 4; 3) zuweilen dient* skulu *dazu dem ausspruche den charakter des irrealen, unsicheren, hypothetischen zu verleihen; in indir. frage: prs. ind. sg. 3.* hitki hann veit hvat hann skal við kveða *Háv 26, 5; prt. opt. sg. 1.* þá var á hvorfun hugr mínn um þat, hvárt ek skylda vega eða val fella *Sg 38, 3; in anderen sätzen: prs. ind. sg. 3.* ódælla er við þat er maðr eiga skal *(was er vielleicht besitzt)* annars brjóstum í *Háv 8, 5; opt. sg. 2.* era þat hœft at þú hjorvi skylir kveðja Fáfni fjár *Rm 12, 5.*

skunda (að), *eilen: prt. ind. pl. 3.* skunduðu *Od 24, 6.*

skúr, *f. (got.* skûra*) regenschauer: pl. dat.* skúrum *Alv 18, 5.*

skúr-ván, *f. 'regenhoffnung', poet. bezeichnung der wolke: sg. nom. Alv 19, 2.*

skutill, *m. 1) tischchen: pl. gen.* skutla *Rp 4, 6; 2) schüssel: pl. acc.* skutla *Rp 31, 2. Aus lat.* scutula, scutella.

skutr, *m. der hintere teil eines schiffes oder botes; sg. dat.* skut *Hym 21, 5.*

ský *n. wolke: pl. nom. acc. Grm 41, 6, Alv 18, 4. 19, 1; Vkv 37, 10; dat.* skýjum *HH II 4, 6.*

skygna (nd), *schauen, blicken: inf. um* skygnask *sich umschauen Háv 1, 4.*

skyldr, *adj. (got.* skulds*) passend, geziemend: n. sg. nom.* skylt *Hyndl 9, 5; compar. n. sg. nom.* skyldara *Hrbl 48, 4.*

skynda (nd), *schnell vorwärts bewegen, treiben: part. prt. m. pl. nom.* skyndir *þrk 21, 3.*

skyndir, *m. 'der eilende', poet. bezeichnung des mondes: sg. acc.* skyndi *Alv 15, 4.*

skynja (að), *untersuchen: prt. ind. sg. 3.* skynjaði *Fm 31 pr 5.*

skyrta, *f. hemd: sg. acc.* skyrtu *Rp 15, 7.*

skyti, *m. schütze: sg. nom. Vkv 4, 2. 10, 2.*

skær, *m. ross: sg. nom.* sk. skoekuls *das strangross (Thors bock) Hym 37, 5;* hálu sk. *der riesin ross (der wolf) HH I 55, 7.*

skæva (að; *vgl. got.* skêwjan*) sich vorwärts bewegen: inf. Am 95, 5; part. prs. f. sg. nom.* skævandi *Od 29, 2; prt. ind. sg. 3.* skævaði *HH II 4, 5, Akv 36, 1.*

skœðr, *adj. schadenbringend, schädlich: f. sg. acc.* skœða *(auf Gudrun bezogen: sie die einer menge von helden verderben bringt??) Sg 56, 3; n. sg. voc. (sw.)* skœða *HH I 39, 1.*

skœra, *f. kampf, streit: sg. acc.* skœru *Am 48, 5.*

skœting, *f. hohn, spott: sg. dat.* skœtingu *Hrbl 59, 2.*

skokull, *m. strang: sg. gen.* skokuls *Hym 37, 5; pl. dat.* skoklum *þrk 21, 3.*

skop, *n. pl. geschick, schicksal: nom. acc. Fm 39, 1, Sg 58, 9 u. ö.; Od 31, 3, Akv 40, 5, Am 2, 1 u. ö.; dat.* skopum *HH II 21, 3, Grp 52, 2 u. ö.*

skor, *f. haupthaar: sg. nom. acc. Rp 15, 6; þrk 1, 6, Gðr I 14, 3, Hm 21, 5; gen.* skarar *Hym 23, 6; pl. dat.* skorum *Vkv 24, 6. 35, 2; acc.* skarar *Gðr II 20, 8.*

slá (sló; *got.* slahan*) 1) schlagen: inf.* hondum slá *Gðr I 1, 6. II 11, 6; prt. ind. sg. 3.* sló hón sváran *(scil.* slag*) sínni hendi Sg 25, 1. 29, 3,* sló hamri *Vkv 19, 6;* slá horpu *die harfe schlagen: prt. ind. sg. 3.* sló *Vsp 43, 2, Dr 15, ohne object: inf.* slá *Am 63, 3;* slá eht ígognum *etw. durchschlagen: prt. ind. sg. 3.*

sló *Hym 29, 5;* 2) *erschlagen,*
töten (ehn moð ehu): *prt. ind. sg. 3.*
sló *Hyndl 15, 3. 29, 8;* 3) *durch*
schlagen verfertigen, schmieden (eht
or ehu): *prt. ind. sg. 1. 3.* sló *Vkv*
36, 3; Vkv 6, 1. 25, 7; 4) slá
ehn *od. of* ehn ehu *jmd mit etwas*
umgeben, umringen: prs. ind. sg. 1.
slæ *Hyndl 47, 1; part. prt. m. sg.*
nom. acc. sleginn *Akv 30, 3; Akv*
14, 6; 5) *treffen, benetzen* (ehu):
part. prt. m. sg. nom. sleginn *HH*
II 43, 8. 44, 4; f. sg. nom. slegin
Bdr 5, 6.

s l á t r a (að), *schlachten: prs. ind. pl. 1.*
slátrum *Am 19, 1.*

s l e ð i, *m. schlitten: sg. gen.* sleða
Sd 15, 8.

s l e p p a (slapp), *gleiten: prt. ind.*
sg. 3. slapp *Grm 54 pr 7.*

s l é t t r, *adj. (got.* slaíhts) *eben, glatt:*
m. sg. acc. sléttan *Od 3, 2,* (sw.)
slétta *Vm 46, 5.*

s l í ð r, *adj. (got.* sleiþs) *schlimm, ge-*
fährlich: f. pl. nom. slíðrar *Ghv*
5, 3. — Als name eines flusses Vsp
37, 4.

s l í ð r - b e i t r, *adj. schlimm beissend,*
scharf (epitheton des schwertes): n.
sg. dat. slíðrbeitu *Akv 22, 5.*

s l í ð r - f e n g l i g r, *adj. unheilbringend:*
superl. f. sg. acc. slíðrfengligsta
Ghv 1, 2.

s l í k r, *adj. (got.* swa-leiks) *so beschaffen,*
solch: m. sg. nom. Sg *27, 4; gen.*
slíks *Gðr III 6, 6; dat.* slíkum
Hrbl 12, 2; acc. slíkan *Ls 36, 5,*
Háv 97, 6 u. ö.; pl. acc. slíka *Gðr*
II 9, 2; f. pl. acc. slíkar *Am 84, 5;*
n. sg. nom. acc. slíkt *Háv 10, 6,*
·HHv *33, 12; Vsp 30, 4, Hrbl 46,*
1 u. ö.; gen. slíks *Ls 52, 4, Grp*
42, 8 u. ö.; dat. slíku *Hrbl 22, 3,*
Fm 37, 6 u. ö.

s l í t a (sleit), 1) *reissen: inf. Gðr II*
32, 8; prt. ind. sg. 3. Fenrisúlfr
sleit hǫnd af hánum *biss ihm die*
hand ab Ls 6; sl. frá *abreissen,*
abbeissen (ehm eht): *prt. ind. sg. 3.*
sleit *Ls 38, 6;* 2) *zerreissen* (ehn,
eht): *inf. Gðr II 9, 6; prs. ind.*
sg. 3. slítr *Vsp 51, 7; opt. pl. 3.*
slíti *Gðr II 10, 1; prt. ind. sg. 3.*
sleit *Vsp 40, 9, Sd 1, 6;* 3) *auf-*
heben, brechen, zerstören, vernichten

(eht ehu): *inf. Grp 32, 6, Hlr 9, 5;*
prt. ind. sg. 1. sleit *Am 68, 3;*
sg. 3. (*unpersönl.*) sleit Fróða frið
der friede wurde gebrochen HH I
13, 5; 4) *abnutzen: inf. mit suff.*
pron. slítask af brynjur *die (eigenen)*
panzer abnutzen (im kampfe) Am
49, 8; 5) *verbringen* (ehu): *inf.*
vit skulum okkrum aldri slíta . .
saman *unser leben (im jenseits) ge-*
meinsam verbringen Hlr 14, 6; vgl.
Fjolsv. 50, 3 (Sijmons briefl.).

s l i t n a (að), *zerreissen, zerbrechen*
(*intrans.*): *inf. Vsp 45, 3 u. ö.;*
prt. ind. pl. 3. slitnuðu *Am 36, 5.*

s l ó ð, *f. spur: sg. dat. acc. Fm 44*
pr 1; Fm 2.

s l o k n a (að), *erlöschen: prs. ind.*
sg. 3. sloknar *Vm 50, 6. 51, 3,*
Háv 51, 4; prt. ind. sg. 3. sloknaði
F 306a 3.

s l y n g v a (slǫng), 1) *schwingen, schleu-*
dern; sl. upp ehu *etwas empor-*
ziehen: prt. ind. sg. 3. slǫng *HH*
1 34, 2; 2) *besprengen, benetzen*
(ehm ehu): *part. prt. m. sg. nom.*
slunginn *HH II 37, 6.*

s l æ r, *adj.* 1) *stumpf: n. sg. dat.*
slævu *Fm 30, 6;* 2) *schlecht, feig:*
compar. m. pl. dat. slævurum *Ls*
22, 6. 23, 3.

s l œ ð u r, *f. pl. schleppkleid, schleppe:*
acc. Rp 28, 7.

s l œ g r, *adj. schlau, listig: m. sg. acc.*
slœgjan *HH II 11, 5.*

s l ø k k v a (kð), *auslöschen; vernichten:*
prt. opt. sg. 2. sløkðir *Am 98, 4.*

s l ø n g v a (gð), *fortschleudern* (ehu):
prt. ind. sg. 3. sløngði *Am 44, 9.*

s l ø n g v a n - b a u g i, *m. 'ringverschleu-*
derer', beiname des königs Hrœrekr:
sg. dat. sløngvanbauga *Hyndl 28, 3.*

s m á - f i s k i, *f. kleinfischerei: sg. dat.*
Grm 3.

s m á r, *adj. klein: compar. n. sg. acc.*
smæra *Ls 43, 4.*

s m í ð a (að; *vgl. got.* ga-smiþôn) *ver-*
fertigen, herstellen, errichten: inf.
Rp 22, 6; prt. ind. sg. 3. smíðaði
Vkv 17 pr 5; pl. 3. smíðuðu *Vsp*
10, 6.

s m i ð j a, *f. werkstätte, schmiede: sg.*
gen. smiðju *Vkv 18, 10. 34, 1.*

s m j ú g a (smó), *hineinschlüpfen; ein*
gewand (eht *oder* í eht) *anlegen:*

prt. ind. sg. 3. smó Sg 48, 1; pl. 3.
smugu Hm 17, 3.

smokkr, m. brusttuch, brustfleck,
latz: sg. nom. Rp 16, 6.

smyl, n. (?) unhold (?): pl. (?) nom.
Grm 11.

snapa (pð), schnappen: prs. ind.
sg. 3. snapir Ls 44, 3, Háv 62, 1.
— Vgl. snópa.

snap-viss, adj. gewandt im schnappen
od. schmarotzen: n. sg. nom. snap-
víst Ls 44, 3.

snar-lyndr, adj. von kühner sinnesart, hochgesinnt: f. sg. nom. snar-
lynd Grp 42, 7.

snarpr, adj. (vgl. got. at-snarpjan)
scharf: f. pl. dat snqrpum Sg 60, 9.

snarr, adj. 1) schnell: m. pl. nom.
snarir Hyndl 42, 6; 2) kühn: n.
pl. acc. snqr Grp 10, 6.

snar-ráðr, adj. zu kühnen entschlüssen geneigt: m. sg. nom. (sw.)
snarráði Rm 13, 3.

snemma, snimma, adv. (vgl. got.
sniumundô) 1) frühe, frühzeitig:
Háv 19, 6, Vkv 5, Am 64, 2 u. ö.;
þrk 24, 2, HH II 47, 3; 2)
schnell, bald: Vsp 33, 6, Alv 7, 2,
Sg 34, 3 u. ö.; compar. snemr
schneller: Sg 54, 2; superl. snemst
alsbald, sofort: Akv 16, 1.

snerta (snart), berühren: prt. ind.
pl. 3. mit suff. pron. randir snurtusk
die ränder (der schilde) berührten
einander Hlr 9, 4.

sníða (sneið; got. sneiþan) 1) schneiden; sn. af etw. (eht) abschneiden:
prt. ind. sg. 1. 3. sneið Vkv 34, 5;
Vkv 24. 1; 2) zerschneiden (eht):
prt. ind. pl. 3. sniðu Br 4, 2; 3)
jmd (ehn) durch schneiden einer
sache (ehu) berauben: imper. pl. 2.
sníðið ér hann sina magni Vkv
17, 7.

snimma, adv. s. snemma.

sníva oder snýja (sné? snjó?)
schneien: part. prt. f. sg. nom.
snivin snjóvi beschneit mit schnee
Bdr 5, 5 (vgl. Bugge z. st.)

snjallr, adj. kühn, tapfer: m. sg.
nom. Ls 15, 1; pl. nom. snjallir
HH II 27, 10; acc. snjalla Grp
9, 7.

snjór, m. (got. snaiws) schnee: sg.
dat. snjóvi Bdr 5, 5; pl. nom.
snjóvar schneefälle Hyndl 42, 5.

snópa (pt), schnappen, mit leerem
munde kaubewegungen machen: prs.
ind. sg. 3. snópir Háv 33, 4.. — Vgl.
snapa.

snót, f. weib· sg. nom. voc. Grp 16, 5
u. ö.; HH II 10, 3; pl. nom. snótir
Am 63, 4; dat. snótum Ghv 22, 3.

snotr, adj. (got. snutrs) klug, weise,
verständig: m. sg. nom. voc. Háv
54, 3 u. ö.; Grp 8, 3; gen. snotrs
Háv 55, 4; dat. snotrum Háv 94, 5;
pl. dat. snotrum Háv 5, 6. 24, 6.

snúa (snøra; vgl. got. sniwan) 1) drehen, winden: inf. Vsp 35, 2; prt.
ind. sg. 3. snøri þrk 5, 4, sneri
Rp 27, 6; pl. 3. sneru HH I
3, 1; sn. upp emporwinden, aufziehen (ehu): prt. ind. pl. 3. snøru
HH I 27, 8; 2) wenden, ver-
ändern, verwandeln (ehu): prs. ind.
sg. 1. sný Háv 159, 6; sich wenden: imper. sg. 2. (mit suffig.
pron.) snúðu Hyndl 46, 1; snúask
sich wenden, sich drehen: inf. Alv
1, 3; prs. ind. sg. 3. snýsk Sd
15, 5; pl. 3. snúask HH I 50, 1;
sich winden: prs. ind. sg. 3. snýsk
Vsp 51, 3; sich losreissen: prt. ind.
sg. 3. snørisk HH I 31, 5.

snugga (að?), lauernd schielen (til
ehs): inf. Skm 27, 3.

snúna (að), sich wenden, sich gestalten: inf. Grp 6, 8; prt. ind.
pl. 3. hversu snúnuðu yðr konur
yðrar welchen verlauf hatte es mit
euren weibern Hrbl 17, 1.

snýta (tt), betrügen, verraten; vernichten, töten (ehm): part. prt. n.
sg. acc. snýtt Am 82, 5.

snæfugr, adj. schnell: m. pl. nom.
snæfgir HH I 50, 2.

snæ-hvítr, adj. schneeweiss: n. sg.
dat. snæhvítu Am 67, 7.

snœri, n. (vgl. got. snôrjô) schnur;
bogensehne: pl. acc. Am 43, 4.

snqr, f. schwiegertochter, schnur: sg.
nom. Ghv 19, 6. — Als weibl.
eigenname Rp 23, 5.

sóa (ohne praet ; vgl. Mhff, Hz 23,
25) 1) schwenden, vergeuden: inf.
Háv 142, 8; 2) verderben, vernichten (ehm): part. prt. n. sg. acc.
sóit Háv 108, 7. — Vgl. of-sóinn.

soð, n. wasser in dem fleisch ab-
gekocht ist, fleischbrühe: sg. nom.
acc. Rp 4, 7; HH II 38, 7.

sofa (svaf), *1) schlafen: inf. Hym
15, 6, Háv 19, 6, Hyndl 46, 2
u. ö.; prs. ind. sg. 2. 3.* sefr *HH
II 47, 6; Háv 59, 5, HHv 4, 6,
Grp 15, 1; part. prs. m. sg. nom.*
sofandi *Háv 58, 6; acc.* sofanda
*Rm 9 pr 5, Br 20 pr 5; prt. ind.
sg. 1. 3.* svaf *Sd 2, 1, Am 78, 1;
þrk 28, 5, Vkv 19, 5, Sd 5; pl. 1.*
sváfu (vit) *Hlr 12, 1; opt. sg. 1.
(mit suffig. pron.)* svæfak *Hlr 13, 4;
pl. 2.* svæfið *Gðr III 2, 6; part.
prt. n. sg. acc.* sofit *Grp 42, 7;
f. sg. nom.* sofin *eingeschlafen Háv
100, 3; mit object: inf.* sœtan (*sc.*
svefn) *sofa Sd 34, 6; prs. ind.
sg. 2.* svefn þú né sefr *Grp 29, 5;
2) verschlafen* (ehu): *inf.* sofa lífi
Sg 11, 6; prs. ind. pl. 2. hví sofið
lífi? *Ghv 2, 2.*

sofna (að), *1) in schlaf versinken,
einschlafen, entschlummern: prt.
ind. sg. 3.* sofnaði *Vkv 12, 2. 28, 4;
pl. 3.* sofnuðu *Br 12, 5; part. prt.
m. sg. nom.* sofnaðr *HHv 5 pr 6;
f. sg. nom.* sofnuð *Sd 2, 2, Sg 24, 1;
2) schlafen: inf. Rp 5, 4. 19, 4,
HH II 46, 6; prs. ind. sg. 1.* sofna
Vkv 31, 3.

so-gǫrr, *s.* svá-gǫrr.

sókn, *f. (got.* sôkns) *angriff, kampf:
sg. dat. acc. HH I 57, 10; HH
II 9, 5, Am 49, 7.*

sól, *f. (got.* sauil) *sonne: sg. nom.
acc. Vsp 7, 5, Vm 22, 6, Alv 16,
4 u. ö.; Grm 37, 3; gen.* sólar *Vm
23, 3, Háv 68, 3 u. ö.; dat.* sólu
*Vsp 39, 2, Hlr 58, 2, Grm 38, 2
u. ö.,* sól *Akv 31, 5.*

sól-bjartr, *adj. glänzend wie die
sonne: f. sg. voc.* sólbjǫrt *HH II
44, 7.*

sól-brunninn, *part. prt. von der
sonne verbrannt: m. sg. nom. Rp
10, 4.*

sól-heiðr, *adj. sonnenhell: m. pl.
acc.* sólheiða *Akv 17, 6.*

sól-hvítr, *adj. glänzend wie die
sonne: f. sg. acc.* sólhvíta *Háv
96, 3.*

soll, *n. (?) trank für hunde (nach
Fritzner milch mit eingebrocktem
brot, vgl. Aasen 727 b): sg. dat.*
solli *HH I 35, 4. 45, 6.*

sól-skin, *n. pl. sonnenschein: nom.
Vsp 42, 5.*

sómi, *m. ehre, was zur ehre gereicht:
sg. nom. Am 91, 3.*

sonar-dreyri, *m. schweineblut (das
blut des* sonargǫltr): *sg. dat.* sonardreyra *Hyndl 38, 4, Gðr II
22, 8.*

sonar-gǫltr, *m. leiteber, zuchteber
(der s. ist im* 'sunor', *der schweine-
herde, dasselbe was der* stóðhestr
*im stóð, dem gestüt); vgl. Sievers,
Beitr. 12, 177 anm., 16, 540 ff.
Als das beste und schönste tier der
herde ward der s. am julfeste dem
Freyr geopfert, vorher aber in die
halle geführt, worauf die männer
ihre hände auf ihn legten und gelübde leisteten (R Keyser, Saml.
afhandl. 334): sg. nom. HHv 30
pr 10.*

sonr, son, *m. (got.* sunus) *sohn: sg.
nom.* sonr *Vsp 33, 7, Bdr 6, 2, þrk
17, 2, Hym 11, 3 u. ö.,* son *HHv 7,
Ghv 7, F 304 a 11: voc.* sonr *Sf 16,
Gðr III 1, 2; gen.* sonar *Hrbl
19, 4, HHv 43, 6 u. ö.; dat.* syni
*Hym 8, 8, Skm 2, 2, Vm 54, 6,
Háv 88, 3 u. ö.; acc.* son *Bdr 8, 7,
Ls 52, 2, Hrbl 56, 8, Vm 33, 6
u. ö.; pl. nom.* synir *Vsp 7, 1, Ls
1, 6, Hrbl 29, 4, Skm 26, 5 u. ö.;
gen.* sona *Skm 17, 2, Hyndl 32, 2,
Sg 60, 6 u. ö.; dat.* sonum *Ls 3, 5,
Vm 15, 5, Grm 41, 3, Alv 10, 5
u. ö.; acc.* sonu *Háv 93, 5, Hyndl
15, 8, Vkv 31, 4, HHv 3, 2 u. ö.
— Als eigenname Rp 42, 7.*

sorg, *f. (got.* saúrga) *kummer, schmerz:
sg. nom. acc. Háv 120, 8, Ghv 22, 4;
Br 14, 7, Gðr I 24, 9, Hm 1, 8;
pl. nom. acc.* sorgir *Ghv 21, 8;
Rp 45, 4, Am 84, 6; dat.* sorgum
Háv 144, 6.

sorga-fullr, *adj. schmerzerfüllt, betrübt: m. sg. nom. Háv 113, 6. —
Vgl.* sorgfullr.

sorga-lauss, *adj. kummerlos: f. sg.
nom.* sorgalaus *Sg 24, 3; superl.
m. sg. nom.* sorgalausastr *Háv
56, 6.*

sorg-fullr, *adj. kummervoll, betrübt:
f. sg. nom.* sorgfull *Gðr I 1, 3. —
Vgl.* sorgafullr.

sorg-móðr, *adj. betrübt: m. sg. gen.*
sogmóðs *Gðr II 41, 7; f. sg. nom.*
sorgmóð *Od 12, 6.*

sortna (að), *schwarz werden, sich verdunkeln:* inf. Vsp 59, 1.

sót-rauðr, adj. *bräunlich rot wie russ:* m. sg. nom. Vsp 44, 7.

sótt, f. (got. saúhts) *krankheit, durch krankheit hervorgerufener schmerz:* sg. nom. Háv 94, 4; pl. nom. acc. sóttir Od 5, 4; Od 2, 4; dat. sóttum Háv 136, 8.

sótt-dauðr, adj. *an einer krankheit gestorben:* m. pl. nom. sóttdauðir Sd 33, 4.

spá, f. 1) *weissagung; prophet. begabung:* sg. acc. spá ganda 'die seherkraft der zauberwesen' Vsp 3, 4; 2) *prophet. traumgesicht:* sg. dat. vílsinnis spá *durch ein unheilverkündendes traumgesicht* Gðr II 38, 3.

spakligr, adj. *von weisheit zeugend:* n. pl. acc. spaklig Vsp 3, 3.

spakr, adj. *weise, verständig:* m. sg. nom. Grp 7, 8, Fm 32, 5; f. pl. dat. spǫkum Hrbl 18, 2.

spara (að, rð), 1) *sparen:* prs. ind. sg. 3. sparir Háv 40, 4; 2) *schonen, verschonen:* prs. ind. sg. 3. sparir Fm 37, 2; prt. ind. sg. 3. sparði HH I 9, 7.

sparkr, adj. *lebhaft, munter* (vgl. norweg. sparka 'zappeln', Aasen 732a): f. pl. acc. sparkar Hrbl 18, 1.

speki, f. *weisheit:* sg. acc. Sd 2 pr 23.

spekja, f. *vertrauliches gespräch:* pl. nom. spekjur Gðr III 4, 6.

spenna (nt), *spannen, schlingen:* inf. Sd 9, 5; part. prt. m. sg. acc. spentan Vkv 12, 8; sp. sik ehu *sich mit etw. umgürten:* prt. ind. sg. 3. spenti F 304a 15.

spilla (lt), 1) *brechen, auflösen:* inf. Vsp 46, 4; 2) *verderben, vernichten, töten:* inf. Am 75, 2. 101, 6; prt. opt. sg. 3. spilti Od 15, 8.

spillir, m. *verderber, vergeuder:* sg. nom. Fm 22, 6.

spinna (spann; got. spinnan) *spinnen:* prt. ind. pl. 3. spunnu Vkv 6. 1, 8.

spjald, n. (vgl. got. spilda, f.) *täfelchen; viereck eines gewebes:* pl. dat. spjǫldum Gðr II 27, 2.

spjall, n. (got. spill) 1) *spruch, bes. zauberspruch* (E Schröder, Hz 37, 253): pl. acc. spjǫll Vsp 3, 3; 2) *rede, erzählung, kunde, nachricht:* pl. gen. spjalla HHv 31, 3, Gðr II 5, 4; acc. spjǫll Vsp 4, 7, Ghv 9, 7; 3) *vorschrift:* pl. gen. spjalla HH I 37, 2.

spjalla (að; got. spillôn) *reden, sich unterhalten* (við ehn): inf. Háv 81, 3, Br 13, 2.

spjalli, m. (got. spilla) *jmd mit dem man vertraute gespräche führt, freund:* sg. dat. spjalla Hym 16, 2.

spjót, n. *spiess:* sg. dat. spjóti HHv 5 pr 6.

spor, n. *spur, fussspur:* sg. acc. Br 18, 3; dat. spori Sd 16, 8.

sporðr, m. 1) *schwanz:* sg. dat. sporði Fm 13; 2) *ende:* sg. dat. sporði Sd 16, 6.

spori, m. *sporn:* sg. gen. c. art. sporans F 305a 12.

sporna (að), *betreten* (eht): inf. Vsp 28, 8, Od 7, 2.

spretta (spratt), 1) *springen:* prs. ind. sg. 3. sprettr Háv 147, 6; prt. ind. pl. 3. spruttu Hm 1, 1 (s. tá).

springa (sprakk), *zerspringen, bersten:* inf. Gðr I 4. 2, 8; prt. opt. sg. 2. spryngir HH II 32, 8 (s. K Gíslason, Njála II, 592).

spýja (spjó; got. speiwan) *ausspeien* (ehu): prs. ind. sg. 3. spýr Vsp 57, 4 (*nach der ergänzung von* Grdtv.).

spyrja (spurða), 1) *fragen, befragen* (ehn ehs od. at ehu): inf. Hrbl 9, 9, Grp 3, 2, Gðr II 17, 4; prs. ind. sg. 2. 3. spyrr Háv 79, 2; Grp 10, Rm 17, 8; opt. sg. 1. spyrja Grp 8, 2; prt. ind. sg. 3. spurði Skm 39 pr 3, HH I 24, 5 u. ö.; pl. 3. spurðu Háv 108, 5; part. prt. m. sg. nom. spurðr Grm 28; sp. eptir *nachfragen:* imper. pl. 2. spyrit Am 75, 1; 2) *erfahren* (eht): prs. ind. sg. 3. spyrr Vkv 7, 1, HH II 12 pr 8, Sg 40, 7; prt. ind. sg. 3. spurði HHv 5, Ghv 9.

staði, m. *schicht von getreide oder heu* (?): pl. dat. stǫðum HH I 42, 2.

stað-lausa, f. *unzuverlässigkeit:* sg. gen. staðlausu Háv 29, 3.

staðr m. (got. staþs) 1) *stelle, platz, ort:* sg. gen. staðar (*ein plätzchen zur verrichtung der notdurft*) Háv 111, 7; dat. stað Háv 10, 5. 35, 3, Sg 23, 10; pl. acc. staði Vsp 8, 10, Ls

7, 4 u. ö.; 2) wohnsitz, aufenthaltsort: sg. acc. stað Alv 3, 3;
3) ortschaft: pl. acc. staði Akv
5, 6.
stafn, m. 1) vorderteil des schiffes,
steven: sg. dat. stafni Hym 27, 2,
HHv 14, 6 u. ö.; pl. nom. stafnar
Gðr II 15, 4; dat. stǫfnum Akv
5, 4; 2) das schiff selbst: sg. acc.
HHv 15, 4; pl. acc. stafna HH
II 12, 4.
stafn-tjald, n. zelt das im steven
aufgeschlagen wird, schiffszelt: pl.
dat. stafntjǫldum HH 1 27, 2.
stafr, m. (got. stafs) 1) stab; runen-
buchstabe, rune: sg. gen. stafs Am
12, 5; pl. nom. stafir Gðr II 23, 2;
acc. stafi Skm 36, 2, Háv 141, 2.
3. 4; 2) im plur. das mit runenschrift aufgezeichnete, worte: pl. acc.
stafi Háv 29, 3, Sd 14, 6; 3) kenntnis, weisheit, gelehrsamkeit: pl. dat.
stǫfum Vm 1, 5; acc. stafi Vm
55, 5, Alv 36, 3.
stagstjórn-marr, m. 'ross mit tau
und steuer' (anders EJessen, Zz
3, 41 anm. 3), d. i. schiff: pl. dat.
stagstjórnmǫrum HH I 30, 7. [GV's
conjectur s. v. stag (587a): á stag
stjórnmǫrum kopfüber die steuer-
rosse, (vgl. FMS VI, 174, 6) ist
metrisch bedenklich.]
stallr, m. stall: sg. dat. stalli Hyndl
5, 2, Od 2, 5.
standa (stóð; got. standan) 1) stehen:
inf. Vsp 22, 1, Hrbl 14, 1, Rm 21,
5 u. ö., prs. ind. sg. 2. 3. stendr
Hrbl 6, 3, HHv 30, 6; Vsp 22, 7,
Bdr 7, 1, Hrbl 1, 2, Grm 22, 2
u. ö.; pl. 1. stǫndum Hm 29, 2;
pl. 3. standa Háv 72, 5, Rm 24, 5,
Akv 14, 3; prt. ind. sg. 3. stóð
Vsp 32, 5, Vkv 16, 5, HH I 49, 5
u. ö., hildingum sá er . . hildingum
á hálsi stóð der auf dem halse der
fürsten stand, sie in unterwürfig-
keit hielt HH II 28, 10; st. fyrir
davor stehen: prs. ind. sg. 3. stendr
Hym 12, 4; da stehen: prt. ind.
sg. 3. stóð Hym 18, 7. 33, 7; st.
upp aufstehen: imper. pl. 2. standið
prk 22, 3; prt. ind. sg. 3. stóð
Ls 10 pr 1, Grm 54 pr 5; 2) em-
porragen: part. prs. m. sg. nom.
standandi Vsp 48, 2; acc. stand-
anda Hym 36, 2 (FJ schreibt

standandi, das er auf Thor bezieht:
'wie er da stand'); f. sg. dat. standandi Od 3, 4; prt. ind. sg. 3.
loginn stóð við himinn loderte zum
himmel empor F 305b 1; 3) sich
erstrecken: prs. ind. pl. 3. þrjár
rœtr standa á þrjá vega Grm 31, 2;
prt. ind. pl. 3. (mit suff. pron.) yfir
ok undir stóðumk (d. i. stóðu mér)
jǫtna vegir Háv 105, 5; 4) seinen
ausgang nehmen, herrühren, her-
kommen: inf. ek veit gǫrla hvaðan
vegir standa woher die wege kommen, was die ursache dazu ist Sg
20, 6; prt. ind. sg. 3. stóð af
mǫnum þeira dǫgg í djúpa dali fiel
herab HHv 28, 5; pl. 3. af geirum
geislar stóðu HH I 16, 8; 5) st.
ohn an jmd herantreten, jmd zu
nahe treten, ihn bedrängen: prs.
ind. sg. 3. ef mik nauðr um stendr
Háv 152, 1; prt. ind. pl. 3. þik
at brœðr þínum stóðu blíð regin
überraschten, ertappten dich Ls
32, 5 (vgl. Bugge z. st.); st. fram
vortreten: imper. sg. 2. (mit suff.
pron.) stattu F 303a 4; 6) ein-
dringen: inf. geir hugða ek standa
í gǫgnum þik miðjan mir schien es
als wenn ein speer dich durchbohrte
Am 23, 5; prt. ind. sg. 3. sverðit
stóð í gǫgnum hann Grm 54 pr 10;
inf. lætr hann megi hveðrungs . .
standa hjǫr til hjarta lässt ihm das
schwert ins herz dringen, durch-
sticht ihm das herz Vsp 56, 6; prt.
ind. sg. 3. stóð til hjarta hjǫrr
Sigurði Sg 22, 3, (mit suff. pron.)
stǫndumk (d. i. stendr mér) til hjarta
hjǫrr Fm 1, 6; pl. 3. stóðu geislar
í skipin HH II 16 pr 5; 7) standask eht sich aufrecht erhalten gegen
etw., etw. aushalten, ertragen: inf.
munat vágmarar vind um standask
Rm 16, 8; prt. ind. pl. 3. synir
hans stóðusk eitr á hǫrund útan
Sf 12.
stara (rð), starren, mit unbewegten
augen blicken (á ehn): prs. opt. sg. 3.
stari Skm 28, 4.
steði, m. (vgl. got. lukarna-staþa) am-
boss: sg. acc. stoðja Rm 14 pr 12.
stefna (nd), 1) eine richtung ein-
schlagen, sich wohin wenden: prt.
ind. sg. 3. Sigurðr . . stefndi suðr
til Frakklands Sd 1; 2) jmd (ehm)

21

wohin einladen oder vorladen, ihn auffordern an einem bestimten platze (til staðar ehs) *zu erscheinen: part. prt. n. sg. acc.* mér hefir stillir stefnt til eyrar *hat mich auf die landzunge beschieden* (*zum zweikampfe gefordert*) *HHv 33, 6.*

steikja (kð; kt), *braten: inf.* Vkv *10, 6; prs. ind. sg. 3.* steikir *Fm 32, 4; prt. ind. sg. 1.* (*mit suffig. pron.*) steiktak *Am 80, 2; sg. 3.* steikti *Fm 31 pr 2; part. prt. m. pl. acc.* steikta *Rþ 31, 6; n. sg. nom.* steikt *gebratenes fleisch HH II 8, 12.*

steina (nd; *got.* stainjan) *mit farbe überstreichen, bemalen: part. prt. f. sg. acc.* steinda *Am 100, 2.*

stein-dyrr, *f. pl. felstor: dat.* steindurum *Vsp 49, 6.*

steinn, *m.* (*got.* stains) *1) stein, fels: sg. gen.* steins *HIIv 30, 6, c. art.* steinsins *Hrbl 56, 4; dat.* steini *Vsp 17, 6, Hrbl 15, 4, Alv 3, 3 u. ö.; acc. c. art.* steininn *Rm 4 pr 6; pl. nom.* steinar *HH II 2, 7, c. art.* steinarnir *F 303b 26; dat.* steinum *Hyndl 10, 2; acc.* steina *Vsp 7, 6; 2) edelstein: sg. nom. Gðr I 18, 5; pl. acc.* steina *þrk 15, 6. 19, 6.*

stela (stal; *got.* stilan) *jmd* (ehn) *etw.* (ehu) *stehlen: prs. ind. sg. 3.* stelr *Háv 13, 3, Sd 29, 6; part. prt. m. sg. nom.* stolinn *þrk 2, 8.*

sterta (rt), *straff ziehen: prt. ind. sg. 3.* sterti *Rþ 28, 4* (*Bugge, Fkv. 145b. 403a*).

steypa (þð; pt), *1) etw.* (ehu) *umstürzen: inf.* HH I *30, 8;* steypask *niederfallen: prt. ind. sg. 3.* steyptisk *Grm 54 pr 9; zusammenstürzen, untergehen: prs. ind. sg. 3.* steypisk *Vsp 46, 10; 2) überstülpen: part. prt. m. pl. acc.* steypta hjálma *Gðr II 20, 6* (*vgl. Mhff DA V, 394*).

stíga (sté, steig; *got.* steigan) *1) schreiten: prs. opt. sg. 2.* stígir *Skm 40, 3; part. prs. m. sg. acc.* stíganda *Rþ 1, 6; prt. ind. sg. 3.* steig *Hym 34, 3,* sté hann um þá báða war *über beide hinweg geschritten, hatte sie überwunden Am 65, 2; durchschreiten:* ina þriðju sjau (daga) þurt land stigum *Gðr II 35, 10* (*s. Hild. z. st.*); *2) steigen: prt. ind.*

sg. 3. steig *Fm 44 pr 7; pl. 3.* stigu *Vkv 8, 5; opt. sg. 3.* stigi *Vm 54, 5; part. prt. m. sg. nom.* stiginn *Skm 15, 2;* st. land ans land *steigen: prs. opt. sg. 1.* stíga *HHv 21, 3; prt. ind. sg. 1.* (*mit suffig. pron.*) sték *Ghv 13, 7; sg. 3.* sté *HHv 26, 6;* st. beð *das bette besteigen: prt. ind. pl. 1.* stigum *Sg 68, 6;* yfir st. *übersteigen* (eht): *inf. F 305b 13. 306a 20.*

stilla (lt), *mässigen, senken: prt. ind. sg. 3.* stilti rǫddu *sprach mit leiser stimme Vkv 16, 6.*

stillir, *m.* '*ordner*' (herja stilli *Gðr III 4, 2*); *herscher, fürst: sg. nom. voc.* HHv *33, 5;* HHv *31, 5; acc.* stilli *Hyndl 43, 5,* HH I *49, 4, Gðr I 13, 8. III 4, 2.*

stinga (stakk), *stechen: prt. ind. sg. 3.* stakk *Fm 43, 5, Dr 16 u. ö.*

stinnr, *adj. stark, kräftig: m. pl. acc.* stinna *Háv 141, 4; n. sg. acc.* (*adv.*) stint *Háv 148, 4.*

stjarna, *f.* (*got.* stairnô) *stern: pl. nom.* stjǫrnur *Vsp 8, 9. 59, 4.*

stjóri, *m. lenker; herscher: sg. nom.* Grp *1, 6.*

stjórnar-blað, *n. blatt des steuerruders: sg. dat.* stjórnarblaði *Sd 10, 5.*

stjórn-bitlaðr, *adj. durch das gebiss lenkbar* (?), *bezeichnung eines rosses: m. sg. dat.* stjórnbitluðum *Od 2, 6* [*GV, Cpb I, 309 emendiert:* stúfi bitluðum].

stjórn-lauss, *adj. steuerlos, ohne steuerruder: n. sg. dat.* stjórnlausu (*scil.* skipi) *Háv 89, 8* [*vgl.* aka hollu (*scil.* vagni) *Laxd. 46, 28 u. ä.*].

stjúpr, *m. stiefsohn: sg. nom.* HH I *42, 1.*

stjúp-sonr, *m. dass.: sg. nom. Sf 3.*

1. stoð, *f. säule, pfeiler, stütze: sg. dat. acc. Gðr I 27, 1; Am 2, 5.*

2. stóð, *n. rossherde, gestüt: sg. gen.* stóðs *Rm 1.*

stokkr, *m. 1) stock* (*nach GV, Cpb I 489 ein als brücke dienender baumstamm*): *sg. gen. c. art.* stokksins *Hrbl 56, 3; 2) pfeiler: dat. sg.* stokki (*dem pfeiler am hochsitz,* setstokkr) *Am 74, 2; pl. acc.* stokka *Am 16, 2.*

stóll, *m.* (*got.* stôls) *stuhl: sg. nom.*
F 304a 30, c. art. stóllinn F 304a
32; dat. stóli Háv 104, 2. 110, 2,
c. art. stólinum F 304a 37; acc.
c. art. stólinn F 304a 35.

stopalt, adv. übel, schlimm: Am
14, 1.

stór-brǫgðóttr, adj. überaus ver-
schlagen: m. sg. acc. stórbrǫgðóttan
Hm 13, 2.

stór-hugaðr, adj. grosse pläne hegend: f. sg. nom. stórhuguð Am
73, 5.

stór-mikill, adj. überaus viel: n.
sg. acc. stórmikit Fm 44 pr 3.

stormr, m. sturm: sg. acc. storm
Rm 15 pr 3, c. art. storminn HH
II 16 pr 8.

stórr, adj. gross, gewaltig, bedeutend: m. sg. nom. Am 65, 1; dat.
stórum Gðr II 10, 4, Od 12, 8 u. ö.;
acc. stóran Am 83, 11; pl. acc.
stóra Háv 141, 3, HHv 5 pr 3;
f. sg. acc. stóra Am 2, 5; pl. gen.
stórra HHv 34, 4; acc. stórar Akv
5, 5, n. pl. gen. stórra Gðr II
33, 6; dat. (adv.) stórum gewaltig,
sehr Am 34, 6. 55, 2. 91, 6. 94, 4.

stór-ráðr, adj. hohe ziele verfolgend,
hochfahrend: f. sg. acc. stórráða
Am 90, 4.

stór-ræði, n. grosses unternehmen:
sg. acc. Am 85, 6.

stór-úðigr (d. i. stór-hugðigr), adj.
übermütig, stolz: m. sg. nom. (sw.)
stórúðgi Hrbl 15, 3; superl. m.
sg. acc. stórúðgastan Hyndl 43, 6.

1. strá, n. stroh: sg. dat. Ls 46, 4.

2. strá (áð; got. straujan) streuen,
bestreuen: imper. pl. 2. stráið þrk
22, 4; part. prt. n. sg. nom. strát
Grm 9, 6, Rp 26, 8.

strand-hǫgg, n. 'strandhieb', das
schlachten von vieh das man den
küstenbewohnern geraubt hatte: sg.
acc. HH II 4 pr 6.

strangr, adj. 1) heftig, gewaltig:
n. sg. nom. strangt Am 97, 3; 2)
gewalttätig, wild: f. sg. nom. strǫng
Am 73, 5.

straumr, m. strom, fluss: sg. dat.
straumi Rm 14 pr 10; pl. acc.
strauma Vsp 40, 2.

strengja (gð), festmachen, befestigen: prt. ind. sg. 3. strengði hón efli
nahm ihre kraft zusammen Gðr I

27, 2, str. heit ein gelübde bekräf-
tigen, ein feierliches gelübde ab-
legen: prt. ind. sg. 3. strengði HHv
30 pr 11; pl. 3. strengðu HHv 30
pr 10; opt. sg. 1. (mit suff. pron.)
strengðak Sd 2 pr 19; part. prt.
n. sg. acc. strengt HHv 4.

strengr, m. 1) sehne am bogen: sg.
acc. streng Rp 27, 6; pl. dat.
strengjum Hm 22, 6; acc. strengi
Rp 35, 4; 2) saite an der harfe:
pl. nom. strengir Od 27, 8, Akv
32, 9.

stríð, n. 1) streit, kampf: sg. nom.
Rm 8, 3; 2) kummer, schmerz:
sg. acc. Am 101, 2; dat. stríði
Sg 38, 10; pl. dat. stríðum Od
27, 7.

stríða (dd), jmd (ehm) schaden zufügen, ihm kummer bereiten: inf.
Ghv 11, 4, Hm 8, 2; prt. ind.
sg. 3. stríddi Am 2, 6. 73, 6; opt.
sg. 3. stríddi Hm 8, 8.

stríðliga, adv. in feindlicher absicht: HH I 49, 3 (das metrum
fordert die form stríðla: Sievers,
Beitr. 6, 317).

strjúka (strauk), 1) streichen: prt.
ind. sg. 3. strauk Rp 28, 3; 2)
abstreichen, abwischen (eht af ehu):
prt. ind. sg. 3. strauk Fm 22 pr 3.

stræti, n. landstrasse, weg: sg.
dat., Hm 13, 1. Entlehnt aus ags.
stræt, vgl. Kluge, Engl. stud. 9,
312; Pogatscher QF 64, 119; Zimmer, Hz 35, 105.

strǫnd, f. strand: sg. gen. strandar
Grm 8, Ghv 13, 1. — Name eines
flusses Grm 28, 9.

stund, f. 1) weile, zeit: sg. acc. Sg
15, 2; dat. af stundu (adv.) sogleich HH I 24, 1; 2) kurze wegstrecke: sg. nom. Hrbl 56, 3.

stunda (að), sich bestreben wohin
zu gelangen: prs. ind. pl. 2. stundið
Am 14, 2.

stuttr, adj. kurz: f. pl. acc. stuttar
Gðr II 20, 5.

styðja (studda), 1) etw. stossen od.
stemmen um sich daran zu stützen:
prt. ind. sg. 3. studdi F 304a 16;
2) stützen, mit stützen versehen:
part. prt. m. sg. nom. hann (Glitnir)
er gulli studdr mit goldenen pfei-
lern gestützt Grm 15, 2; pl. acc.
grjóti studda garða Hlr 1, 3; 3)

jmd (ehn) *mit etw.* (ehu) *stossen od. stechen*: *prt. ind. pl. 3.* studdu *Vsp 26, 4.*

stynja (stunda), *stöhnen*: *prs* *ind. pl. 3. Vsp 49, 5.*

stýra (rð; *got.* stiurjan) *1) steuern* (skipi): *prs. ind. sg. 3.* stýrir *Vsp 52, 4; imper. sg. 2.* stýr *Hrbl 7, 1; prt. ind. sg. 3.* stýrði *Am 95, 6; 2) anführen, befehligen* (ehu): *prs. ind. sg. 3.* stýrir *HH I 33, 4. II 16 pr 18. 22, 2; 3) einer sache* (ehu) *als besitzer walten, etwas besitzen*: *inf. Sg 17, 6; prs. ind. sg. 3.* stýrir *Háv 18, 5; prt. ind. sg. 3.* stýrði *IIIr 11, 4.*

stýrir, *m. lenker, herscher, fürst*: *sg. nom. HH I 27, 1.*

styrr, *m. lärm, getümmel*: *sg. nom. Hm 23, 1.*

stǫð, *f.* (*vgl. got.* staþs, *m.*) *lande-platz, anlegeplatz*: *sg. acc. c. art.* stǫðna *Hrbl 7, 2; pl. gen.* stǫðva *Grm 9.*

stǫðva (að), *hemmen, aufhalten*: *prs. opt. sg. 1.* (*mit suff. negat. u. pron.*) stǫðvigak *Háv 148, 5.*

stǫng, *f. stange: sg. nom. F 305 n.*

1. **støkkva** (stǫkk; *got.* stigqan) *1) springen;* st. **sundr** *zerspringen*: *prt. ind. sg. 3.* stǫkk *Hym 12, 5;* st. **útan** *zurückspringen: prt. ind. sg. 3.* stǫkk *þrk 27, 3; 2) stürzen, herabfallen: prs. ind. sg. 3.* støkkr *HIl II 2, 8; prt. ind. sg. 3.* stǫkk *þrk 12, 5; pl. 3.* stukku *Hym 13, 1, Hm 23, 2; 3) fortspringen, ent-springen: prt. ind. pl. 3.* stukku *Vm 31, 2; 4) bespritzen: part. prt. m. sg. nom.* stokkinn *Fm 32, 2; pl. acc.* stokna *Vkv 34, 4; f. sg. nom.* stokkin *HH II 7, 6; pl. nom.* stoknar *HH I 16, 6; n. pl. nom.* stokkin *Rm 16, 6, Gðr II 4, 6.*

2. **støkkva** (kt; *got.* ga-stagqjan) *forttreiben, vertreiben* (ehm): *part. prt. n. sg. nom.* støkt *HHv 31, 6.*

suðr, *adv. 1) südwärts, nach süden: Rp 26, 4, Vkv 5, 3, Od 14, 7 u. ö.; 2) im süden: Gðr II 15, 8.*

suðr-hallr, *adj. nach süden ge-wendet: f. sg. dat.* (*sw.*) suðrhǫllu *Akv 31, 5.*

suðr-vegar, *m. pl.* 'südliche wege', *d. i. südland: pl. acc.* á suðrvega *im südlande, d. h. in Deutschland*

Gðr II 8, 2 (*der dichter hat in seinem bestreben, über die localität der handlung keinen zweifel auf-kommen zu lassen, es nicht be-achtet, dass der sprecher* — Hogni — *sich ebenfalls im südlande befindet*).

suðr-þjóð, *f. im süden wohnendes volk: pl. dat.* suðrþjóðum *Akv 14, 5.*

suð-rœnn, *adj. dem süden entstammt, dem süden angehörig: m. sg. nom.* (*sw.*) suðrœni *Sg 4, 1, Akv 2, 7; pl. acc.* suðrœna *Gðr II 14, 3; f. sg. voc.* suðrœn *HH II 44, 7; acc.* suðrœna *HH I 17, 4; pl. nom.* suðrœnar *Vkv 1, 7.*

súga (saug), *saugen, aussaugen* (eht): *prt. ind. sg. 3.* saug *Vsp 40, 7; part. prt. n. pl. acc.* sogin *HH I 37, 9.*

súl, *f.* (*vgl. got.* ga-súljan) *säule, pfeiler: sg. nom. Hym 12, 4.*

súla, *f. dass.: sg. nom. Hym 12, 5; acc.* súlu *Am 5, 7; pl. acc.* súlur *Hym 29, 6.*

sumar, *n. sommer: sg. nom. Vm 26, 5; pl. acc.* sumur *Vsp 42, 6.* — *Personificiert Vm 27, 3.*

sumbl, *n.* (*entlehnt aus ags.* symble? *Bugge, Bidr. 29. 159) 1) festlicher trunk, gelage: sg. acc. Ls 3, 3. 4, 3. 65, 3; dat.* sumbli *Ls 7, 5, Háv 109, 5 u. ö.; 2) poet. be-zeichnung des bieres: sg. acc. Alv 35, 6.*

sumbl-samr, *adj. beim gelage ver-einigt: m. pl. nom.* sumblsamir *Hym 1, 3.*

sumr, *pron. adj.* (*got.* sums) *irgend einer, mancher, jemand: m. sg. nom.* sumr — sumr *der eine* — *der andere Háv 69, 3. 4. 5. 6; pl. nom.* sumir — sumir *einige* — *andere, die einen* — *die andern Br 4, 1. 2. 3, F 306 b 14. 15. 16; dat.* sumum — sumum *Hyndl 3, 1. 2, Sd 30, 4. 5; f. pl. nom. acc.* sumar — sumar *Fm 13, 4. 5. 6, Sd 18, 7; Sd 6, 4. 5. 18, 8; m. pl. nom.* sumir *einige, manche Br 20 pr 4; acc.* suma *Háv 66, 3; f. pl. acc.* sumar *Háv 141, 12; n. sg. nom.* sumt *einiges, etwas Háv 66, 5; gen.* sums *Am 13, 5; dat.* sumu *Fm 25, 6, Am 88, 5.*

sund, *n. 1) das schwimmen: sg. acc. Rp 35, 12. 42, 8; 2) zum schwim-men und segeln geeignetes wasser,*

fahrwasser: sg. dat. sundi *Sd 10, 3,
Sg 53, 6; 3) meerenge, sund: sg.
acc. Hrbl 27, 3. 28, 1, Od 28, 6,
c. art.* sundit *Hrbl 1, 2. 3, 1 u. ö.;
gen. c. art.* sundsins *Hrbl 3; dat.*
sundi *Hrbl 2. 8, 4. 54, 1.*

s u n d r, *adv. (vgl. got.* sundrô*) auseinander, entzwei: Hym 12, 5, Rp
39, 8, Br 7, 3 u. ö.;* í sundr *dass.:
Rm 14 pr 10. 12, Am 44, 10;* hverfa
í s. *auseinandergehen, sich trennen
Am 35, 2.*

sundr-borinn, *adj. (part. prt.) von
verschiedener herkunft: f. pl. nom.*
sundrbornar *Fm 13, 1.*

sundr-mœðri, *sw. adj. von einer
andern mutter geboren: m. sg. nom.
Hm 14, 1.*

sund-vǫrðr, *m. der auf dem meere
wache hält, meerwächter: sg. nom.
HH I 34, 5.*

sunna, *f. (got.* sunnô*) sonne: sg. nom.
Alv 17, 2.*

sunnan, *adv. 1) von süden her:
Vsp 7, 5, Vkv 1, 1 u. ö.; 2) im
süden, südlich von etw. (ehs): Br
5, 2.*

sunnan-lands, *adv. im südlande
(d. h. in Deutschland) Gðr I 6, 6.*

sunnan-verðr, *adj. nach süden gerichtet: m. sg. acc.* sunnanverðan
Hlr 10, 2.

sunn-maðr, *m. südländer (Deut-
scher): pl. gen.* sunnmanna *Gðr III
7, 2.*

sús-breki, *m. mühsal (Bugge, Fkv.
398 b): sg. acc.* súsbreka *Skm 29, 6.*

sút, *f. kummer, sorge, schmerz: sg.
acc. Háv 48, 3; pl. nom.* sútir
Hm 1, 7; gen. súta *Gðr II 21, 6;
dat.* sútum *Háv 144, 7.*

svá, *adv. (got.* swa*) so, auf diese
weise, auf dieselbe weise: Bdr 14, 3,
þrk 26, 7, Hym 12, 3, Ls 3, 6,
Hrbl 46, 1 u. ö.;* fannka svá
marga mǫgu *ich fand nie so viele
leute (dass ich sie nicht hätte überwinden können) Fm 16, 6;* svá
sem *(*svá — sem*) so wie (so —
wie): Ls 14, 2, Vkv 15, HH II 12
pr 19 u. ö.; Hrbl 35, 1, Skm 36, 4,
Háv 77, 4, HH II 37, 1 u. ö.;
so — als wenn: HH I 29, 1. II
36, 1, Gðr I 18, 1. II 2, 1 u. ö.;*
svá — þá er *so — wie damals als
Sg 68, 4;* svá — at *so — dass:*

*Skm 5, 2, Háv 39, 2, Vkv 12, 1,
HH I 27, 1 u. ö.*
svá at *(das metrum fordert in der
regel die zus.gezogene form* svát*),
conj. sodass: Hym 25, 3, Ls 1, 2,
Hrbl 26, 8, Grm 2, 3, Háv 112,
7, Od 5, 10 u. ö.*

svá-gi, *adv. so nicht, ebensonicht:
Háv 39, 5, Akv 25, 9.*

svá-gǫrr, *adj. so beschaffen: n. sg.
dat.* at svágǫru (sǫgoro *R) unter
solchen umständen, bei dieser lage
der dinge Grp 24, 4. 40, 4.*

sval-kaldr, *adj. kühl: m. sg. dat.* sval-
kǫldum *Hyndl 38, 3, Gðr II 22, 7.*

svalr, *adj. dass.: m. sg. dat.* svǫlum
HH I 37, 10; f. pl. nom. svalar
Vsp 6, 4, Grm 7, 2; dat. svǫlum
Hyndl 15, 4; n. sg. acc. svalt *Gðr
II 22, 3. 35, 6.*

svan-fjǫðr, *f. schwanenfeder: pl.
acc.* svanfjaðrar *Vkv 2, 6.*

svangr, *adj. dünn, schlank; ausge-
hungert; ermattet: m. sg. dat.* svǫn-
gum *Od 3, 6; pl. nom.* svangir
Grm 37, 3; f. sg. dat. svangri
HH I 43, 7.

svang-rifr, *adj. dünn od. schlank
an den rippen, schmächtig: m. pl.
acc.* svangrifja *Rp 39, 6.*

svan-hvítr, *adj. weiss wie ein
schwan: f. sg. nom.* svanhvít *Vkv 8.
2, 5; dat. (sw.)* svanhvítu *(auch
hier mit Grdtv. als adj. zu fassen
u. in* svanhvítri *zu emendieren) Vkv
5, 4. — Irrtüml. als eigenname
in der prosa: Vkv 10. 13.*

svanr, *m. schwan: pl. gen.* svana
F 303 a 23; acc. svani *Gðr II
14, 4. — Als männl. eigenname
Hyndl 12, 8.*

svara (að), *antworten: inf. HH I
34, 6; prs. ind. sg. 2. 3.* svarar
*Hrbl 59, 2; HHv 11 pr 1, Sd 2
pr 22 u. ö.; prt. ind. sg. 3.* svaraði
*Gðr II 10, 1, Am 34, 1, Hm 14,
1 u. ö.*

svárr, *adj. (got.* swêrs*) 1) schwer,
drückend, schmerzlich: m. sg. acc.*
sváran *Skm 29, 6; compar. n. pl.
gen.* svárra *Ghv 11, 1; 2) mächtig,
gewaltig: m. sg. acc.* sváran *(scil. slag)
Sg 25, 1. 29, 3 (Bugge, Fkv. 420 b);
3) bekümmert: m. sg. gen.* svára *Háv
104, 7; 4) verhängnisvoll (?): n.
sg. acc. (adv.)* svárt *Sg 26, 6.*

svartr, *adj. (got.* swarts) *schwarz:*
m. sg. acc. svartan *Rp 7, 3, Od 2, 7;*
n. pl. nom. svǫrt *Vsp 42, 5; dat.*
svǫrtum *Ghv 2, 9, Hm 3, 5.*

sváss, *adj. (got.* swês) *1) mild: n.*
pl. nom. (sw.) in svásu goð *Vm*
17, 6. 18, 3; 2) süss, lieblich (von
geschmack): m. sg. dat. svásum *Akv*
1, 8; 3) lieb, traut: m. pl. acc.
svása *Gðr III 6, 4, Akv 39, 8,*
Hm 10, 2.

svefja (svafða), *1) beruhigen, ein-*
schläfern: inf. Rp 45, 3; 2) stillen:
inf. HH II 41, 10.

svefn, *m. 1) schlaf: sg. acc.* Grp
29, 5; dat. svefni *Grp 16, 4, Fm*
44, 6, Sd 1, 2 u. ö.; 2) traum:
sg. acc. Am 23, 3; dat. svefni *Br*
16, 2; pl. gen. svefna *Am 20, 4.*

svefn-gaman, *n. 'erquickung durch*
schlaf', poet. bezeichnung der nacht:
sg. acc. Alv *31, 5.*

svefnugr, *adj. zum schlafe geneigt,*
schläfrig: f. pl. acc. svefngar *Sd*
36, 2.

svefn-þorn, *m. schlafdorn, dorn*
dessen stich einschläfert: sg. dat.
svefnþorni *Sd 2 pr 15.*

sveigja (gö), *1) biegen, durch biegen*
in bewegung setzen: inf. sv. hǫrpu
die harfe spielen Od 26, 6; prt.
ind. sg. 3. sveigði rokk *setzte den*
rocken in bewegung Rp 16, 2; 2)
beugen, sinken lassen: inf. HHv
21, 6.

sveigr, *m. eine art kopfputz: sg.*
nom. Rp 16, 5 (Weinh. 177, RKey-
ser, Efterl. skr. IIb 73).

sveinn, *m. jüngling, junger mann,*
bursche (auch Thor wird sv. *ge-*
nannt): sg. nom. voc. Hym 18, 5,
Ls 20, 4 u. ö.; Skm 37, 1, Fm 1,
1 u. ö.; dat. sveini *Fm 1, 2; pl.*
gen. sveina *Hrbl 1, 1; 2) sohn:*
pl. nom. sveinar *Am 50, 9; 3)*
knabe: sg. acc. svein *Rp 34, 1; pl.*
nom. sveinar *Am 76, 1, c. art.*
sveinarnir *Am 75 üb. — Als männl.*
eigenname Rp 42, 7.

sveipa (sveip: *Wimmer § 129, Noreen*
2 § 429) 1) werfen, umherwerfen
(chu): *prt. ind. sg. 3.* sveip sínum
hug volvit cogitationes *Sg 13, 3;*
2) einhüllen, einwickeln, beziehen,
umgeben (ehn, eht ehu *od.* í eht):
prs. ind. sg. 3. sveipr *Sg 8, 8; prt.*

ind. sg. 1. 3. sveip *Vkv 35, 3; Rp*
21, 4, Vkv 24, 7; part. prt. m. sg.
nom. sveipinn *Fm 42, 4.*

sveiti, *m. 1) schweiss: sg. dat.*
sveita *Gðr II 4, 6; 2) schaum:*
sg. dat. sveita *Rm 16, 6; 3) blut:*
sg. nom. mit suff. art. sveitinn *Fm*
31 pr 4; dat. sveita *Vm 21, 6,*
Grm 40, 3, Fm 32, 2.

svelga (svalg), *verschlingen: prs.*
ind. sg. 3. svelgr *Ls 58, 6; part.*
prt. sich verschluckt habend, mit
verstopfter kehle: m. sg. nom. lætr
sem sólginn sé *tut als wenn er an*
einem stecken gebliebenen bissen er-
sticken müsse (Richert s. 7) Háv
33, 5.

svella (svall), *anschwellen, auf-*
schwellen: prs. ind. pl. 3. Sg *71, 6;*
part. prt. n. pl. acc. sollin *Gðr II*
41, 8.

1. svelta (svalt; *got.* swiltan) *1) ver-*
zehrt werden: prt. ind. sg. 2. svalzt
þú þá hungri *Ls 62, 7; part. prt.*
f. sg. nom. soltin *verzehrt (von*
schmerz) Gðr II 11, 9 (Bugge, Fkv.
424 a); 2) sterben: inf. Sg. 11, 8,
Gðr II 3, 8; mit refl. lét sveltask
liess sich sterben, brachte sich um
Od 18, 7; praes. opt. sg. 3. svelti
Sg 6, 6; prt. ind. sg. 3. svalt *Br*
16, 3, Hm 7, 5; pl. 3. sultu *Sg*
65, 9; opt. sg. 3. sylti *Od 14, 4,*
Akv 44, 8; part. prt. m. sg. nom.
soltinn *getötet Br 5, 1; f. pl. nom.*
acc. soltnar *Sg 50, 5 (vgl. œrinn);*
Sg 47, 7.

2. svelta (lt), *verhungern lassen:*
prt. ind. sg. 2. sveltir *Am 54, 6.*

sverð, *n. schwert: sg. nom. acc.* Vkv
17, 4, HHv 38, 6 u. ö.; Ls 42, 3,
Skm 8, 4 u. ö., c. art. sverðit *Grm*
54 pr 7. 10; Vkv 16 pr 4, HHv 11
pr 4, Fm 44 pr 5: gen. sverðs
Fm 29, 4; dat. sverði *Vsp 53, 3,*
Háv 85, 6, Grp 15, 6 u. ö., c. art.
sverðinu *Fm 22 pr 4; pl. gen.*
sverða *Rm 19, 6, Od 30, 7 u. ö.;*
dat. sverðum *Vsp 37, 3, Rp 35, 11,*
Am 49, 7; acc. sverð *HHv 8, 1.*

sverja (sór *u.* svarða; *got.* swaran)
1) schwören, a) absol.: prt. ind.
sg. 3. svarði *Am 32, 1 (Zz 26, 29);*
b) mit objects-acc. (eið, eiða): *prs.*
opt. sg. 2. sverir *Sd 23. 2; prt.*
ind. sg. 2. svarðir *Gðr I 21, 10;*

part. prt. m. pl. dat. svǫrnum Sg
28, 6; acc. svarna Grp 46, 6,
Sg 18, 6 u. ö., svarða Gðr I 21, 4,
Akv 31, 3; 2) durch eide verbinden:
part. prt. m. sg. acc. svarðan Sg
14, 8.

své-víss, adj. eigenwillig, eigensinnig (?): f. sg. voc. svévís HH I
39, 7 [GV (Dict. 610b u. Cpb I,
136) und FJ ändern das wort in
sveipvís].

svíða (sveið), sengen, brennen; braten:
prt. ind. pl. 3. svíðu Br 4, 1.

sviðna (að), versengen, verbrennen
(intrans.): prs. ind. sg. 3. sviðnar
Grm 1, 4; prt. ind. pl. 3. sviðnuðu
Gðr III 10, 4.

sviðr, svinnr, adj. (got. swinþs)
1) schnell: f. sg. nom. á svinn der
reissende strom Akv 28, 3 (Zz 26,
27); 2) gewandt, verständig, weise:
m. sg. nom. sviðr Háv 102, 3; acc.
svinnan Vm 24, 2. 30, 2 u. ö.;
f. sg. nom. svinn Hlr 5, 2; dat.
sviðri Am 6, 7; acc. svinna Am
54, 5, Hm 9, 2; n. sg. gen. (sw.)
svinna Háv 159, 2.

svífa (sveif), sich bewegen, wandern:
prt. ind. sg. 3. sveif Hym 18, 6.

svigi, m. dünner stab, reis: pl. gen.
með sviga lævi mit dem verderben
der reiser, d. i. mit feuer Vsp 53, 2.

svik, n. pl. täuschung, betrug: nom.
HH II 39, 1. 40, 1; dat. svikum
Grp 33, 2.

svíkja (sveik), täuschen, betrügen:
prt. ind. pl. 3. sviku hann í trygð
täuschen ihn in sm vertrauen Br
20 pr 12; part. prt. m. sg. acc.
svikinn Háv 109, 4, fé sv. um das
vermögen betrogen Am 53, 4; f. sg.
acc. svikna Sg 57, 4.

svima (svam), schwimmen: prs. ind.
pl. 3. Fm 15, 6.

svín, n. (got. swein) schwein: sg. gen.
svíns Gðr II 24, 7; dat. svíni Háv
84, 5; pl. dat. svínum Rþ 12, 12,
HH I 35, 2 u. ö.

svinn·hugaðr, adj. verständigen
sinnes, klug: f. sg. voc. svinnhuguð
HH II 10, 3.

svipr, m. (vgl. got. midja-sweipains
'sündflut') 1) schnelle bewegung; an-
sturm: sg. nom. HH I 54, 1; 2)
schnell vorübergehende erscheinung,
wechselndes mienenspiel, daher pl.

svipir mienen, gesicht, antlitz: dat.
svipum Grm 45, 1.

svipta (pt), fortziehen (ehu af ehm):
prt. ind. sg. 3. svipti Gðr I 13, 1.
Od 3, 5.

svipun, f. das schwingen: sg. dat.
Rm 19, 6. 20, 3.

svip-vísi, f. unzuverlässigkeit, falschheit: sg. nom. Am 7, 3. 71, 3.

svæfa (fð), 1) beruhigen, einschläfern:
prs. ind. sg. 1. (mit suffig. pron.)
svæfik Háv 152, 6; prt. ind. sg. 3.
svæfði Dr 16; 2) beilegen: prs.
ind. sg. 3. svæfir Grm 15, 6.

sværa, f. (got. swaíhrô) schwieger-
mutter: sg. acc. sværu Am 93, 7.

svǫrfun, f. lärm, tumult (?): sg. acc.
Am 73, 4.

sykn, adj. (got. swikns; vgl. KGíslason, Aarb. 1866 s. 253 ff.) frei
von schuld oder strafe, m. sg. acc.
syknan Am 96, 6; f. sg. nom. sykn
Gðr III 8, 6.

sylgr, m. trank: sg. acc. sylg Háv 17,
5. — Name eines flusses Grm 28, 7.

sýn, f. (got. siuns) 1) gesichtsver-
mögen: sg. nom. sólar sýn der anblick der sonne Háv 68, 3; 2) das
object des sehens, der erblickte
gegenstand: sg. gen. þeirar sýnar
von diesem anblick Gðr I 26, 7.

sýna (nd), zeigen, vorzeigen: prt. ind.
pl. 3. sýndu Rm 14; sýnask scheinen: prt. ind. sg. 3. sýndisk Vsp
33, 2, Vkv 21, 6.

syngva (sǫng; got. siggwan) singen;
schwirren: prs. opt. sg. 3. syngvi
HH II 31, 4.

synja (að; got. sunjôn) jmd (ehm)
etw. (ehs) verweigern: inf. Hrbl
54, 2. 56, 1; part. prt. n. sg. nom.
synjat HHv 10. 5, 7; s. ehm aldrs
jmd des lebens berauben: prt. ind.
pl. 3. synjuðu Rm 15, 4; part. prt.
n. sg. acc. synjat Fm 36, 8; 2)
etw. (ehs) von sich abwälzen, sich von
einer schuld reinigen: inf. Gðr III
6, 8, Am 67, 1; von jmd (fyr chn)
erklären dass er einer sache (ehs)
unfähig sei: inf. Od 22, 6.

sýnn, adj. (got. ana-siuns) sichtbar,
erkennbar: superl. n. sg. nom. þat
er á sjálfum sýnst das kann man
am leichtesten an sich selbst (durch
eigene erfahrung) erkennen Háv
41, 3 (Richert s. 8 fg. u. FJ z. st.);

offenkundig, offenbar: f. sg. nom.
sýn Am 7, 3. 71, 3; n. sg. acc.
sýnt Grp 26, 7.

1. sýsla (sýsta: JHoffory, Hz 22,
376) tätig sein, sorgen für etwas
(um eht): prt. ind. sg. 3. sýsti Am
6, 8.

2. sýsla, f. geschäft, arbeit, aufgabe:
sg. dat. sýslu Rþ 15, 2; pl. acc.
sýslur HH I 18, 6.

sýsliga, adj. 1) geschäftig, eilig:
Hym 18, 5; 2) bald: Am 19, 1.

systir, f. (got. swistar) schwester:
sg. nom. voc. þrk 29, 2, Háv 162, 9,
Hyndl 27, 4 u. ö.; HH II 28, 1,
Gðr I 17, 9 u. ö.; gen. systr Gðr
I 20, 7, systur Dr 10 u. ö.; dat.
systur Ls 36, 4, Rm 23, 4, Gðr II
17, 6; acc. systur þrk 32, 2 u. ö.,
systr Am 53, 5; pl. gen. systra
HH II 7, 4, Fm 35, 4 u. ö.; dat.
systrum Hrbl 18, 11; auch in
freundschaftl. anrede an eine un-
verwandte: sg. voc. Hyndl 1, 3.

systkin, n. pl. geschwister: nom.
Am 95, 1.

systrunga, f. schwestertochter, base:
sg. acc. systrungu Am 54, 5.

systrungr, m. schwesterkind, vetter:
pl. nom. systrungar Vsp 46, 3.

systur-sonr, m. schwestersohn,
neffe: sg. nom. Sg 27, 3.

sýta (tt), sich betrüben über etwas
(við ehu): prs. ind. sg. 3. sýtir Háv
48, 6.

sæ-dauðr, adj. im meer gestorben,
ertrunken: m. pl. nom. sædauðir
Sd 33, 5.

sæing, f. bett: sg. acc. Br 12, 6,
Am 10, 1 u. ö.; dat. sæing Hlr
12, 2, Ghv 17, 4, sæingu Gðr I
20, 2, Sg 24, 2.

1. sæla, f. (vgl. got. sêlei) glück: sg.
nom. Rm 6, 5; gen. dat. sælu Sg
17, 8; Sg 60, 5.

2. sæla (ld), beglücken; erquicken:
prt. ind. pl. 3. sældu Háv 138, 1
[Eiríkr Magnússon, Odins horse
Yggdrasill (Lond. 1895) s. 18 anm.].

sæl-borinn, adj. (part. prt.) von
glücklicher (hoher) abkunft: f. sg.
nom. sælborin Am 47, 1.

sæll, adj. (got. sêls) 1) glücklich:
m. sg. nom. Háv 8, 1, Am 102, 1
u. ö.; pl. nom. sælir Am 33, 3;
f. sg. nom. sæl HH II 35, 1; com-

par. m. pl. acc. sælli Sg 19, 2;
2) begütert, reich: m. sg. acc. sælan
Am 96, 7.

sælligr, adj. von glück oder reichtum zeugend: n. sg. acc. sællikt
Ls 43, 3.

sær, sjór, m. (got. saiws) see, meer:
sg. nom. sær Vsp 6, 3, Grm 40, 3
u. ö., sjór Vm 21, 6; gen. sævar
Háv 62, 2, Ghv 1, F 303 a 26;
dat. sæ Hyndl 38, 3, Gðr II
22, 7, F 303 a 12; acc. sæ Háv
152, 6, Am 3, 7, sjó Háv 81, 2,
c. art. sæinn Ghv 2; pl. gen. sæva
Háv 53, 2.

særa (rð), verwunden: prs. ind. sg. 3.
ef mik særir þegn á rótum rás
viðar wenn mich ein mann auf den
wurzeln eines saftfrischen baumes
verwundet, d. h. wenn er mich dadurch verwundet, dass er zaube-
rische runen auf die wurzel schneidet
Háv 149, 2 (vgl. GV, Cpb II, 468
und zur sache Grettis saga c. 81 ff.).

sæti, n. sitz: sg. dat. Akv 38, 6;
gen. sætis F 304a 30.

sæ-tré, n. 'seebaum', d. i. schiff:
pl. dat. sætrjám Rm 17, 2.

sætt, f. s. sátt.

sætta (tt), vergleichen, versöhnen:
inf. Hrbl 42, 4; prt. ind. sg. 1.
(mit suff. pron.) sættak Hrbl 24, 4;
sættask sich versöhnen: inf. Am
46, 6; einen vergleich schliessen:
prt. ind. pl. 3. sættusk á þat kamen
dahin überein F 303a 13.

sævar-strønd, f. meeresstrand:
sg. acc. Vkv 1, 5.

sœgr, m. gefäss, fass: sg. nom.
F 305 n.

sœing, f. opfer: sg. acc. Gðr II 43, 2.

sœkja (sótta; got. sôkjan) 1) suchen,
aufsuchen: inf. Hym 17, 8; prt.
ind. sg. 1. sótta Háv 103, 1; sg. 3.
sótti HHv 11 pr 4, Sg 1, 2 u. ö.,
opt. sg. 2. sóttir Am 98, 3 (Zz
26, 29); 2) etw. zu erlangen, erreichen, verschaffen suchen: inf. Rm
15, 6; prt. ind. pl. 3. sóttu Vsp
17, 5, Rm 13; opt. pl. 3. sœtti
þrk 13, 8; 3) treffen, betreffen;
part. prt. m. sg. acc. sóttan HHv
32, 2; 4) angreifen: prt. ind.
pl. 3. sóttu Hrbl 29, 3; 5) mit
advv.: s. heim aufsuchen, besuchen:
inf. Akv 3, 8; an sich ziehen,

ergreifen: inf. HII II 13, 4; s. til
hinein *zu gelangen suchen: inf. Am
38, 2.*

s œ m ð, *f. ehre: sg. nom. Am 92, 5;
acc.* verðat salkonur s. at vinna
*nicht brauchen dienerinnen edles zu
vollbringen (Sijmons) Sg 50, 8.*

s œ m-leitr, *adj. von ansehnlichem
aussehen, herrlich: m. sg. nom. Ghv
15, 7.*

s œ m r, *adj. geziemend, passend: n.
sg. nom.* sœmt *Br 11, 1; compar.
m. sg. nom.* sœmri *HH II 3, 5;
n. sg. nom.* sœmra *HHv 34, 5, Grp
5, 6 u. ö.; superl. n. sg. nom.*
sœmst *Sg 14, 4.*

s œ r i, *n. schwur: pl. nom. Vsp 30, 6.*

s œ t r, *adj. (got.* sûts) *süss: m. sg.
acc.* sœtan *Sd 34, 6 (conjectur von
Bugge statt des hsl.* sælan).

s ǫ ð l a (að), *satteln: inf. Gðr II
18, 7; prt. ind. sg. 3.* sǫðlaði *Gðr
I 22, 4.*

s ǫ ð u l-d ý r, *n. 'satteltier', d. i. ross:
pl. nom. Gðr II 4, 5.*

s ǫ ð u l-k l æ ð i, *n. satteldecke: pl. acc.
Akv 4, 5.*

s ǫ ð u l l, *m. sattel: sg. dat.* sǫðli *Skm
40, 2, HH I 43, 7, Od 3, 5; acc.*
sǫðul *Bdr 2, 4, Od 2, 8; pl. dat.*
sǫðlum *Hyndl 8, 1, Vkv 8, 5, Akv
17, 5.*

s ǫ g n, *f. 1) das sprechen: sg. acc.
Sd 20, 4; pl. gen.* þína ehn til
sagna *jemand foltern um ihn zum
sprechen zu bringen Grm 28; 2)
aussage, erzählung: sg. nom. Gðr
I 7.*

s ǫ k, *f. (vgl. got.* sakjô) *1) streit, streit-
sache, streitigkeit: sg. acc. Am 98, 3;
pl. nom. acc.* sakar *Hrbl 28, 2; Hrbl
11, 2, Grm 15, 6, HH II 24, 4, Sd
31, 2, Gðr I 18, 3 u. ö.; dat.* sǫkum
*Háv 144, 6; 2) beschuldigung:
sg. acc. Háv 117, 6; 3) schuld:
pl. gen.* vinna til saka *schuld auf
sich laden Br 1, 6,* ráða til saka
*dass. Sg 34, 4; 4) ursache, ver-
anlassung: sg. acc.* fyr þá sǫk *aus
dieser ursache, deswegen Sf 4,* um
bróður sǫk *um des bruders willen
Sg 38, 6, vgl. Sg 51, 7. 62, 3; pl.
nom.* hvaðan sakar gǫrðusk *was die
ursachen waren (?) HH II 8, 10,*
sakar minni *geringere veranlassung
Am 68, 4; acc.* um sakar þínar

um deinetwillen HH I 39, 8, þótt
þeir sakar gøri *auch wenn sie veranlassung geben Sd 22, 5.*

s ǫ k n u ð r, *m. verlust: sg. acc.* sǫknuð
Sg 14, 10.

s ǫ n g r, *m. (got.* saggws) *1) gesang:
sg. dat.* sǫngvi *F 303a 23; 2) lärm,
toben: sg. nom. Akv 39, 2.*

1. s ø k k v a (sǫkk; *got.* sigqan) *sinken,
untersinken: inf. Ghv 2.*

2. s ø k k v a (kð; *got.* sagqjan) *senken,
versenken;* søkkvask sich *versenken,
versinken: inf. Vsp 68, 8; imper.
sg. 2. (mit suff. pron.)* søkkstu *Hlr
14, 8; prt. ind. sg. 3.* søkðisk
Hym 24, 5.

T.

t á, *n. 1) schmaler pfad zwischen zwei
gebäuden, vorplatz vor einem hause,
zuweilen mit steinen gepflastert (Valt.
Guðmundsson, Privatbol. 255): sg.
dat.* tái *Rm 21, 5, Ghv 9, 4; 2)
weg überhpt: sg. dat.* spruttu á tái
*machten sich auf den weg, erhoben
sich (?) Hm 1, 1.*

t a f l, *n. bretspiel: sg. acc. Rþ 42, 8.*

t a f l a, *f. tafel, brett: pl. nom.* tǫflur
Vsp 63, 3. — Aus lat. tabula.

t á g, *f. wurzelfaser, wurzel: sg. acc.
Am 70, 6.*

t a k a (tók; *vgl. got.* têkan) *1) nehmen,
fassen, ergreifen: prs. ind. sg. 3.* tekr
F 305a 1; imper. pl. 1. tǫku (vér)
Am 58, 3; pl. 2. takið *Am 56, 1;
prt. ind. sg. 1. 3.* tók *Am 80, 1; Ls
65 pr 3, Rþ 4, 1, Sf 10 u. ö.; pl. 3.*
tóku *Dr 1, Am 60, 1 u. ö.; part.
prt. m. pl. nom.* teknir *Hym 14, 6;*
t. í b a ð m *umarmen: part. prt. n.
sg. acc.* tekit *Ls 26, 6;* t. f l ó t t a
die flucht ergreifen: prs. ind. sg. 3.
tekr *Háv 31, 2;* t. ehn h ǫ n d u m
*jmd ergreifen: inf. Vkv 15; prt.
ind. pl. 1.* tóku (vér) *Rm 14;* t. til
j a r ð a r *grasen: inf. Skm 15, 3;* t.
til k o n u n g s *zum könige nehmen:
part. prt. m. sg. nom.* tekinn *Grm
13;* t. í k e t i l *in den kessel fassen:
prt. opt. sg. 3.* tœki *Gðr III 7, 8;*
t. n á t t b ó l *nachtquartier nehmen:
prt. ind. sg. 3.* tók *HHv 5 pr 4;
2) fortnehmen, fortführen: inf. Grm
54 pr 6; prs. opt. sg. 3.* taki *Vkv
37, 6; imper. sg. 2. (mit suff. pron.)*

taktu *Hyndl 5, 1; prt. ind. sg. 3.*
tók *Vkv 16 pr 3, Rm 4 pr 4 u. ö.;*
part. prt. f. pl. acc. teknar *HHv*
17, 5; 3) annehmen: inf. Grp 46, 2;
prt. ind. pl. 3. tóku *Am 5, 5; 4)*
empfangen: inf. Háv 42, 5; 5) zur
ehe nehmen: inf. Ghv 7; 6) fangen,
gefangen nehmen: prs. ind. sg. 3.
tekr *Skm 10, 6; prt. ind. sg. 1.*
tók *HH II 8, 5; sg. 2.* tókt *Am*
54, 3; pl. 3. tóku *Ls 65 pr 2;*
part. prt. n. sg. acc. tekit *Rm 10,;*
7) wohin gelangen: inf. Hrbl 57, 1.
58, 1; 8) beginnen (mit nachfolg.
inf.): prs. ind. sg. 3. tekr *Grp 16, 2,*
Fm 6, 5, Am 70, 5; prt. ind. sg. 3.
tók *Am 51, 1, F 305a 14 u. ö.;*
9) mit advv. u. praepp.: t. á *an-*
fassen (mit etw.: ehu): prt. ind.
sg. 3. tók *Fm 31 pr 4; etw. (ehu)*
angreifen, anfassen: prs. ind. sg. 3.
tekr *Grm 42, 3;* t. af *abnehmen:*
prt. ind. pl. 3. tóku *Vkv 9, 5;* t. í.
sundr *durchschneiden: prt. ind.*
sg. 3. tók *Rm 14 pr 10;* upp t.
aufnehmen, fortnehmen: inf. Grp
13, 3; heraufholen: prt. ind. sg. 3.
tók *Gör III 8, 3;* t. við ehu *etw.*
aufnehmen: inf. Háv 136, 15 (anders
FJ z. st.); prs. ind. sg. 3. tekr
Háv 136, 7; etwas in empfang
nehmen, annehmen: imper. sg. 2.
tak *Ls 53, 2, Skm 37, 2, Grp*
5, 7; prt. ind. sg. 3. tók *Ls 53*
pr 1, Sg 1, 5.

1. **tal**, *n. aufzählung; verzeichnis,*
register: sg. nom. Vsp 19, 7.

2. **tál**, *f. list, trug: pl. dat.* tálum
Alv 36, 4.

tala, *f. gespräch, unterredung: sg.*
acc. tǫlu *HH I 44, 8.*

tálar-dís, *f. übernatürl. weibliches*
wesen, das trug und unheil stiftet;
trugdise: pl. nom. tálardísir *Rm*
24, 4.

tamr, *adj. zahm, gezähmt: m. sg.*
nom. Háv 89, 6.

tams-vǫndr, *m. zauberrute: sg. dat.*
tamsvendi *Skm 26, 1.*

tunn-fé, *n. 'zahngeschenk', gabe die*
das kind beim durchbruch des ersten
zahnes erhält (Weinh. 284; RKey-
ser, Efterl. skr II b 9): sg. dat.
Grm 5, 6.

tár, *n. (got. tagr) zähre, thräne: pl.*
nom. Skm 29, 3, Gör I 16, 3; dat.

tárum *Skm 30, 10, HH II 44, 6*
u. ö.

tárug-hlýra. *adj. indecl. mit be-*
thränten wangen: Ghv 9, 6.

taug-reptr, *adj. durch zusammen-*
geflochtene zweige gebildet: m. sg.
acc. taugreptan sal *eine hütte aus*
flechtwerk Háv 36, 5 (Valt. Guð-
mundsson, Privatbol. 114 fg.).

taumr, *m. zaum: pl. dat.* taumum
HHv 30 pr 7.

teðja (tadda), *düngen: inf. Am 60, 6;*
prt. ind. pl. 3. tǫddu *Rþ 12, 11.*

tefla (lð), *mit bretspiel sich unter-*
halten: prt. ind. pl. 3. tefldu *Vsp*
11, 1.

tegr, tøgr, *m. (got. tigus; vgl. Bugge,*
Ark. 2, 252) dekade: pl. nom. þrír
tigir *dreissig Am 51, 5; gen.* þriggja
tega *Gör III 5, 4; dat.* fjórum
tøgum *vierzig Grm 23, 2. 24, 2;*
acc. þrjá tøgu *Gör III 5, 2,* þrjá
tigu *Am 92, 3,* fimm tøgu *fünfzig*
HHv 8, 4.

teinn, *m. (got. tains) 1) zweig, stab:*
sg. dat. teini *Fm 31 pr 2, Am 80, 2;*
losstäbchen: pl. acc. teina *Hym 1, 5;*
2) junge pflanze, schössling: pl. acc.
teina *Gör II 40, 2.*

teiti, *f. freude, heiterkeit: sg. nom.*
Gör I 22, 2; acc. mæla t. *heitere*
gespräche führen Ghv 2, 4.

teitr, *adj. froh, heiter, ausgelassen:*
m. sg. dat. teitum *Háv 89, 5; pl.*
nom. teitir *Vsp 11, 2, HH I 6, 8.*

telgja (gð), *zuhauen, behauen: prt.*
ind. sg. 3. telgði *Rþ 15, 3.*

telja (talða), *1) zählen: inf. Vsp*
9, 10 (nur hier mit dat.), HH I
25, 3; prt. ind. sg. 3. talði *Vkv*
11, 2; part. prt. m. pl. nom. taldir
Hyndl 29, 2; n. pl. acc. talið *Gör*
II 13, 2; 2) aufzählen, herzählen:
inf. Vsp 17, 4, Ls 52, 6; prs. ind.
sg. 2. telr *Ls 29, 2; opt. sg. 1.*
telja *Ls 28, 2; part. prt. m. pl.*
nom. taldir *F 304b 38; acc.* talða
Vsp 15, 8, Hyndl 11, 2; f. pl.
nom. talðar *Vsp 31, 9; 3) aus-*
rechnen, ausklügeln: prs. ind. sg. 2.
heiptyrði ein telr þú þér í hvívetna
Fm 9, 2; 4) auszahlen: prt. ind.
sg. 3. talði *Sg 37, 12; 5) erzählen:*
inf. Od 7, Ghv 9, 5; part.
prt. n. sg. nom. talit *Ghv 22, 6; 6)*
sprechen, reden: part. prt. n. sg.

nom. talit *Br 12, 4; pl. acc.* talið *Ghv 1, 3;* 7) *sagen, erklären: inf.* vígrisnum vánir telja *dem helden (Atli) hoffnungen sagen (machen) Gðr II 30, 4 (? — GV, Cpb I, 120 schreibt* várar selja*); prs. ind. sg. 1.* tel *Am 87, 8; prt. ind. sg. 3.* talði *Hym 20, 6, Am 86, 3;* 8) *nennen, bezeichnen: prs. ind. sg. 1.* tel *HH II 11, 5; part. prt. m. sg. nom.* taliðr *Grp 21, 6;* 9) *mit advv. u. praepp.:* fram t. *herzählen: prs. ind. sg. 1.* tel *Hyndl 20, 6;* t. fyrir *aufzählen: inf. Háv 157, 3;* t. til ehs *hinzuzählen zu etw.: inf. Hyndl 21, 5;* 10) teljask *von sich aussagen, erklären: prs. ind. sg. 3.* telsk *Alv 5, 2; sich unterhalten: prt. ind. pl. 3.* tǫlðusk *Akv 35, 4.*

temja (tamða: *got.* ga-tamjan) *zähmen: inf. Skm 26, 2, Rp 22, 3; prt. ind. pl. 3.* tǫmðu *Rp 43, 3.*

teygja (gð), 1) *ziehen, dehnen;* teygjask *lang werden (Aasen 862b): prs. ind. pl. 3.* tenn hánum t. *seine zähne werden lang, zeigen sich in ihrer ganzen länge ('er fletscht die zähne' Lüning) Vkv 17, 3;* 2) *locken, antreiben: inf. HH I 45, 6; prs. ind. sg. 2. 3.* teygir *HH I 35, 4; Akv 12, 8;* 3) *zu gewinnen suchen, verlocken, verführen (at ehu, á eht): imper. sg. 2. (mit suff. pron.)* teygðu *Háv 114, 6. 119, 6, (mit negat.: Noreen² § 465,* 3) teygjat *Sd 32, 4, (mit negat. u. suff. pron.)* teygjattu *Sd 28, 6; prt. ind. sg. 1.* teygða *Háv 101, 6.*

tíða (dd), *gelüsten: prs. ind. sg. 3.* mik fara tíðir *Vm 1, 2, vgl. Háv 115, 6, F 304 a 22; opt. sg. 3.* tíði *Skm 24, 6.*

tíðindi (-endi), *n. pl. bericht, nachrichten, neuigkeiten: acc.* tíðindi *Þrk 9, 4, Sd 2 pr 23,* tíðendi *HH II 27 pr 10; gen.* tíðinda *Skm 39 pr 3, HHv 4 pr 3.*

tíðliga, *adv. eifrig: Am 80, 7.*

tíðr, *adj.* 1) *angenehm, behaglich: n. sg. nom.* títt *Sg 15, 4 (s. Bugge und FJ z. st.), Hm 18, 8;* 2) *begehrenswert, verlangen oder liebe erweckend, lieb: f. sg. acc.* tíða *Skm 6, 3; compar. f. sg. nom.* tíðari *Skm 7, 1.*

tiggi, *m. (richtiger* tyggi, *s. GV*

646 a), fürst: sg. dat. acc. tiggja *HH I 49, 1; Rm 15, 5.*

tíginn (*nicht* tiginn: *ESievers, Beitr. 6, 344, anm. 2), adj. (eigentl. part. prt. von* tjá) *angesehen, vornehm: m. pl. gen.* tíginna *Am 91, 4.*

tigr, *m. s.* tegr.

tík, *f. hündin: pl. acc.* tíkr *HH I 35, 3. 45, 5.*

til, *praep. u. adv. I. praep. c. gen. zu, nach, bis zu; es bezeichnet* 1) *einen ort oder eine person als ziel einer bewegung od. tätigkeit, a) nach den vbis des kommens, gehens, laufens, reitens, fallens, fliegens u. ä.: Vsp 1, 2, Hym 7, 4, Hrbl 23, 4, HH II 41 pr 1, 48 pr 2, Rm 26 pr 1, Hym 17, 5, Am 45, 5, Fm 3, Hym 18, 6, Skm 30, 4, HH I 48, 4, Hrbl 13, 2, Hyndl 1, 7, Vsp 31, 4, Grm 28, 12, Hm 16, 8, Sg 23, 1 u. ö.; stóð til hjarta hjǫrr Sigurði drang ihm ins herz Sg 22, 3, vgl. Vsp 56, 7, Fm 1, 6;* Gunnari fránir ormar til fjǫrs skriðu *schlichen nach dem sitze seines lebens, griffen sein leben an Ghv 17, 8; dem subst. nachfolgend Ls 6, 2, Háv 6, 5, HH II 50, 4, Skm 10, 4, HH I 48, 4, Bdr 2, 6, Gðr II 41, 4;* b) *nach den vbis des tragens, bringens, sendens, führens, treibens, folgens, wendens, strebens, einladens: Sg 62, 7, Hym 26, 6. 27, 7; Grm 7. 21, Háv 34, 4, Ls 15, Grm 39, 3, Hym 25, 6, Hrbl 56, 5, Vsp 17, 8;* sótti Helgi sverðit er Sváva vísaði honum til (*die part. er vertritt hier den genet.) HHv 11 pr 5; Rm 13 (*sóttu gisting til Hreiðmars *suchten herberge bei Hr.), Am 27, 6, Sd 1 u. ö.;* bituls dólgrǫgni dró til dauðs skókr *trug ihn dem tode entgegen Akv 29, 6; dem subst. nachfolgend Akv 19, 6;* c) *nach den vbis des greifens, fassens, stossens, schneidens u. ä.:* brá hón til botns bjǫrtum lófa *Gðr III 8, 1,* jó lætr til jarðar taka *lässt das pferd grasen Skm 15, 3,* naðra stakk hann til lifrar *Dr 16,* til hjarta skáru kvikvan kumblasmið *Akv 24, 2, vgl. Ghv 18, 2, Od 29, 6, Fm 11;* (hǫfum einn) lamðan til heljar *Am 42, 5;* Loki laust hann með steini til bana *Rm 12, vgl. HHv 5 pr 6,*

Gǫr I 27 pr 9; d) nach den vbis des leuchtens, sehens, hörens, rufens, sprechens, zählens: ljómaði af til himins *Sd 3,* horfa ok snugga heljar til *Skm 27, 3;* ey sér til gildis gjǫf *Háv 143, 3;* (Helgi) njósnaði til hirðar Hundings *HH II 16;* til gota ekki gørðut heyra *hörten nichts in der richtung der rosse, von den rossen Hm 19, 3, vgl. Skm 14, 2;* kallara þú síðan til knjá þínna Erp né Eitil *Akv 38, 2;* (Sinfjǫtli) mælti til Sigmundar *Sf 9, vgl. Od 24, 3;* skaltu til telja *(hinzuzählen zu)* skatna margra *Hyndl 21, 5; e) nach subst.:* áttunga brautir til Óðins landa *Hrbl 56, 10,* afhvarf mikit er til ills vinar *Háv 34, 2; 2) die (örtl. od. zeitl.) grenze einer handlung oder bewegung (bis zu):* mál er dverga .. til Lofars telja *bis zu L. hinauf Vsp 17, 4 (vgl. Vsp 19, 8, wo mit Sievers, Proben s. 20 anm. 7 til Lofars zu lesen ist),* stund er til stokksins, ǫnnur til steinsins *Hrbl 56, 3. 4,* (sverð) brugðit til miðs *Grm 54 pr 3,* hón til hvílu heyra knátti gjallan grát *bis zu ihrem bette hin Sg 30, 5,* þik dvalða hefir Atli til aldrlaga *HHv 30, 3, vgl. Fm 10, 3, Hm 8, 6; 3) verrichtung, geschäft od. vergnügen zu denen man sich begibt oder anschickt, andere begleitet, führt od. antreibt:* koma til veizlu (verðar, kynnis), til hjálpar: *Ls 3, Háv 4, 2. 17, 2, Od 26, 8 u. ö.;* fara hildar (hjǫrstefnu) til *Háv 154, 6, HH I 13, 2;* hníga ehm til hjálpar *Od 9, 2;* drífr drótt ǫll draumþinga til *HH II 49, 10;* ríða til þings *Br 20 pr 10;* til orrostu leiða langvini *Háv 154, 2;* vísa ehm valstefnu til *HH I 20, 6;* réð til hefnda hergjarn í sal *Sg 22, 5;* alls þengill mik til þess neyðir *Grp 25, 4; 4) den zweck oder die bestimmung einer sache:* var þar einn stóll til sætis *F 304a 30;* hroldi hotvetna þat er til hags skyldi *Am 94, 10;* ertattu til brúðar borinn *Alv 2, 6,* hón er æ borin óvilja til *Sg 46, 6,* á skjǫld (skal orka) til hlífar, .. en mey til kossa *Háv 81, 6. 8;* til jartegna sendi hón Hǫgna hring-

inn *Dr 9;* var þeim félǫgum vísat .. í gestahús til herbergis *F 304a 29;* maðr tǫlgði .. meið til rifjar *Rp 15, 4;* Hjálprekr fekk Sigurði skipalið til fǫðurhefnda *Rm 15 pr 2;* þat er til kostar *das wird zur bedingung gemacht Hym 33, 1;* þat var til sætta *das diente als mittel zur versöhnung Dr 3; vgl. Grp 8, 6. 30, 1, Rm 8, 6, Br 1, 6, Sg 12, 7. 67, 10, Am 99, 7;* gullbitluð vart gǫr til rásar *HH I 43, 4;* gǫrvir váru tveir fjǫtrar til hans *F 305b 5;* var þá Geirrøðr til konungs tekinn *Grm 13;* biðja konu til handa ehm *für jmd um eine frau werben HHv 7, Grp 35, 5. 36, 7; vgl. auch Sg 23, 6* hné .. dólgr til hluta tveggja *fiel zu zwei stücken auseinander;* mit at u. dem *inf.* (der hier die stelle des genet. vertritt): eggjaði Reginn til at vega Fáfni *Rm 26 pr 3;* hón var búin til at springa af harmi *Gǫr I 3; 5) das ziel od. die absicht die jmd bei einer handlung verfolgt:* fylki til fjár véla *um geld zu erlangen Sg 17, 2;* móður tókt mína ok myrðir til hnossa *um ihrer kleinode willen Am 54, 4;* Dagr blótaði Óðin til fǫðurhefnda *HH II 27 pr 4;* konungr lét hann pína til sagna *um ihn zum sprechen zu bringen Grm 28;* vá til landa *führte krieg um länder zu erwerben Rp 38, 8;* bjó til váðar *traf vorbereitungen zum weben eines gewandes Rp 16, 4;* ráða ehm til ehs *jmd etw. bereiten Grp 44, 6. 51, 4, Sg 34, 4 (s. ráða 9);* Heðinn strengði heit til Svávu *tat das gelübde die S. zu gewinnen HHv 30 pr 11; 6) andere verbindungen:* færa veit, er fleira drekkr, síns til geðs gumi *weiss weniger von sm verstand, ist weniger im besitz sr geisteskräfte Háv 12, 6;* drýgt þú fyrr hafðir þat er menn dœmi vissut til *wovon die menschen kein beispiel kannten Am 83, 6 (wo aber wol til mit Grdtv. zu tilgen ist);* segja til nafns (ǫðlis) síns *seinen namen (seine herkunft) angeben: Hrbl 8, 9. 9, 13.*

II. adv. 1) mit vbis: bjóða ehm til *jmd wozu einladen Am 56, 8;* bregða til knífi *das messer ansetzen Am 60, 2;* ganga til *hin-*

zugehen Gör I 4; gøra vélar til
list dabei anwenden Hym 6, 4;
heyra til zuhören HHv 12; hætta
hǫfði til den kopf aufs spiel setzen
Háv 105, 6; koma til hinzukommen
Od 4; gør sem til lystir wie es
dich danach gelüstet Am 57, 1;
segja ehm til jmd anreden, zu jmd
sprechen Akv 6, 2, Am 77, 2; sjá
ráð til einen rat dafür wissen Am
67, 2; sjásk til sich gegenseitig
anschauen Am 35, 1; sœkja til
hinein zu gelangen suchen Am 38, 2;
vora til vorhanden, zugegen sein
Am 29, 6; víkr hér svá til es geht
hier so zu Br 20 pr 3; 2) mit
adjj. u. advv. zu, zu sehr: til mart
zu viel Ls 5, 6, Háv 27, 6. 9, til
snotr zu weise Háv 54, 3 u. ö., vgl.
Háv 57, 6, Sd 29, 3 u. ö.; alt til
atalt allzu böse Vm 31, ö, heldr
til mikill allzu gross Grm 1, 2; til
vel zu gut Háv 61, 3, til sið zu
spät Háv 66, 3, vgl. Háv 88, 3,
Fm 8, 2, Br 18, 2; alls til lengi
allzu lange Hlr 14, 2. — hølzti
(d. i. helzt til) s. d.

tilr, adj. (got. tils) gut, passend,
zweckmässig: n. sg. acc. bera tilt
með tveim einen vergleich zwischen
zweien zu stande bringen Ls 38, 3
(s. bera 4).

timbr, n. (vgl. got. ga-timrjô) bauholz;
balkengerüst, gebäude: pl. nom. Akv
43, 3.

timbra (að; got. timrjan) zimmern,
erbauen: inf. Rp 22, 5.

timbr-stokkr, m. balken: pl. nom.
timbrstokkar Fm 44 pr 2.

tína (nd), herzählen, berichten: inf.
Hyndl 45, 4; prs. ind. sg. 2. tínir
Am 54, 8.

tírr, m. ehre, ruhm: sg. gen. tírar
Hm 29, 5.

tíu, num. card. (got. taíhun) zehn:
Grm 2. 30, Hm 11, 8.

tíundi, num. ord. (got. taíhunda)
der zehnte: m. sg. nom. Grm 15, 1;
n. sg. acc. tíunda Vm 38, 1, Háv
153, 1, Sd 35, 1.

tívar, m. pl. götter: nom. Bdr 1, 6,
þrk 13, 6 u. ö.; gen. acc. tíva Vm
38, 2. 40, 2. 42, 2; Háv 157, 3.

tívurr, m. gott: sg. dat. tívur Vsp 32, 2.

tjá (téða; got. ga-teihan) 1) zeigen:
part. prt. n. sg. nom. téð Vkv 17, 4;

2) anzeichen sehen lassen, beginnen:
prs. ind. sg. 3. tér Vsp 59, 1; pl. 3.
tjá HHv 40, 5; prt. ind. sg. 3.
téði Br 13, 4.

tjald, n. teppich, vorhang: pl. dat.
tjǫldum Sg 66, 2.

tjalda (að), nach art eines teppichs
od. vorhangs ausbreiten, mit etwas
wie mit einem teppich umgeben:
prs. opt. pl. 3. tjaldi Sg 66, 1;
part. prt. f. sg. nom. tjǫlduð Helr 6;
n. sg. nom. tjaldat HHv 12, 3.

tjúgari, m. entführer, räuber ('er-
raffer' Mhff): sg. nom. Vsp 41, 7.

tjǫsull, m. fessel, zwang (?): sg.
nom. Skm 29, 2.

togr, m. s. tegr.

tól, n. werkzeug: pl. acc. Vsp 10, 8.

tólf, num. card. (got. twalif) zwölf:
HH I 26, 1, Hlr 7, 5.

tólfti, num. ord. der zwölfte: n. sg.
acc. tólfta Vm 42, 1, Háv 155, 1.

tóm, n. genügende zeit, musse: sg.
acc. Am 60, 5.

tópi, m. raserei (?): sg. nom. Skm 29, 1.

topt, f. (nicht tópt: KGíslason,
Aarb. 1866, s. 258 fg.; vgl. jedoch
auch Sievers, Zz 21, 104 fg.) bau-
stelle; gebäude: pl. acc. toptir Grm
11, 6.

tor-bœnn, adj. (vgl. got. tuz-wêrjan)
schwierig durch bitten zu bewegen:
m. sg. acc. torbœnan Sg 51, 6.

torf, n. torf: sg. acc. Rp 12, 14.

trami, m. unhold, böser geist (vgl.
Bugge z. st. und Rietz 748b): pl.
nom. tramar Skm 30, 1.

trana, f. kranich: sg. gen. trǫnu
Hm 18, 7 (vgl. hvǫt).

trauð-mál, n. hartes, verletzendes
wort: pl. acc. Ghv 1, 3.

trauðr, adj. unwillig, unlustig (zu
etw.: ebs): m. sg. nom. HH II 28, 1,
Gör II 10, 3; acc. trauðan HH
II 23, 3, Sg 51, 5.

tré, n. (got. triu) 1) baum: sg. nom.
Vsp 48, 3, Am 70, 5; pl. nom.
tré F 303b 27; 2) balken: sg.
nom. Háv 135, 1; 3) mastbaum:
sg. acc. tré HH I 27, 8; 4) galgen:
sg. dat. tré Háv 155, 2.

treðja (tradda), zertreten lassen: prt.
ind. sg. 3. traddi Ghv 2, 8, Hm 3, 4;
pl. 3. trǫddu Ghv 16, 9; part.
prt. f. sg. acc. tradda Hm 20, 8.

trega (gð), betrüben, bekümmern

(unpers.): prs. ind. sg. 3. tregr Sd
30, 6, Gðr III 2, 1, Ghv 2, 3;
opt. sg. 3. tregi Vkv 37, 2; prt.
ind. sg. 3. tregði Vkv 29, 9; part.
prt. f. pl. nom. tregnar íðir trau-
rige, beklagenswerte taten Hm 1, 2.
tregi, m. (vgl. got. trigð, f.) kummer,
schmerz: sg. dat. acc. trega Skm
29, 3, HH II 50 pr 2 u. ö.; Skm
29, 7. 30, 10, HH II 28, 2.
tregliga, adv. traurig: Ghv 9, 3.
treg-róf, n. klage: sg. nom. Ghv
22, 5 (vgl. Bugge, Fkv. 438b).
tré-maðr, m. menschliche figur aus
holz: pl. dat. trémǫnnum Háv 49, 3
(KGíslason, Njála II, 367 n.).
tresk? Gðr I 16, 4. [Die vermutung
Grundtvigs z. st. ist wol verfehlt —
flugu í gǫgnum kann nicht bedeuten: 'sie brachen durch' — ebenso
auch die von GV, Cpb 1, 326. 562
der tresk durch tresses 'locken'
übersetzt und entlehnung des nord.
wortes aus dem roman. (afrz. trece)
annimmt!].
treystask (st; vgl. got. trausti) 1) vertrauen (ohu): prs. ind. sg. 2. treystisk
IIHv 22, 2; 2) sich getrauen, wagen:
prt. ind. sg. 3. treystisk F 305b 10.
troða (trað; got. trudan) 1) treten;
betreten, beschreiten (eht): inf.
Hyndl 5, 6, HH II 48, 4; prs.
ind. sg. 3. trøðr Háv 118, 10; pl. 3.
troða Vsp 53, 7, Fm 23, 5; 2) zertreten: inf. Ghv 8; 3) durch treten
feststopfen, stopfen überhpt: part.
prt. n. sg. nom. þér var í hanzka
troðit du wurdest in den handschuh
gestopft Hrbl 26, 4; tr. upp voll-
füllen, ausstopfen: prt. ind. pl. 3.
tráðu Rm 5 pr 2.
troll, n. (nicht trǫll: s. KGíslason,
Aarb. 1881, s. 208 anm.; Efterl.
skr. I, 246 anm.) unhold: sg. gen.
trolls Vsp 41, 8.
troll-kona, f. zauberweib, hexe:
sg. acc. trollkonu IIHv 30 pr 7.
1. trúa (ö; got. trauan) trauen, vertrauen, glauben schenken (ehm,
á ehn; ehu): inf. Hrbl 34, 1, Háv
83, 2 u. ö.; prs. ind. sg. 2. 3. trúir
Hym 17, 6, Háv 44, 2 u. ö.; Háv
73, 6, IIHv 14, 4 u. ö.; opt. sg. 2.
trúir Sd 35, 2; sg. 3. trúi Háv
87, 8. 88, 2; prt. ind. sg. 2. trúðir
Am 80, 8; sg. 3. trúði Hyndl

10, 7, Grp 47, 8, Am 71, 2; trúask
einander trauen: inf. Skm 5, 6.
2. trúa, f. glaube: sg. nom. IIH II
50 pr 2, Fm 1 pr 2.
trygð, f. (vgl. got. triggwa) 1) vertrauen: sg. dat. Hrbl 34, 2, Sd 7, 3,
Br 20 pr 13; 2) im plur. versiche-
rung der treue, treuschwur: dat.
trygðum Háv 109, 3, Sg 1, 5, af tr.
in folge des (zwischen beiden beste-
henden) vertrauten verhältnisses
Hym 4, 5; acc. trygðir Sg 18, 8.
21, 8; vinna ehm trygðir ehs jmd
für etw. genugtuung oder ersatz
leisten Gðr II 21, 7.
trygð-rof, n. treubruch: sg. dat.
trygðrofi Sd 23, 5.
tryggr, adj. (got. triggws) 1) treu,
zuverlässig: m. sg. gen. (sw.) tryggva
Háv 67, 5; pl. gen. tryggra HH
I 26, 2; 2) vertrauensvoll: m. sg.
nom. Háv 87, 7.
trýta (tt), hin und her kriechen (?):
prt. ind. sg. 3. trýtti Hm 18, 7
(Bugge, Zz 7, 403).
tún, n. eingehegter platz, hof, gehöft:
sg. acc. Hlr 8; dat. túni Vsp
11, 1, Gðr I 16, 6 u. ö.; im plur.
wohnung, wohnsitz: gen. túna þrk
3, 2; dat. túnum Vm 41, 2.
tunga, f. (got. tuggð) zunge: sg.
nom. Ls 31, 1, Háv 29, 4 u. ö.;
gen. dat. acc. tungu Am 9, 5; Sd
16, 2; Grp 17, 5, Fm 31 pr 9.
tungl, n. (got. tuggl) gestirn; sonne:
sg. gen. tungls Vsp 41, 7 (Mhff,
DA V, 11. 125).
tún-hlið, n. hoftor: sg. dat. tún-
hliði IIH I 49, 2.
tún-riða, f. zauberwesen das zur
nachtzeit die gehöfte unsicher macht,
hexe: pl. acc. túnriður Háv 153, 2.
tveir, num. cand. (got. twai) zwei:
m. nom. Ls 19, 1, Skm 5, 6, Háv
73, 1 u. ö.; gen. tveggja Vsp 65, 6
(wo jedoch mit Grdtv. 191a und
Mhff DA V, 29. 156 Tveggja, d. i.
Óðins, zu lesen ist), Vkv 25, 6, Sg 1,
6 u. ö.; dat. tveim Ls 38, 3, Háv
49, 3 u. ö.; acc. tvá Hym 9, 3,
Rm 21, 4, Sg 67, 5 u. ö.; f. nom.
acc. tvær þrk 20, 5, Skm 42, 2 u. ö.;
Háv 36, 4, Rm 24, 5 u. ö.; n.
nom. acc. tvau þrk 11, 7, Háv 67,
4 u. ö.; Hym 12, 7; gen. tveggja
Hym 19, 4; dat. tveim Sd 4, 5.

tvennr, *adj.* (*vgl. got.* tweihnai) *zwei-fach, doppelt: m. sg. acc.* tvennan *Skm 29, 7.*

tvé-vetr, *adj.* (*vgl. got.* twalib-wintrus) *zwei winter alt, zweijährig: m. sg. dat.* tvévetrum *Háv 89, 5.*

tyfr, *n. zaubermittel, zaubertrank: pl. dat.* tyfrum *F 306b 20.*

tyggva (tǫgg), *kauen: prt. ind. sg. 2.* (*mit suff. pron.*) tǫggtu *Am 80, 7; opt. sg. 1.* tyggva *Gðr II 40, 8* (*Bugge, Fkv 426a*); *part. prt. n. pl. acc.* tuggin *Gðr II 41, 6, Akv 37, 4.*

týja, *f. zweifel:`sg. nom. Akv 27, 5*

týna (nd), *verlieren* (ehu): *inf. Sg 16, 8, Gðr II 12, 8 u. ö.; prt. opt. sg. 3.* týndi *HHv 37, 8.*

typpa (pð), *eine spitze bilden, etw. wie eine spitze aufrichten (den kopf-putz): imper. pl. 1.* typpum *þrk 15, 8; prt. ind. pl. 3.* typðu *þrk 19, 8.*

tysvar, *adv.* (*vgl. got.* twis-stass) *zwei-mal: Hym 33, 6, Sd 6, 6.*

tæla (ld), *betrügen, betören, über-listen* (ehn): *inf. Fm 33, 3; prs. ind. sg. 3.* tælir *Háv 90, 6; part. prt. m. sg. acc.* tældan *Alv 36, 5.*

tǫng, *f. zange: pl. acc.* tangir *Vsp 10, 7.*

tǫnn, *f.* (*got.* tunþus, *m.*) *zahn: pl. nom.* tenn *Vkv 17, 3; dat.* tǫnnum *Vkv 25, 5. 36, 1, Sd 15, 7.*

tǫttrug-hypja, *f. weib mit zer-lumpter kleidung, lumpenmensch: sg. nom. HH I 44, 7. — Als weibl. eigenname Rþ 13, 7.*

U.

úfr, *adj. übelgesint, feindlich: f. pl. nom.* úfar *Grm 53, 4.*

ugga (gð), *sich fürchten* (ehn, eht): *prs. ind. sg. 3.* uggir *Háv 48, 5; imper. sg. 2.* uggi *HH I 21, 1.*

ugla, *f. eule: sg. gen.* uglu *Sd 17, 8.*

úlf-hugaðr, *adj. von wölfischem sinne, kühn, beherzt: f. sg. voc.* úlfhuguð *Rm 11, 2.*

úlfiðr, *m.* (d. i. úlf-viðr) 'wolfswald': *sg. dat.* úlfiði *HH I 17, 2* (*Kauff-mann, Beitr. 18, 161; anders Bugge Fkv. 408b, Wimmer Lb⁴ 286a und GV Cpb I, 490*).

úlfr, *m.* (*got.* wulfs) *wolf: sg. nom.* Vm 53, 1, Grm 39, 1 u. ö., *mit negat. suffix* úlfgi *Ls 39, 4; gen.* úlfs *Hym 23, 8, Ls 10, 2 u. ö.; dat.* úlfi *Hrbl 47, 4, Háv 84, 3 u. ö.; acc.* úlf *Vsp 54, 4, Ls 58, 5 u. ö.; pl. nom.* úlfar *Gðr II 12, 5, Akv 11, 1, Am 23, 7; gen. acc.* úlfa *HH I 37, 6, Hm 28, 2, F 303a 21; HH I 40, 3; dat.* úlfum *Gðr II 7, 8. — Als männl. eigenname Hyndl 12, 5. 6. 22, 4.*

ullar-lagðr, *m.* (*got.* wulla) *wollen-flocke: sg.* ullarlagð *acc. Rm 14 pr 9.*

um (*älter* umb *resp.* of), *praep. u. adv.* I. *praep. c. dat. u. acc. A. c. dat. bezeichnet es* 1) *die person od. den gegenstand* über *dem od.* oberhalb *dessen etw. sich befindet od. ereignet:* gól um hánum í gaglviði .. hani *Vsp 43, 5,* sá er um verði glissir der *über dem mahle* (bei dem mahle) *grinst Háv 31, 5,* ek sé hávan loga sal um sessmǫgum *Háv 150, 3,* ægishjálm bar ek um alda sonum *hoch über den menschen Fm 16, 2, vgl. Vsp 44, 1, HH II 31, 4, Fm 16, 3, Gðr II 8. 11, 10;* 2) *die person in deren umgebung sich etwas befindet od. vorgeht* (um — herum): sá þeir ... sal um suðr-þjóðum sleginn sessmeiðum *Akv 14, 5;* um Svanhildi sátu þýjar *Ghv 15, 1;* opnir heimar verða um ása sonum (vor den asensöhnen?) *Grm 42, 5;* 3) *den gegenstand den ein anderer an grösse übertrifft* (höher als): hjǫrtr hábeinn um hvǫtum dýrum *Gðr II 2, 6;* 4) *eine zahl die einer anderen zu-addiert werden soll:* fimm hundruð dura (gólfa) ok um fjórum tøgum, *d. i. 540 (640?) Grm 23, 2. 24, 2;* 5) *den gegenstand der eine gefühls-od. meinungsäusserung bei jemand veranlasst* (über): sitr Sigyn þeygi um sínum ver vel glýjuð *Vsp 36, 6* (*anders FJ Ark. 4, 31 fg., der jedoch seiner erklärung zu liebe eine dem stil des gedichtes nicht angemessene wortstellung annehmen muss*); né um ráðum þǫgðu *Háv 110, 8;* kyrt um því láta *Am 98, 7; B. c. acc. bezeichnet es* 1) *den ort od. gegenstand, über welchen od. oberhalb dessen sich etwas bewegt* (über,

über — hin, hinweg, über, entlang): koma munu Muspells um lǫg lýðir *Vsp 52, 3;* fer þú mik um sundit *Hrbl 3, 1;* um sundit fara *Hrbl 8, 10;* seilask um sund *Hrbl 27 , 3;* hestr . . er hverjan dregr dag um dróttmǫgu *Vm 11, 6;* brynjum (er) um bekki strát *Grm 9, 6;* líðandi um langan veg *Vkv 4, 4;* sendi áru allvaldr um land ok um lǫg *HH I 22, 3;* reið hón . . um lopt ok um lǫg *HH II 12 pr 9;* verpr vígroða um víkinga *HH II 22, 8;* þrymr um ǫll lǫnd ørlogsímu *Rm 14, 7;* regns dropi rann niðr um kné *Gðr I 15, 6;* fetum létu frœknir um fjǫll at þyrja mari *Akv 13, 2;* sté hann um þá háða *Am 65, 2, vgl. Ls 6, 3, Hrbl 28, 1. 55, 2, Vm 12, 3. 14, 6, Háv 3, 6 u. ö.; übertr. auch nach vbis des sehens und rufens:* fram sé ek lengra um ragna røk *Vsp 45, 7 u. ö.;* (Freyr) sá um heima alla *Skm 2, vgl. Grm 15, Sg 47, 5;* hverr er sá karl karla er kallar um váginn *Hrbl 2, 2;* 2) *den ort durch welchen sich etw. bewegt:* á fellr austan um eitrdala *Vsp 37, 2;* vaða um váginn *Hrbl 13, 2;* mar . . þann er mik um myrkvan beri . . vafrloga *Skm 8, 2;* rata munn létumk . . um grjót gnaga *Háv 105, 3;* (Brynhildr) fór um tún *Hlr 8;* margan hefi ek fors um farit *Rm 2, 3;* sendi Atli áru sína um myrkvan við *Od 23, 3, vgl. Vsp 39, 6, Skm 9, 2, F 303b 23;* 3) *den ort über dem sich etw. befindet:* Geirrǫðr . . hafði sverð um kné sér *Grm 54 pr 2;* 4) *die person oder den gegenstand um den sich etw. bewegt od. erstreckt (um, um — herum):* sól varp sunnan . . hendi inni hœgri um himinjǫður *Vsp 8, 4;* (hvelpr) galdrs fǫður gó um lengi *Bdr 3, 4;* (látum) kvennváðir um kné falla *þrk 15, 4;* síztu arma þína lagðir . . um þínn bróðurbana *Ls 17, 6;* réð jarðar burr um at þreifask (d. i. at þreifa um sik) *þrk 1, 8;* hafði hón lýði ok lǫnd um sik *Od 16, 4, vgl. Skm 10 pr 4, Grm 27, 3, HHv 13, 5, Gðr I 12, 8 u. ö.;* þá er Guðrúnu grimt um hjarta *ihr ist schmerzlich*

ums herz *Grp 51, 2;* um sásk (= sá um sik) *sahen um sich herum. blickten umher Vkv 4, 8;* um lítask (líta um sik) *sich umschauen Am 51, 3, vgl. Háv 1, 3. 4;* þylsk hann um (d. i. hann þylr um sik) *er murmelt vor sich hin Háv 17, 3, vgl. Sg 6, 4;* 5) *die person oder den gegenstand an dem etw. geschieht oder sich befindet:* sá (hvelpr) var blóðugr um brjóst framan *Bdr 3, 2;* hagliga um hǫfuð typpum *þrk 15, 8, vgl. þrk 19, 8, Alv 2, 2;* 6) *die person an welche etw. die etw. betrifft:* eyvitu leyna megu ýta synir því er gengr um guma *Háv 28, 6, vgl. 93, 3;* 7) *die zeit welche während eines zustandes verfliesst (hindurch, lang):* um aldrdaga yndis njóta *ewigkeiten hindurch, für alle ewigkeit Vsp 66, 7;* hví þú einn sitr . . um daga *Skm 3, 6;* ósviðr maðr vakir um allar nætr *Háv 23, 2, vgl. Skm 4, 5, Vm 16, 5, Grm 5 u. ö.;* 8) *die zeit in der eine begebenheit sich zuträgt (an, in):* svǫrt verða sólskin um sumur eptir *in den darauf folgenden sommern Vsp 42, 6;* verða ǫflgari allir á nóttum dauðir dólgar . . en um daga ljósa *HH II 50, 8;* þá er in kvistskœða kømr um dag varman *Hm 5, 8;* um sinn *einmal HH II 12, 1;* 9) *den zeitpunkt der bei eintritt eines ereignisses unmittelbar bevorsteht (gegen):* um kveldit, um aptan *HHv 30 pr 9, HH I 32, 1 u. ö.,* ár um morgin *Hm 1, 5;* 10) *den gegenstand über den man spricht, urteilt, streitet, wettet, sich berät, den man verschweigt, von dem man dichtet, von dem man kenntnis hat u. ä.:* hverr kann um þat . . gǫrr at skilja ? *Hym 38, 2;* mælta ek . . um ragna røk *Vm 55, 6;* þótt þeir um han fár lesi *Háv 24, 5;* um jǫfra ættir dœma *Hyndl 8, 3;* fullrœtt er um þetta *Akv 44, 1, vgl. Vsp 62, 3, Ls 2, 2, HH II 24, 4, Hm 20, 5 u. ö.;* (goð) um þat gættusk *Vsp 9, 4 u. ö.;* um þat réðu ríkir tívar *Bdr 1, 5, þrk 13, 5;* svá dœmi ek um slíkt far *Hrbl 46, 1,* dómr um dauðan hvern *Háv 76, 6;* jǫtunn um afrendi . . við þór senti *Hym*

28, 2; hylk um nafn sjaldan *Hrbl* 10, 2; þau veðja um þetta mál *Grm* 20, vgl. *Vm* 19, 6; er enn kveðit um Guðrúnu *Gðr I* 10, vgl. *Od* 7; um þetta er sjá kviða ort *Akv* 6; einn er hann sér um sefa *da er allein über seine gemütsverfassung bescheid weiss Háv* 94, 3; hann (eum) grunaði um feigð sína *HHv* 34 pr 2; 11) *die nähere bestimmung oder begrenzung einer aussage* (*in bezug auf, was anbetrifft*): sviðr skal (gumi) um sik vera *was ihn betrifft, seinerseits Háv* 102, 3; synir hans váru langt umfram alla menn aðra um afl ok vǫxt *Sf 31, vgl. Grp* 21, 1, *Sg* 38, 2, *Am* 91, 2; 12) *die ursache eines ereignisses* (*um — willen, wegen*): um sanna sǫk *Háv* 117, 6, um sakar þínar *deinetwegen HH I* 39, 8; varð mér Óðinn ofreiðr um þat *Hlr* 8, 8; *vgl. Gðr I* 5, 6, *Sg* 38, 6, *Dr* 2 u. ö.; 13) *die person oder sache für die man fürchtet, für die man sorgt, mit der man sich zu schaffen macht:* óumk ek um Hugin *Grm* 20, 4, *vgl. 20, 6;* um sik er hverr í slíku *jeder denkt an sich, sorgt für sich selbst Hrbl* 22, 3; hygði hann um sik *er würde für sich sorgen Fm* 35, 5; bjóat um hverfan hug menskǫgul *Sg* 40, 3 (*vgl.* búa 5); sýsti um þǫrf gesta *Am* 6, 8; hræfa um eht '*mit etw. auskommen', etw. ertragen Am* 68, 7; 14) *den widerspruch zwichen jmds überzeugung und handlungsweise* (*gegen*): um hug mæla *Háv* 46, 5, *Am* 71, 6; *zwischen kraft u. wirkung* (*über*): hratat um megin mun hverjum þykkja mehr *als meine kraft eigentl. hergab, über meine kräfte Alv* 1, 4 (*vgl. jedoch* megin); 15) *die person oder sache die von einer-anderen an grösse oder wert übertroffen wird* (*über*): þat brá um alt annat *übertraf alles andere Am* 49, 3; um — fram *dass.:* hann kalla allir menn .. um alla menn fram *Sf* 33.

II. *adv.* 1) *darüber:* svá sem hér er um kveðit *Vkv* 15; ræðr um við sik *geht mit sich darüber zu rate Fm* 33, 2; kveina um *Gðr I* 1, 7. *II* 11, 7; 2) *häufig scheint*

um (*wie* of, *s. d.*) *mit dem verbum verbunden zu sein, um die vollendung od. durchführung der handlung auszudrücken:* (sáka ek) inn meira mjǫð mey um drekka austrinken *þrk* 25, 8; hygg ek at (tunga) þér fremr myni ógótt um gala *ersingen Ls* 31, 3; þótt þik nótt um nemi *wenn dich auch die nacht vollständig umhüllt Sd* 26, 6; unz um rjúfask regin *bis sie gänzlich zu grunde gehen Grm* 4, 6; þat ek alt um beið ein misseri *Gðr I*, 8, 5; sú er Jǫrmunrekr jóm um traddi *Hm* 3, 4; nú hefi ek dverga .. rétt um talða *richtig bis zu ende aufgezählt Vsp* 15, 8; verðr þá þínu fjǫrvi um farit *Ls* 57, 6 u. ö.; *diese perfective bedeutung von* um *schwächte sich jedoch allmählich ab und es wurde schliessl. rein pleonastisch* (*zur versfüllung*) *verwendet: þrk* 27, 8, *Bdr* 11, 5, *Sd* 33, 3, *Vkv* 24, 4, *Sg* 42, 4, *Hm* 15, 3 u. ö.; *und zwar nicht bloss bei verbis:* góðs um œðis *Háv* 4, 4; nær verðr á vegum úti geirs um þǫrf guma *Háv* 38, 6; átt um góða œxla knættim *Sg* 20, 3; hné hans um dólgr til hluta tveggja *Sg* 23, 5 u. ö. — *Ghv* 21, 7 *ist* um *zu streichen.*

um-dǫgg, *f. umhüllender tau: sg. nom.* u. arins *den herd umhüllender tau, d. i. russ Gðr II* 24, 5.

u m - f r a m, *praep. c. acc. über:* Sigmundr ok allir synir hans váru langt umfram alla menn aðra *übertrafen alle andern Sf* 30.

u m - g j ǫ r ð, *f. umgürtung, gürtel: sg. nom.* u. allra landa (*die Midgardsschlange*) *Hym* 22, 7.

u n a (nǫ; *vgl. got.* un-wunands) 1) *zufrieden sein, sich zufrieden oder behaglich fühlen: inf. Sg* 10, 7 (*vgl. jedoch* Bugge *Fkv.* 420a); *prs. ind. sg. 3.* unir *Grm* 21, 2; *imper. sg. 2.* uni *Gðr II* 33, 12; *part. prs. m. sg. nom.* unandi *in behaglichkeit Sg* 17, 5; *prt. ind. sg. 2.* unðir *Gðr I* 17, 7; *pl. 1.* unðum *Hlr* 12, 1; *pl. 3.* unðu *Rþ* 12, 2. 24, 2; *part. prt. n. sg. acc.* unat *Grp* 46, 8; una sér *dass.: prt. ind. sg. 3.* unði *Am* 85, 4; *pl. 3.* unðu *Rþ* 41, 6; *opt. sg. 3.* ynði *Am* 55, 8; 2) *mit etw.* (ehu) *zufrieden* *sein, gefallen an etwas finden, über etw. froh sein: inf.* Háv 94, 6, HH I 56, 4, Gör II 28, 8; *prs. opt. sg. 1.* una HH II 35, 4; *prt. ind. sg. 1.* unða Od 13, 5; *sg. 3.* unði Hrbl 30, 6.

1. **und**, *f. (vgl. got.* wundufni) *wunde: sg. dat. c. art.* undinni Fm 26 pr 4; *pl. nom. acc.* undir HHv 40, 6, Sg 71, 6; Rp 49, 8, Sg 32, 7.

2. **und**, *praep. c. dat. u. acc. (got.* und) A. *c. dat. bezeichnet es den ort, die person, den gegenstand,* u n t e r *dem sich etw. befindet od. zuträgt:* sitja und salar gafli Hym 12, 2; Hel býr und einni (rót) Grm 31, 4, *vgl.* Vsp 23, 4, Grm 34, 2, Vkv 24, 6 u. ö.; buðlungr sá er var baztr und sólu HHv 39, 4, *vgl.* 43, 8, Grp 7, 2, Rm 14, 6 u. ö.; brǫgð .. þau er hæst fara und himins skautum Grp 10, 8; mest manna val und Miðgarði *unter M. (dem die wohnsitze der menschen umgebenden burgwall), d. i. auf der erde* Hyndl 11, 12. 16, 8 (*vgl. jedoch* Hj. Falk, Ark. 5, 116 *fg.*); látum und hánum (*unten an ihm, d. i. vom gürtel abwärts:* FJ I, 121) hrynja lukla þrk 15, 1, *vgl.* 19, 1; und þeira (hesta) bógum fálu .. æsir ísarn kól Grm 37, 4: seint kvað at telja langhǫfðuð skip und líðǫndum HH I 25, 6, *vgl.* HII I 28, 6. II 30, 2; rennia sá marr er und þér renni HH II 30, 6, *vgl.* HH I 43, 7. II 35, 7 u. ö.; auri troddu (hadd) und jóa fótum Ghv 16, 10; settisk vísi und arasteini *liess sich nieder unter dem adlerfelsen* HH I 14, 1 vgl. Rp 23, 6; *bes. auch von der kopfbedeckung unter der jmd einhergeht:* gekk hón und líni Rp 41, 4, sénir váru seggir und hjálmum Hm 20, 4, *vgl.* HHv 28, 3, HH I 16, 3. II 7, 7 u. ö.; *übertr.* und kvernum klaka *bei der mühle* Ls 44, 6; hálfr er auðr und hvǫtum *der halbe reichtum ist bei dem flinken (beim erwerbe kommt es hauptsächl. auf schnelligkeit oder gewandtheit an)* Háv 59, 6; er und einum mér ǫll um fólgin hodd Niflunga *mir allein ist der verborgene schatz bekannt* Akv 27, 1; B. *c. acc.* u n t e r (*auf die frage: wohin?):* laut

und línu þrk 27, 1; ek viljak ykkr .. und hvera setja Hym 9, 4; skutusk þér fleiri und fyrirskyrtu Hyndl 46, 8; munat mætri maðr .. koma und sólar sjǫt Grp 53, 7; hann hefir óðli ættar þínnar .. und sik þrungit HH II 23, 8; *auch einmal (gegen deutschen gebrauch) nach einem vbm des befestigens:* und mánasal miðjan festu (gullin símu) HH I 3, 7. — *Über das verhältniss von* und *zu* undir, *das dem von* fyr *zu* fyrir *analog war, s. unter* fyr.

u n d a (að; *got.* ga-wundôn) *verwunden: part. prt. m. sg. nom.* undaðr Háv 137, 4, F 305a 15.

undan, *praep. u. adv. I. praep. c. dat. fort von, ausgehend von:* þrjár rœtr standa á þrjá vega undan aski Yggdrasils Grm 31, 3; *II. adv. fort, davon, von dannen:* u. komsk Helgi HH II 4 pr 1; skeldi fót u. Am 48, 6; *vgl.* Am 61, 4. 70, 6.

undir, *adv. u. praep. (got.* undar) *I. adv. darunter:* allir ása salr u. bifðisk þrk 12, 4; vera u. *darunter (dahinter) stecken* Am 12, 2. 38, 6; gróftu svá u. Am 93, 5 (*s.* grafa); *II. praep. c. dat. u. acc. (synon. mit* und, *das an den meisten stellen auch durch das metrum gefordert wird)* u n t e r: A. *c. dat.:* hapt sá hón liggja u. hvera lundi Vsp 36, 2; vætr mundi manna u. miðgarði Hrbl 23, 8; u. hendi vaxa kváðu hrímþursi mey ok mǫg saman Vm 33, 1; yfir ok u. stóðumk (*d. i.* stóðu mér) jǫtna vegir Háv 105, 4; hétu mik allir .. Hildi u. hjálmi Hlr 6, 3; *vgl.* Vsp 25, 3, Alv 3, 3, HHv 23, 6, Sd 15, 6 u. ö.; B. *c. acc.:* (Sigyn) helt munnlaug u. eitrit Ls 65 pr 5; u. randir ek gel Háv 154, 4; Loki helt u. megingjarðar *fasste unter den gürtel* F 304a 17; *vgl.* Vkv 24, 3. 34, 7, Hlr 7, 4.

u n d o r n, *m. (vgl. got.* undaúrni-mats ἄριστον) *der zeitpunkt der zwischen morgen u. mittag od. mittag u. abend in der mitte liegt, an unserer stelle wol der letztere, also nachmittag: sg. acc.* Vsp 9, 9 (*vgl.* Hj. Falk, Ark. 5, 117).

u n d r, *n.* 1) *wunder, wunderbare begebenheit: sg. nom.* Ls 33, 4;

2) *wunderbares geschöpf: sg. dat.*
undri *Fm 3, 3.*

u n d r a s k (að), *sich über etwas (eht)*
wundern: prs. ind. sg. 1. undrumk
Od 30, 1, Am 11, 5.

u n d r - s a m l i g r, *adj. wunderbar: f.*
pl. nom. undrsamligar *Vsp 63, 2.*

u n d r - s j ó n i r, *f. pl. schreckbild: dat.*
undrsjónum *Skm 28, 1.*

u n g r , *adj. (got. juggs) jung: m. sg.*
nom. Háv *47, 1, Rp 44, 1 u. ö.,*
(sw.) ungi *Hyndl 9, 3, Rm 18, 3*
u. ö.; voc. ungr *Rp 47, 7, (sw.)*
ungi *Skm 4, 2; dat.* ungum *Skm*
7, 3, Grp 50, 6 u. ö.; acc. ungan
Háv 156, 2, Sg 12, 4 u. ö., (sw.)
unga *Hyndl 6, 7, Br 19, 8; pl.*
nom. ungir *Skm 5, 4, Vkv 20, 1*
u. ö.; acc. unga *Akv 39, 9, Hm*
2, 9; f. sg. nom. ung *Sg 51, 3,*
(sw.) unga *Vkv 11, 7; voc.* ung
HH II 16, 5; dat. ungri *Am*
97, 3; acc. unga *Ghv 2, 7, (sw.)*
ungu *Sg 2, 3; pl. nom.* ungar *Vkv*
1, 3. 3, 9; n. sg. gen. acc. (sw.)
unga *Skm 11, 5; Alv 6, 5; dat.*
ungu *Gör I 12, 5; compar. m. sg.*
acc. yngra *Sg 21, 3; superl. m. sg.*
nom. (sw.) yngsti *Rp 42, 10.*

u n n a (unna), *1) jmd (ehm) etw. (ehs)*
gönnen, ihm etw. gewähren: inf.
Skm 39, 6. 41, 6; prs. ind. sg. 2.
ant *Grp 45, 3; pl. 3.* unnu *Hrbl*
42, 3; 2) jmd (ehm) lieben: inf.
HH II 14, 5, Grp 32, 8 u. ö.,
u. *þóttumk ich glaubte liebesgenuss*
zu finden Háv 98, 2; prs. ind.
sg. 3. ann *Háv 50, 5; prt. ind.*
sg. 1. unna *Sg 40, 1; sg. 3.* unni
Sg 28, 1; u. vel *ehm jmd wol-*
gesinnt sein, ihn lieben: inf. Skm
37, 6; prt. ind. sg. 1. unna *Grp*
36, 8, Gör II 1, 4; unnask *sich*
lieben: prt. ind. pl. 3. unnusk *HHv*
30 pr 3.

u n n r , uðr, *f. welle: pl. nom. acc.*
unnir *Vsp 6, 4, Grm 7, 3 u. ö.;*
Vsp 51, 5, Rm 16, 3, Gör II 35, 8.
— Eigenname einer meergöttin HH
II 29, 8.

u n n u s t a, *f. geliebte (vgl. Bugge, Ark.*
2, 225 fg.): sg. nom. Od 6; gen.
unnustu *HHv 30 pr 12.*

u n z (*d. i.* und's), *conj. 1) bis, c. ind.:*
Vsp 11, 5, Bdr 4, 7, Þrk 4, 7, Hym
4, 5 u. ö.; c. opt.: Bdr 8, 3. 10,

3. 12, 3; 2) bevor, ehe (c. opt.
praes.) Sg 44, 7.

u p p, *adv. (vgl. got. iup) aufwärts,*
empor, nach oben: a l a upp *auf-*
ziehen Od 13, 1, Am 69, 1; berau.
vortragen, aufzählen Hyndl 11, 3;
b r e n n a u. *auflodern Háv 70, 4;*
brjóta u. *aufbrechen Am 16, 2;*
draga u. *hinauf- (herauf-) ziehen*
Hym 21, 4. 23, 4, Grm 37, 2; fara
u. *emporfahren, hinauffahren Fm 1,*
F 304a 33; festa u. *oben befesti-*
gen Ls 65 pr 4; f œ ð a u. *aufziehen*
Ghv 5; ganga u. *hinaufgehen Grm*
4. 12, HH I 51, 2; hefjau. *empor-*
heben Hym 34, 5; hlaða u. *auf-*
schichten Rm 5 pr 4; hljópa u.
hinaufspringen Grm 10; koma u.
herauf- (hinauf-) kommen Vsp 61, 1,
Háv 106, 5 u. ö.; líta u. *aufwärts*
blicken Háv 128, 5; lúka u. *auf-*
schliessen, öffnen HH II 41, 5, Gör
II 36, 3; nema u. *heraufnehmen*
(erfinden?) Háv 138, 4; ríða u. *hin-*
aufreiten Sd 1; rísa u. *aufstehen,*
sich aufrichten Bdr 2, 1, Rp 5, 3,
Sg 25, 4 u. ö.; setjask u. *sich auf-*
richten Sd 10; slyngva u. *empor-*
ziehen HH I 34, 2; snúa u. *empor-*
winden HH I 27, 8; standa u.
aufstehen Þrk 22, 3, Ls 10 pr 1,
Grm 54 pr 5; stinga u. *hinauf-*
stechen F 304a 34; takau. *herauf-*
holen, erheben Grp 13, 3, Gör III
8, 3; troða u. *ausstopfen Rm 5*
pr 2; vaxa u. *aufwachsen Rp 35, 1.*
43, 1, Sf 29, emporwachsen, sich
steigern F 304a 26; verpa u.
hinaufwerfen Ls 59, 4, Hrbl 19, 3;
vinda u. *emporheben Hym 27, 4;*
upp *or oben heraus Sd 4.*

u p p - h e i m r, *m. 'oberwelt', poet. be-*
zeichnung des himmels: sg. acc.
uppheim *Alv 13, 4.*

u p p - h i m i n n, *m. der himmel oben:*
sg. nom. Vsp 6, 6, Vm 20, 5, Od
16, 6; gen. upphimins *Þrk 2, 7.*

u p p i, *adv. (vgl. got. iupa) oben: Háv*
155, 2, Vkv 37, 10, HHv 11 u. ö.;
v e r a u. *offenbar werden, zum vor-*
schein kommen Háv 17, 6 (anders
FJ, Ark. 4, 44 und Eddal. I, 116),
vgl. HH I 12, 2; bekannt sein
Grp 23, 5. 41, 5; hafa u. *er-*
wähnen, nennen: þat man æ uppi ..
langniðja tal til Lofars hafat diese

geschlechtsreihe bis zu L. hinauf wird immer genannt werden (bekannt u. berühmt bleiben) Vsp 19, 5.

upp-lok, *n. das aufschliessen, öffnen: sg. dat.* upploki *Háv* 135, 3.

upp-numning, *f. vorwegnahme (prolepsis): sg. nom.* F 305b 16.

upp-regin, *n. pl. die oben befindlichen (in der höhe waltenden) götter: nom.* Alv 11, 6.

upp-vera (var), *oben sein: part. prs. f. sg. dat.* at uppverandi sólu *während die sonne noch am himmel steht* Hrbl 58, 2.

1. **urðr**, *f. name einer schicksalsgottheit* (Vsp 22, 8. 23, 5, Háv 110, 3), *dann s. v. a. schicksalsgöttin, unheilbringendes wesen überhaupt: pl. nom.* urðir Sg 5, 8.

2. **urðr**, *m. untergang, verderben: sg. nom.* Gðr I 24, 5 (KGislason, Aarb. 1881, s. 242 fg.).

úrigr, *adj. feucht: m. sg. acc.* úrgan HHv 15, 4; *f. pl. acc.* úrgar Rp 40, 2; *n. pl. acc.* úrig Skm 10, 3, Hm 12, 4.

úr-svalr, *adj. nasskalt: m. sg. dat.* úrsvǫlum HH II 29, 7; *f. pl. nom.* úrsvalar HH II 12, 5. 43, 9; *n. sg. nom.* úrsvalt HH II 44, 11.

urt, *f.* (*vgl. got.* aúrti-gards, aúrtja) *kraut: sg. nom.* Gðr II 24, 3.

úrug-hlýra, *adj. indecl. mit feuchten wangen:* Gðr II 5, 3.

úr-ván, *f. 'regenhoffnung': poet. bezeichnung der wolke: sg. acc.* Alv 19, 4.

út, *adv.* (*got.* út) *1) hinaus:* bera út Ls 65 pr 6, Sf 21; ganga út Ls 64, 5, Vkv 4, 7, Akv 34, 1 *u. ö.;* hefja út *hinaustragen (eine leiche zum begräbnis)* Am 99, 8; hrinda út *hinausstossen (ehu)* Grm 10, Sf 22; koma út *hinauskommen* Ls 27, 4, Skm 28, 2 u. ö., *hinausbringen* Hym 33, 3; leita sér innan út staðar *sich aus dem hause begeben um draussen ein plätzchen zu suchen* Iláv 111, 7; reka út *hinaustreiben* Grm 4, 11; rísta út *hinaus schneiden* Sd 8; skríða út *hinaus gleiten* HH I 24, 3 *[doch vermutet Sijmons (briefl.) statt* hér út *ein adj.* (prúð?)]; skæva út *sich hinausbewegen* Od 29, 2; *2) weiter entfernt (und zwar in südl. richtung:* KGislason,

Efterl. skr. I, 88) þó er í Sogn út sjau þúsundir HH I 51, 3.

útan, *adv.* (*got.* útana) *von aussen, an der aussenseite, draussen:* Vkv 24, 7, HH I 25, 8, Fm 42, 3 u. ö.; støkkva útan *zurückspringen* Þrk 27, 3; fyr útan *s.* fyr.

útar, *adv. compar. weiter hinaus:* Hym 20, 4.

úti, *adv.* (*got.* úta) *draussen:* Vsp 2, 1, Skm 10, 1, Háv 38, 5, HH I 42, 4 u. ö.

V.

1. **vá** (ð; *vgl. got.* un-wâhs) *jmd (ehn) wegen etw. tadeln: prs. ind. sg. 3.* vár Háv 19, 5 (*s.* Bugge z. st.).

2. **vá**, *f. schade, unglück: sg. nom.* þat er vá lítil *das ist ein kleines unglück, das hat wenig zu bedeuten* Ls 33, 1, *vgl.* HH II 4, 1; *gen.* vár Háv 74, 6; *acc.* vá Vsp 34, 7, Am 77, 7.

váð, *f. 1) gewebtes zeug: sg. gen.* váðar Rp 16, 4; *2) im pl. kleider: gen.* váða Háv 3, 4; *dat.* váðum Háv 41, 1, váðum heiðingja *'gewand des heidegängers', d. i. wolfshaar* Akv 8, 3 (*vgl. jedoch* heiðingi); *acc.* váðir Háv 49, 1, Sg 49, 8.

vaða (óð), *1) waten (eht, um eht, á eht, í ehu): inf.* Vsp 40, 1, Hrbl 13, 2. 47, 3, Rm 2, 6 u. ö.; *prs. ind. pl. 3.* vaða Rm 4, 3; *2) sich vorwärts bewegen, eilen, wandern: inf.* Iláv 148, 3, Akv 10, 2, lét hón .. málm v. *liess das gold wandern, schenkte es fort* Akv 40, 6; *prs. ind. sg. 2.* veðr Rm 24, 3; *part. prt. f. sg. nom.* vaðin í þyshǫllu *die in die halle geeilt war* Akv 30, 8; *n. sg. acc.* vaðit Am 89, 1; *3) part. prt. f. sg. nom.* vaðin at vilja *der wonne beraubt* Sg 57, 7, Hm 5, 5 (*vgl.* afli gengin Br 17, 3).

váði, *m. unheil, verderben: sg. nom.* lindar v. *'das verderben der linde', d. i. feuer* Fm 43, 4.

vaðr, *m. angelschnur: sg. acc.* vað Hym 21, 8.

váfa (fð?), *sich schwankend hin und her bewegen: inf.* Háv 155, 3; *prs. ind. sg. 3.* váfir Háv 133, 12.

vafr-logi, *m. 'waberlohe', flackernde*

flamme: sg. acc. vafrloga *Skm 8, 3. 9, 3.*

váfuðr, m. *'der waberer', poet. bezeichnung des windes:* sg. nom. *Alv 21, 2.* — *Als beiname Odins Grm 54, 5* (vgl. *Bugge, Stud. 296*).

vág-marr, m. *'meerross', d. i. schiff:* pl. nom. vágmarar *Rm 16, 7.*

vagn, m. *wagen:* sg. acc. *Gðr II 18, 8;* pl. gen. acc. vagna *Alv 3, 4; Gðr II 35, 4.*

vágr, m. (got. wêgs) 1) *wogende flut, meer:* sg. dat. vági *Háv 84, 7. 152, 5, Gðr I 7, 3;* acc. vág *Hym 17, 2, Alv 25, 3 u. ö;* 2) *meerbucht:* sg. acc. vág *Hrbl 47, 3, c. art.* váginn *Hrbl 2, 2. 13, 2. 55, 2;* 3) *poet. bezeichnung des feuers:* sg. acc. vág *Alv 27, 3* (*doch ändert Sijmons wol mit recht* vág *in* vægin *nach Sn. E. II, 486. 570*).

vaka (kð; got. wakan) 1) *wachen:* inf. *Ls 48, 6;* prs. ind. sg. 1. vaki *Vkv 31, 1;* sg. 2. 3. vakir *Vkv 30, 7; Háv 23, 2;* prt. ind. sg. 3. vakði *Br 12, 7;* 2) *erwachen:* inf. *Grm 45, 3;* imper. sg. 2. vaki *Hyndl 1, 1. 2, HHv 24, 1.*

vakinn, adj. *wach, erwacht:* f. sg. nom. vakin *Háv 99, 3.*

vakna (að; got. ga-waknan) *erwachen:* inf. *Am 10, 6;* prs. ind. pl. 3. vakna *HHv 23, 2;* prt. ind. sg. 3. vaknaði *þrk 1, 2, Vkv 12, 3 u. ö.;* pl. 3. vǫknuðu *Am 20, 1.*

val, n. *auswahl:* sg. nom. mest manna val *die ausgezeichnetsten männer Hyndl 11, 11. 16, 7.*

válað, n. *jammer, elend:* pl. acc. óluð (oþal *R*) *Ghv 22, 1* (*Wisén, EE 122 fg.*).

válaðr, adj. *notleidend, bedürftig, elend:* m. sg. gen. válaðs *Háv 10, 6;* dat. váluðum *Háv 134, 7.*

vala-ript, f. *leichentuch* (?): sg. nom. *Sg 66, 5* [*die deutung von Sv. Egilsson u. GV* ('wälsches tuch') *anzunehmen, hindert die erwähnung der Valir in z. 6; andererseits dürfte die adoption der Lüningschen erklärung* ('leichentuch') *nur zulässig sein, wenn* vala-ript *in* val-ript *geändert wird*].

val-baugr, m. *todesring* (?): pl. nom. valbaugar *der unheilbringende Nibelungenhort Akv 28, 6.*

val-blóð, m. *blut eines getöteten:* sg. dat. valblóði *Ghv 4, 10.*

val-bráð, f. *leichenspeise:* pl. acc. manna valbráðir *speise von menschl. leichen Akv 37, 6.*

val-bygg, n. *eine art gerste:* sg. acc. *HH II 3, 4* (*Aasen 894a*).

val-bǫst, f. *ein teil des schwertes,* nach Sv. Egilsson (842b) *der untere teil des nach der spitze zu sich verjüngenden schwertrückens bei einschneidigen schwertern:* sg. dat. valbǫstu *HHv 9, 7;* pl. dat. valbǫstum *Sd 6, 5.*

vald, n. (vgl. got. waldufni) 1) *gewalt, macht:* sg. acc. *Hrbl 25, 3;* 2) *im* pl. *schuld:* acc. vǫld *Dr 2.*

valda (olla; got. waldan) 1) *über etw. (ehu) herschen oder gebieten, über etw. macht haben, in der lage sein über etw. nach eigenem willen u. ermessen zu verfügen:* inf. *Grm 13, 3, Am 57, 8;* prt. ind. sg. 2. einn þú því ollir *du schaltetest allein damit* (*gabst keinem andern etwas ab*) *Am 80, 5;* 2) *schuld sein an etw. (chu), etwas verschulden:* inf. *HH II 18, 4, Am 88, 3;* prs. ind. sg. 1. veld *Fm 25, 6, Am 81, 3;* sg. 2. 3. veldr *HH II 44, 1; Ls 47, 5, HHv 26, 8, Grp 51, 8 u. ö.;* pl. 3. valda *Gðr I 20, 4. 5, Am 12, 6;* prt. ind. sg. 3. olli *Hym 37, 8, HH I 56, 7, Am 86, 8* (*wo mit FJ* sjálf olli *statt* ok sjálf *zu lesen sein wird*); part. prt. n. sg. acc. valdit *Gðr II 29, 4.*

valdr, m. *walter, gebieter:* sg. dat. valdi *Hym 19, 7* (*FJ I, 120*).

val-dýr, n. *tier das sich von leichen nährt, wolf:* sg. dat. valdýri *Vsp 56, 4.*

val-dǫgg, f. *'leichentau', d. i. blut:* sg. dat. *HH II 43, 8.*

val-galdr, m. *zaubergesang durch den man tote zu erwecken vermag:* sg. acc. *Bdr 4, 6.*

val-gjarn, adj. *lüstern nach leichen:* n. pl. nom. valgjǫrn *HH I 13, 8.*

val-glaumr, m. *'die menge der nach Valhǫll strebenden im kampfe gefallenen helden'* (*DA V, 116; anders Bugge z. st.*): sg. dat. valglaumi *Grm 21, 6.*

val-hǫll, f. *eigentl. name der himml. halle in welche die gefallenen helden eingehen, dann überhpt zur bezeich-*

nung einer prächtigen halle verwendet: sg. dat. valhǫllu *Akv 2, 3. 15, 2.*

váligr, *adj. unheilstiftend: f. sg. voc. (sw.)* váliga *Am 52, 7.*

vá-lítill, *adj. sehr gering, sehr kurz: n. sg. nom.* válítit *Od 17̄, 6.*

val-kyrja, *f. übermenschl. wesen weibl. geschechts das im auftrage Odins kriegern den tod bereitet u. sie nach Valhǫll führt, walküre: sg. nom.* HHv *9 pr 2, HH I 39, 2, Sd 2 pr 3 u. ö.; pl. nom. acc.* valkyrjur *Vsp 31, 12, Vkv 7, HH II 16 pr 6; Vsp 31, 1, HHv 5 pr 15, HH II 12 pr 9 (Myth.⁴ 346 u. RKögel, Beitr. 16, 505 fg.).*

val-land, *n. 'kampfland', schauplatz von kriegerischen begebenheiten: sg. dat.* vallandi *Hlr 2, 2 (FJ z. st.).*

valneskr, *adj. wälsch; fremdländisch: n. pl. nom.* valnesk *Gör II 35, 3.*

1. valr, *m. gemetzel* (strages); *dann auch, wie das latein. wort, die niedergemetzelten, die leichen [vgl. WGolther, Studien zur german. sagengeschichte (München 1888) s. 16 fg.]: sg. dat.* val *nýfeldum vor kurzem erschlagenen kriegern Háv 86, 4,* stǫndum á val *Gotna auf den körpern gefallener Goten Hm 29, 2; acc.* val *fella krieger töten Hrbl 16, 6, Rp 38, 7, Sg 38, 4;* kjósa v. *die zum tode bestimmten auslesen Grm 14, 4, sich im kampfe einen gegner suchen den man fällen will Vm 41, 4;* falla í v. *durch den tod in der schlacht dem* valr *zufallen, im kampfe umkommen Hrbl 24, 6, Gör I 6, 8;* vita v. *von getöteten kriegern wissen HH II 42, 5;* eggmóðan v. *einen verwundeten dem tode geweihten mann Grm 53, 1; c. art.* Sigrún gekk í valinn *begab sich auf das schlachtfeld HH II 16 pr 33.*

2. valr, *adj. rund: m. sg. nom. Hym 31, 8.*

val-rúnar, *f. pl. 'kampfrunen', poet. umschreibungen des kampfes: dat.* valrúnum *HH II 11, 7.*

val-rœnn, *adj. von wälschem (fremdländischem) ursprung: m. pl. acc.* valrœna *Akv 4, 6 [wo aber viell. mit Rask* valrauða (valrǫþa *R) zu lesen ist].*

val-sinni, *n. todesfahrt, fahrt nach Valholl: sg. dat.* Hyndl *6, 6. 7, 4 (anders FJ z. st.).*

valskr, *adj. wälsch, fremdländisch: n. sg. dat.* vǫlsku *Od 17, 2.*

val-stefna, *f. zusammentreffen zum kampfe, kampf: sg. gen.* valstefnu *HH I 20, 6.*

val-tívar, *m. pl. schlachtgötter, kriegerische götter: nom. Hym 1, 1; gen.* valtíva *Vsp 53, 4. 64, 7 (vgl. JHoffory, Eddastud. s. 27 fg.).*

valtr, *adj. beweglich; unbeständig, unzuverlässig: superl. m. sg. nom.* valtastr *Háv 77, 6.*

val-und, *f. todeswunde: pl. dat.* valundum *Hm 7, 3.*

vá-lyndr, *adj. übelgesinnt, unfreundlich: n. pl. nom.* válynd *Vsp 42, 7.*

vamm, *n. (got. wamm) 1) fehler, gebrechen, laster: sg. acc. Sg 5, 5; pl. gen.* vamma *Ls 30, 3, Háv 22, 6; acc.* vǫmm *Ls 52, 6; 2) leid: sg. gen.* vamms *Od 5, 2.*

vamma-fullr, *adj. lasterhaft: f. sg. nom.* vammafull *Sd 26, 3.*

vamma-lauss, *adj. fehlerfrei: f. sg. acc.* vammalausa *Ls 53, 6; n. sg. acc. (adv.)* vammalaust *Sd 22, 3.*

ván, vón, *f. (got. vēns) aussicht auf etw., erwartung: sg. nom. acc.* ván *HH I 26, 6, Rm 13, 7 u. ö.; HH I 12, 5,* vón *Am 87, 8; pl. acc.* vánir *Gör II 30, 4,* kveð ek grams þinnig grœnask v. *dass die aussicht auf des helden besuch sich verdüstere HH II 49, 6. — Name eines flusses Grm 28, 8. — Vgl.* ón.

vánar-vǫlr, *m. bettelstab: sg. acc.* vánarvǫl *Háv 77, 3.*

vanask (að), *sich vermindern: inf. Grm 25, 6.*

vandr, *adj. (KGíslason, Aarb. 1866 s. 294) 1) schwierig: n. sg. nom.* vant *Sd 25, 1, Am 3, 5. 9, 8; 2) schlecht, böse: m. sg. nom. Grp 40, 2.*

vand-styggr, *adj. die rute oder peitsche fürchtend, epitheton des rosses: m. pl. acc.* vandstyggva *Akv 13, 7.*

vangi, *m. (vgl. got. waggari) wange: pl. nom.* vangar *Rp 34, 6.*

vangr, *m. (got. waggs) feld, gefilde: pl. dat.* vǫngum *Ls 51, 5.*

vaningi, *m. einer vom geschlechte der wanen, wanensprössling: sg. dat.* vaningja *Skm 37, 6.*

1. vanr, *adj. gewöhnt an etw.* (ehu): *m. sg. nom.* Hym *28, 3,* HH I *42, 3.* II *35, 9.*

2. vanr, *adj.* (got. wans) *einer sache* (ehs) *ledig, verlustig, beraubt, entbehrend, frei von etwas: m. sg. nom.* Ls *13, 3,* Skm *12, 4,* Háv *22, 6 u. ö.; f. sg. nom.* vǫn *Gǒr I 23, 3,* Sg *9, 5; unpersönl. n. sg. nom.* era þér vamma vant *dir fehlt es nicht an lastern* Ls *30, 3, vgl.* Vsp *11, 4,* Skm *22, 4 u. ö.; v. er* stafs vífi *der frau fehlt eine rune, sie hat eine rune ausgelassen* Am *12, 5,* orðs þykkir enn v. ykkru hváru *[? Sijmons (briefl.) will* hvárugi *schreiben: 'noch fehlt es keinem von euch beiden an worten']* Hm *9, 5,* mikils er á mann hvern v. er mannvits er (*scil.* vant: *'jedem fehlt viel der keinen verstand besitzt'*) Hm *26, 7;* vits ok vápna v. er jǫfri at fá *des witzes u. der waffen ist der held bedürftig* Sd *36, 5.*

vanir, *m. pl. die wanen, ein göttergeschlecht: nom.* Vsp *28, 7,* Þrk *14, 4,* Alv *11, 3 u. ö.; gen.* vana Skm *17, 3. 18, 3; dat.* vǫnum Vm *39, 6,* Sd *18, 7.*

van-rétti, *n. beleidigung, unglimpf, schimpf: sg. gen.* vanréttis Ls *40, 6.*

vápn, *n.* (got. wêpn) *waffe: sg. acc.* Akv *41, 3; pl. nom. acc.* vápn Háv *146, 6;* Ls *2, 1; gen.* vápna Sd *20, 3. 36, 4,* Br *10, 4; dat.* vápnum Háv *38, 1. 41, 1,* Fm *4, 6.*

vápn-dauðr, *adj. durch waffen getötet: m. pl. nom.* vápndauðir Sd *33, 6; acc.* vápndauða Grm *8, 6.*

vápn-gǫfugr, *adj. mit herrlichen waffen ausgerüstet: m. sg. nom.* Grm *19, 5.*

vápn-sǫngr, *m. waffengeklirr: sg. nom.* Akv *33, 7.*

1. vár, *n. frühling: sg. acc.* Hrbl *35, 2; dat.* vári Grm *7.*

2. vár, *f. gelübde: pl. gen.* vára Sd *23, 6; dat.* várum Sd *35, 3; acc.* várar HHv *30 pr 3.*

3. vár, *f. name einer göttin (personification von 2)* Þrk *30, 8, dann göttin überhpt: sg. voc.* vár gulls *göttin des goldes, d. i. frau* Hlr *2, 5.*

1. vara (rð), *vermuten, auf etwas*

rechnen: unpersönl. prs. ind. sg. 3. mart gengr verr en varir *vieles geht schlechter als man vermutet* Háv *40, 6;* vǫrumk (*d. i.* varir mik) *ich vermute* Alv *10, 3,* Hyndl *31, 3 u. ö.*

2. vara (að; *vgl. got.* warei) *warnen etwas zu tun* (at *c. inf.*), *auffordern etwas nicht zu tun: prt. ind. sg. 3.* varaði Gǒr I *12, 7;* varask *sich in acht nehmen vor etw.* (við ehu, við eht): *inf.* Rm *1, 3; prs. ind. sg. 3.* varask Háv *16, 3; mit at c. opt.: inf.* Grm *22.*

varða (að; *vgl. got.* wardja) *1) bewachen* (eht): *prs. ind. sg. 2.* varðar Skm *11, 3; 2) nach jmd* (ehm) *ausspähen, jmd auflauern: inf.* Akv *15, 4; 3) unpers. von wichtigkeit od. bedeutung sein: inf.* Am *5, 8; prs. ind. sg. 3.* varðar Hyndl *17, 7. 18, 9.*

varg-dropi, *m. 'sprössling des wolfes', d. i. sohn oder naher verwandter eines getöteten feindes [die von* FJ II, *127 als 'ursprünglich' bezeichnete bedeutung ist wol erst ein t. t. des isländ. rechtes]: sg. gen.* vargdropa Sd *35, 3.*

var-gefinn, *adj. (part. prt.) unglücklich vermählt: f. sg. nom.* vargefin Grp *45, 6.*

varg-ljóð, *n. wolfsgeheul: pl. dat.* varg-ljóðum HH I *42, 3.*

vargr, *m.* (got. launa-wargs) *1) wolf: sg. nom.* Grm *10, 4 (hier nach* Valt. Guðmundsson, Privatbol. *154 ein aus holz geschnitztes wolfsbild),* HH II *32, 3,* vára v. *'wolf der gelübde', eidbrecher* Sd *23, 6; gen.* vargs Vsp *57, 7; dat.* vargi Ls *65 pr 3,* HHv *30 pr 7. 35, 1, c. art.* varginum HHv *34 pr 5; pl. gen. acc.* varga HH I *6, 7,* Gǒr II *11, 4;* Gǒr II *8, 7; 2) ungehcuer: sg. nom.* Vsp *40, 9.*

vargs-hár, *n. wolfshaar: sg. acc.* Dr *10.*

vargs-hold, *n. wolfsfleisch: sg. dat.* vargsholdi F *306 b 10.*

varg-tré, *n. (alts.* warag-treo) *baum an dem man geächtete* (varga) *aufhängt, galgen: pl. acc.* Hm *18, 5.*

vargynja, *f. wölfin: pl. nom.* vargynjur Hrbl *39, 1.*

varg-ǫld, *f. 'wolfsalter', verderbte zeit: sg. nom.* Vsp *46, 9.*

varla, *adv. kaum:* Hrbl *39, 2.*

varmr, *adj. (vgl. got.* warmjan)*warm:*
m. sg. acc. varman *Hm5, 8; f. sg.
dat.* varmri *Od 5, 8; .pl. acc.* varmar
HH II 42, 6; n. sg. nom. varmt
Vm 26, 5.

varna (að), *1) etw.* (við ehu) *zurückhalten: prt. ind. sg. 3.* varnaði *Akv
30, 7; 2) sich vor jmd* (við ehm)
*vorsehen, vor jmd hüten: prt. ind.
sg. 3.* varnaði *Akv 41, 4.*

varna-viðr, *m. schützender wald,
asylwald: sg. gen.* varnaviðar *Grm
39, 3 (vgl. FJ z. st. und Kauff-
mann, Beitr. 18, 163 anm. 2;
Sijmons ändert das wort in* Ísarn-
viðar *nach Vsp 41, 2).*

1. **varr**, *adj. (got.* war) *1) aufmerksam: m. sg. nom.* varð hann þess
v. at .. *er wurde gewahr, bemerkte
F' 304a 32; 2) vorsichtig: m. sg.
nom. Háv 65, 3, (sw.)* vari *Háv
7, 1; dat.* vǫrum *Háv 6, 6; acc.*
varan *Háv 130, 5; superl. m. sg.
nom.* varastr við ǫl *Háv 130, 7;
3) scheu, furchtsam* (at ehu, við eht):
m. sg. nom. Am 39, 3; f. sg. nom.
vǫr *Ls 54, 3; superl. m. sg. nom.*
varastr *Ls 13, 6.*

2. **várr**, *pron. (got.* unsar; *vgl.
JHoffory, Tidskr. f. fil. 3, 297 fg.)
unser: m. sg. nom. Rm 9; dat.*
ossum *Am 31, 6; pl. nom.* órir
HHv 11, 4; gen. várra *Rm 13, 4;
dat.* ossum *HH II 10, 8; acc.*
óra *HHv 5, 3, HII II 40, 5,* vára
Vkv 14, 5, Hlr 7, 1; f. sg. nom.
ór *Sg 69, 7; acc.* óra *Sg 51, 7.
62, 3; pl. nom. acc.* órar *Vm
31, 4; Am 91, 2,* ossar *Am 53, 2;
dat.* órum *Vm 7, 5; n. sg. nom.
acc.* várt *Am 95, 6; Vkv 14, 9;
dat.* óru *Hym 33, 3, HHv 33, 5;
pl. dat.* ossum *Skm 14, 3; acc.*
ór *Skm 17, 6,* vár *Ls 52, 6.*

vart, *adv. mangelhaft, schlecht:* vart
búnar *schlecht (in trauergewänder)
gekleidet Am 27, 3 (s. FJ z. st.)*

vás, *n. 1) mühe, anstrengung: sg.
dat.* vási *Gðr II 4, 7; 2) leid,
unglück: sg. acc. Am 59, 6 (vgl.
Bugge, Fkv. 436a; anders FJ
z. st.).*

vá-skapaðr, *m. unheilbereiter, übel-
stifter: m. sg. nom. Hym 10, 1.*

vá-stígr, *m. unheilspfad: pl. acc.*
vástígu *Hm 18, 2.*

vatn, *n. (got.* watô) *wasser, gewässer:
sg. nom. Vkv 5, Am 25, 7; gen.*
vatns *Háv 4, 1, Fm 4; dat.* vatni
*Háv 156, 3, Rp 7, 2, HH II 29,
6 u. ö.; acc. c. art.* vatnit *Rm 14
pr 11; pl. nom.* vǫtn *Grm 26, 6.
29, 9, HH I 1, 3.*

vatns-strǫnd, *f. strand: sg. dat.*
vatnsstrǫndu *Vkv 6.*

vaxa (óx; *got.* wahsjan) *1) wachsen,
aufwachsen, zunehmen: inf. Vsp
64, 2, Vm 33, 1, Háv 140, 3 u. ö.;
prs. ind. sg. 2. 3.* vex *F 304a 24;
Alv 28, 5, F 304a 25; opt. sg. 3.*
vaxi *HIlv 16, 6; imper. sg. 2.* vax
F 304a 21; part. prs. m. sg. dat.
vaxanda *Háv 84, 7; prt. ind. sg. 3.*
óx *Vm 31, 3, Am 85, 5, F 304a 19;
pl. 1.* óxum *Am 69, 4; part. prt.
m. sg. nom.* vaxinn *Vsp 32, 5, Gðr
I 18, 4. II 2, 4; pl. acc.* vaxna
Gðr II 40, 4; v. upp aufwachsen:
prt. ind. sg. 3. óx *Rp 35, 1, Sf 29;
pl. 3.* óxu *Rp 43, 1; 2) bewachsen
mit etw.* (ehu): *prs. ind. sg. 3.* vex
*Grm 17, 1, Háv 118, 8; 3) aus-
wachsen, reifen: inf. Akv 40, 5;
4) erwachsen, sich erheben, entstehen: inf. Am 17, 1; prs. ind.
sg. 3.* vex *Háv 151, 4; opt. pl. 3.*
vaxi *Skm 29, 3; prt. ind. sg. 3.*
óx *HH I 55, 3.*

vé, *n. (vgl. got.* weihs) *heimstätte,
wohnsitz, bes. der geheiligte wohnsitz eines gottes: sg. acc. Vsp 64, 7
(wo mit Rask* vé valtíva *zu lesen
ist), Vm 51, 2, Háv 106, 6 (wo
zu lesen sein wird:* á vé alda
jaðars, *s. Zz 29, 51), Hyndl 1, 8;
pl. dat.* véum *Ls 51, 4, Grm 13, 3.*

véar, *m. pl. (vgl. got.* weiha) *die
heiligen, die götter: nom. Hym
39, 5.*

veð, *n. (got.* wadi) *pfand: sg. dat.*
veði *Vsp 24, 7. 25, 7.*

veðja (að); *got.* ga-wadjôn) *um etwas
(ehu) wetten: inf. Vm 19, 4; part.
prt. n. sg. acc.* veðjat *Hyndl 9, 1;
über etw. (um eht) wetten: prs. ind.
pl. 3.* veðja *Grm 20.*

veðr, *n. 1) wetter, witterung: sg.
nom. Háv 88, 4; 2) günstiges
wetter: sg. dat.* veðri *Háv 81, 2;
3) unwetter, sturm: sg. nom. Am
17, 1; gen.* veðrs *HH I 12, 6;
acc. c. art.* veðrit *Rm 18 pr 2; pl.*

nom. veðr *Vsp 42, 7; 4) wind-richtung, richtung: sg. gen.* veðrs *Hym 25, 6.*

veðr-eygr, *adj. mit augen die an rauhes wetter gewöhnt sind (oder die das wetter vorauszubestimmen verstehen?): m. sg. nom. Vkv 4, 2. 10, 2 (vgl. Bugge, Fkv. 405b fg.).*

veðr-megin, *n. 'wetterkraft', poet. bezeichnung der wolke: sg. acc. Alv 19, 5.*

vefa (vaf), *zusammenflechten, verknüpfen: prs. ind. sg. 3.* vefr *Sd 12, 5 (vgl. jedoch FJ z. st.).*

vefja (vafða), *jmd (ehn) mit etw. (ehu) umhüllen: prt. ind. sg. 3.* vafði *Rp 34, 2.*

vef-nisting, *f. zusammengenähtes zeug; segel: pl. dat.* vefnistingum *HH I 27, 9.*

vega (vá; *got.* ga-wigan) *1) in bewegung setzen; führen, bringen: prs. ind. sg. 3.* vegr *Háv 11, 5; part. prt. f. sg. nom.* vegin *Ghv 10, 4;* vegask *sich bewegen, sich schwingen: inf. Skm 9, 5; prs opt. sg. 3.* vegisk *Skm 8, 5; 2) jmd (at ehn) mit der waffe angreifen: inf. Vsp 56, 3; prt. ind. sg. 3.* vá *F 306a 10. 13; pl. 3.* vógu *Br 20 pr 13; part. prt. n. sg. nom.* vegit *Ls 27, 6; 3) kämpfen: inf. Vsp 33, 8, Bdr 11, 4, Ls 15, 4, Sg 3, 6 (vgl. Sijmons, Zz 24, 24) u. ö.; prs. ind. sg. 2. 3.* vegr *Ls 42, 6. 64, 6; Háv 71, 3. 124, 8; prt. ind. sg. 3.* vá *Vsp 30, 1; pl. 3.* vágu *Ls 46, 6, Am 50, 1; part. prt. n. sg. acc.* vegit *Rm 18, 4, Sg 1, 4, Hm 29, 1;* vegask *mit einander kämpfen: prs. opt. pl. 2.* vegisk *Ls 18, 6;* vega víg *einen streit ausfechten: part. prt. n. sg. nom.* vegit *Od 17, 1;* vega ehn or skógi, *jemand durch kampf aus dem exil befreien: prt. ind. pl. 1.* vágum *Am 96, 5;* vega til ehs *etw. durch kampf erwerben: prt. ind. sg. 3.* vá *Rp 38, 8;* vega við ehn *mit jmd kämpfen: inf. Vsp 54, 4, Ls 58, 5 u. ö.; 4) etw. (eht) durch kampf erringen, etw. erfechten: inf. Fm 30, 5, Sd 2 pr 17; part. prt. n. sg. acc.* vegit *Fm 23, 2; 5) jmd (ehn) erschlagen, töten: inf. Grp 11, 1, Am 83, 2*

u. ö., v. ehn á bál jmd durch totschlag auf den scheiterhaufen bringen Bdr 10, 8; part. prs. m. pl. dat. vegǫndum *den mördern Gðr II 4, 8; prt. ind. sg. 2.* vátt *Am 77, 8: sg. 3.* vá *Hyndl 25, 10, Am 86, 7 u. ö.; pl. 1.* vágum *Hm 27, 4; pl. 3.* vágu *Ghv 17, 4; part. prt. m. sg. nom. acc.* veginn *HHv 35, 6, Am 86, 5; HH I 10, 6, Gðr II 17, 7; n. sg. acc.* vegit *HH I 14, 2, Fm 4, 6.*

vegg-berg, *n. (got.* -waddjus) *felswand: sg. gen.* veggbergs *Vsp 49, 7.*

vegligr, *adj. ansehnlich, von schönem äussern: n. sg. gen. (sw.)* vegliga *Am 55, 3.*

veg-nest, *n. reisevorrat, wegzehrung: sg. acc. Háv 11, 4.*

vegr, *m. (got.* wigs) *1) weg, strasse, pfad: sg. nom. Háv 118, 10; dat.* vegi *Sd 26, 3, c. art.* veginum *Fm 5; pl. nom.* vegir *Am 35, 4,* jǫtna v. *die wege der riesen, d. i. felsen Háv 105, 5,* ek veit gǫrla hvaðan v. *standa woher die wege kommen, was die ursache dazu ist Sg 20, 6; dat.* vegum *Háv 38, 5; gen. acc.* vega *Háv 47, 3; Skm 11, 3, Grm 26, 6 u. ö.; 2) weg, fahrt, reise: sg. nom. Akv 8, 7; dat.* vegi *Hym 11, 6; acc.* veg *Ls 6, 3, Vkv 4, 4. 10, 4; 3) richtung: sg. gen. c. art.* vegsins *Hrbl 56, 5; acc.* veg *Vm 18, 5, Sg 23, 8. 48, 6; pl. acc.* vega *Grm 31, 2; dat.* ǫðrum megum (assim. aus vegum) *auf der anderen seite Hrbl 2; 4) art und weise: sg. acc.* annan veg *auf andere weise HH II 1 pr 5,* hvern v. *in jeder weise Sd 37, 3,* á margan v. *auf mancherlei weise Ghv 9, 8 (vgl.* hvernig, þannig).

veiða (dd), *jagd machen auf etwas (eht), jagen: prs. ind. sg. 3.* veiðir *Vsp 61, 8; prt. ind. pl. 3.* veiddu *Vkv 4.*

veiði-matr, *m. speise von erlegtem wild oder gefangenen fischen: sg. acc.* veiðimat *Hym 16, 7.*

veiðr, *f. 1) jagd: sg. dat.* veiði *Vkv 4, 1. 10, 1; pl. dat.* veiðum *Hym 10, 4; 2) jagdbeute: sg. acc.* veiði *Rm 14; pl. acc.* veiðar *Hym 1, 2 (? GV, Opb I 220 conjiciert* veigar).

eifa (fö; *got.* bi-waibjan) *schwingen,
werfen: prt. ind. sg. 3.* veifði *Hym
25, 5; v.* fram *nach vorwärts
schwingen: prt. ind. sg. 3.* veifði
Hym 36, 3.

eig, *f. berauschendes getränk (bier,
met): sg. nom. acc. Grm 25, 6; Alv
35, 3; pl. nom. acc.* veigar *Bdr
7, 3; Hyndl 49, 6, HH II 45, 2,
Akv 36, 4 (vgl. Bugge, Stud. 542).*

eita (tt), *1) jmd (ehm) etw. (eht)
gewähren od. leisten, ihm etw. an-
gedeihen lassen: inf. Hrbl 33, 1,
Hm 14, 2; prt. ind. sg. 3.* reitti
Km 4; v. andsvǫr *antwort geben,
antworten: prt. ind. sg. 3.* veitti
Br 7, 2, Sg 18, 2. 45, 2; pl. 3.
veittu *Sg 50, 4;* veitask várar *sich
gelübde leisten: prt. ind. pl. 3.*
veittusk *HHv 30 pr 2; 2) jmd
(ehm) beschenken: inf. Rp 39, 4;
3) jmd (ehm) helfen, ihn unter-
stützen: inf. Hyndl 9, 5, Hm 14, 6.*

veizla, *f. gastmal: sg. gen.* veizlu
Ls 3.

vekja (vakða; *got.* us-wakjan) *wecken,
erwecken: prs. ind. sg. 3.* vekr *Vsp
44, 3, F 303a 28; pl. 3.* vekja
Gðr II 38, 2; opt. sg. 3. veki *HH
II 48, 8; prt. ind. sg. 3.* vakði
*HH I 27, 4, Gðr II 37, 5, Akv
42, 6; pl. 3.* vǫkðu *Ghv 4, 5, Hm
6, 5; v.* víg (hildi) *streit erwecken,
erregen: inf. Rp 38, 5, Akv 15, 8;
part. prt. f. sg. acc.* vakða *HII II
7, 2; v.* vá *unheil anrichten: prt.
ind. sg. 2.* vakðir *Am 77, 7.*

1. vel, *adv. (got.* waila) *1) wol, gut,
auf treffliche weise, genau, richtig,
glücklich u. ä.: Vsp 4, 6, þrk 14, 3,
Hym 14, 1, Skm 5, 6, Háv 54, 6.
106, 2 u. ö.; v.* ek *wol mir Vkv
29, 1; til v. zu gut Háv 61, 3;*
geta ehm *v. jmd woltaten gewähren
Háv 134, 7; v.* hafa (hafask) *sich
wol befinden Ls 39, 4 (wo jedoch
mit Bugge* betr *statt vel zu lesen
sein wird), Háv 140, 3;* unna ehm
*v. jmd lieben Skm 37, 6, Grp
36, 8, Gðr II 1, 4;* verða *v. einen
guten ausgang nehmen Háv 41, 6;*
þykkja *v. gut dünken, gefallen Am
69, 10; 2) ziemlich, sehr: Vsp
36, 7, Hym 16, 4.*

2. vél, *f. 1) kunstwerk: sg. acc. Vkv
19, 7; pl. acc.* við vélar *mit kunst,*

*kunstfertig, geschickt Hym 21, 7;
2) list, trug, ränke, verrat: sg. acc.
Grp 33, 8; pl. gen.* véla *Am 5, 3;
dat.* vélum *Grp 40, 6. 49, 8; acc.*
vélar *Hym 6, 3, Grp 45, 7 u. ö.*

véla (lt) *täuschen, betrügen, über-
listen, verraten: inf. Grp 35, 2,
Am 89, 3; prs. opt. sg. 3.* véli
Sd 7, 3; prt. ind. sg. 3. vélti *Br
2, 5; pl. 3.* véltu *Hlr 13, 7; opt.
sg. 2.* véltir *Hrbl 34, 2; part. prt.
f. sg. acc.* vélta *Hrbl 37, 4; v.*
ehn frá ehm *jmd einem anderen
durch list abspenstig machen: prt.
ind. sg. 1.* vélta *Hrbl 20, 3; v.*
ehn til fjár *jmd verraten um geld
zu verschaffen (s. fé): inf. Sg 17, 2;
v. of* ehn *jmd verraten: prs. ind.
pl. 3. Grm 52, 3; v.* ehn or viti
*jmd durch list seines verstandes be-
rauben: prt. ind. sg. 1.* vélta *Hrbl
20, 7.*

vel-borinn, *adj. (part. prt.) von
edler abkunft: n. pl. nom.* velborin
Am 20, 1.

velja (valða; *got.* waljan) *1) wählen,
auswählen, aussuchen: inf. Akv 4, 1;
prt. ind. sg. 3.* valði *Ghv 7, 4; v.* sessa
sitze anweisen: prs. ind. pl. 3. velja
Ls 8, 2; imper. pl. 2. velið *Ls 7, 5;
2) etw. für jmd auswählen, jmd
etw. schenken (ehm eht): inf. Gðr
II 21, 2. 3; prt. ind. sg. 3.* valði
*Vsp 3, 1, HHv 42, 4; darreichen:
prt. ind. sg. 3.* valði *Akv 36, 6.*

vél-keyptr, *adj. (part. prt.) durch
list erworben: m. sg. gen.* vélkeypts
litar *Háv 106, 1 (s. litr, 4).*

vella (vall), *wallen, brodeln: prs.
opt. sg. 3.* velli *Gðr III 8, 8; part.
prs. m. sg. dat. acc.* vellanda *Háv
84, 8; Gðr III 7, 4.*

vel-spár, *adj. mit seherblick begabt:
f. sg. acc.* velspá *Vsp 1, 3.*

velta (valt; *vgl. got.* waltjan) *sich
wälzen, sich rollen; strömen: part.
prs. n. sg. dat.* veltanda *Akv 28, 5.*

vengi, *n. (vgl. got.* waggari) *polster:
sg. dat. Gðr I 13, 3 (vgl. FJ, Ark.
5, 289 u. Eddal. II, 128; Heinzel,
Zs. f. d. österr. gymn. 1892 s. 48).*

venja (vanða), *an etw. (ehu) gewöh-
nen: part. prt. n. pl. nom.* vanið
Gðr II 4, 7.

ver, *n. flut (meer od. fluss): sg. acc.
HH II 8, 3, Gðr II 7, 6.*

1. vera (var; got. wisan) 1) *sein, da-sein, existieren, sich befinden, sich aufhalten, anwesend sein, vorhanden sein:* a) inf. mun ek ok með þér ambótt v. *als magd bei dir sein* Þrk 20, 4, vgl. Ls 44, 5, Grm 4, 5. 23, 3, Alv 2, 5, Háv 35, 2, HH II 47, 2 u. ö.; prs. ind. sg. 3. horn er á lopti Vsp 47, 6, eiga þín ǫll er hér inni er Ls 65, 5, vgl. Vkv 5, HHv 9, 1, HH I 26, 3, Grp 2, 1, Fm 42, 1 u. ö., mál er *es ist an der zeit* Vsp 17, 1, Háv 110, 1, HH II 24, 5; stund er til stokksins Hrbl 56, 3, vgl. Háv 34, 2, eptir þeirri sǫgu er kvæði þetta *ist vorhanden, liegt vor* Rp 7, ósýnt er *es ist un-gewiss* Rm 25, 4, nú er þǫrf mikil Sg 44, 4; pl. 1. erum Grp 38, 4, apok. (nach auslaut. r) 'ru Rm 17, 1; pl. 3. eruð Grp 37, 6; pl. 3. eru Ls 2, 5, HHv 13, 5, Grp 42, 8, F 304b 8 u. ö., þaðan e. Skjǫld-ungar *von dorther stammen die S.* Hyndl 16, 1. 2, apok. (nach aus-laut. r) 'ru Vsp 49, 4, Hrbl 28, 2, Grm 33, 1 u. ö.; opt. sg. 1. (mit suff. pron.) sják Fm 8, 2; sg. 2. sér Háv 111, 6; sg. 3. sé Skm 16, 5, HHv 20, 5; at undir oss ǫllum jafnrúmt sé *dass unter allen ein gleich weiter raum vorhanden sei* Sg 65, 8; prt. ind. sg. 1. 3. var Hrbl 16, 1. 23, 1 u. ö., (mit suff. pron.) vark Hrbl 40, 1, Alv 4, 4, HH II 11, 1 u. ö.; Vsp 6, 3, Ls 4, Hrbl 3, Skm 10 pr 4, Grm 9 u. ö; ár var alda *der beginn der zeiten war es* Vsp 6, 1, jǫtunn er or steini v. hǫfuðit á *auf dem ein steinerner kopf sich befand* Hrbl 15, 4, sá var í feldi blám *war in (war be-kleidct mit)* blauem mantel Grm 26, Fáfnir var í orms líki *war in drachen-gestalt*, hatte drachengestalt ange-nommen Rm 14 pr 3, hann var fyr útan svarna eiða *war ausserhalb der geschworenen eide*, hatte ·an dem beschworenen vertrage keinen anteil Sg 21, 5, var á hvǫrfun hugr minn *mein sinn war schwankend* Sg 38, 1, þá var kostr engi rekkum . . ráð enn lengr dvelja *es gab keine möglichkeit* Am 62, 2, gnýr (hlymr) var at heyra *lärm war zu hören* Gðr II 4, 2, Od 25, 5; var þess

skamt bíða *es war nicht lange darauf zu warten* Am 86, 6; sg. 2. vart HHv 18, 1, (mit suff. pron.) vartu Alv 2, 3; pl. 1. várum Skm 5, 5, Vkv 15, 4; pl. 3. váru Bdr 1, 1, Skm 10 pr 2, Grm 5, Hyndl 25, 3 u. ö.; opt. sg. 1. (mit suff. pron.) værak Ls 14, 1, Hlr 3, 3; sg. 3. væri Am 20, 4. 93, 2, þótt þetta sinn þorfgi væri *obgleich dies-mal kein bedürfnis vorhanden war* HHv 39, 8, vgl. Sg 35, 8, vamm þat er væri eða vera hygði *der viell. vorhanden war oder von dem sie nur meinte dass er vorhanden sei* Sg 5, 5; part. prt. n. sg. acc. verit F 304a 11. 36; b) *mér er eht etwas ist für mich vorhanden, ich habe, besitze:* inf. Hm 28, 1; prs. ind. sg. 3. er Vsp 52, 7, Ls 49, 1, Skm 2, 2, Háv 46, 3. 56, 6 u. ö.; hvat er þér *was ist dir, was hast du* Gðr III 1, 1; era þér vamma vant *dir fehlt es nicht an lastern* Ls 30, 3, vgl. Skm 22, 4, Háv 106, 3, Sd 36, 5, Am 12, 5, statt des dat. á c. acc.: mikils er á mann hvern vant *er mannvits er* Hm 26, 7. 8; elds er þorf þeims inn kominn *hat bedürfnis nach feuer* Háv 3, 1, vgl. Háv 3. 5. 4, 1. 5, 1; ifi er mér á *ich zweifle daran* Háv 107, 1, vgl. HHv 33, 9, Akv 27, 7; betra er liðöum *ein besseres los hat der lebende* Háv 70, 1; er hánum ótítt við jǫtuns brúðir *hat nicht gerne mit ihnen zu schaffen* Hyndl 4, 5; þeim er fyrða fegrst at lifa *für die ist es am angenehmsten zu leben* Háv 54, 4; mál er mér at ríða HH II 48, 1; yðr er þat kenna *euch ist das zur last zu legen* Am 51, 4; sú erumk (d. i. er mér) líkn *das habe ich zum troste* Ls 35, 1, vgl. HH I 26, 6; opt. sg. 3. sé Háv 70, 2, Fm 31, 5; prt. ind. sg. 3. var Akv 27, 5, Am 1, 6, var þeim vettergis vant or gulli Vsp 11, 3, vara (scil. henni?) gótt í hug Sg 48, 2; þá var vant vitri die weise *war in verlegenheit* Am 3, 5; opt. sg. 3. væri Am 83, 1; pl. 3. væri Bdr 1, 7; *mit dat. der person und genet. der sache:* inf. draums kveð ek þér vera HHv 19, 2; statt des dat. der acc. (Lund, Oldnord.

ordfǫjn. § 28): prs. ind. sg. 3. hvat er mik at því *was habe ich damit zu schaffen, was geht das mich an* Grp 28, 1; 2) *beschaffen sein, sich verhalten:* inf. ǫrǫgu baki þú munt æ vera *du wirst immer mit steifem rücken behaftet sein* Ls 48, 5; prs. ind. sg. 2. fyr slíkum sem þú ert Hrbl 12, 2; sg. 3. hart er í heimi Vsp 46, 5, þeygi er sem þú þrjú bú góð eigir *es ist nicht so beschaffen, es sieht nicht so aus als ob* . . Hrbl 6, 1; hundrað rasta hann er á hverjan veg nach *jeder richtung ist er von (beträgt seine länge) 100 meilen* Vm 18, 5; vgl. Skm 10, 1, Háv 50, 4 u. ö.; opt. sg. 2. verir Sd 22, 3; pl. 3. sé Vm 3, 6; imper. sg. 2. (mit suff. pron.) verðu sem þistill Skm 31, 6; prt. ind. sg. 3. var Gǫr I 18, 1, Ghv 15, 5, F 305b 2; svá var at heyra (*eigtl.* 'beim anhören') HH I 29, 1; Agnarr var tíu vetra *war von 10 wintern, war 10 winter alt* Grm 2, vgl. HH I 10, 3, Hlr 7, 5; 3) *stattfinden, vorgehen, sich ereignen:* inf. hvat mun enn vera ævi mínnar Grp 12, 7. 14, 7, vgl. 18, 7; prs. ind. sg. 3. hvat er með ásum Vsp 49, 1, vgl. 49, 2, þrk 6, 1. 2. 5. 6; hvárt er þá *welcher fall wird eintreten* Grp 32, 1. 48, 1; prt. ind. sg. 3. var HHv 4 pr 1, HH II 16 pr 28, Gǫr I 22, 1 u. ö.; pl. 3. váru HH II 10, óru HHv 30 pr 9; 4) *bedeuten:* prt. opt. sg. 3. ráð þú hvat þat væri Am 21, 6; 5) c. genet. *zu etwas gehören:* prs. ind. sg. 1. (mit suff. pron.) emkat ek álfa né ása sona Skm 18, 1; sg. 3. er Skm 17, 1, Hyndl 11, 5. 6. 7. 8; pl. 3. (apok.) hveirs þeir 'ru kyns er koma Háv 132, 3; prt. ind. sg. 3. var Hyndl 27, 5, Am 42, 6; opt. sg. 3. sagðak at kálfs væri *dass es von einem kalbe herrühre* Am 80, 4; 6) *sein, als copula zur verbindung von subj. u. praed.:* inf. Hym 18, 4, Ls 13, 2. 17, 3, Hrbl 20, 5, Skm 5, 2, Vm 2, 6 u. ö; prs. ind. sg. 1. em Bdr 6, 2, Ls 39, 1, Hrbl 3, 8 u. ö., (mit suff. pron.) emk (-at) Hrbl 35, 1; sg. 2. ert Ls 13, 6, Vm 34, 6, Alv 9, 2 u. ö., (mit suff. pron.) ertu

Bdr 13, 3, Ls 15, 1, Hrbl 50, 2, Skm 12, 1, Vm 19, 1 u. ö., (mit suff. negat. u. pron.) ertattu Bdr 13, 1. 5, HHv 10, 1; sg. 3. er Hym 9, 5, Ls 2, 6, Hrbl 1, 1, Skm 7, 1, Vm 23, 2, Grm 17 u. ö., hvat er þat manna *was für ein mann ist das* Bdr 5, 1, vgl. Skm 14, 1, Vm 7, 1, Alv 2, 1 u. ö.; pl. 1. erum Am 57, 7; pl. 2. eruð Br 17, 4, Am 42, 3; pl. 3. eru þrk 27, 5, Hrbl 4, 4, Skm 21, 4, Vm 49, 5, Grm 12, 1 u. ö., apok. (*nach auslaut.* r) 'ru Bdr 12, 5, Ls 31, 4, Skm 13, 1, Vm 48, 4 u. ö.; leið erumk (*d. i.* eru mér) fjǫll F 303a 18; gumnar margir erusk (*d. i.* eru sér) gagnhollir Háv 32, 2, vgl. 41, 5; opt. sg. 1. sé Hrbl 12, 5, (mit suff. pron.) sják Hrbl 9, 2, HH I 21, 4; sg. 2. sér Ls 15, 5, Vm 4, 3, Háv 125, 7 u. ö., verir Háv 125, 5; sg. 3. sé Hrbl 4, 5, Skm 1, 5, Háv 10, 3, Grp 3, 3, Fm 30, 2 u. ö.; pl. 3. sé Háv 39, 6. 161, 4, Fm 13, 2; imper. sg. 2. ver Bdr 14, 2, Hym 11, 1, Ls 53, 1 u. ö., (mit suffig. pron.) verðu HHv 40, 1, HH II 50, 1; prt. ind. sg. 1. 3. var Bdr 5, 8, Ls 50, 5, Háv 47, 1 u. ö., (mit suffig. pron.) vark Ghv 13, 2, várumk Am 75, 3 (*Jón þorkelsson, Ark.* 8, 37 ff.); Vsp 1, 7, Bdr 3, 1, þrk 1, 1, Hym 31, 5, Ls 54, 7 u. ö.; sg. 2. vart HH I 38, 1. 43, 1 u. ö., (mit suff. pron.) vartu Ls 23, 5, HH I 42, 1 u. ö., (mit suff. negat. u. pron.) varattu HH I 41, 1; pl. 1. várum Am 41, 7. 51, 5 u. ö.; pl. 3. váru Vsp 11, 2, Ls 13, Hrbl 39, 1, Rp 13, 1 u ö.; opt. sg. 1. væra Hrbl 32, 2, Fm 8, 5, Gǫr II 16, 3; sg. 2. værir Ls 54, 1. 2, HH II 32, 3, Sg 32, 1, Od 9, 3; sg. 3. væri Grm 25, Vkv 21, 7, HHv 34, 2 u. ö.; pl. 1. værim Am 100, 6; pl. 3. væri Hrbl 18, 4; part. prt. n. sg. acc. verit Ls 26, 3, HH II 21, 2, Grp 31, 5 u. ö.; *die stelle des subj. vertritt öfter ein inf.:* prs. ind. sg. 3. lítit er at synja Hrbl 56, 1; langt er at fara Hrbl 56, 2, vgl. Akv 19, 5; mjǫk er auðkent þeim er til Óðins koma salkynni at sjá Grm 9, 1. 10, 1; óvist er at vita Háv

1, 5. 38, 4, vgl. Fm 24, 1; skylt
er at veita Hyndl 9, 5; era konunglikt kvíða mǫrgu Fm 40, 3;
flátt er til sœkja Am 38, 2; ilt
er fyr heill at hrapa Rm 25, 6,
vgl. Am 23, 3. 51, 3 u. ö.; gótt
er at ráða Rínar málmi Sg 17, 3;
ganga er betra en gista sé Sd 26,
4, vgl. Fm 31, 1, Sd 31, 4; opt.
sg. 3. alt er betra en sé brigðum
at vera Háv 123, 5, vgl. Skm 13, 2,
HH I 46, 5, Fm 31, 2 u. ö.; prt.
ind. sg. 3. dælt var at eggja óbilgjarnan Sg 22, 1; opt. sg. 3. væri
ykkr .. sœmra miklu gunni at heyja
HH I 46, 1, vgl. Sg 14, 3. 5. 61, 1;
die stelle des praed. vertritt ein
relativsatz: prs. opt. pl. 1. at vér
sém .. er sefa hefndum HH II
10, 2; 7) als hilfsverb, a) mit dem
part. prt.: inf. fjǫrvi yðru skylduð
ér firðir vera Rm 7, 5; prs. ind.
sg. 1. nú em ek í hǫll kominn Vm
6, 2, Alv 3, 5, Háv 103, 2, Grp
21, 5 u. ö., (mit suff. pron.) emk
Ls 14, 2, Vm 8, 2, Grp 8, 7 u.
ö.; sg. 2. ert Grm 51, 4, Hyndl
12, 1 u. ö., (mit suff. pron.) ertu
þrk 6, 3, Ls 56, 6, Grm 51, 3 u. ö.,
(mit negat. u. pron.) ertattu Alv
2, 6; sg. 3. er Vsp 36, 7, þrk 2, 8,
Hym 11, 3, Ls 33, 5, Skm 15, 1,
Vm 18, 6 u. ö.; pl. 3. eru Vsp
31, 9, Bdr 6, 5, Háv 163, 1 u. ö.;
apok. (nach ausl. r) 'ru Vsp 46, 8,
Hm 20, 6, 'ro F 304b 37; opt.
sg. 3. sé Skm 22, 2, Háv 34, 6, Grp
28, 2 u. ö.; pl. 3. sé Grm 54, 8,
HH I 35, 5; prt. ind. sg. 1. 3.
var Bdr 5, 5, Háv 100, 2, HH II
15, 1 u. ö., (mit suff. pron.) vark
Ls 35, 2, Grm 50, 5, Háv 13, 5;
Vsp 13, 1, þrk 24, 1, Hym 10, 7,
Ls 48, 2, Hrbl 26, 4, Skm 13, 5
u. ö.; sg. 2. vart Ls 34, 2, Hlr
4, 1, (mit suff. pron.) vartu Fm
3, 3; pl. 1. várum Am 69, 1; pl. 3.
váru þrk 21, 1, Hym 14, 5, Grm
41, 5 u. ö.; opt. sg. 1. væra Háv
107, 2, (mit suff. pron.) værak Sg 28,
7; sg. 2. værir HHv 20, 2; sg. 3.
væri Ls 9, 6, Vm 29, 2, Grm 28,
Háv 108, 6 u. ö.; pl. 1. værim Od
10, 8; pl. 3. væri HHv 43 pr 2,
Am 76, 6 u. ö.; b) mit dem part.
prs.: prs. ind. sg. 3. gumna hverr

sá er vitandi er vits Háv 18, 6;
prt. ind. sg. 3. fárs var hann flýtandi Am 4, 3; 8) mit advv. u.
praepp. v. af ab sein: prt. opt.
sg. 3. af væri nú hǫfuð Hm 27, 1;
v. af ehu aus etw. bestehen: prt.
ind. pl. 3. af járni váru ok allir
timbrstokkar Fm 44 pr 2; án v.
entbehren (eht): inf. Alv 7, 5; unnötig sein: prt. opt. sg. 3. væri Am
37, 8; v. at ehu zu etw. gereichen:
prt. ind. sg. 2. vart HH II 20, 8;
sg. 3. var HH I 5, 1; part. prt.
n. sg. acc. verit Sd 30, 2; v. á
b r a u t fort sein: prt. ind. sg. 3.
var HH II 19, 8; v. frá ehm von
jmd abstammen: prs. ind. pl. 3. eru
Hyndl 33, 1; prt. ind. sg. 3. var
Hyndl 26, 1; v. f r a m spät sein:
prt. ind. sg. 3. fram var kvelda spät
am abend Br 12, 1; v. fyr ehu
etw. bedeuten: prs. ind. sg. 3. opt
er þat fyr øxnum Am 19, 3, vgl.
Gðr II 39, 1; inf. Am 25, 8; v.
f y r i r anwesend sein: prt. ind. pl. 3.
váru Ls 5 pr 3; v. fyr hǫndum
bevorstehen: prs. ind. sg. 3. mein's
(d. i. mein er) f. h. Grp 36, 1;
v. of ehm jmd überragen: prt. ind.
sg. 3. var Gðr II 2, 1; v. of ehn
sich auf jmd beziehen: prs. ind.
sg. 3. er Háv 46, 1; v. or ehu aus
etw. bestehen: prs. ind. pl. 3. eru
Akv 7, 3; prt. ind. sg. 3. var HH I
34, 4; opt. sg. 3. væri þrk 4, 2. 4;
v. s a m a n ehu einer sache beigemischt sein: prt. ind. pl. 3. váru
Gðr II 24, 1; v. s a m t beisammen
sein: prs. opt. pl. 1. sém Skm 7, 6;
v. s n e m m a frühe sein: prt. ind.
sg. 3. dags var heldr sn. zieml. früh
am tage Am 64, 2; v. til anwesend
sein: prt. ind. pl. 3. váru Am 29, 6;
v. til ehs zum gebrauche vorhanden
sein, zu etw. dienen: prs. ind. sg. 3.
er Hym 33, 1; prt. ind. sg. 3. var
Dr 3; v. u m sik für sich besorgt
sein: prs. ind. sg. 3. er Hrbl 22, 3;
v. u m f r a m ehn jmd übertreffen:
prt. ind. pl. 3. váru Sf 30; v.
u n d i r dahinterstecken: prt. ind.
sg. 3. var Am 38, 6; opt. sg. 3.
væri Am 12, 2; v. u p p i offenbar sein: prs. ind. sg. 3. er Háv
17, 6; bekannt sein: inf. Grp 23,
8. 41, 8; v. v i ð eht mit etwas

verbunden sein: prt. ind. sg. 3. var
Am 73, 3.
2. **vera**, f. *aufenhaltsort, zufluchts-*
ort: sg. nom. Háv 10, 6 ; acc. veru
Alv 23, 6, Háv 26, 3.
1. **verð** a (varð; *got.* waírþan) 1) *werden,*
gemacht od. geschaffen werden, sich
bilden, entstehen: inf. **of** þat bíðr
at verða vel *wenn es zeit hat sich*
günstig zu gestalten Háv 41, 6 ;
prs. ind. sg. 3. verðra matr inn
betri Hrbl 3, 4; verðrat íss á á
Vm 16, 6; prt. ind. sg. 3. óx unz
or varð·jǫtunn *bis ein riese daraus*
entstand Vm 31, 3; opt. sg. 3. hverr
jǫtna elztr . . yrði í árdaga Vm
28, 6; 2) *werden, geschehen, sich*
ereignen, eintreten, sich erheben,
hereinbrechen: inf. þat mun ok
verða þvígit lengra Sg 60, 1; Od
18, 2, Am 17, 2; prs. ind. sg. 3.
nú verðr gnýr mikill F 305 a 13;
prt. ind. sg. 3. varð af þeim meiði
. . harmflaug hættlig Vsp 33, 1;
nótt v. í bœ HH I 2, 1; ynr v.
á bekkjum Akv 39, 1, vgl. HH I
28, 1, Hm 23, 1, F 304 a 35 ; pl. 3.
urðu dvǫl dœgra Am 101, 7 ; 3)
mér verðr eht mir wird etwas zu
teil, mir stösst etw. zu u. ä.: inf.
slíks dœmi kvaztattu síðan mundu
meyju verða etw. ähnliches würde
keinem anderen mädchen zustossen
Od 11, 7; Sg 58, 10; prs. ind.
sg. 3. verðr Háv 6, 6, Grp 51, 5,
Fm 19, 5; *mér v. þǫrf mikil hapts*
ich bin einer fessel benötigt Háv
146, 2, vgl. Háv 38, 5; prt. ind.
sg. 3. varð Ls 40, 2, HHv 38, 1,
Am 11, 7; *v. hilmi hugr á vífi er*
fasste liebe zu dem weibe HH II
13, 7; 4) *sich erweisen:* inf. mik
veiztu v. vergjarnasta þrk 12, 7
(*Bugge, Fkv. 401a*); prt. ind. pl. 2.
urðu-a it glíkir þeim Gunnari Ghv
3, 1; part. prt. m. sg. nom. var
Móðsognir mæztr um orðinn dverga
allra Vsp 13, 2; 5) verða c. *inf.*
in die lage versetzt werden etw. zu
tun, etwas tun müssen: inf. munum
. . verða við veiðimat vér þrír lifa
wir werden von der jagdbeute leben
müssen Hym 16, 6; prs. ind. sg. 1.
verð Sg 9, 7, Gðr III 6, 7 ; sg. 3.
verðr Grp 24, 2 ; pl. 3. verða Hyndl
48, 3, Sg 50, 7; prt. ind. sg. 1. 3.

varð Gðr I 9, 1 (*doch ändert FJ*
mit recht varð ek *in* hlautk, *um*
die unerträgliche verbindung varð
— verða *zu beseitigen*); HH II
9, 2, Sf 6, Am 9, 5 u. ö.; pl. 1.
urðum HHv 5, 5; pl. 3. urðu
Hrbl 29, 7 ; 6) *werden, als copula*
zur verbindung von subj. u. praed.:
inf. Ls 5, 4, HHv 33, 2, HH I
2, 6 u. ö.; prs. ind. sg. 3. verðr
Vsp 41, 5, Skm 25, 6, Háv 35, 4,
Rm 6, 6 u. ö.; pl. 3. verða Vsp
42, 5, Grm 42, 5, Háv 128, 8
u. ö.; opt. sg. 2. verðir Skm 28, 5,
Sg 11, 10; sg. 3. verði Háv 87, 7;
prt. ind. sg. 1. 3. varð Hrbl 18, 9,
Háv 14, 1. 2, HH II 18, 8 u. ö.;
þrk 12, 1, Hym 10, 2, Hyndl 41, 5,
HH I 30, 3 u. ö.; varð-a (*Hild.*
falsch: var þá) ván lygi *die erwar-*
tung wurde nicht lüge, stellte sich
als berechtigt heraus Am 90, 5;
pl. 3. urðu Háv 53, 5, Am 5, 1
u. ö.; opt. pl. 3. yrði Hym 1, 4;
part. prt. m. sg. nom. orðinn Grm
50, 6; f. sg. nom. orðin Gðr III
8, 6, Hm 5, 1; pl. acc. orðnar Am
27, 8; n. sg. nom. orðit Akv 3 :
7) *als hilfsverbum mit dem part.*
prt.: inf. Alv 8, 2, Vkv 22, 4
u. ö.; prs. ind. sg. 3. verðr Ls
52, 4, Rm 6, 5, Am 34, 8 u. ö.;
opt. sg. 3. verði Sg 45, 8; prt.
ind. sg. 1. 3. varð Sg 34, 5; Vm
38, 8, Hyndl 35, 1, Br 5, 1 u. ö.;
opt. pl. 1. yrðim Am 16, 4; 8)
mit advv. und praepp. verða a :
prs. opt. sg. 1. vel ek! verða ek á
fitjum *heil mir wenn ich auf die*
fussschnen komme Vkv 29, 2 ; v. af
ehm *von jmd entstammen:* part.
prt. m. pl. nom. ek hygg at orðnir
sé allir af einum mér Grm 54, 8
(*doch ist viell. mit A* at *statt af*
zu lesen); *aus jmd werden:* prt.
ind. sg. 3. af heilum hvat varð
húnum mínum? Vkv 32, 3; v. at
ehu *zu etwas werden:* prs. opt.
sg. 2. at undrsjónum þú verðir
Skm 28, 1; prt. ind. sg. 3. varð
Ls 65 pr 3; opt. pl. 3. yrði Hrbl
18, 2; part. prt. m. pl. nom. orðnir
HH II 20, 4; n. sg. nom. acc.
orðit Hyndl 10, 4; Gðr II 42, 6;
v. ehm at bana *an jmd zum mörder*
werden: inf. Bdr 8, 6, Grp 11, 6,

Rm 5, 4 u. ö.; prs. ind. pl. 3.
verða *Fm 9, 6. 20, 6; opt. sg. 2.*
verðir *Vkv 33, 10; prt. ind. pl. 3.*
urðu *Ghv 10. 8; part. prt. n. sg.*
acc. orðit *HH I 37, 8; inf. c. refl.*
at bǫnum verðask *sich gegenseitig
ermorden Vsp 46, 2; ähnl. prs.
ind. sg. 3.* hvat verðr Óðni at aldrlagi *Vm 52, 4; prt. ind. sg. 3.*
fláráð tunga varð húnum at fjǫrlagi
*Háv 117, 5; zu etwas gereichen:
inf.* hve mun at ynði eptir verða
mægð með mǫnnum *Grp 44, 2;
prs. ind. sg. 3.* verðr *Háv 5, 4,
Gðr II 34, 5; opt. sg. 3.* verði
Grp 16, 8; v. fjarri ehu *einer
sache fern od. fremd werden: inf.
Akv 26, 4; v.* fyr ehu *einer sache
ausgesetzt werden: prs. ind. sg. 2.*
verðr *Grp 33, 1; auf etw. deuten,
etw. ankündigen: prs. ind. sg. 3.*
opt verðr glaumr hunda fyr geira
flugum *Am 24, 3; v.* fyr innan
eht *hineingelangen in etw.: part.
prt. m. sg. nom.* orðinn *Ls 14, 3;
v.* til ehs *sich zu etw. gestalten:
prt. ind. sg. 3.* verðr *Sg 12, 5.*

2. verða (varð), *jmd (ehn) belauern,
jmd auskundschaften: part. prt. n.
sg. acc.* kváðusk okkr hafa orðit
bæði *Od 21, 8 (Wisén, EE 125).*

3. verða (varð; *vgl. got.* fra-wardjan)
*jmd (ehn) vernichten, jmd töten:
prt. opt. sg. 1.* yrða ek þik kvikvan
Am 21, 4 (Wisén, EE 125 fg.).

1. verðr, *m. (vgl. got.* waírdus *'gast-
freund')* 1) *speise, kost: sg. nom.*
Hym 16, 3; gen. verðar *Háv 33, 1;*
2) *mal, gastmal, bewirtung: gen.*
verðar *Háv 4, 2. 7, 2; dat.* verði
Háv 31, 5, c. art. verðinum *Hrbl
4, 2; acc.* veitkat ek ef verð launið
at vilja ossum *ich weiss nicht, ob
ihr die bewirtung nach unserem
wunsche lohnen werdet Am 31, 5.*

2. verðr, *adj. (got.* waírþs) *wert,
würdig (ehs): m. sg. nom. Hyndl
29, 6, HHv 34, 3; f. sg. nom.* verð
Od 9, 4; n. sg. nom. vert *Am 31, 4,
F 306a 11; superl. f. sg. nom.*
verðust *Sg 32, 2.*

verðung, *f. gefolgschaft: sg. gen.*
verðungar *Sg 42, 2; dat.* verðungu
Hyndl 2, 4, HH I 9, 6, Hlr 11, 8.

ver-fang, *n. 'mannnahme', ehe des
weibes: sg. dat.* verfangi *Hlr 13, 8.*

ver-gjarn, *adj. männertoll: f. sg.*
nom. vergjǫrn *Ls 26, 3; superl.
f. sg. acc.* vergjarnasta þrk 12, 8,
Ls 17, 3.

vergr, *adj. schmutzig: superl. n. sg.
acc. (sw.)* vinna it vergasta *die schmut-
zigste arbeit verrichten Am 60, 7.*

1. verja (varða; *got.* wasjan) 1) *umhüllen, überziehen (ehn od. eht ehu):
inf. Am 100, 4; prt. ind. sg. 3.*
varði *Od 5, 7; part. prt. m. sg.
acc.* varinn *Akv 8, 3; pl. nom.*
varðir kalkar *mit kostbarem metall
überzogene Rþ 31, 8; acc.* skutla
silfri varða (silfrvarða? *s. Bugge,
Ark. 1, 306) versilberte Rþ 31, 3;
n. sg. nom.* (sverð) varit gulli *HHv
8, 8;* verjask *sich bedecken: prt.
opt. pl. 2.* at it .. líni verðizk *Gðr
III 2, 8;* 2) *umschlingen, umarmen: inf. Vkv 2, 2, HHv 42, 8;
prs. ind. sg. 3.* verr *Háv 162, 8;
prt. ind. sg. 3.* varði *Vkv 2, 9;*
3) *etw. (ehu) zu etw. (til ehs) anwenden (?): inf.* svá skyldi hverr
ǫðrum verja til aldrlaga sverði *so
sollte jeder das schwert gebrauchen
dem anderen zum verderben Hm
8, 6 (Bugge, Zz 7, 397).*

2. verja (varða; *got.* warjan) 1) *verteidigen, schützen (ehn, eht; gegen
jmd: ehm od. fyr ehm): prt. ind.
sg. 1. (mit suff. pron.)* ána varðak
Hrbl 29, 2; sg. 3. varði *Akv
20, 7, Am 47, 6; part. prt. n.
sg. acc.* varit *HHv 5 pr 9;* verjask
ehm *sich gegen jmd verteidigen:
inf. Akv 20, 6;* 2) *jmd (ehm) etw.
(ehu) verwehren, verweigern: part.
prt. n. sg. nom.* varit *Alv 8, 3.*

verk, *n. (vgl. got.* ga-waúrki) *werk,
tat: sg. nom. acc. Háv 140, 6;
Hym 26, 2; gen.* verks *Háv 140, 7;
dat.* verki *Háv 140, 6; pl. nom.*
verk *Hym 19, 5, Hyndl 14, 7; gen.*
verka *Hrbl 19, 7; dat.* verkum
Hrbl 4, 1, Háv 69, 6.

verki, *m. arbeit: sg. gen.* ganga síns
verka á vit *Háv 59, 3 (FJ, Ark.
4, 52* streicht síns *und fasst* verka
als gen. plur. von verk).

verkr, *m. schmerz: pl. dat.* verkjum
Od 4, 6.

ver-lauss, *adj. ohne mann, unver-
mählt: f. sg. nom.* verlaus *Skm 41, 3,
Gðr II 31, 7.*

ver-liði, *m. mensch: pl. gen.* verliða *Hym* 11, 9.

verpa (varp; *got.* waírpan) *1) werfen* (ehu): *inf. Sd* 8, 3; *prs. ind. pl. 3.* verpa *Bdr* 12, 7; *opt. sg. 2.* verpir *Skın* 40, 2; *prt. ind. sg. 3.* sól varp .. hendi .. um himinjǫður *legte die hand an den rand des himmels Vsp* 8, 1; *part. prt. n. sg. acc.* orpit *Hm* 24, 9; *v.* ehn vatni á *jmd mit wasser begiessen: inf. Háv* 156, 3; *prs. ind. sg. 3.* hvat er þat manna er í mínum sal verpumk (*d. i.* verpr mik) orði á *wer ist es der worte ʿan mich richtet Vm* 7, 3; *prt. ind. pl. 3.* urpusk á orðum *riefen sich (schmäh-) worte zu Am* 41, 5; *v.* eptir ehm *nach jmd werfen: prt. ind. sg. 3.* varp *Sg* 22, 7; *v.* upp *hinaufwerfen: prs. ind. sg. 1.* verp *Ls* 59, 4; *prt. ind. sg. 1.* varp *Hrbl* 19, 3; *unpersönl.* verpr vígroða um víkinga *es wirft kampffröte über die streiter, kampffröte umstrahlt die streiter HH II* 22, 7; *2) von sich werfen, aufgeben: prt. ind. sg. 3.* kona varp ǫndu, en konungr fjǫrvi *die frau verlor die besinnung, der könig das leben Sg* 29, 1; *3)* bewegen, *in bewegung setzen: inf.* verpa hundum *hunde hetzen Rp* 35, 10; *prs. ind. sg. 3.* verpr naðr hala *bewegt den schwanz HHv* 9, 8.

1. verr, *m. (got.* waír) *1) mann: sg. nom. Gðr III* 3, 7, *Hm* 27, 5; *gen.* vers *Ls* 33, 2, vagna vers *des wagengebieters, d. i. Thors Alv* 3, 4 (*anders FJ z. st.*); *dat.* veri *Ls* 54, 3; *pl. nom.* verar *Ls* 46, 6, *Sd* 33, 6; *gen. acc.* vera *Vm* 55, 9; *Vsp* 40, 9, *Grm* 8, 6; *dat.* verum *Ls* 22, 3; *2) ehemann, gatte: sg. nom.* þrk 24, 9, *Hym* 15, 5 *u. ö.; gen.* vers *Gðr I* 23, 4, *Sg* 9, 6, *Hlr* 1, 8 *u. ö.; dat.* veri *Gðr II* 8, 3. 28, 2, ver *Vsp* 36, 7, *Am* 73, 7; *acc.* ver *Hym* 3, 5, *Hyndl* 6, 5 *u. ö.; pl. gen.* vera *Gðr I* 4, 5; *dat.* verum *Hrbl* 20, 3, *Ghv* 10, 3.

2. verr, *adv. compar. (got.* waírs) *schlechter, schlimmer: Ls* 36, 6 (*das adv. steht an stelle des adj.: Bugge, Fkv.* 401a), *Háv* 40, 6, *Vkv* 37, 4; *superl.* verst *am schlechtesten Hrbl* 49, 2, *Grp* 24, 1. 40, 1.

verri, *adj. compar. (got.* waírsiza) *der schechtere, schlimmere: m. sg. nom. Háv* 124, 8; *acc.* þér við verra mann *mit einem manne der schlechter ist als du Háv* 124, 6; *f. sg. nom. acc.* verri *Háv* 94, 4; *Gðr I* 10, 8; *n. sg. nom. acc.* verra *Rm* 8, 1, *Hm* 8, 4; *Háv* 11, 4, *Am* 81, 2; *pl. nom. acc.* verri *Hym* 19, 6; *Sd* 24, 6; *superl.* verstr *der schlechteste, schlimmste: m. sg. nom. HHv* 25, 5; *n. sg. dat.* verstu *Hlr* 4, 3; *acc.* verst *Hrbl* 37, 3.

verana (að), *schlechter werden, abnehmen, aufhören: prs. ind. sg. 3.* versnar *Háv* 51, 6.

ver-sæll, *adj. glücklich verheiratet: f. sg. nom.* munat at vilja versæl gefin *nicht so glücklich verheiratet wie sie es wünschte Sg* 56, 6.

ver-þjóð, *f. männervolk, menschengeschlecht: sg. acc. Ls* 24, 5.

ver-ǫld, *f. 1) zeitalter (Mhff, DA V, 111): sg. acc. Vsp* 3, 8; *2) welt: sg. nom. Vsp* 46, 10.

vesall, *d. i.* vei-sæll (*got.* wai-; *Bugge, Ark.* 2, 226 *ff.) adj. unglücklich, elend, erbärmlich: m. sg. nom. voc. Háv* 22, 1. 69, 1, *Am* 59, 5; *Ls* 40, 6. 42, 6.

vestan, *adv. westwärts, westlich von* (ehs): *Hm* 18, 6; fyr v. (eht, ehs) *dass.: Grm* 10, 5, *HH II* 8, 3. 48, 5.

vestr, *adv. im westen: HH I* 4, 1.

vestr-salr, *m. im westen gelegener saal: pl. dat.* vestrsǫlum *Bdr* 11, 2.

vetr, *m. (got.* wintrus) *winter: sg. nom. Vm* 26, 4; *acc. c. art.* vetrinn *Grm* 5; *pl. gen.* vetra *Vm* 29, 1, *Grm* 2, *Hlr* 7, 5 *u. ö.; acc.* vetr *Ls* 23, 4, *Hrbl* 16, 2, *Vkv* 3, 2 *u. ö.* — *Personificiert Vm* 27, 2.

vet-rim, *f. ein teil des schwertes, wahrsch. die blutrinne: pl. dat.* vetrimum *Sd* 6, 4.

vetr-langt, *adv. einen winter hindurch: HHv* 8.

vétt, *n. (?) zauberei: sg. acc. Ls* 24, 3.

véurr, *m. (d. i.* *vé-vǫrðr: Noreen² § 127. 245, 3) 'hüter des heiligtums'; hüter, schützer überhaupt: sg. nom. Vsp* 58, 6. — *Als eigenname Thors Hym* 11, 10. 17, 1. 21, 7.

vexa (xt), *mit wachs überstreichen:* *inf. Am 100, 3.*

við, viðr, *praep. u. adv. (vgl. got.* wiþra) *I. praep. c. acc. u. dat. A. c. acc. bezeichnet es 1) den ort an od.* bei dem, in dessen nähe *etw. sich befindet od. ereignet:* Hrbl 7, 4, Hyndl *35, 8,* HHv *10. 5 pr 4 u. ö;* brutu þeir v. land *litten am lande schiffbruch* Grm 4; ekki nafn festisk v. hann *kein name wurde an ihm befestigt (wurde ihm beigelegt)* HHv *5 pr 14;* snøru upp v. tré *vefnistingum zogen am maste segel auf* HH I 27, 8, vgl. 34, 2; reis upp v. beð *richtete sich am bette auf* Sg 25, 4; *übertr.* leitaði Reginn ráða v. Lyngheiði *suchte rat bei L.* Rm 11 pr 5, (Reginn) ræðr um v. sik *geht bei sich selbst zu rate* Fm 33, 2; 2) den ort, an den, in *dessen* nähe *etw.* gebracht wird, dem *ein gegenstand zugewendet, der das ziel einer bewegung ist (an, gegen, zu, empor zu):* leikr hár hiti v. himin sjálfan Vsp 59, 8, vgl. Hyndl 42, 2, F 305b 1. 9; horn glóa v. himin sjálfan HH II 37, 10, vgl. Vkv 8, 4; hveim er v. kaldrifjaðan kømr Vm 10, 6; er oss byrr gefinn v. bana sjálfan Rm 17, 4; Hym 30, 5, Vkv 37, 10, HH I 28, 3, Fm 27, 3 u. ö.; hann sló gull rautt við gim fástan *er schmiedete gold an den edelstein, fasste ihn in gold* Vkv 6, 2; 3) *die person zu der* jmd *in freundliche oder feindliche beziehung tritt, mit der er in verkehr, gespräch od. streit sich einlässt u. ä. (mit, gegen, zu):* mæla v. ehn Vsp 47, 8, Skm 2, 3, Háv 45, 4 u. ö., dœma v. ehn Hrbl 9, 8. 30, 2, Vkv 31, 8; rœða v. ehn Vkv 39, 6, Gðr II 5, 2; spjalla v. ehn Háv 81, 3; orðum (málum) skipta v. ehn Háv 121, 7, HH I 34, 7, Hm 9, 3; deila (óra, senna) v. ehn Háv 32, 6. 124, 6, Sd 24, 3 u. ö.; deila eht v. ehn Vm 55, 7; *hierher* wol auch: forvitni mikla kveð ek mér á fornum stǫfum v. þann inn alsvinna jǫtun Vm 11, 6 (wo ein vbm des streitens zu ergänzen ist); lék ek v. ena línhvítu Hrbl 30, 3; vega (berjask) v. ehn Vsp 54, 4, HH II 12 pr 12 u. ö.; Sigurðr átti

orrostu .. v. Lyngva Rm 25 pr 1; vera, láta, fara, skipa v. ehn *sich* gegen jmd *verhalten oder betragen* Sd 22, 2, Hyndl 4, 3, Sg 57, 2, Am 83, 4. Grp 49, 2; samir eigi mér við son Buðla ætt at auka Gðr II 28. 6; ek við Þjóðrek þatki áttak hatte mit *þ. nichts dgl. zu* schaffen Gðr III 3, 5; afli mínu atta ek við orms megin Fm 28, 5; miklar manvélar ek hafðak við myrkriður Hrbl 20, 2; þeir angr v. þik ekki gørðu HHv 10, 7, vgl. Sg 28, 3; er hánum ótítt við jǫtuns brúðir Hyndl 4, 6; gløggr (reifr) v. gesti Hym 9, 7, Háv 102, 2, vgl. Ls 52, 2, Háv 101, 3; hugði at hefndum hann næst v. *goð* sann auf rache an *den göttern* Hym 3, 4; gørva hleyti v. ehn *mit* jmd *verschwägerung eingehen* Grp 34, 1; eiðum sverja, halda v. ehn jmd eide *schwören, halten* Akv 31, 2, Br 19, 8; slíta málum v. ehn jmd *den vertrag brechen* Grp 32, 5; geði blanda v. ehn *innige seelengemeinschaft mit* jmd *eingehen* Háv 44, 4; v. þat lík at lifa Háv 96, 6; efldisk hann v. Eymund *verstärkte sich durch die verbindung mit* E. Hyndl 15, 1; bœt v. Hrímgerði *gewähre der* Hr. *busse* HHv 24, 2; mundu um vinna verk hálft v. mik *du sollst mit mir die hälfte der arbeit tun, mir die hälfte der arbeit abnehmen* Hym 26, 2; 4) *die person oder sache* gegen jmd *etw. schützt u. verteidigt, vor der er sich fürchtet u. ä.:* svá skal gulli frœkn hringdrifi v. fira halda Akv 32, 12; ef hann v. víg varask Háv 16, 3, vgl. Rm 1, 3; þú ert v. víg varastr ok skjarrastr v. skot Ls 13, 6. 7, vgl. Háv 130, 7. 8. 9; ef mér verðr þǫrf mikil hapts v. mína heiptmǫgu *wenn ich einer fessel (eines hinderungs- od. schutzmittels) wider meine feinde bedarf* Háv 146, 3; 5) *den gegenstand der* mit einem anderen *vermischt od. verbunden ist:* hjǫrtu hugða ek þeira v. hunang tuggin Gðr II 41, 6, vgl. Akv 37, 4; (rúnar) hverfðar v. inn helga mjǫð Sd 18, 3; sú var samkunda v. svǫrfun ofmikla Am 73, 4; 6) *speise und trank* wovon jmd *sich nährt oder lebt:*

munum . . v. veiðimat vér þrír lifa
Hym 16, 7, vgl. Grm 19, 4; fáir
vitu v. hvat einherjar alaek Grm
18, 6; 7) die art und weise in
der etwas geschieht: Véorr v. vélar
vað gørði sér Hym 21, 7; taka
(muntu þangat) v. vél ok erfiði Hrbl
58, 1; án v. lost at lifa Háv 68, 6;
8) andere verbindungen: verðr at
skiljask Sigurðr v. fylki wird sich
von dem fürsten trennen müssen
Grp 24, 3; v. hann er Hundland
kent nach ihm ist H. benannt HH
II 6; munu v. ofstríð .. konur ok
karlar kvikvir fœðask zur sorge (?)
Hlr 14, 1 (oder ist zu übersetzen: in
sorge leben?); v. þat skal vilbjǫrg
vaka dadurch Grm 45, 3; B. c.
dat. bezeichnet es 1) die person bei
der sich jmd befindet: hefir kunn kona
v. konungi daprar minjar Sg 54, 4;
2) die person mit der jmd nachkommenschaft erzielt: v. systur
þinni gaztu slikan mǫg Ls 36, 4,
vgl. Vm 33, 4, Hyndl 40, 4, Rm
11, 4 u. ö.; hón átti mǫg v. mér
Ls 40, 3; hann clr bǫrn v. gýgi
Grm 17, vgl. Hyndl 40, 2; hierher
auch: bǫrn þau in blíðu við bana
Hǫgna die kinder empfangen von
dem mörder des H. Od 7, 4; 3) den
ort auf den ein fallender körper
niedersinkt, zu dem ein aufstei-
gender emporstrebt: Baldr er hné
v. banaþúfu Hyndl 29, 4, vgl. Gðr
I 15, 2, Sg 48, 5; léku við
stokki sprangen spielend am pfeiler
(des sitzes) empor (?) Am 74, 2
(Bugge, Fkv. 304b); 4) die person od. sache gegen die jdm sich
schützt oder verteidigt, gegen die
er ankämpft u. ä.: varnaðit hann
v. Guðrúnu Akv 41, 4; varnaði v.
tárum Akv 30, 7; kannat hann v.
slíku at sjá Fm 37, 6, vgl. Sd 8, 2.
32, 2. 37, 2; þeygi vit máttum v.
munum vinna Od 21, 2, vgl. Akv
16, 7; þat þér hjálpa mun v. sǫkum
ok sorgum Háv 144, 6; mun ek
þik v. bǫlvi brenna ganga Gðr II
39, 5; 5) den gegenstand den
jmd in empfang oder besitz nimmt,
nach dem jmd fasst od. greift u. ä.:
tak v. hrímkalki Ls 53, 2, Skm
37, 2, vgl. Ls 53 pr 1, Grp 5, 8,
Háv 136, 7 u. ö.; gein v. agni ..

umgjǫrð .. allra landa Hym 22, 5;
übertr. Grímhildr greip v. orði Gðr
II 33, 2, tók v. trygðum Sg 1, 5;
6) wort oder handlung als erwide-
rung einer anderen (gegen, auf,
für): (ambótt) orð um fann v. jǫtuns
máli þrk 26, 4; þǫgðu allir v. því
orði Br 15, 2, Sg 50, 2; gjalda
gjǫf v. gjǫf Háv 42, 3, vgl. 42, 4. 6.
45, 6; 7) andere verbindungen:
sumir Guthormi gáfu gera hold v.
mungáti mit, in dem biere F 306b
18; hlæja skaltu v. þeim sie an-
lachen Háv 46, 4; sýtir æ glǫggr
v. gjǫfum ist traurig über die geschenke (wenn er geschenke geben
muss) Háv 48, 6; bauð hann enn
v. mér bú fimtán bot für mich Od
20, 1; v. hleifi mik sældu né v.
hornigi erquickten mich weder mit
speise noch mit trank Háv 138, 1.
  II. adv. 1) dagegen, darauf:
kveða (gjalda) v. antworten, ent-
gegnen Háv 26, 5, Rm 9 pr 3. 11
pr 4; orð viðr um kvað Sg 51, 4;
gullu v. gæss í túni gaben durch
schreien antwort Gðr I 16, 5, Sg
29, 7; kváðu v. kalkar gaben einen
widerhall Sg 29, 5; ef þú v. þegir
Sd 25, 2; 2) dabei: kiptisk hann
svá hart v. zuckte so heftig dabei
zusammen Ls 65 pr 7; braut v.
inn reginkunngi brüllte dabei los
Hm 25, 1; 3) davor: ægishjálm
er ǫll kvikvendi hræddusk v. Rm
14 pr 6; 4) dadurch: lítt mun v.
bœtask hluti hvárigra Am 99, 2;
5) bregða ehu v. etw. preisen Am
49, 2; rétta v. davon kommen Am
60, 8; viðr komask zu etwas im
stande sein Hrbl 33, 2; Am 20, 7
ist infolge der lücke die bedeutung
des adv. nicht erkennbar.

1. viða s. vinna.

2. víða, adv. weit, weithin, weit umher: Alv 6, 2, Háv 5, 2. 18, 2.

við-fiskr, m. 'waldfisch', d. i. schlange:
sg. acc. viðfisk F 306b 14.

víð-frægr, adj. weitberühmt: m. sg.
nom. (sw.) viðfrægi Hm 27, 5.

við-fǫr, f. behandlung: pl. nom.
Hǫgna viðfarar die art wie man H.
behandelt hatte Am 86, 2.

við-hlæjandi, m. (part. prs.) jmd
der einem anderen zulächelt: pl.
acc. viðhlæjendr Háv 24, 3. 25, 3.

1. **víðir**, *m. weidenbaum, weide: sg. nom. Hm 5, 6.*

2. **víðir**, *m. meer: sg. dat.* víði *F 303a 29.*

víð-kunnr, *adj. weithin bekannt; compar. f. sg. nom.* víðkunnari *Skm 28, 5.*

1. **viðr**, *m.* 1) *wald: sg. nom.* Alv *28, 4. 29, 1, F 304b 6; gen.* viðar *Skm 32, 2, Grm 39, 3, Sd 11, 5; acc.* við *Rp 37, 6, Vkv 3, 8 u. ö.; pl. dat.* viðum *HH I 42, 4. II 32, 4; acc.* viðu *HHv 28, 7;* 2) *der einzelne baum: sg. gen.* viðar *Skm 35, 5, Háv 149, 3, Gðr II 24, 3; dat.* viði *Háv 84, 6; acc.* við *Háv 81, 1; pl. gen.* viða *Grm 44, 2;* 3) *holz, brennholz: sg. nom.* Vkv 10, 9; *gen.* viðar *Háv 60, 4, Hlr 10, 4; dat.* viði *Háv 99, 5; acc.* við *Gðr II 12, 10.*

2. **viðr**, *adj. weit, ausgedehnt, geräumig: m. sg. acc.* viðan *Vsp 65, 7; pl. acc.* víða *Sd 18, 4; f. sg. nom.* víð *Grm 8, 3; gen.* viðrar *Akv 5, 2; n. sg. acc. (adv.)* vítt *weithin Vsp 3, 7, weit umher Vsp 31, 2; pl. acc.* víð *Gðr II 9, 7; superl. n. sg. acc. (adv.)* víðast *am weitesten, überaus weit Alv 20, 5.*

viðra (rö ?) *wehen: prs. ind. sg. 3.* fjǫlð um viðrir *der wind dreht sich oft Háv 73, 9.*

viðr-gefandi, *m. (part. prs) wer ein geschenk durch ein anderes erwidert: pl. nom.* viðrgefendr *Háv 41, 4.*

viðr-nám, *n. widerstand: sg. acc. HH I 53, 8.*

víf, *n. weib: sg. nom. acc.* Grp 16, 4; *Grp 49, 7; gen.* vífs *Háv 101, 9, Gðr I 13, 4, Am 55, 3; dat.* vífi *HH II 13, 8, Grp 46, 4 u. ö.; pl. nom.* víf *Gðr II 35, 3; gen.* vífa *Gðr I 24, 12. — Als weibl. eigenname Rp 25, 5.*

víg, *n. (vgl. got. weihan)* 1) *totschlag, mord: sg. acc.* Grp 12, 3, Am 66, 2; *dat.* vigi *Vm 53, 6, Sg 10, 2 u. ö.;* 2) *kampf, streit: sg. nom. acc.* Od *17, 1; Ls 13, 6, Háv 16, 3 u. ö.; gen.* vígs *Skm 24, 6, HH I 10, 2, Am 59, 5 (s. FJ z. st.); dat.* vigi *Vm 17, 5, Rm 24, 3 u. ö.; pl. gen.* viga *Vkv 12; dat* vígum *Hrbl 24, 2, Grm 49, 7.*

víg-band, *n. kriegsband, kriegsfessel: pl. acc.* vigbǫnd *Vsp 35, 2.*

víg-djarfr, *adj. kühn im kampfe: n. sg. nom.* vígdjarft *Háv 15, 3.*

víg-drótt, *f. kriegsschar: sg. nom.* Háv 99, 3.

vigg, *n. ross (vgl. KGíslasson, Njála II, 394 ff. u. Janus Jónsson, Ark. 5, 278 ff.): sg. acc.* Gðr II 18, 7. — *Als name eines pferdes F 304b 17.*

vígja (gǫ; *vgl. got.* weihan) *weihen: inf.* þrk 30, 4; *v.* saman *durch weihe vereinigen: imper. pl. 2.* vígið *þrk 30, 7.*

víg-lið, *n. kriegsvolk: sg. nom.* HH I 26, 5.

vígligr, *adj. von streitbarem aussehen: m. pl. nom.* vígligir *Am 51, 6.*

víg-nest, *n. 'kampfdorn', d. i. schwert (FJ, Krit. stud. 88): pl. gen.* vígnesta *HHv 8, 7.*

víg-risinn, *adj. durch kampf gehoben, stolz auf seine kämpfe: m. sg. voc.* Grp 13, 8; *dat.* vígrisnum *Gðr II 30, 3.*

víg-risni, *f. tapferkeit: sg. acc.* Ls 2, 2.

víg-roði, *m. 'kampfröte', rötlicher schein am himmel der bevorstehenden kampf ankündigt: sg. acc.* vígroða *HH II 22, 7.*

víg-skár, *adj. verderblich im streite: m. pl. nom. (sw.)* vígská *Vsp 28, 7 (anders FJ z. st.); acc.* vígská *Br 5, 7.*

víg-spjall, *n. nachricht von kämpfen: pl. acc.* vígspjǫll *HH II 11, 8.*

víg-þrima, *f. kampflärm: sg. dat.* vígþrimu *HH I 7, 6.*

víg-þrot, *n. ende des kampfes: sg. dat.* vígþroti *Vm 51, 6 (anders FJ z. st.).*

vík, *f. bucht: sg. dat. HHv 22, 3.*

víking, *f. kriegszug (bes. zur see): sg. dat.* víkingu *Hlr 3, 4.*

víkingr, *m. seeheld, held überhpt (vgl. Bugge, Stud. 5. 542 u. Mhff, Beovulf 96 fg.): sg. nom.* Hlr 11, 7; *pl. nom.* víkingar *HH I 28, 4. II 4, 8; acc.* víkinga *HH II 22, 8.*

víkja, **víkva**, **ýkva** (veik), *vorwärts bewegen (ehu): imper. pl. 2.* ýkvið *Akv 29, 1; prt. ind. pl. 3.* þeir viku (*scil.* skipi) at landi *steuerten ans land* Rm 18 pr 1; v. til sich zutragen, zugehen: *prs. ind. sg. 3.* víkr hér svá til *es geht hier so zu* Br 20 pr 2.

1. vil, *f. lust, übermut (?): sg. dat.* Gðr II 39, 3.

2. víl, *n. mühe, beschwerde: sg. nom. acc.* Háv 23, 6; Hrbl 58, 1.

vil-bjǫrg, *f. willkommene rettung: sg. nom.* Grm 45, 3.

vildr, *adj. angenehm, erfreulich: n. sg. nom.* þótt viltki sé *wenn es auch nicht erfreulich ist* Grp 26, 6 *(die handschriftl. überlieferte form* vilkit *verteidigt Richert s. 34 fg.); acc.* vilt Háv 123, 7.

vilgi, *adv.* 1) *sehr:* Hrbl 25, 3; 2) *durchaus nicht:* Sg 14, 2.

vili, *m. (got.* wilja) 1) *wille, wunsch: sg. nom.* Am 83, 1; *dat.* vilja Háv 98, 3, Sg 56, 5, Am 31, 6; 2) *freude: sg. gen. dat.* vilja Vkv 31, 2, Sg 9, 5; Sg 24, 6. 57, 7, Hm 5, 5.

vili-sess, *m. erwünschter sitz, lieblingssitz: sg. dat.* vilisessi Sd 17, 4.

vilja (ld; *got.* 'wiljan) *wollen, wünschen, begehren: a) absol.: prs. ind. sg. 2.* leið vísa þú .. mér, ef þú vilt Grp 24, 7, *vgl.* Am 75, 5; *opt. sg. 2.* vilir Am 67, 8; *prt. ind. sg. 1. (mit suffig. negat. u. pron.)* vildigak Hlr 13, 6; *sg. 3.* vildi Hm 7, 8; *pl. 3.* vildu Dr 14; *opt. sg. 3.* vildi Am 7, 6; *b) mit inf.: inf.* Véorr kvazk vilja á vág róa Hym 17, 1, *vgl.* HHv 37, 6, Sg 58, 2 *u. ö.; prs. ind. sg. 1.* þik vil ek fregna Bdr 8, 2, *vgl.* Bdr 8, 4, Hrbl 9, 9, Skm 24, 2 *u. ö.; (mit suff. pron.)* vilk Hyndl 5, 7, Gðr II 28, 1 *u. ö.; sg. 2.* vill þrk 29, 7, Hrbl 8, 10, Vm 11, 2 *u. ö.,* vilt Háv 97, 3, Sd 6, 2. 9, 2 *u. ö., (mit suff. pron.)* viltu Hrbl 15, 1. 41, 1, vildu Háv 45, 3, Sg 17, 1; *sg. 3.* vill Háv 58, 2, Grp 4, 7, Fm 10, 2 *u. ö.; pl. 3.* vilja Hrbl 42, 4, Háv 145, 3 *u. ö.; opt. sg. 1.* vilja Skm 3, 3, Alv 7, 4 *u. ö., (mit suff. pron.)* viljak Hym 9, 2; *prt. ind. sg. 1.* vilda Od 28, 3, Ghv 13, 3, *(mit suff. pron.)* vildak HH II 15, 4, *(mit suff. negat. u. pron.)* vildigak Gðr II 40, 3 *(das aber*

FJ mit recht in vilda ek *ändert); sg. 2.* vildir HHv 18, 5, Am 98, 5; *sg. 3.* vildi Fm 43, 8, Br 18, 8, Gðr II 21, 1 *u. ö.; pl. 1.* vildum HHv 5, 10; *pl. 3.* vildu Grm 26, Grp 17, 4, F 304a 45; *opt. sg. 1.* vilda HH I 45, 1, Grp 40, 5, *(mit suff. pron.)* vildak Gðr II 44, 2; *sg. 3.* vildi HHv 2, 6, Gðr II 17, 5. 8 *u. ö.; pl. 3.* vildi HH I 17, 5, Am 27, 4; *mit ellipse des inf. nach dem part. prt.: prs. ind. sg. 3.* sá er vill heitinn horskr Háv 63, 3; *unpersönl.: prs. ind. sg. 3.* nú vill vist vita .. hvat á sýnt Sigurðr sér fyr hǫndum Grp 26, 5; *c) mit acc.: inf.* hans muntu fund vilja Hrbl 48, 2, *vgl.* Od 20, 6; *prs. ind. sg. 1.* kýs ek þats ok vil or konungs garði HHv 2, 7; *sg. 2.* vill þú tǫlu lengri? HH I 44, 8, *vgl.* Háv 113, 4, *(mit suff. pron.)* viltu Hyndl 17, 8. 18, 10 *u. ö.,* vildu HHv 26, 1; *opt. sg. 2.* vilir Gðr II 31, 8; *prt. ind. sg. 1. (mit suff. pron.)* vildak Sg 39, 8; *pl. 1.* vildum Am 96, 6; *vermischung beider constructionen (b u. c): prs. ind. sg. 1. (mit suff. pron.)* vilkat ek reiði .. þjóðkonungs, góð ráð at heldr Grípis þiggja Grp 26, 1; *d) mit acc. c. inf.: prs. ind. sg. 1.* seggi vil ek alla í sal ganga Sg 44, 1, *(mit suff. pron.)* vilkat ek mann trauðan .. aldri týna Sg 51, 5; *e) mit at c. opt.: prs. ind. sg. 1.* Hrist ok Mist vil ek at mér horn beri Grm 36, 2, *(mit suff. pron.)* vilk Ls 18, 6; *sg. 2.* vill Ls 28, 1, vilt Sd 12, 2, *(mit suff. pron.)* viltu Vsp 4, 5 [Mhff, DA V, 88 schlägt vor: vildi od. vill]; *sg. 3.* vill Skm 7, 5; *prt. ind. sg. 1.* vilda Sg 35, 1; *sg. 3.* vildi Gðr II 38, 4; *f) blossem opt.: prs. ind. sg. 2.* ef þú vill, annars kvæn vélit þik í trygð Sd 7, 2.

vilja-lauss, *adj. freudelos: m. sg. nom.* Vkv 12, 4; *f. sg. dat.* viljalaussi Gðr II 9, 3.

1. villa, *f. irrtum, aberglaube: sg. nom.* HH II 50 pr 5.

2. villa (lt) *verwirren, undeutlich machen: part. prt. verwirrt, undeutlich: f. pl. nom* viltar Am 9, 7; *n. sg. acc.* villt Am 11, 8.

villi-stigr, *m. wilder pfad: pl. acc.* villistigu *HHv 30 pr 13.*

villr, *adj. (vgl. got.* wilþeis) *irre an etw.* (ehs): *m. sg. nom. v.* vega ver-*irrt Háv 47, 3; f. pl. nom.* villar sínna heimhama, sínna hcimhaga *ohne ihre ursprüngliche gestalt widererlangen und nach hause zu-rückkehren zu können Háv 153, 5.*

vil-mál, *n. angenehme, erfreuliche rede: sg. nom. Br 12, 4.*

vil-mæli, *n. dass.: sg. dat. Háv 86, 3.*

vil-magi, *m. labmagen: pl. dat.* vil-mǫgum *Háv 133, 12 (vgl. die aus-führungen von Eiríkr Magnússon, Cambridge philol. soc. proc. 1887 s. 11 ff.; anders Wisén, EE 110 ff.).*

víl-mǫgr, *m. mensch von niederer herkunft, leibeigener, knecht: pl. nom.* vílmegir *Skm 35, 4.*

vilnask (að), *sich hoffnung machen auf etw.* (ehs), *etw. wünschen: prs. ind. sg. 1.* vilnumk *Vkv 31, 7.*

víl-sinni, *n. mühe; not, gefahr: sg. gen.* vílsinnis *Gǫr II 38, 3 (Bugge, Fkv. 425 fg.).*

víl-stigr, *m. mühseliger weg; un-glücksweg: sg. nom. Háv 99, 6.*

vín, *n. (got.* woin) *wein: sg. nom. acc. Rp 31, 7, Sd 29, 6; Grm 19, 4, Akv 2, 3. 15, 2; dat.* víni *Sd 17, 3, Hm 21, 4.*

vina, *f. freundin: sg. nom. voc. Od 4, 7; Hyndl 1, 2.*

vinda (vatt; *got.* ga-windan) *1) winden, flechten: prs. ind. sg. 3.* vindr *Sd 12, 4; part. prt. ind. pl. 3.* undu *Hrbl 18, 6; part. prt. m. sg. nom.* undinn *Vsp 39, 7; 2) wenden, drehen* (ohu): *prt. ind. sg. 3.* vatt *Gǫr I 13, 3, Akv 6, 1; v.* upp *aufwärts drehen, emporheben: prt. ind. sg. 3.* vatt *Hym 27, 3.*

vind-flot, *n. ding das im winde fliegt, spielzeug des windes (poet. bezeichnung der wolken): sg. acc. Alv 19, 3.*

vind-heimr, *m. 'windheim', d. i. himmel: sg. acc.* vindheim *Vsp 65, 7.*

vind-hjálmr, *m. 'windhelm', d. i. himmel: sg. gen.* vindhjálms brú *die himmelsbrücke, der regenbogen HH II 48, 6.*

vind-kaldr, *adj. kalt gemacht durch den wind: n. pl. acc.* vindkǫld *Hm 18, 5.*

vind-ofnir, *m. 'windweber', poet. bezeichnung des himmels: sg. acc.* vindofni *Alv 13, 3.*

vindr, *m. (got.* winds) *wind, sturm: sg. nom. Vm 36, 4, Grm 3, Alv 20, 4 u. ö.; dat.* vindi *Háv 81, 1, Fm 11, 5; acc.* vind *Vm 37, 5, Háv 152, 4, Rm 16, 8; pl. nom.* vindar *Hyndl 42, 6.*

vind-slot, *n. windstille: sg. acc. Alv 23, 3.*

vindugr, *adj. dem winde ausgesetzt: m. sg. dat.* (sw.) vindga, *Háv 137, 2 (vgl. jedoch Eggert O. Brím, Ark. 11, 10 u. Eir. Magnússon, Odins horse Yggdrasill s. 36 fg.).*

vind-þurr, *adj. durch den wind getrocknet: m. sg. nom.* (sw.) vind-þurri *Vkv 10, 9.*

vind-ǫld, *f. stürmische zeit: sg. nom. Vsp 46, 9.*

vín-ferill, *m. 'weinbringer', d. i. becher, kelch: sg. nom. Hym 31, 7.*

vín-hǫfugr, *adj. schwer von wein, mit wein gefüllt: f. pl. nom.* vín-hǫfgar *Akv 35, 2.*

vinna (vann; *got.* winnan) *1) tun-machen, ausführen, verrichten, aus-richten, schaffen, zu stande bringen, vollbringen: inf.* heiptar hefnt of v. *für die grause tat rache nehmen Bdr 10, 6, ähnl. Am 73, 7, vgl. dagegen* mál er Hǫðbroddi hefnd at v. *es ist zeit dass H. die rache ausführt HH II 24, 6; Hym 26, 1, HH II 43, 12, Br 3, 4, Od 1, 8 u. ö.; prs. ind. sg. 1. (mit suff. pron.)* vinnk *Háv 153, 4; prt. ind. sg. 2.* vant *Hrbl 15, 7. 18, 13. 38, 1, Hm 26, 1 u. ö.; sg. 3.* vann *HH II 8, 1; pl. 2.* sem ér um unnuð eiða svarða *wie ihr die geschworenen eide ausgeführt (gehalten) habt Gǫr I 21, 3 (FJ ändert* unnuð *in* rufuð); *pl. 3.* unnu *HHv 11 þr 7, Am 49, 4; u. at* svínum *trieben schweinezucht Rp 12, 12; opt. sg. 3.* ynni *Am 86, 4; part. prt. m. sg. nom.* unninn *Br 14, 6; n. sg. acc.* unnit *Hrbl 37, 3,* hvat hefir Sigurðr til saka u. *welche schuld hat S. auf sich geladen Br 1, 6; 2) jmd* (ehm od. við ohn) *etw.* (eht) *zufügen, jmd etw. antun: inf. HHv 13, 3. 38, 8; prs. ind. sg. 2.* viðr *Grp 49, 5; prt. ind. sg. 1. (mit suff. pron.)*

vannk *Sg 28, 4*; *3) leisten, schwö-*
ren (eiða, trygðir): *inf. Vkv 33, 2,*
Grp 31, 2 u. ö.; prt. ind. sg. 3.
vann *HH II 16 pr 32; part.*
prt. m. pl. acc. unna *HH II 29, 4;*
f. pl. acc. unnar *Sg 18, 8. 21, 8;*
n. sg. acc. unnit *Háv 109, 2; 4)*
jmd (ehn) *überwinden: inf.* viða
(*Noreen* [1] § *220, anm. 4) Br 5, 8;*
prs. ind. sg. 3. viðr *Gðr II 31, 6;*
5) widerstehen (ehm, ehu, við ehu):
inf. Vkv 41, 8, 10, Grp 52, 2, Od
21, 2; prs. ind. sg. 3. viðr *Am*
46, 3; pl. 3. vinna *HH II 21, 3;*
6) gewinnen, vorteil erlangen: prt.
ind. sg. 2. vantattu vígi (*durch den*
kampf) HH II 20, 5 (anders FJ
z. st.); 7) vinnask *ausreichen, vor-*
halten: inf. Háv 60, 5.

vinr, *m. freund: sg. nom. voc.* Hym
11, 9, Ls 2, 6, Háv 42, 2 u. ö.;
Hym 6, 3; gen. vinar *Grm 52, 5,*
Háv 34, 2, Sg 24, 7 u. ö.; dat.
acc. vin *Háv 42, 1. 120, 5 u. ö.;*
Háv 6, 7, Akv 21, 3 (wo mit Bugge
vin *statt* vinir *zu lesen ist), Am*
89, 3 u. ö.; pl. nom. vinir *Grm*
52, 3, Háv 41, 2 u. ö.; gen. vina
Háv 77, 6, HHv 3, 8, Fm 7, 2
u. ö.; dat. vinum *Háv 51, 2,*
Sd 37, 3; acc. vini *Háv 24, 3.*
25, 3.
vin-skapr, *m. freundschaft: sg. nom.*
Háv 51, 6.
vin-spell, *n. zerstörung der freund-*
schaft: sg. acc. Gðr I 24, 11.
vinstri, *adj. comp. link: m. sg. gen.*
vinstra *Hrbl 56, 5.*
vin-traust, *n. vertrauen auf den*
freund: sg. dat. vintrausti *Háv*
65, 3.
virðar, *m. pl. männer: gen.* virða
Akv 33, 7, HH I 56, 2, Akv 39, 2;
dat. virðum *Grp 12, 3.*
virði, *n. (Bugge, Fkv. 394a) speise:*
sg. dat. virði *Háv 115, 7; 2) ge-*
lage: sg. dat. virði *Háv 32, 3.*
virgil-nár, *m. leiche eines erhängten:*
sg. acc. virgilná *Háv 155, 3.*
virtr, *n. junges, ungegorenes bier:*
sg. dat. virtri *Sd 17, 3.*
vísa (að; *got.* ga-weisôn) *weisen, zei-*
gen: prs. ind. sg. 2. vísar þú augum
á oss *zeigst mit den augen auf*
uns, blickst uns an Hyndl 6, 3;
pl. 3. fram vísa skǫp folklíðondum

nach vorwärts weisen die geschicke
die wanderer Fm 41, 3; opt. sg. 2.
nema þú hánum vísir valstefnu til
wenn du ihn nicht zum kampf
herausforderst HH I 20, 5; imper.
sg. 2. vísa *Hrbl 55, 1, Grp 24, 5;*
prt. ind. sg. 3. sverðit er Sváva
vísaði hánum til *das S. ihm an-*
gewiesen hatte HHv 11 pr 5; part.
prt. n. sg. nom. vísat *F 304a 29.*
vísi, *m. führer, herrscher: sg. nom.*
voc. HH I 7, 5. II 3. 3 u. ö.; Vkv
14, 4. 32, 2, HH I 56. 1; dat.
vísa *HHv 23, 3, HH II 35, 7.*
vísir, *m. dass.: sg. nom.* Hyndl 26, 1.
1. viss, *adj. (got.* un-wis) *gewiss, be-*
stimmt, sicher: n. sg. acc. vist *Grp*
12. 4. 25, 5. 26, 5.
2. víss, *adj. (got.* weis *in:* fulla-weis
u. a.) 1) weise, klug, verständig:
m. sg. voc. (sw.) vísi *Alv 8, 3; dat.*
vísum *Háv 98, 3; pl. gen.* víssa
Skm 17, 3. 18, 3; dat. vísum *Vm*
39, 6, Sd 18, 7; f. sg. nom. vís
Bdr 13, 6; n. pl. nom. vís *Vm*
39, 2; superl. m. sg. nom. vísastr
Vm 55, 9; 2) kundig (ebs): *m.*
pl. nom. vísir *Vsp 49, 7; f. sg.*
nom. varð ek þess vís *erlangte kunde*
davon Hlr 13, 5; 3) zauberisch
(*Bugge, Fkv. 398a): m. sg. acc.*
vísan *Skm 8, 3. 9, 3.*
1. vit, *n. (vgl. got.* un-witi) *verstand,*
klugheit: sg. nom. acc. Háv 8, 4
(*vgl. Eirikr Magnússon, Cambridge*
philol. soc. proc. 1887 s. 6 fg.),
88, 5; Háv 9, 3; gen. vits *Háv*
5, 1. 18, 6, Sd 36, 4; dat. viti
Hrbl 20, 7, Sd 29, 6.
2. vit, *n. zusammenkunft, besuch:*
nur im sg. acc. in der verbindung
á v. ehs *zu jmd, zu od. nach etw.*
Alv 3, 5, Bdr 14, 4, Háv 59, 3
u. ö.
vita (vissa; *got.* witan) *1) wissen,*
kennen, verstehen, erfahren, bemer-
ken, kennen lernen: a) absol. (doch
ist in der regel ein unpersönl. obj.
wie þat, hitt *zu ergänzen): inf. Bdr*
8, 4, Hrbl 5, 3, Háv 63, 4, HH
II 8, 4 u. ö.; prs. ind. sg. 3. veit
Háv 27, 7. 31, 4 u. ö; sg. 2. veizt
Grp 6, 5, (mit suff. pron.) veiztu
Ls 4, 1. 23, 1, Háv 44, 1, Fm 3, 1
u. ö.; pl. 2. vituð *Vsp 24, 8 u. ö.;*
opt. sg. 2. vitir *Vm 20, 3. 24, 3 u. ö.;*

pl. 3. viti *Grm 35, 3, Vkv 14;* un-
persönl.: *opt. sg. 3.* varðar (vǫrumk)
at viti svá *dass man es so wisse
Hyndl 17, 7. 31, 3 u. ö.; b) mit
objectsacc.* (der häufig durch eine
relativpartikel vertreten wird): *inf.
Ls 54, 5, Skm 3, 3, Alv 8, 6 u. ö.;
prs. ind. sg. 1. 3.* veit *Vsp 45, 5,
Ls 54, 4 u. ö.; þrk 2, 5, Háv 27,
8 u. ö.; sg. 2.* veizt *Vm 34, 5,
Rm 19, 2,* (mit suff. pron.) veiztu
Ls 5, 1, Grp 20, 5; pl. 1. vitum
Skm 39, 2, Sg 19, 1; pl. 2. vituð
Skm 41, 2; pl. 3. vitu *Háv 54, 6,
HH II 42, 5;* opt. sg. 2. vitir *Vm
38, 3. 42, 3 u. ö.; sg. 3.* viti *Ls
21, 5, Vm 9, 5 u. ö.; pl. 3.* viti
Háv 97, 5; prt. ind. sg. 1. vissa
Ghv 10, 1. 2, (mit suff. pron.) vissak
Grp 21, 8; sg. 3. vissi *Bdr 4, 3,
Hym 30, 4, Vkv 12, 5 u. ö.; opt.
sg. 3.* vissi *Sd 2 pr 23; pl. 3.*
vissi *Rm 20, 2; part. prt. n. sg.
acc.* vitat *Alv 9, 6; c) mit dopp.
acc.* (des obj. u. praed.): *prs. ind.
sg. 1.* mik veit ek á moldu munarlausasta *Gðr I 4, 3; Grm 24, 6,
Grp 22, 1 u. ö.,* (mit suff. pron.)
veitk *Grp 40, 8; opt. sg. 1.* vita
Grm 24, 5; sg. 2. vitir *Sd 21, 2*
(wo aber FJ wol mit recht vitak
schreibt); *prt. ind. sg. 1.* vissa
*HHv 17, 3. Gðr I 17, 3, Akv 6, 5;
sg. 3.* vissi *HHv 5, Sg 14, 8; der
präd. acc. ist ein part. prt.: prs.
ind. sg. 1. 3.* mǫrg veit ek mæti
mér gengin frá *Hym 32, 1, vgl.
Grm 53, 3; Vsp 24, 1. 25, 1;
sg. 2.* veizt *Am 79, 5; der obj.
acc. fehlt: imper. pl. 2.* vitið mínu
lífi farit *dass es aus ist mit meinem
leben Rm 10, 2; d) mit acc. c.
inf.: prs. ind. sg. 1.* sverð veit ek
liggja í Sigarshólmi *HHv 8, 1, vgl.
Vsp 22, 1, Grm 12, 5, Fm 43, 1;
sg. 2.* (mit suff. pron.) veiztu *þrk
12, 7; e) mit indir. fragesätze* (auf
den häufig durch ein demonstr.
pron. hingewiesen wird): *inf. Vm
3, 4, Háv 1, 5, Grp 26, 5, Fm
24, 1 u. ö.; prs. ind. sg. 1. 3.*
veit *Vsp 2, 7, Sg 20, 5. 27, 5,*
(mit suff. pron.) veitk *Am 31, 5;
Háv 18, 1. 26, 4. 137, 8; sg. 2.*
veizt *Ls 42, 6,* (mit suff. pron.)
veiztu *Hym 6, 1, Háv 142, 1 u. ö.;*

pl. 3. vitu *Ls 8, 4, Grm 18, 5,
Háv 21, 1 u. ö.; imper. sg. 2.*
(mit suff. pron.) vittu siehe zu,
überlege (?) *Od 4, 8; prt. ind.
sg. 3.* vissi *Vsp 8, 5. 7, Sg 14, 1;
pl. 3.* vissu *Vsp 8, 9; f) mit at c.
ind.* (worauf öfter durch demonstr.
pron. hingewiesen wird): *inf. Háv
22, 5, Grp 25, 5; prs. ind. sg.
1. 3.* veit *Ls 64, 6, Grm 38, 5
u. ö.,* ek veit einn at aldri deyr
*von einem weiss ich dass Háv 76, 4;
Háv 22, 4. 27, 4; sg. 2.* (mit
suff. pron.) veiztu *F 304a 24;
g) mit at c. opt.: prt. ind. sg. 2.*
vissir *HH II 10, 1; sg. 3.* vissi
*HHv 35, 5; h) mit blossem opt.:
prs. ind. sg. 1.* veit *Ls 14, 1, Fm
7, 1* (doch sind die opt. sätze wol
eher als selbst. h̄ uptsätze zu fassen
wie die indic. *Ls 4, 4. 5, 4 u. ö.*);
i) mit genet. (von etwas wissen?):
prs. ind. sg. 2. (mit suff. pron.) barna
veiztu þinna (Läning will blut ergänzen) *Am 81, 1; opt. sg. 2.* þitt
skyli hjarta hrafnar slíta við lǫnd
yfir en þú vitir manna *Gðr II 9, 8*
(vgl. Bugge, Fkc. 423 und FJ 11,
129, aber auch Mogforg, Tidskr.
f. fil. III, 290 anm.); *sg. 3.* nema
goðs viti *Háv 20, 2; part. prs. m.
sg. nom.* sá er vitandi er vits *Háv
18, 6; f. pl. nom.* meyjar margs
vitandi *Vsp 23, 2; k) mit praepp.
u. adv.: v.* fram vorauswissen, mit
prophet. blicke begabt sein: *prt.
ind. sg. 3.* vissi *þrk 11, 3; v.
fyrir* vorauswissen (eht): *prs. ind.
sg. 2.* veizt *Hrbl 4, 3; opt. sg. 3.*
viti *Háv 56, 5; prt. ind. sg. 1.*
vissa *Rm 7, 6,* (mit suff. pron.)
vissak *Grp 19, 6; v. of* eht von
etw. wissen: *prs. opt. sg. 2.* vitir
Alv 10, 3. 12, 3 u. ö.; v. til
(til ehs) von etwas wissen, kenntnis
von etwas haben: *prs. ind. sg. 3.*
veit *Háv 12, 4; prt. ind. pl. 3.*
vissu *Am 83, 6* (vgl. jedoch til
1 6); *2) unpers. bewusst sein,
bekannt sein* (ehm): *prs. ind. sg. 3.*
ey manni þat veit *Vm 55, 1; 3)*
unpers. deuten auf etw. (ehs): *prs.
ind. sg. 3.* Loka þat veit das deutet,
das passt auf L., das ist L.'s
eigentümlichkeit (Grdtr. 196b) *Ls
19, 4; opt. sg. 3.* hlæra þú af

því .. at þér góðs viti *dass es für dich etw. gutes bedeute* Sg 31, 6; *prt. ind. sg. 3.* hræzlu þat vissi *das deutete auf furcht* Am 96, 4; *vgl. auch prt. ind. pl. 3.* vissu hjǫltín niðr *der griff zeigte nach unten, war nach unten gerichtet* Grm 54 *pr* 8; 4) *bestimmen: part. prt. m. sg. nom.* sá er þeim vǫllr vitaðr Vm 18, 6, svá var mér vílstigr of vitaðr Háv 99, 6.

víti, *n.* (*vgl. got.* fra-weit) *strafe; schaden, unglück:* 'sg. nom. dat. Háv 6, 6; Rm 1, 3.

vitja (að), *besuchen, aufsuchen* (ehs): *inf.* Vm 1, 3, Vkv 12, Sg 52, 6 *u. ö.; part. prt. n. sg. acc.* vitjat HHv 34 *pr* 3.

1. vitka, *f. zauberin: sg. gen.* vitku Ls 24, 4 (*vgl. Bugge, Stud. 138).*

2. vítka (að), *jmd* (ehn) *wegen etw.* (ehs) *tadeln: inf.* Háv 74, 6 (*vgl. FJ z. st.*).

vitki, *m. zauberer: pl. nom.* vitkar Hyndl 33, 3.

vit-lauss, *adj. unverständig: f. sg. dat.* vitlaussi Hlr 5, 3.

vitnir, *m. wolf: sg. gen.* vitnis Vm 53, 6; *acc.* vitni Grm 23, 6.

vitnis-hræ, *n. wolfsfleisch: sg. acc.* F 306b 15.

vitr, *adj.* (*vgl. got.* fulla-wita) *weise, klug: m. sg. nom.* Rm 4; *f. sg. dat.* vitri Am 3, 5. 11, 7; *n. sg. dat.* vitru Grp 51, 7; *superl. m. sg. nom.* vitrastr Grp 3. — *Name eines zwerges* Vsp 15, 4.

vitta (tt), *betreiben* (?): *prt. ind. sg. 3.* vitti Vsp 1, 4.

vittugr, *adj. zauberkundig: f. sg. dat.* vittugri Bdr 4, 5.

víxla (xt; að), *wechseln, vertauschen* (ehu): *prs. ind. pl. 2.* víxlið Grp 37, 5. 43, 5.

vón, *f. s.* ván.

vrá (*später* rá), *f. winkel, ecke: sg. dat.* vrá Háv 26, 3, Sg 29, 6; *acc.* rá Am 59, 4.

vrangr, *adj.* (*später* rangr) *unrichtig, verkehrt, falsch, schief: n. sg. nom.* rangt Háv 125, 9; *pl. acc.* vrǫng Fm 33, 6.

vreiði, *f.* (*später* reiði) *zorn: sg. dat.* vreiði Fm 33, 5, reiði Grp 49, 1, Am 75, 7; *acc.* vreiði Akv 2, 4, reiði Vkv 29, 10, HH II 15, 6 *u. ö.*

vreiðr, *adj.* (*später* reiðr) *zornig, erzürnt* (auf *jmd:* ehm): *m. sg. nom.* vreiðr þrk 1, 1, Ls 15, 5 *u. ö.*, reiðr Sg 13, 1 (*doch ist wol mit Bugge der allit. wegen* hryggr *zu schreiben*), Am 51, 2; *dat.* vreiðum Ls 27, 6; *acc.* vreiðan Fm 7, 3; *pl. nom.* vreiðir Ls 18, 6. 31, 4 *u. ö.*, reiðir Am 36, 4. 41, 6; *f. sg. nom.* vreið þrk 12, 1; *pl. nom.* vreiðar Ls 31, 5.

vreka (vrak; *später* reka; got. wrikan) 1) *treiben: inf.* reka Rm 14 *pr* 9; *prs. ind. sg. 3.* rekr Háv 71, 2, Gðr I 24, 7 (*vgl.* alda); *prt. ind. sg. 3.* rak Grm 3; *pl. 3.* vráku Akv 13, 7; *part. prt. m. pl. nom.* reknir þrk 21, 2; *unpers. prt. ind. sg. 3.* rak Grm 11, Ghv 2; vrekask *sich gegenseitig vertreiben* (?): *prs. ind. pl. 3.* Háv 32, 3 (*vgl. aber* Mhff DA V, 261); 3) *ausführen* (eht): *part. prt. n. sg. acc.* rekit F 303b 29; 4) *etw.* (ohs) *rächen: inf.* vreka Vm 53, 3, reka Grp 9, 4 (*vgl. Zz 26, 26),* Rm 11, 8, Gðr III 6, 6.

væða (dd), *kleiden: part. prt. m. sg. nom.* væddr Háv 61, 3.

vægja (gð), *rücksicht od. schonung üben, nachgiebig sein: inf.* Am 25, 7. 39, 2. 98, 5.

væla (lt; *richtiger wol:* véla) *in stand setzen, herrichten* (Bugge, Fkv. 77a *und* Ark. 2, 353): *prt. ind. sg. 3.* vælti Grm 6, 5.

væna (nt; got. wênjan) *jmd* (ehm) *etw.* (ehu) *zudenken: prt. ind. sg. 3.* vænti Gðr III 9, 8.

vængr, *m. fittich, flügel: pl. dat.* vængjum Vm 37, 4, Sd 16, 5.

væni, *n.* (?) *erwartung: sg. nom.* Háv 73, 4.

vænn, *adj. schön: m. sg. acc.* vænan HHv 5 *pr* 13; *superl. f. sg. acc.* vænsta HHv 5; *pl. acc.* vænstar HHv 12.

vænta (vætta), 1) *auf etw.* (ehs) *warten, etw. erwarten: prt. ind. sg. 1.* (*mit suff. pron.*) vættak Háv 95, 3; *pl. 1.* vættum Hym 11, 5; 2) *jmd* (ehm) *etw.* (ehs) *in aussicht stellen, ankündigen: prt. ind. sg. 3.* vætti Gðr II 33, 4; 3) *unpers. erwarten, ahnen: prs. ind. sg. 3.* þess væntir mik *das ahnt mir, das erwarte ich* Hym 18, 1.

værr, *adj. zum aufenthalt geeignet, behaglich: n. sg. dat.* væru *Grm 13, 5.*

væta (tt), *nass machen: inf. Hrbl 13, 3.*

vætki, *n. (d. i.* vætr-gi) *nichts: sg. nom. acc. Háv 118, 10, Grp 25, 6; Háv 27, 8. 74, 2 u. ö.; gen.* vettergis (*Noreen*[2], *§ 325, 2) Vsp 11, 3; dat.* vættugi *Am 39, 3;* vætki *nicht Am 98, 6.*

vætr, *n. nichts: sg. nom. Hrbl 23, 7, Grp 39, 8; acc.* þrk *26, 5, Ls 15, 6, Am 5, 3;* hjóna v. *keinen von den gatten Am 93, 10; nicht:* þrk *28, 5, Vkv 41, 7. 9. — Vgl.* vættr.

vætt (*Ls 24, 3*) *s.* vétt.

vættr, vætr, *f. (got.* waíhts) *1) lebendes wesen weibl. geschlechts, bes. von übermenschlicher art: sg. nom.* vættr *HHv 27, 4,* vætr *Sd 2 pr 11; pl. nom.* vættir *Od 8, 2; 2) erbärmliches geschöpf, wicht: sg. nom. voc.* vættr *Gðr I 23, 3; Ls 57, 1. 59, 1 u. ö.; gen.* vættar *Gðr I 22, 7; 3) ding: pl. gen.* vætna *Alv 9, 6. — Urspr. ident. mit* vætr, *n.*

vǫllr, *m. 1) feld, gefilde: sg. nom. Vm 17, 4, Am 50, 6 u. ö.; gen.* vallar *Alv 29, 2; dat.* velli *Grm 22, 2, Háv 11, 5, HH II 9, 4 u. ö.; acc.* vǫll *Vsp 68, 6, Rp 38, 6, Akv 5, 1; pl. dat.* vǫllum *Vsp 32, 6; acc.* vǫllu *Vsp 28, 8, Akv 13, 8; 2) kampfplatz: sg. acc.* vǫll *HHv 34 pr 7.*

vǫlr, *m. (got.* walus) *stab: pl. nom.* velir *Háv 146, 6.*

Vǫlsunga-kviða, *f. das lied von den Volsungen: sg. dat.* Vǫlsungakviðu *HH II 12 pr 19.*

vǫlva, *f. (nach Mhff DAV, 42 'stabträgerin', vgl. aber RHeinzel, Anz. f. d. a. 12, 49 anm.) weissagerin, zauberin: sg. nom. voc. Bdr 13, 5, HH I 38, 1; Bdr 8, 1. 10, 1. 12, 1; gen. acc.* vǫlu *Bdr 4, 4, Háv 86, 3; Vsp 1, 3; pl. nom.* vǫlur *Ls 24, 3, Hyndl 33, 1.*

vǫndr, *m. (got.* wandus) *rute, busch; poet. bezeichnung des waldes: sg. acc.* vǫnd *Alv 29, 6.*

vǫrð, *f. weib: sg. nom. Gðr III 3, 7; pl. nom.* varðir *Ls 33, 3.*

(*Vgl. Bugge, Fkv. 118b. 426; KGislason, Njála II, 590.*)

vǫrðr, *m. (vgl. got.* wardja, *daúrawards) 1) hüter, wächter: sg. nom. Ls 48, 6, Skm 28, 6, Grm 13, 4; pl. nom.* verðir *Akv 15, 3; 2) wache: acc.* vǫrð *HHv 5 pr 4, HH II 48 pr 4 u. ö.*

vǫrnuðr, *m. warnung: sg. acc.* vǫrnuð *Akv 8, 4.*

vǫxtr, *m. (got.* wahstus) *wuchs: sg. acc.* vǫxt *Alv 33, 3, Sf 31, Rm 4.*

Y.

ý-bogi, *m. bogen aus eibenholz: sg. dat.* ýboga *Gðr II 18, 12.*

yðarr, yðvarr, *pron. poss. (got.* izvar) *euer: m. sg. acc.* yðarn *HHv 26, 7; pl. acc.* yðra *Ls 29, 2, HH II 39, 5; f. sg. nom.* yður *Br 17, 1; acc.* yðra *Ghv 2, 6; pl. nom. acc.* yðrar *Hrbl 17, 1; HH I 35, 3. 45, 5; n. sg. nom.* yðvart *Sg 53, 5; gen.* yðars *Am 42, 6; dat.* yðru *Rm 7, 4; pl. dat.* yðrum *HHv 12, 3, Sg 52, 2; acc.* yður *Skm 18, 6.*

yfir, *praep. u. adv. (got.* ufar) *I. praep. c. dat. u. acc. A. c. dat. bezeichnet es 1) den ort, die person, den gegenstand, über dem oder oberhalb dessen etw. sich befindet oder zuträgt:* fugl sat í limunum uppi yfir hánum *HHv 11, yfir* ok undir stóðumk *(d. i.* stóðu mér) jǫtna vegir *über und unter mir Háv 105, 4, vgl. Vsp 22, 7, Háv 13, 2, Br 7, 6, Gðr I 1 u. ö.; 2) die person die ein anderer an wert übertrifft:* svá var mínn Sigurðr . . y. ǫðlingum *so sehr überragte S. die edelinge Gðr I 18, 8; B. c. acc. bezeichnet es 1) den ort über oder durch den sich etw. hin bewegt, über den sich etw. erstreckt, und zwar a) dem nomen nachfolgend:* gínn lopt y. gjǫrð jarðar *Vsp 57, 1, Muspells* synir ríða Myrkvið y. *Ls 42, 5,* vitku líki fórtu verþjóð y. *Ls 24, 5,* þeirar er lǫgðumk arm y. *(d. i.* er lagði arm y. mik) *Háv 107, 6, vgl. Vsp 68, 6, Skm 10, 3, Vm 22, 5, Grm 20, 3, Hyndl 42, 3 u. ö.; b) dem nom. vorausgehend:* (Atli) fór y. ána *HHv 5 pr 4,* hvártki knátti hǫnd

innat . . okkart leggja *Hlr 12, 6,
. Hrbl 13, 6, Fm 9 u. ö.*; *2) auf
frage wo? den ort über dem*
ʼ. *geschieht:* (Skaði) festi (eitrorm)
ɔ y. andlit Loka *Ls 65 þr 4;*
ʼI. *adv. darüber, darüber hin:*
ɔ *61, 6, Bdr 7, 4, Ls 20, 6, Grm*
ʒ, *Háv 80, 5 u. ö.*, y. binda *ver-
den Sg 32, 8,* ráðask y. *es über
* ʻ *gewinnen* (?) *Am 77, 1.* —
er das verhältnis von of *zu* yfir,
ʒ *dem von* fyr *zu* fyrir *analog
war, s. unter* fyr.

yfir-maðr, *m. gewalthaber, herrscher:
pl. dat.* yfirmǫnnum *Hyndl 13, 8.*

yggjungr, *m. schrecker ('deus terri-
bilis' Svbj. Egilsson): sg. nom.
Vsp 2, 3.*

ýgr (yggr?), *adj. schrecklich, verderblich* (?): *n. sg. nom.* ýgt *Am 1, 6
(R* yet *corr. aus* yǫr).

ykkarr, *pron. poss.* (got. iggqar)
*euch beiden gehörig: m. sg. nom.
Rm 6, 6, Am 12, 3; dat.* ykkrum
Skm 2, 2; pl. acc. ykkra *Am 25, 5;
f. sg. nom.* ykkur *Vkv 36, 8, Sg
61. 2, Hm 3, 1; pl. acc.* ykkrar
Gðr I 17, 3; n. sg. dat. ykkru *Hm
9, 6; pl. dat.* ykkrum *Ls 25, 1.*

ýkva, s. víkja.

ylfskr, *adj. wölfisch, treulos, ver-
räterisch: m. sg. nom.* Akv 8, 7.

ýmiss, *adj. verschieden: m. pl. nom.*
ýmsir *zu verschiedenen zeiten, einzeln (FJ z. st.) Sg 42, 6; dat.*
ýmissum *Sg 40, 2; acc.* ýmsa *F
303b 6; n. sg. acc.* ýmist *Sg 15, 1.*

ymja (umða), *rauschen, erklingen:
prs. ind. sg. 3.* ymr *Vsp 48, 3;
prt. ind. pl. 3.* umðu *Akv 35, 1.*

ymr, *m. getöse, lärm: sg. nom. HH I
28, 1, Akv 39, 1.*

ynði, *n. glückseligkeit, wonne, lust:
sg. nom. dat. Háv 96, 4, Grp 51, 6;
Grp 44, 1, Gðr II 34, 6; gen.* ynðis
Vsp 66, 8, HH I 9, 4.

yppa (þó), *in die höhe heben, emporheben, erheben* (ehu): *prt. ind. sg. 3.*
ypði *Am 45, 2; pl. 3.* ypðu *Vsp
7, 2; part. prt. n. sg. acc.* ypt
Grm 45, 1.

yrkja (orta; *got.* waúrkjan) *1) wirken,
machen, tun, zu stande bringen:
part. prs. m. pl. acc.* yrkjendr
(*Sievers, Beitr. 12, 486 ff.) arbeiter*

Háv 59, 2; 2) *dichten: part. prt.
f. sg. nom.* ort *Akv 6.*

yrmlingr, *m. junge schlange: sg.
dat.* yrmlingi *Rp 34, 8.*

ýtar, *m. pl. menschen: gen.* ýta *Vm
40, 4, Háv 28, 5 u. ö.*

þ.

þá, *adv. 1) auf die vergangenheit
zurückweisend, da, damals: Vsp
7, 7, þrk 1, 1, Ls 32, 6, Hrbl 15, 7,
Vm 29, 3 u. ö.; auch in der erzählung vergangener dinge den fort-
schritt der handlung oder das eintreten einer neuen begebenheit bezeichnend, dann, darauf: Vsp 9, 1,
Bdr 4, 1, þrk 4, 5, Vm 5, 1, Háv
140, 1, Rp 4, 1, Vkv 26, 1, HHv
5, 7 u. ö.;* þá er (þá . . er) *damals
als, als: Vsp 2, 2, Hym 14, 2, Ls
46, 6, Hrbl 20, 3, Grm 49, 4, Háv
95, 1 u. ö.; er . .* þá *als . . da:
Grm 8, Háv 100, 3, HH II 20,
Dr 13 u. ö.;* þá . .* er* þá *als . . da:
F 304a 18. 19; 2) auf die zukunft deutend, dann: Vsp 35, 1,
Ls 27, 6, Hrbl 34, 1, Vm 9, 4,
Háv 17, 6 u. ö.;* þá er (þá . . er)
*dann wenn, wenn: Vsp 54, 1, Ls
58, 4, Vm 44, 5, Grm 23, 6, Háv
6, 4 u. ö.,* þá . . ef *dann . . wenn:
Hrbl 33, 1, Háv 30, 4, HH II 32,
1 u. ö.; ef . .* þá *wenn . . dann:
F 304a 25; 3) nun, jetzt* (?): þá
*er sókn lokit HH I 57, 10; 4)
dann, in diesem falle, unter diesen
umständen (bes. beim imper): bindu
vér þór* þá *brúðar líni þrk 14, 5,
rístu* þá *Ls 10, 1, vgl. Hrbl 45, 1
(wo Sijmons mit recht das hsl.* þó
in þá *ändert), Skm 8, 1. 21, 1, Sf
16 u. ö.;* hví . . þá *warum denn
Vm 9, 1.*

þaðan, *adv. dorther, von dort: Vsp
22, 5, Bdr 2, 5, Vm 14, 6, Grm
26, 6, Háv 138, 6, Rp 5, 3,
Hyndl 16, 1 u. ö.;* þ. af (af þ.)
*davon: Ls 65 þr 7, Skm 6, 5, Vm
45, 6.*

þaðra, *adv.* (got. þaþrô) *dort: Am
96, 2.*

þá-fjall, *n. fels auf dem der schnee
im schmelzen begriffen ist: sg. dat.*
þáfjalli *Háv 89, 10.*

þagall, *adj. schweigsam: n. sg. nom.* þagalt *Háv* 15, 1.

þagna (að), *still werden, verstummen: prt. ind. pl. 3.* þǫgnuðu *Ls* 5 pr 4.

þak, *n. decke: sg. dat.* þaki *Gðr III* 2, 6.

þakka (að), *jmd* (ohm) *für etw.* (eht) *danken: prs. ind. sg. 1.* Am 54, 9.

þá-na, *adv. um die zeit etwa, ungefähr um die zeit:* Hrbl 58, 2 (*Bugge, Aarb.* 1869, *s.* 258 *fg.; anders Bugge u. FJ z. st.*).

þangat, *adv. dorthin:* Hrbl 57, 1, *Am* 14, 2.

þaunig, *adv.* (d. i. þann veg) *in solcher weise, so;* þ. er als ob *Hyndl* 6, 4.

þar, *adv.* (got. þar) 1) *dort:* Vsp 36, 5, Ls 23, 7, Hrbl 16, 5, Skm 39, 5, Grm 7, 2, Háv 103, 3 u. ö.; þar er (þar . . er) *dort wo, wo:* Bðr 4, 3, Hym 18, 7, Skm 26, 4, Fm 35, 7 u. ö., þars (d. i. þar es) *dass.:* Ls 50, 6, Grm 8, 2 u. ö., þar sem *dass.:* HH II 27 pr 6, F 303a 11; 2) *dorthin* (nach koma u. fara): Grm 22, Rp 10, 1, Vkv 4, 1, Am 8, 3 u. ö.; þar er *dorthin wo* Od 23, 6, þars *dass.* Hrbl 60, 2; 3) *dorther:* Vm 31, 4; þars *woher:* Sg 45, 7; 4) *da* (tempor.): Vsp 13, 1, þrk 24, 1, Hym 14, 5, Hyndl 19, 5 u. ö.; þar er (þar . . er) *damals als, als:* Vsp 6, 2, Háv 143, 9, HH II 1, 7 u. ö., *während, da doch:* Hyndl 7, 5, Fm 37, 4; 5) þar á *darauf* HHv 30 pr 10; þar af *davon* Skm 3; þar í *dort hinein* Fm 6; þár í mót *dem entgegen* Sd 2 pr 20; næst þar *demnächst, darauf* Hyndl 20, 1; þar or *daraus* Ls 65 pr 4; þar við *dagegen, darauf* Rm 11 pr 4; þar yfir *darüber* Illr 10, 5.

þarfi, *sw. adj.* (got. þarba) *bedürftig* (ehs): *m. sg. nom.* Grp 2, 5.

þarfr, *adj.* (got. þarbs) *nützlich, erspriesslich: f. sg. nom.* (mit *suff. neg.*) þǫrfgi *Sg* 35, 8 (*FJ z. st.*); *n. sg. acc.* þarft *Vm* 10, 3, *Háv* 19, 3; *pl. nom.* þǫrf *Háv* 161, 6.

þar-með, *adv. damit* Fm 44 pr 5.

þarmr, *m. darm: pl. dat.* þǫrmum *Vsp* 35, 4, *Ls* 65 pr 2.

þáttr, *m. docht, faden; teil, glied: pl. gen.* þátta *Hm* 4, 3.

þegar, *adv. sogleich, alsbald:* þrk 17, 5, Vm 5, 6 u. ö.; þegars (d. i. þegar es) *sobald als:* Am 10, 6.

þegja (þagða; vgl. got. þahan) *schweigen: inf.* Bdr 7, 8, Grp 45, 2 u. ö.; *prs. ind. sg.* 2. 3. þegir HHv 6, 6, Sd 25, 2; Háv 7, 3. 29, 2. 79, 6; *pl.* 2. þegið Ls 7, 1; *opt. sg.* 2. þegir Ls 41, 5; *sg.* 3. þegi Vm 10, 3, Háv 19, 3. 27, 3; *imper. sg.* 2. þegi Ls 17, 1, Gðr I 24, 3 u. ö., þ. þú . . þeira orða *schweige von diesen worten* þrk 17, 3, (mit *suff. negat. u. pron.*) þegiattu Bdr 8, 1 u. ö.; *part. prs. m. sg. nom.* þegjandi Háv 103, 3; *prt. ind. sg.* 1. (mit *suff. pron.*) þagðak Háv 110, 4; *pl.* 3. þǫgðu Háv 110, 8, Br 15, 1 u. ö.

þegn, *m.* 1) *knabe: sg. acc.* Háv 156, 2; 2) *waffenfähiger jüngling, krieger, held: sg. nom. acc.* Háv 149, 2; Hlr 10, 5, F 304b 19; *gen.* þegns 'Grp 42, 6; *pl. nom.* þegnar Grp 1, 4, Am 51, 6; *gen. acc.* þegna Br 8, 6; Gðr II 14, 8; *dat.* þegnum HH I 10, 8, Grp 1, 8, Od 24, 1. — *Als männl. eigenname* Rp 24, 4.

þekja (þakða), *mit einem dach versehen, decken* (eht chu): *prt. ind. pl.* 3. þǫkðu Grm 6, 3; *part. prt. m. sg. nom.* þakiðr Grm 9, 5, þakðr Grm 15, 3; *acc.* þakðan Vsp 66, 3; *f. pl. gen.* þakinna *næfra zum decken geeignete birkenrinde* Háv 60, 2.

þokkja (þekða, þátta), *gewahr werden, erblicken: prs. ind. sg.* 3. þekkir Vkv 17, 6; *prt. ind. sg.* 1. (mit *suff. pron.*) þekðak Gðr II 13, 4; *sg.* 3. þokði þrk 31, 4, þátti Od 16, 8.

þengill, *m. herrscher, fürst: sg. nom. voc.* Grm 16, 4, HH I 23, 5, Grp 25, 3; Grp 41, 7, Akv 34, 5.

1. þerra, *f. tuch zum abtrocknen, handtuch* (anders Eirikr Magnússon, Cambridge philol. soc. proc. 1887 s. 5): *sg. gen.* þerru Háv 4, 3.

2. þerra (rð; vgl. got. ga-þairsan) *abwischen, abtrocknen: inf.* Ls 4, 6, Sd 34, 4; *prs. ind. sg.* 2. þerrir Fm 25, 3.

þessi, *pron. demonstr. dieser:* 1) mit *subst. a) demselben vorausgehend:*

, sg. acc. þenna Skm 23, 1. 25, 1,
m 27, 6; pl. acc. þessa Rm 12
1; f. sg. gen. þessar Ls 6, 2,
'yndl 45, 5; dat. þessi Br 20
1; acc. þessa Od 7; pl. dat.
.ssum Skm 25, 4; n. sg. acc.
'tta Grm 20, HHv 39, 7; pl.
m. þessi F 304b 8. 29; b) dem-
e'ben nachfolgend: m. sg. dat.
ssum Am 83, 8; acc. þenna
λn 61, 6, Hm 11, 4; f. pl.
uuc. þessar Grp 1, 2; n. sg.
nom. acc. þetta Rþ 7; HHv 9 pr
4, Am 11, 4. 14, 4; pl. gen.
þessa Háv 161, 1; 2) mit subst.
u. adj.: n. pl. acc. þessi in hnœfiligu orð Hrbl 43, 2; 3) mit adj.:
n. sg. dat. at þessu trúi ǫllu Háv
87, 8; 4) absol.: m. sg. acc.
þenna Gðr II 31, 8; pl. nom.
þessir F 304b 37; f. sg. acc.
þessa Vm 46, 6; n. sg. nom. acc.
þetta HHv 4 pr 1, Gðr I 9, Hm
30 pr 1; Ls 65 pr 1, Akv 6, F
303a 17 u. ö.

þeygi (d. i. þau-gi: Noreen ² § 65),
negat. 1) doch nicht, dennoch nicht:
Vsp 36, 6, Skm 4, 6, Sg 69, 2
u. ö.; þ. at heldr trotzdem nicht
Háv 95, 6; 2) durchaus nicht:
Hrbl 6, 1, Am 16, 8 u. ö.

þeysask (st), vorwärts stürmen: prt.
opt. sg. 3. þeystisk Am 25, 4.

þiðna (að), auftauen, schmelzen; vergehen: prs. opt. pl. 3. þiðni Ghv
21, 8.

þiggja (þá), 1) empfangen, erhalten,
erlangen, erreichen (eht): inf. Háv
39, 3, Hyndl 2, 8, Grp 26, 4, Rm
18, 8 u. ö.; prs. ind. sg. 2. þiggr
Háv 161, 6; pl. 1. þiggjum Hym
6, 1; prt. ind. sg. 3. þá Gðr III
10, 7 (wo mit Wisén, EE 129 zu
lesen ist: svá þá hefnd Guðrún
harma sínna); opt. sg. 3. þægi Am
60, 10; part. prt. n. sg. acc. þegit
Háv 9, 5, HH II 3, 2; pl. nom.
þegin Háv 39, 6; 2) annehmen
(eht): inf. Sf 7, Gðr II 33, 10;
prs. ind. sg. 1. þigg Skm 20, 2,
HHv 7, 7, (mit suffig. pron. u.
negat.) þikkak Skm 22, 1; imper.
sg. 2. þigg þú hér nimm hier an
(die gastl. aufnahme die ich dir
biete) Grp 5, 5; part. prt. n. sg.
nom. þegit annehmbar, willkommen

Háv 39, 3 (anders FJ z. st. und
Ark. 4, 46 fg.) 3) jmd (ehn) in
seinen schutz aufnehmen, ihn be-
schützen: inf. Sd 2 pr 12 (wo
jedoch FJ þiggja in týja ändert).

þing, n. (vgl. got. þeihs?) 1) öffentl.
versammlung: sg. acc. Hym 39, 2;
gen. þings Háv 113, 3, Br 20 pr 10;
dat. þingi Vsp 49, 4, Bdr 1, 2,
Háv 25, 5, Am 98, 1 (wo jedoch vígi
statt þingi zu lesen ist: Zz 26, 29)
u. ö.; pl. dat. þingum Grm 49, 6;
2) zusammenkunft, stelldichein: sg.
dat. þingi Skm 38, 4.

þing-logi, sw. adj. dingbrüchig, wer
ohne triftige entschuldigung von
öffentl. versamlung ausbleibt: f. sg.
nom. varðat hrǫnnum hǫfn þingloga
die schiffsmannschaft scheute sich
nicht vor der begegnung mit den
wellen HH I 30, 4 (Bugge z. st.).

þínn, pron. poss. (got. þeins) dein:
m. sg. nom. acc. Ls 30, 6, Skm 25,
6 u. ö.; þrk 10, 3, Ls 17, 6 u. ö.;
gen. þíns Skm 40, 6, Vm 11, 3
u. ö.; dat. þínum Ls 32, 4, Háv
120, 5 u. ö.; kǫgursveini þínum
dir, du lumpenkerl! Hrbl 13, 5
(vgl. Grimm, Gramm. 4, 295 fg.);
pl. nom. þínir HH II 20, 3. 34, 8;
gen. þínna Hym 11, 4, Vm 8, 3
u. ö.; dat. þínum Skm 35, 9, Háv
126, 7, HHv 34, 8; acc. þína Ls
17, 4, Skm 5, 1 u. ö.; f. sg. nom.
þín Ls 65, 4, Hrbl 4, 5 u. ö.;
gen. þínnar Hyndl 19, 4, HH II
16, 4 u. ö.; dat. þínni Ls 36, 4,
Hrbl 26, 6 u. ö.; acc. þína HHv
32, 5, Grp 39, 3 u. ö.; pl. nom.
acc. þínar Ghv 4, 7, Hm 7, 1; Hrbl
6, 5, Alv 7, 1, HH I 39, 8; dat.
þínum Ls 60, 1, Hm 24, 8; n. sg.
nom. acc. þítt Vm 20, 2, HHv 20,
5 u. ö.; Ls 14, 4, Skm 31, 4 u. ö.;
gen. þíns Hrbl 8, 9. 32, 1; dat.
þínu Ls 57, 6, Am 94, 8; pl.
nom. acc. þín Hym 19, 5, Hrbl
4, 4, Vkv 31, 6; Rm 9, 4, Sd 21, 4;
gen. þínna Vm 8, 6, Akv 38, 2
u. ö.; dat. þínum HH I 45, 4.

þinnig (richtiger þinig), adv. hierher: Bdr 9, 2, HH I 23, 6 u. ö.

þistill, m. distel: sg. nom. Skm
31, 6.

þjá (að), zwingen, nötigen: prs. ind.
sg. 3. þjár Rm 10, 3.

þjarka, f. *kampf, streit: sg. acc.*
þjǫrku *Am 49, 1.*
þjóð, f. (got. þiuda) *1) volk, menge:*
sg. nom. acc. Háv 63, 6, Am 102, 8;
Hrbl 37, 4; *gen.* þjóðar Skm
10, 4, Grp 41, 7, Gǫr I 26, 2;
2) pl. þjóðir *menschen, leute: nom.*
Sd 12, 8; *gen.* þjóða Háv 143, 8.
þjóð-á, f. *mächtiger strom: pl. nom.*
þjóðár Vm 49, 1 (Mhff DA V, 242 n.
liest: þrjár þjóðar *drei scharen*).
þjóðann, m. (got. þiudans) *könig:*
sg. gen. þjóðans Háv 15, 2. 144, 2,
Akv 22, 6 (*wo jedoch aus metr.*
gründen þjóðans *in* þjóð-konungs
zu ändern ist: Zz 26, 27) *u. ö.;*
acc. þjóðan Akv 21, 7.
þjóðar-mál, n. *volksversammlung:*
sg. gen. þjóðarmáls Háv 113, 3
(*conjectur von* JFritzner, Ark. 1,
22 ff., *statt des hsl.* þjóðans máls).
þjóð-góðr, adj. (þjóð = got. þiuþ?)
überaus gut, herrlich: m. sg. acc.
þjóðgóðan Am 62, 1.
þjóð-konungr, m. *volkskönig: sg.*
gen. þjóðkonungs Grp 19, 4. 26, 2;
dat. þjóðkonungi Sg 36, 2, Ghv
14, 4; *acc.* þjóðkonung Grp 1, 3;
pl. nom. þjóðkonungar Sg 35, 6.
36, 10; *gen. acc.* þjóðkonunga
Akv 44, 6; Hm 4, 2.
þjóð-kunnr, adj. *allgemein bekannt:*
n. sg. nom. þjóðkunt Sg 38, 8.
þjóð-leiðr, adj. *allgemein verhasst:*
f. sg. voc. þjóðleið Gǫr I 24, 3.
þjóð-lǫð, f. (þjóþ = got. þiuþ?)
freundl. einladung sg. gen. þjóð-
laðar Háv 4, 3.
þjófr, m. (got. þiufs) *dieb: pl. nom.*
þjófar Háv 130, 10; *gen.* þjófa
Hrbl 8, 6.
þjónn, m. *sklave, knecht: pl. nom.*
þjónar Sg 70, 3; *acc.* þjóna Sg 67, 3.
þjónustu-maðr, m. *diener: pl. nom.*
acc. þjónustumenn Ls 8. 12; Ls 10.
þjórr, m. *stier: sg. dat.* þjóri Hym
19, 1; *pl. nom.* þjórar Hym 14, 5,
þjóstr, m. *wildheit, zorn: sg. dat.*
þjósti Am 25, 3.
þjóta (þaut, vgl. got. þut-haúrn)
1) heulen (vom wolfe): inf. Rm 22, 2,
Gǫr II 8, 7; *2) rauschen (vom*
wasser): prs. ind. sg. 3. þýtr Grm
21, 1; *prt. opt. sg. 3.* þyti Am
25, 3; *3) ertönen, widerhallen:*
prt. ind. pl. 3. þutu Hym 24, 2;

4) blasen: prt. ind. sg. 3. halr í
horn um þaut Hm 19, 6.
þó, adv. u. conj. (got. þáu, þáuh)
1) adv. doch, dennoch, jedoch, trotz-
dem: Vsp 26, 10, Hym 29, 7, Ls
36, 6, Hrbl 15, 5 u. ö.; þótt . . þó
wenn auch . . doch Hrbl 12, 3, Háv
36, 6; þó . . þótt *doch . . wenn auch*
þrk 4, 1; þó . . at *doch . . wenn* þrk
4, 3, Am 60, 9; þó . . *alls* þó *den-*
noch . . da einmal Am 28, 3. 4; þó
. . *ef doch . . wenn auch* Rm 11, 1;
2) conj. und doch, wenn auch, ob-
gleich: Vm 49, 6, Hyndl 27, 7,
Sd 35, 7 u. ö.
þóat, conj. *obgleich:* Grp 42, 5 (*häu-*
figer ist die zus.gezogene form þótt
(*s. d.*) *die auch an unserer stelle*
dem metrum besser entspräche).
þola (lð; got. þulan) *dulden, ertragen:*
inf. Skm 24, 1, Háv 40, 3, Hyndl
48, 4; *prt. ind. sg. 3.* þolði Am 62, 8.
þollr, m. *1) föhre, kiefer; baum*
überhpt: sg. dat. þolli Vsp 23, 4;
2) balken: sg. dat. þolli Hym 13, 4.
þora (rð), *wagen: prs. ind. sg. 1.*
þori Hyndl 44, 3, (*mit suff. pron.*
u. negat.) þoriga Vkv 26, 7; *sg. 2.*
þorir Ls 58, 4; *prt. ind. sg. 2.*
þorðir Hrbl 26, 5; *sg. 3.* þorði
þrk 29, 4, HH II 4, 7 u. ö.
þorgríms-þula, f. *gedicht des* þor-
grímr: sg. dat. þorgrímsþulu F304b
9. 30.
þorn, m. (got. þaúrnus) *dorn: sg.*
dat. þorni Fm 43, 5.
þorp, n. (got. þaúrp) *freier, unge-*
schützter platz, baumloser hügel
(*vgl.* KGíslason, Njála II, 43 *und*
Norr. skr. 5, 5, *wo* þorp *geradezu*
für haugr *steht): sg. acc.* Vm 49, 2;
dat. þorpi Háv 50, 2.
þótt (d. i. þó at) *conj. 1) obgleich, ob-*
schon, wenn auch: a) c. opt. prs.
Ls 29, 6, Hrbl 9, 2, Skm 22, 2,
Grm 1, 5, Háv 16, 6 u. ö., (*mit*
suff. pron.) þóttu Ls 62, 3, Hyndl
49, 3 u. ö.; *b) c. opt. prt.* þrk
4, 2, Hym 28, 6, HHv 39, 7 u. ö.;
2) ob nicht vielleicht (c. opt. prs.):
Háv 31, 6 (*s.* FJ *z. st.*); *3) in*
abgeschwächter bedtg, dass (einen
objectssatz einleitend, c. opt. prs):
Hlr 3, 3 (Heinzel, Anz. f. d. a.
13, 247. 15, 192 fg.). *Vgl.* þóat.
1. þrá, f. *1) sehnsucht: sg. acc.* Sg

; 2) *entbehrung; mangel, ver-*
: *sg. nom.* Ls 39, 3 (*KGisla-*
, *Aarb. 1866, 247 anm.*).
i, *n. trotz: sg. acc.* í þrá *trotzig*
m 2, 6.
girni, *f. eigensinn: sg. dat.*
m 28, 3.
ʒjarn, *adj. trotzig, eigensinnig:*
sg. nom. Gör II 44, 3.
jarnliga, *adv. eigensinnig,*
hartnäckig: Gör II 17, 3. 32, 3
(*anders* FJ II, 129b).
þrá-mæli, *n. hartnäckigkeit (zunächst*
soweit sich dieselbe in reden äussert):
sg. nom. Am 102, 7 (*anders* FJ
z. st.).
þrasa (st; *vgl. got.* þrasa-balþei)
dräuen, jmd zu verscheuchen suchen
(*Bugge, Stud. 395 anm. 2*): *prs.*
ind. sg. 2. þrasir Ls 58, 3.
þref-tǫnn, *f. hervorstehender zahn(?):*
pl. dat. þreftǫnnum Akv 11, 6 (*Bug-*
ge, Fkv. 429a).
þreifa (að), *tasten;* um þroifask *um*
sich tasten: inf. þrk 1, 8.
þrekr, *m. kraft; kraftprobe, arbeit:*
sg. acc. þrek Hrbl 48, 3.
þrek-virki, *n. arbeit, die kraft er-*
fordert, heldentat: pl. acc. HHv 11
pr 7.
þrennir, *num. distr. je drei, drei:*
m. nom. Gör II 25, 6; *f. nom.*
þrennar HHv 28, 1.
þrettándi, *num. ord. der dreizehnte:*
n. sg. acc. þrettánda Háv 156, 1.
þreyja (þráða), *sich sehnen, sehn-*
sucht erdulden, schmachten: prs.
opt. sg. 1. (mit suff. pron.) þreyjak
Skm 42, 3; *part. prs. f. sg. nom.*
þreyjandi Hyndl 46, 6; *prt. ind.*
pl. 3. þráðu Vkv 3, 4.
þriði, *num. ord. (got.* þridja) *der*
dritte: m. sg. nom. Grm 6, 1, Vkv
3 *u. ö.; dat.* þriðja Hyndl 45, 6;
pl. acc. þriðju Gör II 35, 9; *f. sg.*
nom. þriðja Grm 28, 3, Vkv 2, 7
u. ö.; dat. acc. þriðju Grm 31, 6;
Vsp 23, 8; *n. sg. nom. dat. acc.*
þriðja Rm 22, 1; Ghv 14, 3; Vm
24, 1, Háv 130, 9 *u. ö. —* þriði
beiname Odins Grm 46, 4.
þriðjungr, *m. drittel: sg. dat.* þriðjungi Hm 16, 6.
þrífa (þreif), *hand an jmd (á ehm)*
legen, jmd (ehn) ergreifen: prt.
ind. pl. 1. þrifum Ls 50, 6; *pl. 2.*

þrifuð Ls 51, 3; *pl. 3.* þrifu Am
62, 1.
þrí-hǫfðaðr, *adj. mit drei köpfen,*
dreiköpfig: m. sg. dat. þríhǫfðuðum
Skm 31, 1.
þrír, *num. card. (got.* þreis) *drei:*
m. nom. Vsp 20, 1, Hym 14, 6 *u. ö.;*
gen. þriggja Bdr 13, 7, Gör III
5, 4, Akv 44, 5; *dat.* þrimr Ghv
10, 3; *acc.* þrjá Skm 36, 2, Grm
31, 2 *u. ö.; f. nom. acc.* þrjár Vsp
11, 5, Vm 49, 1 *u. ö.;* Skm 42, 3,
Grp 42, 5 *u. ö.; gen.* þriggja HHv
33, 7. 34 pr 8; *n. nom. acc.* þrjú
Am 95, 1; þrk 24, 10, Hrbl 6, 2;
dat. þrimr Háv 124, 5.
þrjóta (þraut; *got.* us-þriutan) *1) un-*
pers. þrýtr eht *es hört auf mit etw.:*
prs. opt. sg. 3. þrjóti Hyndl 42, 8;
2) unpers. þrýtr ehn *jemand wird*
müde: prt. ind. sg. 3. þraut HHv
5, 3.
þróask (að), *zunehmen, wachsen: prs.*
ind. sg. 3. Háv 78, 4.
þroskr, *adj. stark, kräftig: m. sg.*
dat. (sw.) þroska Skm 38, 5.
þróttr, *m. kraft, stärke: sg. acc.*
þrótt Hm 16, 5.
þrótt-ǫflugr, *adj. strotzend von*
kraft: m. sg. nom. Hym 39, 1.
þrúð-hamarr, *m. mächtiger ham-*
mer: sg. nom. Ls 57, 2. 59, 2 *u. ö.*
þrúð-móðugr, *adj. tatkräftig: m.*
sg. acc. (sw.) þrúðmóðga Hrbl 19, 2.
þrúðugr, *adj. stark, kräftig: m. sg.*
nom. þrk 16, 2.
þrúð-valdr, *m. mächtiger herscher:*
sg. nom. Hrbl 9, 7.
1. þruma (mð), *1) liegen, gelegen*
sein: prs. ind. sg. 3. þrumir Grm
8, 3; *2) weilen, verweilen, sich*
ruhig oder untätig verhalten: inf.
Háv 30, 6; *prs. ind. sg. 3.* þrumir
Háv 13, 2. 17, 3.
2. þruma (að), *erdröhnen: prs. opt.*
sg. 3. þrumi HH II 4, 2.
þrymja (þrumða), *ruhen, lagern; sich*
ausbreiten(?): prs. ind. sg. 3. þrymr
Rm 14, 7 (*über den sing. des ver-*
bums bei plur. subject s. Bugge,
Fkv. 413b).
þrymr, *m. lärm, getöse: sg. nom.*
HH I 17, 8. — *Als name eines*
riesen þrk 5, 1 *u. ö.*
þryngva (þrǫng; *vgl. got.* þreihan)
1) drängen, pressen, bedrängen: part.

prt. m. sg. nom. þrunginn *Skm 31,* 7; *n. sg. nom. acc.* drǫslum of þrungit *gedränge von pferden Akv 33, 6,* er ykkr þrungit *ihr seid herabgedrückt* (*degenerastis Möbius*) *Hm 4, 1; Ghv 21, 7;* þr. ehu und sik *sich etwas unterwerfen: part. prt. n. sg. acc.* þrungit *HH II 23, 8;* 2) *anfüllen, anschwellen: part. prt. m. sg. nom. acc.* þrunginn *Vsp 30, 2; Rþ 4, 4; n. sg. nom.* hár . . hélu þrungit *mit reif bedeckt HH II 43, 6,* tár . . ekka þr. *kummerschwer HH II 44, 12; pl. voc. acc.* þrungin goð *hochmütige (?) götter Ls 7, 2;* þrungin dœgr *volle, ausgeschlagene tage Rþ 11, 8.*

þrysvar, *num. adv. dreimal: Vsp 26, 7. 8.*

þræll, *m. sklave, knecht: sg. voc. Vkv 39, 2; dat.* þræli *Háv 86, 2; acc.* þræl *Am 44, 4; pl. gen. acc.* þræla *Hrbl 24, 7, Rþ 13, 10, Am 92, 3; Gðr I 27 pr 7. — Als männl. eigenname Rþ 7, 4. 11, 7.*

þrǫmmun, *f. gestampf; balgerei: sg. nom. Am 16, 7.*

þrǫmr, *m. rand, kante: sg. dat.* þremi *Hym 34, 2; acc.* þrǫm *Hyndl 35, 8.*

þrǫngr, *adj. eng: f. sg. acc.* þrǫngva *Rþ 15, 7.*

þú, *pron. pers.* (*got.* þu) *du: sg. nom. Vsp 2, 8, Bdr 14, 1, þrk 6, 7, Hym 2, 7, Ls 1, 2, Hrbl 3, 1 u. ö.; in der enklise nach t, s, z, d, k wandelt sich das* þ *zu* t: *gettu Ghv 19, 1,* gettu *Grp 32, 2,* láttu þrk 29, 5, *leystu Rm 1, 5,* rístu *Ls 10, 1,* síztu *Ls 17, 4,* þaztu *Grp 20, 2,* taktu *Hyndl 5, 1 usw., geht diesen conss. ein anderer voraus, so wird der dem t unmittelbar voranstehende cons. ausgestossen:* bartu *HH I 38, 4,* gróftu *Am 93, 5,* kantu *HHv 31, 2 usw., auch fällt das k der reflexivformen vor dem t regelmässig aus:* fástu *Háv 115, 7,* kømstu *Sd 10, 9,* søkkstu *Hlr 14, 8 usw.; nach* ð, f, g, m, r *u. vocalen bleibt die spirans erhalten:* gofðu *Skm 8, 1,* hafðu *Háv 131, 6,* eigðu *Gðr II 33, 11,* teygðu *Háv 114, 6,* gromðu *Ls 12, 6,* farðu *Vm 9, 3,* heyrðu *þrk 2, 3,* snúðu *Hyndl 46, 1; cons. verbindungen lassen den zweiten cons. fallen:* bregðu *Hlr 3, 1,*

hygðu (*so die hs.*) *Am 10, 8; erweichung zu* d *findet sich nur in den formen* mundu *Hym 26, 1, Ls 13, 2, Háv 111, 3 u. ö.,* nefndu *HHv 16, 3 und* vildu *Háv 45, 3, HHv 26, 1, Sg 17, 1; gen.* þín *Hrbl 14, 2, Am 90, 2 u. ö.; dat.* þér *þrk 4, 1, Hym 18, 2, Ls 2, 6, Hrbl 7, 2, Rþ 48, 1* (*wo mit* W *mætti* þér *zu lesen ist*), *Fm 21, 1* (*'von dir', s. FJ z. st.*) *u. ö.; acc.* þik *Bdr 8, 2, þrk 11, 5, Ls 17, 2, Hrbl 3, 2 u. ö.; du. nom.* it *Ls 18, 6, Skm 24, 5, Vkv 22, 8 u. ö.; gen.* ykkar *Fm 35, 4, Sg 33, 5; dat. acc.* ykkr *HH I 46, 1, Br 5, 5 u. ö.; Hym 9, 2, Skm 24, 6 u. ö.; pl. nom.* ér *Vsp 24, 8, Ls 7, 1, Hrbl 31, 1 u. ö.,* þér *Vkv 33, 12; dat. acc.* yðr *Hym 3, 7, Hrbl 17, 1 u. ö.; HH II 5, 7, Am 41, 8. 55, 1.*

þúfa, *f. hügel: sg. dat.* þúfu *Skm 27, 1.*

þulr, *m.* 1) *redner, fahrender sänger: sg. nom. Vm 9, [6; gen.* þular *Háv 110, 2; dat.* þul *Háv 133, 5;* 2) *schwätzer: sg. acc.* þul *Fm 34, 2.*

þumlungr, *m. däumling (am handschuh): sg. dat.* þumlungi *Ls 60, 4.*

þungr, *adj.* 1) *schwer: m. sg. acc.* þungan *Rþ 4, 3;* 2) *schwer zu durchwaten, reissend: m. pl. acc.* þunga *Vsp 40, 2.*

þunn-geðr, *adj. leichtsinnig, wankelmütig* (*anders FJ z. st.*): *f. sg. nom.* þunngeð *Sg 41, 2.*

þunnr, *adj.* 1) *dünn: m. pl. acc.* þunna *Rþ 30, 6;* 2) *lautlos: n. sg. dat.* þunnu hljóði *Háv 7, 3* (*vgl. Wimmer, Lb⁴ 307b; anders JHoffory, Tidskr. f. fil. 3, 291 fg. und GV, Cpb I, 459*).

þurfa (*þurfta; got.* þaúrban) *nötig haben, bedürfen* (*eht*): *prs. ind. pl. 3.* þurfu *Háv 145, 2, Sd 27, 2; prt. opt. sg. 1.* (*mit suff. pron.*) þyrftak *Háv 67, 3; sg. 3.* þyrfti *Háv 22, 5.*

þurfi, *sw. adj.* (*vgl. got.* ga-þaúrbs) *bedürftig* (*ehs*): *m. sg. nom.* Hrbl 32, 2, Vm 8, 4.

þurr, *adj.* (*got.* þaúrsus) *trocken: n. sg. acc.* þurt *Gðr II 35, 10; pl. gen.* þurra *Háv 60, 1; dat.* þurrum *F 304a 5.*

r-fjallr, *adj. mit trockener haut:*
sg. nom. Háv 30, 6.

. s, *m. riese: sg. nom. gen. acc.*
*c*m 35, 1, HHv 25, 3; Hym 19, 2;
`·c`m 36, 1; *dat.* þursi Skm 31, 1;
`·.` *gen.* þursa Vsp 11, 6, Bdr 13,
u. ö.

.und, *f.* (*got.* þúsundi) *tausend:*
`·.` *nom.* þúsundir HH I 51, 4.

þva (þó; *got.* þwahan) *waschen: inf.*
Sd 34, 3; *prs. ind. sg. 3.* þvær
Bdr 11, 5; *prt. ind. sg. 3.* þó Vsp
34, 1; *part. prt. m. sg. nom.* þveginn
Háv 61, 1, Rm 25, 1; *n. sg. acc.*
þvegit Hlr 2, 8.

þvari, *m. speer* (Björn Magnússon Ólsen, Ark. 9, 231): *sg. nom.* HHv
18, 6.

1. þverra (þvarr), *abnehmen, schwinden: prs. ind. sg. 3.* þverr Sg 71, 5;
pl. 3. þverra Am 70, 4.

2. þverra (rð), *vermindern: prt. ind.
pl. 3.* þverðu Hm 16, 5.

þverst, *n. das innere magere fleisch
(im gegensatze zu der oberen fettschicht): sg. ,acc.* HHv 18, 6 (Björn
Magnússon Ólsen, Ark. 9, 231).

því, *adv. s.* sá.

þvíat, *conj. denn, weil:* Ls 8, 4,
Skm 4, 4, Vm 2, 4, Grm 29, 7,
Gðr II 24, 8 (*wo aber wol mit
FJ* því 'hiermit' *zu lesen ist*) *u. ö.*

þvígit (*d. i.* því-gi-at) *adv.:* þ. lengra
nicht lange danach Sg 60, 2, þ.
fleira *nicht mehr als das* Od 6, 2.

þý, *f.* (*got.* þiwi) *sklavin, magd: sg.
dat.* þýju HH II 2, 4; *pl. nom.
acc.* þýjar Ghv 15, 2; HH I 36, 8,
Sg 47, 7, Am 92, 4; *gen.* þýja
Sg 49, 3.

þýðverskr, *adj. deutsch: m. pl.
nom.* þýðverskir Br 20 pr 6.

þykkja (þótta; *got.* þugkjan) *scheinen, erscheinen, dünken* (*gewöhnl.
mit dat. der person): a) mit subst.
praed.: inf.* reini mun þér ek þykkja
HHv 21, 1, *vgl.* HH I 2, 8; *prs.
ind. sg. 3.* þykkir sá ása jaðarr Ls
35, 6, *vgl.* Hrbl 13, 1, Vm 12, 5,
þykki-a mér friðr í farar broddi
HH II 22, 5; *opt. sg. 3.* svá at
þér gaman þykki Gðr II 27, 4;
prt. ind. sg. 3. kvǫl þótti kvikri at
koma í hús Atla Am 97, 5; *b) mit
adj. praed.: inf.* hitt mundi œðra
jǫrlum þykkja Gðr III 1, 6, *vgl.*

Hrbl 49, 2, Hlr 3, 6; *prs. ind.
sg. 2.* munat mætri maðr á mold
koma .. en þú, Sigurðr, þykkir (*scil.
mætr*) Grp 53, 8; *sg. 3.* einnar
mér Freyju ávant þykkir *es scheint
mir nur F. noch zu fehlen* þrk
23, 8, *vgl.* Hrbl 5, 2, Grm 21, 5,
Háv 10, 5 *u. ö.; pl. 3.* verk þykkja
þín verri miklu Hym 19, 5, *vgl.*
HHv 1, 7, HH I 47, 1. II 27, 1;
prt. ind. sg. 1. afkár ek áðr þótta
Am 68, 5, *vgl.* Gðr I 19, 1; *sg. 3.*
opt mér mánaðr minni þótti Skm
42, 5, *vgl.* Hym 16, 1, Am 31, 4
u. ö.; mit suff. pron. úlfar þóttumk
(*d. i.* þótti mér) ǫllu betra (*so mit
FJ statt* betri), ef þeir léti mik lífi
týna *besser hätte es mir geschienen,
wenn die wölfe mein leben vernichtet hätten* Gðr II 12, 5 (*s. aber
auch* Bugge, Fkv. 424a); *pl. 1.*
þóttum óvægin Am 95, 2; *pl. 3.*
(*mit suff. pron.*) rekkar þat þóttumk
(*d. i.* þóttu mér) *erschienen mir
wie wirkliche menschen* Háv 49, 4;
opt. sg. 3. spakr þœtti mér spillir
bauga Fm 32, 5, *vgl.* 35, 1; *c) mit
dem part. prt.: inf.* hratat um megin
mun hverjum þykkja Alv 1, 5;
prs. ind. sg. 2. þá þykkir þú með
bleyði borinn Sd 25, 3; *prt. ind.
sg. 3.* unz þótti fulldrukkit Am 8, 4;
d) mit dem inf.: prs. ind. sg. 2.
hafnarmark þykkir hlœgligt vera
HHv 30, 5; *sg. 3.* þursa líki þykki
mér á þér vera Alv 2, 5, *vgl.* þrk
27, 7; *pl. 3.* ef hánum þykkja ofmargir koma Grm 19; *prt. ind.
sg. 2.* sveinn þóttir þú siðlauss vera
HH I 44, 1; *sg. 3.* marggullin
mær mér þótti afli bera HHv 26, 5,
vgl. HH I 7, 1, Gðr II 12, 1, F'
303a 22 *u. ö.; pl. 3.* skarpar álar
þóttu þér Skrýmis vera Ls 62, 5;
*e) das praed. vertritt ein adverb.
ausdruck: prs. opt. sg. 3.* at mér
vel þykki *dass es mich gut dünke,
mir gefalle* Am 69, 10, *prt. ind. sg.
3.* ǫll þótti ætt sú með yfirmǫnnum
Hyndl 13, 7; *inf.* léztu þér alt
þykkja sem ekki væri *du tatest so
als wäre alles nichts* Am 93, 1;

þykkjask *sich dünken, meinen,
glauben: a) mit subst. praed.: prs.
ind. pl. 2.* þó þykkizk ér þjóðkonungar *dennoch haltet ihr euch für*

(*mächtige*) *könige* Sg 36, 9; b) *mit* adj. praed.: prs. ind. sg. 3. fróðr sá þykkisk er fregna kann Háv 28, 1, vgl. 30, 4. 31, 1; prt. ind. sg. 1. auðigr þóttumk Háv 47, 4; sg. 3. stórr þóttisk Atli Am 65, 1; opt. sg. 1. sæll ek þá þœtttumk Hm 22, 1; c) *mit dem part. prt.*: prs. ind. sg. 3. Brynhildr þykkisk brúðr vargefin Grp 45, 5; d) *mit dem* inf.: prs. ind. sg. 1. þat vita þykkjumk Rm 8, 2; vgl. Ls 54, 5, HH II 39, 2, Sd 37, 5; sg. 2. ef þú sjá þykkisk Grp 8, 4. 30, 4, vgl. HH II 40, 2; sg. 3. ósnotr maðr þykkisk alt vita Háv 26, 2; prt. ind. sg. 1. ek vera þóttumk full ills hugar Gðr II 37, 6, vgl. Háv 98, 2, Grp 32, 8, Od 30, 6; sg. 2. þóttiska þú þá þórr vera Ls 60, 6, vgl. Hm 8, 1; pl. 3. þóttusk æsir mjǫk hepnir verit hafa Rm 12, vgl. Ghv 11, 3.

þ y k k r , adj. *dick*: m. sg. acc. þykkan Rþ 4, 3.

þ y l j a (þulða), *reden*: inf. Háv 110, 1; þyljask *vor sich hin murmeln*: prs. ind. sg. 3. þylsk Háv 17, 3.

þ y r j a (þurða), *laufen*: inf. Akv 13, 2.

þ y r m a (mð), 1) *etw.* (ehu) *unverletzt lassen, halten* (eiðum, sifjum): prt. ind. sg. 1. þyrmða Sg 28, 5; sg. 2. þyrmðir Grp 47, 4; 2) *jmd* (ehm) *schonen*: inf. Vsp 46, 12.

þ y r n i r , m. *dornstrauch*: sg. dat. þyrni HH II 37, 4.

þ y r s t r , adj. *durstig*: m. sg. nom. Ls 6, 1, Vm 8, 3.

þ y s - h ǫ l l , f. *halle in der es stürmisch zugeht*: sg. dat. þyshǫllu Akv 30, 8.

þ ý t r , m. *geheul*: sg. nom. F 303 a 21.

þ ǫ g n , f. *schweigen*: sg. acc. Sd 20, 4.

þ ǫ g u l l , adj. *schweigsam*: m. sg. nom. Háv 6, 4, HHv 5 pr 14.

þ ǫ l l , f. *föhre, kiefer*: sg. nom. Háv 50, 1. — *Name eines flusses* Grm 27, 10.

þ ǫ r f , f. (got. þarba) 1) *bedürfnis*: sg. acc. Am 6, 8. 87, 4. 100, 5; pl. nom. þarfar Skm 36, 6; sg. nom. *mér er þ.* ehs *ich bedarf einer sache, habe etw. nötig*: Háv 3, 1. 5. 4, 1. 146, 2 u. ö.; 2) *notwendigkeit,*

dringende veranlassung: sg. nom. HHv 39, 8, Rm 10, 3 u. ö.; pl. acc. þarfar Sg 45, 4; 3) *mangel*: sg. acc. Háv 40, 3.

Æ.

æ , adv. (got. aiw) 1) *allezeit, immer*: Vsp 1, 7, Ls 13, 2, Skm 12, 5, Vm 31, 6, Grm 19, 6, Am 68, 2 u. ö.; *für immer*: Vkv 18, 8, Sg 46, 5; 2) *niemals*: Vm 36, 6 (Bugge, Fkv 396 b). Vgl. ey.

æ f i , f. s. æ v i.

æ g i r , m. (n i c h t œgir: s. KGíslason, Aarb. 1876 s. 313—330) *meer*: sg. dat. acc. ægi Vsp 61, 3; Rþ 44, 8. — *Als name des meergottes* Hym 1, 7, Ls 3, 2 u. ö.

æ g i s - h j á l m r , [n i c h t œgis-: Bugge, Stud. 389 anm. 2, nach dem das wort aus dem ags. (vgl. eges-gríma) entlehnt ist] m. *schreckenshelm*: sg. nom. Fm 17, 1; acc. ægishjálm Rm 14 pr 4, Fm 16, 1. 44 pr 4 (die letzte stelle beweist, dass zum mindesten der sammler der lieder den æ. nicht bloss als ein 'metaphorisches' ding ansah).

æ s t a (st; vgl. got. ansts) *wünschen, begehren* (ehs): prt. ind. sg. 2. æstir Hm 24, 3.

æ t i , n. *speise*: sg. acc. Alv 33, 4.

æ t l a (að), 1) *sich vorstellen, denken, glauben*: prs. ind. sg. 1. ætla Ls 62, 1, (mit suff. pron.) draums ætlik þér *ich glaube dass du in einem traum befangen bist* Hyndl 7, 2; part. prt. n. sg. acc. ætlat Skm 37, 4; 2) *gedenken, beabsichtigen*: prs. ind. sg. 1. ætla Am 75, 2; 3) *bestimmen, beschliessen*: part. prt. m. sg. nom. ætlaðr Grp 25, 8; n. sg. nom. ætlat Am 28, 4.

æ t t , á t t , f. (got. aihts) *geschlecht, familie*: sg. nom. dat. acc. ætt Hrbl 23, 5, Hyndl 13, 7 u. ö.; Vsp 29, 7, Am 73, 6 u. ö.; þrk 31, 7, HH II 16, 7 (wo zu lesen ist: ætt átt, en góða, er eigi sjámk), Fm 13, 3 u. ö.; acc. átt Sg 20, 3; gen. ættar Vsp 38, 4, Hyndl 27, 6 u. ö.; pl. nom. acc. ættir Vm 31, 4, Rþ 13, 10. 25, 8; Rþ 41, 7, Hyndl 8, 4 u. ö.

erkunft, abstammung:
4, 1.
  adj. von vornehmer
perl. m. sg. acc. ætt-
r II 31, 2.
  rwandter: sg. voc. Grp

  dass.: pl. nom. ætt-
I 14.
  i. æv-a) 1) niemals:
̇km 26, 6, Háv 29, 2,
. .. .., . .. ö. 2) nirgends: Vsp
6, 5.

æva-gi, adv. niemals: Hym 32, 7,
Háv 21, 5.

ævi, f. leben: sg. nom. HH II 17, 5,
Grp 6, 8. 23, 2; gen. Grp 12, 8.
14, 8 u. ö.; acc. Grp 52, 7. 53, 4,
Am 88, 4.

ævin-rúnar, f. pl. ewige, unvergäng-
liche runen (deren zauberkraft niemals erlischt?): acc. Rp 44, 3.

æzli, n. speise, atzung: sg. dat. Gðr
II 8, 6.

Œ.

1. œði, n. 1) verstand: sg. nom. Vm
4, 4. 20, 2. 22, 2; 2) verständiges
und angemessenes benehmen: sg.
gen. œðis Háv 4, 4 (Eirikr Magnússon, Cambridge philol. soc. proc.
1887 s. 5).

2. œði, f. raserei, wahnsinn: sg. acc.
Skm 36, 3.

œðri, compar. adj. 1) besser, treff-
licher, ausgezeichneter: m. pl. gen.
œðri Skm 35, 7; f. sg. acc. œðri
Od 15, 5; n. sg. nom. acc. œðra
Gðr III 1, 5; Rp 49, 3; 2) mächtiger: m. sg. nom. nema þú .. jǫfurr
ǫðrum œðri verðir Sg 11, 10; 3) vornehmer: f. sg. nom. ek mun okkur
œðri þykkja hvars menn eðli okkart
kunna Hlr 3, 6; 4) freundlicher,
wolwollender: m. sg. gen. œðra hugar
Rm 12, 3; superl. œztr der beste,
trefflichste: m. sg. nom. Grm 44, 2,
HH I 54, 9; acc. œztan Hyndl
15, 2; pl. nom. œztir Hyndl 18, 4;
f. sg. acc. œzta Hyndl 15, 6, Grp
40, 8.

1. œgir, m. jemand der furcht oder
schrecken erregt, bezeichnung eines
helden: sg. gen. œgis HH I 56, 8.

2. œgir, m. 'meer', s. ægir.

œgis-hjálmr, m. s. ægis-hjálmr.

œgja (gð; got. ôgjan), jmd (ehm) in
furcht zu setzen suchen, ihn be-
drohen (KGíslason, Efterl. skr. I,
83): prt. ind. sg. 3. œgði Gðr I
10, 1; pl. 3. œgðu Hrbl 39, 5.

œpa (pð; got. wôpjan) schreien: inf.
Hrbl 47, 5; part. prs. m. sg. nom.
œpandi Háv 138, 5; prt. ind.
sg. 3. œpði Am 60, 3; pl. 3. œpðu
Ls 14.

œpir, m. 'schreier, heuler', poet. bezeichnung des windes: sg. acc. œpi
Alv 21, 4.

œri, compar. adj. (got. jûhiza) der
jüngere: m. sg. nom. voc. Akv 12, 5;
Akv 6, 3 (Bugge, Fkv. 428 a fg.).

œrinn, adj. genügend, reichlich, in
fülle: m. sg. nom. Grp 12, 1; pl.
acc. œrna Háv 29, 1; f. pl. nom.
œrnar soltnar genug sind gestorben
Sg 50, 5; acc. œrnar Od 18, 4;
n. sg. dat. œrnu Háv 69, 5; acc.
œrit Hrbl 26, 1; pl. nom. œrin
Am 91, 5.

œrr, adj. sinnlos, von sinnen: m. sg.
nom. Ls 21, 1. 29, 1; f. sg. nom.
œr HH II 33, 1. 50, 1, Od 10, 1.

œsask (st), rasen, wüten: inf. F 305a
14. b 6.

œska, f. jugend: sg. acc. œsku Grp
21, 1.

œxla (œxta: JHoffory, Hz 22, 376),
1) gross machen, etw. nach grossem
massstabe od. auf grossartige weise
ausführen: prt. ind. sg. 3. œxti
hon ǫldrykkjur veranstaltete ein
grosses gelage Am 72, 1, strið œxti
verursachte grossen kummer Am
101, 2; 2) mit abgeschwächter bedeutung, schaffen, machen, zustande
bringen: inf. Sg 20, 4; prt. ind.
pl. 3. œxtu Am 1, 5; 3) wachsen
machen, steigern, vermehren: prt.
ind. pl. 3. œxtu Am 2, 1 (s. Zz
26, 28).

Ǫ.

ǫðlask (að), erlangen, erwerben: inf.
þrk 29, 7; prt. ind. sg. 3. ǫðlaðisk
Rp 46, 5.

ǫðlingr, m. mann von edlem geschlecht, fürst: sg. voc. Grp 23, 4;
gen. ǫðlings HHv 13, 5. 27, 5;
dat. ǫðlingi HH I 2, 3, Sg 10, 8,

F 306a 4; pl. nom. ǫðlingar Od 12, 3, Ghv 11, 5; gen. acc. ǫðlinga Gðr I 24, 5; HH I 34, 7; dat. ǫðlingum HH I 28, 6, Rm 5, 5 u. ö. — Qðlingar als name eines bestimmten fürstengeschlechtes Hyndl 11, 7 u. ö.

ǫflugr, adj. stark, mächtig: m. sg. nom. Vsp 67, 3, Vkv 37, 7; acc. ǫflgan Rþ 1, 3, F 304b 25; pl. nom. ǫflgir Vsp 20, 3; compar. m. pl. nom. ǫflgari HH II 50, 5; superl. m. sg. nom. ǫflgastr Hyndl 14, 2.

ǫfugr, adj. (got. ibuks: Zz 17, 254 anm. 2) nach rückwärts gewendet, umgekehrt; unfreundlich, feindlich: n. pl. nom. ǫfug Sd 29, 3.

ǫf-und, f. missgunst, hass, feindschaft: sg. acc. Ls 12, 5.

ǫgurr, m. membrum virile: sg. acc. ǫgur Hrbl 13, 3 (Hj. Falk, Ark. 3, 341).

ǫgur-stund, f. wolluststunde (?): sg. acc. Vkv 41, 5 (Hj. Falk, Ark. 3, 341).

ǫl, n. bier: sg. nom. acc. þrk 24, 4, Alv 34, 4 u. ö.; Hym 3, 8, Ls 45, 6 u. ö.; gen. ǫls Háv 11, 6; dat. ǫlvi Ls 9, 4.

ǫld, f. (vgl. got. alds) 1) zeit: pl. gen. ár var alda Vsp 6, 1, HH II 1, 1; 2) gesammtheit der lebenden, menschheit, welt: sg. nom. Am 1, 1, meðan ǫ. lifir Vsp 19, 6, Grp 23, 6 u. ö., hálf er ǫld hvar (s. hálfr, 2) Háv 53, 6; gen. aldar Ls 21, 4, í a. røk am ende der welt Vm 39, 4, a. róg þat mun æ vera veranlassung zum streit zwischen den menschen Háv 32, 4; 3) im plur. aldir menschen (zuw. auch bezeichnung der menschlich gestalteten götter): nom. acc. Vm 45, 6, Grp 17, 3; Háv 27, 2; gen. alda Ls 8, 5. 47, 5, Háv 106, 6 u. ö., a. synir (bǫrn) menschenkinder Vsp 23, 11, Alv 10, 5, Háv 12, 3 u. ö.; dat. ǫldum Hym 22, 2, Vm 23, 6 u. ö.

ǫlðr, n. 1) berauschendes getränk, bier: sg. nom. acc. voc. Háv 14, 4; Hym 39, 7; Hym 32, 8 (vgl. heita 2); dat. ǫlðri Háv 136, 7; 2) gelage: pl. dat. ǫlðrum Háv 13, 2.

ǫlðr-mal, n. pl. reden die beim ge-

lage, im rausche geführt werden: nom. Sd 29, 3.

ǫl-drykkja, f. biergelage: pl. acc. ǫldrykkjur Am 72, 1.

ǫl-kjóll, m. braukessel: sg. dat. ǫlkjól Hym 33, 4.

ǫl-krás, f. speise die zum bier genossen wird: pl. dat. ǫlkrásum Akv 37, 7; acc. ǫlkrásir Akv 36, 6.

ǫl-mál, n. rede die beim gelage geführt wird: pl. nom. HHv 33, 3; dat. ǫlmálum Ls 1, 5.

ǫln, f. (got. aleina) elle, elle zeug (als wertbestimmung): sg. acc. Ls 40, 4.

ǫlr, adj. berauscht, trunken: m. sg. nom. Ls 47, 1, Grm 51, 1, Háv 14, 1.

ǫl-reifr, adj. fröhlich gestimmt durch den trunk: m. pl. nom. ǫlreifir Hm 19, 2; acc. ǫlreifa Akv 38, 4.

ǫl-rúnar, f. pl. runen die das bier zauberkräftig machen: nom. acc. Sd 19, 3; Sd 7, 1.

ǫl-skál, f. trinkschale, becher: pl. nom. ǫlskálir Akv 35, 1, Hm 23, 2; dat. ólskálum Am 79, 6.

ǫl-veig, f. bier: sg. acc. Gðr II 25, 3 (conjectur; s. Zz 29, 60 fg.).

ǫl-værr, adj. aufgeheitert durch den trunk: m. pl. nom. ǫlværir Am 5, 1.

ǫnd, f. 1) atem: sg. nom. acc. Am 40, 4; Vsp 21, 1. 5; 2) seele, geist, leben: sg. acc. láta ǫ. den geist aufgeben, sterben Sg 33, 6; dat. ǫndu Sd 25, 8, týna (láta) ǫ. den geist aufgeben, sterben HHv 37, 8, Sg 53, 8. 60, 4; 3) besinnung: sg. dat. kona varp ǫndu verlor die besinnung Sg 29, 1.

ǫndóttr, adj. fürchterlich, schrecklich: n. pl. nom. ǫndótt þrk 27, 5.

ǫndugi, n. hochsitz: sg. acc. Akv 37, 8.

ǫnd-urðr, adj. (got. and-wairþs) entgegen gekehrt, vorne befindlich, beginnend: m. sg. acc. ǫndurðan dag den anfang des (nächsten) tages Am 50, 4.

ǫngr, adj. (got. aggwus) enge: m. sg. acc. ǫngan Sg 59, 3.

ǫngull, m. angel: sg. dat. ǫngli Hym 21, 3; acc. ǫngul Hym 22, 1.

1. ǫnn, f. (vgl. got. asans, asneis) mühe, beschwerde; sorge, ärger: sg. acc. Hym 3, 1.

2. ǫnn, f. vorhaus (?): sg. acc. Skm 31, 8.

t. arhwazna) *pfeil: pl.*
ðr *II 18, 11; acc.* qrvar
5, 6.
aufrecht, steif: n. sg.
(R augro) *Ls 48, 4*
Fkv. 401b).

ot. ara) *adler: sg. nom.*
6, Grm 10, 6 u. ö.;
gen. arnar *Vm 37, 3,*
Grm *32, 4, Sd 16, 4; pl. nom.*
ernir *HH II 49, 8, Hm 29, 4;*
acc. qrnu *HH I 36, 6, Gðr II 8,*
5 u. ö.

1. qrr (Rp *10, 3) s.* aurr.
2. qrr, *adj. schnell, hurtig: n. sg.*
acc. (adv.) qrt *'schnell u. übereilt'*
Sg 6, 3 (s. FJ z. st.).

qsp, *f. espe: sg. nom. Hm 5, 2.*
qxl, *f. achsel: sg. acc. R 304a 20;*
pl. dat. qxlum *Rp 16, 8, F 305b 20.*

Ø.

o ð li, *n. s.* eðli.
o fri, *adj. compar. s.* ofri.
o kkvinn, *adj. derb, grob: m. sg. acc.*
Rp 4, 2.
ø ng, øngu, *s.* engi.
ø ngva (gð; *got.* ga-aggwjan) *einengen,*
beschränken: part. prt. f. sg. nom.
øngð *Sg 34, 5 (conjectur von Bugge*
für ung, *s. Ark. 2, 119 fg.).*
ø rindi, erindi, eyrindi, *n. ge-*
schäft, auftrag, botschaft: sg. acc.
hefir þú erendi sem erfiði *hast du*
geschäft wie mühe (entspricht der
erfolg der mühe) þrk 9, 1, HH II
12 pr 18, ørindi *þrk 10, 2, HHv*
5, 2 u. ö.; pl. acc. ørindi *Skm*
38, 1, F 303b 29; dat. eyrindum
F 303b 6.

ø rind-reki, *m. träger eines auftrags,*
bote: pl. acc. ørindreka *F 303b 23.*
ø i-kosta, *f. vorrat (an speise), reich-*
liche nahrung: sg. dat. ørkostu *Am*
59, 9.
ø r-kostr, *m. dass.: sg. acc.* ørkost
Hym 1, 8.
ø r-lQg, *n. pl.* 1) *geschicke, schick-*
sale: acc. Vsp 23, 12, Ls 21, 4, Háv
56, 4 u. ö.; 2) *bes. die schicksale*
und wechselfälle des krieges, krieg
überhaupt: dat. ørlQgum ykkrum ..
frá von euren händeln Ls 25, 1;
acc. ørlQg drýgja *das kriegshand-*
werk betreiben Vkv 1, 4. 3, 10.
ø r-lQg-lauss, *adj. bestimmungslos,*
jmd über dessen schicksal oder be-
stimmung noch nichts entschieden
ist: m. pl. acc. (?) ørlQglausa *Vsp*
20, 8.
ø r-lQg-síma, *n. schicksalsfaden: pl.*
nom. ørlQgsímu *das (von den nornen*
gesponnene) schicksalsgewebe Rm
14, 8 (Bugge, Fkv. 413b).
ø r-lQg-þáttr, *m. dass.: pl. acc.* ørlQg-
þáttu *HH I 3, 2.*
ø r-óf, *n. unermessliche menge: sg.*
dat. orófi vetra *vor unzähligen jahren*
Vm 29, 1. 35, 1.
ø r-viti, *sw. adj. ohne verstand: m.*
sg. nom. Ls 21, 2. 47, 2; f. sg.
nom. ørvita *HH II 33, 2, Öd*
10, 2.
ø r-vænn, *adj. (vgl. got.* us-wêna)
1) *wider erwarten: n. sg. nom. acc.*
ørvænt *HHv 23, 4; HH II 47, 2;*
2) *ohne hoffnung auf etwas (ehs):*
f. sg. acc. ørvæna *Sg 53, 3.*
ø x, ex, *f. (got.* aqizi) *axt: pl. acc.*
exar *Am 40, 3.*
ø xna-heiti, *n. ochsenname: pl. nom.*
F 304b 29.

人
→#←